高等职业教育“十二五”规划教材
高职高专旅游类专业任务驱动、项目导向系列化教材

模拟导游

主　编　吴英鹰
副主编　缪　芳　李　荣　徐志伟　任　艳　林天宇

国防工業出版社
·北京·

内容简介

本书以实际导游工作岗位任务为导向，将内容分为五大项目，每个项目包括若干个任务。从基本的导游入门须知开始，通过对导游接待工作、导游服务工作、导游讲解工作、导游沟通工作等项目任务的实现，使学生具备一定的导游工作必备知识，掌握导游工作流程及导游工作技能技巧。每一项目包括项目导航、项目任务链、课后自主测评、习题导航台，每一个任务都有具体的“任务导入”、“任务详解”、“服务提示”、“实例导航”、“任务实操”组成。融知识、理论、实践为一体，引导学生积极思考，参与实践训练，激发学生学习热情，培养实际操作能力。

本书可作为高职高专院校旅游类专业课程教材，也可作为导游人员业务培训教材，还可供广大旅游从业人员参考。

图书在版编目(CIP)数据

模拟导游/吴英鹰主编. —北京：国防工业出版社，2014. 1
高职高专旅游类专业任务驱动、项目导向系列化教材
ISBN 978-7-118-09206-6

Ⅰ.①模… Ⅱ.①吴… Ⅲ.①导游－高等职业教育－教材 Ⅳ.①F590.63

中国版本图书馆 CIP 数据核字(2014)第 015606 号

※

国防工業出版社 出版发行
（北京市海淀区紫竹院南路 23 号　邮政编码 100048）
北京奥鑫印刷厂印刷
新华书店经售

*

开本 787×1092　1/16　**印张** 10¾　**字数** 243 千字
2014 年 1 月第 1 版第 1 次印刷　**印数** 1—3000 册　**定价** 25.00 元

国防书店：(010)88540777　　发行邮购：(010)88540776
发行传真：(010)88540755　　发行业务：(010)88540717

高等职业教育“十二五”规划教材
高职高专旅游类专业任务驱动、项目导向系列化教材
编写委员会

前　言

本书为“高等职业教育‘十二五’规划教材”、“高职高专旅游类专业任务驱动、项目导向系列化教材”，本书以项目课程开发理论为指导，以项目为导向，以服务流程为主线，以学生为主体，以实践为核心，以工作任务为载体，将能力培养贯穿于工作流程之中。本书内容共有五个大项目，每个项目由若干典型的工作任务构成，每一个任务都有具体的“任务导入”、“任务详解”、“服务提示”、“实例导航”、“任务实操”组成，结合岗位要求、服务流程，设计导游岗位任务，通过专业知识的灵活运用，融入导游工作实际；以任务为引领，学习者根据所设计的训练项目进行实践反馈，培养学生导游工作规范的养成及进行个性化导游服务的能力。本书融知识、理论、实践为一体，实现了从书本知识到工作岗位对导游实务的实际应用的过渡。

本书为校企合作共建教材，项目中所涉及的部分表单素材及实例由曾获得“无锡市优秀导游员”及“江苏省最佳导游员”的徐志伟提供。

本书由江苏信息职业技术学院吴英鹰担任主编，负责全书的整体结构设计及修改定稿工作，江苏信息职业技术学院缪芳、安庆职业技术学院李荣、旅游百事通有限公司徐志伟、江苏食品药品职业技术学院任艳、海南软件职业技术学院林天宇为副主编。具体分工如下：吴英鹰编写项目一、项目三、项目五，缪芳编写项目二，李荣和任艳、林天宇编写项目四，部分素材由徐志伟提供。

本书在编写的过程中得到了江苏信息职业技术学院商学院蔡丽巍院长的悉心指导，曹文捷老师也提供了大量的帮助，在此深表感谢。

在编写过程中，本书参阅了大量相关资料，在此向有关作者表示感谢。由于编者水平有限，书中难免有不足之处，敬请广大读者批评指正。

编者

目　　录

项目一

导游入门须知

旅游,被誉为“朝阳产业”、“无烟工业”,如今,在国家的大力支持下,成为了我国第三产业中的支柱性产业。旅游活动的开展离不开其中的一类关键人物——导游。导游被誉为“旅游业的灵魂”、“旅行社的支柱”。

随着社会的发展、国民经济收入的增加和旅游者文化水平的不断提高,对导游员的服务水平提出了更高的要求。导游是旅游行业的先锋,也是大多数旅游产品的最终实现者,随着旅游业的不断发展,导游队伍也在不断地壮大,但是,许多导游无法正确认识到导游工作的重要性和技巧性。通过本项目的学习,将让即将从事导游工作的人对导游工作从行业现状及工作要求、综合素质、收入方面有一定的认识和了解。

【项目导航】

项目任务	基础任务	扩展任务
任务一 新导游入职准备	正确认识导游的收入构成及行业现状; 新导游如何顺利进入旅行社及新导游如何跟团	如何让游客认可、喜欢自己
任务二 正确认识导游工作	熟悉导游的角色定位及分工; 懂得如何提升导游人员的综合素质	做好导游职业发展规划

【项目任务链】

一个30人的老年旅游团到杭州游玩,小王第一次随老导游老张跟团,为了给游客留下良好的印象,他特地买了一套名牌服装,戴上贵重的手表去迎接旅游团,与游客一见面,小王就谦虚地说:“我是新导游,我什么都不懂,请大家多包涵。”在旅游车上小王为了活跃气氛,和游客全程做了游戏,游客们对小王也称赞不已,但老张却很不乐意,当着游客的面向小王提意见:“走路太快,讲话太快,不强调集合时间、地点,不友好等。”小王很伤心,认为导游工作得不到尊重和理解,自己不适合导游职业。

思考:1. 小王有哪些不妥之处?

2. 如果你是小王应该如何做?

任务一 新导游入职准备

【任务导入】

小王作为一名新导游在入职之前对导游职业要有哪些认识呢？选择就职的旅行社应考虑哪些因素？

【任务详解】

导游能够经常领略名川大山，了解不同地区的风土人情，接触各种各样的人，结交许多朋友，这就是导游——穿梭于山水间的工作。在三百六十行中，导游是许多活力四射的年轻人的职业梦想。

一、正确认识导游收入的构成

（一）小费

这是一部分客人额外给付的，其中又分为出游前合同规定的小费，以及客人为表示感激另外付给的，不管是哪种，都是客人对导游工作的认可的具体体现，对于这类收入应视作合适的收入，应在表示感激以后收下，小费是出于客人给予肯定后主动给的，不能索要。

（二）佣金

这是大多数导游的收入，却因为众多复杂的原因造成诸多的问题。所谓佣金，是导游在带领客人到签定合约的商家处，由客人购买商品以后，商家返还的部分利润，作为对导游工作的报酬。但购物点必须是合同中约定的，并且推荐给客人的旅游商品不应以次充好，《旅游法》实施后这部分收入大大减少。

（三）工资

这部分是各位导游最合理的收入，《旅游法》第三十八条规定，旅行社应当与其聘用的导游依法订立劳动合同，支付劳动报酬，缴纳社会保险费用。

（四）其他非法收入

这是指通过克扣客人餐费、改变房间等级、减少景点、违反我国的政策法规等行为获得收入。无疑，这是旅游行业从业人员鸣鼓而攻之的做法，是应该受到谴责和摒弃的，这样的导游无疑是不适合从事这个行业的。

【服务提示】

《旅游法》中明确规定："旅行社不得以不合理的低价组织旅游活动，诱骗旅游者，并通过安排购物或另行付费旅游项目获取回扣等不正当利益"，"不得指定具体消费场所，不得安排另行付费旅游项目"，重在整治零负团费、低价团、强迫购物、欺客宰客等。

【实例导航】

蒋小姐参加了某旅行社的“马尔代夫豪华六天游”，在参团之前签订的合同中有这样一条：“考虑到当地情况，建议给予地陪20元服务费/天”。蒋小姐认为是“入乡随俗”，于是签了字。到达目的地后，游客在机场交纳了地陪索取的6天共120元的“小费”。令蒋小姐极为不满的是：地陪只接送团队以及安排住处，在近5天的旅游时间里他并未出现，更别说向游客提供当地景点、风俗讲解。蒋小姐不明白：导游收了其服务费用却为何不提供相应的服务？这样交纳的“小费”岂不是对其行为的放纵？

案例分析：“小费现象”在国外非常常见，这已经是多年以来的“国际惯例”。根据地接社方面提出的要求，组团旅行时会在旅游合同上注明“建议给予××元/天小费”。在国外有很多导游是没有底薪的，完全靠“小费”生活，只要客人满意导游的服务，情理上是应该给的。不过给不给小费、导游服务费属于游客的个人自由选择，游客不满意导游的服务，可以减少或拒绝付款，可以在当地旅游管理部门投诉，也可以回国后向旅行社投诉，而旅行社方面也会追查原因，并视实际情况和地接社交涉。就国内旅游市场来看，有关部门近年来已从导游人员“禁止收取小费”转变为“禁止向游客索要小费”。

二、正确认识导游行业的现状

（一）熟悉不同旅行社

考取导游资格证之后，首先要挂靠旅行社或导游服务中心。具体操作是：首先要准备好各种自己的相关资料和证件，如：导游证、IC卡、登记表和导游服务合同，然后自己找旅行社去盖章。旅行社有时候也发招聘广告，不过这种情况比较少。多数时候需要自己找到旅行社自荐。这样一来对于旅行社就有一个选择问题，如何选择旅行社呢？首先必须了解旅行社，由于具体的操作不同，旅行社分为三种，详述如下：

1. 外向接待型旅行社

外向接待型旅行社是指旅游目的地接待出发地组团社游客的旅行社，这是多数导游寻找的旅行社，因为导游收入的特殊性，这种旅行社对导游最有利。这种旅行社主要同外省、外国的各旅行社合作，然后由外地的组团社将组合好的团队交接过来，由该社接待，这样就需要派出导游。由于这种旅行社只跟外省、外国的其他旅行社合作，所以，大多不需要太好的门面，只需要设立办公室、电话、传真即可。因此，这种旅行社的位置多在办公大楼之中，没有明显的标志。再加上各具体旅行社接待的客人不同，经营的客源地不同，因此跟导游的收入也息息相关。

2. 内向组团旅行社

内向组团旅行社是指接受旅游团（者）或海外旅行社预定、制订和下达接待计划，并可提供全程陪同导游服务的旅行社。简单地说就是收旅行社所在地的客人，组成旅行团队，去外地旅游参观。

规模较大的旅行社能兼做组团和地接，可是中小规模的旅行社由于经济能力、人员能力等因素只能作其中一项。接待社就是旅游地区本地接待外来客人的旅行社，负责安排导游、旅游用车、用餐等旅游相关事宜，它的功能相当于一个工厂，做出旅游产品。组团社就相当于商人或是销售商，它销售地接社做好的旅游线路产品。

3. 旅游超市

旅游超市，是作为旅游产品与服务的超级市场，大多可以通过网络平台的形式进行购买，是为旅游爱好者和游客提供全面的出境、国内、周边与地接旅游线路以及吃、住、行、购物、娱乐等各类旅游产品资讯与旅游预订服务的平台，满足旅游人群的旅游预订服务。如乐途旅游超市、旅游百事通。

【服务提示】

不同类型旅行社列举

旅行社类型	旅行社名称	企业标志	企业网址
组团旅行社	中国国际旅行社		http://www.cits.com.cn/
	中国旅行社		http://ctsho.com/
接待旅行社	海南椰辉旅行社		http://www.hiyehui.cn/index.html
旅游超市	旅游百事通		http://www.517best.com/

（二）行业性质及现状

1. 工作性质

1）社会性

旅游活动是一种社会现象，在促进社会物质文明和精神文明建设中起着十分重要的作用，而导游员处于旅游接待工作的中心位置，接待着四海宾朋、八方游客，推动这一世界上规模最大的社会活动，所以，导游员所从事的工作本身就具有社会性，而且导游工作又是一种社会职业,对大多数导游员来说,它是一种谋生的手段。

2）文化性

导游服务是传播文化的重要渠道。导游员的导游讲解、与旅游者的日常交谈,甚至他的一言一行都在影响着旅游者,都在扩大着一个国家、一个地区、一个民族的传统文化和现代文明的影响。导游员为来自世界各国、各民族的旅游者服务,通过引导和生动、精彩的讲解给旅游者以知识、乐趣和美的享受,同时还吸收着各国、各民族的传统文化和现代文明,并有意无意地传播着异国文化。因此,导游服务起着沟通和传播精神文明、为人类创造精神财富的作用,直接间接地起着传播一个国家、一个民族的传统文化和现代文明的作用。

3）服务性

导游工作属服务行业,具有重要的经济意义。导游服务与第三产业的其他服务一样,属于非生产劳动,是一种通过提供一定的劳务活动,例如翻译、导游讲解、旅行生活服务等,满足旅游者游览、审美的愿望和安全、舒适旅行的需求,从而创造特殊使用价值的劳动。然而,导游服务不同于一般的、简单的技能服务,它是一种复杂的、高智能、高技能服务,因而是高级的服务。

但是,导游工作毕竟是一项服务工作,每一个中国导游员必须认清人际关系的平等原则和不平等的角色之间的关系;必须认清作为中国人,面对外国人的“主人”角色,和作为导游员,面对旅游者的“服务者”角色之间的关系。如果将这些关系混淆,划不清界线,导游员的工作必将走向失败。

2. 工作现状

1）休息时间少

与一般“朝九晚五”的工作时间不同,导游的工作时间相当弹性化,有时可能很闲,但在旅游旺季会一连带上几个团不休息。在带团期间,工作时间的不固定性决定了工作强度的不确定。导游一旦上团,基本上是24小时大部分时间都在工作,白天是一团人的吃、行、用、玩,晚上是住宿休息,也可能要处理一些突发事件:比如遇到客人生病得帮忙找医生,或宾馆房间不够,自己只能另找住所等。那种身体和心理两方面的劳顿是外人所难以体会的。根据行程的安排,导游可能要早上五六点钟就起床,晚上十一二点钟才休息,有时一天只能休息三四个小时,精力、体力的消耗常常达到最大值。

2）大多吃青春饭

社会对导游有一种固有认识:导游是年轻人的职业。许多游客喜欢导游是年轻、漂亮的姑娘或英俊、潇洒的小伙儿,一方面看着“养眼”,另一方面年轻人活泼好动可以给旅游带来不少乐趣,而年龄偏大的导游受欢迎程度相对偏低。那些深受游客好评,导游经验丰富、幽默、风趣的资深导游毕竟数量不多。在导游队伍里,年轻人占了很大的比例,正是由于这种对导游的固有认识。一方面是游客容易选择年轻人做导游;另一方面,导游自身也容易把年龄作为进出这个行业的一个条件。很多导游在年龄稍大之后,就会产生“这个行业厌倦了我,因而我也厌倦了这个行业”的想法,于是就选择退出。

对于导游自身,不少人把做导游看作是一个苦差事。导游“起得比鸡早,跑得比兔快”,“说破了嘴,跑断了腿,晒破了皮”还不能令客人满意,每年通过全国导游资格考试获取导游资格证书的人很多,但真正从事导游职业的人却很少。一是,一些人认为做导游是件苦事、累事，还有一些人做导游是出于无奈，工作起来缺乏敬业、乐业精神；二是，有些人是在赚钱心理的驱使下步入导游行业的，但行业内的激烈竞争，使赚钱并不如想象的那样容易，于是做导游的兴趣和热情骤减；三是，据了解很少有人把导游作为自己的终身职业，尽管国家旅游局把导游按等级分为初级、中级、高级及特级，但很少有人一入行就对自己的导游生涯进行设计，很多人在做不到中级的时候就已厌倦了这个行业，于是选择了离开。

3）得不到良好的职业发展

旅行社对导游的管理存在问题。一是对导游的培训问题。大中型旅行社对导游都进行一定的培训，但许多旅行社仅在导游入社时进行一次培训，而且培训内容缺乏针对性，培训效果较差；有的小旅行社甚至从未有过培训。在现代企业管理当中，培训是一种激励员工的重要手段之一，如果员工得不到有效、及时的培训，看不到自己的发展空间，他就不会一直做下去。二是对导游缺乏人情味的管理。当其他企业纷纷对自己的员工实行人性化管理的时候，旅行社对导游却无动于衷，甚至于还在重复从前的老一套。旅行社没有吸引员工的企业文化，管理人员缺乏与导游的有效沟通，对导游罚多奖少，导游尽管挂职于某家旅行社但却找不到归属感，而这种归属对于社会人而言是很重要的。

导游管理中心或导游服务公司对导游的管理，是松散的管理方式。导游管理中心或导游服务公司本来可以成为导游的“娘家人”，导游可以在这里互吐心声，可以享受爱的关怀。但在现实中，导游管理中心或导游服务公司往往只是导游的上级管理机构，缺乏为导游服务的意识。

（三）培养良好的心理素质

导游服务是一种特殊的服务行业，导游员一年中很大部分时间带团在外，往往承担着很大的精神压力，导游人员的良好心理素质是导游活动成功的重要保证。导游员应该具备以下心理素质：

1. 敏锐的观察能力和感知能力

导游讲解“贵在灵活、妙在变化”，而灵活变化的依据是通过导游人员的观察得到的信息。

有位优秀导游员把成功的导游服务总结为16个字：注意观察、鉴貌辨色、随机应变、灵活导游。就是说，导游人员要善于通过不同方式自觉观察并发现旅游者的心理变化和需求，及时调整导游讲解的详略、深浅和快慢，使其更具针对性。这样，才能将大部分旅游者吸引在导游人员身边，导游活动才有可能成功。

在参观游览现场，导游人员不仅要注意观察旅游者，还要善于观察周围的事物和环境。若发现异常变化，必须当机立断，或改变游览线路，或干脆把旅游团（者）带离现场，以免发生意外，保证旅游活动顺利进行。

2. 冷静的思维能力和准确的判断能力

导游人员在带团过程中，需要冷静思考各种各样的问题并且准确判断，采取有效措施，正确予以处理。当遇到险情时，更要求导游人员沉着冷静、果断处理，这样往往能化险为夷，避免事故的发生；出现问题后，如果措施果断，处理合情、合理、合法，会减少损失和不利影响。

事实证明,导游人员处事沉着果断会提高威信,明智地、合情合理地解决问题让游客信服,就能使客、导双方同心协力,共同争取旅游活动的成功。

3. 较强的自控能力

导游人员应该是一个心理健康的人,是一个十分自尊的人,是一个无论在什么情况下都不会放纵自己、感情用事的人。

1) 理性的心理品质

导游人员必须具有理性的心理品质,时刻明白自己的角色是"服务员",自己的任务是为游客提供服务。一上团,导游人员应该很快进入角色并不受任何外来因素的影响,要始终精神饱满、热情友好、笑口常开。

2) 不卑不亢

导游人员与旅游者、入境旅游团领队及其他人员交往时,应既不骄气又不胆怯,始终沉着自然、不卑不亢。

3) 双赢原则

旅游活动时,导游人员与旅游者及其他人员之间出现矛盾、发生纠纷是常有的事,旅游者有时会对导游服务工作挑剔、指责,甚至无理取闹。对此,导游人员不能感情用事,与之争高低,做"嘴上胜利者",而要以理服人,并且理明则让,力争双赢,避免发生正面冲突。

4) 克服厌烦情绪

在较短的时间内,人们多次去同一景点,一般都会产生厌烦情绪。但对导游人员而言,这种情绪却是做好导游服务工作的巨大障碍。一名合格的导游人员去一个曾经到过上百次、上千次的旅游景点,都应该像第一次游览那样兴奋,并因此感染旅游者一起游览、一起欣赏美景,加上导游人员的精彩讲解,游览活动就有可能成功。可以说,克服厌烦情绪是导游人员做好导游工作的前提条件之一。

【服务提示】

新导游如何消除紧张感

紧张是一种普遍现象,世界上最著名的表演者、歌唱家,都有这种"怯场"的压力,一旦成为众人注目的焦点,就会引发紧张反应。所以先接受这个状况,明白这是一个普遍现象,并不是因为自己内向胆小才会这样,再外向自信的人上了台,都会受到这种"怯场"的影响。人会怯场,这其中最大的两个原因是:①准备不周全;②得失心太重,越想完美越弄砸,就是这个道理。如果知道紧张是一个普遍性的问题,就不必那么突显自己的不行和困难,努力以平常心看待自己的紧张并接受它,一旦如此做了,反而能和它和平相处。

怎么做一个不怯场而有气场的好导游呢?平日需要多准备、练习,不要只是私下偷偷练,要在人前光明正大地练,大方地邀请同学、朋友给予回馈,甚至请他们为自己录音、录像,从而更有效客观地评估自己,做出有利的修正。逃避并非上策,不如把逃的力量用来加强自己,使自己能够迎头赶上。关于提高自己讲解能力,总结归纳如下:

1. 所需要具备的心态

(1) 要坚信自己一定可以成为一个优秀的导游。

(2) 要理解游客花钱的期望,他们就是希望能听到有趣的、有意义的、能刺激和带给他们欢声笑语的讲解。

2. 需要做的练习工作

(1) 多做练习是最好的准备。心里的自信越高,表现就会越好。

(2) 练习时,请亲人和朋友作为游客,然后给予回馈。如果没有亲人朋友,一面镜子或宠物都可以成为听众,尽量让自己想象自己就站在游客面前。

(3) 录音录像,然后自己通过自我批评实现进步。每一次至少练习两次,最好一直练习到滚瓜烂熟为止。

(4) 如果大脑一片空白,则需准备一份讲稿,多次练习,在脑海里多过几次。

3. 讲解时尽量要做到的几个方面

(1) 如果讲到一半忘了讲解词,不要紧张,直接跳到下面的话题,很可能根本没有人注意。

(2) 停顿不是问题,不要总是想发声以填满每一秒钟。最优秀的导游会利用间隔的停顿来把他的重点更清晰地表达出来。

(3) 如果看游客的眼睛会感到紧张,那就看游客的头顶(游客不会发现的)。

(4) 眼睛直视游客,可以随机地更换注视的对象。不要左右乱看,不要往上看,因为这会让你看起来不值得信任。

(5) 如果有些游客会让人感觉紧张,那么眼睛可以多看那些比较友善的或常笑的脸。

(6) 讲解词最好用接近谈话的方式进行,用简单的语句表达清晰的思路,不要太咬文嚼字。

(7) 最好适当地使用肢体语言,做些手势,不要太死板。

【实例导航】

"自己吓自己"

某天是小刘第一次独自带团。她把游客引导上旅游车,介绍自己与司机后,就开始按旅游车经过的路线,详细地介绍起沿途的景观。可是,说着说着,她的言语就不那么流畅了,渐渐地变得结结巴巴的,到最后,竟然语无伦次了。

团队抵达酒店以后,领队背着小刘给旅行社打电话要求换人。为了旅行社的声誉,经理把小刘换下来了。

回到旅行社,经理问小刘:"你是怎么搞的?在学校是高材生,培训也是第一名,跟团实习的时候,赵先生还推荐了你,怎么自己刚一上团,就让领队给投诉了?"

小刘既难过,又委屈,向赵先生说了被投诉换下来的事。赵先生问:"投诉的内容是什么?"

小刘说:"主要是说我不会介绍,说话结结巴巴。"

赵先生说:"这就奇怪了!你不是口齿很伶俐的吗?怎么会说你结结巴巴的呢?你给客人介绍的时候,心情怎么样?"

小刘说:"一开始的时候,应该说一切正常。后来我发现,客人的眼睛都怪怪地看着我。不是直愣愣地看着,而是在我身上扫来扫去。当时我想:是我的化妆有问题,还是牛仔裤的拉链没有拉上?趁客人朝车窗外面看的时候,我偷偷地打量了一下自己,也没发现有什么问题。但是,客人还是那样用眼睛在我身上扫过来扫过去。我想肯定是我什么地方出了差错被客人发现了,出于礼貌,他们没有嘲笑我。但是,他们肯定觉得很奇怪,所以就用眼睛在我身上扫来扫去……我越想心里越乱,就不知道嘴里在说些什么了。"

听了小刘说的这些情况,赵先生淡淡一笑,说:"这可是你'自己吓着你自己'了!"

案例分析:本案例中的小刘之所以"自己吓了自己",是因为小刘对人的视觉感知活动缺乏了解。眼睛是人们极为重要的感觉器官。当人们感知他人时,不是一下子把对方的所有信息全都摄入脑海,而是一部分一部分地搜集,然后再加以整合,使之成为较为完整的表象。小刘说的旅游者的眼睛在自己身上"扫来扫去",正是旅游者的眼睛在一部分一部分地搜集信息。当人们集中注意思考问题时,对外部世界的感知的速度就会放慢,这时,眼球的运动会放慢甚至停止,这就是人们所说的"发呆"或"出神"。

小刘的讲解开始时一定是相当不错,否则她不可能把旅游者的目光都吸引到自己的身上。但是,小刘误解了旅游者眼球运动的心理意义,误以为旅游者只有眼球一动不动地盯着她才是专心听讲,在她身上"扫来扫去"就一定是她有什么"差错"。

其实,如果旅游者不愿意听导游员的讲解,一般的表现是:眼睛直愣愣地看着你,而心里在想别的事,或者东张西望,或者看着窗外,或者叽叽喳喳地说个不停,或者提一些与讲解毫不相干的问题,或者干脆闭上眼睛睡觉。

三、新导游如何进入旅行社

(一) 如何顺利进入旅行社

1. 认真对待面试

由于正式采用招聘方式的旅行社比较少,所以多数导游是采用自荐方式应聘的。首先准备好自己的各种相关资料,最好设计一份简历,找到旅行社的地址和电话,然后采用电话联系旅行社的相关人员,约定时间。面试的时候穿着要得体,给人留下良好的印象。

去公司面试和导游资格考试的口试一样,考核人员只是想看出你是否有潜力担任导游这个职务,而不是要看你比老导游还厉害,所以发挥出自己的最好水平即可。需要注意的是,对于考核人员所提出的各种有关带团中的应变问题,要预先有所准备,而且必须知道实际操作时的处理方法,因为旅行社和导游资格考试的考官不同,旅行社重视的是你的实际能力。大多数面试的新导游不知道如何处理路上的突发事件,而回答为先与公司联系,一般这样回答之后都被拒之门外。最好准备一段自己认为比较不错的导游词,多数公司会考查这个。考核完毕以后,一般会被告之回家等消息,如果面试成功,一般在当天或者两天内会收到消息。

2. 认真对待工作

如果有幸被录取,那么这个时候就该更加努力了。如果公司要求每天到岗的话,则应该每天比其他同事早到达公司,然后开始日常的清洁卫生工作,勤快的员工总是容易受到上司和同事的欢迎。在公司千万要客气,对任何人都要用尊称,除非熟悉一点以后,别人又明确表示无需使用尊称的时候才可以不用。经常在工作中帮助其他同事做点杂事对自己以后的发展是有好处的,比如说,帮忙订午饭,帮忙传真,帮忙送资料,记住"腿勤嘴乖"四个字并做到就行了。

最后,不要在进入公司的初期就随便对公司的各种经营活动进行评价,这样会引起反感,除非是得到上级的咨询时,才可以礼貌、实际、委婉地说出自己的想法。

（二）新导游如何防范陷阱

目前的行业情况是地接旅行社的收入要比组团社低很多，很多大的旅行社例如国旅、中旅、青旅都很少涉足地接工作了，做地接工作的大部分都是一些中小型的旅行社，其中难免鱼龙混杂，新导游由于刚刚考下导游证，社会经验不多，又有急切的求职心理，因此很容易在找旅行社的时候掉入一些旅行社的求职陷阱。旅行社的陷阱大多有两类：索要保证金和恶意拖欠团款。前者是指旅行社同意把证调入该旅行社，但前提是要交纳高额的质量保证金，并不给予任何单据，这一点很好预防。只要提前问好保证金的数额，交纳的同时索要收据即可，一般旅行社的保证金维持在1000～2000元左右。后者则是非常可怕的陷阱，甚至很多老导游都经常上当，主要是指导游在带团期间为团队预先垫付款项，但在带团结束后（无投诉情况下）未按时归还团款，而将导游的钱用于其他方面的投资，这是一种类似于欺诈的行为，但由于很多导游顾虑旅行社不给派团而不敢声张，导致团款越欠越多，有不少导游一两年内被旅行社拖欠了数万元之多，有些导游全年的血汗钱都在旅行社里，导致自己手中一堆白条，无处要钱。预防被押款主要做到两点：第一，在去旅行社前向同行或前辈打听下该社的口碑，如果口碑很差，则要注意提高警惕；第二，先给这个旅行社带一两个团看看，如果社里按约定时间报账，保守信用，可在该社继续带团，若社内工作人员以各种理由拖延时间，则立即停止为该社带团，专心追讨团款，在一定时间内还没有报账的迹象，导游要果断地拿起法律的武器来保护自己的合法权益，用实际行动维护导游的良好工作环境。

【服务提示】

面试注意事项

仪容需知：需要衣着整洁、大方，但颜色不宜太艳（特别是女性，衣服的搭配颜色，不宜超过三种），最好是套装，这样给人一种成熟但不失庄重的感觉，特别注意的是，导游面试不宜佩戴首饰，比如大个耳环或戒指以及手链等，发型要简单较好；即使是休闲服也可以，上身休闲毛衣下身牛仔休闲鞋，更具有准导游的感觉，这样身材显得更加挺拔精神，但总体要使主考官感觉自己像个导游，适合导游，而不是其他行业的人员。

礼节需知：作为导游，最重要的就是礼貌。进门时，用食指或者中指轻敲三下门，记住要有节奏感。如果考官没有回应，有可能在考验自己，这时候不要推门而入，要主动询问："请问考官我可以进来吗？"起码是对别人的尊重，说不定就是得高分的得分点。

进去后，一定要露出发自内心的微笑，把他们看作多年未见的好友，一定不要做作，动作要大方得体，他们是人，不是怪兽。与几位考官进行眼神交流，双手把评分表递给中间的主考官，并说："考官，请您过目"，对他们表示尊重，不要喊"老师"。适当的时候鞠个躬。

交流需知：与面试人员交流时，要注视面试人员的脸，最好是目光要循环和每个人做短暂交流，但不要盯着一个人不放，语气和语速要显出亲切感和谦虚，不要东张西望或咄咄逼人不可一世，这样，在态度上就能给人留下一个深刻的印象，从而为自己的讲解赢得主动。让人感觉自己是一个适合做服务的人员。

四、新导游如何跟团

（一）跟团前的准备工作

1. 物品准备

出发前请带上笔记本等可以记录信息的装备，到过的购物店，吃饭、住宿饭店的名称、地址、电话号码要记得，每晚最好把白天听到的、看到的做一个整理，否则那么多新东西很容易忘记。最后送团回来，一定要把跟团的资料做一个整理。买一份目的地的地图，在城市里走的时候，可以一边走一边看，比较容易认识路，而认识路是做导游最基本的一项。

2. 知识准备

（1）熟悉要去景点的导游词、沿途的风土人情等，这样在听老导游讲解时才能更好地吸收，否则一般听到后面忘掉前面，回来最多记得20%，而导游讲解是每个导游最基本的技能。

（2）认真熟悉行程单，以便在跟团过程中仔细分析老导游是怎么合理安排行程的，合理安排行程是保证团队顺利很重要的一个方面，需要经验的积累，在跟团过程中多留心多分析可以使自己少走弯路。

（3）准备一些小故事、小笑话，以便万一在跟团过程中要用到。

3. 沟通准备

跟团之前请先联系要跟的老导游，至少打个电话，互相沟通一下，表达自己谦虚学习之意。为人处世之道、虚心求教之意是一个导游做人的基本点。同时要琢磨好自我介绍。既要简洁，也要明晰，如果能幽默风趣地介绍自己当然更好，以便在游客面前留下良好的第一印象。

（二）跟团过程中的学习要点

1. 言行举止要谨慎

出发的当天请注意千万守时，绝对不能让客人或者老导游等自己；请注意自己的形象、着装，千万不要奇装异服，女士更加应该端庄温柔，不能让客人产生不必要的联想，并且请一定要整洁并且每天如此；上车入座的时候听从老导游的安排，如果老导游没有特意安排座位，请自觉地坐到车子的后面。千万不要和客人去争座位。在客人没有上车之前自己绝对不要抢先上车，养成在客人上车之前站在车门旁边等候客人上车的习惯；请注意礼貌地问候带你的导游以及司机，并且礼貌地和全团所有的客人打招呼，简短明快地表明自己实习的身份，并且祝愿客人旅途愉快。但是切记千万不要说得太多，以免喧宾夺主。

2. 多注意、多思考

（1）注意了解导游在车上讲了什么，讲了哪些知识点，哪些是自己知道的，哪些是不知道的，最好能有个记录。碰到自己以前不知道的知识，要特别注意，下来以后再来问老导游，这个知识在哪个地方能够看到，切忌在车上问。

（2）注意了解汽车行进的线路，从这个点到那个点的时间（包括购物点）。还要特别注意沿途的厕所在哪里，大概多少时间让客人上洗手间。路过一些县城的话，还要观察沿途大概有哪些主要的宾馆，具体在什么位置，要留意沿途的餐厅有哪些，是在哪里用的餐，时间大概是几点，用了多少时间。要留意老导游在车上是如何交代客人注意事项的。

（3）在到达入住的宾馆的时候，要注意了解老导游如何与宾馆交涉，如何为客人分发房间，如何告知客人注意事项（包括热水供应时间、用餐时间、叫早时间、餐厅的位置等）。在客人入住以后，迅速地熟悉这个宾馆，了解餐厅的位置，了解宾馆的布局。

（4）在客人用餐的时候，和老导游一起巡餐。了解菜品，了解客人的口味，了解老导游在用餐的问题上是如何与酒店交涉的，尽快地熟悉餐厅的人员。

（5）在景区游览的时候一定要注意老导游是如何办理各种手续的，他们是如何带领客人进入景区的。在游览过程中最好走在队伍的最后，帮助老导游清点人数，并且记住要经常提醒客人注意安全问题。景区的环境、面积、景点分布、游览方式、用餐地点等都是要了解的内容。

（6）在老导游带团前往指定购物点的时候，注意他的讲解方式。在进入购物点的时候切记不要和老导游粘在一起，不要东问西问。最好自己在购物点里面用眼睛看一下商品的价格，不要随便咨询售货员，也尽量不要和客人走在一起。

在跟团的时候着重要看的是老导游如何将团队的各部分很好地进行衔接，不仅是讲解，服务方面的衔接也一样。再有就是熟悉线路，看老导游在路上哪些地方需要讲，讲某个内容的时候是在哪个地方开始讲的。完团时要注意和客人礼貌地道别，注意老导游的送团方式，留心他帮客人办理离站手续的程序。真诚地感谢老导游和司机。

跟团的新导游一般在车上会有这样几种情况要避免：

（1）拼命在颠簸的车上记录讲解词。

（2）其他都不管，只知道看风景，完全成为了客人，忘记了自己的导游身份。

（3）心里觉得反正是来看老导游怎么带团的，所以什么都不要做，只要看就好。结果是跟大家的关系都不好。

（4）只要一到挣钱的地方，比老导游还积极，就是其他的什么都不想学，挣钱最想学。

（5）服务过度热情，以至于老导游都插不上手。甚至造成客人满意自己，不满意老导游。

（6）乱说话，客人问什么说什么。以为这是服务，谁知道是在砸团。以上六种情况希望大家在跟团的时候注意避免。

（7）司机和老导游在商量涉及敏感问题的时候，自己要主动回避。

【服务提示】

如何让游客喜欢自己

大家都很清楚第一印象很重要。那如何让客人三分钟内喜欢自己？

（1）上团前让自己情绪好起来。比如作个深呼吸，对自己讲“多么美好的一天啊”。充满了快乐、笑意，保持自己的好心情，才不至于上团后皮笑肉不笑。

（2）上团后给大家热情真诚的微笑。没有人喜欢导游冷冷的。热情成就一切。

（3）强有力的自我介绍：自我介绍分成三个方面：过去、现在、未来。过去主要讲过去的亮点和成功的地方，现在讲现在的收获与成绩，未来讲在什么时间自己想成为什么人。

比如可以这样：

“各位朋友大家好。我叫陈××，是此次大家的导游，我是1999年开始我的导游事业，每年被旅行社评为优秀导游，也是国际领队，在2003年出过书，也常常做一些新导游的培训工作。我也相信我在未来会成为中国最优秀的职业经理人。我也相信会给大家带来一个非常愉快轻松的旅程。”

简单有力,让客人觉得他们被重视,自己是与众不同的。

五、新导游要顺应未来发展趋势

未来旅游活动的发展趋势对导游服务将会产生影响并提出新的要求。导游服务在未来将出现如下三种趋向:

(一)导游内容的高知识化

导游服务是一种知识密集型的服务,即通过导游员的讲解来传播文化、传递知识,促进世界各国、地区间的文化交流。在未来社会,人们的文化修养更高,对知识的更新更加重视,文化旅游、专业旅游、科研考察的发展,对导游服务将会提出更高的知识要求。

根据这一趋向,导游员必须提高自身的文化修养,在掌握渊博知识的同时,讲解的内容进一步深化,更具有科学性。这样,导游员的讲解将更有说服力,不仅能同游客讨论一般问题,还能较深入地谈论某些专业问题。总之,在知识方面,导游员不仅要成为“杂家”,还要成为某一领域或某些方面的专家。

(二)导游手段科技化

随着科学技术的发展,将来还会有更先进的科技手段运用到导游工作中来,如讲解机、电子触摸屏等。这些先进的导游手段在游览前或在游览现场引导游客参观游览,不仅让游客看到或听到了旅游景观的现状,还进一步了解了其历史沿革和相关知识,起到深化实地导游讲解和以点带面的作用,而成为导游工作不可或缺的辅助手段,在导游过程中要好好运用。

(三)导游方法多样化

近年来,旅游活动趋于多样化,尤其是参与性旅游活动的兴起和发展,要求导游员随之变化其导游方法。未来的导游员不仅是位能说会道、能唱、能跳、多才多艺的人,还要有强壮的体魄、勇敢的精神,与游客一起回归大自然、参与绿色旅游活动,一起参加各种竞赛,甚至去探险。总之,今后的导游方法将越来越多,导游员不仅要熟练地运用各种导游讲解方法,还要掌握参与各种旅游活动时的方式方法。只有这样,导游员才能胜任未来的导游工作,才有可能将导游服务做得不同凡响。

【任务实操】

实训项目 1	导游面试训练
实训要求	能用 1~2 分钟熟练简单地介绍自己的情况,并对所应聘的旅行社有一定的认识和了解。对导游工作的内涵有一定的认识
实训时间	1 学时
实训材料	个人简历、会议桌
实训内容与步骤	1. 自我介绍 2. 谈谈为什么选择这家公司 3. 你能为这家公司做些什么

任务二　正确认识导游工作

【任务导入】

导游小王在某次跟团过程中了解到一名游客的一次不愉快的旅游经历。去年游客张小姐作为散客打算去某一旅游风景区旅游，因对该景区不熟，请该风景区所在市的一家小有名气的旅行社派一全程导游，该社立即为其派了一位导游小姐，一路上导游小姐带她参观游玩，兴致颇高，她对这位导游小姐的讲解艺术和热情服务较为满意。可是当她要离开该风景区时，听到旁边有游人谈论起某景点才知自己没去过，心想"我付了她钱，她总不会骗我吧。"后来一打听才知道，原来是导游小姐根本就没带自己去。结果该社信誉在此游客心理大打折扣。

思考：1. 这个案例中的导游小姐工作反映出哪些品质问题？

2. 你认为导游员应具备什么样的职业道德？

【任务详解】

目前我国一方面是迅速发展的旅游业有很大的人才需要缺口，一方面是旅游人才的严重流失，旅游业大发展与导游人才的缺乏产生了严重的错位，这已成为我国旅游业提升服务质量，实现可持续发展的瓶颈，构建导游成长的保障机制成为迫切需要解决的问题。

一、导游角色定位

导游人员由于业务范围、业务内容的不同，服务对象和使用的语言各异，其业务性质和服务方式也不尽相同。即使同一个导游人员，由于从事的业务性质不同，所扮演的社会角色也随之变换。并且，世界各国对导游人员类型的划分也不尽相同，因而很难用一个世界公认的统一标准对导游人员进行划分。我们只能从中国的实际情况出发，分别从不同角度对中国导游人员进行分类：

1. 按业务范围划分

导游人员分为海外领队、全程陪同导游员、地方陪同导游人员和景点景区导游人员。

导游角色	所代表的旅行社/旅游企业	职责重点
海外领队	可以经营出境旅游业务的旅行社	1. 帮助游客填写出入境卡并提供翻译服务，协助游客办理通关手续 2. 维护团队团结，处理团队内部事务及团队与旅游地关系（尤其是各类突发事件），率领团队顺利完成旅游活动 3. 监督境外旅行社保质保量地完成接待计划，兑现与游客签订的旅游合同 4. 负责与组团社和接待社保持密切联系，随时通报团队的动向，顺利完成团队的交接工作 5. 维护游客的生命和财产安全 6. 代表旅行社接受游客的意见和建议，协助旅游行改进旅游线路，开发适销对路的旅游产品

（续）

导游角色	所代表的旅行社/旅游企业	职责重点
全程陪同导游人员	组团旅行社	1. 对于国内旅游团队而言，全陪应做好团队内部管理工作及与旅游地关系的协调工作，率领团队圆满完成旅游活动，对外国来中国旅游的团队而言，团队内部管理工作由领队负责，全陪应协助领队维护好团队与国内旅游地居民的关系，处理双方发生的各类事件，保障团队旅游活动正常开展。如果外方旅行社未委派领队，全陪则应肩负起领队对团队的管理责任 2. 负责与组团旅行社和地方接待旅行社联络，做好旅行社各站的衔接工作 3. 督促地方接待旅行社严格执行旅游接待计划 4. 维护游客的人身和财产安全，处理好各类突发事件 5. 耐心解答游客的问询，接受并处理游客投诉，如实转达游客的意见、建议和要求，在此基础上形成市场调研报告，协助旅行社改进旅游线路，开发新的适销对路的旅游产品
地方陪同导游人员	接待旅行社	1. 安排旅游活动日程。根据旅游接待计划，合理安排旅游团队在当地的旅游活动 2. 做好接待工作。认真落实旅游团队在当地的食、住、行、游、购、娱等活动，主动与全陪、领队合作，自觉地以东道主的姿态提供良好的接待服务 3. 提供导游、讲解服务。负责旅游团队在当地参观游览中的导游和讲解工作，解答游客的问题，热情介绍当地的旅游景观，传播民族文化 4. 维护安全。维护游客在当地旅游过程中的人身安全和财产安全，做好事故防范和安全提示工作 5. 处理问题。妥善处理旅游相关服务部门间的协作关系以及游客在当地旅游过程中发生的各类问题
景点景区导游人员	旅游景点景区	1. 根据旅游者要求，为旅游者设计恰当的旅游线路并陪同参观游览 2. 为旅游者提供景区讲解服务 3. 在接待旅行社团队时，协助随团导游保障游客在景区的生命和财产安全，接待非旅行社团队游客时，全面承担起团队安全职责，杜绝各种意外事件的发生 4. 接受游客的意见和建议，及时向主管部门反馈，促进景区管理和服务工作更上新台阶

【服务提示】

工作中要注重团队合作

旅游团队导游服务集体组成一般是全陪、地陪和领队。

首先，全陪、地陪和领队有共同的工作对象——同一团队的游客；其次，他们有共同的工作任务——执行该团队的旅游计划，为其安排落实各项旅游服务；最后，他们有共同的努力目标——组织好该团游客旅游活动，为其提供满意的服务。为使旅游活动顺利进行，关键之一就是全陪、地陪和领队之间建立良好的协作关系，这种良好关系的建立有赖于三方的共同努力。

1. 主动争取各方的配合

主动争取各方配合的主要途径是及时交流信息，沟通各自的想法，在求得意见一致的基础上协同行动。

2. 尊重各方的权限和利益

三方关系是平等的，是互补、互利的，应互相尊重他方的工作权限，切忌干预他方的活动，侵害他方的利益。

3. 建立友情关系

全陪、地陪和领队都必须正确运用公共关系中的工作关系和情感关系相统一的方法，建立起和谐、美好的友情关系。同时，要把握好三者之间的友情关系的尺度和距离，尊重彼此的隐私权，不涉及工作上的保密禁区。

4. 彼此尊重、相互学习、勇担责任

三者都应从做好旅游团队服务工作的大局出发，在分析原因的基础上，分清责任，各自都应勇于承担属于自己的责任，切忌相互指责和推委。

【实例导航】

导游小张在接到团队后，全程陪同游客去千岛湖旅游，由于他已经去过多次，当地虽然有地陪导游，但是在地陪讲解时，他不断插嘴，评论地陪导游讲解的好坏，导致地陪非常生气，索性不讲了，而游客也因此而不大高兴，感觉这个全陪怎么那么喜欢插嘴，败兴而归，投诉小张。

案例分析：每个导游都有自己的工作重心，全陪监督地陪的工作是应该的，但是要注意时间和方式。

导游无论是全陪、地陪，还是外语导游、普通话导游，是境内地接还是出境领队，其实，工作内容就是为游客的吃、住、行、游、娱、购这六大要素在服务，只是由于工作范围、语言或者地域不同，而所做的工作详细内容不同，每个导游无论是带什么样的团，都是工作，要把这个工作认真而仔细地去执行，去好好实施，争取让游客高兴而来、满意而归，而不是因为自己是外语导游或者出境领队就自认为高人一等。

无论哪一类导游，首要就是服务员和安全员。因为，导游的服务意识强了，才能把团队带好，导游的安全意识强了，才能使团队顺利进行，某种程度上来说，导游是安全员才是第一位的。

2. 按职业性质划分

导游人员分为专职导游人员和兼职导游人员。

导游角色	主要区别
专职导游人员	以导游工作为主要职业，旅行社给付基本工资、保险等待遇
兼职导游人员	不以导游职业为主要工作，旅行社不给付基本工资、保险等待遇

【服务提示】

专职/兼职导游员的利和弊

1. 专职导游员的利弊

(1) 可以提升自己的综合素质，专职导游一般来说需要坐班，坐班可以帮助自己学习更多的东西，除了导游方面的东西之外，还可以学到旅行社的操作，更加有利于今后适应性的增强，也可以培养自己成为一专多能的人才，还可以锻炼自己处理人际关系的能力。

(2) 带团的数量和质量受公司的情况左右比较大，多数公司的专职导游是不允许在外面找团带的，因此，公司的情况好的时候，自己也过得不错，然而情况不好的时候就会出现另一种情况，外面的团多得要命，旅行社到处找导游，自己的公司却毫无动静。结果，一年下来，自己没带多少团。即使有部分公司允许自己的导游在外面找团带，但是也会要求在首先保证自己公司的团队的前提下，再带外面的团。

(3) 专职导游如果在销售量不错的旅行社就职的话，可以保证带团的数量，就这一点来说，比很多兼职有保证得多。不过，多数旅行社都有相对固定的销售片区，于是，就会出现长期带大量同一地区的团的现象。这样，也是有利有弊的。利是能很好地适应某一地区团队的熟练操作；弊是相应地其他地区团队的操作就可能会非常不熟悉。一旦换了环境，可能又需要重新适应。

(4) 专职导游经常需要帮助旅行社完成一些重点团、无利润团等，也就是说要不得不带一些影响自己利益的团队。虽然，兼职导游也会面临这类问题，不过，相对而论，要比专职导游对团队的可选择性要大得多。

(5) 专职导游由于基本在带本社的团，而每个旅行社都有比较固定的接待宾馆、餐厅、司机和路线等，因此跟其他旅行社、宾馆、餐厅、司机、景点不是很熟悉，一旦以后想要转型为兼职导游的时候，会比较困难。

(6) 部分旅行社是组团、地接、票务等业务都在做，因此，这些旅行社的专职导游的工作量就比较丰富，想想在疲倦地带完团队以后还得自己掏钱打的去送机票，真的是太不舒服了。

2. 兼职导游员的利弊

(1) 兼职导游信用度建立困难，而且所需时间长，而且这个过程中还得基本不得罪公司的人，同时保证团队的质量。所以，不可能既不耽误现在手上的工作或者学习，又能有很多时间来渡过这个信任度建立期。

(2) 兼职导游维持信用度比较困难，由于是兼职的关系，一次失败的团队或者不愉快的合作，都可能会影响到今后是否能在这家旅行社拿到团队的问题。而且一家旅行社使用导游的时候，需要看导游的时间表，没有任何旅行社会喜欢使用这样的导游。

(3) 兼职导游往往是靠同行之间互相介绍而接到更多的团队的，同时，还有一个名声和名气问题，如果名气太低，名声太差，相应地接团就比较难。而如果经常都需要首先完成现在的工作和学习的话，自然带团就比较少，因此，名声和名气都相应地比较低，自然接到的团就比较少。同行们考虑到经常不能出团的情况，自然介绍得也就比较少，因此接到的团就会越来越少。最后进入恶性循环，最终无法待在导游行业。

（4）导游工作中，需要花大量的时间学习和思考，对于时间不太充裕的人来说，是很难在这个行业适应的。

3. 根据工作方式进行分类

导游类型	核心景区讲解	沿途景观讲解	游客满意程度	导游知识结构
带路型	无能力讲解	无能力讲解	不应满意	严重欠缺
普通型	讲解能力较差	无能力讲解	反映平淡	比较欠缺
解释型	能进行科普层次解释	能部分讲解	较满意	初浅完善
研究型	能进行学术层次解释	能全面讲解	满意	基本完善

4. 其他分类方法

分类标准	主要类别
按导游使用的语言划分	导游人员分为中文导游人员和外语导游人员
按技术等级划分	导游人员分为初级导游人员、中级导游人员、高级导游人员和特级导游人员

二、导游人员的综合素质

导游服务是旅游服务的一个重要组成部分，它贯穿于旅游的全过程，是标志旅行社服务质量的首要代表。导游员的综合素质是指导游员所应具有的良好个人品质，这是导游员胜任旅游接待工作的必要条件，主要体现在三个方面：

（一）导游人员的知识要求

随着时代的发展，现代旅游活动的目的逐渐向受教育、获信息、领略异国他乡的情趣、增长知识、扩大阅历的方向转化。这种转化对导游员提出了更高的知识要求，其作用愈发重要。导游员不仅要满足旅游者求新、求美、求乐的旅游目的，还要在消遣之余，帮助他们增长知识，获取教益。实践证明，导游员的导游讲解和日常交谈是旅游者尤其是团队旅游者获取知识的主要来源，甚至是唯一源泉。因此，旅游者对导游员的期望甚高，希望他们的导游员是一位无事不通、无事不晓的“万事通”，是一位什么都知道的“导游艺术家”。

导游服务是知识密集型的、高智能的服务工作。导游讲解必须以渊博的知识作后盾，要言之有物，有真切的内容；要有感而发，而不能无病呻吟；要实事求是，而不要胡编乱造。导游工作本身要求导游员有真才实学，知识面要广，内容要杂，而且要融会贯通。

实践证明,丰富的知识是搞好导游工作的前提。一名导游员的知识面越广、信息量越多,就越有可能把导游工作做得有声有色、不同凡响,就会在更大程度上满足旅游者的要求,从而就有可能成为一名优秀导游人员。

导游知识包罗万象,这里只是简单介绍导游员应知应会的几方面知识,详见下表:

知识类型	相关知识作用	所涉及范畴	应避免的常见问题
语言知识	是导游服务的工具	包括外语知识和汉语知识(或少数民族语言知识)	1. 词汇贫乏,讲解单调枯燥 2. 听似流利,但语法错误连篇 3. 怪腔怪调,不知所云 4. 语言不流畅,甚至连不成句 5. 乱用词汇,生造句子
史地文化知识	是导游讲解的素材	包括历史、地理、宗教、民族、风俗民情、风物特产、文学艺术、古建园林等诸方面的知识	1. 知识平平,照本宣科 2. 百病一方,一视同仁 3. 一知半解,敷衍了事 4. 只会引路,一问三不知 5. 夸夸其谈,无根无据
政策法规知识	处理问题时的准绳	包括导游人员管理条例、合同法、出入境法律法规、文物保护法、交通运输法律法规、消费者权益保护法等	1. 不守合同,随意增加自费景点 2. 向旅游者兜售 3. 擅自终止导游活动 4. 欺客瞒客
心理学和美学知识	提升服务水平的关键	包括旅游景观的审美及服务心理学知识	1. 针对性服务缺失 2. 讲解过程中缺乏对游客想象力的引导 3. 不能帮助游客保持最佳的审美状态
社会及国际知识	消除旅游活动过程中误解的必备	包括旅游目的地/国的风土民情、禁忌习俗、社会生活以及当前的热门话题等	1. 对国家的社会、政治、经济体制,中国各民族以及身边的现实社会了解不多 2. 对目的地国家和我国的文化差异没有及早向旅游者说明并讲明来龙去脉
旅行常识	解决旅途中意外的帮手	包括通信知识、卫生常识、生活常识、货币保险知识等	1. 出现游客意外受伤,不懂得如何紧急救治 2. 出现旅游事故,不知道如何寻求紧急救援

【实例导航】

面对受伤的游客

例1：山西某旅行社组织一旅游团出游，时有游客出于习惯将胳膊伸出车窗外，导游未作警示和制止。适逢汽车爬一山坡，司机因意外急刹车，一游客伸出窗外的手臂撞上了山岩，严重擦伤。

例2：某旅行社组团去华山，在临行前，旅行社已向客人对去华山可能出现的危险做了明确的说明，并为客人办理了意外保险，客人欣然接受，于是组团顺利出行。到了华山，在游览过程中，一位客人不慎摔伤，造成右脚腕骨粉碎性骨折。

例3：某旅行社导游带团过程中，游客洗澡时在饭店浴池中跌倒，把头摔裂。据查，该饭店为三星级，但浴缸底部确实较滑，饭店正从顶层向下更换浴缸，而该游客所住的楼层还未更换到。

例4：一旅游团乘汽车前往陕西翠华山旅游。行至途中，突然有一个鸡蛋大小的石头飞入车内，击中一游客前额致伤，击伤部位有长3厘米的口子一处。

例5：2008年10月，天津某旅行社组一旅游团在野三坡风景区旅游，有一项目是蹦极。导游再三强调：有心脏病、高血压病史的客人不要参加这个项目。但一位患有高血压的游客隐瞒实情，参加了这个游乐项目，由于过度刺激血压骤增而送医院抢救。

案例分析：以上5个实例，都令人感到不幸。游客在旅游过程中，各种伤害的预防、处置对每个导游而言都是必修课。分析起来，有以下四点：

(1) 导游的心中要绷紧防止意外伤害这根弦。游客如果发生意外伤害，尤其是严重伤害，势必打乱全团的旅游计划，给全团游客的心里蒙上一层阴影，带来人身及财产的损失，有损于企业形象。所以，作为一名导游，要随时随地注意观察，及时发现那些不安全的隐患，并根据经验，在那些易发生问题的路段及场所向游客予以提醒。如例1中，游客将胳膊伸出车窗外而导游未加制止，这肯定是一个失误。而例5中，导游“再三强调”了“有心脏病、高血压病史的客人不要参加这个项目”，虽然还是出了问题，但在事后的纠纷处理中，导游就处在较为有利的位置。

(2) 事故发生后要及时组织抢救。在以上5个实例中，导游都能立即采取措施将受伤游客送往医院抢救或治疗，事态都没有扩大，应该说是不幸中的万幸。因为积极抢救或治疗，一方面显示了旅行社的责任心和对游客的关怀，充满着人情味；另一方面在严重伤害的情况下，时间就是生命，时间就是金钱，送医院愈早损失愈小，在这个时候，积极进行救治并不等于导游一定在游客受伤的事件中负有重要责任，不主动组织救治也不等于导游没有责任，这一点一定要明确，即：救治是当时的头等大事，分清责任是善后工作。

(3) 要注意收集第三者责任的有利证据。游客受到意外伤害，在大多数情况下都会有第三者的责任或应由保险公司进行赔偿，而导游有责任帮助收集证据和进行索赔。如例3中，游客所使用的浴缸是否符合三星级饭店的规定标准是一个问题，饭店正在更换浴缸是一个证据，由此应该要求饭店承担部分责任。此外，上述实例中的大多数，事后导游都将事情经过向旅行社进行了汇报，由旅行社派员与保险公司联系，申请赔付，并索赔成功。发生事故后，积极依据有关保险责任条款索赔，既分散了企业、游客的风险，也有利于促进旅游业的健康发展。

(4) 旅行社应对受伤游客给予热情的慰问与关怀。无论在游客受伤的事件中旅行社有无责任或责任大小，都应该从人道主义出发，给予受伤者以应有的帮助。在例2的善后工作中，旅行社不仅积极联系医院为游客治伤，积极联系保险公司为游客赔付，而且多次亲赴医院对游客进行各种形式的慰问，使受伤游客感到了友爱、关怀和温暖，效果非常好。

（二）导游人员的技能素质要求

服务技能可分为操作技能和智力技能两类。导游服务需要的主要是智力技能，即导游员同领队协作共事、与旅游者成为伙伴、使旅游生活愉快的带团技能；根据旅游接待计划和实情，巧妙、合理地安排参观游览活动的技能；选择最好的游览点、线，组织活动，当好导演的技能；触景生情、随机应变，进行生动精彩的导游讲解的技能；灵活回答旅游者的问询，帮助他们了解中国的宣讲技能；沉着、果断地处理意外事故的应急技能；合情、合理、合法地处理各种问题和旅游者投诉的技能等，详见下表：

技能类型	相关技能作用	所涉及范畴	技能要点
导游员的操作技能	导游是门技术	包括导游讲解技能、组织安排团队的技能	1. 熟练地运用掌握的丰富知识、幽默的语言、抑扬顿挫的语调、引人入胜的讲解以及有节奏的导游活动来征服旅游者，使他们沉浸在欣赏美的愉悦之中 2. 熟悉导游服务质量标准，具有一定的组织、协调能力，要求导游员在安排旅游活动时有较强的针对性并留有余地，在组织各项活动时讲究方式方法并及时掌握变化着的客观情况，灵活地采取相应的有效措施
导游员的智力技能	导游是种能力	包括独立执行政策和宣传讲解的能力，善于和各种人打交道的能力，独立分析、解决问题、处理事故的能力	1. 必须具有高度的政策观念和法制观念，要以国家的有关政策和法律、法规指导自己的工作和言行；要严格执行旅行社的接待计划；要积极主动地宣传中国、讲解中国现行的方针政策，介绍中国人民的伟大创造和社会主义建设的伟大成就；回答旅游者的种种问询，帮助他们尽可能全面地认识中国 2. 必须掌握一定的公共关系学知识并能熟练运用，具有灵活性、理解能力并能适应不断变化着的氛围，随机应变处理问题，搞好各方面的关系。导游员具有相当的公关能力，就会在待人接物时更自然、得体，能动性和自主性的水平必然会更高，有利于提高导游服务质量 3. 能独立组织参观游览活动，要独立作出决定、独立处理问题，要独当一面地工作

（续）

技能类型	相关技能作用	所涉及范畴	技能要点
导游人员的职业素养	导游是种素质	包括身心健康、头脑冷静、有礼有节	1. 导游工作是一项脑力劳动和体力劳动高度结合的工作。导游员从事的是一项高智能的服务工作，但其工作纷繁，量大面广，流动性强，体力消耗大，而且工作对象复杂，诱惑性大。因此，导游员必须是一名身心健康的人，否则很难胜任工作。身心健康包括身体健康，心理平衡，头脑冷静和思想健康四个方面 2. 导游员的衣着必须整洁、得体；仪表端庄、大方；表情要自然，让人看上去总是精神饱满。在接待旅游者的过程中，导游员要讲求礼貌服务、使用礼貌语言，面部应经常带着微笑，使旅游者感到舒心、满意

【实例导航】

导游的魅力

例6：某旅行社组织三国之旅，游客到达目的地后，入住星级宾馆，在大家在餐厅用餐时，突然出现短时间停电。此时导游灵机一动，对游客说这是旅行社特意为大家准备的节目——烛光晚餐。在游客后来得知这是一次突发事件而引出的意外礼物后，纷纷给旅行社去信，感谢此次温馨之旅及导游的热忱服务。

例7：1999年10月26日至28日，刘小姐在西安G旅行社担任全陪，旅游团是为期三天的赴延安—壶口瀑布游。该团成员较特殊，他们都是第四军医大学59级的毕业生，40年前的校友刚在母校进行联谊活动。因年龄都偏大，在接团前，社里就一再叮嘱导游服务要细致。在整个旅游过程中，刘小姐尽量做到细致入微，只是发生了一件小意外。旅游团共4辆车，在去壶口的途中，由于路不通，改走其他路线。但地陪不熟悉路线，有的车又先出发，因而在一个岔路口不得不停下来等其他车，这时客人表示不满，要求只等10分钟，10分钟后必须开车。此时气氛有点紧张，刘小姐就为客人主动表演节目，缓和气氛，同时组织大家唱陕北民歌。过了大约半个小时，其他车也跟了上来，客人也没有表示责难。在后来的旅游活动中，刘小姐主动搀扶人，并为他们做了一些力所能及的事，博得客人的好感，后来客人专门给旅行社送了一面锦旗。

案例分析：

(1) 导游是整个旅游团旅游活动的"节目主持人"。导游的专业知识和服务、管理职能的发挥至关重要，直接关系到旅游团队的活动是不是丰富多彩，是不是充满欢声笑语，直接关系到每一位游客的旅游体验是不是愉悦。所以，导游不仅应该受过良好训练，对旅游景点和旅游线路了如指掌，而且应该具有良好的心理素质和应变能力，应该能够机智地处理各种突发事件，巧妙地化解各种矛盾。在任何时候任何情况下，只要有导游与旅游团在一起，游客们就感到放心，就觉得有依靠，就不怕任何困难。

(2) 例6是一个广为流传的经典实例,讲的是由于导游的机智使不利因素化为有利因素。由电灯照明变为无奈的蜡烛照明,本来有许多不便,但当引入了"烛光晚餐"这一概念后,就充满了浪漫、温馨,变为另一种格调的享受。可以说"烛光晚餐"的渲染比任何苍白的解释和诚挚的道歉都有利,平添了一份热情和幽默。当然,说"导游灵机一动",称之为"旅行社特意为大家准备的节目",多少有点文学色彩和编辑实例的痕迹,但确实能给我们以启示。

(3) 例2可称之随机事件,讲的是导游凭借自己的人格魅力化解矛盾的过程。例7中的导游刘小姐为缓和紧张气氛和矛盾冲突,"主动表演节目",并组织大家唱陕北民歌,把枯燥的等待变成了愉快的联欢,结果当然是美好的。我们认为至少有两点是值得称道的:一是导游抓住了问题的症结所在。客人之所以不满,是因为旅游的疲劳、等待的枯燥和时间白白浪费在与旅游无关的无所事事之中。试想:一群人花了钱是为追求一次美好的经历而来旅游的,但却因为非自己的原因被置于荒山野岭,不满绝对是情理之中的事。抓住了症结,矛盾当然就迎刃而解了。二是导游恰当地摆正了自己的位置,认识并履行了自己的职责,使自己成为全团的中心,应该说这个"节目主持人"是称职的。

(4) 对导游的训练和教育应突出"不求无过,但求更好"。两个例子中,均可说导游无过,但无过并不是高质量,无过亦不能成为自己不更好履行职责的借口。还是那句老话:"宾客至上"。真正用心去体会了,真正从一时一事认认真真去做了,才是一个称职的导游,一个好导游。

【延伸阅读】

德国旅行社如何培训导游?

上海国旅德语科的四位导游到德国小城英格尔斯塔德,参加德国学习旅行社组织的外聘领队的培训。短短几天培训,让人受益匪浅。德国旅行社对领队和导游的培训方式,很值得我国旅行社同仁借鉴。

培训的第一课就是学习该旅行社的重要经营理念——"学习旅游"。所谓的学习旅游,德方提出的口号是:"让客人利用休假享受到学习的机会",把到一个地方旅游看作是一个学习当地文化的机会。

学习旅行社认为旅行社客人的需求有五个层次:基本的生存需求、获得一般信息的需求、满足客人个人要求的需求、满足客人取得社会公认地位的需求、满足客人实现自我的需求。德方认为,一般的旅游,可以满足客人的前三个需求,被称为经历型的旅游,而学习型的旅游就是要满足客人第四、第五层次的需求。在客人学习的过程中,领队和导游起着至关重要的作用。他们是文化的传播者,也是"节目主持人",能根据客人的条件和现场的情况组织客人在休假和娱乐中学习。

德方导游培训的形式也值得我们学习借鉴。他们不采用老师上课,学生听讲的方式,而是采用现场模拟和讨论会的形式,课堂非常紧张活泼。

授课开始时,先由指导老师示范讲解培训地英格尔斯塔德的一处教堂,随后学员们进行点评。然后每个人抽一个题目,用四个小时自己找书查资料,准备一段十分钟的讲解。这对于到达这座小城仅几天的各国受训领队来说,难度可想而知。

对每一位领队的讲解,督导老师和其他学员从八个方面来进行考评:讲解地点的选择、讲解的信息量、信息有效性、语言、材料的组织、品味、风格和时间。每人十分钟,误差不能超过一分钟。领队讲完，其他学员就各抒己见，进行讲评，指出他的讲解中有多少信息量，哪些是有效信息，组织结构是否合理等，每次讲评都在二十分钟以上。其实讲评是另一种形式的考核。对于旅游活动中遇到的问题，受训领队们演起了“情景剧”。例如，早晨客人退房，“某客人”看了收费电视却不肯付钱，“酒店收银员”威胁要报警，“其他游客”吵着要马上出发，作为领队，不仅要及时处理好，还要说出这样做的道理。学员们也对每个案例进行了热烈的讨论。就在热烈的表演和讨论中，大家学到了许多工作技巧。

【服务提示一】

导游保健十条

(1) 作为导游来说，嗓子最重要，所以要经常保护自己的嗓子，具体做法如下，出团以前给自己泡一大壶凉茶，倒在自己的瓶子里，以备不时之需。

(2) 小心水土不服，导游经常要外出长线，所以搞不好就会上火，浑身不舒服，怎么办？办法其实很简单，还是在出团前带一壶自己常喝的水，里面放一点甘草，或者薄荷，又降温，又防暑，而且还防感冒，何乐而不为？

(3) 日晒雨淋，皮肤最重要，怎么办？除了护肤品，还要准备湿纸巾，不忙的时候给自己做做简单面膜。总之要让皮肤保持湿润。

(4) 长途跋涉，腰酸腿疼，所以要经常活动活动，可是在车上、船上、飞机上，怎么办，最简单的办法，就是常常伸伸懒腰，伸伸胳膊，扳扳腿，活动活动筋骨。

(5) 吃了不干净的东西，一不小心，拉肚子了怎么办？除了备好药之外，还有一个按摩的办法，就是肝脏、脾脏、肾脏的部位，要使劲地按摩，还有虎口、足三里，这样肚子就会好得快。

(6) 陪同餐，好难吃，不管怎么样，一定要吃饱，最好多吃蔬菜，少吃肉，减少上火和拉肚子的机会。

(7) 做导游，不想早起都没有办法，所以必须要早睡，每天至少要保持8小时的睡眠，男人女人都一样。

(8) 找机会，多休息，要知道一寸光阴一寸金。

(9) 好疲劳，多洗澡，每次洗澡尽量时间稍长些，而且要冷热各半，每天要洗两次以上，也就是说，起床的时候和睡觉的时候都要洗一次，又护肤，又美容，更加解除疲劳。

(10) 天大的事情不要着急，凡事不要慌，总之要做到心情轻松，笑颜常开。

【服务提示二】

提醒旅游者吃什么可以缓解旅途疲劳

(1) 高蛋白食物：豆腐、牛奶、鱼肉、蛋类等高蛋白食物可以补充旅途中消耗的热量，消除人体疲劳感。

(2) 热茶：茶水中含有少许咖啡因，可增强呼吸频率和深度，促进肾上腺素的分泌，消除疲劳感。

(3) 碱性食物：疲劳感部分源于体内环境偏酸，多食用一些碱性食物，如新鲜蔬菜、瓜果，可以有效消除疲劳。

(4) 维生素：维生素B1、维生素B2和维生素C等营养素，有助于排出体内积存的代谢物，从而消除疲劳感。

(5) 中草药:人参、银耳、田七、灵芝、五味子、刺五加等都有扶正固本、补气活水的作用,能改善神经系统功能,减轻疲劳感。

【任务实操】

实训项目 2	新导游职业发展规划训练
实训要求	能从职业理想、职业理想必备条件、职业规划发展阶段几部分来撰写一份职业发展规划
实训时间	2 学时
实训材料	电脑、网络
实训内容与步骤	1. 网络查询 2. 构思框架 3. 完成整体规划

【课下自主测评】

综合素质自我测评

评分项目	学生自评分数	优缺点分析	改进计划
思想素质(20 分) 热爱祖国 爱岗敬业 品行端正			
文化素质(20 分) 扎实的史地文化知识 丰富的美学知识 灵活的心理知识 必要的政策法规知识 多种旅行常识			
心理素质(20 分) 乐群外向,开朗豁达 兴趣广泛,乐观向上 自信自立,勇于自责 (导游员的性格、情感、心理承受力)			
能力素质(20 分) 认识能力(敏锐的观察力、稳定而灵活的注意力、丰富的想象力、良好的记忆力) 活动能力(准确自觉的执行政策的能力、灵活机动的组织协调能力、顾全大局的交往能力、沉着果断的办事能力) 特殊能力(语言才能、指挥才能、表演才能)			

（续）

评分项目	学生自评分数	优缺点分析	改进计划
身体素质(20分) 健康状况良好、体力充沛、不晕车			

习题导航台：

1. 导游就是一种服务工作，你的思想准备好了吗？
2. 导游工作的局限性与危机感，你有考虑过吗？
3. 你认为作为外语导游或者出境领队是否比其他导游要强？
4. 无论哪一类导游，你认为最重要的是什么？

项目二

导游接待工作

《导游人员管理条例》第二条规定:导游人员,是指依照本条例的规定取得导游证,接受旅行社委派,为旅游者提供向导、讲解及相关旅游服务的人员。接待工作是导游工作的关键。接待工作的好坏直接关系到旅游过程中游客的体验和感受。通过本项目的学习,你将熟悉接待前的各项准备工作、接待的各项流程及送团注意事项。

【项目导航】

项目任务	基础任务	扩展任务
任务一 接待准备	出团任务书的领取和熟悉; 接待前的各项准备工作	出团任务书的制作
任务二 接团工作	接待流程的熟悉和掌握	设计可操作的书面接团计划或接团方案
任务三 送团工作	送团流程的熟悉和掌握	设计旅游服务质量反馈方案

【项目任务链】

2013 年 7 月 10 日,小王接到旅行社电话:7 月 15 日有一旅游团到无锡旅游两日需要地接,请他到旅行社领取任务单。

思考:1. 小王应该要做哪些出团前的准备工作?

2. 带团的基本程序有哪些?

任务一 接待准备

一、领取出团任务

【任务导入】

小王在接到旅行社电话后,第二天 7 月 11 日到旅行社领取任务单。

思考:1. 出团任务书包括哪些内容?

2. 领取出团任务书后应该注意什么?

【任务详解】

导游带团前，必须知道自己所要带的这个团队的对象、行程、特殊注意事项等，而这些事情都是在计调人员或者导游部专门人员通知自己上团，提前去领取任务才知道的。所以，领取任务是一项非常重要的事情。

（一）领取任务的重要性

1. 提前与旅行社建立联系，了解和熟悉团队的相关情况

通过领取任务，导游人员可以提前明确团队性质、出团要求等，并做好与旅行社的事先沟通，根据导游人员带团经验对任务书中相关问题可以进行协商、询问，提出相应的建议，以更好地为旅游者服务。

2. 发现安排中的细节问题，及早调整，避免不必要的损失

在接到出团任务书后，要求导游人员细心阅读要求、行程、特殊安排等。对一些特殊的安排及相关细节问题进行详细解读、沟通和协调，对于存在问题的地方可以尽早要求旅行社进行调整和更改，以防止不必要的损失。

3. 有助于导游做好接待前的各项准备工作

针对任务书中的安排和要求，导游人员要提前做好各项准备工作，包括语言、形象、心理、物品等各方面的准备工作。

（二）领取任务的程序

以江苏康辉旅行社为例，领取任务的程序如下：

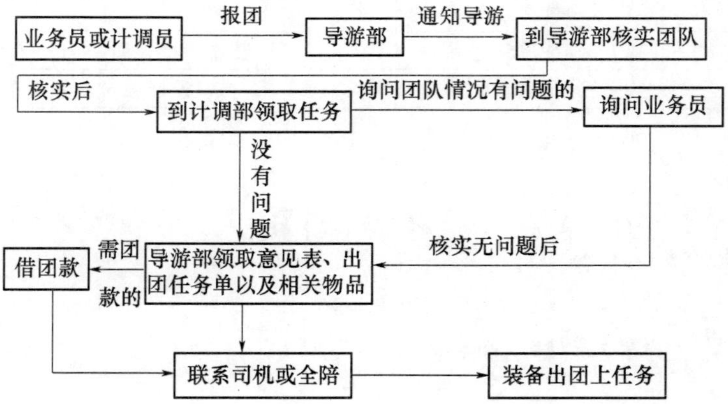

以上流程图是一个简单的过程，假如是出境团或者大团，一般都会在计调部领完任务后，由业务员开一个说明会，说明这个团队的人员组成情况、线路的特殊处、集合地点和时间、分车号、境外注意事项等相关详细的工作。

导游员必须在领任务过程中仔细核对行程、接团地点、接团时间、火车票或飞机票、团队负责人、司机等一系列详细的团队情况，如果有特殊的地方或者与合同不符的地方，导游应该立即提出，由业务员与计调或者与游客进行商讨解决方案，而后确定，为团队出去后能够顺利进行打下坚实的基础。

【实例导航】

某新导游来公司领取任务,却一直急急忙忙,在计调部打出任务单后,没有仔细查看任务单,只知道是绍兴二日游,又匆匆忙忙借了团款和领了意见表就走了。

第二天接好游客,也不与司机对行程,司机也只知道是绍兴二日游,就一直开到绍兴,中午11∶30左右到了绍兴,导游拿出任务单打地陪的电话,询问为什么没有前来接团,地陪说,她只是下午16∶00才接团,中午她还在其他团上。这时导游才仔细看了下行程,发现自己错了,虽然是绍兴二日游的团,但是第一个景点是柯岩景区,而柯岩景区是在柯桥的,在高速公路前一站就是柯桥,并且午餐也是在柯桥景区里面吃的。

导游本身就是第一次去绍兴,出发前没有仔细看行程任务单,更没有做好充分的准备,导致了这次错误。结果就是,在导游全部联系好,弄明白,再开车到柯岩景区里吃饭,已经是下午13∶30了,游客意见很大,来回浪费时间又饿了肚子,所以,当时就打电话投诉到旅行社了。

案例分析:每个导游,无论是新导游还是老导游,在领取任务时一定要仔细和计调、业务员核对行程,有什么疑问一定要问清楚,没有去过的地方更要做好充分的准备,要查资料、问老导游、做好联系工作,这样才能上团,否则很容易出错。

(三)出团任务书

旅行社"出团任务书"是由旅行社计调部门,根据团队的情况和行程安排的细节及费用开支明细出具给导游的相关情况说明文件。此文件是导游安排客人的行程,提供相应的服务,并支付指定费用,和相关责任人联系的重要文书,是保证团队有序运行的重要资料。可以说出团任务书是导游明确任务安排和注意事项的重要依据,也是导游带团凭据之一。

从内容上看,出团任务书主要包括:团队特征;接团方式、时间、地点;行程安排及特殊注意事项;费用支付;相关联系人信息等。目前,出团任务书没有完全一致的格式和名称,各地旅游主管部门和旅行社会根据自身需要进行相应的制作和调整。下面给出了几种类型的出团任务书供参考。

导游出团通知书

制单:	电传:
导游:	手机:

TO:导游员

现公司有一团,团号为__________,人数__________人,抵本地旅游线路为__________游览__________天,特委派你来接待该团,团队性质(□散客拼团 □独立团队 □可散拼团队 □港澳台游客 □其他语种游客),请认真阅读导游出团通知书,遵循公司的规章制度,注意行为规范,维护公司的信誉,做个合格的优秀导游员。

送接团方式:由________乘________航班飞抵武汉或乘________车次抵达武汉
接团:________月________日________时在出口处举"________"旗或举游客姓名________接团
送团:________月________日________时将游客提前一小时送抵________,送机时请协办登机手续/送车时送到指定候车厅

（续）

<table>
<tr><td>接团提示</td><td>□ 请在机场 1 号航站楼出口处候客
□ 请在机场 2 号航站楼出口处候客
□ 请在汉口火车站出口处举旗候客
□ 请在武昌火车站东出口处举旗候客
□ 请在____________</td><td>送团提示</td><td>□ 将游客送到天河机场 1 号航站楼国内出发厅大屏幕下
□ 将游客送到天河机场候机厅办理登机手续
□ 请将游客送到汉口火车站指定车次候车大厅
□ 将游客送到____________</td></tr>
<tr><td colspan="2">酒店
酒店名称________入住日期________
电话________联系人________
所处位置________
早餐方式(□桌餐 □自助餐 □不含餐)
餐标:________元
付款方式(□前台现付 □挂账)</td><td colspan="2">其他
________月________日入住位于________酒店共________天总机________联系人________手机________付款方式(□前台现付 □挂账)</td></tr>
<tr><td colspan="2">公司签单餐厅
____________联系________特色________
____________联系________特色________
____________联系________特色________</td><td colspan="2">公司指定商场
____________联系____________
____________联系____________
____________联系____________</td></tr>
<tr><td colspan="2">公司签单景点(在团队售票处签单)
①黄鹤楼 ②归元寺 ③东湖 ④红楼
⑤其他</td><td colspan="2" rowspan="2">特别提示
① 接团时仔细核对行程、人数、标准、景点、接站车次/航班、组团社名,并提前 30 分钟到达指定地点。
② 送团时必须核实返程车票/机票的班次、时间,并提前一小时将游客送到指定地方。代收余款必须提前收齐,如有变动听从公司安排,切莫擅自变更。散客团必须提前分组,便于分票分房。
③ 行程内景点、酒店、游船、商店必须提前联系,以免措手不及产生后患并自备团款应急。
④ 介绍游客参加合同未约定的消费项目时,必须取得游客的书面签字同意,不得到非公司定点商店购物;凡涉及游泳、爬山等高危险项目的活动,必须坚决杜绝;突发事故要及时报警保留证据。
⑤ 导游讲解要语速适中,吐字清晰,带团期间不得饮酒、赌博、言语不文明及做出有损公司形象的行为。</td></tr>
<tr><td colspan="2">本团司机 姓名________手机____________
车型 ________牌照号________正座________
车内设施 □液晶电视 □车载电视
□完好话筒 □空调
车队电话________联系人________
付款方式 □送团时现付 □挂账 □其他
其他</td></tr>
</table>

（续）

导游声明 本人已详细阅读以上提示和内容，同意并遵守导游带团法则，维护公司信誉，如因接待服务质量而引起游客不满造成投诉，愿接受公司处理，本人无须作任何解释。特此声明！ 导游签字　　　　　　　　日期	⑥领取任务后不得随意停团、刁难客人更不应个人情绪带到工作中，如因个人利益而影响团队质量，或因个人原因造成团款、机、车、船票遗失，所引起的投诉与纠纷，造成的损失自行承担。 ⑦ 导游必须 2 次至桌前询问用餐情况，如菜量不足应通知餐厅进行补救措施，确保客人满意，不得擅自退餐写餐标费用证明。 ⑧ 提前告知游客下榻的酒店名称、导游手机，并提醒游客入住前检查房间物品是否完好，通知前台叫早并安排好次日的早餐，协调好司机的行车路线。擅自离团或私自转团所造成的损失由导游承担，公司有权追求其法律责任

团队计划单

团号	JBT－JN－2011	线路		人数	
起止时间		导游		领队或全陪	
接团时间和地点					
汽车班	车辆单位：	电话：	车型：	车号：	
	车座：	驾驶员：	电话：		
住宿情况	宾馆：	地址：		电话：	
	宾馆：	地址：		电话：	
	宾馆：	地址：		电话：	
	宾馆：	地址：		电话：	
用餐情况	早餐：　元/人，　共　次		正餐：　元/人，共　次		
费用	交通费	住宿费	餐费	门票	
	其他费用	导贴	司贴	备用金	
接待社		联系人及电话			
地接导游		联系电话			
准备工作	导游证□，社旗□，喇叭□，游客标牌□，游客意见反馈表□				
备注：					
计调		电话：	导游		电话：

全程导游任务单

（请认真查看，如有问题请及时询问）

TO：________导游，手机：____________________，导游证号____________________

现公司有一团，团号________，线路________，游览天数________天，人数________人（其中离退休老人________人，占床儿童________人，不占床儿童________人，婴儿________人）团队性质（散拼 团队），领队姓名________，手机________________。公司特委派你作为此团导游全程陪同游客游览，于________月________日________时在________乘________航班/车次前往________。请认真阅读导游任务单，提前与领队和地接导游联系，遵循公司的规章制度，注意行为规范，维护公司的信誉，并有义务监督接待社的工作及接待质量！①地接导游姓名________，手机________②地接导游姓名________，手机________

（一）游程安排（本次团队标准：□三星豪华 □二星标准 □四/五星贵宾 □机酒自由人/会展）

（二）接待社确认的标准及费用

① 接待社：________已汇款________元，现付________元，余款________元（□团队离开前现付 □团队结束后公司汇款）

② 接待社：________已汇款________元，现付________元，余款________元（□团队离开前现付 □团队结束后公司汇款）

<table>
<tr><td rowspan="5">酒店情况</td><td>D1 宿________，________星（□市内 □偏 □挂牌 □未挂 □大堂敞亮 □大堂小 □无大堂 □房间新 □房间陈旧）</td></tr>
<tr><td>D2 宿________，________星（□市内 □偏 □挂牌 □未挂 □大堂敞亮 □大堂小 □无大堂 □房间新 □房间陈旧）</td></tr>
<tr><td>D3 宿________，________星（□市内 □偏 □挂牌 □未挂 □大堂敞亮 □大堂小 □无大堂 □房间新 □房间陈旧）</td></tr>
<tr><td>D4 宿________，________星（□市内 □偏 □挂牌 □未挂 □大堂敞亮 □大堂小 □无大堂 □房间新 □房间陈旧）</td></tr>
<tr><td>D5 宿________，________星（□市内 □偏 □挂牌 □未挂 □大堂敞亮 □大堂小 □无大堂 □房间新 □房间陈旧）</td></tr>
<tr><td>总评</td><td>请全陪就此次团队情况如实阐明（可另附纸说明，切记接待社质量反馈单由领队或游客签字，擅自签字后果自负）
酒店标准：________________________________
用餐情况：________________________________
车辆状况：________________________________
司机服务：________________________________
导游服务：________________________________
景点游览：________________________________
购物/加点：________________________________</td></tr>
</table>

【服务提示】

目前,很多景区景点要求导游上团除了要佩戴导游证以外,也必须携带出团任务书才能视为正式带团并免费进出。

【任务实操】

实训项目 1	接待计划研究训练
实训要求	1. 熟悉掌握接待计划的格式与内容 2. 准备掌握接待计划的各项服务内容
实训时间	2 学时
实训材料	接待计划单
实训内容与步骤	认真阅读接待计划和有关资料,详细地了解该旅游团的服务项目和要求,并就相关要点做记录 1. 计划签发单位(即组团社)、联络人姓名及电话号码 2. 客源地组团社名称、旅游团名称及代号、电脑序号、国别、语言、收费标准(豪华等、标准等、经济等)和领队姓名 3. 组成人员的情况:人数、性别、姓名、职业、宗教信仰 4. 全程旅游路线、入出境地点 5. 所乘交通工具情况:抵离本地时所乘飞机(火车、码头)名称 6. 掌握交通票据情况 7. 该团去下一站的交通票是否按计划订妥,有无变更以及更改后的落实情况

实训项目 2	出团任务书填写训练
实训要求	1. 熟悉掌握出团任务书的格式 2. 按照接待计划核对相关内容准确填写
实训时间	2 学时
实训材料	白纸、电脑、笔
实训内容与步骤	1. 认真阅读接待计划和有关资料,详细地了解该旅游团的服务项目和要求 2. 设计出团任务书 仔细核对出团任务书的格式内容,按规定填写

二、接团准备工作

【任务导入】

根据旅行社提供的出团任务书及在旅行社了解的相关情况,小王在家准备各项接团工作。

思考:接团准备工作主要包括哪些内容?

【任务详解】

导游人员在接到出团任务后,应该做好各项准备工作,包括业务准备、知识准备、物品准备、形象准备、心理准备等。

(一)业务准备

业务准备包括熟悉研究接待计划,落实接待事宜。主要要做以下一些必要工作:

1. 熟悉接待计划,掌握团队信息和团队基本情况

(1)掌握有关团队的信息。在接到任务后,要尽可能多地从不同渠道去获取与团队有关的信息,比如客源地的文化特征、旅游团的等级、使用语言等,特别是要牢记该旅游团队的团号。

(2)掌握团员的基本情况。要了解团员的基本情况,包括人数、年龄层次、性别比例、文化素质、职业特点、宗教信仰、生活习惯等,尤其要注意旅游团的特殊信息,如有无特殊用餐、有无残疾人等。

(3)熟悉旅游接待计划。如下榻饭店、旅游用车、出入交通、行李安排等。

2. 与业务员问清接团时间和地点后,和司机核对具体行程、人数、接团地点和时间

因为许多时候,业务员告诉导游的接团地点或时间会有出入,并且计调告诉司机的行程、人数和具体的接团地点、时间也可能有出入,所以导游在知道司机电话后,必须及时与司机核对相关情况,防止有情况发生。

【实例导航】

某社导游在领好任务后,看到任务单上写的是游客35人,在收到司机的电话号码后,便与司机联系,她问"您的车是几座的?",司机告知是35座的,就是说是33个客人位子再加一个导游一个司机座,这样就产生了问题,将有两位游客没有位子坐,所以导游及时将情况反映给计调和业务员,计调紧急换车,终于防止了一起旅游事件的发生。

案例分析:导游在领取任务后务必与相关人员取得联系,包括司机、地接等,以确保任务万无一失。

3. 与游客或其领队核对团队情况,并告知天气以及团队行程中应该注意的事项

导游不仅要与计调和业务员核对团队情况,也必须和游客核对,这样可以得到更多的团队情况信息,能为上团做好更充分的准备,也能够为游客增加信任感。如果是特殊团或出境团,还要在出发前一两天开行前说明会。

细心的导游就应该在领取任务后立即查看旅游目的地的天气情况,如果有异常或者特殊天气,应当及时通知游客让游客做好充分的准备。因为,只有这样,游客才能感觉到导游的准备工作充分,增加游客的信任感。

【实例导航】

某社导游小王,在领好黄山三日游任务后,上网查询了黄山明后天的天气情况,发现是有雷阵雨,所以与游客领队联系时,多提醒游客说"明后天有雷阵雨,请带好雨具",果然,后来下雨了,由于大家都做好了准备,没有被淋,游客的领队对导游小王非常赞赏。

案例分析:时时处处为游客着想的导游人员能让游客有亲人的感觉,在增加信任感的同时也会给顺利完成团队任务做很好的铺垫。

4. 尽早休息

尽量早点休息,不要上团之前还参加各项剧烈运动和过度的娱乐活动。

【实例导航】

导游小鲍下午在公司领好团队任务,晚上与其朋友泡酒吧,由于喝酒过度,在自己开电瓶车回家的路上不慎摔倒,膝盖与手脸不同程度受伤,打电话给导游部经理,要求明天的团换导游,称自己受伤无法上团,而此时已经是晚上22:00了。而由于旅游旺季,导游本来就紧张,况且已经很晚,很难去调换导游,给公司带来不必要的麻烦。

案例分析:“不怕一万,就怕万一”。导游人员在明知道有团队任务在身的前提下,一定要时时处处提醒自己,做好万全的准备,以防止不必要的问题发生。这一案例也同样适用团队接待过程中包括司机、导游在内的其他相关服务人员。

5. 提前起床

用手机或者闹钟设置好叫早闹铃,必须相应提前,以防接团迟到。

【实例导航】

导游小张由于前晚睡觉较晚,忘记设置闹铃,第二天原本是6:30游客集合出发前往青岛,但是,游客等到6:40仍然未见到导游,就打电话给业务员,业务员在与导游打电话后才知道,导游小张没有设置闹铃,已经睡过头了,小张匆忙赶到接团地点时,已经近7:30了,游客意见很大,虽然小张一路上小心带团,但是给游客的印象还是不是很好。

案例分析:给游客的第一印象非常重要,导游迟到是最要不得的事情,所以,一般普通团导游必须提前15~20分钟到达接团地点,而老年团必须提前半小时到接团地点,这样才能给游客一颗定心丸,并且能比较认同导游,也为后面带团垫下基础。

6. 睡前核对各种物品和行程内容,做到不要有遗漏和错误

由于第二天要接团,导游员必须要尽早休息,保持充沛的精力。同时,睡前的思路清理工作和检查工作也是很必要的,只有这样,才能使自己的工作更加细致,防止有错误的发生,带好每一个团队。

(二)知识准备

1. 提前做好相关景点知识、沿途知识、气象知识及其他相关专业知识的准备

要熟悉旅游团队要游览的景点的概况,如游览项目、活动项目等,尤其要注意不熟悉景点的内容,如景点开放时间、最佳游览路线、厕所位置、景观特色、管理规定等。

2. 强化语言表达能力

出团前,要强化自己的语言表达能力,对一些景点的生僻词语和专业词汇反复诵读,避免出现发音不准的错误。

3. 准备与本次旅游活动相关的知识

了解和掌握相关旅游常识,如关税、旅游地风俗习惯、急救知识、法律知识等。在了解游客的基本信息后,要有针对性地准备一些专门化的知识,如一些专业术语等,紧密配合本次任务。

【实例导航】

55岁的费业朝是安徽九华山风景区管委会对外宣传中心的导游。担任导游工作30年来,他十分注重汉语言文化的学习,积累了大量与旅游相关的语言和宗教专业知识。2004年6月,他接待一位中央首长时,遇到了极具挑战的问题。

那天上午,当他向首长介绍“九华山的地藏王菩萨,原本是古新罗国的一位王子”时,首长突然发问,“你能不能给我讲讲中国佛教对周边国家的影响?”费业朝遂介绍了中国佛教是如何传入韩国、日本及越南等国,并对这些国家的文化、伦理甚至政治都产生了深远的影响。随后,他又提到佛教是汉文化向周边国家传播的主要载体,对亚洲汉文化圈的形成起到过重要作用。听到这些,首长十分满意,并在参观途中的一个寺院里专门安排时间向他仔细地询问了古代汉传佛教是怎样影响这些国家的。

2004 年以来,费业朝长期在长江游轮上为欧美客人作“中国佛教概况”讲座。他有意介绍了我国政府颁布的《宗教事务管理条例》中有关“确保公民宗教信仰自由”的内容,告诉客人我国政府十分关注宗教事务,赢得了国外游客的称赞。

【实例导航】

小徐是从××外语学院德语专业毕业分配到旅行社从事导游工作的。这天,他做地陪接了一个德国团。早上 7∶30,他就跨上自行车去游客下榻的饭店,因为旅游团 8∶00 在饭店大厅集合。小徐想:“从家里到饭店骑车 20 分钟就到了,应该不会迟到。”然而,当经过铁路道口时,开来一列火车,把他挡住了。待列车开过去时,整个道口已挤得密密麻麻,因为大家都急着赶时间去上班,自行车、汽车全然没有了秩序。越没有秩序,越混乱,待交通警察赶来把道口疏通,已过 8∶00。10 分钟后,小徐才到饭店。这时,离原定游客出发时间已晚了十多分钟,只见等候在大厅里的那些德国游客个个脸露不悦,领队更是怒气冲冲。

案例分析:作为导游员,熟悉各个国家或地区的风俗习惯是很有必要的。知道了各个国家、地区的风俗习惯、人民的性格特点后,导游员就能较好地防止避免这样那样的差错。德国游客,他们的时间观念也许是世界上最强的,讲好 8∶00 出发,绝对会一个不漏、一秒不迟地准时在大厅集合。这时,如果导游员自己迟到了,在他们心目中的形象就会大打折扣,即使前面的工作非常出色,也将事倍功半。本案例中,小徐若知道德国人的这种惜时如金的性格特点,他就会把赶往饭店的时间更提早些,这样,也就不会出现本案例中所述的最后一幕。当然,作为导游员,不仅是带德国游客,带任何一个旅游团,都要守时,绝不能迟到,这是导游从业人员起码的素养。如果因为不可预见的因素而迟到了,则可以:

(1) 诚恳地向游客表示道歉,如实地说明前因后果,以求得游客的谅解。

(2) 工作上要一如既往,不能因为迟到,游客有意见就降低自己的服务标准,而是要更加努力,将功补过。

4. 准备即时信息

要注意跟团日期的天气状况,以提醒带团导游做好相关准备;还有重大新闻热门话题等,方便必要时和游客交流。

(三) 物品准备

物品包括两方面:一是导游人员个人物品,如盥洗物品、换洗衣物、护肤品、水杯、纸巾、雨伞等;二是团队接待所需必备物品,包括门票结算单和费用、导游证、胸卡、导游旗、接站牌、团队联系方式等必备用品。

在家准备好导游旗、导游证、喇叭等上团必备工具;如果是团队行程日期较长的团,还要准备衣物、充电器、牙膏牙刷等。

【实例导航】

导游小张带一个华东五日游的散客团,但是由于出发前,准备工作不充分,忘了带手机充电器,手机在带团第二天便没电了。由于团队住得比较远,行程比较紧,他也没有空去买充电器。但是，后来有游客不小心走失了，打小张电话又关机，为了找到游客，整整耽搁了3个多小时，导致整个团队行程被耽误，其余游客都责怪小张，如果不是他手机没电，走失的游客可以及时与之联系上，也就不会耽误行程了。

案例分析：导游人员应该在出团前做好物品准备，包括个人物品和团队接待物品。有的时候个人疏忽可能会给团队接待带来大麻烦。

（四）形象准备

导游带团通过自身的形象、语言、专业素质和能力为旅游者提供向导、讲解及其他综合服务。其中，个人形象也是带团过程中很重要的一个方面。形象是导游和游客沟通的良好通道。一个身着背心、短裤、拖鞋，邋邋遢遢的导游员是无法让游客产生好感和安全感的。形象准备除了外形准备外，服务礼仪准备也是很重要的方面。

【服务提示】

服饰是一种文化一种语言，对给游客留下的第一印象非常重要，因此对于导游员的着装也有着一定的要求：导游员应根据自己职业特点，以合适的着装和得体的修饰、良好的精神面貌来为游客提供服务。正如英国的导游专家帕特里克·克伦教授所说的："穿着得体比浓妆淡抹更能表现出趣味的优雅和风度的含蓄"。

1. 穿着整洁

导游员为游客服务时，着装要整洁大方。

2. 穿着要与身份、年龄、职业相符合

导游员的服饰应适合自己的身份，导游员应明白自己是服务人员，是为游客提供服务的，所以服饰不应喧宾夺主。同时导游员的着装应符合自己的职业特点，导游服务工作主要在户外和旅游车上进行，导游应选择适合这类活动的服饰。另外，导游的着装应符合自身的年龄特点，突出自己的风韵和气质。年轻的导游员要彰显青春气息，年长的导游则要穿出成熟的魅力。

3. 注意衣着与场合的协调

导游员的着装要与场合协调，如去机场接站时着正装，表示对游客的尊重，带队游览时则应该穿休闲装，方便工作。如果要陪同游客参加宴会和出入高级场所，应该穿相应的礼服或正装。

（五）心理准备

导游在接团前应该做好各种心理预期，准备面临艰苦复杂的工作，准备承受游客的各种抱怨和投诉。只有做好了充分的心理准备，在面对各种问题时，导游人员才能从容面对，不至于手足无措。

【任务实操】

实训项目3	导游知识准备训练
实训要求	1. 熟悉掌握所接团队行程安排和计划 2. 结合个人实际针对性地进行相关知识准备
实训时间	2学时

（续）

实训项目3	导游知识准备训练
实训材料	电脑、纸、笔
实训内容与步骤	1. 认真阅读接待计划和有关资料，详细了解该旅游团客人的情况； 2. 熟悉团队组成人员的情况：人数、性别、姓名、职业、宗教信仰； 3. 进行相应的知识准备，包括城市历史发展文化知识、沿途导游讲解知识、景点知识、小游戏、才艺、急救知识、法律知识等。

任务二　接待工作

【任务导入】

7月15日—7月16日，小王开始为期两天的团队接待和服务工作。

思考：1. 小王在此次团队接待中的角色是什么？

2. 小王在带团过程中基本的接待程序和步骤包括哪些？

3. 你认为最关键的是哪个或者哪些步骤？

【任务详解】

导游人员在接待旅游团队的过程中，涉及到食、住、行、游、购、娱等六个大项各方面的接待内容和程序。

【服务提示】

在项目一导游员角色分类中已提到，导游人员按其业务范围划分，可分为海外领队、全程陪同导游员、地方陪同导游人员和景点景区导游人员。

不同业务类型的导游人员在接待程序、接待要求、接待重点上有区别。本任务重点阐述的是地陪接待过程中的相关程序和要求。

一、接站工作

接站是指地陪去机场、车站、码头迎接旅游团。接站服务在地陪服务程序中至关重要，因为这是地陪和游客的第一次直接接触。游客每到一地总有一种新的期待，接站服务是地陪的首次亮相，要给游客留下热情、干练的第一印象。这一阶段的工作直接影响着以后接待工作的质量。

（一）旅游团抵达前的业务准备

接团当天，地陪应提前到达旅行社，全面检查准备工作的落实情况：

1. 落实旅游团所乘交通工具抵达的准确时间

接团当天，地陪应在出发前3小时向机场（车站、码头）问讯处问清飞机（火车、轮船）到达的准确时间（一般情况下应在飞机抵达前的2小时，火车、轮船预定到达时间前1小时向问讯处询问）；做到三核实：计划时间核实、时刻表时间核实、问讯时间核实。

2. 与司机商定出发时间

得知该团所乘的交通工具到达的准确时间以后，地陪应与旅游车司机联系，与其商定出发时间，确保提前半小时抵达接站地点。

3. 与司机商定停车位置

赴接站地点途中，地陪应向司机介绍该团的日程安排。如需要使用音响设备以便导游讲解，地陪应事先调试音量，以免发生噪声。到达机场（车站、码头）后应与司机商定旅游车停放位置。

4. 再次核实该团所乘交通工具抵达的准确时间

地陪提前半小时抵达接站地点后，要马上到问讯处再次核实旅游团所乘飞机（火车、轮船）抵达的准确时间。

5. 与行李员联系

地陪应在旅游团出站前与行李员取得联系，告知其该团行李送往的地点。

6. 迎候旅游团

旅游团所乘交通工具抵达后，地陪应在旅游团出站前，持本社导游旗或接站牌站立在出站口醒目的位置热情迎接旅游团。接站牌上应写清团名、团号、领队或全陪姓名；接小型旅游团或无领队、无全陪的旅游团时，要写上游客的姓名、单位或客源地。地陪也可以从交团社的社旗或游客的人数及其他标志如所戴的旅游帽、所携带的旅行包辨认，或上前委婉询问，去主动找认旅游团。

（二）旅游团抵达后的服务

1. 认真核实防错接

找到旅游团后，为防止错接，地陪应及时与领队、全陪接洽，核实该团的客源地、组团社或交团社的名称、领队及全陪姓名、旅游团人数等。如该团无领队和全陪，应与该团成员逐一核对团员、客源地及团员姓名等，无任何出入才能确定是自己应接的旅游团。如因故出现人数增加或减少与计划不符的情况，要及时通知旅行社有关部门。

【服务提示】

错接：错接是责任事故，是由于导游人员责任心不强、粗心大意造成的。

漏接：是指旅游团（游客）抵达一站后，无导游员的现象。

空接：是指导游人员按预定计划前往机场、车站、码头接站，但没有接到旅游团的现象。空接虽然不经常出现，但一旦发生，往往是一个棘手的问题，一步没处理好，就会环环出问题。

内容	预防措施
漏接	1. 认真阅读接待计划。地陪接到任务后，一般应了解旅游团抵达的日期、时间、接站地点等事宜，逐一认真核对清楚 2. 核实交通工具到达的准确时间。旅游团抵达当日，地陪应与接待社有关部门联系，了解是否有了新的变更通知，并及时与机场、车站或码头联系，核实抵达的确切时间 3. 提前到达接站地点。导游人员应与司机商定好出发时间，保证按规定提前半小时到达接站地点

（续）

内容	预防措施
空接	1. 与上一站保持联系，确定准确到站时间 2. 遇到天气等特殊情况要与领队联系，看是否按时到达
错接	1. 仔细阅读接待计划。地陪应逐一核实客源地的组团社和目的组团社的名称、旅游团的代号、人数、领队或旅游者的姓名、下榻饭店等相关信息，以备接团时核对 2. 地陪应提前到达接待站地点迎接旅游团，严禁迟到 3. 接团时认真核实。地陪只有在各种信息准确无误后，方可将旅游团接走 4. 提高警惕，严防社会其他人员（非法导游）接走旅游团
误机（车、船）事故	1. 立即向接待社领导及有关部门报告，请求协助 2. 地陪和接待社尽快与机场（车站、码头）联系，争取让旅游旅游者改乘最近班次（车次）的交通工具离开车站；或采取包机（车厢、船）、改乘其他交通工具前往下一站 3. 稳定旅游者的情绪，安排好滞留期间的食宿、游览等事宜 4. 及时通知下一站，对日程作相应的调整 5. 诚恳向导游者赔礼道歉，求得他们原谅 写出事故报告，查清事故的原因和责任，根据具体情况给责任者以必要的经济、政纪处罚

内容	情景	处理方法
导游人员主观造成的漏接	1. 工作不细，没有认真查阅接待计划，将接站时间、地点搞错 2. 迟到，未按规定时间提前到达接站地点 3. 旅游团（者）因车次、班次变更而提前到达，导游人员未看变更通知，仍按原计划接站 4. 新旧时刻表交替时，导游人员未查对新旧时刻表，仍按旧时刻表的时间接站	1. 实事求是地向旅游者说明情况，诚恳地赔礼道歉，求得谅解 2. 用更加热情周到地服务，高质量地完成计划内全部活动内容，以消除因漏接给旅游者带来的不愉快 3. 如旅游者因漏接而发生费用问题，导游人员应主动予以赔偿
客观原因造成的漏接	1. 原定班次、车次变更使旅游团（者）提前到达，但上一站接待社漏接发生变更通知 2. 本站接待社接到变更通知，但未能及时通知该团的导游人员 3. 司机迟到，未能按时到达接站地点 4. 由于交通堵塞或其他预料不到的情况发生，无法及时抵达接站地点	1. 立即与接待社联系查明原因，不能认为与己无关而敷衍了事 2. 耐心细致地向旅游者解释说明，以消除误解 3. 尽量采取补救措施，使旅游者的损失降低到最小 4. 必要时请旅行社领导出面赔礼道歉，或酌情给旅游者一定的补偿

（续）

内容	情景	处理方法
空接	1. 接待社没有接到上一站的通知。由于天气原因或某种故障，旅游团（者）仍滞留在上一站或途中，上一站接待社不知道这种临时变化，全陪或领队也无法及时通知下一站接待社，造成空接 2. 上一站忘记通知。因某种原因，上一站旅行社将旅游团原订的班次或车次变更，导致推迟到达，同时又因工作疏忽而没有通知下一站接待社，造成空接 3. 旅游者自身的原因。旅游者本人因生病、有急事或其他原因，临时决定取消旅游，没到下一站但又没有通知下一站接待社，造成空接	1. 与预订饭店联系，核实旅游团（者）是否自行抵达，以确定是否漏接 2. 立即与接待社有关部门联系，查明原因 3. 如推迟时间不长，地陪应留在接站地点继续等候，迎接旅游团（者）的到来 4. 如推迟时间较长，要按接待社有关部门的安排，重新落实接团事宜
错接	1. 车站人太多，造成错接 2. 团队标志、人数一致或相似，造成错接 3. 同一旅行社有好几个团队同时到达，造成错接	1. 错接发生在本社两个旅游团之间，地陪应立即向领导汇报，经领导同意后可不用交换旅游团；如果是地陪兼全陪，则应交换旅游团并向旅游者诚恳道歉 2. 如果错接发生在两家接待社之间，地陪应立即向领导汇报，设法尽快交换旅游团，向旅游者实事求是地说明情况并诚恳道歉 3. 如果是其他人员将旅游团带走，地陪应马上与饭店联系，查看是否已住进应下榻的饭店，并采取相关措施
误机（车、船）事故	1. 客观原因造成的非责任事故 （1）由于旅游者方面的原因。如：旅游者突然摔伤、重病、走失；行李未到等 （2）由于交通事故、汽车发生故障等情况造成延误 2. 主观原因造成的责任事故 （1）导游人员日程安排不当或过紧 （2）责任心不强，没有按规定时间提前到达 （3）没有认真核对交通票据，将离站的时间、日期或地点记错 （4）班次（车次）变更，但接待社有关人员没有及时通知导游人员	1. 地陪、全陪要提前做好旅游团离站交通票据的落实工作，核对日期、班次、时间、目的地等 2. 如果票据未落实，带团期间要随时与接待社有关部门联系，了解班次（车次）有无变化 3. 离开本站当日，不安排旅游团到地域复杂、偏远的景点参观游览，不安排自由活动或购物 4. 留有充足的时间去机场（车站、码头），保证按以下规定的时间到达离站地点：乘国内航班提前90分钟到达机场；乘国际航班提前120分钟到达机场；乘火车或轮船提前60分钟到达车站或码头

【实例导航】

某年10月的一天，桂林的导游员刘先生到机场去接一个从香港来桂林的英国客人。不料到机场后，机场调度室和香港航空公司驻桂林的代表通知，那个航班因故取消了，接机的人可于翌日上午8点来接人。那时，他又从进港预告牌上看到，在那个班机之后，还有两个班机在1小时后从香港来桂林。他想，以前曾有过旅客因航班取消而改乘当天其他班机的事例，那位客人会不会坐下一个航班来呢？于是他决定留下等候，希望能接到自己的客人。1个多小时后，那位客人果然乘其他航班抵达了桂林。客人见有人接机喜出望外，因为他原以为由于航班取消，当天不会有人接机了，准备自己叫出租车去饭店。他没想到导游还在特意等着接他，因此心情非常好，对刘先生的热情服务表示了衷心的感谢。

案例分析：在接站(机)的过程中，由于一些不可控因素的影响，导游员有时会接不到客人。责任心和应变能力强的导游员会千方百计地克服不利因素的影响，尽可能地达到目的。但责任心和应变能力不强的导游员，则会在按计划接不到游客时马上离去，或把没接到人的责任推诿掉。

2. 集中清点交行李

地陪应协助该团游客将行李集中放在指定位置，提醒游客检查自己的行李物品是否完整无损。与领队、全陪核对行李件数无误后，移交给行李员，双方办好交接手续。若有行李未到或破损，导游人员应协助当事人到机场登记处或其他有关部门办理行李丢失或赔偿申报手续。

3. 集合登车清人数

地陪应提醒游客带齐手提行李和随身物品，引导游客前往登车处。游客上车时，地陪应恭候在车门旁，协助或搀扶游客上车就座。待游客坐稳后，地陪再检查一下游客放在行李架上的物品是否放稳，礼貌地清点人数，到齐坐稳后请司机开车。地陪在旅游车上开始工作前，要将移动电话、寻呼机调至静音、振动功能，无紧急事情不要在旅游车上打电话。

(三) 途中服务

在行车途中，地陪要做好如下几项工作，这是地陪给全团留下良好第一印象的重要环节。

1. 致欢迎词

通过简短而有效的欢迎词，导游人员可以在表示欢迎、介绍人员、预告节目、表示态度、预祝成功的同时给游客留下第一印象(欢迎词的具体内容见项目四)。

2. 调整时间

如接入境团，地陪在致完欢迎词后要介绍两国的时差，请游客将自己的表调到北京时间。

3. 首次沿途导游

游客初来一地感到好奇、新鲜，什么都想问，什么都想知道，地陪应把握时机，选择游客最感兴趣、最急于了解的事物进行介绍，以满足游客的好奇心和求知欲。所以地陪必须做好首次沿途导游，首次沿途导游是显示导游人员知识、导游技能和工作能力的大好机会，精彩成功的首次沿途导游会使游客产生信任感和满足感，从而在他们的心目中树立起导游人员的良好第一印象。

（1）介绍旅游地概况。如地理位置、历史沿革、人口状况、行政区划、市政建设的巨大变化等。

（2）风光风情介绍。地陪在风光风情介绍时，讲解的内容要简明扼要，语言节奏明快、清晰；景物取舍得当，随机应变，见人说人，见景说景，与游客的观赏同步，如可以谈谈旅游地的饮食习惯、旅游地的气候及旅游地的土特产品等。

总之，沿途导游贵在灵活，地陪应把握时机、反应敏锐。

4. 介绍下榻的饭店

在旅游车快到下榻的饭店时，地陪应向游客介绍该团所住饭店的基本情况：饭店的名称、位置、距机场（车站、码头）的距离、星级、规模、主要设施和设备及其使用方法、入住手续及注意事项（如赠品和非赠品的区别）。

5. 宣布当日或次日的活动安排

地陪在与领队或全陪核对商定节目安排之后，应及时向本团游客介绍当日或次日的活动安排，讲清集合时间、地点并请游客记住车牌号码。

二、抵达饭店后的服务

（一）协助办理住宿手续

游客抵达饭店后，地陪要协助领队和全陪办理入住登记手续，请领队分发住房卡。地陪要掌握领队、全陪和团员的房间号，并将与自己联系的办法如房间号（若地陪住在饭店）、电话号码等告知全陪和领队，以便有事时尽快联系。

（二）介绍饭店设施

进入饭店后，地陪应向全团介绍饭店内的外币兑换处、中西餐厅、娱乐场所、商品部、公共洗手间等设施的位置，并讲清住店注意事项，向游客指明电梯和楼梯的位置。

（三）带领旅游团用好第一餐

游客进入房间之前，地陪要向游客介绍饭店内的就餐形式、地点、时间及餐饮的有关规定。游客到餐厅用第一餐时，地陪必须带他们去餐厅，帮助他们找到桌次，要将领队和全陪介绍给餐厅领班、主管等有关人员，告知旅游团的特殊要求（如用餐标准、游客口味、忌食等），向游客介绍有关餐饮规定，祝游客用餐愉快。

（四）宣布当日或次日活动安排

游客进入房间之前，地陪应向全团宣布有关当天或第二天活动的安排及集合的时间、地点。如该团中有提前入住的游客，必须通知他们次日的出发时间及活动安排。

（五）照顾行李进房

地陪应等待本团行李送达饭店，负责核对行李，督促饭店行李员及时将行李送至游客的房间。

（六）确定叫早时间

地陪在结束当天活动离开饭店之前，应与领队商定第二天的叫早时间，并请领队通知全团，地陪则应通知饭店总服务台或楼层服务台。

（七）协助处理游客入住后的各类问题

地陪进入房间后，地陪应在本团游客居住区内停留一段时间，处理临时发生的问题，如：打不开房门、房间不符合标准、房间卫生差、设施不全或损坏、卫生设备无法使用、行李错投等。有时还可能出现游客调换房间等要求，地陪要协助饭店有关部门处理此类问题。

三、核对、商定日程

核对、商定日程是旅游团抵达后的重要程序。地陪在接到旅游团后，应尽快与领队、全陪进行这项工作。

（一）核对、商定日程的必要性

地陪在接受旅行社下达的接待任务时，旅行社的计调部门已将该团的参观游览内容明确规定在旅游协议书上，并已安排好该团的活动日程，其中包括：每天上、下午安排去哪个参观游览的景点；午、晚餐安排哪家餐厅用餐；晚间活动的内容等。即便如此，地陪也必须与领队、全陪进行核对、商定日程的工作（若无领队和全陪，地陪应与全体游客进行这项工作）。地陪必须认识到，游客提前支付了一笔费用参加旅游团，也就是购买了旅行社产品，作为消费者有权审查产品是否合格。日程安排是旅行社产品的一个重要部分，因此他们有权审核该团的活动计划和具体安排，也有权提出修改意见。导游人员与游客商定日程，既是对游客的尊重，也是一种礼遇。某些专业旅游团除参观游览活动外，还有其他特定的任务（如参观工厂、学校、幼儿园、居委会等），因此商定日程显得更为重要。

（二）核对商定日程的时间、地点

在旅游团抵达后，地陪应抓紧时间尽早进行核对、商定日程的工作，这是与领队、全陪合作的开始，并使本团游客心中有数。如果团队抵达后是直接去游览点的，核对商定团队行程的时间、地点一般可选择在机场或行车途中；如果团队是先前往饭店的，一般可选择在饭店入住手续安排好后的某一时间，地点宜在公共场所，如饭店大厅等。

（三）核对商定日程时，可能出现的几种情况及处理措施

1．提出小的修改意见或增加新的游览项目时

（1）及时向旅行社有关部门反映，对“合理又可能”满足的项目，应尽力予以安排；

（2）需要加收费用的项目，地陪要事先向领队或游客讲明，按有关规定处理；

（3）对确有困难而无法满足的要求，地陪要详细解释、耐心说服。

2．提出的要求与原日程不符且又涉及接待规格时

（1）一般应予婉言拒绝，并说明我方不便单方面不执行合同；

(2) 如确有特殊理由,并且由领队提出时,地陪必须请示旅行社有关部门,视情况而定。

3. 领队(或全陪)手中的旅行计划与地陪的接待计划有部分出入时

(1) 要及时报告旅行社,查明原因,分清责任;

(2) 若是接待方的责任,地陪应实事求是地说明情况,并向领队和全体游客赔礼道歉。

四、参观游览服务

相关标准要求:“参观游览过程中的地陪服务,应努力使旅游团(者)参观游览全过程安全顺利。应使游客详细了解参观游览对象的特色、历史背景等及其他感兴趣的问题。”

参观游览活动是旅游产品消费的主要内容,是游客期望的旅游活动的核心部分,也是导游服务工作的中心环节。因此,地陪在带团参观游览前应认真准备、精心安排;在参观游览过程中应热情服务、生动讲解。

地陪在参观游览服务中应做的工作有如下几方面。

(一) 出发前的服务

1. 提前到达出发地点

出发前,地陪应提前 10 分钟到达集合地点。提前到达的作用:

第一,这是导游人员工作负责任的表现,会给游客留下很好的印象。

第二,地陪可利用这段时间礼貌地招呼早到的游客,询问游客的意见和要求。

第三,在时间上留有余地,以身作则遵守时间,应付紧急突发事件,提前做好出发前的各项准备工作。

2. 核实实到人数

若发现有游客未到,地陪应向全陪、领队或其他游客问明原因,并设法及时找到;若有的游客愿意留在饭店或不随团活动,地陪要问清情况并妥善安排,必要时报告旅行社有关部门。

3. 落实旅游团的当天用餐

地陪要提前落实本团当天的用餐,对午、晚餐的用餐地点、时间、人数、标准、特殊要求逐一核实并确认。

4. 提醒注意事项

出发前,地陪应向游客预报当日的天气、游览景点的地形特点、行走路线的长短等情况,必要时提醒游客带好衣服、雨具,换上舒适方便的鞋。这些看起来是小事,但会使游客感到地陪服务很周到细致,也可以减少或避免游客生病、扭伤、摔伤等问题的发生。

5. 准时集合登车

早餐时向游客问候,提醒集合时间和地点;游客陆续到达后,清点实到人数并请游客及时上车,地陪应站在车门一侧,一面招呼大家上车,一面扶助老弱者登车。开车前,要再次清点人数。

(二) 途中导游

1. 重申当日活动安排

开车后,地陪要向游客重申当日活动安排,包括午、晚餐的时间地点;向游客报告到达游览点途中所需时间;视情况介绍当日国内外重要新闻。

2. 风光导游

在前往景点的途中,地陪应相继向游客介绍本地的风土人情、自然景观,回答游客提出的问题。

3. 介绍游览景点

抵达景点前,地陪应向游客介绍该景点的简要概况,尤其是景点的历史价值和特色。讲解要简明扼要,目的是为了满足游客事先想了解有关知识的心理,激起其游览景点的欲望,也可节省到目的地后的讲解时间。

4. 活跃气氛

如旅途较长,可以讨论一些游客感兴趣的国内外问题,或做主持人组织适当的娱乐活动等来活跃气氛。

(三)景点导游、讲解

1. 交待注意事项

(1)抵达景点、下车前,地陪要讲清并提醒游客记住游览车的车型、颜色、标志、车号和停车地点、开车的时间;尤其是下车和上车不在同一地点时,地陪更应提醒游客注意;

(2)在景点示意图前,地陪应讲明游览线路、所需时间、集合时间、地点等;

(3)地陪还应向游客讲明游览参观过程中的注意事项(如所游览场所是一个戒烟地方,请各位吸烟者注意)。

【服务提示】

导游带团中的安全提醒

在旅游中,导游员要把"安全第一,预防为主"的思想贯穿到操作的各个环节中,事先做好各种防漏补缺工作,降低风险。

1. 住宿

(1)导游员要清楚客人所住房间的楼层、位置及领队或全陪的房间和酒店的安全紧急通道,一旦发生情况,能够组织客人迅速、安全地撤离现场,避免伤亡。

(2)提醒客人出门时携带好房间钥匙,贵重物品随身保存或寄存,不要托付他人去自己房间取东西;提醒楼层服务员不要贸然给未持钥匙的人开房门,防止不法之徒打着"钥匙忘带了"、"我们是一个团"的借口偷盗客人财物。

(3)提醒客人睡前关好门窗,搭上门扣。以防小偷循窗而入偷盗财物。

(4)导游员要将自己的房间号及联系方式告知全陪及客人,如给客人打电话时,要先自报家门。

2. 行车

(1)导游员出团前一天,应与司机定好接头时间及地点,可顺路搭司机的车去接团,但忌让司机专程绕路接送。

(2)如发现司机要携带家属或其他闲杂人员随团,要劝其中止该行为或立即报告旅行社请示处理。

(3)如有实习导游等随团,要安排其坐在最前面(不能是主座)或最后面的位置,不要坐在客人当中,以防发生财物丢失或其他事情时产生嫌疑。

(4) 等客人全部坐稳后再示意司机开车,在向客人宣布长途车程所需时间时,应比实际时间富余出半个小时。

(5) 提醒司机注意安全,在长途行进时,要保持清醒,忌与客人一起呼呼大睡,可适当与司机聊聊天,放点音乐,防止司机犯困。天气不好或道路不好走时,尤其要提醒司机注意安全,尽量不要让客人睡觉,因为如遇紧急情况,清醒客人的防御反应肯定比睡着的客人快。

(6) 在雨、雪、雾天气走山路时,导游员应就前方路况多渠道打听,落实没有问题后方可前进,以免车行至半路出现状况导致进退两难。

(7) 秋冬季节进入山区时,导游员应提醒司机加负号油,以免气温骤降汽车不易发动。

(8) 行进途中如需休息,应选择在有宽敞便道、视野开阔的地方,卫生间或出售土特产处要选择与停车位置在同一方向的,尽量不选公路对面的,避免让客人穿过车辆快速行驶的公路。

(9) 提醒晕车的游客提前服用晕车药,并且上车后不要频繁走动。

3. 行李

(1) 接到行李员运送的客人行李时,导游员应先将行李在旅游车行李厢前排列好,集中清点,等所有客人都确认好自己的行李后,方可将行李装车。

(2) 装厢前应提醒客人:将白天游览所需物品都带至车上,中途将不再打开行李厢。如遇客人中途要开厢取行李,导游员要在旁边检点,防止客人在搬挪行李时,遗落了其他客人的行李,尤其在繁华闹市区,更要防止有外人顺手牵羊。

(3) 车上的小件行李应集中堆放在最后面的位置或客人的座位下面,但不要影响客人伸腿。走道里尽量不要放行李,放置在客人头顶行李架上的行李要注意用防护带固定牢,以免在行车当中掉下来砸伤人。行李安放要平稳,避免碰撞、摔坏。

(4) 在火车上,如行李放在靠近门口上下车之处,要将行李的带子之间互相拴结起来,防止有人下车时顺手拽走。

4. 财物

(1) 在参观游览过程中,导游员应随时提醒客人加强防范意识,尤其在每次退房前后或离开任何一个地方时,都应强调客人清点并保管好自己的财物。男士尽量不用夹包,女士尽量不用手提包。

(2) 导游员应提醒游客手机、钱包不要总拿在手里,看到有客人将手机放在上衣口袋时,要提醒小心弯腰时滑落。

(3) 下车前,导游员应提醒游客关好车窗。

(4) 不要替客人保管身份证、护照等重要证件,需要使用时,由全陪或领队收取,用完后及时归还。

5. 游览

(1) 熟悉接待计划中行程的安排,能够预见危及客人安全的环节。

(2) 根据天气及所去风景区的情况,提前通知游客准备好相应的衣物并讲解注意事项。如在下雨且风大时,不要撑伞,以防人伞一起被刮走。参观寺庙时应着装整齐。在少数民族地区旅游时要尊重当地的风俗习惯等。内容说明要真实、明确,既不危言耸听,也不能含糊其辞。

(3) 提醒游客游览时要紧跟团队,听从安排,切忌擅自单独行动。自由活动时,不要走得太远,不要太晚回酒店,不要去秩序乱、不安全的地方。

(4) 在体力消耗大的活动中,尤其要注意老年人及体弱者,提醒他们事先备好拐杖、药品等,千万不可勉强,并在游程中格外照顾好他们。

6. 餐饮

(1) 严格按照旅行社的安排,带客人到指定的旅游定点餐厅用餐。

(2) 带客人通过餐厅通道、楼梯时,如发现地面油腻、台阶破损、地毯弯曲等,要提醒游客注意脚下安全。

(3) 用餐过程中,如发现饭菜不洁、变质、发霉时,要立即撤下菜品并与餐厅主管进行交涉,要求其按标准重新提供。

(4) 提醒客人注意饮食卫生,不要暴食暴饮,以免水土不服引起腹泻。在北方旅游时,提醒客人多喝水,多吃水果,以防上火和感冒。

(5) 吃海鲜后,一小时内不要食用冷饮、西瓜等冷食,也不要马上去游泳,反之游泳后也不立即食用冷饮、海鲜、西瓜等。晕车船机者,在乘坐前不要吃得太饱,也不要吃得太油腻。

(6) 请客人自备防腹泻、过敏、感冒等药品,不要轻易将自己的药给客人服用。

7. 购物

(1) 导游带团购物不得诱导、欺骗、强迫或变相强迫旅游者购物获取回扣等不正当利益。

(2) 提醒游客注意商品的价格、质量,要实事求是地介绍。

(3) 合理安排购物,不得擅自增加计划外购物点,不向客人直接推销商品。

(4) 事先提醒客人不要与当地小商贩发生纠纷,尤其当客人与商贩讨价还价后又不买时,有些商贩会恶语相加,还有就是不小心碰坏了小商贩的东西,被其勒索。

(5) 熟知乘车、船、机及出入海关携带物品的规定,避免客人买到无法带回的东西。

8. 票据

(1) 保存好所有消费票据,为安全事故的明确责任提供依据。

(2) 票据填写应齐全、清楚、正确,无涂改。

(3) 提防以下情况:对方借口没有发票要求下次补给;提供过期作废发票;提供非本地区、本次消费的发票;不盖发票专用章或财务章或章与店名不符;假发票等等。

2. 导游讲解

抵达景点后,地陪的主要工作是带领本团游客沿着游览线路对所见景物进行精彩的导游讲解。讲解的内容要因人而异、繁简适度,包括该景点的历史背景、特色、地位、价值等方面的内容。讲解时,讲解的语言不仅应使游客听得清楚,而且要生动、优美、富有表达力;不仅使游客增长知识,而且得到美的享受。

3. 严格执行计划

在景点景区内的游览过程中,地陪应严格执行旅游合同,保证在计划的时间与费用内,使游客充分地游览、观赏。擅自缩短时间或克扣门票费用的做法都是错误的。

4. 注意游客的安全

在游览过程中，地陪应做到讲解与引导游览相结合；适当集中与分散相结合；劳逸适度并应特别关照老弱病残的游客。在讲解时，地陪也应眼观八方、耳听六路，注意游客的安全，要自始至终与游客在一起活动；在景点的每一次移动都要和全陪、领队密切配合并随时清点人数，防止游客走失和意外事件的发生。

（四）参观活动

1. 做好安排落实工作

当安排旅游团到工厂、学校、幼儿园参观时，地陪一般都应提前做好联系落实工作。

2. 翻译或语言的传递工作

在参观时，一般是先由主人做情况介绍，然后是引导参观。在这时候，地陪的主要任务是翻译或做语言信息的传递工作；但整个参观活动的时间安排宜短不宜长。外语导游员应注意在翻译的过程中，介绍者的言语若有不妥之处，应予以提醒，请其纠正后再译。如来不及可改译或不译，但事后要说明，必要时还要把关，以免泄露有价值的经济情报。

【实例导航】

某年5月，北京的导游员姜小姐接待了一个15人的法国旅游团。该团在京日程安排得很紧凑：第一天晚上入境后，到饭店休息；第二天上午参观天安门、故宫、下午去颐和园、动物园，晚上吃风味餐，看京戏；第三天上午去八达岭长城，下午去定陵，晚上去王府井购物；第四天上午去天坛、雍和宫，午餐后乘下午的航班去西安。

第二天游览过程中游客们兴致很高，每到一处他们都拍照留念，听导游员的讲解也十分认真。只是在景点的步行距离太长，团里大部分人是老年人，有些人就感到很劳累。晚上吃烤鸭的时候，气氛达到了高潮，因而京戏开演30分钟他们才赶到剧场。回饭店的路上大家对当天的旅游安排非常满意，赞不绝口。

第三天，一些人的疲态便显露出来了，在长城有人只是登上一个敌楼，拍了几张照片便返回旅游车休息。在定陵有两位老年游客更是不愿下那么多台阶去参观地下宫殿，姜小姐只好将疲劳的游客先安顿好，再去为其他人导游。回去的路上，有些游客要求先回饭店休息一下，再去吃饭、购物，结果再次集合时，只有6个人去吃饭，其他人都想洗澡、休息了。晚饭后只有两个人要求到王府井购物，其他4人自愿坐出租车回饭店。在送购物客人回饭店的路上，姜小姐心里有一种说不出来的滋味。

第四天上午参观过天坛，由于游客行动过于缓慢而使得时间不够，无法再去雍和宫参观。大家匆匆到指定的餐厅用过餐后便赶去机场了，一路上姜小姐征求了游客们对此次在京旅游的意见，有人反映，刚开始时感觉不错，但越到后来越感到活动单调，并且有些劳累。对于姜小姐的服务和讲解大家还是感到很满意，但希望根据老年人多的特点，多留出一些放松的时间。

案例评析：导游员在接团前应该认真研究计划，并根据计划拟出周密的活动日程。安排日程时应注意：

（1）分析游客的需要，要根据游客的国籍、职业、年龄、性别来分析他们最感兴趣的东西。如西方游客喜欢参与性强的旅游活动,东方人则更喜欢观光旅游;年轻人体力好希望多看一些东西,老年人则愿意将活动的节奏放慢,多留出一些休息时间;文化层次高的游客理解能力强,可能对我国古建筑等资源感兴趣,一般游客则对生活方面的情况更感兴趣。

(2) 向游客通报计划安排。活动前应把计划和日程告诉游客。有领队和全陪的团,要与领队和全陪商定活动日程,商定时要以我为主,告诉对方如此安排的理由,以免对方提出不合理的要求时难以应付。本例中的姜小姐就是因为没有事先与客人商定日程安排,大部分游客在第三天的旅游后,不愿去吃晚饭和购物。

(3) 活动日程的结构要合理。在制定活动日程时应循序渐进,切忌"虎头蛇尾"。本例中的日程安排就显得前紧后松,前两天活动太多,客人感到很疲劳,而后面则有些单调乏味。如果在第一天的游览后安排京剧,大家在游览了一天后,坐在剧场里可以欣赏异国他乡的艺术,又可放松情绪,消除疲劳。如果离别之夜去吃烤鸭,他们则可享受到那充满友谊之情的饯行之宴,会对旅游地留下美好的记忆,从而把旅游活动推向高潮。

(4) 活动日程应符合多数人的要求。对于活动日程紧、项目多的旅游团,如果多数人精力充沛,则一定要满足他们的要求,绝不能"偷工减料"。对于老年人多的团,则可根据他们的要求灵活处理。本例中,姜小姐在一些游客疲劳时能够先安排他们休息,再去带领多数游客游览,处理得十分得当。如果游客要求增加项目,但不涉及到费用,或游客同意增加费用,则应尽量按他们的要求安排。

合理地安排旅游活动日程,可直接反映出导游员的能力与素质,关系到接待工作的质量、效果与成败,因此必须引起每个导游员的重视。

(五) 返程中的工作

从景点、参观点返回饭店的途中,地陪可视具体情况做以下工作:

1. 回顾当天活动

回顾当天参观、游览的内容,回答游客的提问,如在参观游览中有漏讲的内容可作补充讲解。

2. 风光导游

如不从原路返回饭店,地陪应该对沿途风光进行导游讲解。

3. 宣布次日活动日程

返回饭店下车前,地陪要预报晚上或次日的活动日程、出发时间、集合地点等。提醒游客带好随身物品。地陪要先下车,照顾游客下车,再向他们告别。

4. 提醒注意事项

如当天回到饭店较早或晚上无集体活动安排,地陪应考虑到游客会外出自由活动,所以要在下车前提醒游客注意:如要外出,最好要结伴同行,带上饭店的地址和电话号码,尽量乘出租车前往。

5. 安排叫早服务

如该团需要叫早服务,地陪应在结束当天活动、离开饭店之前安排。

五、食、购、娱等服务

游客出门旅游,游固然是最主要的内容,但是食、购、娱等项目恰到好处的安排,则能使旅游活动变得丰富多彩,加深游客对旅游目的地的印象。因此,在安排食、购、娱等旅游活动时,地陪同样应该尽心尽力,提供令游客满意的服务。

(一) 餐饮服务

1. 计划内的团队便餐

地陪要提前按照接待社的安排落实本团当天的用餐,对午、晚餐的用餐地点、时间、人数、标准、特殊要求与供餐单位逐一核实并确认。用餐时,地陪应引导游客进餐厅入座,并介绍餐厅及其菜肴特色;向游客说明餐标是否含酒水及其酒水的类别。

向领队讲清司陪人员的用餐地点及用餐后全团的出发时间。

用餐过程中,地陪要巡视旅游团用餐情况一两次,解答游客在用餐中提出的问题,并监督、检查餐厅是否按标准提供服务并解决出现的问题。

用餐后,地陪应严格按实际用餐人数、标准、饮用酒水数量,填写“餐饮费结算单”与餐厅结账。

2. 宴会服务

旅游团队在行程结束时,常会举行告别宴会。告别宴会是在团队行程即将结时举行的,因此,游客都比较放松自己,宴会的气氛往往比较热烈。作为地陪,越是在这样的时刻越要提醒自己不能放松服务这根“弦”。要正确处理好自己与游客的关系,既要与游客共乐而又不能完全放松自己,举止礼仪不可失常,并且要做好宴会结束后的游客送别工作。

【实例导航】

某年5月,苏州的导游员周小姐到码头去接一个香港旅游团。由于游船紧张,该团的游客分两批从无锡到达,领队带一部分游客下午5点钟到苏州,另一批由全陪负责,晚上8点到达。当周小姐接到第二批客人时,全陪说领队要求将他们直接送到饭店。当大家到达饭店见到领队后都说还没吃饭时,领队与全陪争吵起来,没吃饭的游客也显得很不高兴。周小姐见状忙与全陪商量,询问能否在饭店为游客们安排晚饭。由于领队与第一批客人已在其他饭店用过餐了,况且驻地饭店的餐费标准较高,不好安排。但经过联系,周小姐得到了肯定的答复。她向游客们讲了晚餐如何安排,表示自己也有责任,因为如果事先向领队问明情况,就会避免误会。现在已经与派送全陪的旅行社联系过了,为大家安排了超标准的晚餐,希望大家马上去用餐。周小姐的讲话既给领队留了面子,也打消了客人的怨气。而且客人们表示愿意支付超标准的费用。这场风波就这样平息了。

案例评析:在接待中,导游员有时会遇到因日程安排不当或某个环节的疏忽所造成的误餐问题。用餐在旅游活动中的地位很重要,误餐问题会给整个旅游活动带来不好的影响,使游客产生不满情绪。试想,游客在经历了丰富多彩的旅游活动后,一定非常疲惫,此时如果吃不到可口的饭菜,甚至失去品尝地方风味食品的机会,该是多么遗憾和恼怒。

案例分析:本例中的周小姐处理误餐事件十分得当。她并不因事不关己而漠然置之,而是积极为客人联系用餐,调和了领队、全陪和游客之间的关系,最后得到了宾客们的拥戴。本例提示导游员,为了避免误餐应注意:

(1) 事先了解计划安排,游客用餐的等级、费用、地点和时间等方面的内容,并与全陪和领队取得联系,保证用餐的落实。

(2) 严格遵守用餐的时间。如因为其他活动耽误了用餐的时间,应提前通知餐厅和旅行社,不得以游客同意为由,私自取消或更改旅行社为旅游团预订的餐饭。

(3) 因客人自己的原因而误餐但仍需用餐时,原则上费用由客人自理。如是导游员的责任,则应由导游员负责赔偿。

(二) 购物服务

购物是游客旅游过程中的一个重要组成部分。游客总是喜欢购买一些当地名特产品、旅游商品送给自己的亲朋好友。游客购物的一个重要特点是随机性较大,因此,作为地陪要把握好游客的购物心理,做到恰到好处的宣传,推销本地的旅游商品,既符合游客的购买意愿,也符合导游工作的要求。在带领旅游团购物时,要做到:

(1) 严格按照《旅游法》等有关规章执行接待单位制定的游览活动日程,在协商一致的原则下,带旅游团到旅游定点商店购物,避免安排次数过多、强迫游客购物等问题出现。

(2) 游客购物时,地陪应向全团讲清停留时间及有关购物的注意事项,介绍本地商品特色,承担翻译工作,介绍商品托运手续等。

(3) 商店不按质论价、抛售伪劣物品、不提供标准服务时,地陪应向商店负责人反映,维护游客的利益;如遇小贩强拉强卖,地陪有责任提醒游客不要上当受骗,不能放任不管。

(三) 娱乐服务

1. 观看文娱节目

旅游团观看文娱演出,也有两种情况:计划内和计划外。

计划外的文娱活动要在保证可以安排落实的前提下,向游客收取一定的费用,并给游客票据。

在旅游团的计划内若有观看文娱节目的安排,地陪应向游客简单介绍节目内容及特点并需陪同准时前往;与司机商定好出发的时间和停车位置;引导游客入座;要自始至终和游客在一起。演出结束后,要提醒游客带好随身物品。

在大型的娱乐场所,地陪应主动和领队、全陪配合,注意本团游客的动向和周围的环境,并提醒游客注意安全,不要分散活动。

值得注意的是,导游员绝不可以带领旅游团涉足一些格调低下甚至色情的表演场所。

2. 舞会

遇有重大节庆活动,有关单位组织社交性舞会,邀请游客参加,地陪应陪同前往;游客自发组织参加娱乐性舞会,地陪可代为购票;如果游客邀请导游人员,是否参加自便,若不愿参加可婉言谢绝,若参加,应注意适度,但无陪舞的义务。

3. 市容游览服务

市容游览,俗称"逛街",是游客认识和了解一个城市的风貌和民情,进而融入当地生活的一种重要方式,也是游客修身养性的一种休闲方式。市容游览的方式有两种:一种是徒步,另一种是乘交通工具。

当地陪带领游客徒步进行市容游览时,要注意:

(1) 所去的游览地应是最能代表当地特色的、最能吸引游客视线的。如到武汉的游客安排他们游览江汉路步行街、闻名遐迩的汉正街、武昌的解放路等;

(2) 提高警惕,注意游客周围的环境变化,当好游客的安全保卫员。

如果是乘游览车做市容游览,则要提醒司机车速适中,地陪的导游讲解内容应与车速基本同步。

【服务提示一】

导游接待工作流程

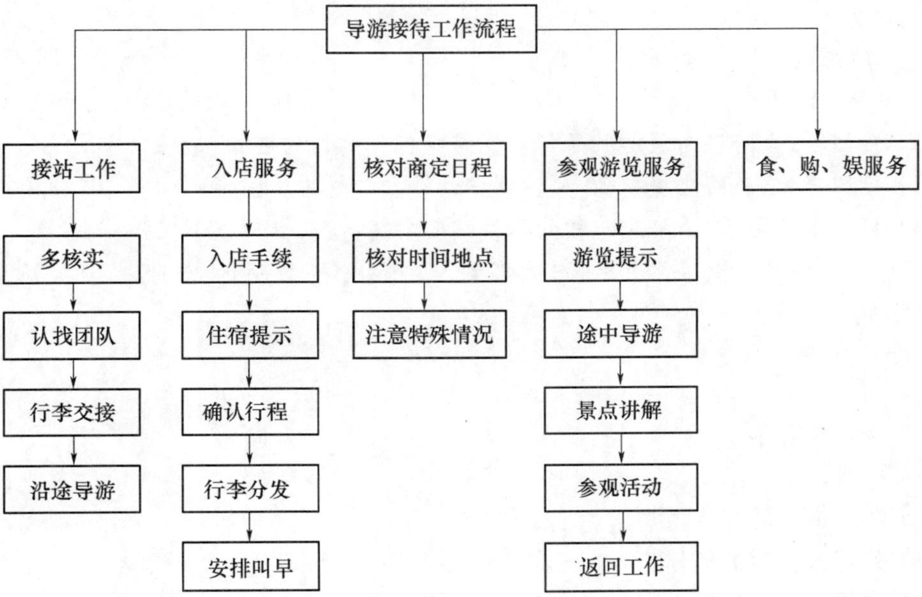

【服务提示二】

全陪服务规程

一、准备工作

1. 熟悉接待计划

(1) 听取该团外联人员或旅行社领导对接待方面的要求及注意事项的介绍。

(2) 熟记旅游团名称、旅游团人数,了解旅游团成员性别构成、年龄结构、宗教信仰、职业、居住地及生活习惯等。

(3) 掌握旅游团的等级、餐饮标准,国内游客在饮食上有无禁忌和特别要求等情况。

(4) 有无特殊安排。

(5) 了解收费情况及付款方式,如团费、风味餐费、各地机场建设费等。

(6) 掌握旅游团的行程计划、旅游团抵离旅游线路各站的时间、所乘交通工具的航班(车、船)次,以及交通票据是否订妥或是否需要确认、有无变更等情况。

2. 物质准备

(1) 陪团中所需旅行手续;带齐必要的证件,如身份证、导游资格证、胸卡等。

(2) 必要的票据和物品,如旅游团接待计划书、分房表、旅游宣传资料、行李封条、旅行社徽记、全陪日记、名片等。

(3) 算单据和费用,如拨款结算通知单或支票、现金,足够的旅费等。

(4) 回程机票。

3. 知识准备

(1) 根据旅游团的不同类型和实际需要准备相关知识。

(2) 沿途各站的相关知识。

4. 与接待社联系

略。

二、首站接团服务

1. 迎接旅游团

(1) 接团前,全陪应向旅行社了解本团接待工作的详细安排情况。

(2) 接团当天,全陪应提前30分钟到接站地点迎接旅游团。

(3) 接到旅游团后,全陪应与领队尽快核实有关情况,做好以下工作:问候全团游客;向领队做自我介绍(可交换名片)并核对实到人数,如有人数变化,与计划不符,应尽快与组团社联系。

2. 致欢迎词

略。

三、饭店内服务

(1) 分房。

(2) 热情引导游客进入房间。

(3) 处理入住后的问题。

(4) 掌握与地陪的联系方法

四、核对商定日程

略。

五、各站服务

1. 联络工作

略。

2. 监督与协助

略。

3. 旅行过程中的服务

(1) 生活服务。

(2) 讲解服务和文娱活动。

(3) 为游客当好购物顾问。

六、离站、途中、抵站服务

(1) 离站服务。

(2) 途中服务。

(3) 抵站服务。

七、末站服务

(1) 当旅行结束时,全陪要提醒游客带好自己的物品和证件。

(2) 向领队和游客征求团队对此次行程的意见和建议,并填写"团队服务质量反馈表"。

(3) 致欢送词,对领队、游客给予的合作和支持表示感谢并期望再次重逢。

八、善后工作

(1) 对团队遗留的重大、重要问题,要先请示旅行社有关领导后,再做处理。认真对待游客的委托,并依照规定办理。

(2) 对团队的整个行程做总结。若有重大情况发生或有影响到旅行社以后团队操作的隐患问题,应及时向领导汇报。

(3) 认真、按时填写"全陪日志",见下表。

(4) 及时归还所借钱物,按财务规定办理报销事宜。

全陪日志(参考)

<table>
<tr><td>单位/部门</td><td colspan="2"></td><td>团号</td><td></td></tr>
<tr><td>全陪姓名</td><td colspan="2"></td><td>组团社</td><td></td></tr>
<tr><td>领队姓名</td><td colspan="2"></td><td>国籍</td><td></td></tr>
<tr><td>接待时间</td><td colspan="2">年 月 日至 年 月 日</td><td>人数</td><td>(含 岁 儿童 名)</td></tr>
<tr><td colspan="5">途经城市</td></tr>
<tr><td colspan="5">团内重要客人、特别情况及要求</td></tr>
<tr><td colspan="5">领队或游客的意见、建议和对旅游接待工作的评价</td></tr>
<tr><td colspan="5">该团发生问题和处理情况(意外事件、游客投诉、追加费用等)</td></tr>
<tr><td colspan="5">全陪意见和建议</td></tr>
<tr><td colspan="5">陪对全过程服务的评价: 合格 不合格</td></tr>
<tr><td>行程状况</td><td>顺利</td><td>较顺利</td><td>一般</td><td>不顺利</td></tr>
<tr><td>客户评价</td><td>满意</td><td>较满意</td><td>一般</td><td>不满意</td></tr>
<tr><td>服务质量</td><td>优秀</td><td>良好</td><td>一般</td><td>比较差</td></tr>
<tr><td colspan="2">全陪签字</td><td colspan="2">部门经理签字</td><td>质管部门签字</td></tr>
<tr><td colspan="2">日期</td><td colspan="2">日期</td><td>日期</td></tr>
</table>

【任务实操】

实训项目4	设计可操作的书面接团方案
实训要求	1. 明确导游接团的基本流程和工作内容 2. 了解导游接待流程的注意事项
实训时间	2学时
实训材料	教室、电脑
实训内容与步骤	1. 明确团队行程安排 2. 掌握导游接团的基本流程 3. 确定团队成员分工 4. 按照分工进行各流程工作落实 5. 行程书面的接待方案

实训项目5	出发前准备工作
实训要求	1. 掌握出发前准备工作的内容和要求 2. 掌握出发前准备工作的规程
实训时间	2学时
实训材料	导游旗、话筒等
实训内容与步骤	1. 准备导游旗、话筒、导游证及必要的票证 2. 与司机交流,督促司机做好各项准备工作 3. 核实餐饮服务落实情况(与模拟餐厅交流) 4. 出发前迎候游客 5. 核实、清点实到人数 6. 提醒注意事项 7. 集合登车

任务三　送团工作

【任务导入】

7月16日下午,小王结束了为期2天的团队接待工作,准备送团。

思考:1. 小王送团应该包括哪些工作?

2. 送团工作中你认为最关键的是哪个或者哪些步骤?

【任务详解】

送站服务是导游工作的尾声,地陪应善始善终,对接待过程中曾发生的不愉快的事情,应尽量做好弥补工作;要想方设法把自己的服务工作推向高潮,使整个旅游过程在游客心目中留下深刻印象。

一、送站前的业务准备

1. 核实、确认离站交通票据

旅游团离开本地的前一天，地陪应核实旅游团离开的机（车、船）票，要核对团名、代号、人数、去向、航班（车次、船次）、起飞（开车、启航）时间（做到计划时间、时刻表时间、票面时间、问询时间四核实）、在哪个机场（车站、码头）启程等事项。如果航班（车次、船次）和时间有变更，应当问清内勤是否已通知下一站，以免造成下一站漏接。

若系乘飞机离境的旅游团，地陪应提醒或协助领队提前 72 小时确认机票。

2. 商定出行李时间

如团队有大件行李托运，地陪应在该团离开本地前一天与全陪或领队商量好出行李时间，并通知游客及饭店行李房，同时要向游客讲清托运行李的具体规定和注意事项，提醒游客不要将护照或身份证及贵重物品放在托运行李内，托运的行李必须包装完善、锁扣完好、捆扎牢固，并能承受一定的压力；讲明哪些是禁止托运的物品等。出行李时，地陪应与全陪、领队、行李员一起清点，最后在饭店行李交接单上签字。

3. 商定出发时间

一般由地陪与司机商定出发时间（因司机比较了解路况），但为了安排得合理和尊重起见，还应及时与领队、全陪商议，确定后应及时通知游客。

如该团乘早班机（火车或轮船），出发的时间很早，地陪应与领队、全陪商定叫早和用早餐的时间，并通知游客；如果该团需要将早餐时间提前（早于餐厅的正常服务时间），地陪应通知餐厅订餐处提前安排。

4. 协助饭店结清与游客有关的账目

地陪应及时提醒、督促游客尽早与饭店结清与其有关的各种账目（如洗衣费、长途电话费、房间酒水饮料费等）；若游客损坏了客房设备，地陪应协助饭店妥善处理赔偿事宜。同时，地陪应及时通知饭店有关部门旅游团的离店时间，提醒其及时与游客结清账目。

5. 及时归还证件

一般情况下，地陪不应保管旅游团的旅行证件，用完后应立即归还游客或领队。在离站前一天，地陪要检查自己的物品，看是否保留有游客的证件、票据等，若有应立即归还，当面点清。

二、离店服务

1. 集中交运行李

旅游团离开饭店前，地陪要按事先商定好的时间与饭店行李员办好行李交接手续。具体做法是：先将本团游客要托运的行李收齐、集中，然后地陪与领队、全陪共同清点行李的件数（其中包括全陪托运的行李）；最后与饭店行李员办好行李签字交接手续。

2. 办退房手续

在团队将离开所下榻的饭店时，地陪要到总服务台办理退房手续。收齐房间的钥匙、交到总服务台，核对用房情况，无误后按规定结账签字。无特殊情况，应在中午 12：00 以前退房。同时,要提醒游客带好个人物品及旅游证件,询问游客是否已与饭店结清账目。

三、集合上车

所有离店手续办好后,照顾游客上车入座。然后地陪要仔细清点人数。全体到齐后,要再一次请游客清点一下随身携带物品,并询问是否将证件随身携带;此时,地陪最需强调的是提醒游客勿将物品忘在饭店里。如无遗漏则请司机开车离开饭店赴机场(车站、码头)。

四、送站途中的讲解服务

如果说转移途中讲解是地陪首次亮相的话,那么,送站的讲解是地陪的最后一次“表演”。同演戏一样,这最后一次的“表演”应是一场压轴戏。通过这最后的讲解,地陪要让游客对自己所在的地区或城市产生一种留恋之情,加深游客不虚此行的感受。

送站途中的讲解主要由以下几部分内容组成:

1. 行程回顾

在去机场(车站、码头)的途中,地陪应对旅游团在本地的行程包括食、住、行、游、购、娱等各方面做一个概要的回顾,目的是加深游客对这次旅游经历的体验。讲解方式可用归纳式、提问式两种,讲解内容则可视途中距离远近而定。

2. 致欢送词

欢送词的内容主要包括以下五个方面:

(1) 感谢语:对领队、全陪、游客及司机的合作分别表示谢意;

(2) 惜别语:表达友谊和惜别之情;

(3) 征求意见语:向游客诚恳地征询意见和建议;

(4) 致歉语:对行程中有不尽如意之处,请求原谅,并向游客赔礼道歉;

(5) 祝愿语:期望再次相逢,表达美好的祝愿。

致完欢送词后,地陪可将“旅游服务质量意见反馈表”发给游客,请其填写,如需寄出,应先向游客讲明邮资已付;如需导游员带回,则应在游客填写完毕后如数收回、妥善保留。

【服务提示】

旅游服务质量意见反馈表(参考)

尊敬的游客:

欢迎您参加旅行社组成的团队出外旅游,希望此次旅程能为您留下难忘的印象。为不断提高我市旅游服务水平和质量,请您协助我们安下心来填写此表(在每栏其中一项里打“√”),留下宝贵的意见。谢谢您!欢迎再次旅游!

组团社:	全陪导游姓名:
团号:	人数:
游览线路:	天数:
游客代表姓名:	联系电话:
单位:	填写时间:　　年　　月　　日

项目	满意	较满意	一般	不满意	游客意见与建议
咨询服务					
线路设计					
日程安排					
活动内容					
价格质量相符					
安全保障					
全陪导游业务技能					
全陪导游服务态度					
地陪导游服务					
住　宿					
餐　饮					
交　通					
娱　乐					
履约程度					
整体服务质量评价					

3. 提前到达机场(车站、码头)

地陪带旅游团到达机场(车站、码头)必须留出充裕的时间。具体要求是:出境航班提前2小时;国内航班提前90分钟;乘火车提前1小时。

旅游车到达机场(车站、码头),地陪要提醒游客带齐随身的行李物品,照顾游客下车。待全团游客下车后,地陪要再检查一下车内有无遗漏的物品。

五、办理离站手续

1. 送国内航班

(1) 提前90分钟到达机场后,带领游客走进机场大厅;

(2) 购买机场建设费;

(3) 行李检查;

(4) 收取游客身份证集中办理换登记牌及行李托运手续;

(5) 将机票、登记牌、身份证、行李牌清点后,由全陪(或领队)发给每位游客;

(6) 送别;

(7) 游客全部进入隔离区后方可离开。

2. 送火车、轮船

(1) 提前抵达车站、码头,使游客有足够的时间上火车、轮船(地陪必须帮助全陪或领队划舱位),应提前30分钟将游客送上车厢或轮船落座;

(2) 带领游客找到车厢或客舱;

(3) 将交通票据或卧具牌、行李票据交给全陪(或领队);

(4) 送别;

(5) 车、船启动后方可离开。

送走旅游团后，地陪应与旅游车司机结账，在用车单据上签字，并保留好单据。

【实例导航】

某年夏季一天的下午7时许，上海的导游员吴先生正在家里休息，突然电话铃响了，吴先生听了旅行社来的电话表情立刻严峻起来。原来他忘了送两位游客去机场，客人正在饭店大厅等候人送，此时离飞机起飞只有1小时20分钟了，而且客人的机票仍在吴先生手里。前一天，吴先生到旅行社去查看计划，社里让他第二天负责送几个旅游团走。他在送走了几个旅游团后没有仔细检查计划，误以为送走了所有的团队，便回家休息了。接团的司机在饭店等候很久，不见导游员的身影，他不懂外语，又不知客人的姓名与房间，便打电话到旅行社询问。从家里到饭店需要40分钟，从饭店到机场又需要30分钟，时间很紧张。吴先生急忙打电话与司机联系，请他接上客人直接去机场，自己从家里坐出租车赶去机场送机票。一路上吴先生的心情非常焦急，不断催促出租司机加快速度，车子打着紧急信号灯向机场疾驶。途中通过电话联系，吴先生知道接团司机已经找到客人，并带他们离开了饭店。50分钟后，吴先生终于赶到了机场。他迅速找到焦急等待的客人，道过歉，替他们买好机场税，急忙去办登机手续。那时离起飞只有25分钟了，按规定不能办登记手续了，由于旅行社在机场人员的事前铺垫和机场人员的大力配合，客人终于办好手续，顺利登机了。回来的路上，吴先生深深为自己所犯的错误而悔恨。只因一时的粗心，险些造成经济上的损失和国际上的坏影响，这真是一次不小的教训啊！

案例分析：导游员在接待旅游团队前查看计划时，一定要做到认真细致，不要因为工作忙或觉得程序枯燥而放松对自己的要求，产生马虎的思想，否则会给工作带来困难或不良的后果。本例中的吴先生就是因为马虎而遗忘了一个两人的旅游团。

六、善后工作

旅游团结束在本地的游程离开后，地陪还应做好总结、善后工作。

1. 处理遗留问题

下团后，地陪应妥善、认真处理好旅游团的遗留问题：如果旅游团离开后，发现游客遗忘了某些物品应及时交回旅行社，设法尽快交还失主；如果游客曾委托地陪办理一些事情，应该向旅行社有关部门反映，尽快帮游客处理完毕。

2. 结账

地陪应按旅行社的具体要求并在规定的时间内，填写清楚有关接待和财务结算表格，连同保留的各种单据、接待计划、活动日程表等按规定上交有关人员并到财务部门结清账目。

地陪下团后应将向旅行社借的某些物品，经检查无损后及时归还，办清手续。

3. 总结工作

认真做好陪团小结，实事求是地汇报接团情况。涉及游客的意见和建议，力求引用原话，并注明游客的身份。

地陪应及时将“旅游服务质量意见反馈表”交到旅行社有关部门。此表对旅游活动中旅游服务的各方面都有一个比较客观的反映。旅行社各部门在接到此表时，会认真对待游客的评议。凡是针对地陪的表扬或意见，地陪应主动说明原因，反映客观情况，必要时写出书面材料。如果属于针对餐厅、饭店、车队等方面的意见，地陪也应主动说明真实情况，由旅行社有关部门向这些单位转达游客的意见或谢意。如果反映的意见比较严重、意见较大时，地陪应写出书面材料，内容要翔实，尽量引用原话，以便旅行社有关部门和相关单位进行交涉。

旅游接待中，若发生重大事故，要整理成文字材料向接待社和交团社或组团社汇报。

【任务实操】

实训项目 6	旅游服务质量反馈方案设计
实训要求	1. 明确旅游服务质量意见反馈设计的基本内容和要求 2. 尝试用新媒体反馈和接纳旅客服务质量
实训时间	2 学时
实训材料	教室、电脑
实训内容与步骤	1. 分析传统旅游服务质量意见反馈单存在的问题和不足 2. 提出意见反馈单改进方案 3. 研究新媒体的形式、适用对象和运用方法 4. 设计新媒体旅客服务质量反馈的方案

【延伸阅读】

走好导游的第一步　适合新导游

1. 导游的几点经验技巧

导游人员，是客人在旅行过程中责任重大且为客人完全依靠的工作人员。一个旅游团少则几个人，多则十几人、几十人，导游员在带团游览参观和导游工作中起着协调、沟通上下、内外、左右的重要作用。所以导游在上团前是否做好充分的心理及物质准备则显得极为重要，这里总结了几点经验技巧，希望对大家能有些许的借鉴及帮助：

(1) 准备一个小包，专门用来盛放上团时的各种票据，即便无法及时整理，但最起码不会把它们弄丢。

(2) 上团时最好用胸包或者腰包盛放团款，而且整个做团过程中，即便是去洗手间，也要做到包不离人。尤其是在宾馆过夜时，一定要保管好自己的团款及财物。有些导游说他们整晚都抱着团款睡，看似是玩笑，实际上这的确是一个很好、很有用的方法。

(3) 上团要带好导游 IC 卡、导游旗、喇叭、计划表、预算表，尤其记住适当带一些润喉片、消炎药、止泻药，以备不时之需。

(4) 与司机搞好关系。司机的大力配合绝对会使你的"工资"倍涨，并为此次团队的顺利进行奠定良好的基础。

(5) 在与客人的首次见面时，一定要给客人留下良好的第一印象。因为第一印象的好坏常常构成人们的心理定势，成为最终评价的参考。

(6) 少开空头支票，要做到言必行、行必果。那种信口开河、模棱两可、华而不实的作风只能引起游客的反感，使其认为自己不可靠、不能信赖。即便后来真的对他们许诺时，他们也会心存芥蒂。

(7) 多与游客进行沟通，大致上相互了解，与游客建立朋友关系，尽量促使自己与客人间产生情感共鸣。这样会使接下来的工作事半功倍，对后面的导游工作也是有百利而无一害。

作为一名导游，在为游客提供服务的过程中，由于接触面很广，所以需要处理好旅行社、游客、领队、司机以及其他接待单位与人员的合作关系。同时，也要努力培养、提高自我的管理能力。

那么，导游的带团艺术是指什么呢？所谓导游的带团艺术，是指导游根据旅游团的整体需要和不同游客的个别需要，熟练地运用能提高旅游产品使用价值的方式、方法和技巧的能力。

2. 对待游客

在接待游客旅游的过程中，首先应该遵循工作程序，并且注意在工作中不断地积累经验，使工作更主动有效，同时也使游客更轻松地获得身心的满足。导游应该做好以下几点：

（1）如何引导游客购物：外出旅游，在食、住、行、游、购、娱的消费结构中，购物占了一定的比例。游客多多少少都有购物的需求，关键是看导游如何引导，让游客购得舒心、钱花得甘心。导游应该本着对游客有益的原则，重视并做好这项工作。导游在为游客做购物指导时应该注意：以满足游客的需要为出发点；熟悉商品知识，当好游客的参谋。

（2）向游客推荐好的附加旅游项目：曾经有很多旅行社都给游客提供一些可供他们选择的额外支付费用的附加旅游项目，因为满足游客不同的兴趣是导游帮助游客规划他们的空闲时间的一项很吸引人的举措。

（3）选择合理的工作位置：在旅游过程中，无论是乘坐交通工具还是在游览途中，导游应该选择接近游客及靠近通道的座位，这样比较方便照顾游客。同时，也容易给游客一个安全的感觉。

（4）给游客留有充分的摄影时间：俗话说，“入园游览留下的唯有足迹，取走的只有镜头”。外出旅游，照相机和游客是不可分割的。作为导游，应该鼓励游客抓紧时间多拍一些反映风土人情及美好景色的照片。在旅途中，可以和司机商量好，在一些有特色的地方，多停几次车，让游客有比较充分的时间拍照。

（5）区别散客及团队导游的不同点：尤其是在散客的接待中，应该注意以下几点：①尽快记住散客的姓名、容貌特征，并设法了解他们的性格和习惯行为；②特别当心散客的行李；③要将散客托付的事情记下来，并及时去做，然后把结果告诉他们；④让散客之间做自我介绍，这样便于相互帮助；⑤导游的识别标记要鲜明，便于散客识别易认。

3. 导游自身

（1）与游客打交道的技能。作为一名导游，应该善于交际、善于观察、会照顾人、会分析游客的消费心理，游客出门在外，作为他们的导游，还应该多给游客一些情感上的关怀，让游客的旅程更加轻松、愉快，让游客获得身心的满足。这些就是导游带团的关键。

（2）导游要学会组织游客和说服游客。在旅游中，导游应该力争与游客建立伙伴关系，因为只有在游客的合作下，旅游活动才能得以顺利地进行并达到良好的效果。导游要学会善于引导、说服游客，比如碰到因客观原因变更旅游日程时，就要实事求是、合乎逻辑、明白无误地说服游客，告诉他们变更的原因，只有被说服的客人才是被赢得的客人。采用的说服方法有：①说服前应该做出决定；②说服的形式应该使旅游感兴趣；③说服的论据应该令游客信服；④而导游自己的建议应该放在最后。

(3) 导游要学会运用有声的语言和无声的语言。俗话说,“一句话能把人说笑,也能把人说跳”;“景色美不美,全凭导游一张嘴”。在讲解景点时,言辞不应该过于呆板,绘声绘色的说词,当然会大受欢迎。在与游客沟通时,导游一时的不小心,甚至是无意中的一句话,就有可能伤害游客的自尊心。因此,导游和游客说话,要用柔性的语言,措辞委婉、语调柔和、语气亲切,还要时刻记住保持微笑,这样,往往能达到以柔克刚的效果。

(4) 学会观察游客在旅游过程中的心理变化。由于生活环境和生活节奏的变化,游客的心理也会随之发生变化。刚到一个新的地方,一开始的心理是求新、求异、求安全。这时候导游应该多组织些轻松愉快的参观游览活动,以满足游客的心理。随着旅游的进展、接触的增多、相互间熟悉程度的增加,这时候游客的性格会一点点暴露出来。

这时的主要心理是懒散,比如没有时间观念、自由散漫、丢三落四、成员间矛盾开始显现等。另外一点心理是求全:游客常常会认为自己是花了钱来旅游的,因而从生活上、心理上产生过高的要求。在这一阶段,游客有时会提一些不友好的、挑衅性的问题,导游在这一阶段的工作最为艰巨,最容易出差错,关键就在于当时的应变能力。当然,这个阶段也是对导游技能、心理素质的最好考验。

(5) 学会激发游客的游兴。旅游、旅游,一定要有游兴才会觉得有所收获,导游在导游服务中一定要学会怎样来激发游客的游兴,让游客有不虚此行的感觉。具体方法:①就此旅游陶冶游客的性情、发展个性;②激发游客投身大自然、接受大自然的熏陶;③让壮丽的河山、优美的景色激发游客振奋向上的心态;④让历史人物、英雄人物感召旅客;⑤帮助游客在欣赏自然景观和人文景观时,感觉、理解、领悟其中的奥妙和美。

课下自主测评

迎接服务评分表

评价项目与内容		分值	小组自评分	各组互评分	教师分数	实得分
1	开车前的清点工作	10				
2	致欢迎词	20				
3	调整时差(入境团)	10				
4	旅游行程简要介绍	10				
5	城市概况介绍	10				
6	沿途风光介绍	10				
7	下榻酒店介绍	10				
实训报告	实训心得	10				
	回答问题	10				

习题导航台:

1. 导游上团前要做哪些必要的准备工作?
2. 团队行程中,餐饮是很重要的一项内容,作为导游,你认为该如何安排好?
3. 导游如何做好游客的住宿安排工作?
4. 导游如何在送团的时候,让游客留下美好的印象?

项目三

导游服务工作

专业的导游是旅行社的门面和旗帜，一个好的旅行社必定有好的专业导游，这些人是旅行社的顶梁柱。而对导游过程中各环节的服务规范的把握是成为专业导游及优秀导游的基础。通过本项目的学习，将会初步认识和掌握导游服务过程中的入店服务、门票购买服务、安排用餐、购物安排、娱乐服务、特殊团队安排的基本做法和相关注意事项。

【项目导航】

项目任务	基础任务	扩展任务
任务一 入店服务	掌握入店服务的注意事项和服务规程	全陪与地陪在分房过程中的协调工作
任务二 购买门票	掌握购买门票的两个重点和其他注意事项	旅游旺季热点景点门票的购买
任务三 安排用餐	掌握普通团餐的服务和较高标准餐的服务要求	处理游客自费品尝风味餐
任务四 购物安排	掌握正确的购物原则和学会正确引导客人购物	接受游客委托购买相关商品
任务五 娱乐服务	熟悉常见的娱乐类型和学会处理客人娱乐活动中的个别要求	根据游客要求自行组织文艺演出活动。
任务六 特殊团队安排	熟悉特殊团队的类型及掌握如何服务好常规的特殊团队	宗教团队的带团服务

【项目任务链】

由小王担任全陪的 30 人旅游团和地陪刘小姐一起，于某日 19 时抵达青岛某酒店，刘小姐为旅游者办理了住店登记手续并分发房卡，待旅游者陆续进入房间后，正准备离开饭店，此时，一位旅游者急忙赶到大堂，请地陪为其在青岛的亲属办理随团活动的手续，地陪思索片刻后便说：“今天时间晚了，有什么事明天再说。”

思考：1. 分析地陪在哪些方面做得不妥？

2. 说明要满足这一要求应该如何正确处理。

任务一 入店服务

【任务导入】

作为地陪，刘小姐在为客人办理入住登记手续时要做好哪些工作呢？

【任务详解】

导游员在旅游者进入饭店时，为其提供周到的服务非常重要，因为饭店是旅游者在游览地“临时的家”。作为地陪应尽快地协助领队办理旅游团入店手续，让旅游者了解饭店基本情况和住店注意事项，照顾旅游者进房并取得行李；让旅游者知道当天或第二天的日程安排等。

游客出来游玩必须休息好，才能有精力进行下面的行程，所以，导游必须尽快为游客安排好住宿，假如房间有问题，导游也必须配合酒店及时为游客解决。

一、入店服务注意事项

（1）必须在进入酒店之前统计好所需房间数，假如有单男单女，如何做好解释工作，进行拼房，并提醒游客第二天的叫早和早餐时间。

（2）车子到达饭店后，请旅客携带手提行李下车暂请大厅等候。与司机约定下次报到时间（晚餐或明天），通知服务员搬运车上所装大件行李。

（3）在酒店总台领取房卡，并定好叫早和早餐时间，做好登记工作，尽量按照名单表进行登记，也要考虑到游客的实际情况，比如夫妻、家庭、朋友、男女搭配等情况，但如果是团队的话，导游领好房卡后，交给团队里的领队或全陪，由他来分发房卡，导游做好登记工作，这样就不会有错误发生。同时要提醒游客在进入房间后，第一件事情就是检查房间内设施设备有无损坏或短缺，比如毛巾、杯子、热水壶等。

（4）导游暂时不要离开总台，要在总台等候15分钟，因为此时游客会在房间发现各种问题，比如空调坏了、抽水马桶坏了、毛巾少了、房卡不会用、闭路电视不会开等一系列的问题，导游就应该积极与酒店联系，配合酒店进行检查、维修或者换房等工作，让游客都能尽早休息好，此后导游才能进入自己的房间休息。

（5）导游早晨要比定好的叫早时间早起15分钟至半小时，因为只有这样，才能提前到餐厅为游客安排早餐事宜，特别是桌早，要每桌坐满10人再用餐，同时要收客人的房卡，退给总台，及时进行查房工作。

（6）与总台及时进行沟通，看看哪些房间查房中存在问题，与客人进行说明，有必要的损失必须要让客人进行赔偿。

（7）客人上车后，让游客检查自身物品，有无忘记在酒店的，要确认确实没有遗漏物品以后才能离开酒店。

【实例导航】

某大团总计300人,6部大车前往山东某地旅游,在某三星酒店住了一宿以后,第二天早晨起来退房,但是,经过服务员查房,陆陆续续发现许多房间不是毛巾被咖啡污染,就是被红色衣物褪色污染,不是玻璃杯被打碎,就是少个烟灰缸,除两辆车基本没有什么事情,其余几辆车都因为这些事情而麻烦,原定早晨8:00出发的,后来却因为这些事情,到近9:00才出发,导致许多游客很气愤,认为这些事情应该由旅行社来处理,而不是游客自己来赔款,虽然有的导游耐心解释,但还是得不到客人的理解。

案例分析:在酒店入住之前,导游必须将酒店注意事项和游客进行说明。比如:酒店内有无额外消费品,不得用酒店的毛巾或床单擦鞋,如果将某些物品拿到其他房间必须及时放回等,不然必定会给第二天的退房带来很大的麻烦 。

二、各类导游人员入住饭店服务规程比较表

类型	领 队	全 陪	地 陪
服务规程	协助地陪办理住店手续 ↓ 分房(房卡、钥匙) ↓ 登记住房名单 ↓ 帮助客人入住,分发所在饭店店卡	协助办理入住店手续 ↓ 了解旅游者的住房分配,记住领队的房间号 ↓ 将自己的房间号告诉地陪(领队)和旅游者 ↓ 掌握饭店总服务台的电话号码和与地陪紧急联系的办法 ↓ 当地陪不住饭店,全陪要负全责,照顾好旅游团	负责办理住店手续(自定房由领队、全陪或游客办理),将钥匙、房卡交领队或全陪 ↓ 介绍饭店设施 ↓ 照顾行李入房 ↓ 带领旅游者用好第一餐 ↓ 告知当日或次日活动安排 ↓ 确定叫早、早餐时间

【服务提示】

导游人员在办理入店服务时,应告知早餐地点、早餐券勿遗失(与现金同,不再补发)。同时办理完入住登记手续后一定要把客人的身份证及时归还,提前在车上向客人强调以下注意事项,以免退房时出现麻烦:

(1) 进房间检查房间内设施,分清常规必备品及一次性用品,检查是否缺少、破损、污染,如有应及时通知服务员或导游,否则照价赔偿。

(2) 房间房卡妥善保管,切勿丢失、折损,否则照价赔偿。

(3) 如有染发者,头发吹干后躺在枕头上否则污染枕头,需照价赔偿。

(4) 如吸烟,请将烟灰、烟蒂扔进烟灰缸,切勿烧坏地毯、床单等物品,否则需照价赔偿。

(5) 洗澡时将水温调好,小心地滑。

(6) 房间门窗打不开请找服务员,不要自己用力推,应注意安全。

(7) 晚上休息或外出时,请关好门窗,贵重物品随身携带。

(8) 外出时,要拿好宾馆名片,3~5人以上出行,谨防扒手,注意人身财物安全。

(9) 有的宾馆房间内会有消费品,如果需要的话可以用,只是退房时要自己付钱。

(10) 一切问题都可以打前台电话找服务员,如果不方便的话也可以随时找导游。

实训项目1	入店导游服务训练
实训要求	掌握不同类型导游的入店服务程序,了解特殊客人的要求
实训时间	2学时
实训材料	会议室、客人名单及特殊客人要求
实训内容与步骤	1. 熟悉不同类型导游的入店服务程序 2. 了解特殊客人要求 3. 介绍饭店设施训练

任务二 购买门票

【任务导入】

在青岛旅游的第二天,全陪小王告知地陪方小姐,之前在崂山未能买到学生票,因此有团友将学生证等证件全部交给方小姐,并表示,如果买不到学生票价就买全价票,其中一个同学将其研究生录取通知书也交给了她。地陪让游客在行李寄存处等待,独自去售票处买票,之后给了游客四张优惠票,之前的承诺是买到学生票可退差额(原价258元,优惠票183元),但她却说,证件已经过期了,优惠票是她托关系买到的,差价当然是该导游自己所得。

思考:1. 方小姐的做法有何不妥?

2. 全陪小王应该如何更正她的行为?

【任务详解】

购买门票是导游的一项最基本的工作,许多人认为购买门票是很简单的事情,但是,往往许多导游都在这"最简单的事情"上犯错。

一、把握购买门票有两个重点:价格和人数

全国各地的旅游景点成千上万,但是为了吸引游客,必然会给销售代理商一个优惠价,特别是旅行社,更是景点的重要代理商之一,故而,给旅行社的优惠价都各有不同,有的根据区域、有的根据组团人数、有的根据时段等,给予的优惠价都是有差别的,那么,导游在领任务的时候,一定要问清楚计调人员,所领的团队门票价是多少每人,而不是在买门票的时候想当然,或者随意叫价。

其次是人数,导游在领任务的时候,任务单上一般都会写明团队人数,但是,往往是团队实际产生的人数与这个数字是有差别的,而导游必须以实际发生人数来买门票,而不是还按照任务单上的人数购买,否则要么就是有人没票进园,要么就是门票过多。

二、其他需要特别注意的事项

还有儿童的问题,许多景点对孩子的政策是1.1米以下免票、1.1~1.4米半价、1.4米以上同成人价,所以,导游在买门票之前就要确认清楚团队中有多少儿童,身高大致多

少，尽量减少游客在景点门口的等候时间。

另外，同样是同一个景点，对同一个旅行社可能由于客源地或者客人类型的不同，也会有不同的优惠价，比如老年人和学生在部分景区都可以凭相关证件进行打折，导游领任务的时候必须问清楚，同时对于事先承诺游客的要求也要尽量按行业要求做到。

【服务提示】

旅游旺季热点旅游景区，门票购买需提前一天预约。个别的景点购买门票手续有些复杂，如无锡灵山胜境，需要先凭导游证与任务单开具购票凭证，再凭购票凭证购票。而且，旅行社计调需提前跟风景区进行预约，导游员所拿的任务单必须是电脑打印，上面要写明导游姓名、购票日期以及游客人数。

【实例导航】

某旅行社组织了一车亲子团，前往浙江横店影视城游玩，导游在到达景点门口后，清点完人数便去买门票，但是由于旅游旺季，排队很久才到窗口，窗口工作人员看了她的任务单后却说应该和他们的营销部联系，才能享受这个亲子价格。导游赶忙打电话回旅行社，计调告诉她在任务单下方有个联系人的名字，那个就是营销部的负责人，于是导游再打电话给那个联系人，联系人却又正巧不在景区，他让导游打另外一个负责人的电话，由那人来解决，导游再打电话，总算全部搞定，此时游客已经等候了45分钟，大家颇有怨言，导游也没有打招呼，匆匆忙忙把游客送进园区。

案例分析：导游在领任务的时候就必须问清楚相关联系人，在出发前最好事先与此人取得联系，确认价格和人数，这样就能以最快的速度买好门票，减少游客的等候时间。

实训项目2	购票导游服务训练
实训要求	与计调沟通了解购票种类与流程，知道折扣票的类型与免票方式。清楚整个旅游团队的成员数量，可以享受折扣票、免票的客人人数
实训时间	1学时
实训材料	会议室、客人名单
实训内容与步骤	1. 熟悉相关景点购票方式 2. 熟悉团队客人情况 3. 设计购票流程

任务三　安排用餐

【任务导入】

第三天导游小王带团去烟台，晚上游客非要一帮人集体出去吃海鲜夜宵、喝啤酒，但是，当天半夜就有七八个游客紧急送进了医院挂水，以至于影响了后面的行程，后来取消了一天的景点，大家也没有兴致再游玩了。

思考：1. 案例中的事件是由什么原因引起的？

2. 在游客吃海鲜前导游应该做好哪些防范工作？

【任务详解】

旅游六大要素“食住行游购娱”，吃放在了首位，游客出来旅游，假如是旅行社负责安排用餐的，就必须尽量安排好，当然，饭菜的好坏不在于导游，而在于酒店及餐厅，但是，导游要积极为游客争取并且与提供餐食的单位做好协调，让游客尽量没有意见。

一、旅游团餐的服务

1. 团餐的特点

导游带团经常会讲一句话“保证您吃饱，但是无法保证您吃好”，因为旅游团队餐都是比较固定的菜肴，也许有些团队餐厅可以根据客源地不同，而烧制一些不同口味的菜肴，但是由于目前激烈竞争的旅游价格，许多餐厅只能以八菜一汤或十菜一汤为主，不可能有很多特色菜，建议导游要在带团时必须和游客打好招呼，同时导游也不建议游客单独外出用餐，特别是海鲜，经常会发生的是集体腹泻或食物中毒。

2. 安排团餐过程中的注意事项

（1）导游在带团前要和餐厅确认日期和时段，以及大致人数和用餐标准。不要有错误，特别是时段和用餐标准。

（2）导游在进入酒店之前再次和餐厅确认，要及时带游客进入餐厅用餐，特别是旺季，要注意有的时段餐厅将人满为患，如何避开高峰时段，对于导游来说也是一项必定要注意的问题。

（3）在安排好客人坐下后，要催促餐厅尽快上菜，而不是自己和司机先躲到一边去吃饭，否则，假如餐厅上菜比较慢，游客会有怨言。所以，导游应该在餐厅上菜上得差不多的时候才能去自己用餐。

（4）自己加紧吃饭，就要去询问一下游客有无意见，当然，要一再强调“只能保证吃饱，无法保证吃好”这一点，有时对游客来说，会有意外的惊喜，就是所说的压低客人的期望值，会得到意外的惊喜。不要把什么都说得太好，特别是团队餐。

（5）其他注意事项

就餐后不要忘了提醒客人带好随身携带的物品（游客就餐时，提前告诉酒水自理，不要催，让游客安心吃饭。在游客就餐期间，至少要起身去看两次）。盯好餐标（清点菜和汤），告知游客，让游客明了。吃海鲜时不喝或少喝啤酒，喝啤酒不要急，可适当喝白酒。吃完海鲜不要下海，以免着凉腹泻。尽量不要吃海鲜大排档。吃海鲜不可吃葡萄，喝白酒不能吃柿子。同时，祝愿游客胃口好。

二、较高标准餐的安排

1. 自助餐的服务

自助餐是旅游团队用餐常见的一种形式，是指餐厅把事先准备好的食物饮料陈列在食品台上。游客进入餐厅后，即可自己动手选择符合自己口味的菜点，然后到餐桌上用餐的一种就餐形式。自助餐方便、灵活，游客可以根据自己口味，各取所需，因此深受游客欢迎。在用自助餐时，导游员要强调自助餐的用餐要求，告诫游客以吃饱为标准，注意节约、卫生，不可以打包带走。

2. 风味餐的服务

旅游团队的风味餐有计划内和计划外两种。计划内风味餐是指包括在团队计划内的，其费用团款中已包括;计划外风味餐则是指未包含在计划内的，是游客临时决定而又需现收费用的。计划内风味餐按团队计划运作即可;而计划外风味餐应先收费，后向餐厅预订。

风味餐作为当地的一种特色餐食、美食，是当地传统文化的组成部分，宣传、介绍风味餐是弘扬民族饮食文化的活动。因此，在旅游团队用风味餐时，导游应加以必要的介绍，如风味餐的历史、特色、人文精神及其吃法等，能使游客既饱口福，又饱耳福。

在用风味餐时，作为导游，不是游客出面邀请不可参加;受游客邀请一起用餐时，则要处理好宾主关系。

3. 宴会服务

高规格的旅游团队在行程结束时，常会举行告别宴会。告别宴会是在团队行程即将结时举行的，因此，游客都比较放松自己，宴会的气氛往往比较热烈。作为导游，越是在这样的时刻越要提醒自己不能放松服务这根“弦”。要正确处理好自己与游客的关系，既要与游客共乐而又不能完全放松自己，举止礼仪不可失常，并且要做好宴会结束后的游客送别工作。

【服务提示】

导游自身言行的禁忌:

(1) 抽着香烟与旅客应对的举止。

(2) 只顾自己吃饭，不招呼客人。

(3) 从未巡视旅客用餐情形，又不说菜肴的内容，甚至对菜肴的种类一无所知。

(4) 用餐中不断口沫横飞，唠叨不停。

(5) 用餐后咬着牙签与旅客应对。

(6) 旅客已用餐完毕，而自己仍在细嚼慢咽。

【实例导航】

小莫带团去海南，由于没有去过，出发前在网络上查找了许多资料，看到介绍的海南美食(特别是海鲜)很好，于是在去机场的路上对游客大肆宣扬了一下，却没有想到，到了海南，团队餐很差，游客认为导游小莫欺骗了他们，小莫再怎么解释也没有用，大家对小莫的印象一直很差，牵扯到其他一些小事，回来后，游客一纸投诉送到了旅行社，旅行社对小莫进行了相应的处罚。

案例分析:许多旅游网站都会介绍旅游目的地的美食，但是，旅游团队用餐都是在20～30元/人左右的标准，游客想要食用到各地著名美食，那还是比较困难的，所以，导游在车上介绍这些美食的时候，要一再强调这是游客另外自己出去可以品尝到的，而不是团队餐里含的，否则就尽量不要介绍。

【任务实操】

实训项目 3	餐饮导游服务训练
实训要求	熟练掌握地方特色饮食文化，在客人用餐时能够对其原材料、制作方法、文化内涵等加以介绍，使客人既饱口福又饱耳福，并能在客人要求下合理安排风味餐、自助餐等
实训时间	1 学时

（续）

实训项目 3	餐饮导游服务训练
实训材料	会议室、菜单
实训内容与步骤	1. 饮食文化介绍 2. 照顾客人用餐 3. 饮食安排训练

任务四 购物安排

【任务导入】

午饭结束参观某佛寺后，全陪小王、地陪小周向大家介绍本地一家新开业的珍珠馆。小周说："店主是我的好友，保证价廉物美。"

在珍珠馆，一位姓朱的女士对标价为 4000 元的珍珠项链发生兴趣。小周立即主动介绍识别真假珍珠的方法，并为其讨价还价，最终以 900 元成交。16 时 40 分，旅行团游览某景点，因景点即将关门，大家匆匆摄影留念后即离去。在返回饭店途中，数名男士提出去书店购买中国地图，几位女士则希望购买中国烹饪书籍，小周表示可以安排。

次日出发前，朱女士手持前日所购的项链要求小周帮其退换，说："一位对珍宝很内行的朋友认定它为残次品。"小周表示不可能退换。

一周后，旅行社接到游客对导游小王的投诉。

思考：导游小王是由哪些原因引发客人投诉的？

【任务详解】

在游客的食、住、行、游、购、娱的消费结构中，购物占有一定的比重。游客多多少少都有购物的需求，因为旅游纪念品能使旅游经历有形化，成为物化的美好回忆，那些可供收藏、玩赏或装饰的旅游纪念品还是游客回去后馈赠亲朋好友的礼物，所以购物服务是导游人员服务的工作内容之一。游客购物还为旅游目的地国或地区增加收入、促进经济繁荣作出了重要贡献。因此导游人员应本着对游客有益的原则，重视并做好这项工作。

一、告诉客人正确的购物原则

出门在外，买点地方特产和纪念品，体验异地消费情趣，是游人的普遍心理。但旅途购物，是有学问可讲的，因此要告诉客人以下几条原则：

1. 以地方特色作取舍

地方特色商品，不仅具有纪念意义，而且正宗，有价格优势，消费者值得购买。如杭州的龙井、海南的椰子、云南的民族服饰、西藏的哈达等，购买后留作纪念或送给亲朋好友，都称得上快事。

2. 以小型轻便为首选

有些特色商品，体积笨重庞大，随身携带很不方便，不宜购买。人在旅途，游山玩水、乘坐车船并不轻松,行李包越少越好。有些物品还可能易碎,稍不小心中途摔坏,更不必为此花冤枉钱。

3. 切忌贪便宜

在某些风景区,经常可见有兜售假冒伪劣商品的,如珍珠、项链、茶叶之类,游客要禁得住价格和叫卖的诱惑。有时自以为捡了便宜,回来后经过一番鉴别,大呼上当者也不在少数。若再去退货,反反复复折腾一番不划算,只有自认倒霉。

4. 相信自己的判断

现在的旅游市场经过净化,大部分导游都能遵守职业道德,不会歪动游客的钱袋。但是,有少数导游却想尽办法把团队拉到给回扣的商店,任意延长购物时间,乐此不疲地为游客介绍、选购物品,殊不知这一系列的安排是一个大陷阱,游客被温柔地宰一刀却还被蒙在鼓里。异地购物不要盲目轻信别人,切忌冲动从众,而要相信自己的判断,管住自己的钱袋,学会自我保护,做个成熟的消费者。

二、购物方面个别要求的处理

大多数游客都愿意在旅游目的地买些物品作为纪念或馈赠亲友。地陪虽然安排了购物时间,但游客仍然会提出各种各样的要求。导游人员要不怕麻烦地设法予以满足。

1. 要求单独外出购物

游客要求单独外出购物,导游人员要予以协助,当好购物参谋,例如建议游客去哪家商场购物,为游客安排出租车并写中文便条让其带上(条上写明商店名称、地址和饭店名称)等。在旅游团快离开本地时,要劝阻游客单独外出购物。

2. 要求退换商品

游客购物后发现所购的商品是残次品、计价有误或对物品不满意,要求导游人员帮其退换,导游人员应积极协助,必要时陪同前往。

3. 要求再去商店购买相中的商品

游客欲购某一商品,当时犹豫不决,回饭店后下决心购买,要求导游人员协助,一般情况下,只要时间许可,导游人员可写张便条(上写商品名称,请售货员协助之类的话)让其租车前往商店购买,也可陪同前往。

4. 要求购买古玩或仿古艺术品

游客对古玩或仿古艺术品很感兴趣,希望购买,导游人员应带其到文物商店购买,买妥物品后要提醒游客保存发票,不要将物品上的火漆印(如有的话)去掉,以便海关查验,游客要在地摊上选购古玩,导游人员应劝阻,并告知有关规定:若发现个别游客有走私文物的可疑行为,导游人员须及时报告有关部门。

5. 要求购买中药材

游客想购买中药材,导游人员应告知海关的有关规定。

6. 要求代为托运

游客购买大件物品后,要求导游人员帮忙托运,导游人员可告知外汇商店一般经营托运业务,若当地外汇商店无托运业务,导游人员要协助游客办理托运手续。

游客欲购某一商品,但当时无货,游客离去前想请导游人员代为购买并托运,对游客的这类要求,导游人员一般应婉拒,实在推托不掉时,导游人员要请示领导,一旦接受了游客的委托,导游人员应在领导指示下认真办理委托事宜:收取足够的钱款(余额在事后由旅行社退还委托者),将发票、托运单及托运费收据寄给委托人,旅行社保存复印件,以备查验。

【服务提示】

《旅游法》在治理"零负团费"上重点规范的是旅行社通过安排旅游者在其指定的购物场所购物和参加另行付费项目而获取回扣等不正当利益的行为,并非禁止旅游者购物或参加自费项目。

旅游法中关于"旅行社不得指定具体购物场所",是指旅行社不能在合同约定范围外增加购物点。旅游的六要素吃、住、行、游、购、娱中,购物本来就是重要一环。旅游者可以在旅游行程中的自行安排活动时间内,自愿、自主地安排个人的购物等活动。旅行社也可以选择旅游目的地中主要面向当地社会公众服务的商业区,做出正当、合理的安排,满足旅游者的购物需求。

旅行社应游客要求安排具体购物场所或另行付费旅游项目的,必须符合几个要求:①不得以不合理的低价组织旅游活动;②不得诱骗旅游者,也不得违背游客意愿安排这些活动并获取回扣等不正当利益;③原则上不得在已签订的合同外再安排另行付费旅游项目;④旅行社必须充分满足旅游者的知情权,就具体购物场所和另行付费旅游项目的情况,包括具体的名称、地点、时长、购物场所或自费项目的主要内容,以及相关价格等情况,向旅游者做出真实、准确、详细的说明;⑤不得影响其他不参加相关活动的旅游者的行程安排,要对这部分旅游者的活动做出合理的安排;⑥不得将旅游者是否同意相关安排作为签约条件,旅游者不同意的,不得拒绝签订合同或者增加团费,旅游者同意的,不得因此而减少团费。

【实例导航】

地陪小韩带领香港旅游团一行28人浏览W市。按照旅行社计划安排,旅游团在W市浏览六个景点,安排两家商店购物。然而在浏览过程中,小韩擅自增加购物点,安排游客去她朋友新开业的珍珠馆。领队委婉提醒小韩不妥,但小韩仍我行我素。到珍珠馆门前,许多游客不愿下车,小韩便说:"请大家给点面子,进去看看,不购物也没关系,游客们这才懒洋洋地进去。行程结束,快抵达机场时,小韩致欢送辞后,领队依照惯例,给小韩一个内装小费的信封。小韩接过后,当着游客的面拆开,一看里面装的是50元人民币,心里极不舒服。她让游客在车上等一会儿,自己下了车。不一会儿,小韩手上拿着一大把零钱回到车上。她解释说:"各位朋友,我刚才已经说了,感谢大家在W市期间对我工作的支持和配合",说着扬扬手里的钱,"大家的心意我领了,这小费我不收,钱来自大家,我把它还给各位。"说完,小韩将这50元零钱逐一分发到游客手上。游客手上拿着这些钱,眼睛却怔怔的,车厢里的气氛顿时凝固。几位反应较快的游客马上拿出50元,甚至100元给小韩,说这是他们个人给小韩的一点小意思,请别嫌少,但更多的游客用责怪的眼神看着领队。

案例分析:小韩在处理整个事件中的不妥之处有:①安排购物次数超出规定,且擅自带游客去非定点商店购物;②未接纳领队建议,强带游客进行购物;③当游客面拆开信封,令领队难堪;④让游客在车上等,自己下车换钱;⑤把领队按惯例给的小费退给游客;⑥以暗示方式向游客索要小费。

正确处理措施应该是:①带游客到定点商店购物,且避免安排次数过多;②遵循"自愿购物,需要购物"的原则,购物应建立在游客需要的基础上;③尊重领队意见和建议,注意给领队面子,尽量避免与领队发生正面冲突;④不擅离职守;⑤领队给小费是对小韩工作的肯定,应接受并表示感谢;⑥不得以明示或暗示方式向游客索要小费。

【任务实操】

实训项目4	购物导游服务训练
实训要求	了解掌握客人购物时的心理需求,既能满足客人购物需求,又能做好地方特色商品的宣传促销工作
实训时间	1学时
实训材料	货架、各类小商品
实训内容与步骤	1. 介绍特色旅游商品 2. 科学鉴别旅游商品 3. 适度推销训练

任务五 娱乐服务

【任务导入】

出发前一天小王按原计划安排上午参加旅游景点,下午自由活动,晚上再组织大家观看演出。地陪老田把客人从火车站接到饭店后,部分客人从饭店的广告中得知,当地正在举行少数民族节庆活动,当晚还有篝火晚会等丰富多彩的文艺节目。于是那些客人向老田提出,他们希望晚上去观赏少数民族节庆活动,愿意放弃观看晚上的文艺演出。客人问老田能否派车接送他们,老田希望全体客人一起去观看文艺演出,因为文艺票早已订好,老田还说部分客人要去观赏少数民族节庆活动并不在计划之中,如果要去,交通工具请客人自行解决。

思考:小王这时可以做些什么呢?

【任务详解】

旅游娱乐是旅游者在旅游过程中寻找精神愉悦、身体放松、内心满足和个性发展的旅游活动,也是目前丰富旅游活动的主要形式之一,是完整旅游活动不可缺少的环节。

一、旅游活动过程中常见娱乐类型

1. 日常例行的主题表演

依托文化资源与演艺手段的有机融合、展示当地文化内涵、反映景区主题、有固定演出场所的日常举行的主题演艺活动。如杭州宋城的《宋城千古情》、深圳世界之窗的《千古风流》、西安大唐芙蓉园的《梦回大唐》、桂林乐满地的《好莱坞特技影视秀》等。

2. 自由性的街头表演

为了增加景区的娱乐气氛,更好地与游客互动体验,在景区的任何地方所举行的随机性、自由性较强的街头表演形式。例如桂林乐满地主题公园内,憨态可掬的乐满地吉祥物——皮索一家,拉着游客又唱又跳;美国西部区内粗犷的印第安人拿着长矛和盾牌,敲着皮鼓冲向游客;南太平洋区内热情的女郎拉着游客跳着草裙舞,勇敢的大溪地勇士表演惊险的喷火秀,伴着每整点就开始表演的音乐喷泉,小丑们骑着独轮车在梦幻区内穿梭;等等。

3. 丰富性的节庆表演

为了丰富景区的活动内容,增加节日气氛,根据不同节庆主题在景区内所举行的表演活动。例如桂林乐满地主题公园春节期间推出的大胃王争霸赛;“五一”期间精心推出了大型科幻、益智表演——“奇幻催眠秀”;暑期联合推出了大型现代劲歌劲舞结合拉丁风格的火辣歌舞表演——“热辣秀”和国内乐园首个大型园区巡游——“盛夏狂欢嘉年华”;“十一”推出的花样蹦极邀请赛等。

二、文娱活动方面个别要求的处理

同一个旅游团对于文娱活动,游客各有爱好,不应强求统一。游客提出种种要求,导游人员应本着“合理而可能”的原则,视具体情况妥善处理。

1. 计划内的文娱活动

旅游团在一地是否有文娱活动一般在协议书中有明确规定,若无明文规定,导游人员最好事先与游客商量,然后安排。

旅行社已安排观赏文娱演出后,游客要求观看另一演出,若时间许可,又有可能调换,可请旅行社调换:如无法安排,导游人员要耐心解释,并明确告知票已订好,不能退换,请他们谅解,游客若坚持要求观看别的演出,导游人员可协助,但费用自理。部分游客要求观看别的演出,处理方法同上。若决定分路观看文娱演出,在交通方面导游人员可作如下处理:如两个演出点在同一线路,导游人员要与司机商量,尽量为少数游客提供方便,若不同路,则应为他们安排车辆,但车费自理。

2. 计划外的娱乐活动

有的旅游团在计划中没有娱乐活动,但游客提出自费观看文娱演出或参加某种娱乐活动,导游人员一般应予以协助,如帮助购买门票、要出租车等,通常不陪同前往。

如果游客要求去大型娱乐场所或情况复杂的场所,导游人员须提醒游客注意安全,必要时,地陪负责计划内的陪同,全陪负责计划外的陪同。

【服务提示】

如果游客要求去不健康的娱乐场所和过不正常的夜生活,导游人员应断然拒绝并介绍中国的传统观念和道德风貌,严肃指出不健康的娱乐活动和不正常的夜生活在中国是禁止的,是违法行为。

【实例导航】

西安某旅游团前往桂林旅游。在阳朔大榕树旁(相传这是刘三姐抛绣球定亲的地方),几位游客被所谓的“少数民族姑娘”强行戴上荷包绣球,举行“拜堂成亲”的游戏,最后不仅要付出寓意吉利的49元钱,而且还要付给“新娘”小费。虽然导游进行多方调节,但几位游客最后还是被迫拿出了七八十元。

案例分析:

(1)导游是旅行社接待工作最前沿的代表,旅游过程中,旅行社对游客担负怎样的责任,导游就应担负怎样的责任。因此导游除必须具备业务技能外,还必须具有很强对导游这方面素质的培养。本例中的导游,姑且不去考虑他是否从中得到了什么好处,单从他们处理问题的方式上，就可以看出他不具备超前的服务意识，也没有为游客的切身利益着想，因此是失职的。

（2）了解情况，事先讲清楚本例中作为地方导游应该对阳朔的情况有所了解，对于一些景点周围的欺诈行为，应在旅游团到来前，让游客做好心理准备，不要轻易上当受骗。既然这样的事件已经发生，导游就应及时与景区管理人员联系，使游客的损失减少到最低限度。

（3）及时制止，防患于未然。在旅游过程中，有时尽管导游人员事先苦口婆心地讲述团队纪律和有关注意事项，但总会有少数游客我行我素，在这种情况下，导游人员还应再次耐心细致地做好说服工作，讲述利害关系，及时制止，使事态不要再向纵深方向发展。大多数的游客还是会积极配合导游工作的，因为每位游客都想有个愉快的旅游环境。

（4）对游客参与旅游项目之外的景点娱乐活动，并可能给游客自身造成一定损失的情况，导游人员应提醒游客，而不能置之不理，假装看不见，本例中这位导游，在看到部分游客被迫参与“成亲”活动时，应及时制止，讲清利害关系。即使因工作忙乱，没能及时制止部分游客的行为，也要配合景区（景点）有关部门，妥善处理问题，使游客的利益不受侵犯。同时，我们也看到，规范旅游市场，净化旅游环境，开展大众喜闻乐见的旅游活动项目，需要旅游行业各部门的齐抓共管。

【任务实操】

实训项目 5	文化娱乐导游服务
实训要求	使学生能合理地安排计划内与计划外的文娱活动，注意选择高雅的文娱活动，在活动前做好简明精彩的介绍，活动中认真组织，防止意外事故的发生
实训时间	1 学时
实训材料	文艺活动视频
实训内容与步骤	1. 活动的安排与组织 2. 传统文娱活动的介绍与讲解

任务六　特殊团队安排

【任务导入】

某旅行社组织了一个“夕阳红”北京专列团，全团要有近 700 名老人，每个全陪导游负责 45 位老人，浩浩荡荡在北京有 16 辆汽车。而导游小徐就负责其中一辆。在刚上火车的时候，小徐就看见其中有一位老人腿脚不便，他就一直在队伍的最后，时刻注意老人的行动，还不时搀扶着，某天去爬长城，由于刚下过小雨，长城的地面比较滑，小徐考虑到那位老人的腿脚不便，就一直搀扶着他登上了长城的其中一个烽火台。

但是，就在下来的时候，由于地面较滑，又加上坡度较陡，老人的脚一滑便要摔倒，小徐扶着的时候感受到了，于是自己先坐下，一只手死命抓住老人，另一只手用力抓住旁边的栏杆，老人一下子就坐在了小徐身上，而旁边老人的老伴吓了一跳，以为老人会一路滚下坡，但是由于小徐的抓住，总算没有出事，老人用力起来检查了一下，竟然没事，两位老人感动地紧紧握住了小徐的手，回去的路上就给小徐拿红纸写了一张表扬信，说是小徐救了他一命。

思考：对于老年团队导游员带团过程中要关注哪些细节？

【任务详解】

所谓特殊团队有很多种，有的是带考察性质的考察团，有的是出来开会的，出去旅游只是当中的一部分内容，有的是老年团，有的是搞某种主题活动的主题团，有的是领导视察团，等等。那么，这么多的特殊团队要求都是不一的，导游必须根据团队的不同性质，来进行合理的安排与服务，因为这些团与普通旅游团是有着较大的差别的。

一、按客人的身份特点来分

1. 考察团

考察团是必定要去考察某企业、学校或者相关单位的团队，会有部分时间交流，导游在领任务时要详细问清楚游客来考察的单位详细地址和时间，也要考虑到自己团队行程的安排，但是考察是这个团队的重点，导游必须要合理安排好，虽然有许多单位事先都已经联系好了，但是，作为导游员还是应该积极配合团队，做好接待工作，特别是时间上，要留出足够的时段来进行考察交流。

2. 会议团

会议团重点在于某个项目的会议交流，而不是旅游，只有在会议结束后才安排一两天的旅游，旅行社在安排会议接待的时候，导游员也必须和会务组共同把会议中安排房间、布置会场、分发资料等工作做好，而后才是统计旅游人数，确定旅游线路和日期，最后就是带团出去旅游。

3. 主题活动团

这种团的主题很多，有拓展凝聚团队合作力的、有与电台或电视台合作搞公益活动的、有合唱比赛的等。这些团队的首要目的是完成主题项目，导游必须配合相关部门进行登记、节目演练、活动选编等工作，这些都是非常细致的工作，但是，只有配合相关部门完成主题后，其他的旅游项目才能得以顺利进行，导游的工作也许非常繁琐，但是也要认真细致去完成。

另外，像这种主题团队是有特定的灵魂人物的，比如：拓展就是每个员工自己，电台、电视台就是发起活动的主持人，合唱比赛就是指挥或主持人等，这些人出面讲一句话，有时比导游讲千百句话都有用，因为大家都是朝着这个目的或人而来的，那么，这些人就是领头人，就是榜样，就是精神领袖，所有人都会在活动中为之而努力，为之而兴奋。所以，此时的导游员就是要做好沟通工作，要这个领头人能面对客人，进行最直接的沟通，这是能使团队达到最高潮的最好办法。

二、按客人的社会属性来分

1. 老年团

老年团是一种非常特殊的团队，当然，现在也有许多旅行社都以“夕阳红”为品牌在

做老年旅游市场。但是,这个市场有着它自己的特色:

(1) 老年人有着充裕的时间出来旅游,不一定是旅游旺季出来,所以,老年旅游有着长效性;

(2) 老年人出来旅游,又伴随着一定的风险性,因为许多老年人身上有着这样那样的疾病;

(3) 老年人对价格非常看重,所以会经常进行各种“比较”,对旅游价格比较敏感;

(4) 老年人比较怕寂寞,喜欢与人多沟通。

导游员在带领老年人旅游团进行参观游览时,其首要任务是安全问题。导和游的工作都要突出一个“稳”字,讲解介绍时速度要慢,声音要响亮,服务态度要亲切、热情和周到,确实做到走路不观景,观景不走路。碰到上山下坡、路滑不平时,更要提醒他们注意安全。整个旅程安排要宽松、劳逸适度,参观游览完了一个景点后要适当给他们一些自由活动的时间,包括上洗手间。在导游服务的讲解技巧上要多运用含蓄幽默的方法使老年人“ 游中有乐,乐中有游 ”。同时,导游员讲解要生动,要有感情,使他们产生“ 一次旅游,终生难忘 ”的美好印象。

所以,带老年团的导游要有着千万分的耐心和千万分的细心,要学会一些紧急急救措施,要知道许多普遍的慢性病需要何时服药或者打针(比如糖尿病),还要以最热情的服务态度去对待这些老年人,这样才能成功完成任务。

2. 年轻人团

年轻人旅游团最大的特点是喜欢多动多看,他们对旅游有一种特殊的偏爱,在旅途中也时常表现出激动、好奇和热闹。因此导游员带领年轻人旅游团进行参观游览时,应根据年轻人的特点,在不违反旅游接待计划的基础上,尽量满足他们“合理而又可能的要求”,使旅游活动顺利健康地开展下去。带领年轻人旅游团的关键是在于导游员本身要充满朝气活力,其次,要善于组织和了解他们的心理活动特点。一般来说,他们到达旅游景区后,往往又表现出与众不同的渴望和向往心理,追求那些闻所未闻的引人入胜的景色,驱使自己尽情地观赏和游览。为此,想多一点自由活动的时间,想多拍一些照片留念,已经成为年轻人旅游团最大的需求。在这种情况下,先睹为快,先玩为快,然后再慢慢听导游员讲解已形成规律。所以,对于那些不分青红皂白、没有重点特点、没完没了讲解的导游员,他们是不欢迎的。最后,随着旅游活动的进一步开展,游客之间得到了进一步的交流和了解,此时,他们会变得熟悉和亲热起来,旅游团队中懒散和求全心理也会出现,平时活泼的人会变得更加活跃,平时散漫的人更容易迟到,许多人还会丢三落四。他们还特别喜欢开玩笑,提出各种各样、名目繁多的奇异问题。这时候是导游员最难带团的阶段。因此,导游员基本做法是:尊重游客、热情服务、讲有特点、做有规矩、履行合同、等距交往、有紧有松、导游结合。导游员要控制好整个团队的旅游节奏,包括做好思想工作和组织工作,防止因满足不了个别人的需求而影响其他游客的情绪,造成对整个旅游接待计划不利的事情发生。

3. 小朋友团

小朋友旅游团一般是以学校、单位组织的 ,以春、秋两季游为多。小朋友的最大特点是好奇、多动、不注意安全,不像成年人旅游团那样乐意听导游员的讲解。因此,带领小朋友旅游团进行参观游览应根据小朋友的特点,有针对性和选择性地介绍讲解。

导游员带领小朋友旅游团进行参观游览时，其首要任务有两条：一是讲解景点要突出爱国主义教育；二是要特别关注小朋友们的安全问题，导游员在宣传讲解中，语言要生动形象富有激情而又准确，语速要亲切、缓慢，导游技巧上多使用提问式或启发式的手法，使小朋友对景物产生浓厚的兴趣，同时也要让他们了解一些相关的历史知识和文化内涵，适当进行美学教育和社会实践。在安全问题方面，导游员要主动配合学校老师做好安全防范工作，不准他们乱跑瞎闯，确实做到有组织、有纪律、听指挥，同时也要告诫他们不要随意买小摊上的食品，不喝生水，注意个人卫生，保证小朋友旅游团能顺利健康地开展。

4. 妇女团

俗话说："三个女人一台戏"。妇女旅游团的最大特点是兴奋、热闹。在旅游途中她们喜欢谈论家庭琐事、购物以及化妆等，同时也喜欢自由活动式或三五成群聊天拍照，思想上容易开小差，人也经常走散、走失。妇女们求全心理高，团队内时常会有一些小矛盾产生。因此，导游员应根据妇女的特点，设法让她们高兴而来，满意而归。

带领好妇女旅游团首先要做好三项工作：一是讲解景点要清楚、要耐心，带团速度不宜过快，照顾面要周全，时常要多讲些有趣和传统的故事，让她们在轻轻松松的氛围中旅游；二是交代事情、提醒注意事项要清楚明确，说话不绕圈子；三是要经常关心她们的身体状况，带团时要多几次清点人数，防止有人走失。另外，在旅程安排上要松紧适宜，多给她们一些交流感情的时间。在商店购物时导游员要做好参谋工作，较为详细地介绍商品的特色，尤其是土特产品。同时也应注意，女性游客在个别或三五成群地谈论聊天时，游客没邀请你参加，导游员最好不要参与进去。因为她们之间有许多"小秘密"。在旅途中导游员还要防止她们懒散和求全心理的出现，游程结束时要特别关照她们注意带好自己随身携带的东西，以免造成经济上的损失和精神上的不悦。

三、其他特殊性质的团队

1. 残疾人团

残疾人本身就是需要特殊关照的人群，但是他们也有旅游的权利，无论是聋哑人还是肢体残疾的，导游也会有机会带到这种团。带这种团的时候，导游必须考虑到残疾人的特殊性，他们的行动或语言不便性，更应该细致而全面地考虑他们的各种需求。

2. 宗教团

宗教团是指某宗教团体出去进行朝拜或者活动的一种特殊团队，他们的目的地可能与普通团队游览景点不同，有教堂、寺庙或者人物等。他们的首要目的是要先去参拜他们心中的"圣地"或者"圣人"，而后才考虑其他的。

旅行社经常遇到的就是信佛的老人去佛教圣地参拜（比如佛教四大名山）或者教徒去其他教堂交流做弥撒。

带宗教团的导游必须要熟悉此教派的禁忌与基本教义，防止尴尬事件的发生。比如：伊斯兰教徒不吃猪肉，佛教徒不食荤腥，基督教徒做弥撒的方向等。

其实，特殊团队的特殊情况很多，以上列出的只是部分特殊团，导游要根据具体团队的实际情况去做好每一项工作，这就比原本导游要做的工作更加细致和全面，导游本身也可以学到许多东西，而不要一味地抱怨。

【服务提示】

对老年游客的服务：适当放慢行进、讲解速度；耐心解答所提问题；预防老年游客走失；尽量多做提醒工作；节省老年游客体力。对儿童游客的服务：保护好儿童的安全；照料好儿童的生活；掌握好“四不宜”原则（不宜光顾着照顾儿童而冷落了其他游客，不宜为讨好儿童而给其买食品、玩具，不宜单独带游客的孩子外出活动，儿童生病不宜建议其家长给其服药，应建议其家长请医生诊治）；注意消费价格。

【实例导航】

导游小刘接到一个任务，计调告诉她，接待的是一批聋哑学生，并且会有两位老师随团进行手语翻译工作。小刘回家后，认真分析了一下团队情况，并且从网上学了“你好”、“谢谢”、“再见”等几个简单的手语，以备带团时可以和学生更好地沟通。接团后，她非常认真地带着这批聋哑学生按行程走完了各个景点，并且，在讲解时特意放慢速度，让老师进行手语翻译，而她自己也向老师学了一些比较简单的手语，和学生们也有了初步的直接交流，同时，她无论在上车、住宿、吃饭方面都考虑到聋哑人的特殊情况，为他们做好了更详细和细致的安排，使整个行程都顺利完成了。在最后送机场的时候，学生们抱住小刘痛哭流涕，用手语表达着深深的感谢之情，小刘也被深切感动了，也激动地流泪了。回去后，老师代表学生的意见，写来了一封热情洋溢的表扬信，对小刘的工作态度和热情细致进行了表扬。

案例分析：对于残疾人团队，导游人员要在细心呵护的同时更要关注他们的个别需求，这样才能让残疾人在旅游过程中感受方便，更得到尊重。

【任务实操】

实训项目 6	特殊团队导游服务
实训要求	熟悉会议团队和小朋友团队的特殊情况和注意事项
实训时间	1 学时
实训材料	学校春游团视频
实训内容与步骤	1. 活动的安排与组织 2. 特殊注意事项讲解

【延伸阅读】

旅游与天气

旅游行业是个很脆弱的行业，“非典”、地震、金融危机等都对旅游产生了重大的影响，平时带团过程中天气也是旅游的一大影响要素。

“清明时节雨纷纷”，各大网站早在一周前就有了各地的天气预报，显示清明节期间江、浙、沪、皖各地都有小到中雨。于是，许多游客考虑到下雨天出去游玩不是很好，有的退团，有的也就不报名了，导致清明时节的旅游没有预想中好。有时实际情况是放假第一天艳阳高照，非常适合出游，第二天下了小雨，第三天多云，对于许多景区来说还是很适合旅游的。

其实，天气不应该成为影响旅游的因素，要知道很多地方是需要在不同的天气环境中去欣赏的。比如桂林，有句很著名的话“夜上海、雾重庆、雨桂林”，就是需要在不同的天气去欣赏这些地方不同的景色。西湖，我们经常说“晴湖不如雨湖，雨湖不如夜湖，夜湖不如雪湖”，也正是这个道理。西湖的烟雨飘渺是无法用言语来说清楚“她”的美的，而晚上的西湖，在夜色和月光的照耀下，更是别有一番风味的，如果西湖上白雪皑皑，那更是绝美无比的。黄山景色怡人，山上和山下本来就不是同一种天气，哪怕山下下大雨，说不定山上就是大太阳。所以，天气应该是旅游的一个欣赏要素，而不应该成为影响和阻碍旅游的一个因素。

总而言之，天气是把双刃剑，关键是导游如何去介绍，游客如何去看待。希望以后的天气预报更加准确些，而游客也更加理性选择，毕竟旅游是一件轻松而愉快的事情。希望有个合适的天气和好的心情吧！

课下自主测评：

导游人员自我考核标准

评分	20	15	10	5
仪容仪表	妆容得当，仪态好，亲切感强	没有化妆，仪态良好	没有化妆，言谈举止中规中矩	形象邋遢，举止不堪入目
行为规范	懂得严格遵照导游各方面行为规范要求，并严于律己，无不良记录	了解导游行为规范，能做到严于律己，无不良记录	对导游行为规范有所了解，并能遵照所了解条款行事，无不良记录	基本不知道
工作流程	熟练掌握工作流程，熟悉各个工作细节，能高效运作，有丰富工作经验	较好掌握工作流程与细节，能保证团队良好运作，有较多工作经验	知道工作流程，基本保证团队运作，缺乏丰富工作经验	需了解工作流程与细节，缺乏工作经验
景点讲解	声音优美，节奏鲜明，感染力极强，景点内容准确，相关知识面广阔	有较强感染力，语言较为准确妥当，景点内容讲解准确，有一定业余知识	语言平淡，节奏平平，景点内容较为准确，缺乏深度与广度知识	语言平淡，节奏混乱，景点内容基本准确，不具备其他相关知识
应变能力	思维敏捷，处理突发事件能力极强，懂得稳定客人情绪，懂得与各方良好沟通	思维敏捷，处理突发事件妥当，能够一定程度上稳定团队情绪，懂得与各方沟通	能够处理一定情况下的突发事件，基本能做到与各方沟通协商	仅能处理一些小问题
特殊才艺	唱歌、魔术、笑话、评书等，有特殊工作经验	懂得与客人互动，有丰富工作经验	能够与客人互动	无

习题导航台：

1. 导游如何快速又合理地安排客人入住酒店？
2. 如何在旅游旺季让游客能在合理的时段尽快用餐？
3. 对于特殊团队，比如老年团，你认为如何服务好？
4. 对于会议团的接待工作，你认为有哪些注意点？

项目四

导游讲解工作

讲解是导游工作的一项重要内容，在旅游过程中，现场讲解效果如何，在一定程度上反映了一个导游的素质和水平，同时也会在很大程度上影响游客对整个旅游的印象。因此，除讲解知识的准确性、科学性，讲解语言的规范性、幽默性外，导游讲解更要讲究艺术和技巧，避免只背导游词式的讲解，以吸引游客，提高旅游者对旅游的满意度和回味度。通过本项目的学习，将掌握如何致欢迎词与欢送词，如何进行沿途讲解并对客人进行旅途才艺展示，如何分别对自然与人文景点进行讲解，并且初步学会导游词的创作。

【项目导航】

项目任务	基础任务	扩展任务
任务一　欢迎词与欢送词	学会致各种风格的欢迎词与欢送词	针对自身性格特点设计一份欢迎词和欢送词，要求适合自己使用
任务二　沿途讲解	掌握沿途讲解与途中导游的主要内容与方式	结合自己所熟悉的城市进行沿途讲解，包括历史、交通、民俗、旅游商品、标志性建筑
任务三　旅途才艺展示	掌握歌唱类、游戏类、故事类、绕口令类等才艺展示方式	根据自身特长进行才艺展示，要求能活跃现场气氛，营造良好的氛围
任务四　景点讲解	掌握自然景观与人文景观讲解的不同特征	选择所在城市任意景点进行模拟讲解，注意讲解内容的准确性以及讲解形式的灵活性
任务五　导游词创作	掌握导游词创作的基本要求	针对教师团创作一份人文景点的导游词

【项目任务链】

任务一　欢迎词与欢送词

【任务导入】

导游员不能油嘴滑舌

作家蒋子龙等到香港参加一个笔会，会前先参加了由旅行社组织的一次香港观光活动。观光结束后，蒋作家感慨极多，写文章发表于《中国旅游报》上，以下是文章中的一部分：

"到香港新机场迎接我们的汉子，相貌粗莽，肌肉结实，说话却撮鼓着双唇，细声细气，尽力做文雅状——他是设想周到的主人提前为我们请好的导游。

待大家都上了大轿车，他开始自报家门：鄙姓刘，大家可以叫我刘导，老刘、大刘、小刘，请不要叫我下刘（流）。他说话有个习惯每到一个句号就把最后一个句子重复一遍或两遍：请不要叫我下流。

他自称是60年代初从福建来到香港，曾投身演艺界，报酬比后来大红大紫的郑少秋还要高。当时两个人都在追求以后被称为'肥肥'的沈殿霞，沈是旺夫相，嫁给谁谁走运。大家可想而知，沈殿霞最后是挑选了郑少秋，否则我今天就用不着当导游了……"

看完这段文章，你有哪些感受？导游能否用这些低俗的语言取悦游客？导游工作的成功之处似乎在能否让游客在精神上获得享受，或我们常说的所谓取悦于游客。但同时我们必须明白：取悦游客靠的是诚恳的态度、周到的服务、高明的技巧、恰当的言语。如果仅仅靠俗气的噱头、低级的语言或是其他类似方式来博得客人一笑，不仅会影响自己的形象，而且也不符合我们所提倡的文明导游。

【任务详解】

"欢迎词"———行的开始，第一印象。艺术性地致好"欢迎词"太重要了，它好比一场戏的"序幕"、一篇乐章的"序曲"、一部作品的"序言"。中外游人都讲究"第一印象"，而致欢迎词是给客人留下"第一印象"的极佳机会，我们应当努力展示自己的艺术风采，使"良好开端"成为"成功的一半"。

"欢送词"———行的小结，终生难忘。送别是导游接待工作的尾声。这时导游与游客已熟悉，还有的成了朋友。如果说"欢迎词"给游客留下美好的第一印象是重要的，那么我们认为，在送别时致好"欢送词"，给游客留下的最后的印象将是深刻的、持久的、终生难忘的。

一、欢迎词

旅游车启动后，导游讲解的开场白就是欢迎词。导游员与游客第一次见面，彼此互相不认识，导游需要通过欢迎词这个环节在游客面前树立良好的形象，营造和谐的气氛，缩短与游客的距离感。欢迎词的内容应视旅游团的性质及游客的文化水平、职业、年龄及居住地等情况而不尽相同，一般包括以下内容：①代表所在旅行社、本人以及司机欢迎游客光临本地;②介绍自己的姓名及所属单位,并简要介绍司机;③介绍行程安排及注意事项;④表达提供服务的诚挚愿望;⑤预祝旅途愉快顺利。

致欢迎词的方式也要根据不同的游客灵活运用,总之要有激情、有新意、有吸引力,给游客以轻松、愉快和满足之感。

【实例导航】

规范式欢迎词

各位朋友,大家好!热烈欢迎大家来到锦绣江南旅游。首先自我介绍一下,我姓张,大家可以叫我小张或者张导,我是×××旅行社的导游,在这次行程中我将尽力为大家服务好,让大家玩得尽兴。这位是我们的司机师傅,他姓王,这次大家的旅游就由我们两位为大家服务了,在这四晚五天华东的旅游过程中,如果有什么问题,尽可向我们提出,我和王师傅会尽力为大家解决的。同时希望,这次在我的陪同下,各位能玩得高兴,我预祝大家通过本次旅游能对我们江南留下美好的记忆,开心愉快!谢谢大家!

幽默式欢迎词

各位来宾,大家早晨好,首先,我代表司机,代表××旅行社欢迎大家来到美丽的城市——沈阳,我是××旅行社的导游员,我叫刘军。为了方便记忆,大家可以叫我小刘。前方的是司机吴师傅,吴师傅有多年的驾驶经验,驾驶技术高超,所以大家在行车过程中可以完全放心。开车的朋友可能听过这样一句话:到了吉林是吉(急)开,到了蒙古是蒙(猛)开,到了上海是沪(胡)开,那到了沈阳就是黑白两道都能开。这是因为沈阳是个:春有百花秋有月、夏有凉风冬有雪、四季分明的城市,在夏天我们的马路是黑色的,到了冬天我们的马路是白色的,所以我们的师傅是黑白两道混得都熟的,大家尽可以放心。接下来这几天就由我和吴师傅为大家服务。

聊天式欢迎词

来自北京的朋友们,大家好!我先了解一下,大家是一个单位的吗?(回答:是的)哦,这就好,那么大家早就认识了。下面,我们也来认识一下,我姓王,大名王军,是××旅行社派出专门为各位提供导游服务的导游员。再了解一下,在座的各位哪一位是领导?哦,您是领导,不过在承德期间大家应该听我的,我暂时是老大。开个玩笑,下面为各位介绍一位真正的老大,就是这位司机张师傅,他可掌管着我们全团人的方向,这位老大在旅游圈中可谓德高望重,很有威信,有了张师傅,我们大家尽管放心,保证大家玩得开心、愉快。

抒情式欢迎词

各位朋友,欢迎您到山西来。山西这片土地,似乎很少有人用美丽富饶来描述它,但在这里您却可以嗅到中华大地五千年的芬芳。穿越山西南北,粗犷的黄土高坡向我们展示出一封尘封的历史画卷。太行山的傲岸,吕梁山的纯朴,恒山、五台山的豪放都带给您满眼的绿和满腹的情。在这包含着历史沧桑,充满着浓郁乡情的地方,它独特的文化气息将令您度过一个远离喧嚣和烦躁的阳光假期。

安慰式欢迎词

导游小张前往机场接一旅游团,谁知旅游团刚刚登上旅游车就下起了大雨,这使许多游客感到十分扫兴,因此情绪低落。这时小张开始致欢迎词。

各位朋友,大家好,欢迎来到首都——北京,我是您的导游小张,在今后的几天里我将竭诚为您提供导游讲解服务。刚刚上车后我发现几位朋友情绪低落,是不是看到天上下雨感觉旅游不方便呢?其实在古代皇帝出游,沿途的百姓都要端着盆往路上洒水,以消旅尘,但现在我们不用麻烦别人,老天为我们泼了水,空气变得更加清新,刚刚来到北京,我们就受到了皇家礼遇,我们是多么幸运呀。

欢迎词不是千篇一律的,也没有一篇放之四海而皆准的欢迎词,不同的导游有不同的性格特点和个人风格,不同的团队也有不同的文化水平、兴趣爱好等,具体采用什么类型的欢迎词要根据实际情况综合考量。导游可以根据自己和行程以及团队的实际情况来进行修改和整编,根据不同阶层、不同地区的游客采用不同的方式,给游客以亲切、热情、诚恳、周到之感,以收到最好的效果。

【服务提示】

古人云:“感人心者,莫先乎情”,导游致欢迎词一定要发自内心,有真情实感,才能打动游客。可以在欢迎词中添加一些温暖人心的细节,例如提示游客天气变化,注意增减衣物等,体现导游对游客的关心,用真诚感动游客。

二、欢送词

当旅游团的行程即将结束之时,也是游客对本次旅游体验的终点,但是,并不意味着游客对本次旅游感觉的终点,要让游客意犹未尽、终生难忘,除了导游前面的服务工作与细致的讲解外,最后的欢送词也是一大要素。

1. 欢送词的要素

欢送词是对这次团队的总结,是对客人的尊重,也是对自己工作的一种肯定。欢送词一般包含如下几个部分:①回顾旅游活动,感谢游客的合作与支持;②表达惜别之情;③诚恳征求游客对接待工作的意见和建议;④期待重逢;⑤表达美好祝愿。

致欢送词的场合多选择在行车途中,也可以选择在机场、车站或码头。其内容也要因时、因人、因地而异。

【实例导航】

唱歌式欢送词

各位朋友,很快,这三天的行程即将结束了,在这三天里,大家还记得跟着我小张在北京都游玩了哪些地点吗?对了,巍峨的长城、壮观的故宫、美丽的颐和园、天安门广场、奥运会举办地鸟巢和水立方、漂亮的北海公园和大贪官和珅的王府恭王府,还去逛了著名的步行街——王府井大街。

相信现在大家对我们的首都北京肯定印象深刻啊,小张也代表首都人民欢迎大家以后有空常来看看,在这即将结束的时刻,小张送大家一首歌《朋友》,大家现在都是我的朋友。

在这里,我也非常感谢各位朋友对于我和司机的工作做出的帮助与理解,如果我们还有什么服务不周到的,请大家多多谅解,也希望大家多提宝贵意见和建议。最后,祝愿大家今后身体健康、万事如意、一帆风顺!

惜别式欢送词

虽然舍不得,但还是不得不说再见了,感谢大家几天来对我工作的配合和给予我的支持与帮助。在这次旅游过程中,还是有很多地方做得不到位,谢谢大家不但理解我而且还十分支持我的工作，这些点点滴滴的小事情使我很感动。也许我不是最好的导游，但是大家却是我遇见最好的客人，能和最好的客人一起度过这难忘的几天这也是我导游生涯中最大的收获。作为一个导游，虽然走的都是一些自己已经熟得不能再熟的景点，不过每次带不同的客人却能让我有不同的感受，在和大家初次见面的时候我曾说，相识即是缘，我们能同车而行即是修来的缘分；而现在我觉得不仅仅是所谓的缘了，而是一种幸运，能为最好的游客做导游是我的幸运。我由衷地感谢大家对我的支持和配合。其实能和大家达成这种默契真的是很不容易，大家出来旅游，收获的是开心和快乐；而我作为导游带团，收获的则是友情和经历。我想这次我们都可以说是收获颇丰吧。也许大家登上飞机后，我们以后很难会有再见面的机会，不过我希望大家回去以后和自己的亲朋好友回忆自己的哈尔滨之行的时候除了描述太阳岛如何如诗如画时，不要忘了加上一句，在哈尔滨有一个导游小李，那是我的朋友！

最后，预祝大家旅途愉快，以后若有机会，再来哈尔滨会会您的朋友！

幽默式欢送词

我们的旅程马上要结束了，王导也要跟大家说再见了。临别之际没什么送大家的，就送大家四个字吧。首先第一个字是缘，缘分的缘，佛曰：前生的五百次回眸，才有我们今生的擦肩而过，我跟各位朋友肯定是经过了 N 次的擦肩而过，脖子都酸了，才会有我们七天愉快的相处吧！接下来这个字是原谅的原，在这几天中，王导有做得不好的地方，希望大家多多包涵，在这里说声对不起了！再一个字就是圆满的圆，此次行程圆满的结束多亏了大家对我工作的支持和配合，小王说声谢谢了！最后一个字还是源字，财源的源，祝大家的财源犹如滔滔江水连绵不绝，也祝大家工作好，身体好，今天好，明天好，现在好，将来好，不好也好，好上加好，给点掌声好不好！

欢送词的形式和内容也是丰富多彩的，这里不一一列举。但无论用哪一种方式，都要让游客感受到你自然流露出的惜别之情。精彩的欢送词能加深游客与导游之间的感情，也可以为整个导游接待服务锦上添花。

【服务提示】

有经验的导游在话别游客之后，他们都会等飞机上天，轮船离岸，火车出站，挥手告别，才离开现场。如果仓促挥手先行离开的话，会让游客认为“是职业导游，不是有感情的导游”，进而有人走茶凉的感觉，我们千万别当这样的导游。

【任务实操】

实训项目 1	欢迎词讲解训练
实训要求	分组讲解欢迎词，讲解对象为不同类型的旅游团，分别为：老年团、教师团、中学生团、三八节妈妈团
实训时间	2 学时
实训内容与步骤	1. 分组创作欢迎词，教师分组指导 2. 欢迎词讲解，注意讲解时的声音语调 3. 学生互评、教师点评

任务二　沿途讲解

【任务导入】

导游员讲解,游客却在聊天

小徐是位刚跨出旅游学校校门的导游员,这次他带的是来自云南地区的旅游团。上车后,与前几次带团一样,小徐就认真地讲解了起来。他讲这个城市的历史、地理、政治、经济。然而,游客对他认真的讲解似乎并无多大兴趣,不但没有报以掌声,坐在车子最后两排的几个游客反而津津乐道于自己的话题,相互间谈得非常起劲。看着后面聊天的几个游客,小徐不知道怎样做才能阻止那几位游客的聊天。

其实在带团过程中,导游员不能期望所有的游客都依照你的愿望去行事,都像小学生似地专心致志地听你讲解。当导游员发觉旅游团中有游客不爱听自己的讲解时,首先应该反省自己,是不是自己讲解的内容游客听不懂,还是自己的讲解缺乏吸引力。如果说自己在讲解的语言、内容、趣味性、技巧上都无懈可击,而仍有个别游客在其中干扰的话,则应该拿出良好的对策,而不该视而不见。但是在处理方法上一定要灵活,不能指责或者命令,这种方式不但无助于问题的解决,反而会令那些游客觉得你让他们在其他游客面前失了自尊心而对你表示不满甚至愤怒;你只能用友好的、委婉的、商量的语气,加大嗓门跟那几位游客讲:“对不起,刚才可能我讲话的声音太小,后面的游客听不清楚。接下来,我把声音讲大一些,请问后面的游客能听到吗?”你也可以边微笑边说:“对不起,可能刚才我的讲解有些游客不感兴趣,这样吧,接下来,我讲一些大家都感兴趣的内容。”顿一顿再加大嗓门说:“哎,后面的几位游客希望我讲些什么内容呢?”这样的语言,一箭双雕,既没有损害游客的面子,又可以阻止他们在车厢里谈天说地。

【任务详解】

导游上车后,除了自我介绍和致欢迎词之后,就要进行必要的沿途讲解,沿途讲解考验了一个导游对城市或景区的熟悉程度,沿途讲解有时比景点讲解更能打动和吸引游客。

沿途讲解是导游员对所抵达的城市或景区,进行当地相关的历史、文化、地理、经济、民俗等方面的讲解,使游客对当地的基本情况可以有比较深入的了解。并且,沿途讲解完全是看导游的灵活程度和对城市或景区的熟悉程度。

一、首次沿途导游

导游致完欢迎词后,紧接着就是进行首次沿途导游。首次沿途导游是导游人员在机场、车站、码头接到旅游团后前往饭店途中的第一次导游讲解。游客初到旅游地,充满了好奇心和求知欲,首次沿途导游既能满足游客的好奇心,又是展示导游自身知识和能力的大好机会。首次沿途导游的内容包括:

1. 城市概况介绍

城市概况介绍是指导游对游客所抵达的旅游城市进行概括的讲解,主要讲解内容有城市的历史沿革、地理概况、经济、文化、民俗等方面。城市概况介绍能够使游客对城市的基本情况有所了解，满足游客的好奇心与求知欲。

【实例导航】

杭州现为浙江省省会，全市总面积16596平方千米，其中市区面积3068平方千米，总人口目前近700万。其辖上城、下城、拱墅、江干、西湖、滨江、萧山、余杭8个区，临安、富阳、建德3个县级市，桐庐、淳安2个县。以香樟为市树，桂花为市花。

“人间天堂”杭州钟灵毓秀，数千年的历史，孕育了丰富灿烂的“良渚文化”、“吴越文化”和“南宋文化”。1936年，杭州近郊良渚发现了新石器时代的文化遗址，证明早在4000多年前，就有人类在此繁衍生息。大禹治水时，在前往会稽（今绍兴）途中，曾在此舍航登陆。航即方舟，“航”与“杭”通假，于是便有了“禹杭”的地名。此后杭州也就因此而得名。

杭州建城有2000多年的历史。春秋时代（公元前770—公元前476年），这里成了吴、越两国的交界地，先后为吴国和越国所统治。秦始皇二十五年（公元前222年），设钱唐县。到隋朝开皇九年（公元589年），钱唐郡改称杭州。杭州作为南北大运河的终端，以商业经济为主的城市化有了较大的发展。五代时期的吴越国（公元907—978年）在杭州建都。由于吴越统治者实行了“保境安民，善事中国”的策略，东南沿海这片富饶的地区避免了战乱的蹂躏。到北宋，杭州一跃而为“东南名郡”，成了闻名全国的经济和文化中心城市之一，大词人柳永称赞其“东南形胜，三吴都会，钱塘自古繁华”。宋室南迁，再次在杭州建都，历时长达152年，杭州成为南宋统治区也是全国最大的国际性贸易中心和政治、文化中心。当时城市常住人口最多是曾达到120万，是世界上人口最多的城市之一，经济则以丝织、印刷、造纸、瓷器等手工最为发达。元代初年，访游过杭州的意大利旅行家马可·波罗称杭州是“世界上最美丽华贵的天城”。历经明、清直到当代，杭州一直是浙江省的省会城市。

“江南忆，最忆是杭州！”现在，我们就来看一下这座美丽的“人间天堂”！

2. 风光导游

导游在为旅游者进行沿途风光介绍时，应针对游客沿途所看到的景物进行讲解，选择有代表性的景物，讲解应做到反应敏捷、眼疾嘴快、语言精练、时机恰当、指示明确、点到为止。讲解的速度要与旅游车行进的速度相一致，同时还要配合游客的观赏速度。

【实例导航】

各位朋友，无锡是一座有着悠久历史的文化古城，这里不仅有优美的自然风光，也有着灿烂的人文历史。

请往您右手边看，这条静静流淌着的便是京杭大运河古运河段，京杭大运河北起北京通州，南至杭州，全长1794千米，唯独只有在无锡城是穿城而过。这里两岸边是白墙黑瓦、小桥流水，最著名的便是那著名的“水弄堂”。仿佛可以穿梭时光，回到过去，品味一下江南的味道。大家眼前的这座古老寺庙称为“南禅寺”，而那座高高的宝塔为“妙光塔”，这里也是无锡当地比较著名的一条商业步行街。您有兴趣的话，晚上可以来这里逛逛。

前面左手边那座红色的建筑物便是当年荣氏家族在无锡开办的第一个厂——茂新面粉厂。当年生产的“兵船”牌面粉曾经在世界上得过大奖啊！创办此厂的主人荣宗敬、荣德生兄弟便是后来著名的民族工商业荣氏家族的创始人。其中，荣德生的儿子便是原国家副主席荣毅仁先生。如今这家百年老厂已经被市政府重新装修改造，成为了中国民族工商业博物馆。在那里，您可以了解到我国民族工商业的发展历程和巨大贡献。

现在我们到达的便是无锡的老西门,只可惜只有地名而没有城门了。老无锡原有东南西北四座城门,再加上辛亥革命时修建的一座光复门,总共五座,但后来都拆除了,如今,无锡市政府正在逐步修复这些古城门。

各位朋友,请大家往前看,正前方是一座小山,山上耸立着一座古塔,这座山不高,海拔只有74米,它便是锡山,无锡的地名据说就是因为这座山没有锡了而命名的,所以有"无锡锡山山无锡"的说法。上面那座塔便是锡山宝塔,是老无锡的象征。

锡山后面连绵的山脉便是惠山,无锡人又称为"九龙山",因原有高僧慧照曾在此传扬佛法,故名惠山(古代"慧"与"惠"相通)。而锡山与惠山之间便是著名的"天下第二泉",您也可以到那里去感觉一下著名的民乐《二泉映月》,并可以品一下二泉水泡的茶水。

一旁便是著名的江南园林——寄畅园。当然康熙和乾隆皇帝都曾经六下江南,七进寄畅园,并且在颐和园里仿造过一个园林——谐趣园,可想而知皇帝对此园的欣赏程度。

现在,我们要去的就是包含了锡山、惠山和寄畅园的锡惠风景区,由于其悠久的历史文化,被称为无锡的"露天博物馆"。

好了,各位朋友,现在我们就来到了惠山古街口,下面请大家紧跟着我,去寻访一下著名的锡惠名胜古迹和悠久的历史文化。

3. 风情介绍

风情介绍是在风光导游的基础上的进一步发挥和延伸,可以从风光介绍自然引入风情介绍的内容,例如从一尊历史人物的塑像联系本地的历史沿革,从路边的花卉和树木引出当地的气候特点等。风情介绍要根据游客的兴趣和反应来决定讲解的深度,对游客感兴趣的话题要多讲,其他的可以点到为止,为后面景点讲解的内容做好铺垫。

【实例导航】

各位游客,前方看到的村落是双溪街道下沙村,全村辖黄坑、丰岭、下沙3个村民小组,150户、500多人,其中畲族人口占全村人口的85%以上。顺昌是闽北畲族人口最多的聚居地,约7000余人,系明末清初从闽西迁入,主要分布在双溪、洋口、建西、大历、岚下、仁寿六个乡镇街道。现在我给各位游客讲讲畲族来历和传统的风俗。

畲族是我国典型的散居民族之一,其民族语言与客家方言极为相似,因此很有可能是唐末中原人南迁与当地土著相融而形成的民族,畲族人口的90%以上居住在福建、浙江广大山区。他们自称"山哈"。"哈"畲语意为"客","山哈",即指居住在山里的客户。"畲"(She),意为刀耕火种。解放后,改称为"畲族"。

畲族婚礼一般同姓不婚,通行本民族内部的兰、雷、钟三姓中自相婚配。婚礼别具情趣,归纳起来有以下几点:

(1) 山歌贯穿整个过程。最有趣的是男方的歌手若唱答不上女方歌手的问题,脸上要被抹锅底灰,引得哄堂大笑。

(2) 哭嫁妆。新娘的母亲把嫁妆摆在床上,母女坐在床旁哭得难舍难分。

(3) 夜间出嫁。新娘依夫家远近决定上轿启程的时间,原则是天亮前要赶到新郎家。途中新娘不得回头,以保证婚后白头到老。到新郎家大门外,新娘要张伞通过不断交替铺在前面的红布袋,象征着传宗接代。

畲族的传统服饰,斑斓绚丽,丰富多彩,服装崇尚青蓝色,衣领、袖口和右襟多镶花边,有穿短裤裹绑腿的习惯。尤其是妇女的发式与汉族不同。少女喜用红色绒线与头发缠在一起，编成一条长辫子，盘在头上。已婚妇女一般都头戴凤冠，即用一根细小精制的竹管，外包红布帕，下悬一条一尺长、一寸宽的红绫。老、中、青不同年龄的妇女，发间还分别环束黑色、蓝色或红色绒线。冠上饰有一块圆银牌，牌上悬着三块小银牌；垂在额前，畲族称它为龙髻，表示是“三公主”戴的凤冠（传说中，高辛帝把自己的三公主许配给斩犬戎番王头有功的盘瓠。冠上还插一根银簪，再佩戴上银项圈、银链、银手镯和耳环，显得格外艳丽夺目）。畲族的传统节日主要有农历的三月三、农历四月的分龙节、七月初七、立秋日、中秋节、重阳节、春节等。另外，每年农历二月十五、七月十五、八月十五都是畲族的祭祖日。

4. 介绍下榻的饭店

在旅游车快要到达饭店时，应不失时机地向游客介绍所下榻饭店的基本情况，包括饭店的名称、星级、位置、距离机场（车站、码头）的距离、规模、发展历史、服务项目、设施设备条件、交通状况等。讲解时要注意因势利导，突出饭店的特点，例如老饭店历史悠久，新饭店设备先进，星级酒店档次高，经济型酒店物美价廉、经济实惠等。

二、途中讲解

途中讲解是指从下榻饭店出发到景点之间的沿途导游讲解，由于路途时间较长，所以途中讲解的导游容量较大，讲解内容不拘泥于景点或沿途风光，可以根据游客特点选择合适的话题，如风土人情、传说典故、名人事迹、生活常识等，话题内容可长可短、可深可浅。途中讲解的方法非常灵活，可采用主动讲解与回答游客问题相结合的方式，根据游客兴趣适当安排讲解内容。途中讲解的主要内容有：

1. 沿途风光讲解

在旅游车前往景点的途中，导游可以对沿途的景色进行介绍，包括自然风光与民俗民风等。虽然游客不能下车近距离观赏，但通过导游的讲解也能满足其好奇心。时间允许的情况下，也可以请游客下车近距离欣赏和拍照。

2. 专题讲解

导游可以提前准备相关的专题内容进行讲解，例如旅游地的历史、民俗、文化、美食等。专题讲解相比较概况讲解来说更为详细和深入，需要导游有较深厚的知识积累。除了提前准备专题内容之外，也可以结合游客提出的问题临时选择专题进行讲解，更能满足游客的求知欲。游客提出问题的同时也是在告诉导游他们更愿意听什么，因此导游不能一味按照自己的思路去讲解，要根据游客兴趣机动灵活地安排讲解内容。

【实例导航】

西安的小吃想必大家早有耳闻，利用这段时间我给大家介绍一下西安的美食，西安比较著名的有三大美食：饺子宴、羊肉泡馍和仿唐菜，这里我重点介绍一下西安饺子宴。

西安饺子宴之绝，首先在于用料多样，味型各异，造型美观。馅料既有时令鲜菜和一般鸡、鸭、鱼、肉，还有猴头、海参、鱼翅、发菜等山珍海味。因此有“百饺百味”，茄汁、麻辣、鱼香、五味、鲜咸、糖醋、咖喱、蚝油、椒麻、红油等味型无所不包。其次是烹制技术多样。基本的制法分蒸、炸、煎、煮四种，但由于各种饺子的馅料不同，其制作方法也不尽完全一样，中菜的烹、炒、爆、熘、焖、酿等方法也兼而用之。再次是造型奇妙。既有泡眼朝天、修尾轻摇、栩栩如生的金鱼形；又有状若杏核、精巧玲珑的珍珠形；还有鸳鸯形、蝴蝶形、元宝形；有的又如燕窝、海螺、花卉，真是千姿百态，巧夺天工。

西安饺子宴，分为百花宴、牡丹宴等5个档次。每宴由108种不同馅料、形状和风味的饺子组成。宫廷宴主要是以燕丝、熊掌、甲鱼等为主料的饺子；八珍宴主要以八珍为主料的饺子；龙凤宴和牡丹宴，则是以猴头、鱿鱼、海参等为主料的饺子；百花宴稍次一等，为普通型，除部分海味外，多数是肉类和素馅。其上桌程序亦颇有讲究。从烹制方法上讲，先上炸、煎类饺子，后上蒸、煮类饺子；从口味上讲，先咸、次甜，后麻、辣。咸味饺子中，先海鲜，次鸡肉，后清素，约十余道饺子以后，上一道“银耳汤”嗽口清喉，调节一下口味，再继续上其他饺子，层次分明，使人回味无穷。西安饺子宴的创制和应市，受到中外宾客的热烈赞赏和高度评价。美国前国务卿基辛格吃罢饺子宴，高兴地说：“这顿午餐出奇得好”。国内一位食品专家食后诗兴大发，即席挥毫：“一餐饺子宴，尝尽天下鲜。美味甲寰宇，疑是作神仙”。还有一位美国朋友食后赞誉道：“到中国，不到万里长城，不算真正到过中国；到陕西，不吃解放路饺子馆的风味饺子，不算真正到过西安”。

3. 景点介绍

游客在参观景点之前，都会迫不及待地想要了解景点的特色及其历史文化价值。导游可以在途中概要讲解景点的相关内容，为接下来的游览做好铺垫，以便游客能更好地参观景点。如果在讲解中设置留下一些悬念，更能激发游客游览景点的迫切心情。

【实例导航】

黄山旅游有句谚语：不到文珠院（玉屏楼），不见黄山面；不到天都峰，白跑一场空；不到光明顶，不见黄山景；不到狮子峰，不见黄山踪；不到始信峰，不见黄山松。我们今天的黄山之行主要选择的都是黄山最具有代表性的一些景观。下面我把黄山的大致情况给大家简单说一下，让大家先对黄山有个初步了解。来让大家认一个字：黟，有没有谁能念出这个字来？这个字是一个象形字。念“yi”。黟是黑的样子，表示山上多是青黑色的石头。黟山，就是黄山的古称。因为山上岩石多青黑青黑的，古人就给它起这样一名字。传说咱们中华民族的先祖轩辕黄帝在完成中原统一大业、开创中华文明之后，来到这里采药炼丹，在温泉里洗澡，因而得道仙。唐朝著名的皇帝明皇李隆基非常相信这个说法，就在天宝六年（公元747年）下了一道诏书，将黟山改名黄山。意思是，这座山是黄帝的山。从那以后，黄山这个名字就一直到现在。“五岳归来不看山，黄山归来不看岳”，可以从这两句话中就可以看出黄山的景色是非常美的，能够登临它，亲眼看看它，确实是人生的一大乐事。黄山风景绮丽，四季宜游，3月16日—11月15日为旺季，11月16日—次年3月15日为淡季。黄山阴雨天多，云雾天多，气候随海拔高低变化较大，即使是盛夏，早晚还是很冷的。游客最多的季节是夏季，特别是七八月间。黄山奇峰到底有多少，还没有一个确切数字。历史上先后命名的有36大峰、36小峰，近年又有10座名峰入选《黄山志》。这80多座山峰的高度绝大多数都在海拔千米以上，其中莲花峰最高（1864米），光明顶次之（1860米），天都峰排行老三（1810米），这三大峰和风姿独秀始信峰（1683米），是黄山的朋友，哪怕登上这四座奇峰中的一个，也算不虚此行了。慈光阁（前山，南山）和云谷寺是游览黄山主要景区线路两端的起点，也是黄山门票售票处。光明顶是前、后山的分水岭。黄山风景区内有游览步道30多条，总长5万多米，路宽1.5~2.5米。步道为石阶路面，有的是直接在山体岩石开凿而成，有的是用花岗石条石铺设而成。险要地段设有安全护栏，在中途还建有观景台、步行桥，以供游人观景、歇息、避雨之用。黄山以四绝著称，哪四绝呢？小导在这里就一一地跟大家说说。排在第一的当是奇松：奇松它奇到哪里呢？首先是奇在它无比顽强的生命力，你见了不能不称奇。一般说，凡有土的方就能出草木和庄稼，而黄松则是从坚硬的黄岗岩石里长出来，千百年来，它们就是这样从岩石迸裂出来，根儿深深扎进岩石缝里，不怕贫瘠干旱，不怕风雷雨雪，潇潇洒洒，铁骨铮铮。你能说不奇吗？其次是，黄山松还奇在它那特有的天然造型。从总体来说，黄山松的针叶短粗稠密，叶色浓绿，枝干曲生，树冠扁平，显出一种朴实、稳健、雄浑的气势，而每一处松树，每一株松树，在长相、姿容、气韵上，又各有不同，都有一种奇特的美。人们根据它们的不同的形态和神韵，分别给它们起了贴切的自然而又典雅有趣的名字，如迎客松、黑虎松、卧龙松、龙爪松、探海松、团结松等等。它们是黄山奇松的代表。

怪石，是构成黄山胜景的又一“绝”。在黄山到处都可以看到奇形怪状的岩石，这些怪石的模样儿千差万别，有的像人，有的像物，有的反映了某些神话传说和历史故事，都活灵活现，生动有趣。在121处名石中，知名度更高一些的有“飞来石”、“仙人下棋”、“喜鹊登梅”、“猴子观海”、“仙人晒靴”、“蓬莱三岛”、“金鸡叫天门”等。这些怪石有的是庞然大物，有的奇巧玲珑，有的独立成景，有的是几个组合或同奇松巧妙结合成景。还有些怪石因为观赏位置和角度变了，模样儿也就有了变化，成了一石二景，如“金鸡叫天门”又叫“五老上天都”，“喜鹊登梅”又叫“仙人指路”就是移步换景的缘故。也还有些怪石，在不同条件下看，会产生不同的联想，因而也就有了不同的名字，如“猴子观海”又叫“猴子望太平”便是。

再说云海。黄山自古云成海。虽然在中国其他名山也能看到云海，但没有一个能比得上黄山云海那样壮观和变幻无穷。大约就是这个缘故，黄山还有另外一个名字，叫“黄海”。这可不是妄称，是有历史为证的。明朝有位著名的史志学家叫潘之恒，在黄山住了几十年，写了一部60卷的大部头书——黄山山志，书名就叫《黄海》。黄山的一些景区、宾馆和众多景观的命名，都同这个特殊的“海”有关联，有些景观若在云海中观赏，就会显得更加真切，韵味也更足了。这些也都证明，“黄海”这个名字是名副其实的。

最后，介绍一下温泉。我们常讲的和游览的温泉是前山的黄山宾馆温泉，古时候又叫汤泉，温泉水量充足，水温常年保持在42度左右，水质良好，并含有对人体有益的矿物质，有一定的医疗价值，对皮肤病、风湿病和消化系统的疾病，有一定的疗效。但是只能浴，不能饮；有人说它可以饮用，是不科学的。据史书中记载，传说中华民族的始祖轩辕黄帝曾在此沐浴，沐浴后皱纹消除，返老还童，温泉因此名声大振，被称为“灵泉”。除了“四绝”之外，黄山的瀑布、日出和晚霞，也是十分壮观和奇丽的。

三、沿途讲解的注意事项

沿途讲解不仅包括提前准备的讲解内容，更有大量临场发挥的讲解内容，根据沿途景物的变化而不断应景讲解，或者根据游客的问题进行针对性讲解。沿途讲解对导游来说，要求导游人员有丰富的知识储备和灵活机智的思维能力。古语有云：“世事洞明皆学问，人情练达即文章”，导游要在平时生活中多积累、多学习，扩充自身的知识面，从而能够在讲解时做到自然流畅、收放自如。

1. 自然切入

沿途讲解要精心设计话题的切入点，自然引出要讲解的内容，让游客感觉导游讲解的自然流畅。切入点可从游客的日常生活、电视新闻、体育赛事等方面去寻找，例如从游客刚刚吃的早餐引出当地的美食，从电视新闻中提到的某件艺术品引出当地的历史文化等。切入点无处不在，关键在于运用自然，自然而然地引出讲解内容，尤其避免像给学生讲课一样一本正经，给游客以生硬和强制的感觉。

2. 收放自如

沿途讲解要注意游客的兴趣点，导游在与游客的交流过程中，或是在讲解某一内容时，游客表示出了较大的兴趣，导游可以在原有内容的基础上进行延伸讲解，增进游客对该内容的了解。但在延伸的同时不要忘记原先的讲解思路，在讲完延伸内容后还能巧妙回到原先的思路上来，从而做到张弛有度、收放自如。

3. 活跃气氛

如果路途上的时间较长，导游绝不能一味地进行讲解，以免引起游客厌烦和疲倦。同时导游也可以在途中组织相关的娱乐活动，活跃团队气氛，增进感情。但要注意活动内容的安排和形式的选择，以及如何鼓励游客积极参与。

总之，导游只讲景点是远远不够的，在旅游车上导游不是哑巴，必须要把本地的历史、文化、经济等概况讲解给游客听，还要把沿途的景物进行介绍，游客才能对这个城市或景区有个比较全面的认识，而不是仅仅到此一游。

【服务提示】

沿途讲解的内容可以依据团队的兴趣来设计，根据游客的年龄、职业等特点选择游客感兴趣的内容进行介绍，讲解内容还要尽可能贴近当地居民的生活，以帮助游客更好地了解该地的民俗风情。

【任务实操】

实训项目 2	途中风光导游训练
实训要求	1. 掌握首站沿途风光导游的程序和内容 2. 能够积极调动游客的情绪
实训时间	2 学时
实训材料	1. 开放教室 2. 学校所在地旅游城市重要交通港至某一酒店的行程影像资料
实训内容与步骤	1. 将开放教室布置成旅游车内场景，车窗外景用多媒体播放影像资料来展示 2. 学生分组扮演旅游团与导游； 3. 风光导游 （1）讲解内容要简明扼要，语言节奏明快、清晰 （2）景物取舍得当，随机应变，见人说人，见物说物，与旅游者的欣赏同步 4. 风情介绍 介绍本地的概况、气候条件、人口、行政区划分、社会生活、文化传统、土特产品、历史沿革等；市容市貌介绍，发展概况及沿途重要建筑物和街道介绍 5. 教师点评

任务三 旅途才艺展示

【任务导入】

才艺成为优秀导游员不可缺少的素质

“双簧、越剧、山歌、流行歌曲、插花艺术、茶艺表演、水果拼盘……”，这是仙居县第二届导游大赛决赛现场。12 月 25 日，15 名选手脱颖而出汇聚在东方大酒店进行决赛。经过一天的激烈角逐，来自神仙居风景旅游管理处的郑冰洁获得本届导游大赛冠军，陈婵、应秀秀等 9 名导游荣获了“2008 年仙居县十佳优秀导游员”称号。

本次大赛以服务旅游、服务仙居经济建设为主题，营造“展风采、强素质、树形象”的浓厚氛围，通过大赛进一步激发导游员爱岗敬业、争做服务能手的积极性，以赛促训，全面展示和提升导游员整体素质和服务水平，对适应仙居旅游业快速发展的需要锻造一支高素质的导游队伍起到了积极的作用。

【任务详解】

旅游除了参观景点的时间之外，很大一部分时间都是在旅游车上度过的，导游应准备一些娱乐活动，活跃旅途气氛，增进导游与游客之间的感情，为圆满完成接待任务做好铺垫。

旅途中的娱乐活动有很多形式，这里列举几个常见的娱乐活动形式。

一、唱歌类

这是最常见的娱乐活动形式，也比较容易组织，可以由导游自己唱，也可以请游客唱，或者采用导游和游客对唱的方式。但要注意根据旅游团队的特点选择合适的歌曲，例如年轻人多的旅游团可以选择流行歌曲，年长者多的旅游团可以选择传统歌曲。导游唱的曲目最好能体现当地特色，例如桂林导游唱刘三姐的山歌，安徽导游唱一段黄梅戏，江西导游唱《毛委员和我们在一起》、《红星照我去战斗》、《请茶歌》等。

二、游戏类

1. 吃鸡（或者其他动物）游戏

游戏规则：有一只鸡在大家面前，每个人轮流去吃，要说清楚每个人要吃的具体部位，前面吃过的，后面的人就不可以再吃，到最后没得吃的人就要表演节目。

2. 明七暗七游戏

按自然数按顺序数下来，1、2、3、4、5、6、7、…遇到 7、17、27、37 等以 7 结尾的数字称作“明七”，7 的倍数如 14、21、28 等称作“暗七”，到明七暗七的人都不能发声，只能拍一下掌或者学一声青蛙叫，然后按顺序再继续数下去。

3. 故事接龙游戏

导游首先选好一个容易让人产生兴趣的故事情节，说出开头部分后，就由客人往下接，遇到没有接上的，就罚表演节目，惩罚形式一般是唱歌，也可以让车上游客决定受罚的形式，故事接龙时导游一定要在其中起到承上启下的作用，还要把握好游客接故事的速度和分寸。

4. 连环游戏

导游在车上问三个问题，第一个问题是：说出你最喜欢乘坐的交通工具；第二个问题：说出你最喜欢的动物；第三个问题是：说出你最爱说的口头禅……说了一圈后，导游再说："我们接下来做一个连环游戏。大家记得自己刚才说的话吗？现在我们将自己刚才说的答案连成一句话。这句话的格式是这样的：我乘坐着……（最喜欢的那个交通工具），遇见了……（最爱的那个动物），我对他说，……我爱你。那个动物说……（那个口头禅）。"

三、绕口令类

一只青蛙一张嘴，两只眼睛四条腿；两只青蛙两张嘴，四只眼睛八条腿……以此类推，每人一句，量词或数词说错了就要挨罚。还有"走一步，扭一扭，见到一颗柳树搂一搂"，第二位就得说"走两步，扭两扭，见到两颗柳树搂两搂"。数到十后返回从一开始。

四、猜谜语

猜地名或人名，例如，金银铜铁——无锡、四季温暖——长春、一路平安——旅顺、重男轻女——贵阳、风平浪静——宁波，赤壁之战——孙悦刘欢、降落伞——张飞、啥子都卖了就是不卖被子——刘备。此外还有趣味性连环谜语，例如一片青草地——打一花名（梅花），来了一只羊——打一水果名（草莓），又来了一只狼——打一水果名（杨莓），又来了一群羊——打一小食品名（喜之郎）。猜谜语的关键在于谜语的趣味性要强，难易适中，当游客猜不出来的时候要及时地给出提示或者正确答案。同时可以适当准备小礼品，例如景点明信片等，更能激发游客参与游戏的积极性。

【服务提示】

"独乐乐不如众乐乐"，旅途中娱乐活动的组织关键在于吸引游客的参与，导游应密切关注旅游团中的关键人物和活跃分子，通过他们来调动游客参与活动的积极性。

【任务实操】

实训项目 3	途中才艺展示训练
实训要求	1. 掌握途中才艺展示的基本形式 2. 熟练掌握唱歌、游戏等程序 3. 了解途中才艺展示的各种注意事项
实训时间	2 学时
实训材料	开放教室、外景影像资料
实训内容与步骤	1. 将开放教室布置成旅游车内场景 2. 学生分两组扮演游客和导游 3. （开车后）导游向旅游者重申当日活动安排，包括下午、晚餐的时间和地点；向旅游者报告到达游览参观途中所需的时间，视情况介绍当日国内外重要新闻 4. 教师点评

任务四 景点讲解

【任务导入】

感悟寒山寺

一位旅游团领队经常带团去苏州，每次去都要游览寒山寺，由于江南寺庙不少，总觉得这个寺没有特别之处，是一个可去可不去的景点。但有一次苏州之行遇到的一位导游，使他完全改变了对寒山寺的看法，觉得这个景点非常值得一游。这位导游语言流畅，幽默，善放善收，讲得头头是道。他以寒山寺的历史背景拉开"序幕"，讲了寒山寺的来历和趣闻，于是立刻将客人的注意力引入他的讲解之中。在趣闻赢得了客人的笑容之后，他很自然地带客人到张继名诗《枫桥夜泊》的古碑前。由于导游人员非常贴切地把诗中人景和诗意融为一体，全团客人深深被他的讲解所吸引，情绪随着他的讲解内容起伏。他带大家在一个不致使通道堵塞之处停下来。大家围着他纷纷提出各种问题。他回答问题机智、灵活，真是无懈可击。随后，该导游人员又担当起摄影师的角色，并替客人选景。有的客人又问他是否可以买到一些有关寒山寺的纪念品。在他们购物之后，导游人员很快把全团集中起来，带到钟表楼，敲了三下钟(代表过去、现在、将来)。随着悠悠的钟声，旅游客人依依不舍地步行出寺，感到游兴未尽，欲离不能。大家都觉得不虚此行。

俗话说得好："风景美不美，全凭导游一张嘴"，景点的魅力均需要导游人员通过运用讲解技巧来展示，导游要在讲解中寓教于乐、引人入胜，使游客获得良好的旅游体验，留下美好的旅游回忆。

【任务详解】

景点讲解是导游讲解的重中之重，景点讲解是对景点的诠释，是导游功底的考验，是游客了解景点的最直接通道。所以，导游在这方面要狠下功夫，景点讲解要讲深讲透，绝对不是一件简单的事情，也绝对不是仅靠看一两本导游词的书籍能做到的。

一、景点导游讲解的注意事项

1. 讲解要现场直观、实事求是

景点讲解的现场直观性很强，客人的所见即所得，而导游在进行讲解也必须以眼前的景物为依据和事实来展开，而不是信口开河，指鹿为马。曾经就有位导游员在苏州留园的"揖峰轩"里对着太湖石"鹰犬斗"在大讲特讲"冠云峰"，那到了冠云峰还真不知道该讲解什么了。

2. 讲解要注意粗细有致、生动有趣

景点讲解可以粗也可以细，导游在进行讲解的时候要注意游客的情绪与兴致，不要一味背书式地讲解，要学会有粗有细、有精有简、有严肃又有幽默的讲解，这样才能吸引游客，而不至于讲到最后没有游客跟随的尴尬局面。

3. 要使用通俗的口语化语言

导游讲解不是写文章，更不是朗诵，而是与游客之间的沟通与交流。导游讲解必须使用口语化、通俗化的语言，否则，绝大多数游客是无法理解和明白的，比如苏州古典园林，有许多造园艺术和古诗词、楹联、典故，导游员就必须把它通俗化、口语化，或者解释一遍，这样游客才能明白个中缘由。

二、自然景观讲解

自然景观是指一切具有美学和科学价值并具有旅游吸引力功能和游览观赏价值的自然旅游资源所构成的自然风光景象，例如，地质地貌景观、水体景观、生物景观、气候气象景观等，导游员如何针对不同类型自然景观采取不同讲解方法和特定导游技巧是景点导游员必备的能力。自然景观讲解要从以下三个角度入手：

1. 突出自然景观的形式美

自然景观的美，首先美在形式上，其形状、色彩、声音、气味、质感等都冲击着旅游者的视觉、听觉、嗅觉和触觉等感官系统，给人以美的享受。导游在讲解自然景观时，一定要带领游客欣赏自然景观的形式美，通过生动、形象的讲解引导游客观赏大自然瑰丽多彩的风姿。例如，导游员在讲解山水自然风光时，要将山水风光的形状、色泽、面积、高度等旅游景观的形态作为讲解的主体，以准确的数据和形象的语言刻画山水风光的外在美，让游客充分领略到大自然的无限魅力。

【实例导航】

泰山，古称岱宗，它位于山东省东部，华北大平原的东侧，面积426平方千米，海拔1545米，方位为东经117°6′，北纬36°16′。泰山雄伟壮丽，历史悠久，文物众多，以“五岳独尊”的盛名称誉古今。巍巍泰山就像一座民族的丰碑屹立于中华大地，举世瞩目。1982年，泰山被国务院列为第一批国家重点风景名胜区，1987年被联合国教科文组织列为世界自然与文化遗产，1992年荣登全国旅游胜地40佳金榜。泰山至今保护较好的古建筑群共有22处，总建筑面积达14万多平方米。在古建筑群之间，还有12处石坊、6座石桥、7座石亭、1座铜亭和1座铁塔。泰山刻石有2200多处，被誉为“中国摩崖刻石博物馆”，这里有中国碑制最早的刻石——泰山秦刻石；有珍贵的汉代张迁碑、衡方碑和晋孙夫人碑；有被誉为“大字鼻祖”、“榜书之宗”的北齐经石峪刻石；有天下洋洋大观的唐玄宗《纪泰山铭》和唐代双束碑等。泰山古树名木繁多，被誉为“活着的世界自然遗产”。泰山百年以上的古树名木3万余株，其中有2100年前的汉柏6株，1300年前生的唐槐，500年前生的望人松、五大夫松，还有一棵被誉为国宝的600年前生的盆景松树“小六朝松”。泰山素以壮美著称，呈现出雄、奇、险、秀、幽、奥、旷等诸多美的形象，泰山景区内有著名山峰12座，崖岭78座，岩洞18处，奇石58块，溪谷12条，潭池瀑布56处，山泉64处，有著名的黑龙潭、扇子崖、天烛峰、桃花峪等10大自然景观；有旭日东升、晚霞夕照、黄河金带、云海玉盘等10大自然奇观。

泰山的日出，是一个想象的世界，神奇的世界，日出景象的美妙是笔墨难以形容的。自古以来，无数诗人对泰山日出的壮丽景观都有过生动的描述。宋代词人梅圣俞的“晨登日观峰，海水黄配熔。浴出车轮光，随天行无踪。”的绝句尤为人爱，凌晨破晓前，站在日观峰，举目东方，晨星渐没，微晕稍露，天地间的一片云海滚动，稍顷，一线晨曦透过云层照亮东方，这时天空由灰变黄，继而呈现橙、紫、红瑰丽的朝霞，波浪似的云层，在阳光的照耀下，组成一幅幅五彩缤纷、绮丽多姿的图案，旭日在阳光中婷婷娜娜从云层升起，阳光因受海波起伏的影响忽隐忽现，闪烁不定，日轮缓升时又受波峰、波谷推进的影响上下跳动，渐渐成圆形，磅礴而出，金光四射，群峰尽染，大地一片光明。

夕阳西下时，朵朵残云飘浮在天际，落日的余辉如一道道金光穿过云朵洒满山间。太阳像一个巨大的玉盘，由白变黄，越来越大，天空如缎似锦，待到夕阳沉入云底，霞光变成一片火红，天际云朵，山峰好像在燃烧，天是红的，山是红的，云是红的，大地也是红的。举目远眺，黄河像一条飘带，弯弯曲曲从天际飘来，在落日的映照下，白色缎带般的黄河泛起红润，波光翻滚，给人以动的幻觉。“一条黄水似衣带，穿破世间通银河”。太阳慢慢靠向黄河，彩带般的黄河像是系在太阳上，在绛紫色的天边飞舞。泰山的云雾是变幻莫测的。雨后初晴，大量水气蒸发蒸腾，加之夏季季风自海上吹来的暖温空气，成云致雾。有时大片云在山腰形成一条长长的带子，如同官服玉带，而山上山下皆晴；有时则乌云滚滚，大有倒海翻江之势；也有时白云平铺，如大地铺絮，山谷堆雪，团团白云如同千万个玉盘，轻拢漫涌，铺排相接，好像平静无垠的汪洋大海，这就是著名的“云海玉盘”。

碧霞宝光是泰山的又一大奇景。“宝光”俗称“佛光”，多出现在碧霞祠东、西、南神门外，碧霞祠地处玉皇顶的前怀，地势相对低凹，云雾较为浓密且较稳定，在弥漫背后照来，人影呈现在雾幕上，周围形成内紫外红彩色光环，熠熠生辉，彩环呈现红、橙、黄、绿、青、蓝、紫七色，有时还会出现双环，更加绚丽动人。站在雾幕前的游客举手投足，光环中的影子也手舞足蹈，飘飘欲飞成仙人之感油然而生。

泰山的冬季，气温常在 -20℃左右，雪后天晴，气温回暖，大陆气团稍有减少，南方暖温气团乘虚而入，雾气笼罩山间，微风吹动，飘浮的雾滴触及树枝、岩石、房顶，凝结成冰粒，层层叠叠，便形成了“千枝琼玉”、“万树花”的雾凇奇景。泰山上下成了一个洁白如银的世界，犹如龙宫洞府，别有一番情调。泰山的冬季也常有冷却的雨滴，降落到地面上、物体上，急速结成坚硬、滑而透明的冰层，这就是“雨凇”。每当雨凇出现，山峦树木像冰晶倒挂，地面岩石似铺明镜，泰山变成了冰雕玉琢的“琉璃世界”。雨后天晴，红日映冰峰，蓝天衬霞山，光彩夺目，金光迸射，满山松柏映雪，到处银装素裹，好一派冰清玉洁的北国风光。

2. 突出自然景观的文化内涵

自然景观的美也体现在其独特的文化内涵上，历史文化丰富了自然景观美的意蕴，宗教文化又赋予自然景观独特的审美情趣。导游讲解要突出自然景观中所表现出的文化内涵，引导游客既要从形式上欣赏景观之美，又要从文化角度欣赏景观的内涵之美。

【实例导航】

九华山位于长江下游南岸，安徽省的西南部，北临长江、南望黄山、东靠太平湖、西接池州市，景区总面积 120 平方千米，山上最高峰十王峰，海拔 1342 米。九华山峰气势雄伟，宋代王安石赞誉“楚越千万山，雄越此山兼”，九华山古名陵阳山，唐朝以前以“此山奇秀，高出云表，峰峦异状，其数有九”故名“九子山”。唐天宝年间(736—756 年)，诗人李白曾三上九华，先后在《改九子山为九华山联句》和《望九华赠青阳韦仲堪》两诗中，写出了“妙有分二气，灵山开九华。”、“昔在九江上，遥望九华峰。天河挂绿水，秀出九芙蓉。”等名句，在诗中他把九子山的九太主峰，比作盛开的莲华。因古汉语中“花”通“华”。于是在天宝十三年(752 年),九子山更名为九华山,山名一直沿用至今。

九华山灵秀的自然景观瑰丽,境内奇峰峭石、飞瀑流泉、竹海松涛,清幽秀丽,漂渺奇异。春日,满山芬芳、百鸟合鸣;夏日,佳木繁荫,谷风清凉;秋日,风霜高洁,别有情趣;冬日,琼楼玉宇,超然空灵,给人以"四时之景,而了亦无穷"的感觉。九华山不仅以奇峰峭石、飞瀑流泉清幽秀丽的自然美景而闻名,更是以"地藏菩萨道场"而著称于世,然而最早在九华山进行的宗教活动并不是佛教,而是中国土生土长的道教。早在西汉元时五年(公元前 11—公元前 105 年)九华山就有道场建立,并列入道教"七十二福地"里的"三十九福地"。东晋隆安五年(401 年)天竺国(今印度)僧人杯渡锡九华初建茅庐,到了唐开元年间(719 年)新罗国(今韩国)僧人金乔觉,于 24 岁渡海来唐,他云游了许多名山大川,到过南京的宝华山、贵池齐山等,最后他来到九华山,见九华山秀丽、清幽便决定留在山中求法修道。金乔觉在九华山苦修了 75 年,于唐贞元十年(794 年)农历七月三十圆寂,寿止 99 岁,佛弟子依照浮屠之法将金乔觉盖缸三年,三年后开缸发现他遗体绵软,脸面如生,骨节转动有如金锁般响声。各种迹象与佛经上所说的地藏菩萨极为吻合,众僧认为金乔觉就是地藏菩萨的转世,因金乔觉俗家姓金,佛教徒们便尊他为"金地藏",其肉身在九华山神光岭上的肉身宝殿里供奉,后经历代君工的推崇香火逐渐兴旺起来,到了明、清两代更是鼎盛,当时全山有寺院达 300 多座,僧尼达 5000 余人,香火之盛甲天下,素有"东南第一山""莲华佛国"等美誉。目前九华山现存寺院 99 座,其中 96 座寺院为全国重点寺院,分别是:化城寺、祇园寺、甘露寺、百岁宫、肉身殿、上禅堂、旗檀林、天台寺、慧居寺,僧尼达到千余人。

【实例导航】

泰山地区得天独厚的自然环境和悠久的历史文化孕育造就了千姿百态的丽山秀水和人文名胜,生动地记录了我们中华民族发展历史的文明篇章。现代考古科学的研究已揭示出在 5 万年前的旧石器时期,泰山周围已经有了人类活动的踪迹。大量史料也都记载了泰山地区早在母系氏族社会阶段就已经显露出文明的曙光。在五千年前的新石器时代,泰山南麓的大汶口文化、北麓的龙山文化,不仅影响到山东,而且影响到黄河中下游的广大地区。春秋战国时期形成的"齐鲁之邦"是中国历史上政治、经济、文化高度发达的地区之一,产生了孔子、孟子等历史文化名人。历史告诉我们,泰山地区早在远古时代就已经成为东方文化的重要发祥地,而泰山在先秦时代就已成为中国最早的名山,成为五岳之首。

泰山实际海拔高度并不太高,在五岳中次于恒山、华山,仅占第三位。与全国的许多大山相比都不能望其项背。但它为什么成为赫赫于古今的"五岳之长"、"五岳独宗"而独享盛名呢?这要从泰山的地理环境和原始宗教谈起。泰山崛起于华北平原之东,凌驾于齐鲁平原之上,东临烟波浩淼的大海,西靠源远流长的黄河,南有汶、泗、淮之水,与平原、丘陵相对高差 1300 米,形成强烈的对比,因而在视觉上显得格外高大;奏感和"一览众山小"的高旷气势;山脉绵亘 100 余千米,盘卧 426 平方千米,其基础宽大产生安稳感,形体庞大而集中则产生厚重感,大有"镇坤维而不摇"之威仪。所谓"稳如泰山"、"重如泰山",正是其自然特征在人们生理、心理上的反映。

从古到今,人们总把泰山作为一个高大、美好、高尚、坚毅的形象,热情加以歌颂。公元前 2 世纪,司马迁在他的《报任少卿书》中就写道:"人固有一死,或重于泰山,或轻于鸿毛。”毛主席曾引用了司马迁的这句话教导人们,“为人民利益而死,就比泰山还重”。这种把泰山精神与人生的意义、人生观密切联系起来的做法,在教育人民中发挥了很大作用。

六朝任方《述异记》载,秦汉时,民间传说盘古氏(远古时开天辟地,代生万物的神人)死后头为东岳,左臂为南岳,右臂为北岳,足为西岳。盘古尸体的头向东方,而且化为东岳,泰山就成了当然的五岳之首了。这显然是根据《五行》、《五德》学说创作的神话故事,反映了泰山独尊五岳的历史背景。

东方是太阳出升的地方,古人即认为是万物交替、初春发生之地。因此,东方就成了生命之源,希望和吉祥的象征。而古代先民又往往把雄伟奇特的东岳视为神灵,把山神作为祈求风调雨顺的对象来崇拜,于是,地处东方的泰山——这个通天拔地的庞然大物便成了“万物孕育之所”的“吉祥之山”、“神灵之宅”了。受天命而帝王的“天子”更把泰山看成是国家统一、权力的象征。为答谢天帝的“授命”之恩,也必到泰山封神祭祀。商周时期,商侯相土在泰山脚下建东都,周天子以泰山为界建齐鲁;传说中秦汉以前,就有72代君王到泰山封神,此后秦始皇、秦二世、汉武帝、汉光武帝、汉章帝、汉安帝、隋文帝、唐高宗、武则天、唐玄宗、宋真宗、清帝康熙、乾隆等古帝王接踵到泰山封禅致祭,刻石纪功。历代帝王借助泰山的神威巩固自己的统治,使泰山的神圣地位被抬到了无以复加的程度。

伴随着历代帝王的封禅祭祀,泰山成了各种宗教流派活动的重要场所。早在战国时期就有了黄伯阳修道于山后,以后历代著名道家名人都曾在泰山传经布道,建观筑庙。佛教自东晋高僧郎公创建郎公寺开始,在泰山也不断发展。

泰山吸引了众多的文化名人,历代诗人墨客纷至沓来,他们朝山览胜,赋诗撰文,留下了丰富的文化精品。孔子、管仲、司马迁、张衡、诸葛亮、曹植、李白、杜甫、刘禹锡、苏东坡、欧阳修、范仲淹、王世贞、姚奈、郭沫若等都挥笔疾书,留下了浩如烟海的颂岱诗文,把游人从山神崇拜中引向游览观赏、求知审美的新方向。由山脚拾级而上,到泰山之巅,仅摩崖石刻就有千余处,从秦至清,历代皆有巨制。书体众彩纷呈,书意各代不同,其规模之大,作品之多,时代之连续性以及风格、流派、艺术之精湛,构景之巧妙都是世界名山无与伦比的。刻古中所包含的高韵深情与巍巍壮丽的泰山融合在一起,充分体现了中华民族自强不息的崇高精神。

3. 引发游客的审美联想

欣赏自然景观,除了欣赏外在形式美和内在文化内涵之外,还要深入挖掘其象征美,引发游客的审美联想。象征美是通过其形象或意境表现出的景物之外的文化内涵。借用自然景物寄托人们的思想,为自然景物赋予更多的人文色彩,是象征美的主要因素。

【实例导航】

说起黄山“四绝”,排在第一的当是奇松。黄山延绵数百里,千峰万壑,比比皆松。黄山松,它分布于海拔800米以上高山,以石为母,顽强地扎根于巨岩裂隙。黄山松针叶粗短,苍翠浓密,干曲枝虬,千姿百态。或倚岸挺拔,或独立峰巅,或倒悬绝壁,或冠平如盖,或尖削似剑。有的循崖度壑,绕石而过;有的穿罅穴缝,破石而出,忽悬、忽横、忽卧、忽起。“无树非松,无石不松,无松不奇”。黄山松奇在什么地方呢?首先是奇在它无比顽强的生命力,你见了不能不称奇。一般说,凡有土的方就能出草木和庄稼,而黄山松却是从坚硬的黄岗岩石里长出来的。黄山到处都生长着松树,它们长在峰顶上,长在悬崖峭壁上,长在深壑幽谷里，郁郁葱葱，生机勃勃。千百年来，它们就是这样从岩石迸裂出来，树根深深扎进岩石缝里，不怕贫瘠干旱，不怕风雷雨雪，潇潇洒洒，铁骨铮铮。你能说不奇吗？黄山松姿态坚韧傲然，美丽奇特，但生长的环境十分艰苦，因而生长速度异常缓慢，一棵高不盈丈的黄山松，往往树龄上百年，甚至数百年，根部常常比树干长几倍、几十倍，由于根部很深，黄山松能坚强地立于岩石之上，虽历风霜雨霜却依然永葆青春。

黄山松最著名的要数迎客松了，迎客松在玉屏楼左侧、文殊洞之上，高10米，胸径0.64米，地径75厘米，枝下高2.5米，树龄至少已有1300多年。其一侧枝桠伸出，就像人伸出一支臂膀欢迎远道而来的客人，另一只手优雅地斜插在裤兜里，雍容大度，姿态优美，是黄山的标志性景观。迎客松的知名度很高，上至庄严的人民大会堂，下至车站码头，随处都会发现它的身影，就连宾馆的屏风、庭院的影壁，也有迎客松的身影。登堂入室的迎客松，已经成为中国与世界人民和平友谊的象征。迎客松恰似一位好客的主人，挥展双臂，热情欢迎海内外宾客来黄山游览。北京人民大会堂安徽厅陈列的巨幅铁画《迎客松》就是根据它的形象制作的。

除了迎客松，黄山可以数出名字的松树成百上千，每颗都独具美丽、优雅的风格。但是别以为它们全像画中的松树那么漂亮，现实中的黄山松有的枝干被狂风吹折，暴露着断肢残干，但另一些枝叶仍很苍郁；有的被酷热与冰寒打败，只剩下赤裸的枯骸，却依旧尊严地挺立在绝壁之上。于是一个强者应当有的品质——刚强、坚韧、适应、奋进与自信，它全都具备。我们可以说，在黄山，怪石是山的体魄，云海是山的情感，而奇松一定是山的灵魂。

三、人文景观讲解

人文景观，是指人类活动所留下的具有观赏价值的痕迹或实物。既包括在自然景观基础上附加人类活动的形态痕迹，如风景名胜景观等；也包括人类创造的具有文化审美内涵的景观，如城市景观、建筑景观、艺术景观等。人文景观有多种表现形式，可以是实物载体，例如文物古迹，也可以是精神形式，例如神话传说、民俗风情等。我国历史悠久，地域辽阔，民族众多，几千年的文明历史造就了丰富的人文景观资源，这些人文景观资源以独特的魅力吸引着海内外的游客。导游讲解人文景观，一定要准确描述人文景观的历史背景和时代特征，深入挖掘人文景观的文化内涵，重点突出人文景观的历史价值、文化价值和美学价值。

1. 准确讲述人文景观的历史背景和时代特征

人文景观作为历史遗存，必然鲜明地体现着那个时代的特征。例如，万里长城的修建，体现了当时的政治、经济、军事等方面的综合国力。同样，科学、艺术、文学等也具有明显的时代特征。导游要具备丰富的历史知识，熟知各个时代的文化特征，并通过生动有趣的讲解引导游客欣赏人文景观的时代特征，了解更多的历史文化知识。

【实例导航】

各位游客，现在我们的汽车正行驶在八达岭高速公路上，马上就要进入即将参观的八达岭景区。前面的那座山就是军都山，八达岭长城就盘踞在这座山上。在春秋战国时期，我国古代人民就已经开始修建长城了，那个时候诸侯争霸，为了保护自己的领地不被侵犯，所以在各自的边界上纷纷修筑了长城，叫做互防长城。而我国曾经出现了三个修筑长城的高峰，分别是秦长城、汉长城、明长城。秦始皇在公元前221年统一中原，建立了秦王朝，为了加强统治，防御北方游牧民族的入侵，所以派大将蒙恬30万军队和很多劳力将原来北方的燕、赵、秦长城连了起来，并加以扩充，历时9年修筑了一条西起临洮东到辽东绵延万里的长城，这也就是中国历史上第一道万里长城。到了汉朝，汉武帝也是为了加强防御，“不教胡马度阴山”，修筑了一条近两万里的长城，同时这也保护了新开发的丝绸之路，汉长城是秦长城的一道前沿阵地和防线，它西起新疆，东到辽东，是中国历史上修筑长城最长的朝代。而明长城则是中国历史上修筑长城的最高峰，工程之大，技术之精是独一无二的。当年朱元璋在统一全国建立明王朝的过程中，采纳了“高筑墙，广积粮，缓称王”的建议。当时元朝虽然已经灭亡，但是还保持着比较完整的军事实力，加上逐渐崛起的女真族的不断侵扰，所以开始修筑长城。明朝大规模修筑长城达到了18次之多，到了明朝末年才基本完工，东起辽宁丹东鸭绿江边的虎山，西到甘肃嘉峪关的明长城全长6350千米。明长城具备三个特点，筑构完备，管理完善，布局严密。而我们今天所看到的八达岭长城就是明长城的一部分。

长城在我国古代最原始的目的虽然是防御，但是它同时还起到了其他的作用。第一就是军事作用，第二则是经济作用，它不仅促进了屯田的开发和北疆经济的发展，而且也是中原的百姓安居乐业，第三是促进了各民族的融合。此外，它还保护了通讯和促进了对外开放。值得一提的是，在我国古代，不仅仅只有这三次修筑长城的经历，据统计，在上下两千年里，先后有20多个诸侯国和封建王朝都修建过长城，有人做过粗略的计算，如果将长城改建成一道高5米、厚1米的大墙，绕地球10圈多都有富裕。著名的民间传说烽火戏诸侯和孟姜女哭长城也是发生在万里长城上的。如今，长城在经过几次修整之后，基本恢复了以往的面貌，在1987年被联合国教科文组织列入《世界文化遗产名录》，而且它还是当今世界上最长的防御性城墙，遍布了我国16个地区，全长达到了10.8万里。

2. 挖掘人文景观的历史文化内涵

人文景观是人类历史和文化的结晶，具有极其深厚的历史文化底蕴和文化属性。不同国家和地区、不同民族在不同历史时期的社会形态和生产生活方式，人们的观念信仰和审美意识，社会民俗风情，语言文字，文化艺术等，都是人文景观所记载的内容。导游要深入挖掘人文景观的历史文化内涵，并以通俗易懂的语言向游客进行讲解，满足游客的求知欲。

【实例导航】

游客朋友们，这里就是世界闻名的故宫博物馆，一般大家都简称它为故宫，顾名思义，就是昔日的皇家宫殿。自1911年清朝末代皇帝爱新觉罗·溥仪被迫宣告退位上溯至1420年明朝永乐皇帝朱棣迁都于此，先后有明朝的14位、清朝的10位，共24位皇帝在这座金碧辉煌的宫城里统治中国长达五个世纪之久。帝王之家，自然规模宏大，气势磅礴，时至今日这里不仅在中国，在世界上也是规模最大、保存最完整的古代皇家宫殿建筑群。由于这座宫城集中体现了我国古代建筑艺术的优秀传统和独特风格，所以在建筑史上具有十分重要的地位，是建筑艺术的经典之作，1987年已被联合国教科文组织评定为世界文化遗产。

故宫又称紫禁城，究其由来，是由天文学说和民间传说相互交融而形成的。中国古代天文学家将天上所有的星宿分为三垣、二十八宿、三十一天区。其中的三垣是指太微垣、紫微垣和天市垣。紫微垣在三垣的中央，正符合"紫微居中"的说法。因此，古人认为紫微垣是天帝之座，故被称为紫宫。皇帝是天帝之子、人间至尊，因此他们也要模仿天帝，在自己宫殿的名字上冠其紫字，以表现其位居中央，环视天下的帝王气概。还有一个说法就是指"紫气东来"。传说老子出函谷关，关令尹喜见有紫气从东来，知道将有圣人过关。果然老子骑了青牛前来，喜便请他写下了《道德经》。后人因此以"紫气东来"表示祥瑞。帝王之家当然希望出祥瑞天象，那么用"紫"字来命名也就顺理 成章了。"禁"字的意思就比较明显了，那就是皇宫禁地，戒备森严，万民莫近。此话决无半个虚字，在 1924 年末代皇帝被逐出宫后这里正式开放以前平民百姓别想踏近半步，大家可以想象紫禁城过去是多么崇高威严，神圣不可侵犯啊！

故宫从明永乐四年(1406 年)开始修建，用了 14 年的时间才基本建成，到今天已有 570 多年的历史。大家看到了，故宫是一级红墙黄瓦的建筑群，为什么这样呢？据道家阴阳五行学说认为，五行包括金、木、水、火、土，其中土占中央方位，因为华夏民族世代生息在黄土高原上，所以对黄色就产生了一种崇仰和依恋的感情，于是从唐朝起，黄色就成了代表皇家的色彩，其他人不得在服饰和建筑上使用。而红色，则寓意着美满、吉祥和富贵，正由于这些原因，故宫建筑的基本色调便采用了红、黄两种颜色。故宫占地 72 万多平方米，有宫殿楼阁 9900 多间，建筑面积约 15 万平方米。四周有高 9.9 米、号称 10 米的城墙，墙外一周是 52 米宽的护城河，俗称筒子河。城南北长约 960 米，东西宽约 760 米，城上四角各有一座结构奇异、和谐美观的角楼，呈八角形，人称九梁十八柱，七十二条脊。城四周各设一门，南面的正门是午门，北门叫神武门，东门叫东华门，西门叫西华门。故宫在施工中共征集了全国著名的工匠 23 万，民夫 100 万人。所用的建筑材料来自全国各地。比如汉白玉石料来自北京房山，五色虎皮石来自河北蓟县的盘山，花岗石采自河北曲阳。宫殿内墁地的方砖，烧制在苏州，砌墙用砖是山东临清烧的。宫殿墙壁上所用的红色，原料产自山东宣化(今高青县)的烟筒山。木料则主要来自湖广(今湖南、湖北)、江西、山西等省。由此也可以看出当时工程之浩大。

我们眼前的建筑叫午门。午门是紫禁城的正门，俗称五凤楼。明代，每年正月十五，午门都要悬灯赐食百官。到了清代这种活动就取消了。每年农历十月初一，都要在这里举行颁布次年年历仪式，清代乾隆年间因避乾隆帝"弘历"的名字，故将"颁历"改称"颁朔"。清代，皇帝举行朝会或大祀，以及元旦、冬至、万寿、大婚等重大节日，都要在这里陈设卤簿、仪仗。此外，国家凡有征战凯旋时，皇帝在午门接受献俘典礼，如果皇帝亲征也从午门出驾。关于"推出午门斩首"的说法，可能是由于戏剧舞台上及野史小说而来的。实际上是明代朝廷命官犯罪，有的在午门廷杖，当然严重的可能也有被当场打死的。

(进午门后金水桥前) 现在我们已经到了故宫里面，在正式游览之前，我先介绍一下故宫的布局和参观路线。故宫占地 72 万多平方米，在这样大的面积上，集各种建筑手法，建造一组规模如此宏大的建筑群，不但没有纷杂现象，反而给人以结构严谨、色彩辉煌和布局规整的感觉，最主要的手段是建造中突出了一条极为明显的中轴线，这条中轴线和整座北京城有机地结为一体，北起钟楼，南至永定门，总长度约 8 千米，皇家禁区苑内的部分约占三分之一。宫内重要建筑都在这条中轴线上，其他建筑分东西对称分布。整个宫殿的设计和布局都表现了封建君主的"尊严"和对封建等级制度的森严。故宫分外朝内廷。现在我们在外朝的最南端，前面是太和门。门前有一对青铜狮子，威严，凶悍，成了门前桥头的守卫者，象征着权力与尊严。皇帝贵为天子，门前的狮子自然最精美、最高大了。东边立的为雄狮，前爪下有一只幼狮，象征皇权永存，千秋万代。我们眼前的这条小河，叫金水河，起装饰和防水之用。河上五座桥象征孔子所提倡的五德：仁、义、礼、智、信。整条河外观象支弓，中轴线就是箭，这表明皇帝受命于天，代天帝治理国家。

（在太和门前）故宫建筑分为"外朝"与"内廷"两大部分。由午门到乾清门之间的部分分为"外朝"，以太和、中和、保和三大殿为中心，东西两侧有文华、武英两组宫殿，左右对称，形成"外朝"雄伟壮观的格局。三大殿前后排列在同一个庞大的"工"字型汉白玉石殿基上，殿基高8米，分为三层，每层有汉白玉石刻栏杆围绕，三台中有三层石雕"御路"。太和殿俗称金銮殿，是故宫最高大的一座建筑物，也是国内最高大、最壮丽的古代木结构建筑。乾清门以内为"内廷"，建筑布局也是左右对称。中部为乾清宫、交泰殿、坤宁宫，是封建皇帝居住和处理日常政务的地方。两侧的东、西六宫是嫔妃的住所，东、西一所是皇子的住所。"内廷"还有为皇家游玩的三处花园——御花园、慈宁花园、乾隆花园。内金水河沿"内廷"西边蜿蜒绕过英武殿、太和门、文华殿流出宫外，河上有白玉石桥，沿河两岸有曲折多姿的白玉雕栏杆，形似玉带。故宫建筑绝大部分以黄琉璃瓦为顶，在阳光下金碧辉煌，庄严美观。故宫中的建筑除了突出中轴线外，还用了各种手法，使宫城中各组建筑独具特色。比如殿基的处理、殿顶的形式、吻兽和垂脊兽的数目、彩绘图案的规制等。这样，不仅使主要建筑更显得高大，壮观，而且还表现了宫中建筑的等级差别。民间传说故宫有房9999间半，天上的皇宫一共有房10000间，地上的皇帝自称"天子"，不敢与其同数，所以就少了半间。这半间房在哪儿呢？它指的便是文渊阁西头那一小间。实际上紫禁城有房9000余间，所谓的这半间是根本不存在的。文渊阁西头一间，面积虽小，仅能容纳一个楼梯，但它仍是一整间。文渊阁楼下是藏我国第一部《四库全书》的地方，为了照顾布局上的美观，所以把西头一间建造得格外小。

（经过太和门之后）女士们、先生们，前面的大殿叫太和殿，俗称金銮殿，是故宫内最大宫殿。建筑面积2377平方米，重檐庑殿顶，是殿宇中最高等级，为外朝三大殿中最大的一座。太和殿建在三层重叠的"工"字型须弥座上，由汉白玉雕成，离地8余米，下层台阶21级，中、上层各9级。太和殿始建于公元1406年，经历了三次火灾和一次兵燹的毁坏，现在大家看到的是清朝建的。四个屋檐上各有一排动物，原来是钉子，用来固定瓦片用的，后来换成了神话传说中的动物，据说可以辟邪，而且数量越多，表明建筑越重要。太和殿上有9个，9是阳之极数，依次为7、5、3、1，平民百姓家是不允许有这种装饰的。明清两朝曾有24个皇帝在此登基，宣布即位诏书。元旦、冬至、皇帝生日、册立皇后、颁布法令、政令、派将出征、金殿传胪以及赐安等，皇帝都要在这里举行仪式，接受文武百官朝贺。这个广场是太和殿广场，面积达3万平方米。整个广场无一草一木，空旷宁静，给人以森严肃穆的感觉。正中为御路，左右地面铺的砖横七竖八，共15层，以防有人挖地道进入皇宫。周围有一些大缸，是做什么用的呢？在故宫里一共有308个大缸，是用来储水防火的，缸下可烧炭加温，防止冬天缸水结冰。为什么要建这么大的广场呢？那是为了让人们感觉到太和殿的雄伟壮观。站在下面向前望去，蓝天之下，黄瓦生辉。层层石台，如同白云，加上香烟缭绕，整个太和殿好像天上仙境一样。举行大典时，殿内的珐琅仙鹤盘上点上蜡烛，香亭、香炉烧檀香，露台上的铜炉、龟、鹤燃松柏枝，殿前两侧香烟缭绕，全场鸦雀无声。皇帝登上宝座时，鼓乐齐鸣，文武大臣按官级跪伏在广场，仰望着云中楼阁山呼万岁，以显示皇帝无上权威与尊严。清朝末代皇帝溥仪1908年底登基时，年仅3岁，由他父亲摄政王载沣把他抱扶到宝座上。当大典开始时，突然鼓乐齐鸣，吓得小皇帝哭闹不止，嚷着要回家去。载沣急得满头大汗，只好哄着小皇帝说："别哭，别哭，快完了，快完了！"大臣们认为此话不吉祥，说来也巧，3年后清朝果真就灭亡了，从而结束了我国2000多年的封建统治。

（在太和殿的石台上）这是铜香炉，是皇帝举行典礼时焚烧檀香用的。这里一共有18座，代表清朝18个省。殿外左右安放四个铜缸，象征"金瓯无缺"，作为储水防火之用。台基东西两侧各有一只铜制仙鹤和龟，是长寿的象征。这个由铅铸造成的器具叫嘉量，嘉量是当时量的标准器，表示皇帝公平处事，谁半斤、谁八两，心中自然有数。对面还有一个石头做成的器具叫做日晷，是古代的测时仪。皇帝的意思是：量和时的基准都在自己手里。

太和殿正面有12根圆红柱，东西约63米，南北进深约37米，高35米，殿前丹陛三层五出，殿前后有金扉40个，金锁窗16个，整个大殿雕梁画栋，豪华富丽。殿内中央设有2米高的平台，上面摆放着雕有9条金龙的楠木宝座。后面有金漆围屏，前面有御案，左右有对称的宝象、角端、仙鹤、香筒等陈列品。象驮宝瓶，内装五谷，象征太平景象、五谷丰登。角端是我国古代神话传说中的一种神兽，可"日行一万八千里"，通晓四方语言，只有明君，它才捧书而至，护驾身旁。太和殿也叫金銮殿，为什么这么叫呢？因殿内为金砖墁地而得名。金砖墁地平整如镜，光滑细腻，像是洒了一层水，发着幽暗的光。那么金砖真的含金吗？其实这是一种用特殊方法烧制的砖，工艺考究、复杂，专为皇宫而制，敲起来有金石之声，所以称作"金砖"。烧这种砖，每一块相当于一石大米的价钱，可见金砖虽不含金，但也确实贵重。殿内共有72根大主柱，支撑其全部重量，其中6根雕龙金柱，沥粉贴金，围绕着宝座周围。在殿中央有一藻井，是从古代"天井"和"天窗"形式演变来，为中国古代建筑的特色之一。主要设置在"尊贵"的建筑物上，有"神圣"之意。在藻井中央部位，有一浮雕蟠龙，口衔一球（球为铜胎中空，外涂水银），此球叫轩辕镜，传说是远古时代轩辕黄帝制造的，悬球与藻井蟠龙连在起，构成游龙戏珠的形式，悬于帝王宝座上方，以示中国历代皇帝都是轩辕的子孙，是黄帝正统继承者。它使殿堂富丽堂皇，雍容华贵。镜下正好对着宝座，据说是袁世凯怕大球掉下来把他砸死，故将宝座向后挪到现在的位置。关于龙椅，这里面有段故事。1916年（民国五年）袁世凯登基时，把原来的宝座搬走了，换了一把西式高背大椅，上饰他自己设计的帝国徽号。据说他的腿短，因而将椅座降低。新中国成立后，为了寻找那把龙椅，根据过去的一张照片，在破家具库找到了一把破椅，经专家鉴定，这椅子就是皇帝宝座，后经修复展出。

3. 突出人文景观的审美特征

从审美的意义上说，人文景观所涉及的面也很广，建筑艺术、造型艺术、艺术设计多有涉及，还涉及自然景观，因为人文景观往往同自然景观融为一体。人文景观的欣赏不同于自然景观的欣赏，欣赏自然景观感叹的是大自然的鬼斧神工，而人文景观结合了人类的智慧和劳动。同时，人文景观的欣赏还包含了对社会、历史、文化因素的认知和评价。导游引导游客观赏人文景观时，除了从其景观形式上进行讲解外，还要充分意识到人文景观在增长知识、提升情感、陶冶情操等多方面的综合性教育功能。

【实例导航】

各位游客，现在我们位于的是苏州古城东北面最大的名园“拙政园”。它与北京颐和园、承德避暑山庄、苏州留园合称为中国“四大名园”，被誉为“天下园林之母”。有人说，拙政园酷似我国古代文学巨著《红楼梦》中所描述的大观园。这话究竟有没有道理，还是请大家跟我走进拙政园，去探寻一下大观园的影子吧。

现在我们看到高高的砖砌墙门的正上方，有砖雕贴金的门额“拙政园”三个字。拙政园始建于明代正德四年。明代御史王献臣因官场失意而还乡，以大弘寺址拓建为园，借西晋潘岳《闲居赋》“拙者之为政”句意，自我解嘲，取名为“拙政园”。王献臣死后，他的儿子以拙政园为赌注，一夜之间输掉了。自此拙政园400余年来，屡易其主，历经沧桑，几度兴衰。

拙政园与苏州其他古典园林一样，是典型的宅园合一，有宅有园，前宅有园的格局。拙政园的花园分东园、中园、西园三部分，整个造园以山水并重，以水池为中心，水面占全园的五分之三，亭榭楼阁皆临水而立，倒映水中，相互映衬。

各位游客，现在从园门进去便是东花园。入园后，首先映入眼帘的是东花园的主厅“兰雪堂”。“兰雪”二字出自李白“春风洒兰雪”之句，有清香高洁、超凡脱俗之意。厅堂面宽三间，中间屏门上有一幅漆雕画，是拙政园的全景图。从图上看，拙政园氛围三个部分：东部曾取名为“归园田居”，以田园风光为主；中部称为“复园”，以池岛假山取胜，也是拙政园的精华所在；西部称为“补园”，以清代建筑为主。整个院子没有明显的中轴线，也不对称，但错落有致，疏密得体，近乎自然，是苏州园林中布局最为精巧的一座。

走出兰雪堂，迎面有一组太湖石假山。这块名为“缀云峰”的假山高耸在绿树竹荫中，与西侧两块形状怪异的石峰并立，叫做“联壁”。水池边山峰外形似船，俗名“翻转划龙船”。走到这里，似乎有似曾相识的感觉，大家可能都会联想到《红楼梦》中大观园进门处的假山，同这座假山极为相似。

兰雪堂的东北面，临水而筑的这座卷棚歇山顶的建筑，就是“芙蓉榭”。此榭为东花园夏日赏荷的绝佳之处。面对荷花池，背倚高墙，一边开阔一边封闭，给人一种宁静的气氛。加拿大温哥华“逸园”中的水榭，就是参照这个设计的。芙蓉榭以北是一片紫薇草坪，中间耸立的那座重檐攒尖八角亭，名为“天泉阁”。阁中有“天泉井”，相传此井为元代大弘寺东斋的遗迹。夏天可在此阁欣赏紫薇花。这座建筑物从外面看似乎是两层，在里面看却只有一层。欣赏苏州园林里的建筑物，高的楼阁要仰视。如果您站在“天泉阁”的戗角下凝视飘动的浮云，似乎可以感到楼阁正在蓝天中翱翔。这就是苏州园林建筑物上大都建有戗角的奥秘。这些戗角，除了有利于采光和通风外，主要是增加了动感和美感，成了苏州建筑的地方特色之一。

这座外观轻快明朗、体量较大的四面厅，称“秫香馆”。顾名思义就是欣赏稻麦飘香的地方。“楼可四观，每当夏秋之交，家田种秫，皆在观望中。”现在所见到的“秫香馆”，其主体建筑是60年代重修拙政园时从东山搬迁过来的，体量偏大，与原景略微有所不同。

【服务提示】

讲解有法，但无定法，优秀的导游在进行景点讲解时一定会密切关注游客的反应，并根据游客的反馈随时调整讲解的侧重点以及讲解方法，不仅仅要让游客愿意听，更要让游客喜欢听，进而有意犹未尽的感觉。

【任务实操】

实训项目 4	景点讲解训练
实训要求	请选择本地某景点进行讲解训练
实训时间	4 学时
实训内容与步骤	1. 熟悉讲解词,选择讲解风格 2. 导游词讲解,注意讲解时的体态语 3. 学生互评、教师点评

任务五 导游词创作

【任务导入】

一问三不知的导游员

小王是××旅行社新招聘的导游员,对所在城市游览景点的导游词背得滚瓜烂熟,对自己的工作充满信心。

一天,他带领游客去游览岳王庙。在正殿,小王讲解道:“这天花板上绘的是松鹤图,共有 372 只仙鹤,在苍松翠柏之间飞翔,寓意岳飞精忠报国精神万古长青。”一游客听了后,就问小王:“为什么是 372 只仙鹤,而不是 371 只或是 373 只?这有什么讲究吗?”小王倒是很爽快,回答说:“这个我不清楚,应该没什么讲究吧。”来到碑廊区,小王指着墙上“尽忠报国”四个字,说这是明代书法家洪珠所写。团中一位年青人不解地问小王:“为什么前面正殿墙上写的是‘精忠报国’,而这儿却写成‘尽忠报国’呢?”小王考虑了一会儿,吱吱唔唔道:“这两个字没什么区别,反正它们都是赞扬岳飞的。”那游客还想些说什么,小王却喊道:“走了,走了,我们去看看岳飞墓。”到了墓区,小王指着墓道旁的石翁仲讲解道:“这三对石人代表了岳飞生前的仪卫。”游客们没有听懂,要求小王解释一下“仪卫”是什么,小王犯难地说:“仪卫吗,就是为岳飞守坟的。”游客反问道:“放几个石人在这儿守坟有什么用呢?”小王说:“这个,我不知道。”

导游员在带团过程中仅仅背熟现有的几篇导游词就够了吗?上述的一问三不知说明小王存在什么问题呢?其实,导游讲解仅仅靠现有的导游词是远远不够的,必须有较广的知识面和丰富的知识积累。有人说:“导游,导游,上知天文,下知地理,无所不晓。”可见,导游工作对知识储备的要求有多高。当然,导游员也不是全能人物,但是要时刻注意补充知识,从书本中学,从实践中学,不懂就问,不断拓展自身的知识面,这样才能避免出现一问三不知的尴尬场面。

【任务详解】

导游词是导游人员引导游客游览观光的讲解词,也称旅游说明书,导游通过导游词的讲解,能够系统地向游客说明景点的背景知识与历史文化内涵,引导游客正确审美,满足旅游者的求知欲和好奇心,并顺利完成旅游行程安排。导游讲解的导游词大部分都是依靠现成的导游词书籍，再加上现在网络的普及，许多导游词都可以直接从网上下载，但这些导游词并不一定适合所有的导游员使用。导游人员只有在掌握丰富的旅游资料基础上，经过科学系统的加工整理，并在实践中不断修改、丰富和完善，才能形成具有自己特色的导游词。同时，在使用导游词的过程中，也要根据游客的职业、年龄、文化层次、环境等的不同，有针对性地调整导游词的内容与风格，这样才能被不同职业、年龄、文化层次的游客所接受。

一、导游词创作的相关要求

1. 及时更新信息，注重导游词的知识性

不要局限于导游书籍上所提供的导游词内容，要不断从其他书籍、报纸或网络上获取新的知识与内容，对于导游词中的相关数据信息要及时更新。比如，城市的面积、人口、经济数据等，每年都会有变化，导游在进行介绍的时候也要根据年代和时间的变化，要更新数据，而不是一直在讲着几年前的老数据。而景区景点本身也会不断发展，所以导游员必须不断学习，及时更新和完善自己的导游词。比如杭州西湖的不断美化翻新、胡雪岩故居的修复、苏州古典园林的不断维修复古、上海城市及道路的变化、南京总统府的各种展出、北京各景区里古迹的修复与重建等，游览对象的变化要求导游的讲解也要与时俱进。

同时，导游词不能只满足于一般性介绍，还要注重深层次的内容，例如名人名家诗词讲解、同类事物的鉴赏比较、历史内涵的挖掘等，通过深层次的讲解，才能使得游客既知其然又知其所以然，对导游的讲解留下深刻印象。

2. 多使用口语化语言，内容通俗易懂

导游语言是一种具有丰富表达力、生动形象的口头语言，所以在创作导游词时一定要多使用口语化的词汇，尽量少用书面化的语言，即便有，也应当是浅显易懂的书面化词汇。少用长句，多用短句，以便讲起来顺口，听起来轻松。但是通俗并不意味着低俗，创作导游词必须注意语言的层次和品位，强调口语化表达的同时，也不能忽视语言的规范化。导游词切忌写成抒情诗或散文什么的，更不能是演讲稿。要注意口语的表达和运用，不能堆彻辞藻，惯用的“欢迎词”、“欢送词”，要朴实亲切，富含真情实感，切忌矫揉造作。

【实例导航】

好了，现在简单地说一下大家最关心的行程：从杭州出发，到达黄山风景区的时间约为4个小时。黄山旅游有句谚语：不到文珠院（玉屏楼），不见黄山面；不到天都峰，白跑一场空；不到光明顶，不见黄山景；不到狮子峰，不见黄山踪；不到始信峰，不见黄山松。我们这次的黄山之行为二日游。第一天：我们从前山慈光阁乘索道上山，游览玉屏峰、迎客松、送客松，经莲花新道、百步云梯，穿过一线天，鳌鱼峰，登上黄山第二高峰光明顶，游览飞来石、回音壁、天女绣花等景点。晚上我们入住山上地接社为我们安排好的宾馆。第二天：天气好的话，我们会早起观日出，在黄山观赏日出最佳的地点是北海的清凉台和狮子峰。然后游览猪八戒吃西瓜、十八罗汉朝南海、猴子观海、仙人下棋等北海精华景区。接着登始信峰欣赏黄山奇松。之后会在云谷寺乘索道（费用自理）下山。下午乘车返回杭州。

旅游六大要素：吃、住、行、游、购、娱。说完行，接着说一下吃。我们两天一共有三正一早。我们到达黄山，在山下用中餐，晚上在山上用晚餐，明天下山后在山下用一个中餐。由于黄山上的食物都要靠索道、挑夫从山下运送，所以风景区里的饭、水价格都很贵，随着山势的增高，一瓶矿泉水可能会卖到10到15块钱。大家可以在山下买些水和零食自带上山。

接下来说说住。黄山近些年的接待条件和接待能力上都已经有很大的发展和改变。但是在旅游旺季，住宿依然会显得紧张。特别是山上的住宿，在同等条件下，价格会比我们外边高出一倍也是很正常的。这次我们住的是6到8人一间的高低铺，感觉像读书时在学校里的住宿哦，大家就当是怀念一下曾经校园时光的岁月好了。条件是艰苦一点，出来游玩，大家尽量克服一下。因为我们的主要目的是来观黄山景的嘛，是不是！

接着说说购物。购物环节也排在旅游六大要素之中。这说明这个环节也是旅游当中必不可少的。这是国家和当地旅游经济收入的一大来源。但我们这次的行程里是不安排进店购物的。但是呢，还是要提醒大家一般不要在景区购买价格昂贵的玉器工艺品等，因为这里价格高得离谱，而且质量没什么保证的。其他的一些土特产，如茶叶啊香菇啊石耳啊，一般也价很高的，大家若是无意购买，不要随意去还价。但是出来了要是想带点什么当地的土特产回去的话最好是问问地接导游哪里购买比较合适，让他给介绍一下，“相信人民相信党，相信导游不上当”，导游是为游客服务的，这样质量价格也都有保证。

好，下面就要说说“游”了。何为“游”？—— 游玩，游览，游历。出来旅游是为了看未曾看过的风景，饱饱眼福，开阔视野，增长知识，丰富我们的人生阅历。（开始介绍景点）

3. 语言要生动形象，突出趣味性

导游词在准确展示景点资料的同时，要选用生动形象的语言和幽默风趣的表述，让游客接受知识的同时也能愉悦身心、轻松游览。例如在讲解景点历史知识时适当穿插神话传说和民间故事，以激起游客的兴趣与好奇心。在讲解城市概况时多选用贴近游客生活的语言，能使原本平淡的讲解更加有吸引力。

【实例导航】

福州全貌的形状就像一只龙虾赴海，两只大钳是东面的于山和西面的乌山，上翘的尾巴上有一座镇海楼的屏山（即越王山）；一道虾须，直拖下去，是到南台为止的那一条大道；虾须尽处，就是闽江的江面，众水汇聚而入海的地方了。

4. 结构严谨，层次清晰，主次分明

导游讲解要注重口语化，多用通俗易懂的语言，但不代表导游讲解可以漫无目的地想到哪讲到哪。一般来说，一篇规范的导游词由三部分构成：引言、概要介绍、重点讲解。

每一篇导游词，或每一次导游讲解的开始或结束，都应该有引入性的语言，如游览前的“欢迎词”、游览结束时的“欢送词”等。引言中常见的内容有问候、介绍及游览注意事项和要求，结束语中通常有总结、回顾、感谢和美好祝愿等。

概要介绍是对所参观游览的景区作整体介绍，让游客对景区有个初步了解，知道如何游览。概要介绍包括游览路线的介绍和时间安排等，这些内容的讲解是为了防止在游览中发生游客走失等事故，帮助游客合理调配体力，保持游兴。

导游员在带领游客游览的过程中，由于时间等客观原因，在游览和讲解中不可能每个小景点都面面俱到。因此在导游词中，对景观、景物的介绍要简要讲解非主流景观，重点讲解景区中最具有代表性的景点和景物，这是导游词最重要最精彩的组成部分。这里要注意的是，导游员的重点讲解内容应与游客的兴趣需要相一致，必须充分考虑游客的旅游动机和文化层次，有时候导游认为的重点内容并不是游客心目中的重点。

【服务提示】

即便是讲解同一个景点，但由于侧重点不同，讲解方法的不同，讲解内容也会有所不同。在导游工作中，每位导游都会形成自己的讲解风格，形成自己独特的景点导游词，所以说，最好的导游词并不是书上看来的，也不是网上搜来的，而是自己在不断的工作实践中慢慢打磨出来的。

二、经典导游词示例

灵隐飞来峰导游词

各位朋友，大家好，欢迎来到著名的灵隐飞来峰景区。

首先我们在进入景区大门前看到一块巨大的照壁，上面写着“咫尺西天”四个大字，什么意思呢？“咫尺”就是非常近的意思，说的是东晋咸和元年，天竺高僧慧理经过此地，发现这里的山很像当年佛祖释迦牟尼讲经说法的灵鹫山的一个山峰，当地百姓不相信，慧理就说山上应该有个洞，洞里应该有一黑一白两只猿，上山一找还果真有个洞，在洞口一喊，真的跑出来一黑一白两只猿猴，所以大家就相信了，那个洞就是“呼猿洞”，而山自然是从天竺国飞来的，就叫“飞来峰”了，所以说离西天佛国很近啊！

回头看景区大门，上面挂了一块金匾，“灵隐寺”三个大字是2003年我们原国家主席江泽民来杭州灵隐时题写的，下面我们就进入景区去游览一下啊！

这里分为飞来峰和灵隐寺两个景区，首先我们参观的是飞来峰景区。

提起飞来峰，就会使人们想起一段有关济公的传说。相传飞来峰下原是个村庄。南宋初年时，有一位名叫李修源的天台人，在灵隐寺出家后，不受戒律，好吃狗肉，身穿破袈裟，头戴破帽子，脚穿破拖鞋，手上还拿一把破扇子，整天在村庄里游来荡去，疯疯癫癫，但却好管闲事，爱打抱不平，人称“济癫”。这位疯和尚还有能掐会算的本领呢。一天他掐指一算，四川峨眉山有一座小峰将要飞来可能要压着灵隐村。他急忙跑到村里劝说村民赶快搬家，可是村民没有一个相信的。大白天疯和尚难道又说疯话了？这时，远处正有一群人吹着唢呐，抬着花轿过来，济公一看是迎娶新娘的队伍，心想要是我和尚背了新娘就跑的话，那乡亲们不就会出来看热闹了吗？于是济公冲进人群，背起新娘就朝村外跑。村民一下子都轰动了，“不好了，和尚抢新娘了！和尚抢新娘了！”全村的男男女女、老老少少全都追了出来。此时，天空的一阵乌云越来越近，只听“轰”的一声，一座黑压压的山峰，正好压在了灵隐村上。这时老百姓才明白是济公救了他们，这座飞来的山峰便被大家叫作“飞来峰”。山峰飞来了，村民们又怕山峰会重新飞走，于是便在山上刻了数百尊佛像，镇住了山峰。从此，飞来峰就再也飞不走了。

飞来峰从峨眉山飞来，这当然是个虚构的传说。请大家仔细观察一下，我们眼前的这座山峰，古藤交错，洞壑遍布，它的地质结构确实与周围的山峰不一样，它的海拔只有209米，在群山包围之中，显得特别矮小，似有“飞来”之感，“飞来峰”就是因此而得名的。飞来峰的最珍贵之处还在于山间的造像，整座山峰的天然岩洞和山崖上，布满了从五代至宋、元时期的大批石刻造像，那精湛的雕刻艺术，给这奇峰异石增添了神秘色彩，可以称得上无石不奇，无树不古，无洞不幽。飞来峰造像共有470余尊造像。现在保存比较完整的有338尊，而元代造像近100尊。

好，现在我们就去参观欣赏那全国罕见的石刻造像吧！我们就来到了飞来峰东南侧最大的一个洞，叫“青林洞”。它因洞口形似虎嘴，又称“老虎洞”或“金光洞”。在洞口上方有三尊小佛，称为“西方三圣”，是飞来峰现存有题记造像中年代最早的一龛。它雕于五代后周年间，中间那尊叫阿弥陀佛，是西方极乐世界的教主，称无量寿佛、接引佛。两侧分别是他的左右胁侍大势至菩萨和观世音菩萨。

再看洞口右面的崖壁上，这是一龛北宋乾兴元年雕刻的“卢舍那佛会”浮雕，是飞来峰中雕刻最精致的。中间的卢舍那佛是佛教密宗的最高神，能以光明普照众生，故名“大日如来”，即佛光普照的意思。卢舍那佛头戴宝冠，身着袈裟，坐在正中的莲花座上，双臂上举，作说法状。左面骑狮子的是文殊菩萨，牵狮的是拂森；右侧骑象的是普贤菩萨，牵象的是獠蛮；旁边还有四天王和四菩萨像及随身供养一共 15 尊像。这组浮雕，非常形象生动。

洞内除了古代石刻，还有不少济公传说中的遗迹呢？前方这块酷似石床的岩石就是“济公石床”。传说济公常在洞内喝酒吃狗肉，吃饱喝足了便在石床上呼呼大睡。请大家沿左边小洞猫腰进去找一找济公的“手印”。看！这巨大的手印就是济公为救被飞来峰压住的小孩，用力顶开倒塌的石块而留下的，下方还留下一顶济公常戴的宋代船形“帽子”，身后那黑黝黝的小洞里，还有一个石坑，传说是济公烧狗肉的地方，所以至今还有人在这里烧香许愿呢。

看完青林洞，再去看看玉乳洞。走在山间的小路上，你会发现飞来峰的树都是从岩缝里长出来的。尤其那盘根错节的千年古藤，树连藤，藤缠树，已是你中有我，我中有你，交融相合。玉乳洞是飞来峰里的第二大洞，因洞中岩石滴下的石灰岩水呈乳白色而得名。从前洞中栖息着许多蝙蝠，又叫“蝙蝠洞”。洞内曲折通明，有点像桂林伏波山下的伏波洞。玉乳洞四壁所刻 20 多尊真人大小的罗汉都是北宋真宗咸平四年雕刻的。这个洞还有个名字叫“岩石室”，传说晋代道人、炼丹专家葛洪的祖父葛孝先就在这里修炼而得道成仙的。洞前那块岩石平台称“翻经台”，相传南北朝诗人谢灵运曾在这里翻阅过经书。玉乳洞内的十八罗汉像，高 1 米以上。在玉乳洞东端两侧还有六祖像，他们分别是初祖达摩、二祖慧可、三祖僧璨、四祖道信、五祖弘忍、六祖惠能，合称“禅宗六祖”；洞口洞壁上还有雷公和凤凰浮雕，都雕于公元 1026 年，为石窟中较为罕见的。

现在我们穿过清凉幽深的山洞，来到飞来峰的外围，眼前这座“理公之塔”，是纪念灵隐寺的开山祖师慧理和尚埋葬遗骨的地方，慧理就是我们前面提到的天竺高僧，现塔为明万历十八年重建。

塔旁这两尊石刻，都为元代作品。左边这尊大腹便便、面带微笑的就是藏传佛教中的财神，全称“宝藏神大夜叉王”。全裸的身上披挂着用鲜花串成的璎珞，还戴着金银珠宝制成的项圈、臂钏、腕轮和脚镯，全身珠光宝气，右脚还踩着一个大海螺，右手还握着一颗大宝珠，左手握鼠狼，鼠狼口中淌出三串珍珠，据说他是掌管天下无尽财宝的。佛经上讲，只要按照上面这种式样绘制或雕刻，那就想什么有什么。

右下方这尊为金刚手菩萨像，金刚手就是夜叉神，按西藏喇嘛教密宗的形象，应该是十分凶恶的，可这里看到的金刚手却头戴宝冠，右手举金刚杵，身围飞舞飘带，一脸孩童的天真稚气，完全突破了密宗的仪式，是唐宋传统风格同藏、蒙民族艺术结合的一种特有风格。

往左下方走，前面就是龙泓洞。你看洞口右侧的这组浮雕，是由三个时代的内容各异的高僧取经故事组成的。第一组是唐僧取经的故事,唐三藏十分虔诚地双手合十,缓缓前进;第二组是曹魏僧朱士行取经故事,朱士行左手握棍,右手牵马,大步向前;第三组是“白马驮经”,这两个就是第一批来中国的印度高僧摄摩腾、竺法兰及随从。

我们入洞看看。此洞中因中间端坐一尊观世音像,又叫“观音洞”,大家抬头又能看到洞顶开一小口,可以直接看到天,俗称“通天洞”。看洞顶那一大一小的自然石块的背影像不像送子观音?旁边是射旭洞,也就是著名的“一线天”。请大家抬头仰望黑咕隆咚的洞顶石缝间,看你是否能找到这微露的一线天光。这个一线天需要有缘人才能看到哦!

飞来峰造像最引人注目的要数正前方对面崖壁间那袒腹露胸、笑脸相迎的大肚弥勒佛了。这尊佛像雕于公元1000年。因他手拿布袋,另一手挂一串佛珠,所以又称“布袋和尚”。你看他开怀大笑,仿佛那大肚子都在颤抖一样。弥勒是菩萨,他居于兜率天,对天人说法,同时进行自我修持,等将来降生于人居住的凡俗世界来继承佛位,是继释迦牟尼成佛后才成佛陀的未来佛,所以我们叫弥勒佛。今天我们看到的是大肚弥勒佛是根据五代后梁时浙江奉化县契此和尚的形象雕塑的。因为契此和尚肚子奇大,言语无常,终身手拿布袋云游化缘,在岳林寺圆寂时说:“弥勒真弥勒,化身千百亿;时时示世人,世人自不识。”人们认为他是弥勒的化身,重降人间救助众生,幸福安康,从那以后就有了中国式的大肚弥勒佛了。这尊弥勒佛像是整个飞来峰造像中最大的一龛,长9米,高2.6米,是飞来峰造像的标志作品。而电视连续剧《济公》许多镜头就是在这里拍摄的。

过前面小桥,这尊多闻天王像就是元代时期的代表作品。多闻天王全身披甲,手持宝幢,雄赳赳地骑在青狮背上,俨然是古代武士的再现。多闻天王像的左侧,有三尊僧像,居中的和尚头披葛巾,圆脸宽鼻,浓眉细眼,游戏坐式的可能就是杨琏真伽像,左右手捧经盒的立像就是他的两个土地。杨琏真伽原来是元朝的南征大将,杀人无数,后来却以江南释教总教主的身份总领江南佛教,并且他曾经带领元兵大肆盗窃南宋帝皇陵墓,并且拿宋理宗的头骨当饮酒的酒器,可以说是莫大的讽刺。而飞来峰许多元代塑像都是他主持修建的,他把自己也雕刻在这里了。应该说,他是历史的罪人!

进入合涧桥即进入灵隐景区。左边是怪石嶙峋、林木苁蓉的飞来峰,旁边是晶莹明净的泉水,即冷泉。这里就是冷泉亭,上面有副对联很有意思:“泉自几时冷起,峰从何处飞来”。

过冷泉亭就是灵隐寺了,首先我们到它的正面来看一下。正对我们的大门紧闭,不过我们透过铁门可以看到里面的情况。前面的大殿就是天王殿。天王殿重檐下悬挂着“灵鹫飞来”和“云林禅寺”两块金匾。“灵鹫飞来”是居士黄元秀所题。而康熙所题“云林禅寺”还有一段佳话。康熙二十八年(1689年),康熙皇帝来到灵隐寺,灵隐寺的方丈为他备好笔墨,请他赐题寺名。康熙提笔直书,但是他把灵(繁体为靈)的雨字头写得过大,正当他犹豫之际,状元高江村默默在手心中写上“云林”两字示与皇上,于是康熙明白了,机智地写下了“云林禅寺”四字,皇帝开了金口、写了御笔,方丈只能把这块匾挂上了。这块匾额三百年来一直高悬在天王殿上,但是老百姓还是叫“灵隐寺”。

从旁门进入寺庙,我们首先去参观的还是天王殿。天王殿正前方供奉着一尊袒胸露腹的弥勒像,称为“皆大喜欢弥勒佛”。弥勒像佛龛壁上挂着“说法现身容大度,救人出世尽欢颜”的对联。两侧是高近8米的四大天王塑像。这四大天王像是1932年塑造,近年重新装饰一新,光彩夺目,生动传神。弥勒像背后是寺庙的保护神韦驮菩萨像,雕技精湛,距今已有八百多年历史。佛身由香樟木雕成,可以一块块御下来,整个佛像不用一钉,镶嵌连在一起,是南宋木雕造像艺术的精品。天王殿前有两座经幢,建于南宋开宝二年(969 年),经文至今清晰可辨,是重要的古代文物。

大雄宝殿为单层重檐式,高 33.60 米,是全寺的主殿,气势雄伟。殿内主像释迦牟尼佛像 19.6 米,连座达 24.8 米。这座佛像是 1953 年由中央美术学院专家和民间艺人根据唐代禅宗著名雕塑为蓝本创作。最初,佛像的发式为菊花状,灵隐寺方丈大悲法师提出异议,认为应按佛教传统,设计为罗钉状。周恩来审定时指出:我们修建寺庙,主要是宣传党的宗教信仰自由政策,满足信教群众过宗教生活的需要,在造型上应尊重佛教界的意见。因此,设计人员采纳了佛教界的意见。这尊佛像,用 24 块巨大香樟木雕成。妙相庄严,发髻、衣褶、坐姿皆具唐代佛雕之特色。佛祖趺坐说法相,右手上举,呈说法印,左手伏膝,呈降魔印,双眼微启,面露笑容。全身装金,光芒四射,相传当年为佛祖涂金身用了八十两黄金。此像被国际佛教界人士和学者视为佛祖释迦牟尼的标准像。

大雄宝殿内两侧是二十诸天的塑像。殿后分坐着十二缘觉像。据说这十二缘觉的布局为全国寺院之孤例。缘觉是指辟支迦佛陀,又称辟支佛。与声闻、菩萨合称“三乘”。缘觉是指出生于无佛之世,但由于前世修行的因缘而自以智慧得道,或观悟二十因缘之理而得道。

在释迦牟尼佛背后,是“善财童子五十三参”海岛观音立体群佛像。上有大小佛像 156 尊,全为泥塑,部分镀金,姿态各异,栩栩如生,富有立体感。

大雄宝殿前的两座经塔,建于北宋建隆元年(960 年),八角九层,为大理石砌成,塔壁镌有无数石雕佛像。相传是当年五代十国吴越国国王钱弘淑所建。

一旁是新近修复的五百罗汉堂,里面的罗汉高近两米,形态各异,大家可以进去数一下罗汉像,无论左右还是一个方向数,只要数到你实际年龄的那尊罗汉就是你的幸运罗汉,朝他拜拜,可以保佑你平安如意哦!

好啦,飞来峰和灵隐寺的讲解到此结束了,谢谢大家!

【任务实操】

实训项目 5	导游词创作训练
实训要求	请选择本地某景点进行导游词创作
实训时间	4 学时
实训内容与步骤	1. 选定某一类型的导游素材 2. 导游词创作,教师修改 3. 学生互评、教师点评

【延伸阅读】

导游讲解语言技能:体态语言

态势语言是以人的表情、姿态和动作等来表示一定语义、进行信息传递的一种伴随性无声语言,又称为体态语言或人本语言。

态势语言能有效地配合有声语言传递信息,能起到补充和强化有声语言的作用,运用得好不仅可以达到有声语言表达效果,甚至有时还能起到口头语言不能起到的作用。从美国心理学家艾伯特·梅拉比安的一个公式:信息的总效果 =7% 的有声语言 +38% 的语音 +55% 的面部表情,也充分表明态势语言对于人与人交流的重要性。态势语言按其定义可分为三种类型:表情语、姿态语和动作语。

1. 表情语

它是通过眉、目、鼻、口的动作而引起面部肌肉的舒张和收缩来表现思想情感的。导游员的面部表情应该使人感到可以接近,要给客人留下一种自然、平和的感觉,应该具有同步感(面部表情与口语表达的情感同步)、鲜明感(明朗化,不似笑非笑)、真实感(表里如一)、分寸感(不温不火、适度)。

以下对导游工作中较为重要的目光语和微笑语略作说明。

2. 微笑语

微笑是通过不出声的笑即略带笑容所传递的信息,被们称为"世界通用语"。在导游工作中,微笑的作用有:一是能迅速有效地缩短对方的心理距离,使彼此消除陌生感,获取信息;二是能帮助导游克服困难,说服游客接受导游的正确意见,化解不愉快的气氛;三是微笑不仅可以美化人的外形,而且可以陶冶一个人的心灵,发自内心的微笑是一个导游员美好心灵和亲和力的重要体现,是塑造导游员良好形象必不可少的手段。

3. 目光语

目光语是通过视线接触传递信息的。"眼睛是心灵的窗户",一个人的思想情感可以通过眼神反映出来。导游服务中,导游员的目光语应注意以下几点:

(1) 目光注视的部位。有近亲密注视、远亲密注视和社交注视三种。前两种分别把视线停留在对方双眼与胸部之间和双眼与腹部之间,这两种适合于亲人与恋人。后一种是把视线停留在对方眼睛与嘴唇之间,利于传递友好信息。

(2) 目光的分配。视线接触对方面部的时间应占全部时间的 20% ~60%。导游员的目光不能长时间、单向交流的方式,应学会分配目光。

一般以视线平行接触正视和环视为宜,且连续注视导游对象的时间不宜过长,以免引起客人的反感或误解。与个别旅游者交谈时,用正视表示尊重和庄重;面对全团成员致辞与讲解时要用正视与环视相结合的方式,目光长时间停留在个别人或少数人身上,或长时间不看客人都是失礼的行为。因而要照顾到处于前排、后排、左侧、右侧的所有人,让处在每个位置上的旅游者都感到受重视,造就一种友好和谐、服务周到的良好气氛。

(3) 目光的连接。导游员的目光要注意和游客交流,目光不能只注视某人、某物,目光不能单一地向上、向下,不时向窗外看,不敢看客人等,要用目光向游客表达你的情感。

(4) 目光的移动。导游员在讲解某一景物时,首先要用目光把游客的目光引过去,然后再及时收回目光,继续投向游客;当视线朝向哪方,面孔就应正对哪方,那种只眼球滴溜溜地转动,而头不随眼球转动的人是令人生厌的。

【课下自主测评】

才艺展示测评表

评分项目	评定内容	分值	小组自评分	各组互评分	教师分数	总分
形象	选手的外型条件,衣着装扮是否符合主题和节目要求	20				
现场表现	现场表演是否符合所选节目的主题要求,现场发挥好,感染力强。节目内容健康向上,题材新颖,有时代感,与导游工作性质贴近	30				
专业素养	音乐类:音准、节奏、演唱方法等 舞蹈类:协调、柔韧、基本技巧等 其他表演类:语音面貌、内外部素质展现、信念感(感觉、念白)等	50				
其他	游戏时间可略长(10 分钟内),其他时间约为 5 分钟 对于原创优秀作品可适当加 1 ~ 2 分					

习题导航台:

1. 欢迎词和欢送词有很多的类型,该如何合理选择和运用?
2. 全陪讲解的内容和地陪导游的讲解内容有哪些不同?
3. 写好一篇导游词该如何构思和组织?

项目五

导游的沟通工作

导游在工作过程中不但要以实际行动激发游客的旅游热情,还要成功地带领、组织和引导团队,这需要导游工作团队(全陪、领队、地陪、讲解员等)、司机、旅行社和旅游者的互相支持,要详细了解旅游过程中的情况,保证与司机、其他导游和旅游者的沟通渠道畅通并注意沟通方法,多采取鼓舞、激励等积极的办法引导大家顺利完成旅游活动。通过本项目的学习,应基本掌握在工作中与游客、其他导游团队成员、司机、旅行社相关人员沟通的注意点和方法。

【项目导航】

项目任务	基础任务	扩展任务
任务一　与游客的沟通工作	掌握带团过程中称呼、寒暄、说服、拒绝、介绍、称呼、交谈等常用交际技巧	正确识别客人的性格特征
任务二　与司机的沟通工作	掌握正确与司机进行电话沟通与途中沟通	如何与司机搞好关系
任务三　与地陪(全陪)导游的沟通工作	掌握不同导游角色各自的工作重点,知道工作中如何协调相关矛盾	全陪如何做好沟通、协调工作
任务四　与旅行社的沟通工作	掌握与旅行社老总、计调、财务在工作中的沟通要点与技巧	导游在与旅行社接触中如何正确维权

【项目任务链】

任务一　与游客的沟通工作

导游,是一项非常复杂而要求较高的工作,正确处理人与人之间关系的调节工作,是旅游过程中起着至关重要作用的一项工作。所以说,好的导游应该是一个处理人际关系的高手,因为带团过程就是一个调节人与人之间关系的过程。好的导游要多从情感上与游客沟通。沟通得好，导游与游客会走得近，困难容易解决；沟通不好，游客就会对导游产生躲避心理，其关系会很难相处。因此，在带团过程中做好与游客的沟通尤为重要。

【任务导入】

导游小王带领某个旅游团在哈尔滨结束了冰雪之行，抵达机场准备乘飞机返回北京时，被告知飞机因天气原因要延误，过了三个小时，又被告知航班取消。这时候，游客十分气愤，有人发牢骚，有人骂街，有人冲着导游员大喊大叫，有人与民航工作人员争闹起来。

思考：这时候，导游员小王应该怎么做？

一、导游沟通技巧

（一）旅途中说服游客的技巧

在旅途中总有些事要说服劝说游客，下面谈谈说服的技巧。说服的技巧有狭义和广义两种理解。再次重点解释狭义的说服功能，是指在语言交际中以一定方式向对方说明、劝戒，以使对方心悦诚服的语言功能。

1. 说服之前应先了解对方

首先需要衡量对方的实力与处境，其次是察言观色，最后是揣摩对方的心态。做到了这三点，才能顺利地达到说服的目的。对导游员来说，如果要说服游客，一定要先考察游客们说了什么、怎么说的，必要的时候还可以引导游客说出内心的真实想法，掌握了游客的真实想法就等于掌握了说服游客的主动权，就可以对症下药地选择恰当的说服角度和特定的说服方法，从而有效地说服游客。在进行说服对方时，要注意说话口气与态度，建立在友好沟通的基础上往往更能打动对方。

2. 注意引导对方的思路

说服必须顺应对方的思路进行，否则就会遭到对方的拒绝。主要做到：一是要充分了解对方需求，二是要寻找恰当的说服起点。导游员掌握住这两点，就能在说服游客的过程中主动顺应游客思路的变化，从而保持主动性。与此同时，应将客观情况和利害关系先后进行陈述，在分析利弊的情况下，游客更容易做出有利自己行程的判断；而单纯的顺应游客的思维只会陷入无休止的讨论与争辩，并不能让游客快速接受导游员的建议。

3. 情感说服

有两个方面的意思：一是指调动对方的情感；二是指建立主、客方的个人情感联系。调动对方的情感主要是顺应对方情感的主流，利用对方的情感来说服对方。比如，在导游过程中，常常会发生一些意想不到的不良事件，这时候，游客一般都非常急躁，容易发火，而导游也常常会调动游客的这种感情来疏导游客，达到说服游客主动抑制不良情绪的目的。一般情况下，导游员都是说“遇到这样的事情，我也十分着急，也十分生气，我也是一肚子火不知向谁发。所以我十分理解大家的心情，要是我是游客，没准儿还不如大家呢！可是……”像这们的表达，就是有意调整一下游客的急燥情绪，等游客意识到自己的问题以后再说服游客主动调整情绪就容易多了。

【服务提示】

如何处理航班延误

一旦得知游客所乘航班将要晚点起飞时，导游员首先要将游客安抚好，并亲自再次核实情况，问清晚点起飞的原因以及确切起飞的时间。随后将确切可靠的消息通知旅游团全体游客，做好耐心的解释工作，同时要与全陪、领队商量对策，采取灵活的措施。假如游客所需等候时间不长，则可组织游客参观机场周围的景色或者让游客到机场商店去购物。如果到了用餐时间，就及时与就近定点餐厅联系用餐，并可适当放宽一些用餐时间，其目的也是为了消磨一些时间。若是延误时间长，需要等到第二天，导游员需再次确认航班起飞时间，并及时向旅行社汇报。由于飞机晚点是航空公司的责任，导游员除了要安排好以后的活动项目外，不要忘记行李交接事宜。

若是飞机晚点没有确切的起飞时间，那导游员只有将游客“牢牢地看住”，等到有了消息方可采取下一步的工作。

（二）交谈的技巧

在导游交际过程中，虽然导游讲解占据主要地位，但也并不是完全没有与游客自由交谈的机会，这里的交谈主要指自由式聊天，所以在与游客交谈时也要注意讲究聊天的技巧。

1. 聊天的作用

聊天是交谈的主要形式。聊天是至少两人共同参与的双向或多向的交际活动，是人们交往中最基本、最常见的现象，是导游员与游客之间交流思想、融洽感情、增进了解的重要途径，可以有效地使双方增长见识，改善关系，排忧解闷。导游交际中的聊天与一般社交场合的聊天一样，话题往往是随意的，而且可以不时转换，内容也是海阔天空、无所不可的，气氛也一定是和谐轻松的。但与一般社交聊天不一样的地方是导游员与游客聊天的意图应该是明确的，即以达到协调双方关系、缩短双方心理距离、建立良好的交际基础为基本目的。

2. 聊天的特点

（1）往返交流。

聊天的过程实际上是交谈双方互相发出信息并回应反馈的过程，具体说就是双向发出信息，双向交互反馈，达到充分交流的目的。在聊天的往返交流中，聊天的每一方自始至终都既是说者，又是听者，换句话说，聊天者是说与听的统一体。聊天的这一特点表明，在聊天中，说与听是同等重要的，只说不听或者只听不说都是不恰当的。在这种往返交流中，双方的思绪总是要保持畅通的，并且从同一角度指向同一话题，否则，交谈双方就很难得到必要的信息并做出积极的反馈，这样，交流的通道就会发生堵塞现象，这种堵塞哪怕只是短暂的一瞬，也会影响交谈的顺利进行。

（2）随机应变 。

聊天一般有两种类型：一种是意图明确的；二种是没有明确意图的。对导游交际来说，从导游员的角度出发，一般多用前一种，就是说，在导游交际中，导游员与游客的聊天一般是意图明确的。这里又分为两种情形：一种是双方中一方有意，另一方无心，一方主动谈,另一方被动应酬;另一种是双方都有准备,约好时间、地点来谈。在导游交际中,主要是前一种情形,就是既存在着导游员有意、游客无心的状态,也存在着游客有意、导游员无心的状态。这表明,导游员应该在两种情形中随机应变。首先,导游员有意、游客无心的情形在导游交际中应该是占主要的。导游员有义务通过各种方式与游客协调好关系,聊天无疑是一种比较有效的方式。其次,游客有意、导游员无心的情形在导游交际中也是常见的。即使是游客主动与导游员攀谈,导游员也应该立即有所反应,反映到有意识地与游客积极沟通的目的之上。无论是哪种情形的聊天,导游员都应该采取主动积极的态势,根据游客的心理特征、语言习惯、文化水平、脾气秉性等各种因素,随机应变地引导聊天的过程,使交谈气氛融洽,交流愉快,过程顺利,达到与游客互相理解、有效沟通的目的。

(3) 氛围融洽。

聊天一般来讲是随便性的攀谈,话语投机,才有聊天的可能;话不投机,就很难发生聊天这类主动交际行为。所以在聊天之中双方应该没有表面化的利害冲突,聊天的气氛总应该是融洽的。交谈的双方往往志趣相投,共识点多,交谈才能互相衔接、彼此补充、轻松自如地进行下去。为了追求与游客融洽的交谈气氛,导游员应该积极地避开双方不相投机、缺少共同兴趣、有分歧的话题,有意识地营造融洽的交谈气氛。

3. 聊天的要求

(1) 积极切入。

导游员与游客聊天时主要是从对方感兴趣的或者对方关心的话题切入。实际上,要找到这类话题也并不是很容易的,需要对游客进行一番必要的观察和了解,这样才能因人引“话”。

(2) 随和开放。

聊天是双方自觉自愿、平等交流、随和开放的行为,这是进入聊天状态的先决条件。这表明一旦进入聊天状态,基本上就意味着任何一方都不应该生硬地采取自我封闭的态势。导游员一定要把握住这一点,特别要注意以下几个问题:一是要注意创造聊天的条件,营造聊天的氛围;二是要主动向游客传递随和开放的信息。这种开放要避免只说不听和只听不说两方面的问题。在聊天中,“说”与“听”都占有十分重要的地位,一方面要认真“说”自己的想法、认真回应对方;另一方面也要认真“听”对方的回应和想法。这一点对导游员来说十分重要。

(三) 学会正确对“游客”说“不”

在导游活动中,游客时常会向导游员提出各种各样的问题和要求。一般情况下,导游员对于游客提出的要求都应尽量给予满足。但如果游客提出的要求不合理或不可能办到的话,导游员就需要回绝。应该看到绝大多数游客是通情达理的,有些游客的请求也是出于无奈。由于受到各种客观条件的制约,一时半刻办不成的事情,导游员也切记不要开口就说“不”字。部分游客在遭到拒绝后,容易表现出失望、沮丧,有的甚至不顾客观条件的限制,而对导游横加苛责。为避免因回绝而造成的尴尬,导游员必须掌握一些用于回绝对方的语言表达方式和技巧。

1. 微笑不语

遭人拒绝是最令人尴尬难堪的事,为了避免遭遇这种难堪,一般人通常选择不轻易求人。所以不论是何种情况,导游人员都不应直截了当地拒绝客人的要求。但有时客人提出的一些要求,我们又不得不拒绝,此时,微笑不语可谓是最佳选择。满怀歉意地微笑不语,本身就向客人表达了一种"我真的想帮你,但是我无能为力"的信号。微笑不语有时含有不置可否的意味。

2. 先是后非

在必须就某个问题向客人表示拒绝时,可采取先肯定对方的动机,或表明自己与对方主观一致的愿望,然后再以无可奈何的客观理由为借口予以回绝。

例如,在故宫博物院,一批外国游客看到中国皇宫建筑的雄伟壮观,纷纷要求摄影拍照,而故宫的有些景点是不允许拍照的,此时导游员诚恳地对客人说:"以感情上讲,我真想帮助大家,但这里有规定不许拍照,所以我无能为力。"这种先"是"后"非"的拒绝法,可以缓解对方的紧张情绪,使对方感到你并没有从情感上拒绝他的愿望,而是出于无奈,这样在心理他们容易接受。

3. 婉言谢绝

婉言谢绝,是指以诚恳的态度、委婉的方式,回避他人所提出要求或问题的技巧。即运用模糊语言暗示客人,或从侧面提示客人,其要求虽然可以理解,但却由于某些客观原因不便答复。为此只能表示遗憾和歉意,感谢大家的理解和支持。拒绝客人的方法还有不少,如顺水推舟法。即拒绝对方时,以对方言语中的某一点作为拒绝的理由,顺其逻辑性得出拒绝的结果。顺水推舟式的拒绝,显得极有涵养,既能达到断然拒绝的目的,又不至于伤害对方的面子。

总之,多数情况下,拒绝客人是不得以而为之,只要措辞得当、表达的态度诚恳并掌握适当的分寸,客人是会予以理解和接受的。

(四) 恰当赞美游客

美国商界奇才鲍罗齐说:"赞美导游员的顾客比赞美导游员的商品更重要,因为让导游员的顾客高兴导游员就成功了一半。"同样,导游在实际工作中也需要通过颇具处世艺术的语言赞美自己的游客,实现游客心理上的愉悦和满足,取得双方心理的沟通,从而有利于导游更好地工作。导游直接赞美游客略显直白,有点虚伪之嫌,而间接赞美游客具有曲折性和技巧性,委婉而有深意,让人在自觉不自觉中接受,并且欣赏导游的赞美艺术。

(1) 假借一位游客的言语来赞美另一游客,既传达了第三者的善意,也表明了导游自己的赞同立场。

例如,"王大哥,我在和您母亲聊天中得知您是一位很有孝心的人,您母亲所说的话我很认同,就拿这次您从百忙中抽空陪母亲旅游来说吧,确实难能可贵"。王大哥马上接话"我确实很忙,但母亲年纪大了,应该多陪她出来看看"。其实,这种导游的赞美为该游客"应该的行为"做出了高度评价,起到了推波助澜的作用,让该游客的心理得到满足,导游与之沟通就容易得多。

(2) 不当面对某位游客表达赞美和肯定,而是对另一位游客说,通过别人的口把导游的赞美传到目标游客的耳朵里。

例如，导游想赞美李大哥夫妻很相爱，可以对团友中一位爱说爱笑的游客说，“您看李大哥夫妻那么大年纪还恩爱如初，有机会是不是让他们谈点恋爱史和相爱之道呀？”之后，这位团友便会说，“李大哥，连导游都知道你们相亲相爱……” 导游的赞美目的由此可间接实现。

（3）通过赞美与某位游客有密切联系的人、事、物，来折射对该游客的赞美之意。

例如，针对奖励旅游团可以说，“我真羡慕各位团友能享受免费旅游的待遇，当然这主要是单位好，不过单位好关键还得要领导好，否则这样的福利是不会有的，更何况领导还亲自带着各位出来就更难得了。”赞美团队领导，与领导沟通好了，导游工作展开便会迎刃而解。

（4）可用泛指性语言赞美游客，覆盖面广，收效较大。

导游采用不点名的方式，让大家或更多的人知道所传达的赞美语言，即导游利用同一言语不仅赞美某一情境中的某位游客，而且还可移用到其他情境中指向其他游客。例如，“我很喜欢西南人的质朴，很容易沟通成为朋友”等。游客听了这些语言之后，自然会朝着这方面去努力，体现出来的言行也就或多或少地带有这些语言涉及的内容和实质。

（5）虚心请教也是一种高超的赞美。

在旅游之外的行业知识中，导游可将自己变得“外行”一些，让游客的心理地位得到提升，让他们感觉受到尊重，那么，游客也会尊重导游。这种赞美方式可以从委婉询问游客职业开始，然后让其在和导游聊天中谈及工作中的情况和成就。导游在倾听时需要点头肯定，并用点睛之语加以有效地引导，游客才会越谈越有兴致。另外，导游也可适当地在本行业中表现得谦虚些，让有见识的游客提出旅游意见，并且有选择地采纳好的意见，这也是对游客的赞美和肯定。例如，对某个景点的时间安排问题，如果条件允许可以根据游客提出的建议进行操作，这样既满足了游客要求，又认同了游客建议，游客便会有自豪感。

（6）有时正话反说可以达到赞美游客的目的。

例如，“我带美女团比较少，虽然秀色可餐，但美女们的需求会多一些，就像我现在的状况觉得有点累。”游客从中得到美的赞赏之后，可能就不会提出很多要求，导游的工作就会轻松很多。

（五）针对不同性格游客的沟通

俗话说“龙生九种，种种不同”。跟不同性格的人打交道，有不同的人际沟通术。作为导游员掌握了它们，就能在带团过程中左右逢源，如鱼得水，具体如下表。

游客类型与待客方法

游客类型	特征	待客方法
老好人型	常用温和语气讲话	要礼貌相待
傲慢型	瞧不起人	让其充分亮相后，以谦虚的态度耐心说服
猜疑型	没有根据和证据就不相信	讲话要有根据，不用模棱两可的语言
腼腆型	内向性格，说话声小	亲切相待，忌用粗鲁性语言

（续）

游客类型	，特征	待客方法
难伺候型	爱挑毛病，板着面孔	避免陷入争论
唠叨型	说话啰嗦，不得要领	在不伤害客人感情的前提下，耐心说明
急性型	不稳重，稍不如意就发火	要以沉着和温和的态度相待
嘲弄型	不认真听讲，爱开玩笑	不要被缠住，不要理睬
沉默寡言型	不健谈	主动打招呼搭话
散漫型	不遵守时间，自由散漫	难以应付，但要有礼貌地耐心说服

（六）正确处理好与游客之间的关系

1. 平等对待每一位游客

不要对游客有亲疏之别，对每一个人都要平等、关爱，即使有的游客不友好，很让导游员很讨厌，也要不动声色、不动怒；相反，也不能对某些游客太过于关心照顾，否则会顾此失彼的，造成其他游客的猜疑和不满，那也是失败的。

2. 针对性地对客服务

不论在餐食、活动安排方面都应该多为游客着想，结合游客自身的身体情况和作息习惯，多方面地为游客提供细致的服务。比如游客是从山东来的，导游员在用餐时，尽量向餐厅争取多要点面食、菜量大点等；游客如果是穆斯林，导游员要争取让游客能吃上另外独立烧制的清真菜肴等，如果是四川、湖南等地来的游客，就要为他们多准备辣的菜肴。

3. 处理游客与经营者的纠纷

遇到游客与其他经营者有纠纷时，在判断事情的是非后，假如游客有理，就要站在游客这一面据理力争；假如游客有错，也要学会如何做好游客思想工作，要掌握尽可能多的知识，多多分析解释，不要让游客失望。

4. 讲解方式要通俗幽默，尽量让游客开心、愉快地度过旅程

很多人出来旅游主要抱以猎奇、休闲和交流的目的来的，很少有那种学习型的，但许多景点大多是文化历史景点，所以更需要把导游词讲得更为诙谐幽默，更加通俗，使游客容易理解，而且对导游就有更多的好感与敬佩，以认真的讲解来赢得游客的尊重与认可，在整个带团工作中将更有利于矛盾的化解。

5. 不能与游客发生正面冲突

首先需要申明的是，在最关键的时候，专业的导游员应该时刻牢记，千万不能与游客发生任何正面冲突。如果有游客说了一些挑毛病的话，导游员必须在第一时间用最诚恳的语气进行解释。首先要肯定游客反映的问题，表达导游员对游客应有的尊重。利用换位思考，以游客的角度来考虑问题，更有利于和游客沟通并取得游客的理解。

反之，在带团过程中时常会出现各种问题，游客也容易对导游产生抱怨甚至是投诉，导游遇到问题时首先要想到顾及游客的感受，在第一时间安抚游客，对游客的态度要做到“不卑不亢、落落大方”八个字，同时不盲目接受游客过分的要求。因为，有些游客出来抱着一种“我就是上帝，导游员就得什么都为我服务”的思想，所以，当导游遇到这种游客时，要“不卑不亢、落落大方”，如果只是一味迁就游客，将不利于问题的明朗化。

6. 正确面对游客的刁难与误解

导游在带团过程中会遇到一些游客不清楚事情的真相却急于提要求的情况。比如由于大雨导致的道路塌方、雷雨造成的飞机延误、大雾造成的轮船停航、景区景点的维修等，都很容易造成游客的心情激动而导致争吵。

而此时的导游应该静心抚慰游客，把详细的情况告知游客，也要为游客争取一定的利益，也许有的游客会一再和导游理论，或者故意刁难导游，这时的导游更应该耐下心来，不要和游客争吵，让游客先把自己的想法倾诉出来，导游应该认真听完他们的意见，适时插话，然后再静心解释。即便遇到游客在言语方面有冲撞，导游员仍应耐心解释，分析利弊，陈述意见，为游客排忧解难，切忌在言语上抠字眼、抬杠。

【服务提示】

导游在上团时与游客沟通中容易忽视的问题

（1）接团后上车简单问候以后直接进入讲解主题，没有更多地关心客人从何处来（虽然都知道，但是必须重复）、客人家乡的问候（比如，“今天上海天气如何?”），没有适当地夸奖客人家乡（比如，“上海真是好地方呀”），更没有适当夸奖客人（比如，“各位的精神真好”），有时会让客人很不自在。

（2）景点讲解的时候把客人的知识、理解力等估计过高（比如，“成都多雾，所以女人皮肤白”，而对多雾的成因不做交代），这样就造成客人理解起来比较困难。

（3）对导游讲解的内容缺乏回访（比如，“我的讲解，各位能听清楚吗？有没有什么问题?”）。

（4）缺乏对客人的日常关心（比如，“各位昨晚睡得好吗？今天午餐如何?”）。

（5）几乎没有谦虚的表态（比如，“一管之见，请各位多提意见啊”）。

要想提高服务质量和水平，必须要在沟通中找到感觉，在服务中找到亮点，在交流中找到自信，在协调中找到平衡。旅游是人与人交流的互动，是服务和被服务的关系。

【实例导航】

小杨和小赵去带一个临沂、枣庄四日游团，最后一天的上午原定行程是去游览彩虹谷，但是前一天，地接导游接到公司通知说明天会下大雨，无法参观彩虹谷，建议游客换成参观王羲之故居。两个导游商量后就和游客说了，游客当时没说什么，可是在吃晚饭的时候，二十几位游客拉住了导游，大家七嘴八舌和导游理论，质问为什么不还是按原来行程去彩虹谷，好多小孩子就是要去看彩虹谷，改变行程为什么不得到全体游客的同意。导游小杨一直笑脸相迎，等他们说了一个多小时后，小杨慢慢地说：“根据当地天气预报，今晚到明天有大到暴雨，那里是山区，道路及景区内的设施设备可能会由于暴雨而受到影响。不如这样，明天一早，就和景区联系，如果景区没有受到影响就去，如果实在不行还是去王羲之故居，可以吗?”游客们不再说话了。

当天夜里果然狂风暴雨，第二天一早雨停了，当导游在游客退房时，让地接导游和景区联系了一下，被告知由于昨夜的暴雨，许多设施设备受影响，无法正常游玩。小杨带的一车游客没有多大意见，就开车去了王羲之故居，而小赵带的一车游客却非要去彩虹谷，两部车分开行动了。但是当小杨的车在王羲之故居游览时，小赵打来电话，说去彩虹谷的路上由于昨夜的暴雨已经塌方，无法前行，只能退回来，也没有时间游玩王羲之故居了，就直接上高速公路回去了。小杨把这件事告诉了自己的游客，大家着实感到庆幸，更对小杨临场的判断表示充分的肯定与赞扬。

案例分析：团队遇到各种人力不可抗因素的事情会很多，无论天灾、人祸，导游自己不能先着急，游客情绪激动也是情有可原的，应该给他们发表意见的机会，在许多情况基本确认后，导游也要学会如何安慰游客，更应该把导游员做对的事情告诉游客，让他们没有情绪、不再刁难，这样就会相互之间更加信任和理解了。不然，一味的争吵只有闹得不欢而散，对导游本身也是不利的，所以，导游学会如何耐心对待游客也是很有必要的。

随着旅游业的发展，旅游产品的种类增多，参加旅游人群的不同，难免会发生一些这样那样的问题，游客会因为这些问题而表现出不同的心情与行为，导游员难免会被游客的情绪而影响，但是，导游员要学会冷静面对游客和现实情况，不要激动和慌张，要耐心听取意见，提出自己的看法与解决办法，争取得到游客和旅行社的赞同，这样才能解决问题，否则只会适得其反，把问题越闹越大就彻底失败了。

二、导游沟通礼仪

导游语言沟通的常用技巧还要体现在导游交际礼仪的各个环节，就是要充分调动语言交际的各种表达技巧，营造出一种融洽的交际气氛，特别是要注意讲究导游语言交际中称呼、问候、交谈、置疑、应对、接近、说服、拒绝、慰藉、赞扬、叮嘱、引导、讲解、告别等各个交际环节的表达技巧。本任务中主要讨论称呼、寒暄、说服、拒绝、介绍、交谈等常用交际技巧。

（一）称呼的技巧

1. 称呼语的类型

一般情况下，经常对游客使用下面三种称谓：

（1）交际关系型。

交际关系型的称谓语主要是强调导游员与游客在导游交际中的角色关系。如“各位游客”、“诸位游客”、“各位团友”、“各位来宾”、“各位嘉宾”等，这类称谓语角色定位准确，宾主关系明确，既公事公办，又大方平和，特别是其中的“游客”的称呼是导游辞中使用频率比较高的一种称谓形式。

（2）套用尊称型。

套用尊称是在各种场合都比较适用，对各个阶层、各种身份也都比较适宜的社交通称。如“女士们、先生们”、“各位女士、各位先生”等，这类称谓语尊称意味浓厚，适应范围广泛，回旋余地较大，在导游辞中也常常使用。

（3）亲密关系型。

多用于比较密切的人际关系之间的称谓语。如“各位朋友”、“朋友们”等，这类称谓语热情友好，亲和力强，注重强化平等亲密的交际关系，易于消除游客的陌生感，在导游辞中也比较常用。

2. 称呼语运用原则

（1）得体原则。

得体，就是要根据不同游客的身份、不同导游交际场合的特定氛围进行恰当的称谓。

称谓可以视游客的具体情况而加以灵活变化。如果游客属于一个中学生团体,可以直接称呼“同学们”,如果是一个教师旅游团,就可以称呼“老师们”,还有“教授们”、“警官同志们”、“亲爱的同乡们”(与导游员是同乡)等。另外还可以根据特定的导游交际场合使用恰如其分的称谓。如果是导游员对全体游客的场合,其称呼的使用可以正式一些,可以使用上述各种称谓语,如果导游员与游客熟悉以后,在一对一或一对少的场合或者在交际气氛十分活跃的时候,那么就可以使用比较随便、随和一点的称谓语。

(2) 尊重原则。

不论对什么文化背景、什么类型的游客,不论在正式场合还是在非正式场合,不论导游员所使用的称谓语是比较正式一些的还是比较随便一些的,都必须充分体现对游客的足够的尊重,如果把握不好这个分寸,就会导致交际的失败。

(3) 通用原则。

一般情况下,导游交际中的称谓语要注意多使用那些适应范围比较广泛、适应对象比较灵活的称谓语,这类称谓语弹性较大,游刃有余,使导游交际具有更大的回旋余地。如果遇到一些比较特殊的游客,比如对那些不太喜欢在对他们的称谓中涉及其年龄、性别甚至职业的游客,导游员就更要讲究使用一些具有中性特征的称谓语,如“游客们”、“朋友们”、“各位嘉宾”等。

(二) 寒暄的技巧

寒暄,是社交中双方见面时互相问候的应酬话。寒暄好像是乐曲的过门儿,并不是无足轻重的,实际上,巧妙的寒暄是准备导游讲解的最好的铺垫。所以寒暄不是简单地打招呼,也不是轻描淡写的问候,而是一种必要的沟通。在导游交际过程中,导游员与游客见面伊始,都要说上几句应酬话,从而沟通彼此的感情,创造出一种和谐的气氛。

1. 寒暄的常见类型

(1) 问候型。

① 典型问候型。典型的说法是问好。常说的是“你们好!”、“大家好!”等,这是近几十年来新型的问候语,也是导游交际过程中用得最多的一种问候语。

② 传统意会问候型。传统意会型问候主要是指一些貌似提问实际上只是表示问候的招呼语。如:“上哪去呀?”、“吃过饭了吗?”、“怎么这么忙啊?”等。这一类问候语并不表示提问,只是见面时交谈开始的媒介语,并不需要回答。主要用于熟识的人际之间,在导游交际过程中,比较适用于导游员跟游客熟悉以后的问候。

③ 古典问候型。具有古代汉语风格色彩的问候语主要有“幸会”、“久仰”等。这一类问候语书面语风格比较鲜明,多用于比较庄重的场合,在导游交际这一类追求平和、亲近的场合中用得比较少。如果导游员不顾旅行团的各种实际情况,自顾自地跟游客说“久仰! 久仰!”、“幸会! 幸会!”,很有可能会引起游客的反感,造成一些不良影响。

(2) 攀认型。

攀认型问候是抓住双方共同的亲近点,并以此为契机进行发挥性问候,以达到与对方顺利接近的目的。导游员与游客接触时,只要留心,就不难发现自己与游客有着这样或那样的共同点,像“同乡”、“自己喜欢的地方”、“自己向往的地方”、“自己认为的人间好去处”等就是与游客攀认的契机，就能与游客“沾亲带故”。如“大家是广州人，我母亲出生在广州，说起来，我们算是半个老乡了。”“大家都是昆明人，我也算是昆明人。我在昆明读了四年书，昆明可以说是我的第二故乡了。”

（3）关照型。

关照型寒暄主要是在寒暄时要积极地关注游客的各种需求，在寒暄过程中要不露痕迹地解决游客的疑问或疑难。游客的需求有衣食住行等具体方面的，也有心理感受方面的，如果导游员在寒暄中能够有针对性地关注这些方面的问题，就能够一定程度地解除游客的某些必要的或者是不必要的担心，就能有效地活跃游客的情绪。

【实例导航】

一个旅游团在冬季来北京观光，恰巧遇上了天下鹅毛大雪，着装、行车、步行、登山等都将受到一定的影响，有的游客对在北京的行程安全比较担忧。这时导游员一定要把握住游客的这种心理状态，不失时机地加以安慰。在启动出行的大巴上进行讲解时就可以不失时机地这样寒暄：“亲爱的朋友们早上好。我想大家一定是真的好！因为北京此时正呈现出难得一见的北国风光、千里冰封、万里雪飘的壮观景象。今天实在是个难得的日子，是我们可以亲自去体验毛泽东主席诗句意境的日子。老天就是这么有眼，我们就是这么幸运，给我们送来飘飘的雪花，那么就让我们快乐地上路，去当一次踏雪登长城的好汉吧！”导游员的寒暄讲的是天气，但又将美好的雪景与游客的行程巧妙地结合起来，从而使游客减少了对天气变化所带来的不便的担心，情绪甚至慢慢高涨起来。这种寒暄完全是从关照游客的心理感受的角度出发的，自然也就容易被游客接受。

案例分析：无论是哪一种类型的寒暄，都要掌握好分寸，恰到好处。从交际心理学的角度看，恰当的寒暄能够使双方产生一种认同心理，使一方被另一方的感情所同化，体现着人们在交际中的亲和要求。这种亲和需求在融洽的气氛的推动下逐渐升华，从而顺利地达到交际目的。

2. 寒暄的基本要求

（1）自然切题。

寒暄的话题十分广泛，比如天气冷暖、身体健康、风土人情、新闻大事等，但是寒暄时具体话题的选择要讲究，话题的切入要自然。在导游交际中最容易切入的话题就是游客生活当地的地方风物情况，这时导游员必须表示出职业兴趣而游客又必然感兴趣的话题了。

（2）建立认同感。

切入了自然而得体的寒暄话题，双方的心理距离就会有效地缩短，双方的认同感就容易建立起来了。

（3）调谐气氛。

有了自然而得体的话题，有了认同感，再加上寒暄时诚恳、热情的态度、语言、表情以及双方表现出的对寒暄内容的勃勃兴致，和谐的交际气氛也就自然地创造出来了，这样就为下一步的导游交际打下了良好的基础。

（三）介绍的技巧

介绍从适用范围划分，一般可以分为对人的介绍、对单位的介绍（如公司介绍等）、对事物的介绍(如景观介绍、特产介绍、展示介绍等)。这些介绍导游辞中都会涉及到,但是基本上属于导游辞讲解范围的内容。这里只重点谈论自我介绍。自我介绍又分为自我语言介绍、名片介绍、介绍信或工作证介绍等多种类型,这里只重点讨论自我语言介绍。自我语言介绍在导游交际过程中是一个十分重要的环节,自我介绍得好,这个导游过程就会有一个良好的开端,否则,因为自我介绍失误而造成的一些不良影响是很不容易挽回的。这就要求导游员必须很好地琢磨一下介绍的技巧,并且还要进一步考虑在介绍中怎样配合以恰当的眼神、手势、体姿、语气等各种因素,使自我介绍收到理想的效果。

1. 自我介绍的基本要求

(1) 镇定自信。

清清楚楚地报出自己的姓名,通过用眼神表达出友善、关怀、愿望等信息来传递自己的自信。如果表达嗫嚅含糊,流露出羞怯心理,会使人感到导游员不能把握自己,这样游客就会对导游员有所保留,与导游员之间的沟通就有了阻隔。

(2) 掌握分寸。

在自我介绍的时候,难免要进行一下自我评价,但在自我评价时不宜使用"很"、"最"、"特别"等程度比较重的词语,不能过度夸奖自己,也不能过度贬低自己,可以采用一些变通的办法,如自谦、自嘲、自识等,通过巧妙地张扬自己,使游客对自己有一个良好的而且深刻的印象。

(3) 注意繁简。

根据游客关注的重点,注意自我介绍的繁简取舍。一般来讲,导游员的自我介绍主要包括下列几个基本要素:姓名、年龄、籍贯、必要的带团经历、特长或兴趣等,如有需要,还可以介绍一下导游员自己的导游资格资历。当然在自我介绍时,没有必要将上述内容逐条逐项地说出,而是应该根据具体场合的交际需要决定繁简取舍。游客如果十分感兴趣,可以多介绍一些;反之,就应该少介绍一些。但是不论多少,都应该以给游客留下良好印象为基本目的。

2. 自我介绍的基本方式

一般社交场合,自我介绍的方式主要有自谦型、自信型、紧张型、幽默型等四种,在导游交际中也主要采取这四种方式介绍自己。

(1) 自谦型。

在介绍时采取低调姿态,巧妙地谦虚,使游客在不知不觉之中接纳自己。比如:"我叫×××,正在努力学习做一个优秀的导游员。"其中,"努力学习做"与"做"的差别是很微妙的,"努力学习做"是谦虚的,给人以一种积极的态势;只用"做",话就有点"满"了。"正在做一个优秀的导游员"与"正在努力学习做一个优秀的导游员"相比,还是后者更好些,导游员的主动性也更大一些,因为"正在努力学习做",不仅容易使游客接受这种积极的态度,而且如果工作中出现一点小问题,也更容易得到游客的谅解。因为导游员的出发点是努力的,是想把工作做好的。自谦,是巧妙地谦虚,如果谦虚过头,会造成两种不良后果:一是会给游客留下虚伪的印象,结果就会很难再取得游客的信任;二是会使游客误认为导游员能力确实低。如果是这样,会在游客心理上造成失落感,会让游客以为这一次倒霉,碰上了一个低能的导游员,甚至会对整个行程失去信心。所以自谦时一定要注意分寸，不要弄巧成拙。

（2）自信型。

自信实际上是在与游客进行必要的心理交流。游客总是希望遇到专业素质高、服务质量有保证的导游员，而导游员在自我介绍时表现出的自信刚好能给游客以必要的心理慰藉，并能使他们对自己的旅行充满信心。自信并不是骄傲、狂妄。所以导游员在自我介绍时一定要注意表达的语气、词句以及恰当的伴随体态语。有时候，往往可能会因为语气或者动作不当，使导游员本来充满自信的自我介绍被游客理解为自以为是，狂妄不羁。可见导游员在自我介绍时，怎样用词恰当，态度诚恳，彬彬有礼，又避免口出狂言，是要讲究技巧的。

（3）紧张型。

紧张型的自我介绍不是导游员个人心理紧张，而是表现出一种紧张的态势。如果巧妙运用，导游员所表现出的诚惶诚恐能在很大程度上赢得游客的同情心，参与意识强的游客甚至会主动出面，帮助导游员消除实际上对导游员来说并不存在的紧张感，这样，反而会使游客享受到成功劝解的喜悦。

（4）幽默型。

自我介绍时幽默诙谐，妙语连珠，有时候可以自嘲一下，有时候还可以将自己的名字演绎发挥一番等，各种巧妙的做法都不仅能给游客留下深刻印象，而且能够很快地创造出一种融洽的交际气氛，有效地缩短导游员与游客之间的心理距离。

【实例导航】

① 西安国旅分社的一位导游员曾经这样介绍自己：朋友们，早上好！当太阳升起的时候，我们踏上了陕西这片沃土，也就是过去的三秦大地。我代表关中人民真诚地欢迎大家。我是国旅西安分社的导游×××。为了让大家对我印象深一些，我先自我分析一下。大家看到我鼻梁两侧的深沟了吧，我一般喜欢朝南站着讲解，所以左鼻沟颜色深一些，这两条沟可以算是泾河和渭河吧。我的众多的抬头纹好像是关中的条条田垄，而我的眼睛长得比较横，嘴唇又很厚，是典型的陕西人。我想2000年前的秦代工匠就是依照我的祖先雕塑兵马俑的吧！就是说，看到了我，就看到了活的世界第八大奇迹——兵马俑。由活动的兵马俑来给大家导游，不仅幸运，而且安全。谢谢大家。

② 北京青年旅行社的导游员常平祥是这样介绍自己的：尊敬的朋友们，你们好！欢迎大家来到首都北京观光，我又将结识一批新朋友，大家也将认识一位新导游。我叫常平祥，经常的“常”，平安的“平”，吉祥的“祥”。也就是说，由我来为大家导游，会把平安、吉祥送给大家。我的名字要是在清朝大兴文字狱的时代也可以躲过一劫，因为我的名字用谐音可以解释为：长治久安，天下太平，祥瑞紫气。说不定在那个年代，还能给我个官儿做做呢。

案例分析：例①把自己的长相巧妙地与兵马俑联系起来，使游客与西安的心理距离、与兵马俑的心理距离一下子就缩短了，十分有助于活跃交际气氛。例②巧妙地将自己的名字的意思衍释发挥，同样也起到了积极调节、活跃交际气氛的作用。自我介绍无论采用哪种方式，但基本目的只有一个，那就是应该给游客留下良好印象、积极调谐交际气氛、使自己顺利地被游客接纳。

【任务实操】

实训项目 1	对游客的沟通服务技能训练
实训要求	1. 掌握了解旅游者相关信息的认识渠道,能够通过基本信息分析旅游者的群体特征和个体特征 2. 掌握微笑服务的基本要领和运用技巧 3. 掌握柔性语言的使用环境与效果 4. 能够迅速在群体中建立伙伴关系
实训时间	4 学时
实训内容与步骤	1. 了解旅游者 (1) 尊重游客:记住游客姓名、长相及其他相关信息;尽早与每一位游客有一次面对面的接触,发现游客的特长、爱好以及习惯 (2) 观察游客:注意游客在旅游过程中的各种变化,包括表情、身体、语言 2. 微笑服务 嘴角微微向上翘起,让嘴唇略呈弧形,在不牵动鼻子、不发出笑声、不露出牙齿的前提下,轻轻一笑 (1) 面含笑意,但笑容不可太显著 (2) 要做到目光柔和发亮,双眼略微睁大,眉头自然舒展,眉毛微微向上扬起 (3) 微笑时要力求表里如一。微笑并非只挂在脸上,而是需要发自内心,做到表里如一,否则就成了“皮笑肉不笑”。微笑一定要有一个良好的心境与情绪作为前提 (4) 微笑必兼顾服务场合,当游客满面哀愁或出了洋相而感到极其尴尬时如果面露微笑,往往会使自己陷于十分不利、十分被动的处境 3. 柔性语言的使用 柔性语言通常柔和甜美,让人高兴,使人愉悦亲切,有较强的说服力,往往能达到以柔克刚的实际效果。表现为语气亲切,语调柔和,措辞委婉,说理自然,多用商讨的口吻

任务二　与司机的沟通工作

导游和司机对于游客来说,是一个服务共同体,大家要在旅游服务过程中及时商量工作的进展细节,以及应付可能出现的问题,一个团队对于旅游好坏的感受,很大程度取决于这个组合的合作情况。在这两者中导游要占主导地位,司机应全力进行配合,但实际情况往往并不是这样,尤其是对新导游来讲,由于缺乏经验,有的甚至完全被司机牵着鼻子走,而司机有时也因赚不到钱而心情不好乱发牢骚,甚至与游客或导游争执,这就需要导游从中协调,来努力创造一个相对和谐的合作气氛。

【任务导入】

导游小王带领30多人教师团7月30日参加了新疆喀纳斯国际旅行社有限公司的新疆5日游。旅游期间,小王和司机发生了争执。开始的旅途都很顺利,游完魔鬼城之后,司机拉游客到了一处都是石头的景点,随后小王对司机说:"先不游这里,我们先去喀纳斯。"原来司机想要加景点,小王觉得那个景点不适合游玩,不想浪费游客的钱,谁知引来了司机的不满,从那之后,小王和司机的关系很紧张,出现过司机不让导游上车的情况,还差点打起来。

思考:在实际带团过程中,小王如何才能避免以后出现类似情况?

【任务详解】

新导游在谈话技巧和为人处事方面可能还不够成熟,但只要向对方表现出足够的诚意和耐心,相信无理取闹的人还是比较少的。作为导游,要与司机及时沟通游客的信息,对司机要做到互相尊重、互相谅解。

在日常工作中,导游员与司机的沟通工作一般有以下几项,学会通过逐个理解,在带团中认真实践,养成良好的沟通习惯,那么与司机的合作过程会变得愉快而高效。

导游员在工作中,承担的任务比司机多而且杂,而司机面对的是长时间的驾驶和等待,这两种工作看似简单,但是对于团队旅游的安全和准时是非常重要的。拥有良好职业责任感的司机应当与导游员紧密合作,密切配合团队的旅游活动。如何调动司机的工作积极性和耐心是导游员上团前首先应该面对的问题,一般可以遵照以下步骤来实践。

一、问候彼此、良好祝愿

导游员应在任务单上准确找到司机电话号码与车牌号码,可以采取电话联系的方式与司机确认第二天的行程及出发时间与地点。导游员应理解司机在驾驶中不方便接听电话,导游员不可持续拨打,显得没有礼貌,可短信告知等待司机的回电;致电过程中导游员应注意表达的口气与信息的准确性,建立良好的印象和信任感。

与司机的电话沟通包括以下五个方面:

(1) 确认对方身份,自我介绍;

(2) 确认团队目的地和路线;

(3) 确定出发时间和地点;

(4) 对其辛苦工作表示慰问;

(5) 表达美好的祝愿。

二、途中适当问候,友好协商

导游员应时刻牢记与司机的工作关系,并理解各自分工的不同,在需要停车或加快行驶速度时,应与司机友好协商,不可依仗资历与司机发生争执,如有不同意见应该以大局为重,游客为先,督促司机做好服务工作。

三、适当帮助,有礼有节

专业化的导游员是经过专业化训练的人员,有着良好的专业知识和职业操守,而负责车辆驾驶的司机大都是未经过系统培训的普通司机，对旅游行业的特殊化和规律性不如导游人员专业与细致，故导游人员在与司机的交流沟通方面应尽量做到礼貌、温和。在实践中，可帮助司机做些力所能及的事，例如主动维护车厢内的环境卫生，关注大型旅游车辆的停车问题和交通状况。

四、关心司机，问候起居、饮食

大部分职业司机的工作呈现粗糙、乏味、连续工作的特征，尤其是旅游旺季时段，司机往往是连续工作，休息的时间十分短暂，作为导游员应该关怀司机，简单的问候或安慰也能使司机感受到同僚之间的友谊。导游员对待司机与游客应同样礼貌、有礼，不应冷脸对待司机，始终应该保持友好的合作精神。

五、虚心讨教，快速成长

大部分司机都比较健谈，他们入行时间较长，见识广博，很乐于将自己的经验与导游员分享。新导游应更加注重与司机的交流，吸取他人的合理建议，一方面可以帮助自身提高，另一方面有利于团队高效、顺畅地进行旅游活动。如果是新导游，首先要表明自己新导游的身份，不要装老导游，怕别人欺负自己，因为“行家一伸手，便知有没有”，这是装不出来的。他们曾经和无数导游合作过，听过的好导游辞无数，因此他们是最好的老师。

【服务提示】

导游接团以后应该先与司机搞好关系，与师傅尽快熟悉，让师傅感觉你们是一个战壕的战友关系，一荣俱荣，一损俱损，只有一起服务好，才能心想事成。对于司机师傅，也要尊敬，行程前先与司机师傅沟通好，不要用命令的口吻，这样容易引起师傅反感。但是，也不能一味地听从师傅的，毕竟这个团队的接待主要以导游的工作为主，司机的工作相对来说配合的工作更多。对于脾气比较大的师傅，要用“哄”的办法，不卑不亢，哄着他把团队顺利接待完就可以了，没必要低三下四。对于实在无法对付的司机，打电话回社里反映，毕竟是跟车队定的车，让车队与他协调沟通，千万不要与师傅发生正面冲突，以免影响团队的正常行程。

现在旅游行业竞争激烈，车队的任务也很重，司机师傅身上的压力也与日俱增，要理解他们的难处，凡事多为他们考虑一下。如果客人提出要去行程外的地方，不要只顾自己卖人情，擅自答应，一定要先和司机师傅商量，征得他们同意。如要收取油费要与客人说明，如司机师傅愿意免费帮忙，不要忘了引领客人为师傅鼓掌，表示感谢。如有大雾天气，可帮忙用毛巾擦一下挡风玻璃的水汽，保证大家交通安全的同时也落个好印象。

【实例导航】

旅游车的轮胎爆了

某一旅游团的全陪杨小姐和武夷山的地陪王小姐顺利地接上了头。此团由25位年轻人组成，目的地是武夷山。从上饶到武夷山，汽车有四个多小时的路程。突然，一声爆响从车底下传来，车上昏昏欲睡的游客都被惊醒了。“车胎炸了，这下坏了，我们要在车上过夜了。”车上有人说。司机马上刹住了车，王小姐、杨小姐随着司机下了车，司机绕着车子检查了一番，说：“糟糕，炸了两个轮胎。怎么办?”杨小姐和王小姐、司机商量了一下，当机立断：由杨小姐先安抚游客，把情况跟大家说清楚，然后全体下车；地陪王小姐配合司机先把备用轮胎换上，尔后两人尽快去前面山脚下一个汽车修补厂补胎。司机驾着车和王小姐走了。全陪杨小姐和二十多位年轻人留在武夷山的这条公路上,虽然大家都是从大城市里来的,但因人多,心里并不发慌。杨小姐真诚地向游客道了歉,请他们原谅自己没把防范工作做好(即便可能有些事情没办法预防)。游客们被杨小姐的真诚所打动,都表示只要把车修好,他们等久一点,再饿一点也能坚持。一个多小时后,汽车终于回来了。这二十多位年轻人,还有杨小姐都乐了,他们叫着、喊着、笑着,这声音久久地回荡在大山中……

案例分析:导游和司机的配合在整个旅游活动过程中也是非常重要的,碰到车辆出了意外,导游人员也要帮助司机出谋划策并做好游客的安抚工作 。另外为了保障行车过程中的安全,导游还应该做好以下几个方面的工作:

(1) 安排活动日程时,导游人员应在时间上留有余地,不催促司机为抢时间赶日程面违章、超速行驶;

(2) 禁止非本车司机开车;

(3) 提醒司机不要饮酒;

(4) 如遇酒后驾车的司机,导游人员应立即阻止,并报告旅行社有关部门,要求改派其他车辆或调换司机。

【任务实操】

实训项目 2	与司机的沟通服务技能训练
实训要求	1. 掌握司机及车辆的基本信息 2. 知道与司机的沟通方式 3. 熟悉与司机的首次沟通内容
实训时间	2 学时
实训内容与步骤	1. 从计调或其他导游处了解司机的个性 2. 设计与司机首次沟通及出现车辆意外时的沟通方式 3. 学生互评,教师点评

任务三　与地陪(全陪)导游的沟通工作

身为一名专业的导游员,应该在入行时就树立良好的职业责任感和使命感,不应职责分工不同而相互扯皮、推诿,甚至相互猜忌。不论身在何地,何种场合,何种条件都应该秉承专业的服务态度和敬业精神;不论担任地接或者全陪,都应该视其他导游为自己的工作伙伴,真诚合作,共同做好游客的服务工作。

【任务导入】

全陪小王带着教师团到新疆旅游,在从乌鲁木齐去伊犁的前一天晚上,地陪小张告诉小王自己是初次带团,对沿途的景点和伊犁都不太熟悉,这让小王非常着急,因为客人对这次行程充满期待,临时换地陪已经来不及。

思考:如果你是全陪小王,该怎么做才能尽量让客人满意?

【任务详解】

全陪和地陪在团队接待中是合作伙伴,两者关系处理得好坏,直接关系到整个团队接待的成功与否。在各个行业中,都或多或少地存在着不合理、不规范的行业现象;从业人员的心理压力源于各种各样的利益诱惑。尤其是旅游业,在行业快速发展和升温的过程中,导游面对的压力不仅仅来自于游客,更来自于自身,如何平衡各方利益都是每个导游员需要切身体会才会获取经验的。在此,针对新导游带团,如何较为容易地与地陪或全陪导游进行沟通,提供以下沟通方式。

一、分清工作重心,做好本分

根据《导游服务规程》,地陪与全陪在工作重心和分工上有所不同。

1. 地陪导游工作重心

旅游团从出发地到达目的地即旅游地后,旅游活动即为开始,地陪导游从接团起就宣告了正式导游服务的开始。旅游地所在的食、住、行、游、购、娱等事务都属于地陪工作的范围。其中不论任何环节,事务无论大小巨细,地陪都应该尽心做好服务工作。同时,地陪在履行接待工作义务的同时,应该尽量维护所在旅行社的利益和声誉。将地陪工作重点总结如下:

(1) 与全陪协商行程安排;

(2) 全面执行旅游接待计划;

(3) 与全陪配合清点人数;

(4) 与司机友好合作;

(5) 针对旅游活动的具体情况,灵活调整旅游行程;

(6) 针对游客需求,解答咨询或事务安排;

(7) 提供必要的协助服务。

2. 全陪导游工作重心

全陪导游领取接团任务书之后,应全面了解和熟悉团队游客的基本情况、行程安排;负责与地接社联络确定行程。应全面考虑游客方面的需求,起到游客与地陪导游之间的桥梁作用,有责任全面督促地接社按标准做好旅游接待服务,同时配合地陪做好游客服务工作。当出现分歧或矛盾时,全陪更应从大局出发,维护好游客与组团社的利益,不得推诿,放任不管。将全陪工作重点总结如下:

(1) 全面熟悉接团任务单上的内容,包括团友信息、行程安排、地接人员等;

(2) 如有变动及时与计调人员联系,掌握该团队最新情况;

(3) 与游客进行沟通,确定行程、出发时间、地点等;

(4) 与地陪导游员进行沟通,初步核对行程安排;

(5) 及时了解游客需求,客观评估行程安排;

(6) 与地陪密切配合,做好相关服务工作;

(7) 不可将团队事务全权交由地陪处理,应牢记自身职责;

(8) 敦促地陪全面执行旅游接待计划,保障游客利益不受侵害;

(9) 及时与组团社联络,根据实际情况作出调整。

二、相互尊重，友好协作

不论是地陪或全陪，都是建立在团队服务的基础上，倘若团队服务跟不上，那么再完善的分工也是惘然。新导游须牢记良好的合作关系应建立在相互尊重、友好协商、妥善解决的基础上才能赢得游客好评与肯定，高效有序地完成旅游接待工作。请根据以下提示在亲身实践中练习以下四个沟通技巧：

（1）言谈温和，不失果断；

（2）态度勤奋，谨慎有序；

（3）办事有效，积极推进；

（4）相互包容，有所担当。

三、处理矛盾或分歧掌握分寸

对于服务于不同对象的导游人员来说，在处理纠纷或矛盾的时候，都会努力维护自身或己方旅行社的利益据理力争，言辞和态度上难免有所冲撞；故导游员在处理矛盾或分歧时应该以大局为重，以游客利益为先，不应过分苛求自身利益。更不能当众与之发生争吵，甚至擅自中断导游服务。在处理矛盾或分歧时应注意以下关键点：

1. 理清责任有助于高效解决问题

旅游活动中的各项工作皆是环环相扣，某个环节上的问题有可能导致一连串的不良连锁反应，导游在遭遇这些意料之外的事件时不应不明就里责怪对方，将责任全部推诿，应该看清事实，理清关系，找出问题的关键点，特别事项上的人物、地点、时间、费用都应该及时做好记录，有助于自己快速找到问题的所在。划分清楚责任后，导游员切忌相互埋怨，应第一时间协商解决之道，尽量减少事件对游客造成的负面影响。

2. 针对有分歧的事件应该及时记录

各种不可抗力因素常常伴随着旅游活动，导游员应时刻牢记“安全第一”的原则，不可心存侥幸。在问题面前，应保持客观冷静、实事求是的态度，与地陪或全陪认真协商，以求减少游客的损失，并将决定性的建议做好记录作为后续解决旅游争议的凭据。

3. 认真考量游客、其他工作人员的意见

带团过程中，地陪与全陪除了做好日常的服务工作，更应重视游客的意见与需求。在面对游客提出的需要时，应以专业的知识和经验提供有效的可靠性建议来帮助游客；不应忽视、回避游客的问题，杜绝依仗自己的经验武断回绝游客或工作人员的建议。在实际中，由于导游员考虑不周，招致投诉的例子屡见不鲜。

4. 无法决策时寻求旅行社帮助

导游工作的特殊性，使得很多导游员养成了单兵作战的思维定势，遇到问题不愿意开口求助，哪怕在极端的情况下也宁愿自己承担。应注意，导游员与旅行社是一种相互依附、和谐共生的行业关系；一心自我成长或概不负责的心态都不利于旅行社行业的长期良性发展，尤其对新导游的心理造成巨大的压力。在此特别提出，不鼓励导游员凡事独自承担，在无法决策时应及时寻求旅行社的帮助，以免陷入僵局，错失最佳的处理时机。

【服务提示】

带团过程中有几个关键环节需要由全陪来完成:

(1) 在地陪接团前,全陪要融入客人团队当中,取得客人接纳和信任。凡是能合作的单位,绝大多数都与旅行社有很好的人际关系,全陪接团前,要多了解客人的各方面情况,看看客人单位有没有熟人(最好有直接或间接的朋友、同学等),自己对客人工作性质了解多少(可以多探讨与客人业务相关的情况),在去程途中,全陪要多与客人沟通、聊天,拉近距离,让客人不把全陪"当外人",确立应有的信任,这一点非常重要。

(2) 当向客人介绍地陪及地接旅行社时,要多用褒奖、信任的语言,让客人感觉塌实放心。如"这家旅行社是我们多年合作的伙伴,接待质量非常好,他们老总与我社老总是多年的老朋友","这是地接社非常优秀的导游,讲解认真、服务热情,我相信他会陪同我们一起度过这几天愉快难忘的时光",让客人一开始就建立起友好信任的氛围。

(3) 先于客人发现问题,私下与地陪交涉,排除隐患。全陪要"耳聪目明",在行程中多听多看,发现问题或听到客人有什么私下反映,马上要与地陪单独沟通(避开客人),妥善解决,把问题消灭在萌芽状态。

(4) 当客人有意见或出现问题时,要协调地陪积极处理,不推不等,就地解决好。当问题已经公开化或比较严重时,全陪要当着地陪、客人三方的面,积极协调处理,维护好客人利益。

【实例导航】

地陪不会讲德语

八月里,导游员小林作为全陪,负责一个18人的德国旅游团赴西藏旅游。一到目的地,游客们纷纷赞美那里的神奇风光与独特的民俗。然而,美中不足的是地方接待社所派德语地陪工作不认真,不但没做什么讲解,且态度生硬,甚至在第二天竟擅自不来。在这种情况下,小林只得打电话给地方接待社,要求更换另外合格的导游员,但地接社领导在表示歉意的同时声称实在没有其他德语导游员可派,只能派一位英语地陪来。小林即和领队商量,领队表示游客英语水平不高,派一位英语地陪会造成交流困难,游客肯定不满意。在不得已的情况下,小林与领队最后决定,同意地接社派一位负责任的地陪来,用中文进行讲解,然后再由小林译成德语讲给游客听。这样,小林一路上既做全陪,又当翻译,最后总算圆满完成了西藏之旅。

案例分析:

此案例中问题的主要责任在于西藏地方接待社。按照《旅行社管理条例》规定,作为地方接待社,应履行给旅游团配备合格导游员的义务。而此案例中这位德语地陪根本不具备合格导游员的起码条件,他工作责任心不强,上团时不但不讲解,且擅自"放羊",这样的导游员职业道德太差。与地陪相反,全陪小林在确认地陪不合格后,从"服务至上、游客至上"的原则出发,果断打电话给地方接待社要求换地陪;在地方接待社表示实在无德语地陪的情况下,小林为了能让旅游团的游览活动顺利进行,宁可自己多付出辛劳,承担起了现场导游的口译工作,这充分体现了小林高度的责任心。地陪和小林孰是孰非,孰好孰坏,不言而喻。

【任务实操】

实训项目 3	全配与地陪沟通服务技能训练
实训要求	1. 将学生分成两个一组分别互换进行训练 2. 熟悉各自工作重心 3. 分别从商定日程、落实交通票据进行沟通协商
实训时间	2 学时
实训内容与步骤	1. 分组搭配 2. 设计沟通项目,注意语言表达方式 3. 学生互评,教师点评

任务四 与旅行社的沟通工作

导游人员是接受旅行社委派,为旅游者提供向导、讲解及相关旅游服务的人员,如果没有旅行社的委派单,导游人员是不能私自带团的。导游人员也分全职和兼职之分,全职导游和旅行社有着雇佣关系,有基本的工资;而兼职导游只是在旺季的时候偶尔带团,没有基本的工资。

【任务导入】

全陪小王带着教师团到新疆旅游,在伊犁去天池的前一天,旅游团到了饭店后,小王就和地陪小张商谈日程安排。在商谈过程中,小张发现小王手中计划表上的游览点与自己接待任务书上所确定的游览景点不一致,小王的计划表上多了两个景点,且坚持要按他手上的景点来安排行程。为了让小王和游客没有意见,小张答应了。在游览结束后,小王和游客较满意。但小张回旅行社报账时却被旅行社要求赔偿这两个景点的门票费用。

思考:作为地陪小张在处理此项工作时具体应和旅行社的沟通环节有哪些?

【任务详解】

旅游团开始参观游览之前,地陪应与领队、全陪商定本地节目安排,并及时通知到每一位游客。核对、商定日程是旅游团抵达后的一项重要工作,可视作两国(两地)间导游人员合作的开始。领队(或全陪)手中的接待计划与地陪的接待计划有部分出入时,地陪应及时报告接待社查明原因,分清责任;若是接待方旅行社的责任,地陪应实事求是地说明情况并赔礼道歉。

根据我国现有的对导游员的管理体制而言,虽然导游应该是旅行社的员工,但实际情况是绝大多数的导游员都不是坐班性质而是旅行社临时委派带团的。作为导游为了在带团前、中、后期的工作都能顺利进行,就必须和旅行社关键岗位的负责人经常沟通联系,新导游更是如此。

一、了解旅行社的主要部门构成

先来看看我国旅行社的部门和人员构成,除总经理、副总经理这些管理人员,部门方面主要由国际部、国内部、散客部、团队部、财务部、销售部(外联部)、票务等组成。当然,如果有组团业务的话还会有前台、会奖部等。

二、导游如何与旅行社各方面沟通好相关工作

1. 导游与总经理(副总经理)的沟通

总经理是一个旅行社的决策者。很多都是企业法人。他的工作和精力基本都着眼于企业的发展、未来的走向和企业间各部门的协调。而不是一般业务上的细枝末节的“小事”。导游属于社里直接接待团队的一线人员。从业务上不会和总经理进行直接接触。当然,一些一人身兼数职的小公司除外。但是如今的旅游市场由于旺季短期有缺导游的情况,再加上有些导游身上就具有某些资源。聪明些的总经理也会组织些出游的活动或者邀请导游一起吃饭,导游要抓住这种机会或者主动创造机会与管理人员接触,导游有时报销团款需要让总经理签字,这些都是直接与他们打交道的机会。可以谈及一些关于一线市场的情况、其他社接待情况和对于旅行社发展有益的建议等,但要点到为止。当然要做到落落大方,别人才会对导游和对导游接待团队有信心。

当然,也可以通过和总经理的沟通获得旅行社业务发展的信息。加深印象的同时更了解了未来的工作方向。是接散客还是接团队;是带江苏还是带广东,后面工作的主动性就大大增强了。用几个字概括就是:不卑不亢,落落大方;交流信息,前景展望。

2. 导游与计调的沟通

计调在一个旅行社中就像导游在一个旅游团中一样,是旅行社的灵魂。一个旅行社可以没有财务和外联,甚至可以没有经理,但不能没有计调。这是直接操作业务的岗位。大型旅行社里面计调经理手下可分为派车、排房、排导游排领队、专线、散客、团队等各种类型的计调,是与导游关联最大、联系最多的岗位。计调与导游的工作既属于上下级又属于合作型的关系。前者把团队的相关工作交接给后者,后者完成产品链条中的最重要一项——团队接待。既然关系如此紧密,那么与之维护关系和深入拓展就尤为重要了。

工作上,导游要配合和支持计调对团队的操作。新导游要主动承担所谓的“小活儿,累活儿”。比如接机、送站等。要知道接待每一个大团、好团前,旅行社都要对新导游的为人和业务能力进行观察和考量。导游也可以通过头几次与计调打交道和与其他导游的聊天中获得该社的信息并了解该社的企业文化中对待合作单位的态度。除了从细节入手之外,作为刚入行的新导游或刚进入新社的导游来说,还应该积极帮助计调和社里人员解决业务上的所需。很多导游因为常年带团,手里掌握了大量的合作单位的资料,比如车队司机资料、餐厅资料、酒店资料、各种票务资料等。在计调因为缺少某一环节的合作单位一筹莫展时,导游的一个信息就如冬天里的一把火让计调找到了希望。同样,导游也会在计调心目中“火”起来。因为导游帮助过他,那么在以后从派团或在带团外出中出现什么问题时,计调同样也会积极与相关合作单位沟通来帮助导游渡过难关。

计调在有一些比如接机送站这种零散活的时候,新导游肯定是不二人选。所有老导游都是从这个阶段过来的,所以千万不要流露出失望或抱怨的态度,应该高高兴兴地把活接下来,漂漂亮亮地完成任务。

3. 导游与财务的沟通

财务部是每一个公司实体都有的部门。它起着成本和利润核算的重要作用。而且导游所有的走账,有时甚至报销拿钱都需要和财务部门人员直接打交道。

按照现在旅行社中导游带团的模式来说，地接导游带团结束，游客送走以后，都要到旅行社去核算账款。就是我们常说的核账。全陪导游如果在团上发生费用亦是如此。计调在审核导游填写的报账单后会递交财务部门人员审核，这时就是在工作中导游与财务人员的直接接触。此时导游要按社里规定写清报账单的所有项目，字迹要清晰，票据要尽量做到齐全。财务看见工整的账目和票据就会提高工作效率报账成功的速度就大大增加。总而言之，在工作中，导游要做到与人方便，与己方便。在这一点上导游做得好，财务人员就会在旅行社中夸奖导游，社里领导计调和其他人越多地听到导游的优点，有好团自然想到的就是该导游了。

总之，导游与旅行社各人员之间有着千丝万缕的联系，导游人员和旅行社都要考虑对方利益，双方都遵守各自的道德规范。旅行社关爱导游，导游关心旅行社，互相促进。

在旅游过程中要导游要处理好与游客、司机、旅行社之间的关系，必须加强导游人员的道德修养，不断提高自身素质，理顺各方面的关系，为旅游行业健康发展而服务。

社会在不断的发展和进步之中，旅游行业也正在不断改革和前进中，导游员必须认清自己行业的特点，接受各种挑战，不断提高自身素质，无论是服务还是讲解，都应该在学习中提高自己，只有这样才能适应社会前进与发展的需要，才能使自己真正成为一名优秀的导游。

【服务提示】

导游如何在与旅行社产生纠纷时很好维权

现实中，导游与旅行社之间往往没有书面的劳动合同，双方只是事实劳动关系。导游员应该加强自我保护意识，最大限度维护自身合法权益。导游在履行职务时应当注意在以下方面收集证据，以证明事实劳动关系的存在。一旦发生劳动争议，使自己在仲裁和诉讼中居于有利地位。

(1) 导游员到旅行社应聘需填写的应聘表，最好能留下复印件。根据《劳动合同法》的规定，劳动者与单位之间形成劳动关系的，应当签订书面的劳动合同。导游可要求旅行社与自己签订书面的劳动合同，一式两份。双方签订书面劳动合同的，导游要留好书面劳动合同。在签订合同时，一定要看清每条条款，例如签订的应该是劳动合同等。

(2) 导游员的导游证如果注册到某旅行社，就应该视为与某旅行社之间形成了劳动关系，导游的注册信息可以证明自己与旅行社之间的关系。

(3) 要保留旅行社发放的或记录旅行社培训内容的规章制度、会议通知及记录。

(4) 保留旅行社的社旗和收集一切关于旅行社标识信息的物品。

(5) 在带团过程中，记下组团社团里客人的名单及联系方式。在行程单上，最好要求旅行社盖章或旅行社计调人员签字，留好行程单的原件或复印件。

(6) 为客人服务的餐厅、宾馆、出租汽车、景点、商店等信息，需要导游代表旅行社与第三方单位签约或确认的单据，最好能留下确认单的复印件。

(7) 留下客人意见反馈表的复印件。

(8) 保留好旅行社对导游垫付团款的结算凭证、报销单等与旅行社有关的单据或复印件。

(9) 特别是受旅行社门市部委派带团的导游，应当仔细检验核实门市部的营业执照、负责人等信息，最好得到总社的确认。正规的门市部在网上都有登记。

导游员在带团过程中是代表旅行社履职的，因而，只要导游留心，完全可以收集到证明自己与旅行社之间存在劳动关系的证据。这些证据中，可能某一个单一证据不足以直接证明导游与旅行社之间的关系，但是只要收集到多个间接证据，并且多个证据环环相扣形成完整的证据链条，导游员与旅行社存在劳动关系的事实是完全可以被证明的。

打官司就是打证据，只要导游提供了充分的证据，国家法律和司法机关就能够支持导游的合理诉求，导游的合法权益就能够得到维护。

【实例导航】

导游员的游览计划和领队的有出入

小张担任一东南亚旅游团的地陪。旅游团到了饭店后，小张就和领队商谈日程安排。在商谈过程中，小张发现领队手中计划表上的游览点与自己接待任务书上所确定的游览景点不一致，领队的计划表上多了两个景点，且坚持要按他手上的景点来安排行程。为了让领队和游客没有意见，小张答应了。在游览结束后，领队和游客较满意。但小张回旅行社报账时却被经理狠狠批评了一顿，并责令他赔偿这两个景点的门票费用。

案例分析：旅行社所下达任务单上游览景点与游客手中计划书上景点不符，这种情况的出现，基本上有两种原因；一是双方在洽谈过程中发生误会；二是对方旅行社为掩盖其扣游客费用而采取“瞒天过海”的一种手段。导游员碰到这类问题时，必须弄清真相，不然，或者会给旅行社带来损失，或者会导致游客有意见。本案例中，导游员小张就是因自作主张随意答应了游客的要求，结果导致旅行社利益受损，费力不讨好。

导游员碰到这类问题，处理的步骤是：首先，应及时与旅行社联系，请旅行社负责人指示应按哪份计划实施接待；如确认按我方旅行社计划单上所规定景点游览，则除了重点游览、讲解规定景点外，应尽量能让游客看到没有安排的那些景点，并做必要的指点、讲解；其次，如果游客愿意自费游览不能安排的景点，在收取费用后，应予满足。

【任务实操】

实训项目 4	导游与旅行社沟通技能训练
实训要求	1. 两个学生一对，分成三组 2. 熟悉与经理、计调、财务的沟通注意事项 3. 针对不同主题，设计沟通方案
实训时间	2 学时
实训内容与步骤	1. 分组搭配 2. 设计与旅行社旅游日程变更的沟通 3. 学生互评，教师点评

【延伸阅读】

导游心得：不要放弃好习惯

——以北京地接为例

很多新导游在开始带团的时候，为了弥补自己讲解和技能的不足，他们用更积极的一些方式来带团，但随着他们讲解能力一步步地趋于完善，带团时眼力也有所增加，有些很好的习惯也随之逐渐地封藏了。但这里要说的是，坚持带团时每个有助于团队游览的环节,形成一个良好的习惯,这样坚持下去,奇迹就会在坚持中发生。

(1) 游山不要绕道而走。虽然可以节省游客的时间和体力,也许游客没有表现出不满,但可能有些游客会心理不痛快,另外给他们一种敷衍了事的感觉。游山通常是行程的第一天,一切还是做得严密周全些比较好。

(2) 提前到达集合地点。任何解散或早晨见面都最好能提前15分钟,这样即使遇到什么特殊情况,也有充分的时间来处理,不会影响整个行程的时间安排。这样尽在掌握的一天就开始了。

(3) 长城一定要和游客一起爬。人多的时候当然要解散,但导游最好也要爬一段长城。首先可以照顾一下年龄偏大的游客,避免发生不必要的事故;其次在临近集合时间的时候可以催催那些比较慢的游客,提醒时间;第三,为一些游客拍照、摄影时,给游客一些实际帮助;最后,出来的时候还可以提醒游客不要去购买那些小商小贩的垃圾商品。长城通常是游客最为感兴趣的景点,与游客同乐,这也是一种境界。

(4) 参与游客的自由活动。如果游客有邀请,导游完全可以参与进来。不要认为这是工作,因为只要参与了,游客就会真的把导游当作朋友看待,以后导游再有什么安排,游客也会比较合作的。另外,这里也是对后面行程做事先铺垫的最佳场所。

(5) 随时携带口香糖。自己不会知道口腔什么时候产生异味,虽然已经在吃饭时候很注意了,虽然在客人面前很少吸烟了,但最好在讲解前还是放块口香糖在嘴里比较稳妥。

课下自主测评:

"导游"角色扮演评价表

评价指标	评价等级及分值				得分		
	A(4分)	B(3分)	C(2分)	D(1分)	自评	互评	教师点评
目的	我演角色时有强烈的观众意识,目的明确	扮演角色时有观众意识,目的比较明确	扮演角色时面对观众的感觉一般,目的不太明确	没有观众意识,目的不明确			
准备	对要扮演的角色很自信,因为认真做了计划并进行了全程的练习	做了计划和足够的练习	做了计划,但没有做足够的练习	既没计划也没练习			
技术	熟练运用幽默风趣生动的"导游式"语言和手势,让角色可信并有趣	能运用生动的"导游式"语言和手势,让角色可信	尝试运用"导游式"语言和手势,尽量让角色可信	没有运用"导游式"语言和手势,使角色可信			

（续）

评价指标	评价等级及分值				得分		
	A(4 分)	B(3 分)	C(2 分)	D(1 分)	自评	互评	教师点评
重点	彻底和周到地描述了扮演角色的主要问题和观点，“导游”的路线清晰易走，重点突出，令人难忘	描述了扮演角色的主要问题和观点，“导游”的路线清晰易走，重点突出	尝试描述了扮演角色的主要问题和观点，“导游”的路线清晰易走，但重点不突出	没有描述扮演角色的主要问题和观点，“导游”的路线混乱难走			
小计							

习题导航台：

1. 试分析工作中哪类游客比较难缠或不易沟通，以及应该采取怎样的方式或步骤解决这类人群的沟通障碍，可以根据性别、年龄、社会层次、财富地位等进行划分？

2. 请同学之间相互扮演导游员与司机，练习导游员与司机商定第二天行程的步骤，直到全部掌握。

3. 地陪或全陪在工作强度或收入分配上产生矛盾，应如何进行有效沟通，既不伤害彼此尊严又能解决矛盾？

附录A

导游人员管理条例

第一条　为了规范导游活动，保障旅游者和导游人员的合法权益，促进旅游业的健康发展，制定本条例。

第二条　本条例所称导游人员，是指依照本条例的规定取得导游证，接受旅行社委派，为旅游者提供向导、讲解及相关旅游服务的人员。

第三条　国家实行全国统一的导游人员资格考试制度。

具有高级中学、中等专业学校或者以上学历，身体健康，具有适应导游需要的基本知识和语言表达能力的中华人民共和国公民，可以参加导游人员资格考试；经考试合格的，由国务院旅游行政部门或者国务院旅游行政部门委托省、自治区、直辖市人民政府旅游行政部门颁发导游人员资格证书。

第四条　在中华人民共和国境内从事导游活动，必须取得导游证。

取得导游人员资格证书的，经与旅行社订立劳动合同或者在导游服务公司登记，方可持所订立的劳动合同或者登记证明材料，向省、自治区、直辖市人民政府旅游行政部门申请领取导游证。

具有特定语种语言能力的人员，虽未取得导游人员资格证书，旅行社需要聘请临时从事导游活动的，由旅行社向省、自治区、直辖市人民政府旅游行政部门申请领取临时导游证。

导游证和临时导游证的样式规格，由国务院旅游行政部门规定。

第五条　有下列情形之一的，不得颁发导游证：

（一）无民事行为能力或者限制民事行为能力的；

（二）患有传染性疾病的；

（三）受过刑事处罚的，过失犯罪的除外；

（四）被吊销导游证的。

第六条　省、自治区、直辖市人民政府旅游行政部门应当自收到申请领取导游证之日起15日内，颁发导游证；发现有本条例第五条规定情形，不予颁发导游证的，应当书面通知申请人。

第七条 导游人员应当不断提高自身业务素质和职业技能。

国家对导游人员实行等级考核制度。导游人员等级考核标准和考核办法，由国务院旅游行政部门制定。

第八条 导游人员进行导游活动时，应当佩戴导游证。

导游证的有效期限为3年。导游证持有人需要在有效期满后继续从事导游活动的，应当在有效期限届满3个月前，向省、自治区、直辖市人民政府旅游行政部门申请办理换发导游证手续。

临时导游证的有效期限最长不超过3个月，并不得展期。

第九条 导游人员进行导游活动，必须经旅行社委派。

导游人员不得私自承揽或者以其他任何方式直接承揽导游业务，进行导游活动。

第十条 导游人员进行导游活动时，其人格尊严应当受到尊重，其人身安全不受侵犯。

导游人员有权拒绝旅游者提出的侮辱其人格尊严或者违反其职业道德的不合理要求。

第十一条 导游人员进行导游活动时，应当自觉维护国家利益和民族尊严，不得有损害国家利益和民族尊严的言行。

第十二条 导游人员进行导游活动时，应当遵守职业道德，着装整洁，礼貌待人，尊重旅游者的宗教信仰、民族风俗和生活习惯。

导游人员进行导游活动时，应当向旅游者讲解旅游地点的人文和自然情况，介绍风土人情和习俗；但是，不得迎合个别旅游者的低级趣味，在讲解、介绍中掺杂庸俗下流的内容。

第十三条 导游人员应当严格按照旅行社确定的接待计划，安排旅游者的旅行、游览活动，不得擅自增加、减少旅游项目或者中止导游活动。

导游人员在引导旅游者旅行、游览过程中，遇有可能危及旅游者人身安全的紧急情形时，经征得多数旅游者的同意，可以调整或者变更接待计划，但是应当立即报告旅行社。

第十四条 导游人员在引导旅游者旅行、游览过程中，应当就可能发生危及旅游者人身、财物安全的情况，向旅游者作出真实说明和明确警示，并按照旅行社的要求采取防止危害发生的措施。

第十五条 导游人员进行导游活动，不得向旅游者兜售物品或者购买旅游者的物品，不得以明示或者暗示的方式向旅游者索要小费。

第十六条 导游人员进行导游活动，不得欺骗、胁迫旅游者消费或者与经营者串通欺骗、胁迫旅游者消费。

第十七条 旅游者对导游人员违反本条例规定的行为，有权向旅游行政部门投诉。

第十八条 无导游证进行导游活动的，由旅游行政部门责令改正并予以公告，处1000元以上3万元以下的罚款；有违法所得的，并处没收违法所得。

第十九条 导游人员未经旅行社委派，私自承揽或者以其他任何方式直接承揽导游业务，进行导游活动的，由旅游行政部门责令改正，处1000元以上3万元以下的罚款；有违法所得的，并处没收违法所得；情节严重的，由省、自治区、直辖市人民政府旅游行政部门吊销导游证并予以公告。

第二十条 导游人员进行导游活动时，有损害国家利益和民族尊严的言行的，由旅游行政部门责令改正；情节严重的，由省、自治区、直辖市人民政府旅游行政部门吊销导游证并予以公告；对该导游人员所在的旅行社给予警告直至责令停业整顿。

第二十一条 导游人员进行导游活动时未佩戴导游证的，由旅游行政部门责令改正；拒不改正的，处500元以下的罚款。

第二十二条 导游人员有下列情形之一的，由旅游行政部门责令改正，暂扣导游证3至6个月；情节严重的，由省、自治区、直辖市人民政府旅游行政部门吊销导游证并予以公告：

（一）擅自增加或者减少旅游项目的；

（二）擅自变更接待计划的；

（三）擅自中止导游活动的。

第二十三条 导游人员进行导游活动，向旅游者兜售物品或者购买旅游者的物品的，或者以明示或者暗示的方式向旅游者索要小费的，由旅游行政部门责令改正，处1000元以上3万元以下的罚款；有违法所得的，并处没收违法所得；情节严重的，由省、自治区、直辖市人民政府旅游行政部门吊销导游证并予以公告；对委派该导游人员的旅行社给予警告直至责令停业整顿。

第二十四条 导游人员进行导游活动，欺骗、胁迫旅游者消费或者与经营者串通欺骗、胁迫旅游者消费的，由旅游行政部门责令改正，处1000元以上3万元以下的罚款；有违法所得的，并处没收违法所得；情节严重的，由省、自治区、直辖市人民政府旅游行政部门吊销导游证并予以公告；对委派该导游人员的旅行社给予警告直至责令停业整顿；构成犯罪的，依法追究刑事责任。

第二十五条 旅游行政部门工作人员玩忽职守、滥用职权、徇私舞弊，构成犯罪的，依法追究刑事责任；尚不构成犯罪的，依法给予行政处分。

第二十六条 景点景区的导游人员管理办法，由省、自治区、直辖市人民政府参照本条例制定。

第二十七条 本条例自1999年10月1日起施行。1987年11月14日国务院批准、1987年12月1日国家旅游局发布的《导游人员管理暂行规定》同时废止。

附录B

旅行社条例

第一章　总　　则

第一条　为了加强对旅行社的管理,保障旅游者和旅行社的合法权益,维护旅游市场秩序,促进旅游业的健康发展,制定本条例。

第二条　本条例适用于中华人民共和国境内旅行社的设立及经营活动。

本条例所称旅行社,是指从事招徕、组织、接待旅游者等活动,为旅游者提供相关旅游服务,开展国内旅游业务、入境旅游业务或者出境旅游业务的企业法人。

第三条　国务院旅游行政主管部门负责全国旅行社的监督管理工作。

县级以上地方人民政府管理旅游工作的部门按照职责负责本行政区域内旅行社的监督管理工作。

县级以上各级人民政府工商、价格、商务、外汇等有关部门,应当按照职责分工,依法对旅行社进行监督管理。

第四条　旅行社在经营活动中应当遵循自愿、平等、公平、诚信的原则,提高服务质量,维护旅游者的合法权益。

第五条　旅行社行业组织应当按照章程为旅行社提供服务,发挥协调和自律作用,引导旅行社合法、公平竞争和诚信经营。

第二章　旅行社的设立

第六条　申请设立旅行社,经营国内旅游业务和入境旅游业务的,应当具备下列条件:

(一)有固定的经营场所;

(二)有必要的营业设施;

(三)有不少于30万元的注册资本。

第七条　申请设立旅行社,经营国内旅游业务和入境旅游业务的,应当向所在地省、自治区、直辖市旅游行政管理部门或者其委托的设区的市级旅游行政管理部门提出申请,并提交符合本条例第六条规定的相关证明文件。受理申请的旅游行政管理部门应当自受理申请之日起20个工作日内作出许可或者不予许可的决定。予以许可的,向申请人颁发旅行社业务经营许可证,申请人持旅行社业务经营许可证向工商行政管理部门办理设立登记;不予许可的,书面通知申请人并说明理由。

第八条 旅行社取得经营许可满两年,且未因侵害旅游者合法权益受到行政机关罚款以上处罚的,可以申请经营出境旅游业务。

第九条 申请经营出境旅游业务的,应当向国务院旅游行政主管部门或者其委托的省、自治区、直辖市旅游行政管理部门提出申请,受理申请的旅游行政管理部门应当自受理申请之日起20个工作日内作出许可或者不予许可的决定。予以许可的,向申请人换发旅行社业务经营许可证,旅行社应当持换发的旅行社业务经营许可证到工商行政管理部门办理变更登记;不予许可的,书面通知申请人并说明理由。

第十条 旅行社设立分社的,应当持旅行社业务经营许可证副本向分社所在地的工商行政管理部门办理设立登记,并自设立登记之日起3个工作日内向分社所在地的旅游行政管理部门备案。

旅行社分社的设立不受地域限制。分社的经营范围不得超出设立分社的旅行社的经营范围。

第十一条 旅行社设立专门招徕旅游者、提供旅游咨询的服务网点(以下简称旅行社服务网点)应当依法向工商行政管理部门办理设立登记手续,并向所在地的旅游行政管理部门备案。

旅行社服务网点应当接受旅行社的统一管理,不得从事招徕、咨询以外的活动。

第十二条 旅行社变更名称、经营场所、法定代表人等登记事项或者终止经营的,应当到工商行政管理部门办理相应的变更登记或者注销登记,并在登记办理完毕之日起10个工作日内,向原许可的旅游行政管理部门备案,换领或者交回旅行社业务经营许可证。

第十三条 旅行社应当自取得旅行社业务经营许可证之日起3个工作日内,在国务院旅游行政主管部门指定的银行开设专门的质量保证金账户,存入质量保证金,或者向作出许可的旅游行政管理部门提交依法取得的担保额度不低于相应质量保证金数额的银行担保。

经营国内旅游业务和入境旅游业务的旅行社,应当存入质量保证金20万元;经营出境旅游业务的旅行社,应当增存质量保证金120万元。

质量保证金的利息属于旅行社所有。

第十四条 旅行社每设立一个经营国内旅游业务和入境旅游业务的分社,应当向其质量保证金账户增存5万元;每设立一个经营出境旅游业务的分社,应当向其质量保证金账户增存30万元。

第十五条 有下列情形之一的,旅游行政管理部门可以使用旅行社的质量保证金:

(一) 旅行社违反旅游合同约定,侵害旅游者合法权益,经旅游行政管理部门查证属实的;

(二) 旅行社因解散、破产或者其他原因造成旅游者预交旅游费用损失的。

第十六条 人民法院判决、裁定及其他生效法律文书认定旅行社损害旅游者合法权益,旅行社拒绝或者无力赔偿的,人民法院可以从旅行社的质量保证金账户上划拨赔偿款。

第十七条 旅行社自交纳或者补足质量保证金之日起三年内未因侵害旅游者合法权益受到行政机关罚款以上处罚的，旅游行政管理部门应当将旅行社质量保证金的交存数额降低50%，并向社会公告。旅行社可凭省、自治区、直辖市旅游行政管理部门出具的凭证减少其质量保证金。

第十八条 旅行社在旅游行政管理部门使用质量保证金赔偿旅游者的损失，或者依法减少质量保证金后，因侵害旅游者合法权益受到行政机关罚款以上处罚的，应当在收到旅游行政管理部门补交质量保证金的通知之日起5个工作日内补足质量保证金。

第十九条 旅行社不再从事旅游业务的，凭旅游行政管理部门出具的凭证，向银行取回质量保证金。

第二十条 质量保证金存缴、使用的具体管理办法由国务院旅游行政主管部门和国务院财政部门会同有关部门另行制定。

第三章 外商投资旅行社

第二十一条 外商投资旅行社适用本章规定；本章没有规定的，适用本条例其他有关规定。 前款所称外商投资旅行社，包括中外合资经营旅行社、中外合作经营旅行社和外资旅行社。

第二十二条 设立外商投资旅行社，由投资者向国务院旅游行政主管部门提出申请，并提交符合本条例第六条规定条件的相关证明文件。国务院旅游行政主管部门应当自受理申请之日起30个工作日内审查完毕。同意设立的，出具外商投资旅行社业务许可审定意见书；不同意设立的，书面通知申请人并说明理由。

申请人持外商投资旅行社业务许可审定意见书、章程，合资、合作双方签订的合同向国务院商务主管部门提出设立外商投资企业的申请。国务院商务主管部门应当依照有关法律、法规的规定，作出批准或者不予批准的决定。予以批准的，颁发外商投资企业批准证书，并通知申请人向国务院旅游行政主管部门领取旅行社业务经营许可证，申请人持旅行社业务经营许可证和外商投资企业批准证书向工商行政管理部门办理设立登记；不予批准的，书面通知申请人并说明理由。

第二十三条 外商投资旅行社不得经营中国内地居民出国旅游业务以及赴香港特别行政区、澳门特别行政区和台湾地区旅游的业务，但是国务院决定或者我国签署的自由贸易协定和内地与香港、澳门关于建立更紧密经贸关系的安排另有规定的除外。

第四章 旅行社经营

第二十四条 旅行社向旅游者提供的旅游服务信息必须真实可靠，不得作虚假宣传。

第二十五条 经营出境旅游业务的旅行社不得组织旅游者到国务院旅游行政主管部门公布的中国公民出境旅游目的地之外的国家和地区旅游。

第二十六条 旅行社为旅游者安排或者介绍的旅游活动不得含有违反有关法律、法规规定的内容。

第二十七条 旅行社不得以低于旅游成本的报价招徕旅游者。未经旅游者同意，旅行社不得在旅游合同约定之外提供其他有偿服务。

第二十八条 旅行社为旅游者提供服务，应当与旅游者签订旅游合同并载明下列事项：

（一）旅行社的名称及其经营范围、地址、联系电话和旅行社业务经营许可证编号；

（二）旅行社经办人的姓名、联系电话；

（三）签约地点和日期；

（四）旅游行程的出发地、途经地和目的地；（五）旅游行程中交通、住宿、餐饮服务安排及其标准；

（六）旅行社统一安排的游览项目的具体内容及时间；

（七）旅游者自由活动的时间和次数；

（八）旅游者应当交纳的旅游费用及交纳方式；

（九）旅行社安排的购物次数、停留时间及购物场所的名称；

（十）需要旅游者另行付费的游览项目及价格；

（十一）解除或者变更合同的条件和提前通知的期限；

（十二）违反合同的纠纷解决机制及应当承担的责任；

（十三）旅游服务监督、投诉电话；（十四）双方协商一致的其他内容。

第二十九条 旅行社在与旅游者签订旅游合同时，应当对旅游合同的具体内容作出真实、准确、完整的说明。

旅行社和旅游者签订的旅游合同约定不明确或者对格式条款的理解发生争议的，应当按照通常理解予以解释；对格式条款有两种以上解释的，应当作出有利于旅游者的解释；格式条款和非格式条款不一致的，应当采用非格式条款。

第三十条 旅行社组织中国内地居民出境旅游的，应当为旅游团队安排领队全程陪同。

第三十一条 旅行社为接待旅游者委派的导游人员或者为组织旅游者出境旅游委派的领队人员，应当持有国家规定的导游证、领队证。

第三十二条 旅行社聘用导游人员、领队人员应当依法签订劳动合同，并向其支付不低于当地最低工资标准的报酬。

第三十三条 旅行社及其委派的导游人员和领队人员不得有下列行为：

（一）拒绝履行旅游合同约定的义务；

（二）非因不可抗力改变旅游合同安排的行程；

（三）欺骗、胁迫旅游者购物或者参加需要另行付费的游览项目。

第三十四条 旅行社不得要求导游人员和领队人员接待不支付接待和服务费用或者支付的费用低于接待和服务成本的旅游团队，不得要求导游人员和领队人员承担接待旅游团队的相关费用。

第三十五条 旅行社违反旅游合同约定，造成旅游者合法权益受到损害的，应当采取必要的补救措施，并及时报告旅游行政管理部门。

第三十六条 旅行社需要对旅游业务作出委托的，应当委托给具有相应资质的旅行社，征得旅游者的同意，并与接受委托的旅行社就接待旅游者的事宜签订委托合同，确定接待旅游者的各项服务安排及其标准，约定双方的权利、义务。

第三十七条 旅行社将旅游业务委托给其他旅行社的，应当向接受委托的旅行社支付不低于接待和服务成本的费用；接受委托的旅行社不得接待不支付或者不足额支付接待和服务费用的旅游团队。

接受委托的旅行社违约，造成旅游者合法权益受到损害的，作出委托的旅行社应当承担相应的赔偿责任。作出委托的旅行社赔偿后，可以向接受委托的旅行社追偿。

接受委托的旅行社故意或者重大过失造成旅游者合法权益损害的，应当承担连带责任。

第三十八条　旅行社应当投保旅行社责任险。旅行社责任险的具体方案由国务院旅游行政主管部门会同国务院保险监督管理机构另行制定。

第三十九条　旅行社对可能危及旅游者人身、财产安全的事项，应当向旅游者作出真实的说明和明确的警示，并采取防止危害发生的必要措施。

发生危及旅游者人身安全的情形的，旅行社及其委派的导游人员、领队人员应当采取必要的处置措施并及时报告旅游行政管理部门；在境外发生的，还应当及时报告中华人民共和国驻该国使领馆、相关驻外机构、当地警方。

第四十条　旅游者在境外滞留不归的，旅行社委派的领队人员应当及时向旅行社和中华人民共和国驻该国使领馆、相关驻外机构报告。旅行社接到报告后应当及时向旅游行政管理部门和公安机关报告，并协助提供非法滞留者的信息。

旅行社接待入境旅游发生旅游者非法滞留我国境内的，应当及时向旅游行政管理部门、公安机关和外事部门报告，并协助提供非法滞留者的信息。

第五章　监督检查

第四十一条　旅游、工商、价格、商务、外汇等有关部门应当依法加强对旅行社的监督管理，发现违法行为，应当及时予以处理。

第四十二条　旅游、工商、价格等行政管理部门应当及时向社会公告监督检查的情况。公告的内容包括旅行社业务经营许可证的颁发、变更、吊销、注销情况，旅行社的违法经营行为以及旅行社的诚信记录、旅游者投诉信息等。

第四十三条　旅行社损害旅游者合法权益的，旅游者可以向旅游行政管理部门、工商行政管理部门、价格主管部门、商务主管部门或者外汇管理部门投诉，接到投诉的部门应当按照其职责权限及时调查处理，并将调查处理的有关情况告知旅游者。

第四十四条　旅行社及其分社应当接受旅游行政管理部门对其旅游合同、服务质量、旅游安全、财务账簿等情况的监督检查，并按照国家有关规定向旅游行政管理部门报送经营和财务信息等统计资料。

第四十五条　旅游、工商、价格、商务、外汇等有关部门工作人员不得接受旅行社的任何馈赠，不得参加由旅行社支付费用的购物活动或者游览项目，不得通过旅行社为自己、亲友或者其他个人、组织牟取私利。

第六章　法律责任

第四十六条　违反本条例的规定，有下列情形之一的，由旅游行政管理部门或者工商行政管理部门责令改正，没收违法所得，违法所得10万元以上的，并处违法所得1倍以上5倍以下的罚款；违法所得不足10万元或者没有违法所得的，并处10万元以上50万元以下的罚款：

（一）未取得相应的旅行社业务经营许可，经营国内旅游业务、入境旅游业务、出境旅游业务的；

（二）分社的经营范围超出设立分社的旅行社的经营范围的；

（三）旅行社服务网点从事招徕、咨询以外的活动的。

第四十七条 旅行社转让、出租、出借旅行社业务经营许可证的，由旅游行政管理部门责令停业整顿1个月至3个月，并没收违法所得；情节严重的，吊销旅行社业务经营许可证。受让或者租借旅行社业务经营许可证的，由旅游行政管理部门或者工商行政管理部门责令停止非法经营，没收违法所得，并处10万元以上50万元以下的罚款。

第四十八条 违反本条例的规定，旅行社未在规定期限内向其质量保证金账户存入、增存、补足质量保证金或者提交相应的银行担保的，由旅游行政管理部门责令改正；拒不改正的，吊销旅行社业务经营许可证。

第四十九条 违反本条例的规定，旅行社不投保旅行社责任险的，由旅游行政管理部门责令改正；拒不改正的，吊销旅行社业务经营许可证。

第五十条 违反本条例的规定，旅行社有下列情形之一的，由旅游行政管理部门责令改正；拒不改正的，处1万元以下的罚款：

（一）变更名称、经营场所、法定代表人等登记事项或者终止经营，未在规定期限内向原许可的旅游行政管理部门备案，换领或者交回旅行社业务经营许可证的；

（二）设立分社未在规定期限内向分社所在地旅游行政管理部门备案的；

（三）不按照国家有关规定向旅游行政管理部门报送经营和财务信息等统计资料的。

第五十一条 违反本条例的规定，外商投资旅行社经营中国内地居民出国旅游业务以及赴香港特别行政区、澳门特别行政区和台湾地区旅游业务，或者经营出境旅游业务的旅行社组织旅游者到国务院旅游行政主管部门公布的中国公民出境旅游目的地之外的国家和地区旅游的，由旅游行政管理部门责令改正，没收违法所得，违法所得10万元以上的，并处违法所得1倍以上5倍以下的罚款；违法所得不足10万元或者没有违法所得的，并处10万元以上50万元以下的罚款；情节严重的，吊销旅行社业务经营许可证。

第五十二条 违反本条例的规定，旅行社为旅游者安排或者介绍的旅游活动含有违反有关法律、法规规定的内容的，由旅游行政管理部门责令改正，没收违法所得，并处2万元以上10万元以下的罚款；情节严重的，吊销旅行社业务经营许可证。

第五十三条 违反本条例的规定，旅行社向旅游者提供的旅游服务信息含有虚假内容或者作虚假宣传的，由工商行政管理部门依法给予处罚。

违反本条例的规定，旅行社以低于旅游成本的报价招徕旅游者的，由价格主管部门依法给予处罚。

第五十四条 违反本条例的规定，旅行社未经旅游者同意在旅游合同约定之外提供其他有偿服务的，由旅游行政管理部门责令改正，处1万元以上5万元以下的罚款。

第五十五条 违反本条例的规定，旅行社有下列情形之一的，由旅游行政管理部门责令改正，处2万元以上10万元以下的罚款；情节严重的，责令停业整顿1个月至3个月：

（一）未与旅游者签订旅游合同；

（二）与旅游者签订的旅游合同未载明本条例第二十八条规定的事项；

（三）未取得旅游者同意，将旅游业务委托给其他旅行社；

（四）将旅游业务委托给不具有相应资质的旅行社；

（五）未与接受委托的旅行社就接待旅游者的事宜签订委托合同。

第五十六条 违反本条例的规定，旅行社组织中国内地居民出境旅游，不为旅游团队安排领队全程陪同的，由旅游行政管理部门责令改正，处1万元以上5万元以下的罚款；拒不改正的，责令停业整顿1个月至3个月。

第五十七条 违反本条例的规定，旅行社委派的导游人员和领队人员未持有国家规定的导游证或者领队证的，由旅游行政管理部门责令改正，对旅行社处2万元以上10万元以下的罚款。

第五十八条 违反本条例的规定，旅行社不向其聘用的导游人员、领队人员支付报酬，或者所支付的报酬低于当地最低工资标准的，按照《中华人民共和国劳动合同法》的有关规定处理。

第五十九条 违反本条例的规定，有下列情形之一的，对旅行社，由旅游行政管理部门或者工商行政管理部门责令改正，处10万元以上50万元以下的罚款；对导游人员、领队人员，由旅游行政管理部门责令改正，处1万元以上5万元以下的罚款；情节严重的，吊销旅行社业务经营许可证、导游证或者领队证：

（一）拒不履行旅游合同约定的义务的；

（二）非因不可抗力改变旅游合同安排的行程的；

（三）欺骗、胁迫旅游者购物或者参加需要另行付费的游览项目的。

第六十条 违反本条例的规定，旅行社要求导游人员和领队人员接待不支付接待和服务费用、支付的费用低于接待和服务成本的旅游团队，或者要求导游人员和领队人员承担接待旅游团队的相关费用的，由旅游行政管理部门责令改正，处2万元以上10万元以下的罚款。

第六十一条 旅行社违反旅游合同约定，造成旅游者合法权益受到损害，不采取必要的补救措施的，由旅游行政管理部门或者工商行政管理部门责令改正，处1万元以上5万元以下的罚款；情节严重的，由旅游行政管理部门吊销旅行社业务经营许可证。

第六十二条 违反本条例的规定，有下列情形之一的，由旅游行政管理部门责令改正，停业整顿1个月至3个月；情节严重的，吊销旅行社业务经营许可证：

（一）旅行社不向接受委托的旅行社支付接待和服务费用的；

（二）旅行社向接受委托的旅行社支付的费用低于接待和服务成本的；

（三）接受委托的旅行社接待不支付或者不足额支付接待和服务费用的旅游团队的。

第六十三条 违反本条例的规定，旅行社及其委派的导游人员、领队人员有下列情形之一的，由旅游行政管理部门责令改正，对旅行社处2万元以上10万元以下的罚款；对导游人员、领队人员处4000元以上2万元以下的罚款；情节严重的，责令旅行社停业整顿1个月至3个月，或者吊销旅行社业务经营许可证、导游证、领队证：

（一）发生危及旅游者人身安全的情形，未采取必要的处置措施并及时报告的；

（二）旅行社组织出境旅游的旅游者非法滞留境外，旅行社未及时报告并协助提供非法滞留者信息的；

（三）旅行社接待入境旅游的旅游者非法滞留境内，旅行社未及时报告并协助提供非法滞留者信息的。

第六十四条 因妨害国(边)境管理受到刑事处罚的,在刑罚执行完毕之日起五年内不得从事旅行社业务经营活动;旅行社被吊销旅行社业务经营许可的,其主要负责人在旅行社业务经营许可被吊销之日起五年内不得担任任何旅行社的主要负责人。

第六十五条 旅行社违反本条例的规定,损害旅游者合法权益的,应当承担相应的民事责任;构成犯罪的,依法追究刑事责任。

第六十六条 违反本条例的规定,旅游行政管理部门或者其他有关部门及其工作人员有下列情形之一的,对直接负责的主管人员和其他直接责任人员依法给予处分:

(一) 发现违法行为不及时予以处理的;

(二) 未及时公告对旅行社的监督检查情况的;

(三)未及时处理旅游者投诉并将调查处理的有关情况告知旅游者的;

(四) 接受旅行社的馈赠的;

(五) 参加由旅行社支付费用的购物活动或者游览项目的;

(六) 通过旅行社为自己、亲友或者其他个人、组织牟取私利的。

第七章 附则

第六十七条 香港特别行政区、澳门特别行政区和台湾地区的投资者在内地投资设立的旅行社,参照适用本条例。

第六十八条 本条例自2009年5月1日起施行。1996年10月15日国务院发布的《旅行社管理条例》同时废止。

附录C 常用单词中英文对照表

中文	英文	中文	英文
旅游	tourism	旅游者	tourist
导游	tour guide	景点导游	attractions guide
地陪	local guide	全陪	national guide
领队	director	叫早	morning – call
行李	baggage	旅馆	hotel
服务	service	司机	driver
检查	inspection	免税	duty – free
限额	quota	烈性酒	spirit
烟草	tobacco	超重	overweight
寄存处	checkroom	税单	duty memo
手提箱	suitcase	出租车	taxi
申报	delare	检疫	quarantine
午餐	lunch	海关	customs
机场	airport	误会	mistake
电话	telephone	飞机	airplane
签字	sign	饭	meal
账单	bill	小费	tip
电影院	cinema	邮局	post office
介绍	introduce	车站	station
愉快	pleasure	商人	businessman
参观	visit	旅行	journey

（续）

中文	英文	中文	英文
照相机	camera	欢迎	welcome
单程	single trip	回程	round trip
安全带	the safety belt	公里	kilometer
堵车	hold – up	上车	to get in
放心	be at ease	度假	on vacation
旅行支票	traveler's check	身份证明	indentification
邮费	postage	纪念品	souvenir
象牙	ivory	刺绣品	embroidery
贝壳	shell	雕刻品	carving
编织品	woven	木雕	woodwork
竹器	bamboo – work	景泰蓝	cloisonne
单人间	single room	包起来	to wrap up
预定	book	购物	to do some shopping
名胜古迹	places of interest	中国画	Chinese painting
中国纪念品	Chinese souvenirs	瓷器	porcelain
标间	double room	停留	stay
淋浴	bath	早餐	breakfast
地址	address	代理处	agency
折扣	discount	付钱	pay
酒吧间	bar	登记	check in
喜爱	enjoy	填写	fill in
行李员	bellman	订完	book up
门童	doorman	电梯	elevator
服务员	attendant	挑选	choose
入口	entrance	客人	guest
餐馆	restaurant	咖啡馆	cafe
餐厅	dining hall	立刻	right away
建议	suggestion	休息	relax
原谅	excuse	文娱节目	entertainment
网球	tennis	改变	change
台球	billiard	保龄球	bowling

（续）

中文	英文	中文	英文
记录	write down	长途电话	a long－distance call
房间	chamber	打扰	disturb
结账	settle one's account	菜单	menu
租金	rent	饮料	beverage
面条	noodle	礼物	gift
汽水	soda	经理	manager
先生	gentleman	道歉	apologize
抱怨	complaint	车票	ticket
车费	fare	签证	visa
通知	inform	护照	passport
军官	officer	前厅部	front office
自助餐	cafeteria	啤酒	beer
旅行社	travel agency	世界旅游组织	WTO（World Tourism Organization）

附录D

全国特产介绍

1. 北京市

北京鸭梨、京白梨、白鸡、烧鸭、油鸡、果脯、北京蜂王精、北京秋梨膏、茯苓夹饼、二锅头、北京酥糖、六必居酱菜、北京织毯、北京雕漆、景泰蓝、北京玉器、北京葡萄酒、北京白凤龙、安宫牛黄丸、虎骨酒、京绣、桃补花、涮羊肉、鼻烟壶、北京酸菜、大磨盘柿、密云金丝小枣、少峰山玫瑰花、门头沟大核桃、北京烤鸭、北京豆汁、北京门钉肉饼、北京炒肝、北京馄饨侯、北京东来顺、北京西来顺、北京便宜坊、北京稻香村、北京大三元。

2. 上海市

南汇水蜜桃、三林糖酱瓜、佘山兰笋、松江回鳃鲈、枫泾西蹄、城隍庙五香豆、崇明金瓜、南桥乳腐、高桥松饼、嘉定大白蒜、嘉定竹刻、崇明水仙花、硕绣、兰印花布、张江腰菱、南翔小笼馒头、鼎日有福建肉松、新长发糖炒栗子、稻香村鸭肫肝、浦东三黄鸡、崇明大闸蟹、青浦茭白、马桥豆豆腐干、小杨生煎。

3. 天津市

天津小枣、天津木雕、天津风筝、天津对虾、天津地毯、天津红果、天津泥人张彩塑、天津板栗、天津砖刻、天津核桃、天津鸭梨、天津剪纸、天津漆器、牙雕和玉雕、耳朵眼炸糕、红小豆、沙窝萝卜、杨柳青年画、“狗不理”包子、茶汤、桂发祥麻花、桂顺斋糕点、银鱼、盘山柿子、紫蟹、锅巴菜、葡萄啤酒、王朝牌半干葡萄酒、长城牌玫瑰肠、迎宾牌火腿肠。

4. 重庆市

九园包子、三江牌合川桃片、山城夜食、山城牌金钩豆瓣、天府可乐、木洞桔饼、双鸭牌永川松花皮蛋、永川牌豆豉、东原铁锅、白市驿板鸭、吴抄手、玫瑰牌油酥米花糖、荣昌折扇、荣昌夏布、荣昌陶器、柑桔橙柚、重庆火锅、重庆曲酒、涂山香肚、茶花牌玻璃器皿、峨眉牌重庆沱茶、菊花牌冰糖麻饼、静观牌麸醋、蝶花牌怪味胡豆。

5. 辽宁省

辽宁苹果、辽西秋白梨、榛子、山楂、辽阳香水梨、北镇鸭梨、大连黄桃、孤山香梅、香蕉李、软枣、猕猴桃、板栗、对虾、海参、海带、文蛤、鲍鱼、扇贝、贻贝、大连湾魁蚶、香螺、梭子蟹、紫海胆、蛤蜊岛沙蚬、裙带菜、大骨鸡、昌图豁鹅、水貂、紫貂、柞蚕、柞蚕丝绸、关外米仁、酸枣仁、什锦小菜、塔城精制陈醋、烟草、天女木兰、丹东杜鹃、五味子、人参、鹿茸、细辛、抚顺琥珀工艺品、抚顺煤精雕刻、岫岩玉、沈阳羽毛画、锦州玛瑙雕刻、大连贝雕画、辽砚、绢花、昌图大饼子、亮中桥干豆腐、中固脆管糖 、营口虾爬子、营口玻璃牛、营口烧烤、营口咸泥溜、营口大酱、营口大米、营口水果、营口海鲜、营口烧夹子。

6. 吉林省

人参、园参、人参烟、人参再造丸、党参、五味子、贝母、细辛、木通、天麻、黄芪、龙胆、草苁蓉、甘草、刺五加、桔梗、山葡萄、通化葡萄酒、长白山葡萄酒、越桔、越桔酒、苹果梨、猴头、黑木耳、梅花鹿茸、熊胆、李连贵熏肉大饼、鼎丰真糕点、朝鲜族冷面、吉林白肉血肠、清蒸松花江白鱼。

7. 内蒙古自治区

内蒙古地毯、驼毛、山羊皮、灰鼠皮、猞猁皮、鹿茸、王府肉苁蓉、党参、枸杞、黄芪、黑木耳、发菜、鹿胎、麝香、熊胆、水獭、旱獭皮、驼形蒙古组合刀、蒙古族银器、内蒙哈蜜瓜、黄河鲤鱼、莜面、糖菜、胡麻、各类奶制品 。

8. 山西省

晋祠大米、沁州黄米、大同黄花、平顺花椒、山西潞麻、垣曲猴头、稷山枣、临漪石榴、汾阳核桃、清徐核桃、山楂、山西党参、山西陈香醋、黄芪、上党连翘、平陆百合、汾酒、竹叶青酒、玉屏酒、昌蒲酒、蔺泉香酒、桑落酒、太谷饼、闻喜煮饼、平遥牛肉、临漪酱玉瓜、侯马蝴蝶杯、大同皮毛、大同地毯、大同铜器、云冈绢人、平遥推光漆器、大同沙棘。

9. 甘肃省

发菜、薇菜、蕨菜、康县木耳、兰州百合、黄花菜、甘谷辣椒、兰州香桃、临泽红枣、河西沙枣、沙棘、陇南猕猴桃、陇南甜柿、天水花牛苹果、冬果梨、软儿梨、兰州白兰瓜、苦水玫瑰、紫花苜蓿、芨芨草、黄芪、岷县当归、沙漠肉苁蓉、锁阳、甘草、祖师麻、滩羊和滩二毛裘皮、陇南春和金徽大曲、张掖南酒、冰州曲酒、红川特曲、临夏黄酒、酒泉夜光杯、天水雕漆、兰州刻葫芦、洮砚、兰州水烟。

10. 青海省

雪莲花、青贝母、秦艽、西宁大黄、冬虫夏草、柴达木枸杞、西宁地毯、鹿茸、蕨麻、青海菜花蜜、青海白磨菇、昆仑彩石、牦牛肉干、酿皮、酸奶、甜醅、烤羊肉。

11. 广西壮族自治区

罗汉果、沙田柚、荔枝、香蕉、柑橙、金橘、木菠萝、菠萝、桂圆、芒果、山楂、山葡萄、恭城目柿、黄皮菜、灌阳红枣、扁桃、猕猴桃、白果、八角茴油、香菇、甜菜、甘蔗、白糖、玉林优质谷、薏米、东南墨米、环江香粳、靖西香糯、木薯、桂林花桥牌辣椒、桂林三花酒、广西动物药酒、蛤蚧、灵香草、金银花、桂皮、灵芝菌、安息香、田七、茯苓、漓江鱼、府州桂花鱼、桂林烧乳猪、桂林刺绣、壮锦、毛南族花竹帽、钦州昵尖陶器、桂林美术陶、桂林山水国画、桂林羽绒及其制品、漓江鹅镴石雕与石画、环江凉席、德保的蛤蚧酒。

12. 广东省

凤凰菜、五指山菜、九峰白毛茶、英德红茶、荔枝、槟榔、黄登菠萝、杨桃、菠萝蜜、荔枝蜜、香蕉、椰子、龙眼、木瓜、话梅、潮州柑、何首乌、广彩、广绣、广雕、枫溪陶瓷、麦秆贴画、潮州抽纱、金漆木雕、潮绣、端砚、织金彩瓷、石弯美术陶瓷、椰雕、香包、新会葵扇、广式点心、广式腊味、清平鸡、东江盐焗鸡、三黄胡须鸡、太爷鸡、潮汕膏蟹、沙井鲜蚝、万宁燕窝、海龟、长春酒、透明马蹄糕、泮塘马蹄粉、纯正莲蓉月饼、吴州海蜇皮、东莞腊肠、沙河粉、拉肠粉、及第粥、春饼、盲公饼、油头烙饼、顺德大良双皮奶、崩沙。

13. 福建省

枇杷、龙眼、荔枝、菠萝蜜、坪山柚、文旦柚、橄榄、天宝香蕉、凤梨、柑橘、海田鸡、金定鸡、扇贝、鲍鱼、东山龙虾、津浦对虾、紫菜、武夷岩茶、铁观音、福州茉莉花茶、古田瓶栽银耳、香菇、凤尾菇、福建蜜饯、燕皮、肉松（空）、馆溪蜜柚、漳州芦柑、闽笋、石狮甜粿、安海捆蹄、蚝煎、清泉茶饼、七星鱼丸、佛跳墙、龙眼木雕、惠安石雕、德化瓷器、改良竹编、香珠香袋、马蔺草编、平潭贝雕、寿山石雕、角梳、纸伞、福州软木画、福州脱胎漆器、八宝印泥、漳州木偶头、漳州棉花画、漳绒、厦门珠绣、漳州贝雕。

14. 浙江省

西湖龙井花茶、金奖惠明茶、平水珠茶、江山绿牡丹茶、天月清顶茶、华顶云雾茶、硕清紫笋茶、浙江络麻、杭菊、浙贝、白术、白芍、元胡、玄参、麦冬、镇海金橘、温州瓯柑、奉化水蜜桃、萧山杨梅、超山梅子、塘栖枇杷、义乌南枣、昌化山核桃、长兴安吉白茶、金华佛手、湖州雪藕、龙泉香菇、天目笋干、绍兴霉干菜、绍兴香糕、西湖藕粉、宁波汤团、绍兴腐乳、嘉兴五芳斋粽子、绍兴麻鸭、叫花童鸡、糟鸡、金华火腿、平湖糟蛋、西湖醋鱼、龙井虾仁、西湖莼菜、茴香豆、茶油青鱼干、柯桥豆腐干、龙山黄泥螺、西店牡蛎、绍兴黄酒、严东关五加皮酒、浙江丝绸、宁波绣衣、瓯绣、萧山花边、双林绫绢、杭州绢锦、瓯塑、西湖手杖、变色釉瓷、仿南宋官窑瓷、龙泉青瓷、东阳木雕、黄杨木雕、青田石雕、泥金彩漆、西湖绸伞、湖州羽毛扇、杭州五星记扇子、张小泉剪刀、杭州竹篮、西湖天竺筷、善琏湖笔、宁波草席、宁波嵌镶、浙江竹编、金丝草帽、富阳土纸、龙泉宝剑。

15. 江苏省

南京：雨花石、南京云锦、南京板鸭、南京桂花鸭、南京彩灯、香肚、南京剪纸。苏州：六神丸、太湖莼菜、银鱼、丝绸、红木雕刻、宋锦、苏灯、苏扇、苏绣、苏州湖笔、卤汁豆腐干、茉莉花茶、浒关草席、桃花坞木刻年画、琢玉、碧螺春茶叶、稻香村茶食、阳澄湖大闸蟹、蜜饯。扬州：扬州玉雕、扬州刺绣、扬州绒花、扬州剪纸、扬州菜肴、扬州酱菜、扬州漆器、牛皮糖、长毛绒玩具、扬州柳器。镇江：工艺彩灯、丹阳面塑、丹阳封缸酒、水晶肴蹄、东乡羊肉、刀鱼、纯正香麻油、金山翠芽茶叶、香醋、酱菜、鲥鱼。常熟：山前豆腐干、水蜜桃、叫化鸡、花边、宝岩杨梅、金扑蟹、桂花酒、鸭血糯、绿毛龟、盘香饼、虞山绿茶、虞山松树。徐州：山楂糕、小孩酥糖、丰县红富士苹果、羊方藏鱼、沛县冬桃、鼋汁狗肉、捆香蹄、徐州玉雕、窑湾绿豆烧、银杏、青方腐乳、原甜油。淮安：大头茶、文楼蟹黄汤包、茶馓、淮城蒲菜。其他：云雾茶、雨花茶、宜兴毛笋、如皋白园萝卜、香芋、薄荷脑、泰兴白果、宜兴板栗、泰州:嵌核桃麻糕,小磨麻油。兴化:八珍糕。高邮:董糖、高邮双黄蛋。太仓肉松、太仓糟油、藕粉圆子、伍佑糖麻花、无锡糖醋排骨、靖江肉脯、如皋火腿、黄桥烧饼、伍佑醉螺、白蒲茶干、宜兴紫砂陶器、惠山泥人、贝雕画、常州梳篦、南通蓝印花布、脆饼、阜宁大糕、窑湾的桂花糕。

16. 江西省

景德镇:瓷器、瓷板画、山珍食货、乐平狗肉、竹编工艺瓷、桂花鲜姜酱菜、浮红茶叶、趸糖。南昌:三杯鸡、李渡高粱酒、茉莉南昌银毫、南昌玉雕、烫金旅游香扇、瓷板彩画像、珠格枇杷、绢扇、藜毫腊肉、雪枣坯。其他:南丰蜜橘、上饶早梨、猕猴桃、云雾毛尖茶、婺源绿茶、万年项米、信丰红瓜子、鄱阳湖银鱼、龙兴铺灯芯糕、兴国牛皮糖薯干、安福火腿、南安板鸭、九江桂花茶饼、上饶大曲酒、四特酒、麻姑酒、李渡毛笔、修水精砚、玉山罗纹砚、婺源墨、江西土纸、尖峰水竹凉席、万载夏布、万载花炮、宜春脱胎漆器、丰城冻米糖和高安腐竹、藜毫腊肉。

17. 山东省

曲阜:孔府家酒、尼山砚、圣府蜡烛、圣府糕点、圣府名酒、大果、旦杏、纪庄大青梨、扶兴和毛笔、姚村凉席、楷雕、碑帖。济南:玉记扒鸡、羽毛画、芦笋、油旋、明月香稻、面塑、鲁绣、“福”字牌阿胶。其他:烟台苹果、烟台大樱桃、莱阳梨、肥城桃、乐陵金丝小枣、大泽山葡萄、崂山金钩海米、日照海米、泰安板栗、曹州牡丹、平阴玫瑰花、莱州月季、淄博美术陶瓷、博山内画瓶、潍县杨家埠木板年画、青岛贝雕、山东抽纱刺绣品、烟台草制工艺品、青岛啤酒、崂山绿茶、烤鱼片、味美思、金煲白兰地、烟台红葡萄酒、至宝三鞭酒、青岛白葡萄酒、海参、鲍鱼、德州扒鸡、高密蜜三刀、剪纸、泥塑、扑灰年画、潍县萝卜、潍坊风筝、周村烧饼、青州蜜桃、高密菜刀、山东煎饼、微山湖咸鸭蛋、聊城铁公鸡、茌平圆陵大枣。

18. 安徽省

歙县:歙砚、徽墨。寿县:八公山豆腐、郝圩酥梨、香草、银鱼、大救驾(糕点)。亳州:万寿绸、古井贡酒、白芍、阿胶养血膏、亳菊、剪纸。其他:苏山毛峰、祁门红茶、太平猴魁、砀山酥梨、黄水猕猴桃、来安花红、黟县香榧、黄山石耳、大别山木耳、巢湖银鱼、杏花村酒、口子酒、符离集烧鸡、顾桥陈醋、元为熏鸡、蚌埠玉雕、徽州砖雕、芜湖铁画、阜阳剪纸、青阳折扇、龙舒贡席、芜湖剪刀、池州白麻纸、怀远石榴、宣州板栗、天柱剑毫、九华山黄石溪毛峰、桐城小兰花茶、萧县葡萄、三潭枇杷、灵璧奇石。

19. 河北省

承德:山楂、水晶饼、丝糕、吉祥菜、沙棘、坎上酸膜、核桃、黄花菜、猕猴桃、棒子。其他:赵州雪花梨、兴隆红果、沧州金丝小枣、宣化葡萄、京东板栗、涉县核桃、口蘑、祁州药材、沙北血杞、邯郸丛台大曲、长城干白葡萄酒、白洋淀松花蛋、回民扒鸡、沧州冬菜、河北对虾、唐山陶瓷、定瓷、永佳木雕、曲阳石雕、易水砚、秦皇岛贝雕画、山海关人造琥珀、涿县金丝挂毯、武强年画、白洋淀苇编织品、饶阳鞭炮、保定“三五菜刀”、槐茂酱菜、驴肉火烧、衡水老白干。

20. 河南省

洛阳:杜康酒、洛阳牡丹、洛阳宫灯、洛阳唐三彩、洛阳水席、澄泥砚。开封:灌汤包、包公豆、鲤鱼焙面、大京枣、马豫兴桶子鸡、长春轩五香兔肉、兰考葡萄、百子寿桃、朱仙镇木版年画、汴绣、汴绸、花生糕、宫瓷仿制品、套四宝。安阳:天花粉、双头黄酒、内黄大枣、内黄烧灌肠、安阳“三熏”、安阳玉雕、安阳狗皮膏药、道口烧鸡、道口锡器、彰德陈醋、糖油板栗。商丘:永城枣干、水城辣椒、民权白葡萄酒、张弓酒、南瓜豆沙糕、景家麻花。其他:许昌烧烟、信阳毛尖、孟津梨、灵宝苹果、贵妃杏、广武石榴、鹿邑草帽、南阳烙花、盘砚、钧瓷、汝阳刘毛笔、水晶石、汴绣、沙南芝麻与小磨麻油、四大杯药、职胶、金银花、黄河鲤鱼,安阳相州皮渣、血糕、粉皮、安阳的天花粉、双头黄酒、内黄大枣、内黄烧灌肠、安阳“三熏”、安阳玉雕、安阳狗皮膏药、道口烧鸡、道口锡器、彰德陈醋、糖油板栗。

21. 湖北省

武汉:武昌鱼、“精武”鸭脖子。江陵:九黄饼、千张肉、无铅松花蛋、五香豆豉、仿古漆器、金漆盆盘、荆段、荆州雪茄、酥黄蕉、散烩八宝饭。襄樊:天麻、大头菜、半夏、板鸭、金黄蜜枣、根雕家具、隆中茶、蜈蚣。洪湖:莲子、莲藕。其他:薏仁米、莲子、黄石、九资河茯苓、湖北贝母、苎麻、黄麻、仙人掌茶、宜红茶、玉露茶、青砖茶、黑木耳、银耳、香菌、孝感麻糖、沙湖盐蛋、白六边酒、荆州酸甜独蒜、柑橘、核桃。

22. 湖南省

长沙:羽绒制品、浏阳烟花鞭炮、捞刀河刀剪、菊花石雕、铜官陶器、湘粉、湘绣、臭豆腐。其他:湘莲、君山茶、古丈毛尖、商桥银峰和湘波绿、君山银针、碣滩茶、黄花菜、薏米、玉兰片、油茶、苎麻、白蜡、金橘、安江香柚、中华猕猴桃、白芷、永州薄荷、白术、玄参、湘黄鸡、淑浦鹅、龟蛇酒、松花皮蛋、湖南米粉、益阳水竹凉席、祁阳草席、一土家锦、醴陵釉下彩瓷器、洞口墨晶石雕、浏阳菊花石雕、怀化酸萝卜。

23. 云南省

昆明:云南山茶花、云南围棋子、牙雕制品、民族服装服饰、过桥米线、羽毛画、杨林肥酒、玫瑰卤酒、卷烟、烧风度、烧火腿、烧豆腐、斑铜制品、蜡染制品。大理:大理草帽、大理雪梨、大理石工艺品、扎染布、白族服饰、苍山杜鹃花。丽江:云木香、天麻酒、竹荪、窨酒。其他:象牙芒果、无眼菠萝、宝珠梨、梅子、八角、猴头攻、蜂蜜、黑木耳、松茸、鸡赍、三七、虫草、砂仁、云归、宣威火腿、玫瑰大头菜、傣族烧鱼、香芋草烤鸡、滇八件点心、剑川木雕、锡制工艺品、腾冲玉器、版纳地毯、纳西披星戴月衣、傣族竹编、傣族筒帕、普洱茶。

24. 贵州省

遵义:化风丹、杜仲、茅台酒、苗锦、尚稽豆腐皮、桃花、海龙米、通草堆画、鸭溪窖酒、董酒、棕竹牛角手杖、丝绸、刺绣、遵义烤烟、遵义吴茱萸、遵义油百姓朴、黄花菜、遵义毛峰。镇远:青溪大曲、侗绣围腰、镇远接桃、镇远羊场茶、镇远道菜。其他:羊艾毛峰、都匀毛尖、湄江茶、香菇、黑木耳、银耳、黑糯米、香米、薏仁米、天麻、麝香、茯苓、党参、三穗鸭、赏农金黄鸡、习水大曲酒、平坝窖酒、独山腌酸菜、都匀太师饼、蜡染、大方漆器、玉屏箫笛、荔波凉席、织金砚台、牙舟陶器、三穗斗笠。

25. 四川省

成都:文君酒、五胖鸭、元宝鸡、四川泡菜、全兴大曲酒、卤漆制品、瓷胎竹编、蜀笺蜀绣、蜀锦、糖油果子。阆中:松花皮蛋、保宁蜡。宜宾:宜宾面塑、宜宾五粮液。自贡:开花白糕、天车牌香辣酱、扎染、太湖井晒醋、自贡红橘、自贡毛牛肉、自贡方便食品调料、荣县媏酒、剪纸、龚扇、燕窝丝。其他:四川甘橘、合川大红袍、泸州桂圆、阿坝苹果、潼南黄桃、金川雪梨、佘江荔枝、巴山核桃、麝香、白芍、杜仲、虫草、天麻、白芷、大黄、川楝、川木香、川贝母、玉京、附子、泽泻、川芎、朱砂莲、红花、川明参、黄龙香米、泸州曲酒、郎酒、剑南春曲酒、巴山大曲、红橘酒、四川榨菜、板鸭、麻辣牛肉、豆腐乳、保字醋、四川粉丝、天府花生、叙府陈年糟蛋、叙府小磨麻油、剑门火腿、广汉缠丝兔、染山竹帘、安岳竹席、竹藤器、南充竹帘画、宋笔、会理绿陶、广元百花石刻。

26. 陕西

西安:扎染、西安木偶、西安刺绣、西安剪纸、仿秦俑、仿唐三彩、戏人泥哨、拓片、临潼石榴、黄桂稠酒、彩画泥偶、蓝田玉石、樊记腊汁肉、壁画摩木。延安:红枣、杏仁、延安剪纸、苹果、核桃。韩城:红把苕帚、韩城花椒、韩城南糖。其他:天麻、杜仲麝香、牛手参、厚朴、牛黄、沙苑子、银耳、华县大接杏、秦冠苹果、火晶柿子、洋县香米、洋县黑米、乾州锅盔、牛肉干、潼关酱笋、太白酒、秦州大曲酒、榆林柳编、张良庙拐杖、岚振藤编。

27. 宁夏回族自治区

银川:八宝盖碗茶、素鸡(外地叫豆腐卷)、黄河大鲤鱼、丁香肘子、甘草、发菜、枸杞、贺兰石、香酥鸡、滩羊裘皮。其他:沙棘、“大青”葡萄、宁夏山杏、西瓜、蚕豆、马莲、枸杞袋泡茶、肖桐峡柳编、贺兰石砚、固原鸡。

28. 新疆维吾尔自治区

喀什:无花果、巴旦杏、石榴、甜瓜、喀什工艺品、葡萄及葡萄干。其他:哈密瓜、香梨、野苹果、雪莲、红花、新疆贝母、西马茸、肉苁蓉、甘草、和田玉、紫貂皮、啤酒花、英吉沙手工刀。

29. 西藏自治区

拉萨:木碗、冬虫夏草、西藏地毯、灵芝、围裙、青稞酒、金耳、雪莲花、藏红花、藏腰刀、藏羚羊角、麝香。日喀则:仁布玉器、江孜地毯、腰刀。其他:藏香、旱獭皮、人参果、胡黄连、藏被、藏靴、藏装、氆氇、拉萨狮子狗。

30. 黑龙江省

榛蘑、蕨菜、松茸、猴头蘑、元蘑、椴树蜜、黑木耳、猕猴桃、橡子、榛子、松子、白瓜子、紫梅酒、香梅酒、山葡萄酒、鹿茸、鹿肾、熊胆、人参、西洋参、紫貂皮、水貂皮、水獭皮、猞猁皮、貉子皮、香鼠皮、灰鼠皮、麝鼠皮、奶粉、奶酪、方火腿、风干香肠、大马哈鱼、哈尔滨红肠、哈尔滨啤酒、五常大米、得莫利炖鱼、响水石板大米、港进粉丝、克东腐乳、香其酱。

31. 香港

来自亚洲各地的古玩及艺术品、摄影器材、地毯及挂毯(来自内地、印度、中东及其他产地)、陶器及瓷器、电脑、免税化妆品及香水、电子器材、家具、毛皮、象牙制品、玉器、珠宝首饰、皮革制品、眼镜框及镜片、订制衣服、手表、西洋餐具、玻璃餐具。

32. 澳门

珠宝金饰、古董文玩、工艺品、首饰和海味药材是受游客欢迎的物品。

33. 台湾

台东县释迦、屏东县万峦猪脚、顶级黑珍珠莲雾、东港三宝(黑鲔鱼、油鱼子、樱花虾)、彰化县的彰化肉圆、台中县大甲奶油酥饼、台中市太阳饼、新竹市的新竹米粉、宜兰县鸭掌、金门县的高粱酒和贡糖等。

34. 海南省

(1) 椰子食品类:主要是各种椰子糖果、椰片糖、椰汁粉、椰花、椰角、椰糯糕、椰香酥饼、椰子卷和椰子酱等。

(2) 咖啡类:生煮咖啡粉、速溶咖啡粉、椰奶咖啡粉等。海南目前本地的咖啡名品牌有海口的力神咖啡、澄迈的福山咖啡和兴隆华侨农场的太阳河咖啡。

(3) 腰果仁:分有散装、袋装生仁和袋装即食品店熟仁两种。

(4) 胡椒类:分有白胡椒和黑胡椒,市面多有白胡椒出售。均有胡椒粒、胡椒粉、胡椒根、胡椒蔓等,亦分有散装(以斤论价),袋包装精装包装(以包论价)等。也有现磨现卖的鲜磨胡椒粉。

(5) 牛肉干:有不同的加工方法,而所制出不同风味的牛肉干。目前海南本地的牛肉干以海口市和东方县两地产品的为佳。文昌市的锦山牛肉干也是海南籍华侨较喜欢的即食特产。

(6) 热带果脯类和鲜果类:主要有芒果干、益智果等。来琼旅游人士,不妨买一些椰子、菠萝蜜、芒果、番石榴等热带水果之鲜果回内地,以赠亲友。

(7) 海产干品类:各种海产鱼干、鱿鱼干、贝类、海参、虾仁海蛇干以及琼脂等。

(8) 鹿制品类:在海南的各个鹿场游览点,均可购买到毓鹿制美容化妆品以及各种滋补鹿产品。

(9) 特色酒类:南海 CTC 红碎茶,海南布莱特香兰(红、绿)茶、白沙绿茶、澄迈椰仙苦丁茶和东山岭的鹧鸪等。

(10) 特色酒类:山兰玉液、鹿龟酒、坡马酒、槟榔酒、金岳玉液和地瓜酒等。

参考文献

[1] http://daoyou. ct566. cn.

[2] http://www. dy1dy. com/frame. aspx.

[3] http://blog. sina. com. cn/xzw396.

[4] http://blog. sina. com. cn/yezi215525.

普通高等教育“十二五”规划教材
普通高等院校工程实践系列规划教材

机械工程实训

主　编　廖　凯　韦绍杰

副主编　丁敬平　司家勇
　　　　张立强　陈　飞
　　　　廖维奇

主　审　李立君　魏德强

科学出版社
北　京

内 容 简 介

本书为机械工程训练（金工实习）的实习教材，由中南林业科技大学和桂林电子科技大学联合组织编写，目的是贴合工程实践的需要，加强实践教学的实用性，拓宽学生的工程视野，培养学生的工程意识，提高大学生的动手能力和解决实际工程问题的能力，进而全面提升学生的工程素养。全书分为传统加工和现代加工两个部分，共九章，主要包括传统的车、铣、刨、磨、钳、铸、锻、焊等实习训练内容和现代加工技术及其操作。

本书可作为普通高等本科院校工科类、理科类学生金工实习指导用书，也可作为高职高专院校理工科各专业学生金工实习指导用书和学生参加技能鉴定的教学辅导用书，还可供各相关工种技术人员参考。

图书在版编目(CIP)数据

机械工程实训/廖凯，韦绍杰主编. —北京：科学出版社，2014.1

（普通高等教育“十二五”规划教材·普通高等院校工程实践系列规划教材）

ISBN 978-7-03-039280-0

Ⅰ.①机… Ⅱ.①廖… ②韦… Ⅲ.①机械工程-高等学校-教材 Ⅳ.①TH

中国版本图书馆 CIP 数据核字（2013）第 296138 号

责任编辑：邓静 张丽花 / 责任校对：蒋萍
责任印制：徐晓晨 / 封面设计：迷底书装

科学出版社出版
北京东黄城根北街 16 号
邮政编码：100717
http://www.sciencep.com

北京虎彩文化传播有限公司 印刷

科学出版社发行 各地新华书店经销

*

2014 年 1 月第 一 版 开本：787×1092 1/16
2020 年 1 月第八次印刷 印张：15
字数：390 000

定价：49.80 元

（如有印装质量问题，我社负责调换）

前　言

新中国成立以来，工科院校都建有实习工厂，用于开展本校的金工实习教学，这门课程发展了几十年，由理论为主、实践为辅的教学模式，逐渐过渡到基于工程目标实践和创新实践的教学新模式，将工程的理念带入大学生实训当中，大力倡导提高学生的实践能力，加强创新意识。

从2000年开始，在借鉴香港高校工程训练中心建设和国外发达国家工程教育先进理念的基础上，广大教育工作者开始反思和探索，提出了“教育面向工程，教学面向实践”的教育理念，这对于“金工实习”教学改革，引起了革命性的转变。也就是从那时起，国家和高校给予了工程实践教育高度重视，理工科院校普遍建立了工程训练中心，拥有前所未有的、极为丰厚的教学资源，面向大量的本科学生群体进行全方位开放。它不再是以前辅助存在的“金工实习”，而逐渐转变为面向实际工程要求的工程训练教育。工程意识、工程素养、工程应用能力等要求开始贯穿在整个本科生的四年工程训练教育中。在很多院校，工程训练教育正通过独立设课、创新学分、学科竞赛和卓越工程师培养计划这些形式日益蓬勃发展，最明显的成效就是大学生的动手能力和实践创新能力得到了极大的提高，这也符合国家在21世纪所提倡的对大学生创新能力培养的要求。基于此，本书才定名为《机械工程实训》，旨在强调实践强调工程训练的重要性和独立性，而不是辅助性实验教学。

大学生应该如何学习好这门实践课程？编者认为应该在以下几个方面给予重视。

（1）学生应该掌握和熟悉各种机械制造方法的基本原理和工艺特点。例如，车、铣、刨、磨、钳等机械加工方法，了解它们适合加工哪类零件或形面，它们的加工特点如何，要能分辨哪些零件是使用哪些方法加工的。因此，要学好加工理论，掌握加工方法。

（2）灵活运用理论，而不要生搬硬套，唯书本是从。要让学生认识到，针对特定的环境，实践中得到的解决问题的方法才是最实用最科学的。例如，车端面时，应该用端面车刀，但如果只有90°外圆偏刀怎么办？工程中，师傅往往会将这把偏刀在车刀架上转一个角度，用以代替端面车刀进行切削，效果一样，但却是用不同刀具解决了实际问题。

（3）要勤于动手，善于思考，敢于尝试。不去实践，一切教学就变得没有意义。本书旨在帮助学生正确掌握材料的加工方法，了解机械制造的工艺过程和最新工艺、新技术的应用，同时，指导实际操作，使学生获得初步操作技能，巩固感性知识。但真正的动手能力应该在实践中培养和养成，因此强调重在实践操作，只有对这种加工方法熟练运用的时候，才能很好地应用，去解决面临的实际工程问题。因此，要多动手，对书本中没有提到的问题，要在实践中寻找，要敢于尝试和创新，这也是工程教育的要求。

在编写本书时，编者认真汲取、借鉴了兄弟院校的教学改革成果，并结合编者自身的教学实践经验和工程实际需要，在教材内容整体上更偏重实践，删除了部分理论性强的内容，转而用较为通俗的注解方式进行阐述，举例注重工程实际应用，操作易于实现。例如，对于焊接，由于是特殊工种，在本科教学实践中操作并不多，所以侧重于介绍各种焊接方法的工艺特点，黑金属和有色金属焊接方法，以及焊接缺陷与检测方法等。而对于车削加工，阐述时则结合实践案例，用比较通俗、易于操作的方式介绍了零件加工的方式。对钳工操作亦是如此，由于该工种对操作姿势和运力特点比较注重，所以本书用了较多的图片来介绍，使学生理解起来更加容易。为了向学生强调工程训练的安全性，在每章后都列出了工种安全操作规程以及思考题，以提醒学生引起重视。

本书可作为高等本科院校理工科各专业学生的金工实习指导用书，也可作为高职高专院校工科各专业学生的金工实习指导用书和学生参加技能鉴定的教学辅导用书，还可供各相关工种技术人员参考。

本书由中南林业科技大学司家勇（第 1 章和第 4 章）、张立强（第 2 章和第 3 章）、廖凯（第 5 章和第 6 章）、陈飞（第 7 章）、丁敬平（第 8 章）以及桂林电子科技大学韦绍杰和廖维奇（第 9 章）编写。由廖凯、韦绍杰统稿并担任主编，丁敬平、司家勇、张立强、陈飞、廖维奇担任副主编。李立君教授和魏德强教授担任主审。

本书在编写过程中得到了中南林业科技大学机电工程学院胡劲松研究员、李新华教授、基础教研室和专业教研室教师，以及桂林电子科技大学国家级机电工程训练示范中心的各位老师和工程技术人员的大力支持和帮助，在此一并表示感谢！

限于编者水平，书中难免有不足之处，敬请广大读者批评指正！

编　者

2013 年 11 月

目　　录

第 1 章　机械工程材料基础

教学提示　本章涉及金属材料的性能、机械工程材料的分类及应用和钢铁材料的各种鉴别方法。在选用金属和制造机械零件时，主要考虑力学性能和工艺性能。在某些特定条件下工作的零件，还要考虑物理性能和化学性能；机械工程材料包括金属材料、非金属材料和复合材料，常见钢铁属于金属材料类别；钢铁材料常用的鉴别方法有火花鉴别法、色标鉴别法、断口鉴别法和音色鉴别法等。

教学要求　了解金属材料常用的力学性能试验，熟悉常用钢材的分类、牌号、用途和鉴别，了解常见有色金属材料和非金属材料的用途。

1.1　金属材料的性能

金属材料的性能分为使用性能和工艺性能。使用性能是指金属材料在使用过程中表现出来的特性，包括力学性能、物理性能和化学性能等。使用性能决定金属材料的应用范围、安全可靠性和使用寿命。工艺性能是指材料对各种加工工艺适应的能力，包括铸造性能、锻造性能、焊接性能、切削加工性能和热处理工艺性能等。

在选用金属和制造机械零件时，主要考虑力学性能和工艺性能。在某些特定条件下工作的零件，还要考虑物理性能和化学性能。

1.1.1　力学性能

金属材料的力学性能是指金属材料在外力作用下所表现出来的性能。常用的力学性能指标主要有强度、塑性、硬度和冲击韧性等。

1．强度

强度是指材料抵抗外力作用下变形和断裂的能力。强度指标一般用单位面积所承受的载荷（应力）表示，符号为σ，单位为 MPa。测定强度最基本的方法是拉伸试验。工程中常用的强度指标有屈服强度σ_s和抗拉强度σ_b，可用拉伸试验测定。图 1-1 所示为低碳钢的拉伸应力应变曲线。

屈服强度是指材料在拉伸过程中，载荷不增大而试样伸长量却在继续增加时的应力值，用σ_s表示。机械设计中，有时机械零件不允许发生塑性变形，或只允许少量的塑性变形，否则会失效，因此屈服强度是机械零件设计的主要依据。抗拉强度是指材料在破坏前所能承受的最大应力值，用σ_b表示。它是机械零件设计和选材的重要依据。

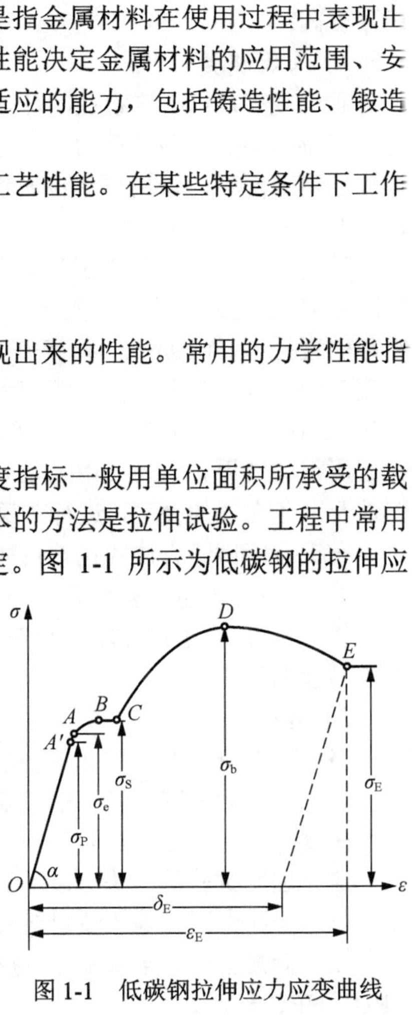

图 1-1　低碳钢拉伸应力应变曲线

2．塑性

塑性是指材料在外力作用下产生永久变形而不被破坏的能力。常用的塑性指标有延伸率δ和断面收缩率ψ。在拉伸试验中可同时测得。一般来说，塑性材料的 δ 或 ψ 较大，而脆性材料的 δ 或 ψ 较小。由于 δ 的大小随试样尺寸而变化，所以它不能充分地代表材料的塑性。而断面收缩率与试样尺寸无关，它能较可靠地代表金属材料的塑性。

塑性指标在工程技术中具有重要的实际意义。首先，良好的塑性可顺利完成某些成型工艺，如冷冲、冷拔等。其次，良好的塑性使零件在使用时，即使超载，也能由于塑性变形使材料强度提高而避免突然断裂，故在静载荷下使用的机械零件都需要具有一定的塑性。根据不同的工艺而有不用的要求。但是一般并不需要很大的塑性，δ 达 5%或 ψ 达 10%能满足绝大多数零件的要求，过高的塑性是没有必要的。

3. 硬度

硬度是材料抵抗外物压入的能力，也可以说是材料抵抗局部塑性变形的能力。它是衡量材料软硬程度的力学性能指标。硬度是各种零件和工具必须具备的性能指标。机械制造业所用的刀具、量具和模具等，都应具备足够的硬度，才能保证使用性能和寿命。有些机械零件如齿轮等，也要求有一定的硬度，以保证足够的耐磨性和使用寿命。因此硬度是材料重要的力学性能之一。

测定硬度常采用压入法。就是把硬质材料制成的圆球或锥体，用压力压入金属材料的表层，然后根据压痕的深度或面积来确定被测金属的硬度值。常用的硬度指标有布氏硬度和洛氏硬度。

1）布氏硬度

布氏硬度是用一定直径的球体（钢球或硬质合金球），以相应的试验力压入试样表面，经规定保持时间后卸除试验力，测量圆球在金属表面上所压出的圆形凹陷压痕的直径 d，据此计算压痕球面积，求出每单位面积所受的力，用以作为金属的硬度值，称为布氏硬度值，以符号 HB 来表示（图 1-2）。

试验所得的压痕直径应在下列范围之内：$0.25<d<0.6D$。若 $d<0.25D$，则灵敏度和准确性随之降低；若 $d>0.6D$，则测钢球的压下量太大亦引起不准确。对于钢来讲，一般确定采用钢球的直径 D 为 10mm，载荷 P 为 3000kg，压入时间为 10s。假如用一般规定试验条件所得压痕直径不在上列范围内，即应考虑选用其他载荷量做试验，并在布氏硬度值符号 HB 的右下角注明；如 HB10/1000/10，即表示用 10mm 直径的钢球，在 1000kg 力的载荷下保持 10s 钟后所得的结果。它的使用上限一般不超过 HB450，所以适用于测定退火、正火、调板钢、铸铁及有色金属的硬度，进行布氏硬度试验时，应根据金属的种类和试件的厚度，正常选择。

布氏硬度试验方法的优缺点如下。

① 优点：测量值较准确。与其他机械性能，特别与 σ_b 之间存在一定的关系。

② 缺点：由于钢球本身存在变形问题，不能测量硬度大于 HB450 的材料。压痕较大，对成品检测不适宜。

2）洛氏硬度

洛氏硬度测定原理和布氏硬度试验一样，也是压痕试验法之一。所不同的是，它不是测定压痕大小，而是用测量压痕凹陷深度表示硬度值（图 1-3）。在同一级硬度下，金属越硬，压痕深度越小；反之，金属越软，压痕深度越大。

洛氏硬度试验的压头分硬质和软质两种。通常，硬质压头的顶角为 120° 的金刚石圆锥体，适用于淬火钢材等较硬材料的硬度测定；软质压头由直径为 1.588mm 钢球制成，洛氏硬度所加负荷根据试验金属本身硬度不同而作不同规定（表 1-1）。其常用的三种符号以 HRA、HRB、HRC 表示。

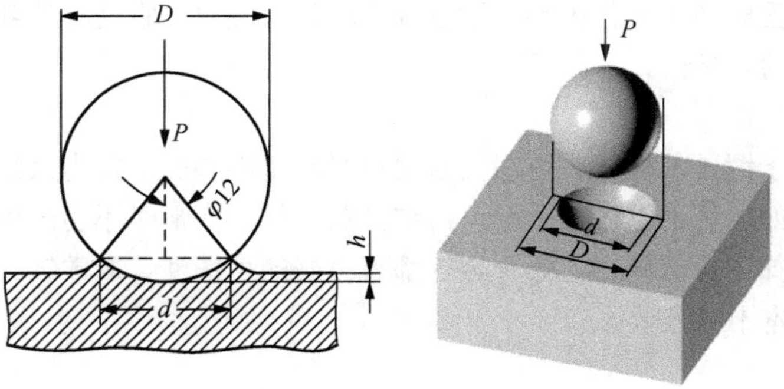

图 1-2　布氏硬度试验原理图

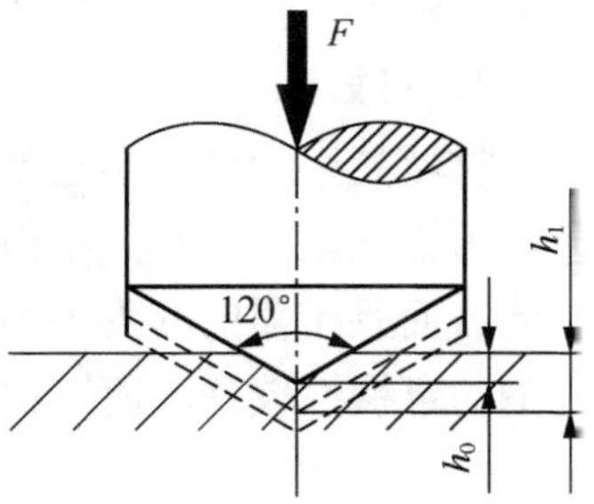

图 1-3　洛氏硬度试验原理图

洛氏硬度试验方法的优缺点如下。

① 优点：操作迅速，简便。可以直接得出硬度值。压痕小，不损伤工件表面，可以测量较软到极硬的或厚度较薄的材料硬度。

② 缺点：用不同硬度级测得硬度值无法比较；误差稍大。由于金刚石圆锥压头顶角和圆弧半径的误差（顶角为 120°±30′，顶角圆弧半径为 0.2±0.01mm）造成了各国洛氏硬度标准的差别，给比较和使用不同国家试验数据造成困难。

表 1-1　常用的三种洛氏硬度试验范围

符　　号	压 头 类 型	载荷/N（kg 力）	硬度值有效范围	使 用 范 围
HRA	120°金刚石圆锥	558.4（60）	60～85（相当 350HB 以上）	适用于测量硬质合金、表面淬火层或渗碳层
HRB	1.588mm 钢球	980.7（100）	25～100（相当 60～230HB）	适用于测量有色金属、退火、正火钢等
HRC	120°金钢石圆锥	1471.0（150）	20～67（相当 230～700HB）	适用于调质钢、淬火钢等

4. 冲击韧度

前面讨论的是在静载荷作用下的机械性能指标，但是机器上的零件还经常受到各种冲击动载荷作用。例如，机床的爪形离合器，柴油机上的连杆、曲轴、连杆螺钉等零件在工作时都要受到冲击载荷的作用；冲床的冲头，锻锤的锤杆等也在冲击载荷下工作。对承受冲击载荷的工件，不仅要求有高的强度和一定的硬度，还必须具有抵抗冲击载荷而不破坏的能力。所谓冲击韧度就是衡量材料抵抗冲击破坏能力的指标。

为了测量材料的冲击韧性，在冲击试验机上利用升高的摆锤将试样打断，算出打断试样所需要的冲击功 A_k，再用试样断口处的截面积 F 去除，所得商值，即冲击韧度 α_k（J/m²）。α_k 值越大，表示材料的韧性越好，在受到冲击时越不容易断裂。对于重要零件要求 α_k 大于 500kJ/m²。

1.1.2　工艺性能

材料的工艺性能是指材料在各种加工过程中，适应加工工艺要求的能力。它是物理性能、化学性能和机械性能的综合表现。工艺性能主要有铸造性、可锻性、可焊性、切削加工性和热处理性等。在机械零件设计和制造中，以及选择材料和工艺方法时，必须考虑材料的工艺性能。

1. 铸造性能

材料的铸造性能主要是指流动性、收缩性和产生偏析的倾向。流动性是流体金属充满铸型的能力。流动性好能铸出细薄精致的复杂铸件，能减少缺陷。收缩性是指金属材料在冷却凝固中，体积和尺寸缩小的性能。收缩是使铸件产生缩孔、缩松、内应力、变形、开裂的基本原因。偏析是指金属材料在凝固时造成零件内部化学成分不均匀的现象。它使零件各部分机械性能不一致，影响零件使用的可靠性。

2. 可锻性

材料的可锻性是指它是否易于锻压的性能。可锻性常用材料的塑性和变形抗力来综合衡量。可锻性好的材料，不但塑性好，可锻温度范围宽，再结晶温度低，变形时不易产生加工硬化，而且所需的变形外力小。如中、低碳钢，低合金等都有良好的可锻性，高碳钢、高合金钢的可锻性较差，而铸铁则根本不能锻造。

3. 可焊性

材料的可焊性是指材料在一定条件下获得优质焊接接头的难易程度。对于易氧化、吸气性强、导热性好（或差）、膨胀系数大、塑性低的材料，一般可焊性差。可焊性好的材料，在焊缝内不易产生裂纹、气孔、夹渣等缺陷，同时焊接接头强度高。如低碳钢具有良好的可焊性，而铸铁、高碳钢、高合金钢、铝合金等材料的可焊性则较差。

4. 切削加工性

材料的切削加工性是指其切削加工的难易程度。切削加工性好的材料，切削时消耗的能量少，刀具寿命长，易于保证加工表面的质量，切屑易于折断和脱落。材料的切削加工性与它的强度、硬度、塑性、导热性等有关。如灰口铸铁、铜合金及铝合金等均有较好的切削加工性，而高碳钢的切削性能则较差。

5. 热处理性

材料在进行热处理时反映出来的性能，称为热处理性，如淬透性、淬硬性、淬火变形开裂的倾向、氧化脱碳的倾向等。如含锰、铬、镍等合金元素的合金钢淬透性比较好，碳钢的淬透性较差。

1.2 机械工程材料分类及应用

常用机械工程材料分类如图 1-4 所示。

- 机械工程材料
  - 金属材料
    - 钢铁材料（黑色金属）
      - 钢
        - 碳素钢
          - 碳素结构钢：碳素结构钢、优质碳素结构钢等
          - 碳素工具钢：碳素工具钢、高级优质碳素工具钢等
        - 合金钢
          - 合金结构钢：低合金高强度结构钢、合金结构钢等
          - 合金工具钢：量具用钢、刃具用钢、模具用钢等
          - 特殊性能钢：不锈钢、耐热钢、耐磨钢等
      - 铸铁：灰铸铁、球墨铸铁、可锻铸铁、蠕墨铸铁、合金铸铁等
    - 非铁材料（有色金属）
      - 铜及铜合金：纯铜、黄铜、青铜等
      - 铝及铝合金：纯铝、变形铝合金、铸造铝合金等
  - 非金属材料：塑料、橡胶、陶瓷等
  - 复合材料：树脂基复合材料、金属基复合材料、陶瓷基复合材料等

图 1-4　常用机械工程材料分类

1.2.1　常用的钢铁材料

钢铁材料是指钢和铸铁。工业上将碳的质量分数小于 2.11%的铁碳合金称为钢。工业用钢按化学成分可分为碳素钢和合金钢两大类。合金钢是为了改善和提高碳素钢的性能或使之获得某些特殊性能，在碳素钢的基础上，特意加入某些合金元素而得到的以铁为基础的多元合金。钢具有良好的使用性能和工艺性能，因此获得了广泛的应用。

1. 碳素钢

碳素钢是以铁和碳为主要元素而组成的，常含有硅、锰、硫、磷等杂质成分。由于这类钢容易冶炼、价格低廉、工艺性好，在机械制造业中得到了广泛的应用。

常见碳素结构钢的牌号用“Q+数字”表示，其中“Q”为屈服点的“屈”字的汉语拼音字首，数字表示屈服强度的数值。若牌号后标注字母，则表示钢材质量等级不同。优质碳素结构钢的牌号用两位数字表示钢的平均含碳量的质量分数的万分数，例如，20 钢的平均碳质量分数为 0.2%。表 1-2 列出了常见碳素结构钢的牌号、机械性能及其用途。

表 1-2　常见碳素结构钢的牌号、机械性能及其用途

类　别	常用牌号	机械性能			用　途
		屈服点 σ_s/MPa	抗拉强度 σ_b/MPa	伸长率 δ/%	
碳素结构钢	Q195	195	315～390	33	塑性较好，有一定的强度，通常轧制成钢筋、钢板、钢管等。可作为桥梁、建筑物等的构件，也可用做螺钉、螺帽、铆钉等
	Q215	215	335～410	31	
	Q235A	235	375～460	26	
	Q235B				
	Q235C				可用于重要的焊接件
	Q235D				强度较高，可轧制成型钢、钢板，作构件用
	Q255	255	410～510	24	
	Q275	275	490～610	20	
优质碳素结构钢	08F	175	295	35	塑性好，可制造冷冲压零件
	10	205	335	31	冷冲压性与焊接性能良好，可用做冲压件及焊接件，经过热处理也可以制造轴、销等零件
	20	245	410	25	
优质碳素结构钢	35	315	530	20	经调质处理后，可获得良好的综合机械性能，用来制造齿轮、轴类、套筒等零件
	40	335	570	19	
	45	355	600	16	
	50	375	630	14	
	60	400	675	12	主要用来制造弹簧
	65	410	695	10	

2. 合金钢

为了提高钢的性能，在碳素钢基础上特意加入合金元素所获得的钢种称为合金钢。常用的合金元素有锰、硅、铬、镍、钼、钨、钒、钛硼等。工业上常按用途把合金钢分为合金结构钢（主要用于制造各种机械零件和工程构件）、工具钢（主要用于制造各种刀具、量具和模具等）、特殊性能钢（具有特殊的物理、化学性能的钢，可分为不锈钢、耐热钢、耐磨钢等）。

合金结构钢的牌号用“两位数（平均碳质量分数的万分之几）+元素符号+数字（该合金元素质量分数，小于 1.5%不标出；1.5%～2.5%标 2；2.5%～3.5%标 3，以此类推）”表示。对合金工具钢的牌号而言，当碳的质量分数小于 1%时，用“一位数（表示碳质量分数的千分之几）+元素符号+数字”表示；当碳的质量分数大于 1%时，用“元素符号+数字”表示。

（注：高速钢碳的质量分数小于 1%，其含碳量也不标出）。表 1-3 列出了常见合金钢的牌号、机械性能及其用途。

表 1-3 常见合金钢的牌号、机械性能及其用途

类别	常用牌号	机械性能			用途
		屈服点σ_s/MPa	抗拉强度σ_b/MPa	伸长率δ/%	
低合金高强度结构钢	Q295	≥295	390～570	23	具有高强度、高韧性、良好的焊接性能和冷成型性能。主要用于制造桥梁、船舶、车辆、锅炉、高压容器、输油输气管道、大型钢结构等
	Q345	≥345	470～630	21～22	
	Q390	≥390	490～650	19～20	
	Q420	≥420	520～680	18～19	
	Q460	≥460	550～720	17	
合金渗碳钢	20Cr	540	835	10	主要用于制造汽车、拖拉机中的变速齿轮、内燃机上的凸轮轴、活塞销等机器零件
	20CrMnTi	835	1080	10	
	20Cr2Ni4	1080	1175	10	
合金调质钢	40Cr	785	980	9	主要用于汽车和机床上的轴、齿轮等
	30CrMnTi	—	1470	9	
	38CrMoAl	835	980	14	

3. 铸钢

铸钢主要用于制造形状复杂，具有一定强度、塑性和韧性的零件。碳是影响铸钢性能的主要元素，随着碳质量分数的增加，屈服强度和抗拉强度均增加，而且抗拉强度比屈服强度增加得更快，但当碳的质量分数大于 0.45%时，屈服强度很少增加，而塑性、韧性却显著下降。所以，在生产中使用最多的是 ZG230-450、ZG270-500 和 ZG310-570 三种。表 1-4 列出了常见碳素铸钢的成分、机械性能及其用途。

表 1-4 常见碳素铸钢的成分、机械性能及其用途

钢号	化学成分			机械性能					用途
	C	Mn	Si	σ_s	σ_b	δ	ψ	a_k	
ZG200-400	0.20	0.80	0.50	200	400	25	40	600	机座、变速箱壳
ZG230-450	0.30	0.90	0.50	230	450	22	32	450	机座、锤轮、箱体
ZG270-500	0.40	0.90	0.50	270	500	18	25	350	飞轮、机架、蒸汽锤、水压机、工作缸、横梁
ZG310-570	0.50	0.90	0.60	310	570	15	21	300	联轴器、汽缸、齿轮、齿轮圈
ZG340-640	0.60	0.90	0.60	340	640	10	18	200	起重运输机中齿轮、连轴器等

4. 铸铁

铸铁是碳质量分数大于 2.11%，并含有较多 Si、Mn、S、P 等元素的铁碳合金。铸铁的生产工艺和生产设备简单，价格便宜，具有许多优良的使用性能和工艺性能，所以应用非常广泛，是工程上最常用的金属材料之一。

铸铁按照碳存在的形式可以分为：白口铸铁、灰口铸铁、麻口铸铁；按铸铁中石墨的形态可以分为：灰铸铁、可锻铸铁、球墨铸铁、蠕墨铸铁。表 1-5 是常见灰铸铁的牌号及其用途。

表 1-5 常见灰铸铁的牌号及其用途

牌号	铸件壁厚	力学性能		用途
		σ_b/MPa	HBS	
HT100	2.5～10	130	110～166	适用于载荷小、对摩擦和磨损无特殊要求的不重要的零件，如防护罩、盖、油盘、手轮、支架、底板、重锤等
	10～20	100	93～140	
	20～30	90	87～131	

续表

牌　号	铸件壁厚	力学性能		用　途
		σ_b/MPa	HBS	
HT150	2.5～10 10～20 20～30	175 145 130	137～205 119～179 110～166	适用于承受中等载荷的零件，如机座、支架、箱体、刀架、床身、轴承座、工作台、带轮、阀体、飞轮、电动机座等
HT200	2.5～10 10～20 20～30	220 195 170	157～236 148～222 134～200	适用于承受较大载荷和要求一定气密性或耐腐蚀性等较重要的零件、如汽缸、齿轮、机座、飞轮、床身、汽缸体、活塞、齿轮箱、刹车轮、联轴器盘、中等压力阀体、泵体、液压缸、阀门等
HT250	4.0～10 10～20 20～30	270 240 220	175～262 164～247 157～236	
HT300	10～20 20～30 30～50	290 250 230	182～272 168～251 161～241	适用于承受高载荷、耐磨和高气密性的重要零件，如重型机床、剪床、压力机、自动机床的床身、机座、机架、高压液压件、活塞环、齿轮、凸轮、车床卡盘、衬套、大型发动机的汽缸体、缸套、汽缸改等
HT350	10～20 20～30 30～50	340 290＋ 260	199～298 182～272 171～257	

1.2.2　常用非铁材料——有色金属

工业上把钢铁以外的金属称为非铁材料（有色金属），非铁材料（有色金属）及其合金具有钢铁材料所没有的许多特殊的力学、物理和化学性能，为现代工业中不可缺少的金属材料。非铁材料（有色金属）常用的有铝及铝合金、铜及铜合金等。常用有色金属及其合金的牌号、种类和用途见表 1-6。

表 1-6　常用有色金属及其合金的牌号、种类和用途

名　称	牌　号	用　途	说　明
纯铜	T1	电线、导电螺钉、储藏器及各种管道等	纯铜分 T1-T4 四种。如 T1（一号铜）表示铜的质量分数为 99.95%；T4 含铜量为 99.50%
黄铜	H62	散热器、垫圈、弹簧、各种网、螺钉及其他零件等	“H”表示黄铜，后面数字表示铜的质量分数，如 62 表示铜的质量分数为 60.5%～63.5%
纯铝	1070A 1060 1050A	电缆、电器零件、装饰件及日常生活用品等	铝的质量分数为 98%～99.7%
铸铝合金	ZL102	耐磨性中上等，用于制造载荷不大的薄壁零件等	“Z”表示铸，“L”表示铝，后面数字表示顺序号。如 ZL102 表示 Al-Si 系 02 号合金

1.3　钢铁材料的鉴别

钢铁材料品种繁多，性能各异，因此对钢铁材料的鉴别是非常必要的。常用的鉴别方法有火花鉴别法、色标鉴别法、断口宏观鉴别法和音色鉴别法等。

1.3.1　火花鉴别法

根据钢铁材料在磨削过程中所出现的火花爆裂形状、流线、色泽、发火点等特点区别钢铁材料化学成分差异的方法，称为火花鉴别法。

火花鉴别专用电动砂轮机的功率为0.20～0.75kW，转速高于3000r/min。所用砂轮粒度为40～60目，中等硬度，直径为φ150～200mm。磨削时施加压力以20～60N为宜，轻压看合金元素，重压看含碳量。

火花鉴别的要点是：详细观察火花的火束粗细、长短、花次层叠程度及其色泽变化情况。注意观察组成火束的流线形态，火花束根部、中部及尾部的特殊情况及其运动规律，同时还要观察火花爆裂形态、花粉大小和数量。

1. **火花组成**

① 火花束：火花束是指被测材料在砂轮上磨削时产生的全部火花，常由根部、中部、尾部组成，见图1-5。

② 流线：从砂轮上直接射出的好像直线的火流称为流线。每条流线都由节点、爆花和尾花组成，见图1-6。

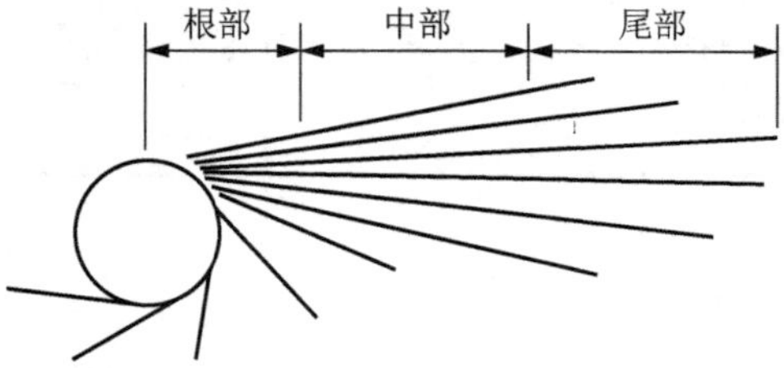

图1-5　火花束

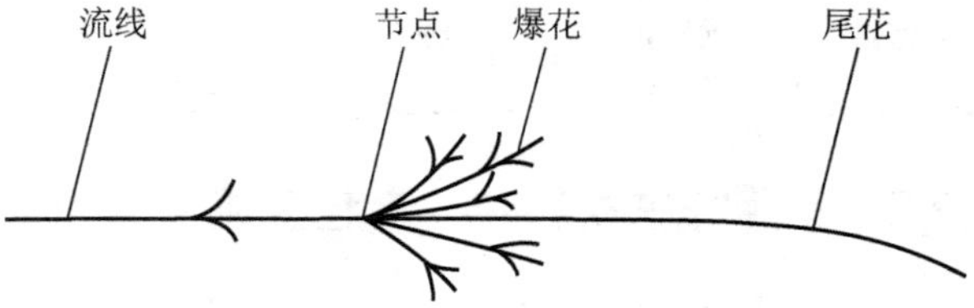

图1-6　火花束的构成

③ 节点：节点就是流线上火花爆裂的原点，呈明亮点，见图1-7。

④ 爆花：爆花就是节点处爆裂的火花。钢的化学成分不同，尾花的形状也不同。通常，尾花可分为狐尾尾花、枪尖尾花、菊花状尾花和羽状尾花等。

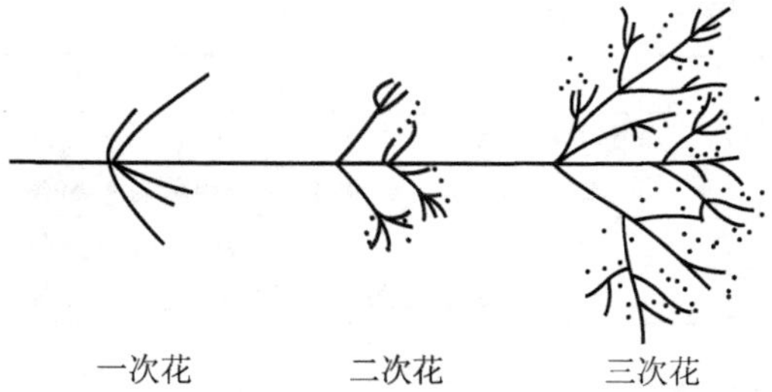

图1-7　节花的形成

2. **常用钢铁材料的火花特征**

碳是钢铁材料火花的基本元素，也是火花鉴别法测定的主要成分。由于含碳量不同，其火花形状不同。

1）碳素钢火花的特征

① 通常低碳钢火花束较长，流线少，芒线稍粗，多为一次花，发光一般，带暗红色，无花粉。图1-8为20钢的火花特征。

② 中碳钢火花束稍短，流线较细长而多，爆花分叉较多，开始出现二次、三次花，花粉较多，发光较强，颜色橙。图1-9为45钢的火花特征。

③ 高碳钢火花束较短而粗，流线多而细，碎花、花粉多，又分叉多且多为三次花，发光较亮。图1-10为T12钢的火花特征。

2）铸铁的火花特征

铸铁的火花束很粗，流线较多，一般为二次花，花粉多，爆花多，尾部渐粗下垂成弧形，颜色多为橙红。火花试验时，手感较软。图1-11为HT200的火花特征。

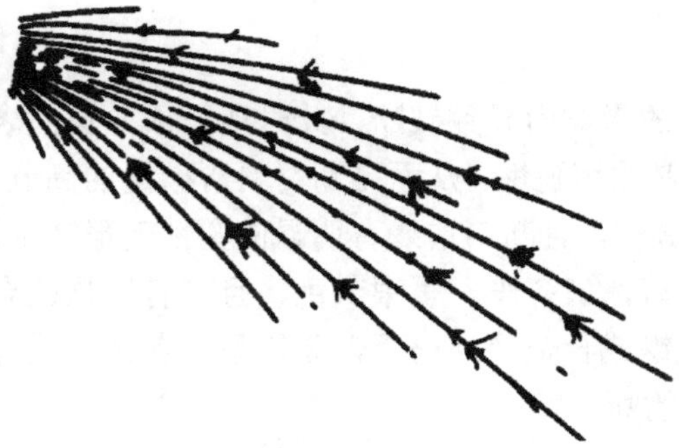

图 1-8　20 钢的火花特征

图 1-9　45 钢的火花特征

图 1-10　T12 钢的火花特征

图 1-11　HT200 的火花特征

3）合金钢的火花特征

合金钢的火花特征与其含有的合金元素有关。一般情况下，镍、硅、钼、钨等元素抑制火花爆裂，而锰、钒铬等元素却可助长火花爆裂。所以对合金钢的鉴别难掌握。

一般铬钢的火花束白亮，流线稍粗而长，爆裂多为一次花、花型较大，呈大星形，分叉多而细，附有碎花粉，爆裂的火花心较明亮。

镍铬不锈钢的火花束细，发光较暗，爆裂为一次花，五、六根分叉，呈星形，尖端微有爆裂。

高速钢火花束细长，流线数量少，无火花爆裂，色泽呈暗红色，根部和中部为断续流线，尾花呈弧状。

1.3.2　色标鉴别法

生产中为了表明金属材料的牌号、规格等，常做一定的标记，如涂色、打印、挂牌等。金属材料的涂色标志是表示钢号、钢种的，涂在材料一端的端面或端部。具体的涂色方法在有关标准中做了详细规定，现举例如下：

① 碳素结构钢 Q235 钢为红色；

② 优质碳素结构钢 20 钢为棕色加绿色，45 钢为白色加棕色；

③ 合金结构钢 20CrMnTi 钢为黄色加黑色，40CrMo 钢为绿色加紫色；

④ 铬轴承钢 GCr15 钢为蓝色；

⑤ 高速钢 W18Cr4V 钢为棕色加蓝色；

⑥ 不锈钢 1Cr18Ni9Ti 钢为绿色加蓝色；

⑦ 热作模具钢 5CrMnMo 钢为紫色加白色。

1.3.3 断口宏观鉴别法

材料或零部件因受某些物理、化学或机械作用的影响而导致破断，此时所形成的自然表面称为断口。生产现场根据断口的自然形态判定材料的韧脆性，从而推断材料含碳量的高低。若断口呈纤维状，无金属光泽，颜色发暗，无结晶颗粒，且断口边缘有明显的塑性变形特征，则表明钢材具有良好的塑性和韧性，含碳量较低。若断口齐平，呈银灰色，且具有明显的金属光泽和结晶颗粒，则表明属脆性材料。而过共析钢或合金经淬火后，断口呈亮灰色，具有绸缎光泽，类似于细瓷器断口特征。常用钢铁材料的断口特点：

① 低碳钢不易敲断，断口边缘有明显的塑性变形特征，有微量颗粒；

② 中碳钢的断口边缘的塑性变形特征没有低碳钢明显，断口颗粒较细、较多；

③ 高碳钢的断口边缘无明显塑性变形特征，断口颗粒很细密；

④ 铸铁极易敲断，断口无塑性变形，晶粒粗大，呈暗灰色。

1.3.4 音色鉴别法

根据钢铁敲击时发出的声音不同，以区别钢和铸铁的方法称为音色鉴别法。

敲击时，发出比较清脆声音的材料为钢，发出较低沉声音的材料为铸铁。

为了准确地鉴别材料，在以上几种现场鉴别的基础上，一般还可采用化学分析、金相检验以及硬度试验等手段进行鉴别。

思考和练习

1. 金属材料的力学性能主要包括哪几个方面？其主要指标有哪些？
2. 什么叫金属的工艺性能？主要包括哪几个方面？
3. 45 钢、T12 钢、HT200 的各属于什么钢种？它们常用于制造什么工件？
4. 钢的火花由哪几部分组成？20 钢与 T12 钢的火花特征有什么区别？
5. 有一批 45 钢材中混入了少量的外观无任何区别的 T12 钢，可用哪几种简易方法将它们区分开？
6. 铸铁按其中石墨的形态可以分为哪几类？
7. 常见有色金属及其合金有哪些？
8. 常见合金钢的牌号、机械性能及其用途如何？

第 2 章　金属热处理

教学提示　热处理是指通过对金属材料进行加热、保温并以适当冷却方式冷却，用以控制金属内部组织变化，从而达到所需性能的加工方法。热处理分为普通热处理和表面热处理两大类，其中普通热处理包括退火、正火、淬火和回火，表面热处理包括表面淬火和化学热处理工艺等。热处理改变材料性能主要有两方面目的：一是改善工艺性能；二是提高强度。因此零件热处理质量的高低对成品质量往往具有决定性的影响。

教学要求　通过本章的学习使学生了解热处理的工艺过程、特点及应用。具体包括熟悉热处理工艺常用工具和设备名称及其应用，重点掌握热处理工艺的工艺特点、技术名称、基本工序及其应用，同时需要学生熟记热处理工艺操作过程中的安全注意事项。需要指出的是在学习本章前，必须掌握铁碳合金及其相图的基本知识，最好对热处理有一定的感性认识，在掌握各种冷却转变含义、力学性能的基础上，进一步理解各种热处理工艺及其应用。

2.1　热处理概述

热处理是指通过对金属材料进行加热、保温并以适当冷却方式冷却，用以控制金属内部组织变化，从而达到所需性能的加工方法。热处理是机器零件及工具制造过程中的重要工序，它对充分利用金属材料力学性能的潜力、提高产品质量和延长产品的使用寿命具有重要意义；热处理在改善毛坯工艺性能以利于冷、热加工方面也有良好作用。即热处理工艺改变材料性能主要有两方面目的：一是改善工艺性能；二是提高强度。

热处理种类很多，但是它们有一个共同的特点，即都包括加热和冷却两个基本过程。对于通常所用的金属热处理工艺，一般均由不同的加热、保温和冷却三个阶段组成，从而改变整体后表层的组织，以获得所需要的性能。

热处理分为普通热处理和表面热处理两大类，其中普通热处理包括退火、正火、淬火和回火，表面热处理包括表面淬火和化学热处理工艺等。因此本章重点介绍热处理工艺的工艺特点、技术名称、基本工序及其应用，同时需要学生熟记热处理工艺操作过程中的安全注意事项。

在学习热处理工艺之前，必须掌握铁碳合金及其相图的基本知识，如图 2-1 所示。

在图 2-1 中，A 表示纯铁熔点；G 表示纯铁 $F \rightleftharpoons A$ 的转变温度；P 表示碳在α–Fe 中最大溶解度；S 表示共析点；E 表示碳在γ-Fe 中最大溶解度；C 表示共晶点；D 表示渗碳体溶点；F，K 表示渗碳体成分；F 表示铁素体；A 表示奥氏体；P 表示珠光体；L 表示液相。

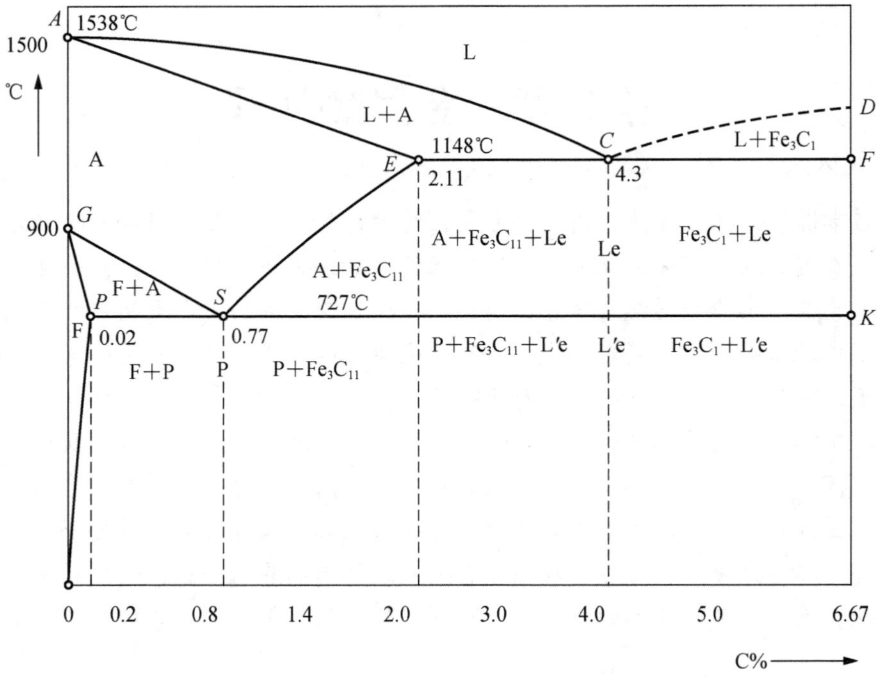

图 2-1　用组织组成物表示的 Fe-Fe_3C 相图

2.2　普通热处理工艺

钢的普通热处理工艺包括退火、正火、淬火、回火。其中，退火和正火属于钢的预备热处理工艺，这类热处理是以准备材料，使之便于加工为目的的。即可用于降低硬度、细化晶粒、消除残余应力、提高韧性、恢复塑形或减少偏析等。淬火和回火属于钢的最终热处理工艺。淬火是热处理工艺中最重要的工序，它可以显著提高钢的强度和硬度。如果与不同温度的回火配合，则可以得到不同的强度、塑性和韧性的配合，获得不同的应用。

2.2.1　钢的预备热处理——退火

1．退火定义

退火是将工件加热到适当温度，保温一定时间，然后缓慢冷却的热处理工艺，实际生产中常采取随炉冷却的方式，图 2-2 为退火、正火工艺曲线，图 2-3 为退火和正火的加热温度范围示意图。

2．退火目的

（1）降低硬度，改善钢的成型和切削加工性能；

（2）均匀钢的化学成分和组织；

（3）消除内应力。

3．常用退火工艺方法

根据处理的目的和要求不同，钢的退火可分为完全退火、球化退火和去应力退火等。表 2-1 为主要退火工艺方法及其应用。

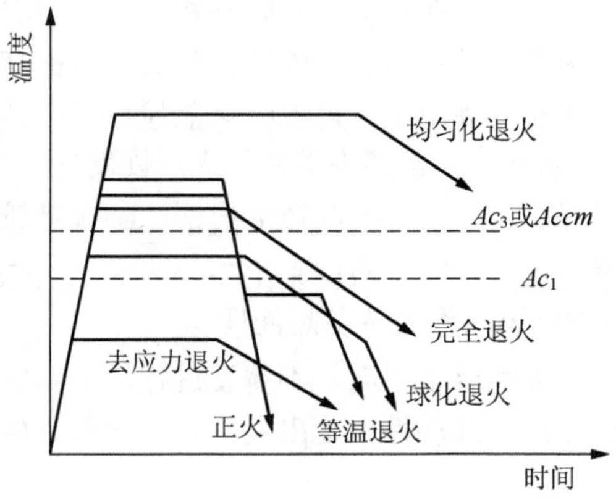

图 2-2　退火、正火工艺曲线

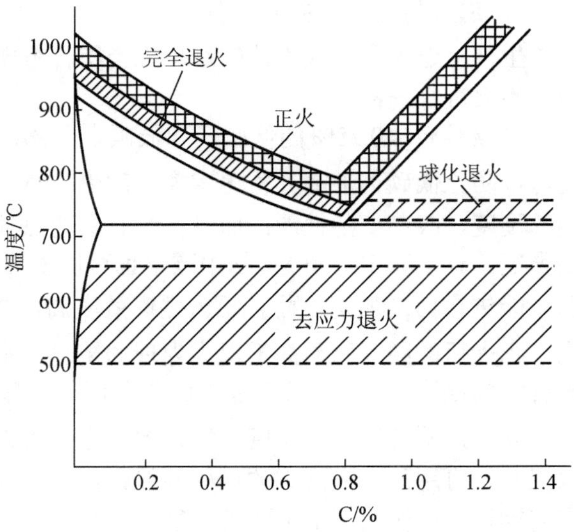

图 2-3　退火和正火的加热温度范围示意图

表 2-1　主要退火工艺方法及其应用

名　称	工　艺	目　的	应　用
完全退火	将钢加热至 Ac_3 以上 30～50℃，保温一定时间，炉冷至室温（或炉冷至 600℃以下，出炉空冷）	细化晶粒，消除过热组织，降低硬度和改善切削加工性能	主要用于亚共析钢的铸、锻件，有时也用于焊接结构
球化退火	将钢加热至 Ac_1 以上 20～40℃，保温一定时间，炉冷至室温，或快速冷至略低于 Ar_1，保温后出炉空冷，是使钢中碳化物球状化的退火工艺	使钢中的渗碳体球状化，以降低钢的硬度，改善切削加工性，并为以后的热处理做好组织准备	主要用于共析钢和过共析钢
均匀化退火（扩散退火）	将钢加热到略低于固相线温度（Ac_3 或 $Accm$ 以上 150～300℃），长时间保温（10～15h），随炉冷却	使钢的化学成分和组织均匀化	主要用于质量要求高的合金铸锭、铸件或锻坯
去应力退火（低温退火）	将钢加热至 Ac_1 以下某一温度（一般为 500～600℃），保温一段时间，然后炉冷至室温	消除残余应力	主要用于消除铸件、锻件、焊接件、冷冲压件以及机加工件中的残余应力
再结晶退火	将钢加热至再结晶温度以上 100～200℃，保温一段时间，然后随炉冷却	消除冷变形强化，改善塑性	主要用于经冷变形的钢

2.2.2　钢的预备热处理——正火

1．正火定义

正火是将钢加热到 Ac_3（或 $Accm$）以上 30～50℃，保温一定时间，出炉后在空气中冷却的热处理工艺。

2．正火目的

（1）对力学性能要求不高的结构、零件，可用正火作为最终热处理，以提高其强度、硬度和韧性；

（2）对低、中碳素钢，可用正火作为预备热处理，以调整硬度，改善切削加工性；

（3）对于过共析钢，正火可抑制渗碳体网的形成，为球化退火作好组织准备。

3. 退火与正火的主要区别与选用

生产上退火和正火工艺的选择应当综合考虑钢种、冷、热加工工艺、零件的使用性能及经济性来进行选择。

含碳量 w_C<0.25% 的低碳钢和低碳合金钢，通常采用正火代替退火。因为较快的冷却速度可以防止低碳钢沿晶界析出游离三次渗碳体，从而提高零件的冷变形性能；正火可以提高钢的硬度，改善切削性能；而且在没有其他热处理工序时，采用正火可以细化晶粒，提高碳钢强度。w_C=0.25%～0.5% 的中碳钢也可以采用正火代替退火，虽然中碳钢正火后硬度偏高，但尚能进行切削加工，而且正火生产效率高，成本低廉。w_C=0.5%～0.75% 的钢，碳含量较高，正火后的硬度明显高于退火处理的情况，难以进行切削加工，故应采用完全退火工艺来改善切削性能。w_C=0.75% 以上的高碳钢一般都采用球化退火作为预备热处理。

此外，从使用性能角度出发，如果零件受力不大，性能要求不高，不需要进行淬火和回火工艺，可用正火提高钢的机械性能，作为最终热处理。从经济性角度出发，正火比退火生产周期短，操作简便，工艺成本更低廉。

2.2.3 钢的最终热处理——淬火

1. 淬火的定义

把钢加热到临界点 Ac_1（过共析钢）或 Ac_3（亚共析钢）以上 30～50℃，保温并随之以大于临界冷却速度（V_k）冷却，以得到介稳状态的马氏体或下贝氏体组织的热处理工艺方法称为淬火。其实质是使加热到奥氏体状态的钢发生马氏体或下贝氏体转变。

根据上述淬火的含义，实现淬火过程的必要条件是加热温度必须高于临界点以上，以获得奥氏体组织，其后的冷却速度必须大于临界冷却速度，而淬火得到的组织是马氏体或下贝氏体，后者是淬火的本质。图 2-4 为淬火加热温度范围。

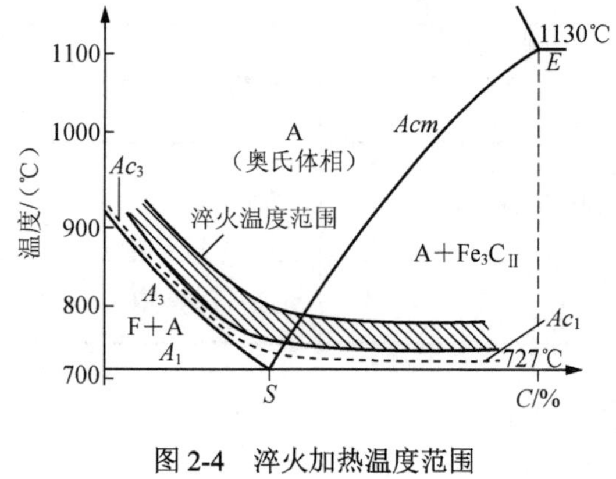

图 2-4　淬火加热温度范围

2. 淬火的目的

淬火的目的是提高工具、渗碳零件和其他高强度耐磨机器零件等的硬度、强度和耐磨性；结构钢零件通过淬火和回火后，在保持足够韧性的条件下提高钢的强度，即获得良好的综合力学性能。

3. 淬火工艺参数的选择

1）淬火加热温度的选择

淬火温度是由钢的含碳量所确定的。亚共析钢的淬火温度一般为 Ac_3 以上 30～50℃；共析钢和过共析钢则为 Ac_1 以上 30～50℃。

2）淬火加热时间

为了使工件各部分完成组织转变，需要在淬火加热温度保温一定的时间，通常将工件升温和保温所需的时间计算在一起，统称为加热时间。

影响淬火加热时间的因素较多，如钢的成分、原始组织、工件形状和尺寸、加热介质、炉温、装炉方式及装炉量等。目前生产中多采用下列经验公式来计算加热时间。

$$t=aKD$$

式中，t 为加热时间，min；a 为加热系数，min/mm；K 为装炉修正系数；D 为工件有限厚度，mm。

钢在淬火加热过程中，如果操作不当，会产生过热、过烧或表面氧化、脱碳等缺陷。

过热是指工件在淬火加热时，由于温度过高或时间过长，造成奥氏体晶粒粗大的现象。过热不仅使淬火后得到的马氏体组织粗大，使工件的强度和韧性降低，易于产生脆断，而且容易引起淬火裂纹。对于加热工件，进行一次细化晶粒的退火或正火，然后再按工艺规程进行淬火，便可以纠正过热组织。过烧是指工件在淬火加热时，温度过高，使奥氏体晶界发生氧化或出现局部熔化的现象，过烧的工件无法补救，只能报废。

淬火加热时工件和加热介质之间相互作用，往往会产生氧化和脱碳等缺陷。氧化使工件尺寸减小，表面粗糙度降低，并影响淬火冷却速度；表面脱碳使工件表面含碳量降低，导致工件表面硬度、耐磨性及疲劳强度降低。

3）淬火介质选择

常用淬火介质有水、矿物油、盐水、碱水等。其中水是最常用的淬火介质。其特点是冷却能力大，使用方便，而且价廉。

4. 淬火钢的两大特性

在用淬火方法强化钢材时，钢的淬硬性和淬透性是非常重要的两大特性。

1）钢的淬硬性

钢淬火时所能达到的最高硬度值，表明钢的淬硬能力，称钢的淬硬性。钢的淬硬性主要取决于钢的含碳量，合金元素仅使其略有提高。

2）钢的淬透性

钢的淬透性是指钢在淬火时获得淬硬层深度的能力。淬火时，零件表面冷却较快而内部冷却较慢。当表面和内部的冷却速度都大于临界冷却速度时，整个工件截面上都能得到马氏体；当内部冷却速度小于临界冷却速度时，内部将得到托氏体或索氏体。

淬透性的实际意义：钢的淬透性是钢的热处理工艺性能，在生产中有重要的实际意义。工件在整体淬火条件下，从表面至中心是否淬透，对其力学性能有重要影响。一些在拉压、弯曲或剪切载荷下工作的零件，如各类齿轮、轴类零件，希望整个截面都能被淬透，从而保证这些零件在整个截面上得到均匀的力学性能。选择淬透性较高的钢就能满足这一性能要求。而淬透性较低的钢，零件心部不能淬透，其机械性能低，特别是冲击韧性更低，不能充分发挥材料的性能潜力。

2.2.4　钢的最终热处理——回火

1. 回火定义

将淬火后的零件加热到低于 Ac_1 的某温度并保温，然后冷却到室温的热处理工艺称回火。

2. 回火目的

（1）获得所需的力学性能。零件淬火后强度有很大提高，但韧性差，不能满足零件的性能要求。通过选择适当温度的回火，可以提高零件的韧性、调整其硬度和强度，达到所需要的力学性能。

（2）减少或消除应力。淬火零件内部存在很大的内应力，如不及时消除，也会引起零件的变形和开裂。通过回火，可使淬火内应力大大减少，直至消除。

（3）稳定钢的组织和尺寸。淬火钢的组织主要是马氏体和少量残余奥氏体，能自发地逐渐转化，从而引起零件形状和尺寸发生变化，通过回火可稳定其组织，从而达到稳定其形状和尺寸的目的。

3. 淬火钢回火时的组织转变

随着回火温度的升高，淬火钢的组织发生以下四个阶段的变化。

1）马氏体的分解

淬火钢在 100℃以下回火时，内部组织的变化并不明显，硬度基本上也不下降。当回火温度大于 100℃时，马氏体开始分解。马氏体中的碳以ε碳化物（$Fe_{2.4}C$）的形式析出，使过饱和度减小。到 350℃左右时，α相中含碳量降至接近平衡浓度，马氏体分解基本结束，α相与ε-$Fe_{2.4}C$保持共格关系。所谓“共格关系”是指两相界面上的原子恰好位于两相晶格的共同节点上。但此时α相仍保持针状特征。这种由极细ε-$Fe_{2.4}C$和低饱和度的α相组成的组织，称为回火马氏体，因易腐蚀，颜色较淬火马氏体暗。

2）残余奥氏体的转变

回火温度在200～300℃时，马氏体分解为回火马氏体。此时，体积缩小并降低了对残余奥氏体的压力，使其在此温度区内转变为下贝氏体。残余奥氏体从200℃开始分解，到300℃基本完成，得到的下贝氏体并不多，所以此阶段的主要组织仍为回火马氏体。此时硬度有所下降。

3）回火托氏体的形成

在回火温度250～400℃阶段，因碳原子的扩散能力增加，过饱和固溶体很快转变为铁素体。同时亚稳定的ε碳化物也逐渐转变为稳定的渗碳体，并与母相失去共格联系，淬火时晶格畸变所存在的内应力大大消除。此阶段到 400℃时基本完成，其所形成的由尚未再结晶的铁素体和细颗粒状的渗碳体组成的混合物，称回火托氏体（$T_{回}$）。此时硬度继续下降。

4）渗碳体的聚集长大和铁素体再结晶

回火温度达到400℃以上时，渗碳体逐渐聚集长大，形成较大的粒状渗碳体，到600℃以上时，渗碳体迅速粗化。同时，在 450℃以上铁素体和粒状渗碳体组成的混合物，称为回火索氏体（$S_{素}$）。

4. 回火种类及其应用

根据回火温度的不同，一般将回火分为以下三类。

1）低温回火

在 150～250℃进行，得到回火马氏体组织见图 2-5，目的在于保持高硬度、强度和耐磨性的情况下，适当提高淬火钢的韧性和减少淬火内应力。回火后硬度一般可达到 55HRC～64HRC。适用于量具、刀具、冲模以及滚动轴承和渗碳后淬火的零件等。

低温回火主要用于各种高碳钢制作的切削工具、冷作模具、滚动轴承、精密量具、丝杠、渗碳零件等。对某些精密量具和零件，为了保持淬火后的高硬度、消除应力、稳定尺寸，常在淬火或磨削后，进行一次或几次长时间低温回火，温度为 120～150℃，时间为十到十几小时。这种回火称为低温时效。

2）中温回火

在 350～500℃进行，得到回火托氏体组织见图 2-6，目的是使淬火钢中的内应力大大减少，从而使弹簧钢的弹性极限显著提高，同时又具有足够的高度、塑性、韧性。主要用于含碳量 0.6%～0.9%的碳素弹簧钢及含碳量 0.45%～0.7%的合金弹簧钢、塑料模、热锻模及某些要求强度较高的零件，如刀杆、轴套等。中温回火后硬度为 35HRC～50HRC。

结构件淬火后采用中温回火代替传统调质工艺，不仅能提高这些工件的强度，而且小能量多冲抗力也高于调质工艺。

3）高温回火

在 500～650℃进行，得到回火索氏体组织见图 2-7，具有较高的强度和韧性相配合的综合力学性能。生产中把淬火后再进行高温回火的处理称为调质处理。调质处理主要用于各种重要的结构零件，使钢的强度、塑性、韧性达到恰当的配合，具有良好的综合力学性能。特别是在交变载荷下工作的连杆、螺栓、螺母、曲轴和齿轮等零件。调质处理还可作为某些精密零件，如丝杠、量具、模具的预备热处理，以减少最终处理过程中的变形。调质钢调质处理后的硬度为 25HRC～35HRC。与正火比较，在相同的硬度下，强度、塑性和韧性均显著高于正火状态。

图 2-5　低温回火马氏体组织

图 2-6　中温回火托氏体组织

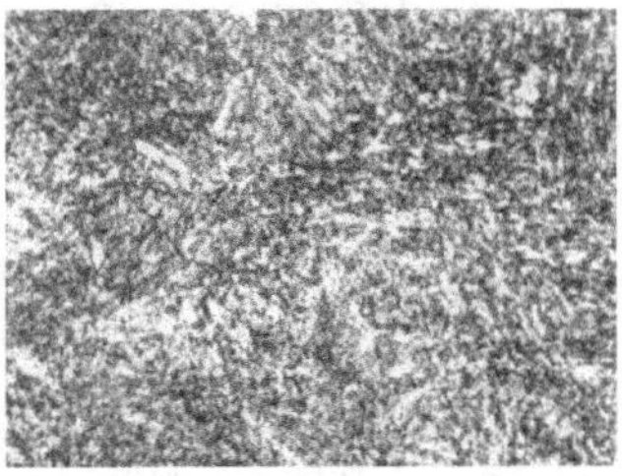

图 2-7　高温回火索氏体组织

2.3　表面热处理工艺

据统计，许多机械设备的破坏往往是从表面开始的，如摩擦副与相对运动部位，在接触面上会受到相配合零件或外来磨粒的擦伤、刻痕等作用；金属或合金在有腐蚀的环境下工作时，表面受到介质的侵蚀作用。在扭转、弯曲、冲击、疲劳等负荷作用下的零件，其表面层比心部承受较高的应力，材料表面很容易受到各种类型的损伤。如表面疲劳裂纹的扩展会导致整个零件的破坏；不均匀磨损或腐蚀造成的表面沟痕引起应力集中，成为断裂的起源。鉴于以上原因，有必要对材料的表面进行特殊的强化火防护处理（或称表面改性），以提高表面硬度、耐磨性、耐腐蚀性、耐热性，防止或减轻表面损伤，提高零件的可靠性和使用寿命。

表面热处理就是仅改变工件表面层的组织或同时改变表面层的化学成分的一种热处理方法。常用的表面热处理方法有表面淬火和化学热处理。

2.3.1　表面淬火

表面淬火的工艺概念：对零件进行快速加热，在表面层迅速达到淬火温度，而心部未被加热的情况下立即淬火冷却，使表面层得到高硬度的马氏体，而心部仍保持原来较好的韧性和塑性。

表面淬火的特点是快速加热，立即冷却。其适用材料是中碳钢（0.25%～0.60%）。按加热方式可分为感应加热、火焰加热、电接触加热和电解加热等。最常用的是前两种，即感应加热表面淬火和火焰加热表面淬火。

1. **感应加热表面淬火**

1）感应加热表面淬火原理（图 2-8）

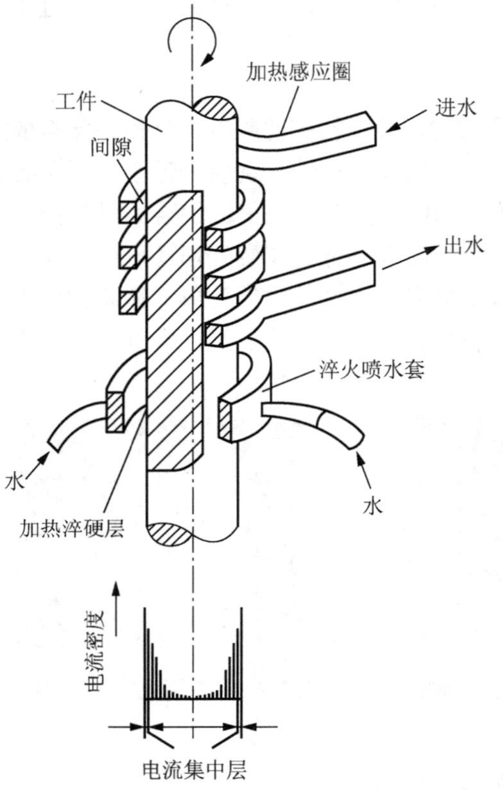

图 2-8　感应加热表面淬火原理示意图

① 线圈通以交流电→产生交变磁场→工件产生感应电流；

② 感应电流在工件表层密度最大，而心部几乎为零（这种现象称为集肤效应）；

③ 工件表面由于存在电阻而被迅速加热，几秒钟之内迅速加热到远高于 Ac_3 以上的淬火温度；

④ 迅速喷水冷却工件，在零件表面获得一定深度的硬化层（淬硬马氏体）；

⑤ 心部保持低温，仍为原始组织。

电流频率越高，感应电流透入深度越浅，加热层也越薄。通过改变电流频率可以得到不同的淬硬层深度。

2）感应加热表面淬火特点

① 加热温度高，升温快。这是电感应加热的特点。

② 工件表层易得到细小的马氏体，硬度比普通淬火提高 2HRC～3HRC，且脆性较低。

③ 工件表层存在残余压应力，因此疲劳强度较高。

④ 工件表面质量好。这是由于加热速度快，没有保温时间，工件不易氧化和脱碳，且由于内部未被加热，淬火变形小。

⑤ 淬硬层深度易于控制；生产效率高，便于实现机械化、自动化。

3）适用感应淬火的材料

感应淬火主要用于含碳量为 0.4%～0.5%的中碳结构钢和中碳合金钢（40Cr、40MnB），也可用于工具钢。在做表面淬火前通常要对零件进行正火或调质（保证零件心部有良好的强韧性，并使淬火表面的硬度分布均匀）；淬火后进行低温回火以降低淬火应力和脆性。

4）感应加热的种类及应用

表 2-2 列出了不同电流频率感应加热设备的特性及应用范围。

表 2-2　不同电流频率感应加热设备的特性及应用范围

种　类	频 率 范 围	淬硬层深度/mm	应 用 举 例
高频感应加热	10kHz～500kHz	0.5～2.5	中、小型轴、销、套等圆柱形零件、小模数齿轮等

续表

种　类	频率范围	淬硬层深度/mm	应用举例
中频感应加热	1kHz～10kHz	3～10	尺寸较大的轴类，大、中模数齿轮
工频感应加热	50Hz	10～20	大型零件（ϕ>300mm），如轧辊、火车轮的表面淬火、棒料穿透加热等

2. **火焰加热表面淬火**

（1）火焰加热表面淬火原理如图 2-9 所示：利用氧炔焰加热工件表面，喷水冷却。

（2）火焰加热表面淬火特点：设备简单，成本低；加热、淬火的质量不易控制；适宜大型零件，或单件、小批量生产的零件。

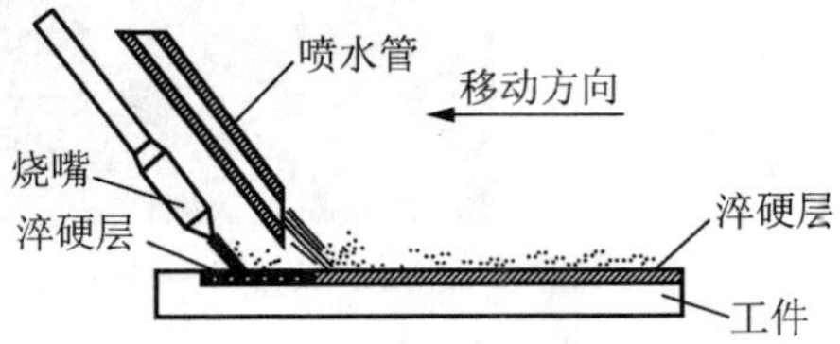

图 2-9　火焰加热表面淬火原理示意图

2.3.2　化学热处理

化学热处理的工艺概念：将零件放入某种活性介质中，经加热、保温，使介质的原子渗入零件表层中，改变表层的化学成分、组织和性能。

化学热处理的基本过程包含分解、吸收、扩散三个过程。

（1）分解：化学渗剂在加热及催化剂作用下分解活性原子。

（2）吸收：活性原子溶入铁的晶格形成固溶体，或与钢中某种元素形成化合物，即活性原子被工件表面吸收。

（3）扩散：活性原子由外向内逐渐扩散，形成一定的扩散层。

化学热处理的分类：化学热处理主要包括渗碳、渗氮（俗称氮化）、碳氮共渗（俗称氰化）。除此之外还包括渗金属、渗硫、渗硼、渗铝、渗钒、渗铬等。

1. **渗碳**

经加热、保温，碳原子渗入零件表面，提高其含碳量，从而增加表面的硬度和耐磨性。

1）渗碳的分类

按渗碳方法可分为气体渗碳、固体渗碳、液体渗碳。其中，气体渗碳生产率高，劳动条件好；渗碳过程易于控制，渗层质量好；适于大批量生产，应用最广。

2）气体渗碳的工艺方法

① 渗碳温度是 900～950℃；

② 渗碳时间（保温时间）取决于要求的渗碳层深度，从几小时到十几小时不等；

③ 采用液体或气体碳氢化合物作为渗碳剂，如煤油、甲苯或含碳的气体；

④ 气体渗碳设备：通常采用井式气体渗碳炉，如图 2-10 所示。

图 2-10　气体渗碳炉

3）渗碳后的工件组织

渗碳通常用于含碳 0.15%～0.20%的低碳钢（注意：任何钢所能达到的最大硬度只取决于含碳量）。渗碳表层的含碳量可达 0.85%～1.05%，由外向内含碳量逐渐降低。渗碳层由外向内依次为过共析层、共析层、亚共析过渡层和心部原始组织，如图 2-11 所示。

4）渗碳后的热处理

渗碳后必须经过淬火和低温回火，使表层获得高碳马氏体（表层组织为细小针状马氏体和粒状分布的渗碳体组织），具有高的硬度和耐磨性，即渗碳→淬火→低温回火。低碳钢渗碳淬火后，表层硬度高、耐磨性好，心部韧性好。例如，传动齿轮通常采用渗碳热处理工艺，以提高其硬度和耐磨性。

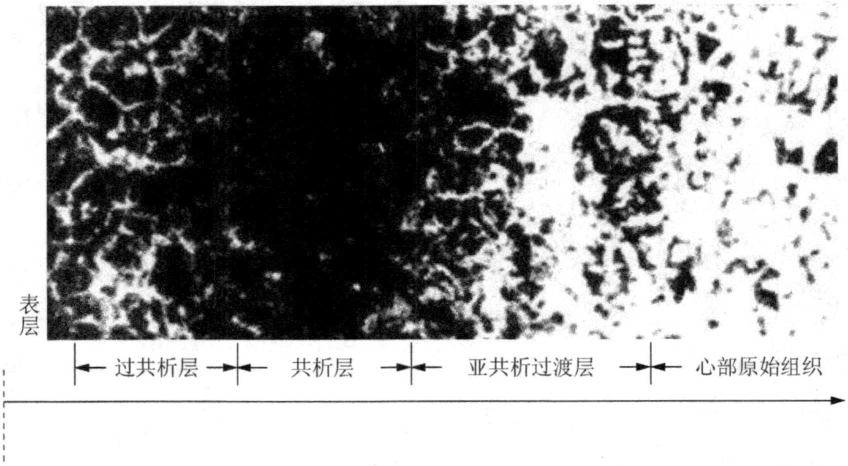

图 2-11　渗碳层的组织组成

2. 渗氮（氮化）

渗氮是将氮原子渗入钢件表面，形成以氮化物为主的渗氮层，以提高渗层的硬度、耐磨、耐蚀和耐疲劳强度等多种性能。

1）渗氮过程

将工件放入密封的渗氮炉，通入氨气，加热，保温 20～50h；

氨气分解出氮原子渗入工件中，形成富氮层而完成氮化；

渗氮温度 600℃，此时铁具有最好的吸氮能力。

2）氮化后的组织和性能

氮化后零件表面硬度比渗碳的还高，耐磨损性能很好，但脆性较大。氮化层具有一定的抗蚀性能。渗氮之前应进行调质处理，改善心部性能。渗氮后无须再做其他热处理。因为硬度已足够高，且淬火主要影响碳，对氮无影响，即调质处理→渗氮。

综上，渗氮适合于精度高、冲击载荷小、抗磨损能力强的零件，如精密零件、精密齿轮。但是其缺点是成本高，生产周期长。

3. 碳氮共渗

又称氰化，钢件表面同时渗入碳原子和氮原子，形成碳氮共渗层，以提高工件的耐磨性和疲劳强度。目前生产上常用的方法有中温碳氮共渗和低温碳氮共渗两种。

1）中温碳氮共渗

温度控制在 820～920℃，以渗碳为主，气氛中含有一定氮时，碳的渗入速度比相同温度下单独渗碳的速度要高，厚度更深。由于它主要起渗碳作用，还需进行淬火、低温回火。适用于低碳和中碳结构钢零件。

2）低温碳氮共渗

温度控制在 520～580℃，以渗氮为主，共渗后表面形成白亮层，可大大提高工件的耐磨性和抗咬卡、抗擦伤的性能。低温碳氮共渗一般只需 2～6h 即可在零件表面形成足够深层的氮化层。表面硬度高而不脆，能显著提高零件的耐磨性和抗疲劳、抗腐蚀等性能，适用于碳钢、合金钢和铸铁等多种材料。

2.4　热处理常用设备

热处理常用设备有热处理炉、感应加热设备、冷却设备和测温仪器等。

2.4.1　热处理炉及温度控制器

热处理炉用以对金属进行整体加热，并完成保温过程。常用的热处理炉有箱式电阻炉、井式炉和真空炉等。图 2-12 是箱体式电阻炉的结构示意图。它是利用金属电阻丝或硅碳棒作为电阻发热元件，加热介质为空气，炉内设有耐火砖和绝热填料实现与外部的隔热，炉内温度由探针式热电偶进行测量。该类炉适合于中小型零件的整体加热。图 2-13 是井式炉的结构示意图，其结构与箱式电阻炉相似，炉膛垂直向下呈圆井形。炉盖下方装有风扇，使箱内空气流动，保证炉内温度的均匀。该类炉适合轴杆类零件的加热。

图 2-12　箱体式电阻炉的结构示意图

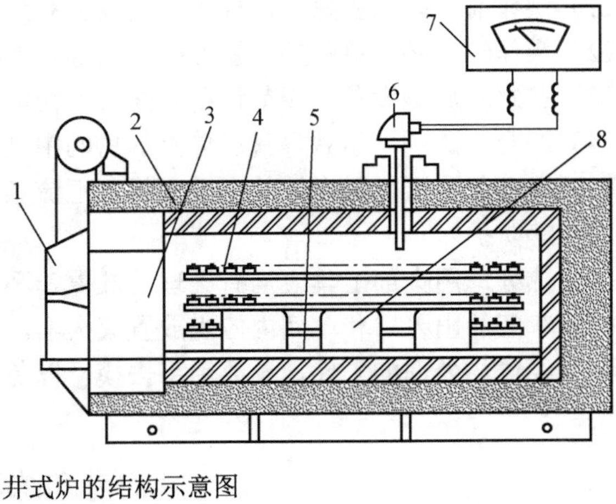

图 2-13　井式炉的结构示意图

真空炉用于真空状态下的热处理，有效地防止工件在高温下发生氧化脱碳反应，提高热处理质量。

2.4.2 感应加热设备

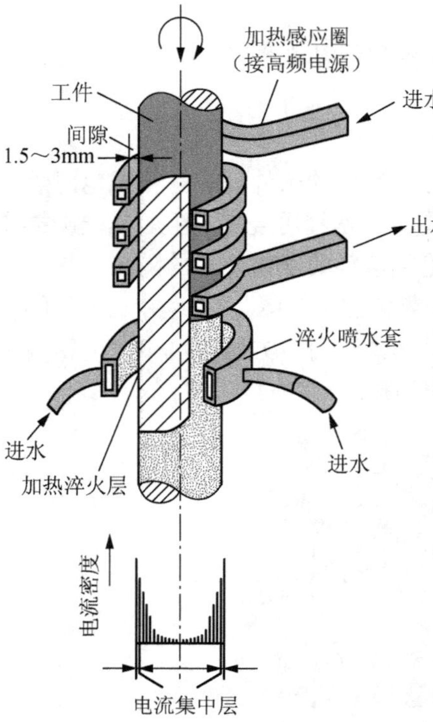

图 2-14　感应表面加热示意图

图 2-14 是感应表面加热示意图。感应线圈通交流电产生交变磁场，位于线圈中部的工件表面产生感应电流，密集于工件表面的交变电流使工件表面迅速加热至 800～1000℃，而其心部几乎无电流通过，温度仍接近于室温。感应器中一般通入中频或高频交流电，线圈中交流电的频率越高，工件的受热层越稀薄。工件在加热的同时旋转向下运动，此时可立即喷水冷却加热好的部位。该设备可加热、冷却连续进行，主要用于类零件表面的快速加热和冷却，以实现表面淬火的要求。

2.4.3 冷却设备

常用的冷却设备有水槽、油槽、盐浴池和碱浴池等，主要用于金属淬火时对不同冷却速度要求的快速冷却。水槽的冷却介质可用净水或 5%～15%的食盐水。油槽的冷却介质可用 10 号或 20 号机械油，油温 100℃。盐浴可用 50%硝酸钾和 50%亚硝酸钠的熔盐，使用温度一般为 150～500℃。碱浴可用 85%氰化钾和 15%亚硝酸钠的熔体，另加 4%～6%的水，使用温度为 150～170℃。

2.5 热处理实习安全技术守则

（1）操作前，首先要熟悉热处理工艺规程和所要使用的设备。

（2）操作时，必须穿戴好必要的防护用品，如工作服、手套、防护眼镜等。

（3）在感应加热设备和冷却设备之间，不得放置任何妨碍操作的物品。

（4）混合渗碳剂、喷砂等就在单独的房间中进行，并应设置足够的通风设备。

（5）设备危险区（如电炉的电源引线、汇流条、导电杆和传动机构等），应当用铁丝网、栅栏、板等防护。

（6）热处理用全部工具应当有条理的放置，不许使用残裂的、不适合的工具。

（7）车间的出入口和车间内应当放置灭火器。

（8）经过热处理的工件，不要用手去摸，以免造成灼伤。

思考和练习

1. 为什么要对钢件进行热处理？

2. 退火的主要目的是什么？生产上常用的退火操作有哪几种？指出退火操作的应用范围。

3. 正火与退火的主要区别是什么？生产中应如何选择正火及退火？

4. 淬火的目的是什么？亚共析碳钢及过共析碳钢淬火加热温度应如何选择？试从获得的组织及性能等方面加以说明。

5. 常用的淬火方法有哪几种？说明它们的主要特点及其应用范围。

6. 为什么工件经淬火后往往会产生变形，有的甚至开裂？减小变形及防止开裂有哪些途径？

7. 回火的目的是什么？常用的回火操作有哪几种？指出各种回火操作得到的组织、性能及其应用范围。

8. 表面淬火的目的是什么？常用的表面淬火方法有哪几种？比较它们的优缺点及应用范围。并说明表面淬火前应采用何种预先热处理。

9. 化学热处理包括哪几个基本过程？常用的化学热处理方法有哪几种？

10. 试说明表面淬火、渗碳、氮化热处理工艺在用钢、性能、应用范围等方面的差别。

第3章　铸　　造

教学提示　铸造是指将熔融金属液浇入铸型，凝固后获得一定形状和性能的金属件（铸件）的成形方法。铸造是机械制造工业中毛坯和零件的主要供应者，在国民经济中占有极其重要的地位。以铸型为分类标志的铸造方法可分为砂型铸造和特种铸造两大类。其中砂型铸造应用最广泛。特种铸造又可分为金属型铸造、压力铸造、消失模铸造、熔模铸造和离心铸造等。

教学要求　通过本章的学习使学生熟悉铸造生产的工艺过程、特点和应用，了解主要型（芯）砂的性能及配比，掌握手工两箱造型（整模、分模、挖砂等）的特点及操作技能，了解铸铁、铸钢、铝合金的熔炼方法和浇注工艺，了解铸件的落砂和清理以及常见的铸造缺陷，了解铸造生产安全技术、环境保护，并能进行简单的经济分析。

3.1　铸造概述

将熔融金属液浇入具有与零件形状相适应的铸型空腔中，待其冷却凝固后获得一定形状和性能的毛坯或零件的方法称为铸造。所铸出的零件称为铸件。大多数铸件作为毛坯，需要经过机械加工后才能成为各种机器零件，有的铸件当达到使用的尺寸精度和表面粗糙度要求时，可作为成品或零件直接应用。

铸造生产可以制成形状复杂的毛坯或零件，如各种复杂的箱体、床身、阀体、叶轮、发动机气缸体、机架等；铸造的原材料来源广泛，能熔化成液态的合金材料均可用于铸造，如铸钢、铸铁、各种铝合金、铜合金、镁合金、钛合金及锌合金等；铸造工艺设备费用少、成本低；所得铸件与零件尺寸较接近，加工余量小，节约加工工时和金属材料；但存在铸件内部组织粗大、不均匀，力学性能较差，生产周期长，铸件精度不高，工人劳动强度大、劳动条件差，环境污染严重等问题。

随着近年来铸造合金材料和铸造工艺技术的发展，特别是精密铸造的发展和新型铸造合金材料的成功应用，使铸件的表面质量、尺寸精度及力学性能等都有了显著提高，铸造的应用范围也日益扩大。

铸造按照其方法可分为砂型铸造和特种铸造两大类。其中，特种铸造包括金属型铸造、压力铸造、消失模铸造、熔模铸造、离心铸造等。砂型铸造是最基本的铸造方法，因型砂来源广泛，价格低廉，且砂型铸造方法适应性强，因而成为目前铸造生产中应用最广泛的一种铸造方法。

3.2　砂型铸造

3.2.1　砂型铸造的生产过程

砂型铸造生产过程复杂、工序繁多，其主要工序为：根据零件的形状和尺寸设计制造模样和芯盒，然后进行配砂、造型、造芯、熔化金属、浇注等工序，待铸件凝固后经落砂、清理、检验后得到所需的铸件。砂型铸造的生产过程如图 3-1 所示。

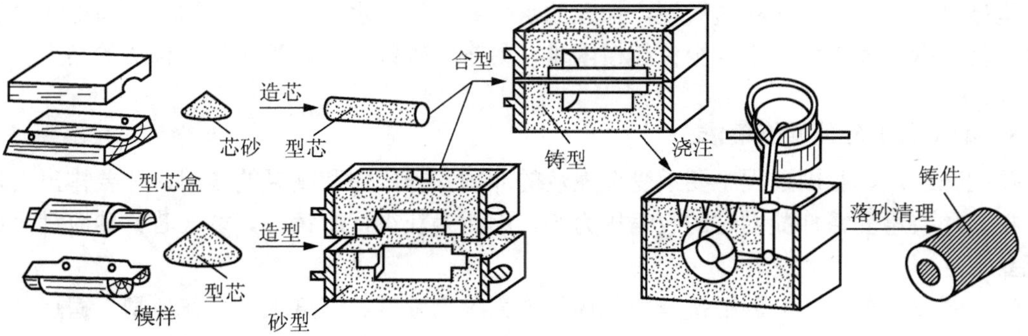

图 3-1　砂型铸造的生产过程

3.2.2　砂型与造型材料

1. 砂型

砂型一般由上型、下型、型腔、型芯、浇注系统等部分组成，如图 3-2 所示。上、下型的接合面称为分型面。型芯一般用来表示铸件的内孔和内腔。型腔就是造型材料包围形成的空腔部分，与浇注后得到的铸件形状一致。浇注系统是砂型中引导液态金属进入型腔的通道。出气孔是用于排出铸造生产时型腔中的气体。

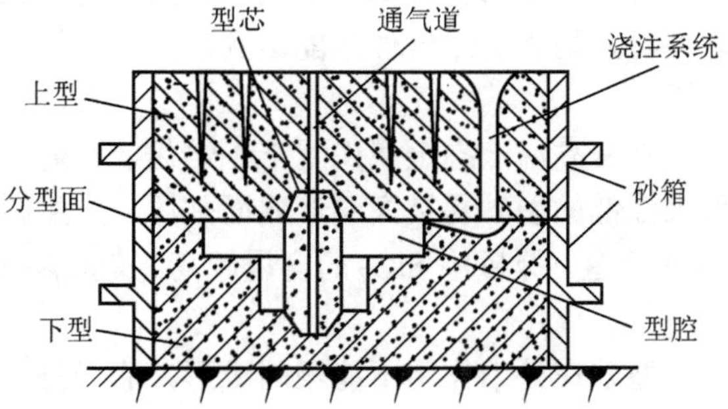

图 3-2　砂型的组成

2. 型（芯）砂的组成成分

砂型是由型（芯）砂等作为造型材料制成的。型（芯）砂由原砂、黏结剂、附加物及水等按一定配比混制而成。

（1）原砂：原砂是型砂的主体，其主要成分是 SiO_2，耐火温度高达 1710℃。原砂颗粒度的大小、形状对型砂的性能影响很大，因此原砂颗粒粗细要适当，粒度一般为 50～140 目。

（2）黏结剂：黏结剂的作用是使砂粒黏接成具有一定强度和可塑性的型砂。常用的黏结剂有普通黏土和膨润土。它们的吸水性、黏结性均较强时，加入少许即可显著提高型砂的湿强度。当型芯形状复杂或有特殊要求时，可用水玻璃、植物油、合成树脂等作为黏结剂。

（3）附加物：为改善型（芯）砂的性能而加入的材料称为附加物。常用做附加物的材料有煤粉、木屑等。型砂中加入煤粉可以在高温液态金属的作用下燃烧形成气膜，以隔绝液态金属和砂型内腔的直接作用，从而防止铸件表面黏砂，提高铸件表面光洁度；加入木屑能改善型砂的透气性和退让性。

（4）水：黏土中的水分对型砂性能和铸件质量影响很大。黏土只有被水润湿后，其黏性才能发挥作用，在原砂和黏土中加入一定量的水后，在砂粒表面包上一层黏土膜，经紧实后会使型砂具有一定的强度和透气性。加入的水分要适量，水分多造型易黏模，易造成气孔等缺陷，使型砂强度降低；水分少使起模困难，易产生砂眼、黏砂等缺陷，合适的黏土、水分比为3∶1。

3. 型（芯）砂的性能要求

铸型在浇注、凝固过程中要承受金属液的冲刷、静压力和高温的作用，并要排出大量气体，型芯还要承受铸件凝固时的收缩压力等，因而为获得优质铸件，型（芯）砂应满足如下性能要求。

（1）强度：型（芯）砂抵抗外力破坏的能力称为强度。强度太低，在造型、搬运、合箱过程中易引起塌箱，或在液态金属的冲刷下使铸型表面破坏或变形，造成铸件砂眼、冲砂、夹砂等缺陷。强度过高不仅会使铸型太硬，妨碍铸件冷却时的收缩，导致铸件产生内应力甚至开裂，而且还会使型砂的透气性变差，形成气孔等缺陷。型砂中黏结剂含量的提高、砂粒细小以及紧实度增加均可使型砂强度提高。

（2）透气性：型（芯）砂具备的让气体通过和使气体顺利逸出的能力称为透气性。浇注过程中，型腔中的气体和砂型在高温金属液作用下产生的气体都必须透过型砂排出型外。否则易在铸件内形成气孔，甚至引起浇不足现象。型（芯）砂的透气性与砂子的颗粒度、黏土及水分的含量有关。砂粒越粗大、均匀，且为圆形，砂粒间孔隙就越大，透气性就越好。随着黏土含量的增加，型砂的透气性通常会降低；但黏土含量对透气性的影响与水分的含量密切相关，只有含水分量适当时，型砂的透气性才能达到最大值。型砂紧实度增大，砂粒间孔隙就越小，型砂透气性降低。

（3）耐火性：型（芯）砂在高温液态金属作用下不熔化、不烧结、不软化、保持原不性能的能力称为耐火性。耐火性低的型砂易被高温熔化而破坏，产生黏砂等缺陷。型砂中的耐火性主要取决于砂中 SiO_2 的含量。原砂中 SiO_2 的含量越高，杂质越少，砂粒粗大而圆整，则耐火性越好。

（4）可塑性：造型时，型砂在外力作用下能塑制成形，而当外力去除并取出模样后，仍能保持清晰轮廓形状的能力称为可塑性。可塑性好，便于造型，易于起模。可塑性与型砂中的黏土和水分的含量以及砂子的粒度有关。一般砂子颗粒越细，黏土量越多，水分适当时，型砂的可塑性越好。

（5）退让性：铸件冷却收缩时，型砂能相应的压缩变形，而不阻碍铸件收缩的性能称为退让性。退让性差，铸件在凝固收缩时会受阻而产生内应力、变形和裂纹等缺陷。型砂中的原砂颗粒越细小均匀，黏结剂含量越高，砂型越紧实，退让性就越差。对于一些收缩较大的合金或大型铸件可在型砂中加入少量锯末或焦炭粒等物质，以增加退让性。

此外，芯砂在浇注后处于金属液的包围中，工作条件差，除应具有上述性能外，必须有较低的吸湿性、较小的发气性、良好的溃散性等。

4. 型（芯）砂的制备

型（芯）砂的制备工艺对造型用砂的性能有很大影响。铸造生产用的型砂一般是由新砂、旧砂、黏结剂、附加物和水按一定工艺配制而成的。新砂中常混有水、泥土以及其他杂质，需烘干并筛去固体杂质。旧砂因浇注后会烧结成很多大块的砂团，需经破碎后才能使用。旧砂中含有铁钉、木块等杂质，需拣出或经筛分后除去。一般小型铸铁件型砂比例为新砂 2%～

20%，旧砂 80%～98%，黏土 8%～10%，水 4%～8%，其余附加物如木屑、煤粉占新旧砂总和的 2%～5%。铸造铝合金应选用较细砂粒，不必加煤粉。

按一定比例选择好的制砂材料一定混合均匀，才能使型砂（芯）砂具有良好的强度、透气性和可塑性等性能。大批量生产时用碾轮式混砂机进行混制，并送型砂试验仪检验。在黏土砂混砂过程中，加料顺序是：旧砂→新砂→黏结剂→附加物→水。为使混砂均匀，混砂时间不宜太短，否则会影响型砂的使用性能，一般在加水前先干混 2～3min，再加水湿混约 10min。小批量生产时用手捏法检验，即用手攥一把型砂，感到潮湿但不沾手，柔软易变形，印在砂团上的手指痕迹清楚，掰断砂团时断面不粉碎，说明型砂的干湿适宜、性能合格。

生产中为节约原材料，合理使用型砂，常把型砂分成面砂和背砂。与铸件接触的那一层型砂为面砂，面砂应具有较高的可塑性、强度和耐火性，常用较多的新砂配制。填充在面砂和砂箱之间的型砂称为背砂，又叫填充砂，一般用旧砂。

生产中一般型芯可以用黏土芯砂，但黏土加入量要比型砂多。形状复杂、要求强度较高的型芯，要用桐油砂、合脂砂或树脂砂等。为了保证足够的耐火性和透气性，型芯中应多加新砂或全部用新砂。对于复杂的型芯，要加入锯木屑等附加物以增加退让性。

3.2.3 造型

用型砂及模样等工艺装备制造铸型的过程称为造型。造型是铸造生产中的重要工序，根据铸件的尺寸大小、形状、批量以及生产条件，一般分为手工造型和机器造型两类。

1. 手工造型

全部用手工或手动工具完成的造型工序称为手工造型，其造型工艺简单、操作方便，但劳动强度大、生产效率低，适合单件小批量生产。

1）手工造型常用工具

手工造型常用工具如图 3-3 所示。

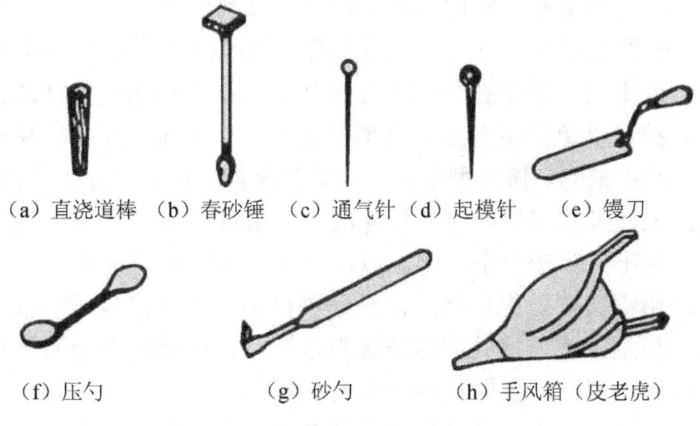

（a）直浇道棒 （b）舂砂锤 （c）通气针 （d）起模针 （e）镘刀

（f）压勺 （g）砂勺 （h）手风箱（皮老虎）

图 3-3 手工造型常用工具

① 砂箱在造型时用来容纳和支撑砂型，浇注时对砂型起固定作用。

② 底板用来放置模样，其大小依砂箱和模样的尺寸而定，一般用木材制成。

③ 舂砂锤两端形状不同，尖圆头主要是用于舂实模样周围、靠近内壁砂箱处和狭窄部分的型砂，保证砂型内部紧实；平头板用于砂箱顶部砂的紧实。

④ 通气针用于在砂型上适当位置扎通气孔，以便排出型腔中的气体。

⑤ 起模针用于从砂型中取出模样。

⑥ 皮老虎（也称手风箱）用于吹去模样和砂型表面上的砂粒和杂物。

⑦ 半圆刀用于修整圆弧形内壁和型腔内圆角。

⑧ 镘刀（又称砂刀）用于修整砂型表面或在砂型表面上挖沟槽。

⑨ 压勺用于在砂型上修补凹的曲面。

⑩ 砂勾用于修整砂型底部或侧面，也用于勾出砂型中的散砂或其他杂物。

⑪ 刮板主要用于刮去高出砂箱上平面的型砂和修整大平面。

手工造型常用的工具还有铁锹、筛子、排笔等。

2）手工造型操作基本技术

（1）造型前的准备工作：型砂配制好后，接着准备底板、砂箱、必要的造型工具。开始造型时，首先应选择平整的底板和大小合适的砂箱及确定模样在砂箱中的位置，通常模样与砂箱内壁及顶部之间需留有 30～100mm 的距离，此距离称为吃砂量。吃砂量不宜太大，否则需填入更多的型砂，并且耗费时间，加大砂型的重量；若吃砂量过小，则砂型强度不够，在浇注时，金属液容易流出。

（2）舂砂：模样、底板、砂箱按一定空间位置放置好后，填入型砂并舂紧。填砂和舂砂时应注意以下几点。

① 舂砂时必须分次加入型砂。对小砂箱每次加砂厚 50～70mm。加砂过多舂不紧，而加砂过少又费工时。第一次加砂时须用手将木模周围的型砂按紧，以免木模在砂箱内的位置移动，然后用舂砂锤的尖头分次舂紧，最后改用舂砂锤的平头舂紧型砂的最上层。

② 每加入一次砂，这层砂都应舂紧，然后才能再次加砂，以此类推，直至把砂箱填满紧实。

③ 舂砂用力大小应该适当，不宜过大或过小。用力过大，砂型太紧，浇注时型腔内的气体跑不出来；用力过小，砂型太松易塌箱。此外，应注意同一砂型各部分的松紧是不同的，靠近砂箱内壁的应舂紧，以免塌箱；靠近型腔部分的砂型应稍紧些，使其具有一定强度，以承受液体金属的压力；远离型腔的砂层应适当松些，以利透气。

（3）撒分型砂：砂型造好后，应在分型面上撒一层细粒无黏土的干砂（即分型砂），然后再造另一个砂型，以便于两个砂型在分型面处分开。应该注意的是模样的分模面上不应有分型砂，如果有，应吹掉，以免在造上型时分型砂黏到上型表面，而在浇注时被液态金属冲下来落入铸件中，使其产生缺陷。撒分型砂时，应均匀撒落，在分型面上有均匀的一薄层即可。

（4）扎通气孔：上砂型制成后，应在模样的上方用直径 2～3mm 的通气针扎通气孔。通气孔分布应均匀，深度不能穿透整个砂型，以便浇注时气体易于逸出。

（5）开外浇口：用浇口棒做出直浇道，开好浇口杯（外浇口）。外浇口应挖成 60° 的锥形，浇口面应修光，与直浇道连接处应修成圆弧过渡，以引导液态金属平稳流入砂型。若外浇口挖得太浅而成碟形，浇注时金属液体会四处飞溅伤人。

（6）做合型线：合型线是上、下砂箱合型的基准。做合型线最简单的方法是在箱壁上涂上粉笔灰，然后用划针画出细线。需进炉烘烤的砂箱，则用砂泥黏敷在砂箱壁上，用镘刀抹平后，再刻出线条，称为打泥号。两处合型线的线数应不相等，以免合箱时弄错。

（7）起模：起模前，可在模样周围的型砂上用毛笔刷些水，以增加该处型砂的强度，防止起模时损坏砂型。起模时，应先轻轻敲击模样，使其与周围的型砂分开。然后慢慢将木模垂直提起，待木模即将全部起出时，再快速取出。起模时注意不要偏斜和摆动，起模方向应尽量垂直于分型面。

（8）修型：起模后，型腔如有损坏，可用工具修复。如果型腔损坏太大，可将木模重新放入型腔进行修补，然后再起出。

（9）合箱：合箱是造型的最后一道工序，合箱时，应注意使上砂箱保持水平下降并找正定位销或对准两砂箱的合型线，防止错箱。合箱后最好用纸或木片盖住浇口，以免砂子或杂物落入浇口中。浇注时如果金属液浮力将上箱顶起会造成跑火，因此要进行上、下型箱紧固，可以用压箱铁、卡子或螺栓紧固。

3）手工造型方法

手工造型的方法很多，按砂箱特征分为两箱造型、三箱造型、脱箱造型和地坑造型等。按模样特征分为整模造型、分模造型、挖砂造型、活块模造型、假箱造型和刮板造型等。可根据铸件的形状、大小和生产批量选择造型方法。常用的手工造型方法如下。

（1）整模造型：用整体模样进行造型的方法称为整模造型。图 3-4 所示为整模造型的基本过程。整模造型是最简单的造型方法，其造型操作简便，所得型腔的形状和尺寸精度较好，适用于外形轮廓的最大截面在一端而且平直、形状简单的铸件，如齿轮坯、带轮、轴承座等。

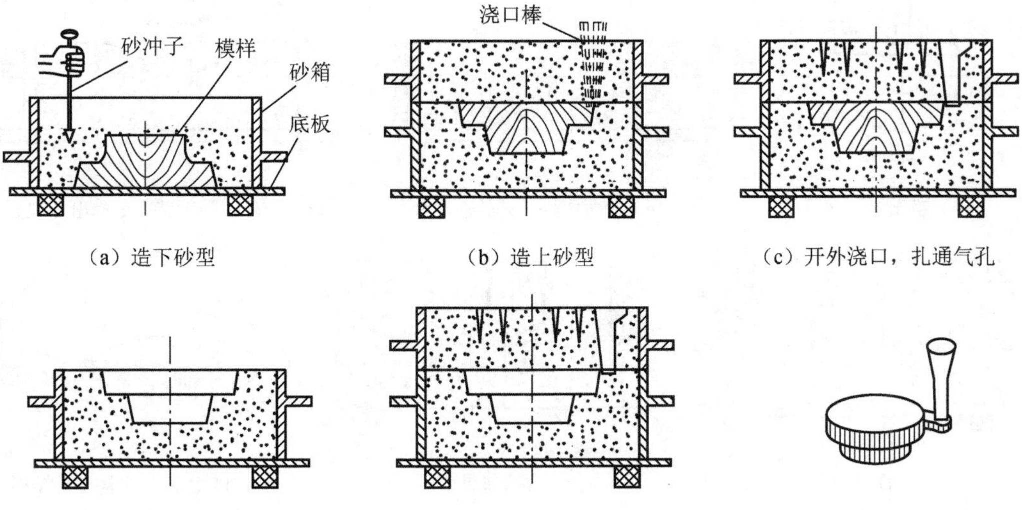

（a）造下砂型 （b）造上砂型 （c）开外浇口，扎通气孔

（d）起出模样 （e）合型 （f）带浇口铸件

图 3-4 整模造型的基本过程

（2）分模造型：当铸件外形较复杂或有台阶、环状突缘（法兰边）、凸台等情况时，用整模造型方法，就很难从砂型中取出模样或根本无法取出。这时，可采用将模样沿最大截面处分为两半，型腔位于上、下型内的造型方法，称为分模造型。图 3-5 所示为分模造型的基本过程。分模造型操作简便，应用广泛，主要用于某些没有平整表面，最大截面在模样中部的铸件，如套筒、管子、阀体类以及形状较复杂的铸件。

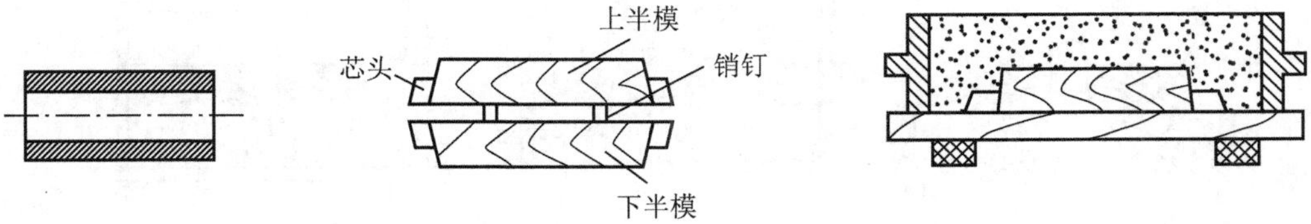

（a）零件 （b）分模 （c）用下半模造下砂型

图 3-5 分模造型的基本过程

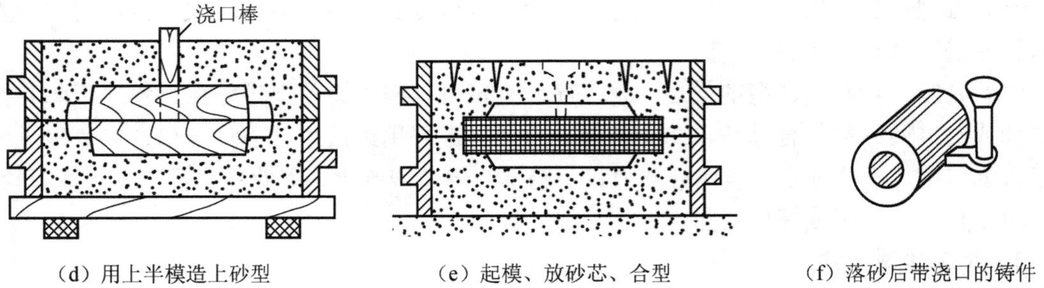

图 3-5　分模造型的基本过程（续）

（3）挖砂造型：需对分型面进行挖修才能取出模样的造型方法称为挖砂造型。图 3-6 所示为手轮挖砂造型的基本过程。挖砂造型的特点是模样多为整体的；铸型的分型面是不平分型面。挖砂造型需每造一型挖一次砂，操作复杂，生产效率较低，只适用单件小批量生产。

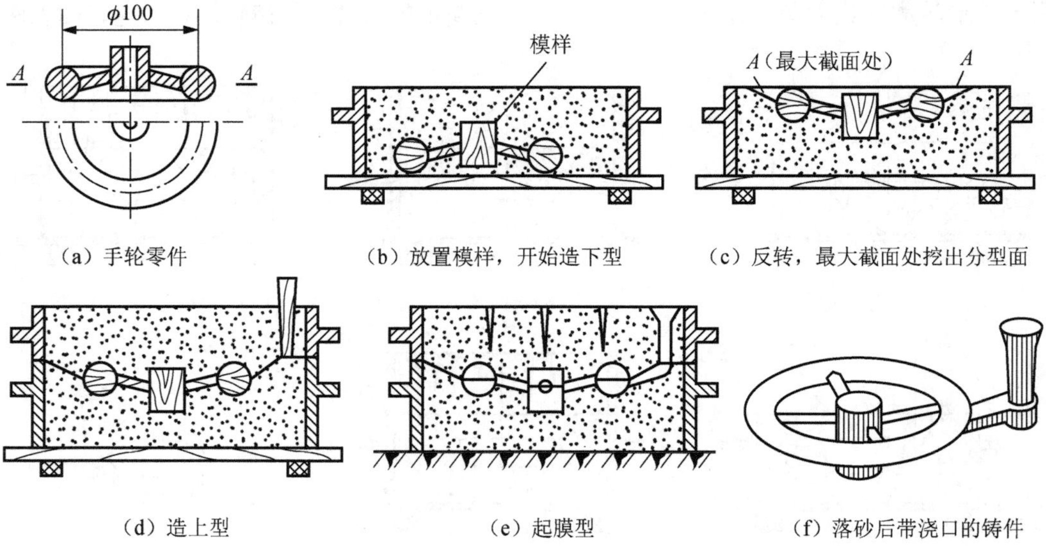

图 3-6　手轮挖砂造型的基本过程

（4）假箱造型：如果生产数量大，可用假箱造型代替挖砂造型。假箱造型是利用预先制好的半个铸型（即假箱）代替底板，省去挖砂的造型方法。假箱只参与造型，不用来组成铸型。假箱为分曲面分型面假箱和平面分型面假箱两种。曲面分型面假箱造型如图 3-7 所示。当生产量更大时，可用成型底板来代替假箱，如图 3-8 所示，造型时把模样放在成型底板上，以获得应挖的分型面，这样就省去挖砂的操作。

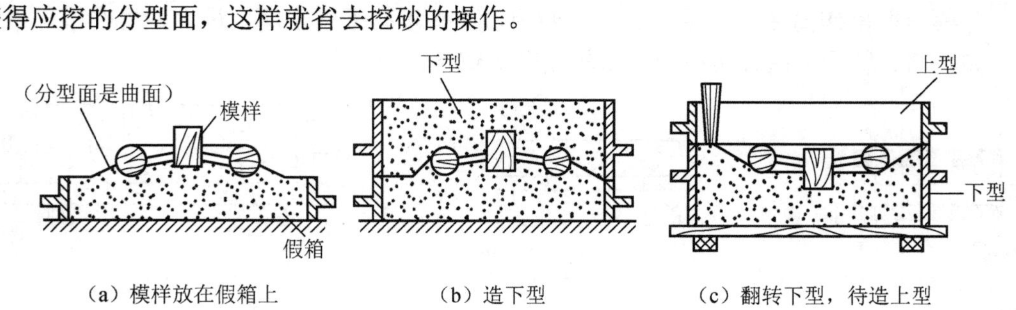

图 3-7　曲面分型面假箱造型

（5）活块造型：将模样的外表面上局部有妨碍起模的凸起部分做成活块，活块用钉或销与主体模定位连接，起模时先取出模样主体，然后从型腔侧壁取出活块，这种造型方法称为活块造型，如图 3-9 所示。活块造型的操作难度较大，对工人操作技术要求较高，生产率较低，只适于单件小批量生产，产量较大时，可用外型芯取代活块，以便于造型。

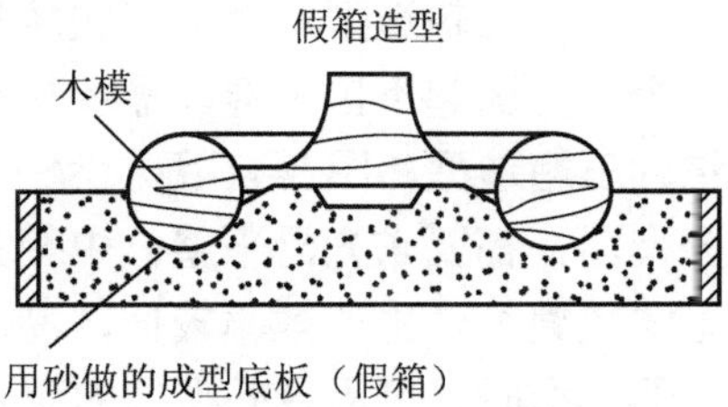

图 3-8 用成型底板来代替假箱

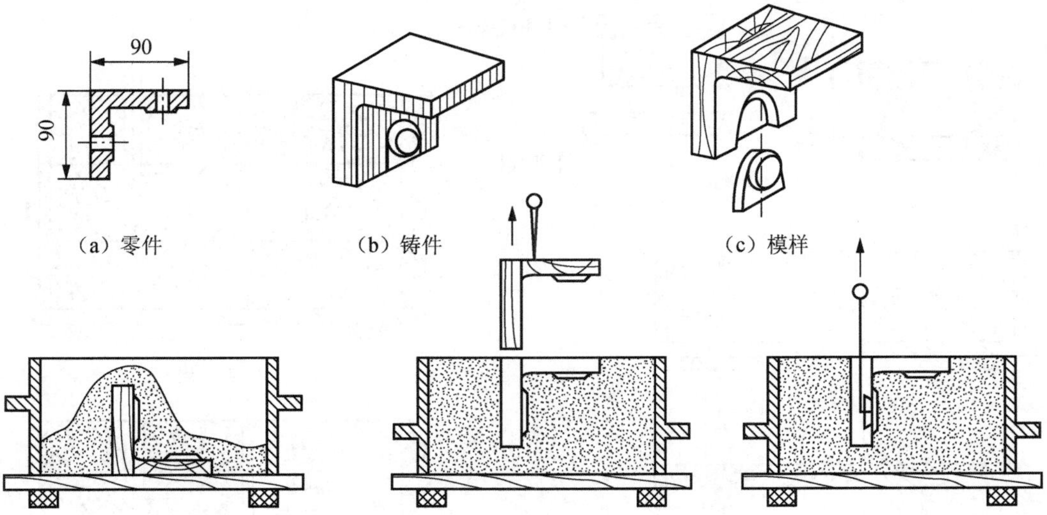

（a）零件 （b）铸件 （c）模样

（d）造下砂型 （e）取出模样主体 （f）取出活块

图 3-9 活块造型

（6）刮板造型：用于零件截面形状相适应的特制刮板代替模样进行的造型方法称为刮板造型。图 3-10 所示为刮板造型的基本过程。刮板造型成本低、节约木料和工时，但刮板造型只能手工进行，操作费时，生产效率低，铸件尺寸精度较低，主要用于制造批量较小、尺寸较大的回转体或等截面形状的铸件，如弯管、带轮、飞轮、齿轮等。

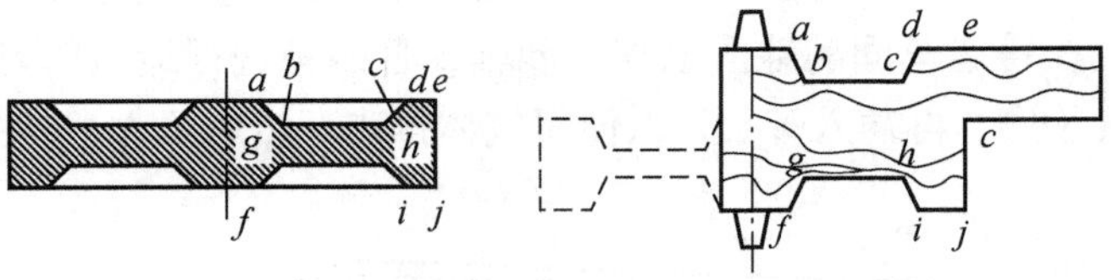

（a）带轮铸件 （b）刮板（图中字母表示与铸件的对应部位）

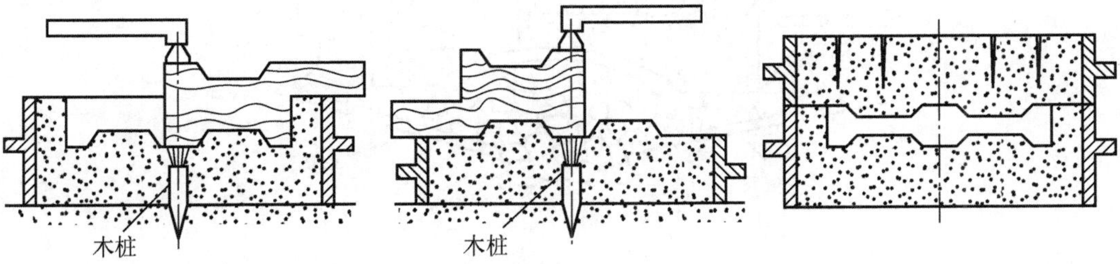

（c）刮制下型 （d）刮制上型 （e）合型

图 3-10 刮板造型的基本过程

（7）三箱造型：有些形状较复杂的铸件，往往具有两头截面大而中间截面小的特点，用一个分型面起不出模样，需要从小截面处分开模样，采用两个分型面和三个砂箱的造型方法称为三箱造型。图 3-11 所示为三箱造型的基本过程。三箱造型的特点是中箱的上下两面都是分型面，都要求光滑平整；中箱的高度应与中箱中模样高度相近，必须采用分模。三箱造型方法较繁杂，生产效率较低，易产生错箱缺陷，只适于单件或小批量生产，大批量生产或用机器造型时，可用带外型芯的两箱造型代替三箱造型。

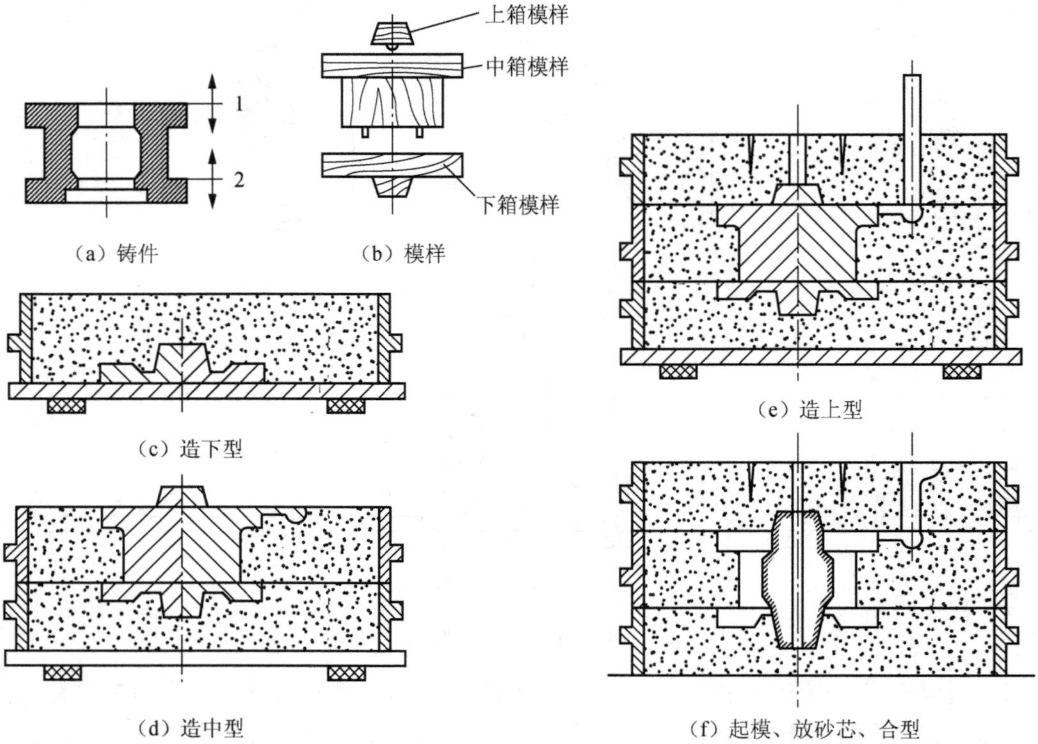

图 3-11　三箱造型的基本过程

（8）地坑造型：大型铸件单件生产时，为节省砂箱，降低铸型高度，便于浇注操作，多采用地坑造型。直接在铸造车间的地面上挖一砂坑代替砂箱进行造型的方法称为地坑造型。造型时常用坑底焦炭垫底，再插入管子，以便将气体排出，然后填入型砂并放模样进行造型，如图 3-12 所示。

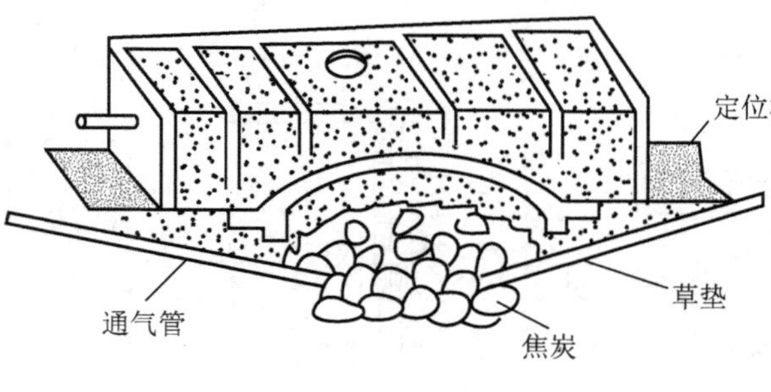

图 3-12　地坑造型

2. 机器造型

手工造型使用的工具和工艺装备（模样、型芯盒、砂箱）简单，操作灵活，可生产各种形状和尺寸的铸件，但劳动强度大、生产效率低、铸件质量也不稳定，主要适用于生产批量小、造型工艺复杂的铸件。对于大批量铸件生产时，应采用机器造型，如汽车、拖拉机和机床铸件等。与手工造型相比，机器造型的特点是：

① 生产效率高，每小时可生产几十箱以上，劳动强度低，对工人操作技术水平要求不高；

② 造型时所用的砂箱和模板用定位导销准确定位，并由造型机精度保证实现垂直起模，铸件尺寸精度和表面质量有所提高。

③ 机器造型的设备及工艺装备费用高，生产准备时间长，故适用于成批大量生产。

机器造型一般是两箱造型，采用模板和砂箱在专门的造型机上进行。模板是将铸件及浇注系统的模样与底板装配成一体，并附设有砂箱定位装置的造型工装。机器造型的种类很多，按砂型的紧实方式，一般有震压式造型、高压造型、射压造型、空气冲击造型和静压造型等。图3-13所示为我国中、小工厂常用的震压式造型机的工作过程示意图。

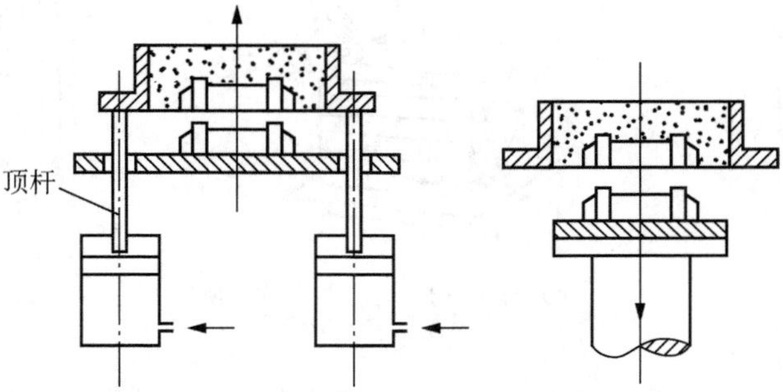

图3-13　震压式造型机的工作过程示意图

3.2.4　造芯

为获得铸件的内腔或局部外形，用芯砂或其他材料制成的安放在型腔内部的组元称为型芯。绝大部分型芯是用芯砂制成的，又称砂芯。由于砂芯的表面被高温金属液所包围，受到的冲刷及烘烤比砂型厉害，所以砂芯必须具有比砂型更高的强度、透气性、耐火性和退让性等，这主要依靠配制合格的芯砂及采用正确的造芯工艺来保证。

1. 造芯工艺要求

由于砂芯的工作特点，除了在配砂时选择质量较高的原砂和用特殊黏结剂外，在造砂芯时还要采取下列特殊的措施，才能保证砂芯在使用时的性能要求。

1）安放芯骨

在型芯中安置与型芯形状相适应的芯骨，以提高型芯强度和刚度。小砂芯的芯骨可用铁丝制作，中、大型砂芯要用铁水浇注而成，为了吊运砂芯方便，往往在芯骨上做出吊环，如图3-14所示。

2）开通气道

砂芯中必须做出通气道，以提高砂芯的透气性。形状简单的型芯用通气针扎通气孔；形状复杂的型芯，在其中埋入蜡线；大型型芯的内部常填以焦炭，以便排气。

3）刷涂料

大部分砂芯表面要刷一层涂料，以提高耐高温性能，防止铸件黏砂，而且可提高耐火性，改善铸件内表面的粗糙度。铸铁件多用石墨粉涂料，铸钢件多用石英粉涂料。

（a）检查型芯盒　　（b）夹紧型芯盒，分层加型芯砂捣紧　　（c）插型芯骨

（d）继续填砂捣紧刮平，扎通气孔　　（e）松开夹子，轻敲型芯盒，使型芯从型芯盒内壁松开　　（f）取型芯，上涂料

图 3-14　安放芯骨

4）烘干

刷完涂料后要将型芯烘干，以提高型芯的强度和透气性。型芯砂的种类不同，烘干温度也不同，油砂芯为200～250℃，黏土芯为250～350℃。烘干时间依型芯大小、厚薄而定，一般为3～6h。

2. 造芯方法

根据填砂与紧砂的方法不同，造芯分为手工造芯和机器造芯两种。砂芯一般是用芯盒制成的，芯盒按其结构不同可分为整体式芯盒、对开式芯盒和可拆式芯盒三种，最常用的对分式芯盒造芯过程如图3-15所示。成批大量生产的砂芯可用机器制出。黏土、合脂砂芯多用震击式造芯机制造，水玻璃砂芯可用射芯机制造，树脂砂芯需用热芯盒射芯机和壳芯机制造。

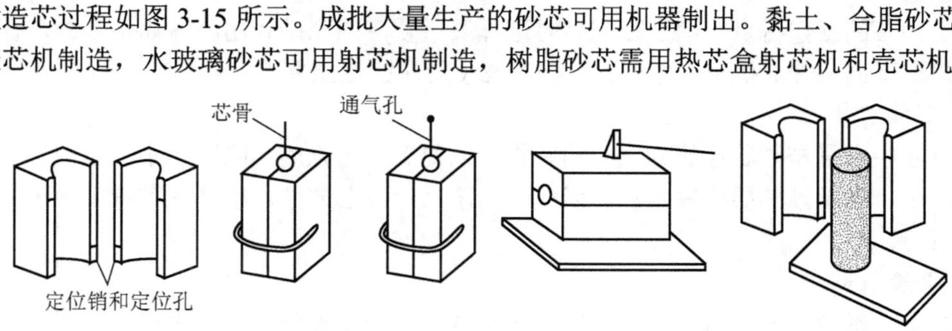

（a）　（b）　（c）　（d）　（e）

图 3-15　对分式芯盒造芯过程

3. 型芯的固定

型芯在铸型中的定位主要靠芯头，芯头按其定位方式有垂直式、水平式和特殊式，其中垂直固定和水平固定方式应用最广泛。型芯头除定位外，还起到支撑和排气作用。因此，在

决定型芯头的个数、形状和大小时，应满足型芯支撑稳固、定位准确、排气畅通等要求。如果单靠芯头不能使型芯牢固定位时，可采用芯撑加以固定，芯撑的高度等于铸件壁厚。芯撑在浇注时会和金属液熔合一起。

3.3　铸造实习安全技术守则

（1）工作前劳动防护用品穿戴齐全，工作时应严格遵守各使用设备的安全操作规程，严禁赤膊、光膀作业。

（2）配砂工作前，要检查碾砂设备是否完好，各安全防护装置是否灵敏可靠，禁止使月故障设备。

（3）碾砂机运转时，严禁将手伸入机内取砂。

（4）两人抬砂时，配合要默契，行走要稳妥，步伐要一致，以免滑倒造成伤害。

（5）造型工作、手工型芯操作前要检查造型、制芯用工具是否完好，有缺陷的工具不准使用。

（6）从事大芯作业时，芯盒及芯子摆放要稳妥，以免砸伤手脚。

（7）造型工作场地要保持清洁，造型时砂箱的行列整齐且必须留出通道，砂箱摆放不得超高，使用的工具要有顺序地放置，不准乱扔、乱放。

（8）扣箱及垛箱时，手要扶箱旁，不准扶箱口，用过的砂箱要放置在适当的地方。

（9）浇注工作前要检查所用铁制工具是否预热，未经预热的浇包、勺及其他工具不得使用。

（10）端包、抬包行走要缓慢，包内溶液不能太满，以免溶液撒出造成烫伤。

思考和练习

1. 什么是铸造工艺设计？
2. 什么叫浇铸位置？
3. 解释名词：机械加工余量，尺寸公差等级，重复公差等级，铸造的收缩率，最小铸出孔，起模斜度。
4. 怎样发挥横浇道阻渣作用？
5. 浇注系统的基本类型有哪几种？各有何特点？
6. 内浇道设计的基本原则是什么？
7. 冒口的功用是什么？常用哪几种冒口？
8. 冷铁有何用处？

第4章　锻　　压

教学提示　锻压是锻造和冲压的总称，它是对坯料施加外力作用，从而得到具有一定形状、尺寸和力学性能的型材、毛坯或零件的加工方法。锻压所用的坯料通常是具有足够塑性的金属材料，当然冲压所用的坯料也可以是非金属材料。本章主要讨论的是金属材料的锻压工艺。锻压工艺应用广泛。经过锻造成形后的锻件，力学性能得到提高，因此通常作为承受重载或冲击载荷的零件；冲压又称板料冲压，冲压件具有质量轻、刚度好、强度高、互换性好、成本低等优点，生产过程易于实现机械自动化，生产率高。

教学要求　本章让学生了解锻压的实质、特点和应用。熟悉锻压工艺中手工自由锻、板料冲压成形过程；掌握自由锻的镦粗、拔长、冲孔等几个主要基本工序；熟悉压力机的工作原理、结构以及成型工艺过程、安全操作；了解材料成型在工程中的应用，体验具体零件成型的操作。

4.1　锻压概述

4.1.1　锻压概念

锻压是在外力作用下使金属材料产生塑性变形，从而获得具有一定形状和尺寸的毛坯或零件的加工方法。它是机械制造中的重要加工方法。锻压包括锻造和冲压。锻造又可分为自由锻造和模型锻造两种方式。自由锻还可分为手工锻和机器锻两种方式。

用于锻压的材料应具有良好的塑性，以便锻压时产生较大的塑性变形而不致被破坏。在常用的金属材料中，铸铁无论在常温或加热状态下，其塑性都很差，不能锻压。低中碳钢、铝、铜等有良好的塑性，可以锻压。

在生产中，不同成分的钢材应分别存放，以防用错。在锻压车间里，常用火花鉴别法来确定钢的大致成分。

锻造生产的工艺过程为：下料→加热→锻造→热处理→检验。

在锻造中、小型锻件时，常以经过轧制的圆钢或方钢为原材料，用锯床、剪床或其他切割方法将原材料切成一定长度，送至加热炉中加热到一定温度后，在锻锤或压力机进行锻造。塑性好、尺寸小的锻件，锻后可堆放在干燥的地面冷却；塑性差、尺寸大的锻件、应在灰砂或一定温度的炉子中缓慢冷却，以防变形或裂缝。多数锻件锻后要进行退火或正火热处理，以消除锻件中内的应力和改善金属组织。热处理后的锻件，有的要进行清理，去除表面油垢及氧化皮，以便检查表面缺陷。锻件毛坯经质量检查合格后要进行机械加工。

冲压多以薄板金属材料为原材料，经下料冲压制成所需要的冲压件。冲压件具有强度高、刚性大，结构轻等优点。在汽车、拖拉机、航空、仪表以及日用品等工业的生产中占有极为重要的地位。

4.1.2 锻造对零件力学性能的影响

经过锻造加工后的金属材料，其内部原有的缺陷（如裂纹，疏松等）在锻造力的作用下可被压合，且形成细小晶粒。因此锻件组织致密、力学性能（尤其是抗拉强度和冲击韧度）比同类材料的铸件大大提高。机器上一些重要零件（特别是承受重载和冲击载荷）的毛坯，通常用锻造方法生产。使零件工作时的正应力与流线的方向一致，切应力的方向与流线方向垂直。如图 4-1 所示，用圆棒料直接以车削方法制造螺栓时，头部和杆部的纤维不能连贯而被切断，头部承受切应力时与金属流线方向一致，故质量不高。而采用局部镦粗法制造螺栓时，其纤维未被切断，且具有较好的纤维方向，故质量较高。

有些零件，为保证纤维方向和受力方向一致，应采用保持纤维方向连续性的变形工艺，使锻造流线的分节与零件外形轮廓相符合而不被切断，如吊钩用弯曲、钻头用扭转等。广泛采用的“全纤维曲轴锻造法”（图 4-2（b）），可以显著提高其力学性能，延长使用寿命。

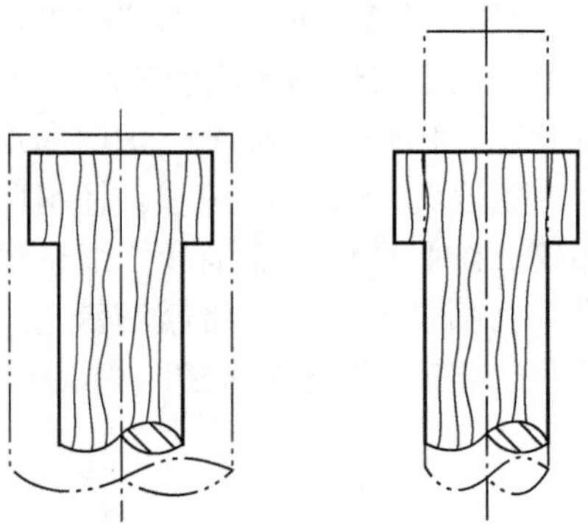

（a）车削方法 （b）镦粗法

图 4-1 螺栓的纤维组织比较

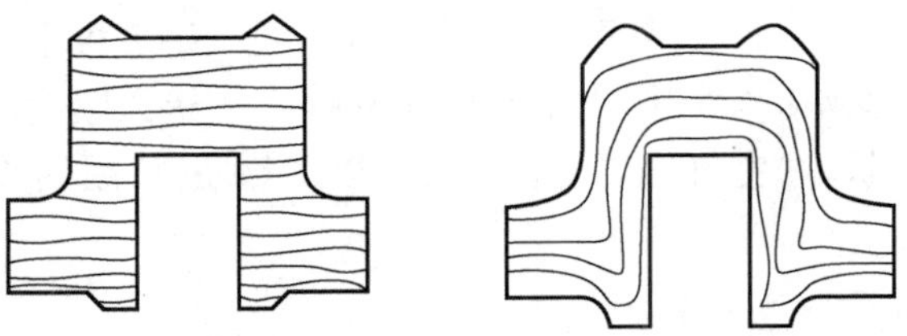

（a）纤维被切断 （b）纤维完整分布

图 4-2 曲轴纤维分布示意图

4.2 金属加热与锻件冷却

4.2.1 金属的加热

加热的目的是提高金属的塑性和降低其变形抗力，即提高金属的可锻性。除少数具有良好塑性的金属可在常温下锻造成形外，大多数金属在常温下的可锻性较低，造成锻造困难或不能锻造。但将这些金属加热到一定温度后，可以大大提高可锻性，并只需要施加较小的锻打力，便可使其发生较大的塑性变形，这就是热锻。

加热是锻造工艺过程中的一个重要环节，它直接影响锻件的质量。如果加热温度过高，会使锻件产生加热缺焰，甚至造成废品。因此，为了保证金属在变形时具有良好的塑性，又不致产生加热缺陷，锻造必须在合理的温度范围内进行。各种金属材料锻造时允许的最高加热温度称为该材料的始锻温度；终止锻造的温度称为该材料的终锻温度。

1. 加热设备

按所用能源和形式的不同，锻造炉有多种分类。在锻工实习中常用的是以烟煤为燃料的手锻炉，如图 4-3 所示。由炉膛、炉罩、烟筒、风门和风管等组成。它结构简单，操作容易，但生产率低，加热质量不高，在小件生产和维修工作中应用较多。

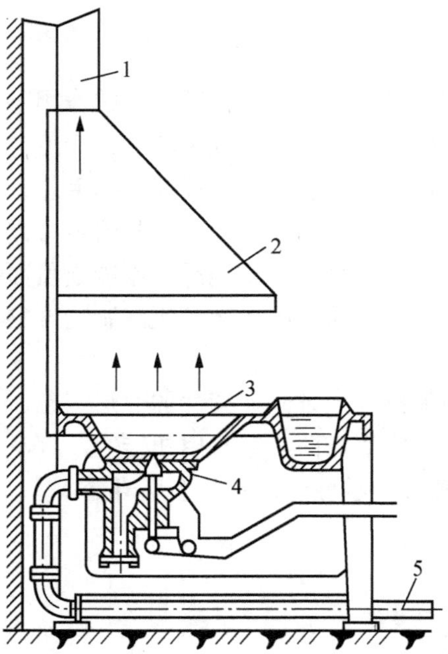

图 4-3　手锻炉结构示意图

1-烟筒；2-炉罩；3-炉膛；4-风门；5-风管

手锻炉点燃步骤如下：先关闭风门然后合闸开动鼓风机，将炉膛内的碎木或油棉纱点燃；逐渐打开风门，向火苗四周加干煤；待烟煤点燃后覆以湿煤并加大风量，待煤烧旺后，即可放入坯料进行加热。

1）反射炉

反射炉也是以煤为燃料的火焰加热炉，结构如图 4-4 所示。燃烧室中产生的高温炉气越过火墙进入加热室（炉膛）加热坯料，废气经烟道排出，坯料从炉门装取。

反射炉的点燃步骤如下：先小开风门，依次引燃木材、煤焦和新煤后，再加大风门。

2）油炉和煤气炉

此两种炉分别以重油和煤气为燃料，结构基本相同，仅喷嘴结构有异。油炉和煤气炉的结构形式很多，有室式炉、开隙式炉、推杆式连续炉和转底炉等。图 4-5 为室式重油加热炉示意图，由炉膛、喷嘴、炉门和烟道组成。其燃烧室和加热室合为一体，即炉膛。坯料码放在炉底板上。喷嘴布置在炉膛两侧，燃油和压缩空气分别进入喷嘴。压缩空气由喷嘴喷出时，将燃油带出并喷成雾状，与空气均匀混合并燃烧以加热坯料。用调节喷油量及压缩空气的方法来控制炉温的变化。

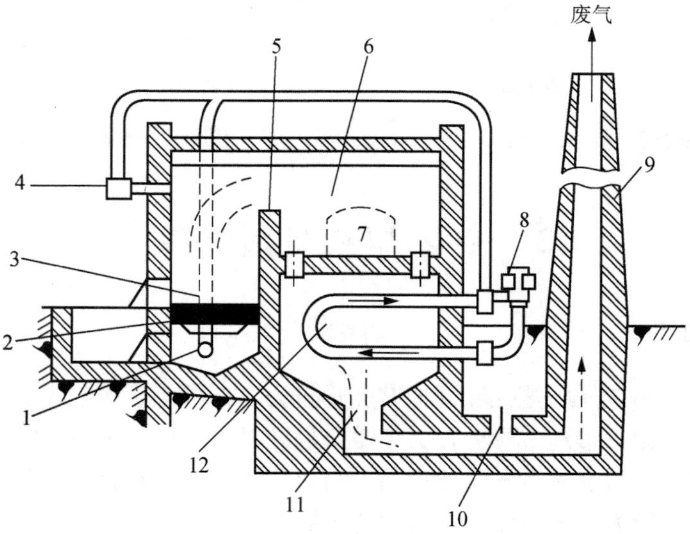

图 4-4　反射炉结构示意图

1-一次送风管道；2-水平炉箅；3-燃烧室；4-二次送风管道；5-火墙；6-加热室（炉膛）
7-装出炉料门；8-鼓风机；9-烟囱；10-烟闸；11-烟道；12-换热器

3）电阻炉

电阻炉是利用电流通过布置在炉膛围壁上的电热元件产生的电阻热为热源，通过辐射和对流将坯料加热的。炉子通常做成箱形，分为中温箱式电阻炉和高温箱式电阻炉。中温箱式电阻炉如图 4-6 所示，以电阻丝为电热元件，通常做成丝状或带状，放在炉内的砖槽中或搁板上，最高使用温度为 1000℃；高温电阻炉通常以硅碳棒为电热元件，最高使用温度为 1350℃。

箱式电阻炉结构简单，体积小，操作简便，炉温均匀并易于调节，小批量生产或科研实验中广泛采用。

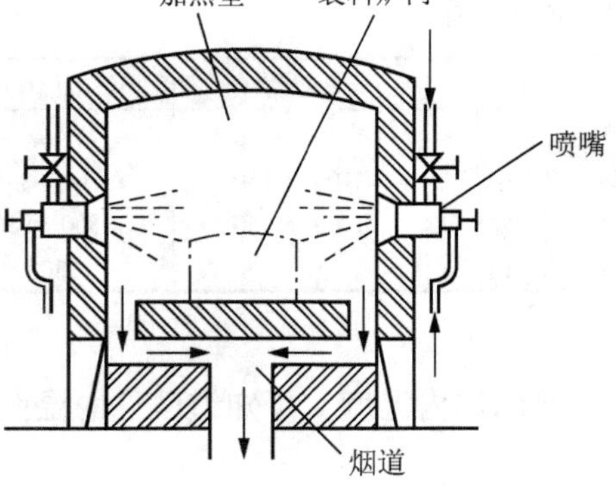

图 4-5 室式重油炉加热示意图

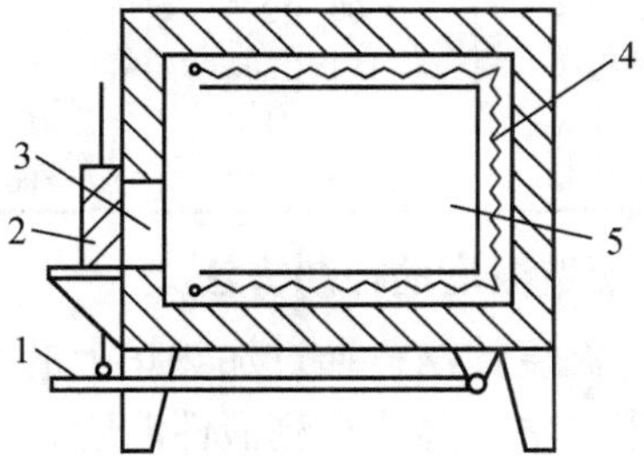

图 4-6 中温箱式电阻炉示意图

1-踏杆（控制炉门升降）；2-炉门；3-装料、出料炉口 4-电热体；5-加热室

4）电接触加热装置

如图 4-7 所示，坯料的两端由触头夹持，施以一定的夹紧力，使触头紧紧贴合在坯料表面上，将工频电流通过触头引入被加热的坯料。由于坯料本身具有电阻，产生的电阻热将其自身加热。电接触加热是直接在被加热的坯料上将电能转换成热能，因此具有设备结构简单、热效率高（75%～85%）等优点，特别适于细长棒料加热和棒料局部加热。但要求被加热的坯料表面光洁，下料规则，端面平整。

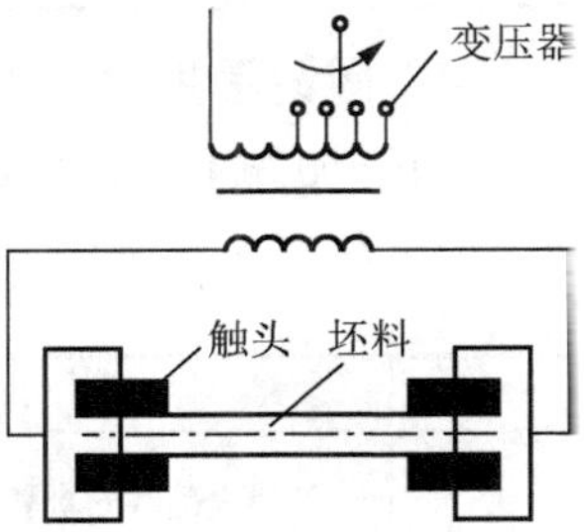

图 4-7 电接触加热原理

5）感应加热设备

如图 4-8 所示，当感应线圈中通入交流电时，在线圈周围空间建立交变磁场，位于线圈中部的工件表面产生感应电流，密集于工件表面的交变电流使工件表面迅速加热至 800～1000℃，而其心部温度只接近于室温。感应器中一般通入中频或高频交流电，线圈中交流电的频率越高，工件受热层越薄。工件在加热的同时旋转向下运动，此时可立即喷水冷却加热好的部位。该设备可加热、冷却连续进行，主要用于轴类零件表面的快速加热、冷却，以实现表面淬火的要求。感应电加热设备复杂，但加热速度快，加热规范稳定，具有良好的重复性，适于大批量生产。

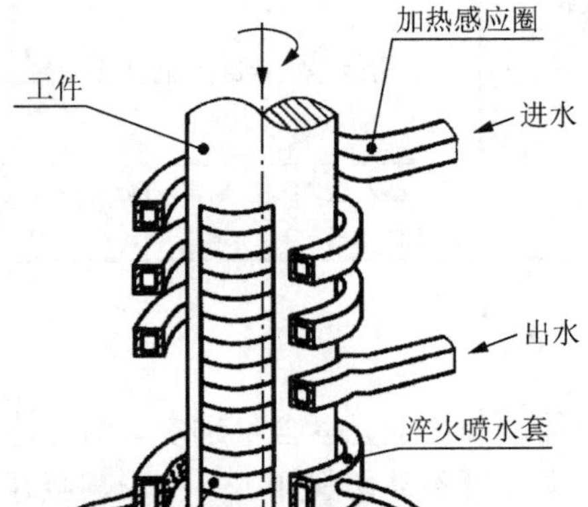

图 4-8 感应加热原理

2. 锻造温度范围

坯料开始锻造的温度（始锻温度）和终止锻造的温度（终锻温度）之间的温度间隔，称为锻造温度范围（表 4-1）。在保证不出现加热缺陷的前提下，始锻温度应取的高一些，以便有较充裕的时间锻造成型，减少加热次数。在保证坯料还有足够塑性的前提下，终锻温度应定的低一些，以便获得内部组织细密、力学性能较好的锻

件，同时也可延长锻造时间，减少加热火次。但终锻温度过低会使金属难以继续变形，易出现锻裂现象和损伤锻造设备。

表 4-1　常用钢材的锻造温度范围

钢　类	始锻温度/℃	终锻温度/℃	钢　类	始锻温度/℃	终锻温度/℃
碳素结构钢	1200～1250	800	高速工具钢	1100～1150	900
合金结构钢	1150～1200	800～850	耐 热 钢	1100～1150	800～850
碳素工具钢	1050～1150	750～800	弹 簧 钢	1100～1150	800～850
合金工具钢	1050～1150	800～850	轴 承 钢	1080	800

3. 锻造温度的控制方法

（1）温度计法：通过加热炉上的热电偶温度计，显示炉内温度，可知道锻件的温度；也可以使用光学高温计观测锻件温度。

（2）目测法：实习中或单件小批生产的条件下可根据坯料的颜色和明亮度不同来判别温度，即用火色鉴别法，见表 4-2。

表 4-2　碳钢温度与火色的关系

火　色	黄白	淡黄	黄	淡红	樱红	暗红	赤褐
温度/℃	1300	1200	1100	900	800	700	600

4. 碳钢常见的加热缺陷

由于加热不当，碳钢在加热时可出现多种缺陷，碳钢常见的加热缺陷见表 4-3。

表 4-3　碳钢常见的加热缺陷

名　称	实　质	危　害	防止（减少）措施
氧化	坯料表面铁元素氧化	烧损材料；降低锻件精度和表面质量；减少模具寿命	在高温区减少加热时间；采用控制炉气成分的少无氧化加热或电加热等
脱碳	坯料表面碳分氧化	降低锻件表面硬度，表层易产生龟裂	
过热	加热温度过高，停留时间长造成晶粒大	锻件力学性能降低，须再经过锻造或热处理才能改善	控制加热温度，减少高温加热时间
过烧	加热温度接近材料熔化温度，造成晶粒界面杂质氧化	坯料一锻即碎，只得报废	
裂纹	坯料内外温差太大，组织变化不匀造成材料内应力过大	坯料产生内部裂纹，报废	某些高碳或大型坯料，开始加热时应缓慢升温

4.2.2　锻件的冷却

锻件冷却是保证锻件质量的重要环节。通常，锻件中的碳及合金元素含量越多，锻件体积越大，形状越复杂，冷却速度越要缓慢，否则会造成表面过硬不易切削加工、变形甚至开裂等缺陷。常用的冷却方法有三种。

1. 空冷

锻后在无风的空气中，放在干燥的地面上冷却。常用于低、中碳钢和合金结构钢的小型锻件。

2. 坑冷

锻后在充填有石灰、砂子或炉灰的坑中冷却。常用于合金工具钢锻件，而碳素工具钢锻件应先空冷至 650～700℃，然后再坑冷。

3. **炉冷**

锻后放入 500～700℃的加热炉中缓慢冷却。常用于高合金钢及大型锻件，常用的冷却方式见表 4-4。

表 4-4 锻件常用的冷却方式

方　式	特　点	适 用 场 合
空冷	锻后置空气中散放，冷速快，晶粒细化	低碳、低合金中小件或锻后不直接切削加工件
坑冷（堆冷）	锻后置干沙坑内或箱内堆在一起，冷速稍慢	一般锻件，锻后可直接切削
炉冷	锻后置原加热炉中，随炉冷却，冷速极慢	含碳或含合金成分较高的中、大件，锻后可切削

4.2.3 锻件的热处理

在机械加工前，锻件要进行热处理，目的是均匀组织，细化晶粒，减少锻造残余应力，调整硬度，改善机械加工性能，为最终热处理做准备。常用的热处理方法有正火、退火、球化退火等。要根据锻件材料的种类和化学成分来选择。

4.3 自 由 锻 造

自由锻造是利用冲击力或压力使金属在上下砧面间各个方向自由变形，不受任何限制而获得所需形状及尺寸和一定机械性能的锻件的一种加工方法，简称自由锻。

自由锻造分手工自由锻和机器自由锻两种。

4.3.1 自由锻的特点

（1）应用设备和工具有很大的通用性，且工具简单，所以只能锻造形状简单的锻件，操作强度大，生产率低。

（2）自由锻可以锻出质量从不到 1kg 到 200～300t 的锻件。对大型锻件，自由锻是唯一的加工方法，因此自由锻在重型机械制造中有特别重要的意义。

（3）自由锻依靠操作者控制其形状和尺寸，锻件精度低，表面质量差，金属消耗也较多。

所以，自由锻主要用于品种多，产量不大的单件小批量生产，也可用于模锻前的制坯工序。

工序是指在一个工作地点对一个工件所连续完成的那部分工艺过程。

无论是手工自由锻、锤上自由锻以及水压机上自由锻，其工艺过程都是由一些锻造工序所组成的。根据变形的性质和程度不同，自由锻工序可分为：基本工序，如镦粗、拔长、冲孔、扩孔、芯轴拔长、切割、弯曲、扭转、错移、锻接等，其中镦粗、拔长和冲孔三个工序应用得最多；辅助工序，如切肩、压痕等；精整工序，如平整、整形等三类。

4.3.2 自由锻的基本工序

1. **镦粗**

镦粗是使坯料的截面增大，高度减小的锻造工序。镦粗有完全镦粗、局部镦粗和垫环镦粗等三种方式。局部镦粗按其镦粗的位置不同又可分为端部镦粗和中间镦粗两种。如图 4-9 所示。

镦粗主要用来锻造圆盘类（如齿轮坯）及法兰等锻件，在锻造空心锻件时，可作为冲孔前的预备工序，镦粗可作为提高锻造比的预备工序。

镦粗的一般规则、操作方法及注意事项如下。

（1）被镦粗坯料的高度与直径（或边长）之比应小于 2.5～3，否则会镦弯（图 4-10（a））。工件镦弯后应将其放平，轻轻锤击矫正（图 4-10（b））。局部镦粗时，镦粗部分坯料的高度与直径之比也应小于 2.5～3。

（2）镦粗的始锻温度采用坯料允许的最高始锻温度，并应烧透。坯料的加热要均匀，否则镦粗时工件变形不均匀，对某些材料还可能锻裂。

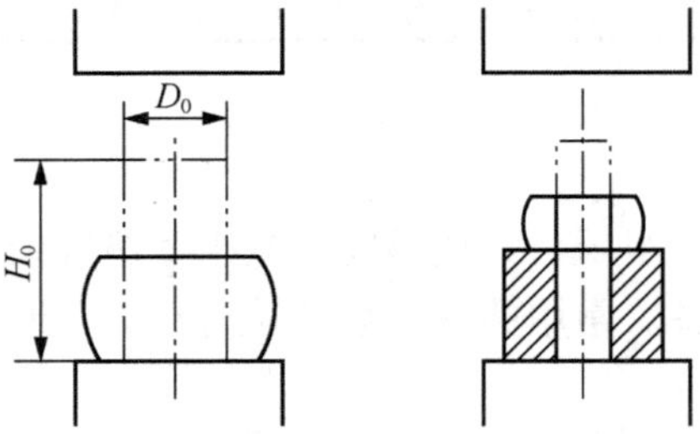

（a）完全镦粗　（b）局部镦粗

图 4-9　镦粗

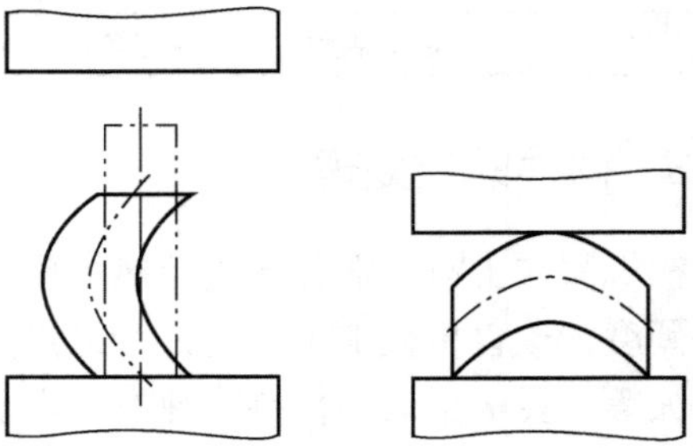

（a）镦弯的产生　（b）镦弯的矫正

图 4-10　镦弯的产生和矫正

（3）镦粗的两端面要平整且与轴线垂直，否则可能会产生镦歪现象。矫正镦歪的方法是将坯料斜立，轻打镦歪的斜角，然后放正，继续锻打（图 4-11）。如果锤头或抵铁的工作面因磨损而变得不平直，则锻打时要不断将坯料旋转，以获得均匀的变形而不致镦歪。

（4）锤击应力量足够，否则就可能产生细腰形，如图 4-12（a）所示。若不及时纠正，继续锻打下去，则可能产生夹层，使工件报废，如图 4-12（b）所示。

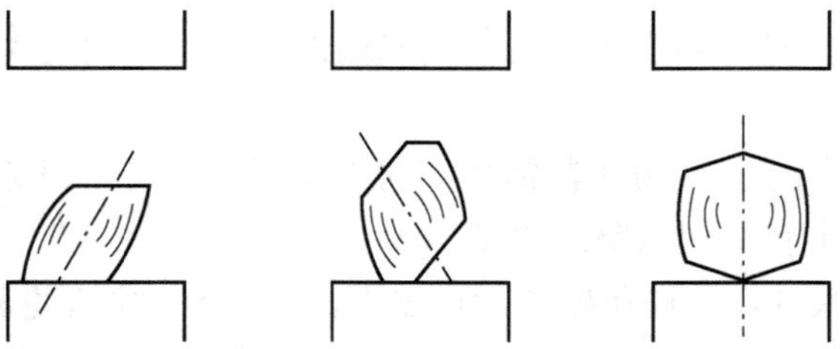

（a）　（b）　（c）

图 4-11　镦歪的产生和矫正

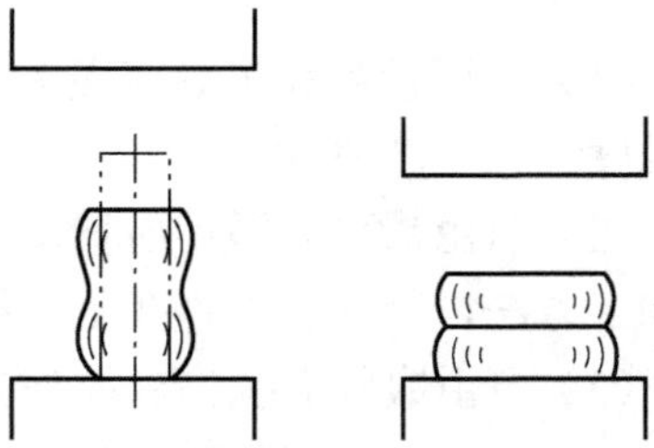

（a）细腰形　（b）夹层

图 4-12　细腰形及夹层的产生

2. 拔长

拔长是使坯料长度增加，横截面减少的锻造工序，又称延伸或引伸，如图 4-13 所示。拔长用于锻制长而截面小的工件，如轴类、杆类和长筒形零件。

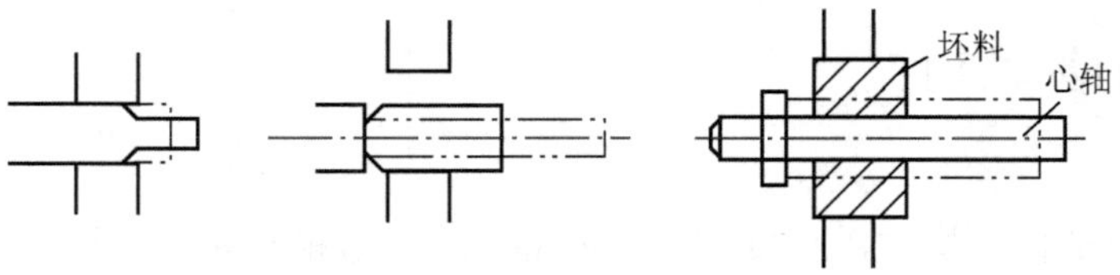

（a）拔长　（b）局部拔长　（c）心轴拔长

图 4-13　拔长

拔长的一般规则，操作方法及注意事项如下。

（1）拔长过程中要将毛坯料不断反复地翻转 90°，并沿轴向送进操作，如图 4-14（a）所示。螺旋式翻转拔长如图 4-14（b）所示，是将毛坯沿一个方向作 90°翻转，并沿轴向送进的操作。单面顺序拔长如图 4-14（c）所示，是将毛坯沿整个长度方向锻打一遍后，再翻转 90°，同样依次沿轴向送进操作。用这种方法拔长时，应注意工件的宽度和厚度之比不要超过 2.5，否则再次翻转继续拔长时容易产生折叠。

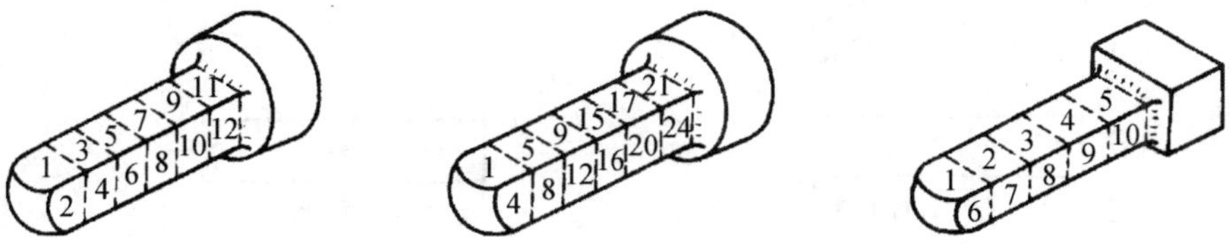

（a）反复翻转拔长　　（b）螺旋式翻转拔长　　（c）单面顺序拔长

图 4-14　拔长时锻件的翻转方法

（2）拔长时，坯料应沿抵铁的宽度方向送进，每次的送进量应为抵铁宽度的 0.3～0.7（图 4-15（a））。送进量太大，金属主要向宽度方向流动，反而降低延伸效率（图 4-15（b））。送进量太小，又容易产生夹层（图 4-15（c））。另外，每次压下量也不要太大，压下量应等于或小于送进量，否则也容易产生夹层。

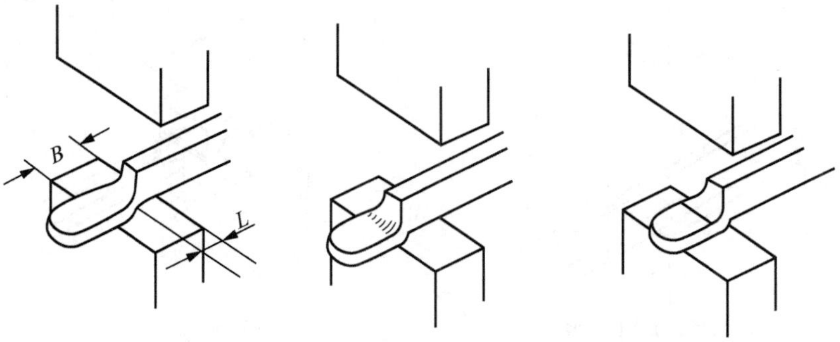

（a）送进量合适　　（b）送进量太大、拔长率降低　　（c）送进量太小、产生夹层

图 4-15　拔长时的送进方向和进给量

（3）由大直径的坯料拔长到小直径的锻件时，应把坯料先锻成正方形，在正方形的截面下拔长，到接近锻件的直径时，再倒棱，滚打成圆形，这样锻造效率高，质量好。如图 4-16 所示。

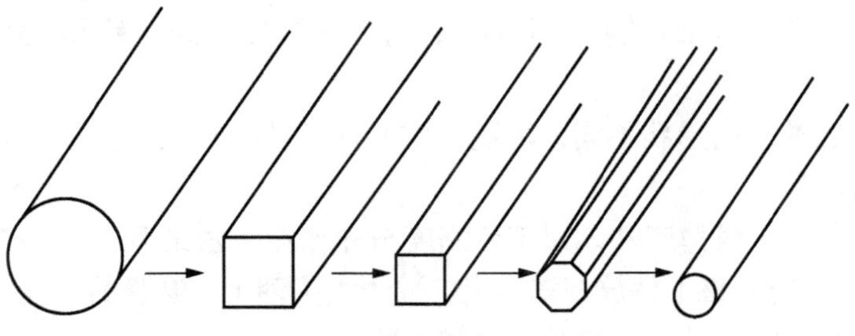

图 4-16　大直径坯料拔长时的变形过程

（4）锻制台阶轴或带台阶的方形、矩形截面的锻件时，在拔长前应先压肩。压肩后对一端进行局部拔长即可锻出台阶。如图 4-17 所示。

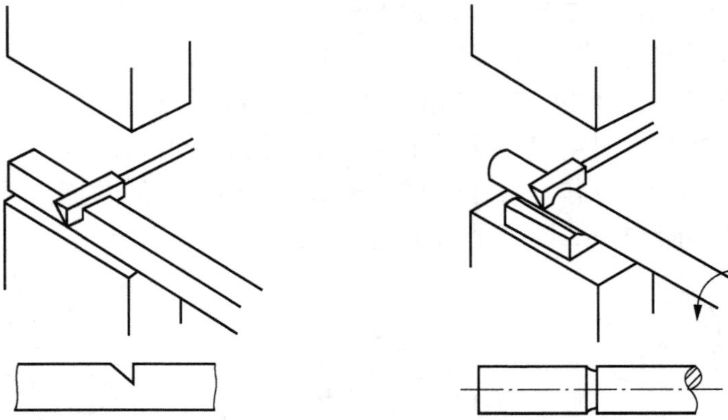

（a）方料压肩　　（b）圆料压肩

图 4-17　压肩

（5）锻件拔长后须进行修整，修整方形或矩形锻件时，应沿下抵铁的长度方向送进，如图 4-18（a）所示，以增加工件与抵铁的接触长度。拔长过程中若产生翘曲应及时翻转 180°轻打校平。圆形截面的锻件用型锤或摔子修整。如图 4-18（b）所示。

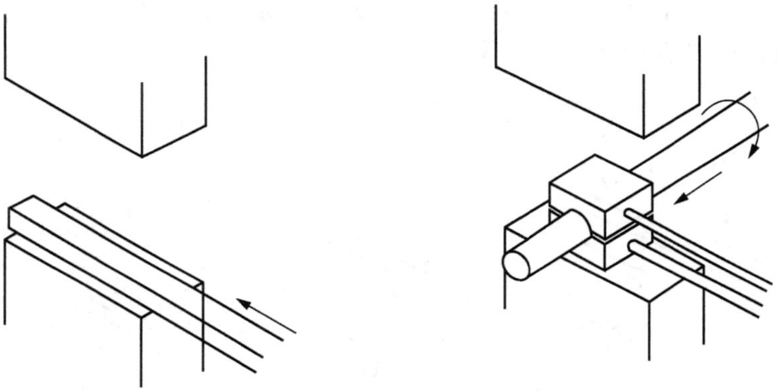

（a）方形、矩形面的修整　　（b）圆形截面的修整

图 4-18　拔长后的修整

3．冲孔

冲孔是用冲子在坯料冲出透孔或不透孔的锻造工序。

一般规定：锤的落下部分重量在 0.15～5t，最小冲孔直径相应为ϕ30～ϕ100mm；孔径小于 100mm，而孔深大于 300mm 的孔可不冲出；孔径小于 150mm，而孔深大于 500mm 的孔也不冲出。

根据冲孔所用的冲子的形状不同，冲孔分实心冲子冲孔和空心冲子冲孔。实心冲子冲孔分单面冲孔和双面冲孔。

（1）单面冲孔：对于较薄工件，即工件高度与冲孔孔径之比小于 0.125 时，可采用单面冲孔（图 4-19）。冲孔时，将工件放在漏盘上，冲子大头朝下，漏盘的孔径和冲子的直径应有一定的间隙，冲孔时应仔细校正，冲孔后稍加平整。

（2）双面冲孔：其操作过程为：镦粗；试冲（找正中心冲孔痕）；撒煤粉；冲孔，即冲孔到锻件厚度的 2/3～3/4；翻转 180° 找正中心；冲除连皮；如图 4-20 所示。修整内孔；修整外圆。

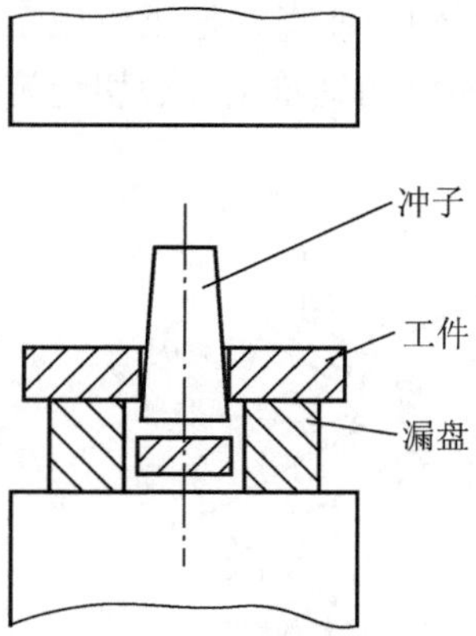

图4-19 单面冲孔

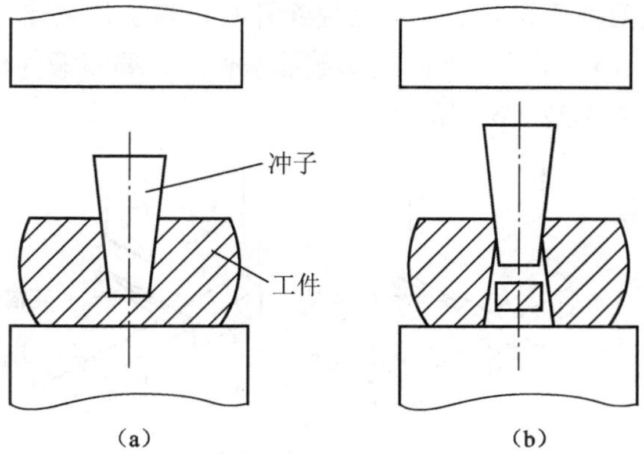

图4-20 双面冲孔

冲孔前的镦粗是为了减少冲孔深度并使端面平整。由于冲孔锻件的局部变形量很大，为了提高塑性，防止冲裂，冲孔应在始锻温度下进行。冲孔时试冲的目的是保证孔的位置正确，即先用冲子轻冲出孔位的凹痕，并检查孔的位置是否正确，如果有偏差，可将冲子放在正确的位置上再试冲一次，加以纠正。孔位检查或修正无误后，向凹痕内撒放少许煤粉或焦炭粒，其作用是便于拔出冲子，因可利用煤粉受热后产生的气体膨胀力将冲子顶出，但要特别注意安全，防止冲子和气体冲出伤人，对大型锻件不用放煤粉，而是冲子冲入坯料后，立即带着冲子滚外圆，直到冲子松动脱出。冲子拔出后可继续冲深，此时应注意保持冲子与砧面垂直，防止冲歪，当冲到一定深度时，取出冲子，翻转锻件，然后从反面将孔冲透。

（3）空心冲子冲孔：当冲孔直径超过400mm时，多采用空心冲子冲孔。对于重要的锻件，将其有缺陷的中心部分冲掉，有利于改善锻件的机械性能。

4. 扩孔

扩孔是空心坯料壁厚减薄而内径和外径增加的锻造工序。其实质是沿圆周方向的变相拔长。扩孔的方法有冲头扩孔、马杠扩孔和劈缝扩孔等三种。扩孔适用于锻造空心圈和空心环锻件。

5. 错移

将毛坯的一部分相对另一部分上、下错开，但仍保持这两部分轴心线平行的锻造工序，错移常用来锻造曲轴。错移前，毛坯须先进行压肩等辅助工序，如图4-21所示。

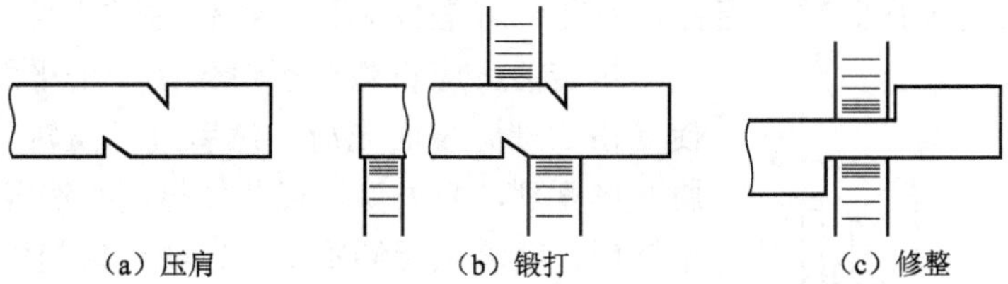

图4-21 错移

6. 切割

切割是使坯料分开的工序，如切去料头、下料和切割成一定形状等。用手工切割小毛坯时，把工件放在砧面上，錾子垂直于工件轴线，边錾边旋转工件，当快切断时，应将切口稍移至砧边处，轻轻将工件切断。大截面毛坯是在锻锤或压力机上切断的，方形截面的切割是先将剁刀垂直切入锻件，至快断开时，将工件翻转 180°，再用剁刀或克棍把工件截断，如图 4-22（a）所示。切割圆形截面锻件时，要将锻件放在带有圆凹槽的剁垫上，边切边旋转锻件，如图 4-22（b）所示。

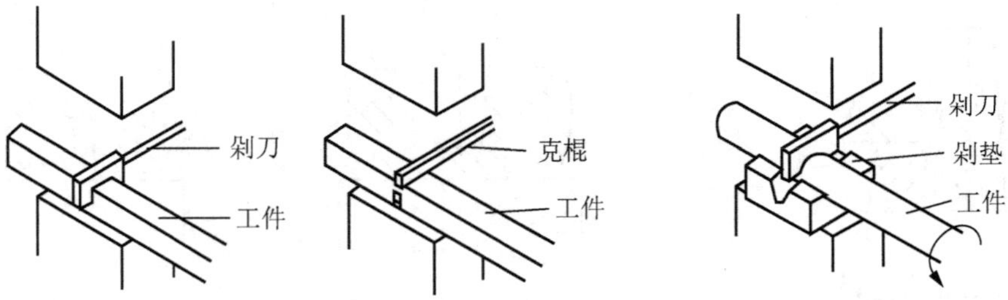

（a）方料的切割　（b）圆料的切割

图 4-22　切割

7. 弯曲

使坯料弯成一定角度或形状的锻造工序称为弯曲。弯曲用于锻造吊钩、链环、弯板等锻件。弯曲时锻件的加热部分最好只限于被弯曲的一段，加热必须均匀。在空气锤上进行弯曲时，将坯料夹在上下砥铁间，使欲弯曲的部分露出，用手锤或大锤将坯料打弯，如图 4-23（a）所示。或借助于成形垫铁、成形压铁等辅助工具使其产生成型弯曲，如图 4-23（b）所示。

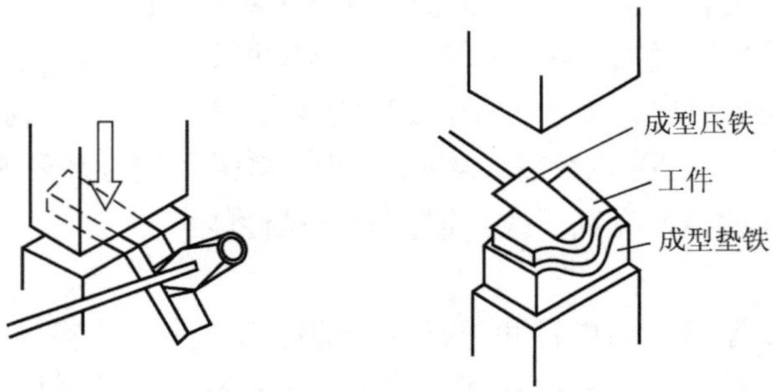

（a）角度弯曲　（b）成形弯曲

图 4-23　弯曲

8. 扭转

将毛坯的一部分相对于另一部分绕其轴心线旋转一定角度的锻造工序，称为扭转，如图 4-24 所示。锻造多拐曲轴、连杆、麻花钻等锻件和校直锻件时常用这种工序。

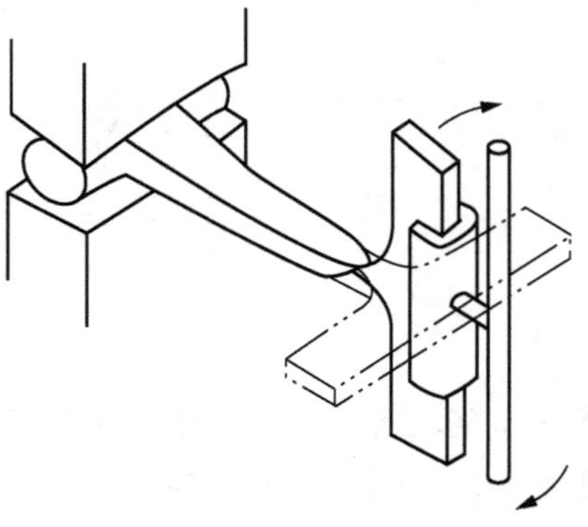

图 4-24　扭转

扭转前，应将整个坯料先在一个平面内锻造成形，并使受扭曲部分表面光滑，然后进行扭转。扭转时，由于金属变形剧烈，要求受扭部分加热到始锻温度，且均匀热透。扭转后，要注意缓慢冷却，以防出现扭裂。

9. 锻接

锻接是将两段或几段坯料加热后，用锻造的方法连接成牢固整体的一种锻造工序，又称锻焊。锻接主要用于小锻件生产或修理工作，例如，锚链的锻焊，刃具的夹钢和贴钢（将两种成分不同的钢料锻焊在一起）。典型的锻接方法有搭接法、咬接法和对接法。搭接法是最常用的，也易于保证锻件质量，而交错搭接法操作较困难，用于扁坯料。咬接法的缺点是锻接时接头中氧化溶渣不易挤出。对接法的锻接质量最差，只在被锻接的坯料很短时采用。锻接的质量不仅和锻接方法有关，还与钢料的化学成分和加热温度有关，低碳钢易于锻接，而中、高碳钢则困难，合金钢更难以保证锻接质量。

4.4 模锻与胎模锻简介

4.4.1 模锻

将加热后的坯料放到锻模的模腔内，经过锻造，使其在模腔所限制的空间内产生塑性变形，从而获得锻件的锻造方法叫做模型锻造，简称模锻。如图4-25所示。模锻的生产率高，并可锻出形状复杂、尺寸准确的锻件，适宜在大批量生产条件下，锻造形状复杂的中、小型锻件。

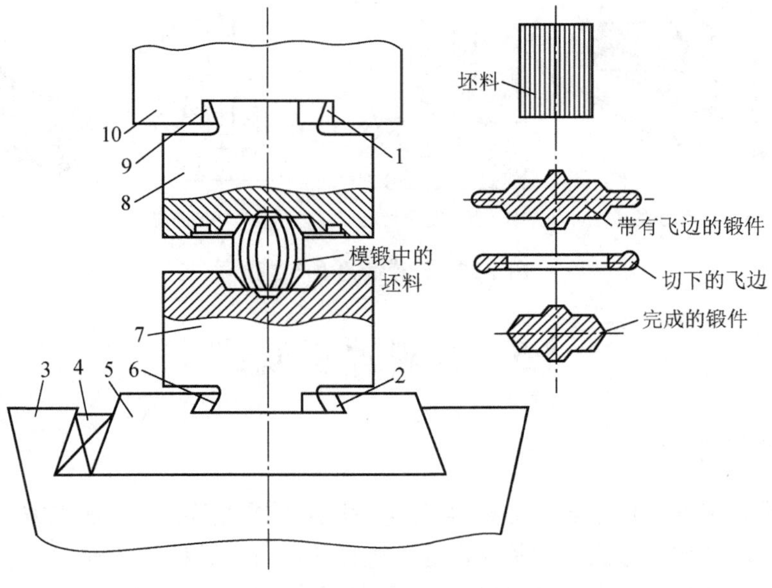

图4-25 模锻工作示意图

1-上模用键；2-下模用键；3-砧座；4-模座用楔；5-模座；6-下模用楔
7-下模；8-上模；9-上模用楔；10-锤头

目前常用的模锻设备有蒸汽-空气模锻锤、摩擦压力机等。蒸汽-空气模锻锤的规格也以落下部分的重量来表示，常用的为1～10t。

4.4.2 胎模锻

胎模锻是在自由锻设备上使用简单的模具（称为胎模）生产锻件的方法。胎模的结构形式较多，如图4-26为其中一种，它由上、下模块组成，模块上的空腔称为模膛，模块上的导销和销孔可使上、下模膛对准，手柄供搬动模块用。

胎模锻的模具制造简便，在自由锻锤上即可进行锻造，不需模锻锤。成批生产时，与自由锻相比较，锻件质量好，生产效率高，能锻造形状较复杂的锻件，在中小批生产中应用广

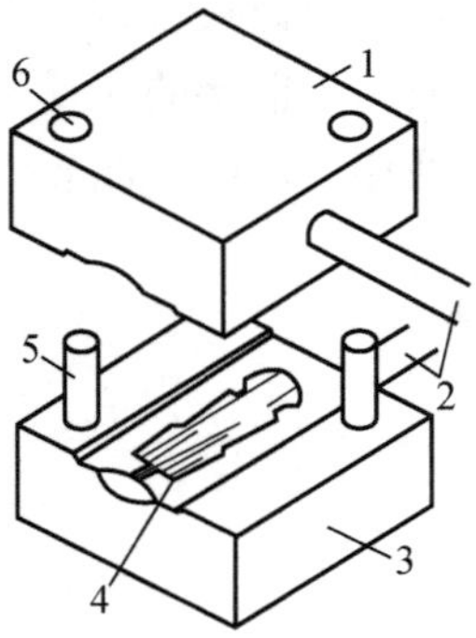

图 4-26　胎模锻

1-上模块；2-手柄；3-下模块；4-模膛
5-导销；6-销孔

泛。但劳动强度大，只适于小型锻件。

胎模锻造所用胎模不固定在锤头或砧座上，按加工过程需要，可随时放在上下砥铁上进行锻造。锻造时，先把下模放在下砥铁上，再把加热的坯料放在模膛内，然后合上上模，用锻锤锻打上模背部。待上、下模接触，坯料便在模膛内锻成锻件。胎模锻时，锻件上的孔也不能冲通，留有冲孔连皮；锻件的周围亦有一薄层金属，称为毛边。因此，胎模锻后也要进行冲孔和切边，以去除连皮和毛边。其过程如图 4-27 所示。

常用的胎模结构形式主要套筒模和合模两种。套筒模有开式筒模、闭式筒模和组合式筒模，主要用于锻造齿轮、法兰盘等回转体锻件。合模主要用于锻造连杆、叉形件等形状较复杂的非回转体锻件。

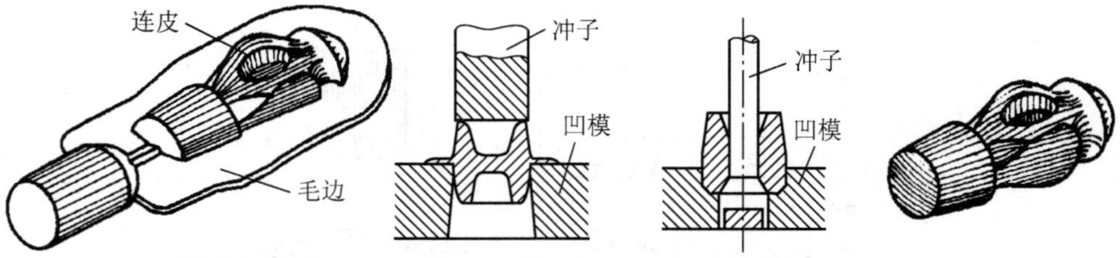

（a）用胎模锻出的锻件　（b）用切边模切边　（c）冲掉连皮　（d）锻件

图 4-27　胎模锻的生产过程

4.5　板料冲压概述

4.5.1　冲压生产概述

利用冲压设备和冲模使金属或非金属板料产生分离或变形的压力加工方法称为冲压，也称为板料冲压。这种加工方法通常是在常温下进行的，所以又称冷冲压。

板料冲压的原材料是具有较高塑性的金属材料（如低碳钢、铜及其合金、镁合金等）非金属（如石棉板、硬橡皮、胶木板、皮革等）的板材、带材或其他型材。用于加工的板料厚度一般小于 6mm。

冲压生产的特点：

（1）可以生产形状复杂的零件或毛坯。

（2）冲压制品具有较高的精度、较低的表面粗糙度，质量稳定，互换、性能好。

（3）产品还具有材料消耗少、重量轻、强度高和刚度好的特点。

（4）冲压操作简单，生产率高，易于实现机械化和自动化。

（5）冲模精度要求高，结构较复杂，生产周期较长，制造成本较高，故只适用于大批量生产场合。

在一切有关制造金属或非金属薄板成品的工业部门中都可采用冲压生产，尤其在日用品、汽车、航空、电器、电机和仪表等工业生产部门，应用更为广泛。

4.5.2 板料冲压的主要工序

按板料在加工中是否分离，冲压工艺一般可分为分离工序和变形工序两大类。分离工序是在冲压过程中使冲压件与坯料沿一定的轮廓线互相分离；而变形工序是使冲压坯料在不破坏的条件下发生塑性变形，并转化成所要求的成品形状。

在分离工序中，剪裁主要是在剪床上完成的。落料和冲孔又统称为冲裁，如图4-28所示，一般在冲床上完成。

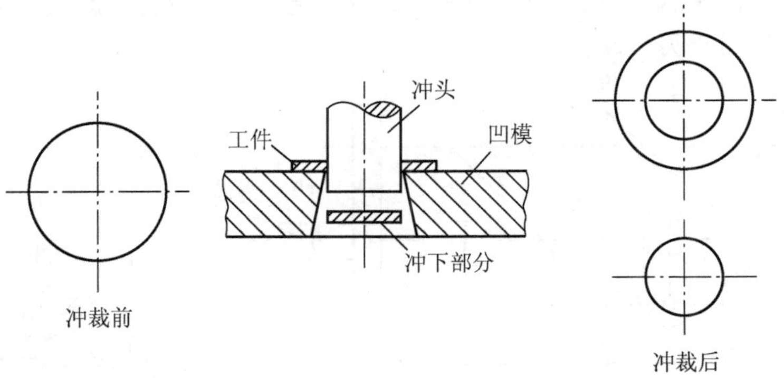

图4-28 冲裁

在变形工序中，还可按加工要求和特点不同分为弯曲（图4-29）、拉深（图4-30）（又称拉延）和成型等类。其中弯曲工序除了在冲床上完成之外，还可以在折弯机（如电气箱体加工）、滚弯机（如自行车轮圈制造等）上实行。弯曲的坯料除板材之外还可以是管子或其他型材。变形工序又可分为缩口、翻边（图4-31）、扩口、卷边、胀形和压印等。

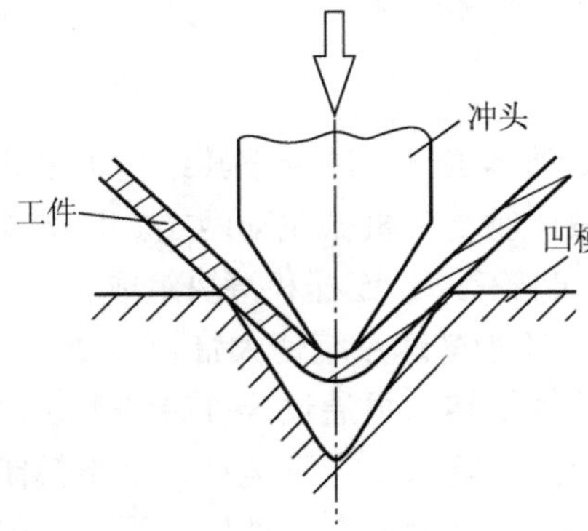

图4-29 弯曲示意图

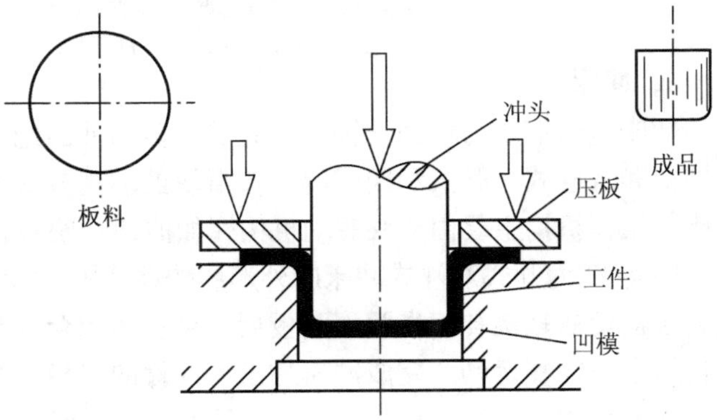

图4-30 拉深示意图

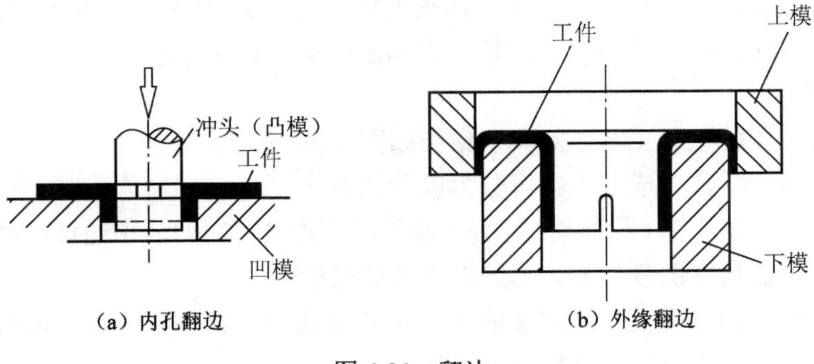

（a）内孔翻边　（b）外缘翻边

图4-31 翻边

4.5.3　冲压主要设备

冲压所用的设备种类有多种，但主要设备是剪床和冲床。

1. **剪床**

剪床的用途是将板料切成一定宽度的条料或块料，以供给冲压所用，剪床传动机构如图 4-32 所示。剪床的主要技术参数是能剪板料的厚度和长度，如 Q11-2×1000 型剪床，表示能剪厚度为 2mm、长度为 1000mm 的板材。剪切宽度大的板材用斜刃剪床，当剪切窄而厚的板材时，应选用平刃剪床。

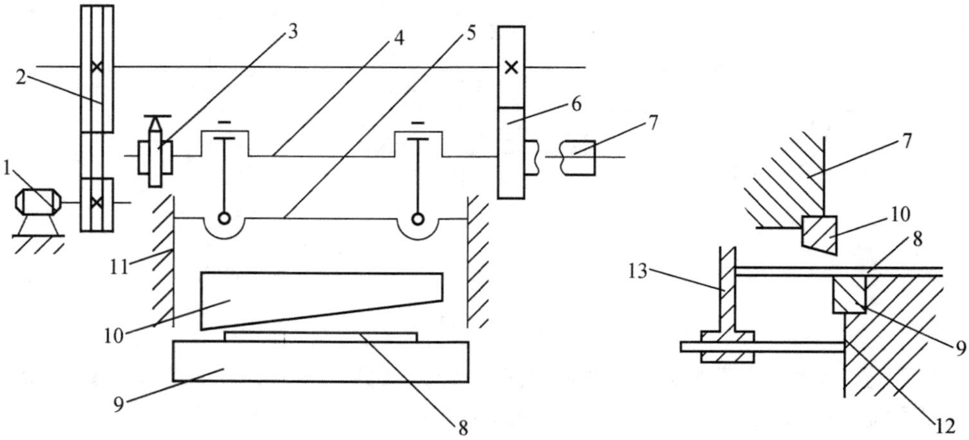

图 4-32　剪床传动机构示意图

1-电动机；2-带轮；3-制动器；4-曲柄；5-滑块；6-齿轮；7-离合器；8-板料
9-下刀片；10-上刀件；11-导轨；12-工作台；13-挡铁

2. **冲床**

冲床是曲柄压力机的一种，可完成除剪切外的绝大多数基本工序。冲床按其结构可分为单柱式和双柱式、开式和闭式等；按滑块的驱动方式分为液压驱动和机械驱动两类。机械式冲床的工作机构主要由滑块驱动机构（如曲柄、偏心齿轮、凸轮等）、连杆和滑块组成。

图 4-33 为开式双柱式冲床的外形和传动简图。电动机经 V 带减速系统使大带轮转动，再经离合器使曲轴旋转。当踩下踏板后，离合器闭合并带动曲轴旋转，再通过连杆带动滑块沿导轨做上下往复运动，完成冲压加工。冲模的上模装在滑块上，随滑块上下运动，上下模闭合一次即完成—次冲压过程。踏板踩下后立即抬起，滑块冲压一次后便在制动器作用下，停止在最高位置上，以便进行下一次冲压。若踏板不抬起，则滑块进行连续冲压。

通用性好的开式冲床的规格以额定标称压力来表示，如 100kN（10t）。其他主要技术参数有滑块行程距离（mm）、滑块行程次数（次/min）和封闭高度等。

3. **冲模结构**

冲模是板料冲压的主要工具，其典型结构如图 4-34 所示。

一副冲模由若干零件组成，大致可分为以下几类。

（1）工作零件　如凸模 1 和凹模 2，为冲模的工作部分，它们分别通过压板固定在上下模板上，其作用是使板料变形或分离，这是模具关键性的零件。

（2）定位零件　如导料板 9 和定位销 10。用以保证板料在冲模中具有准确的位置。导料板控制坯料进给方向，定位销控制坯料进给量。

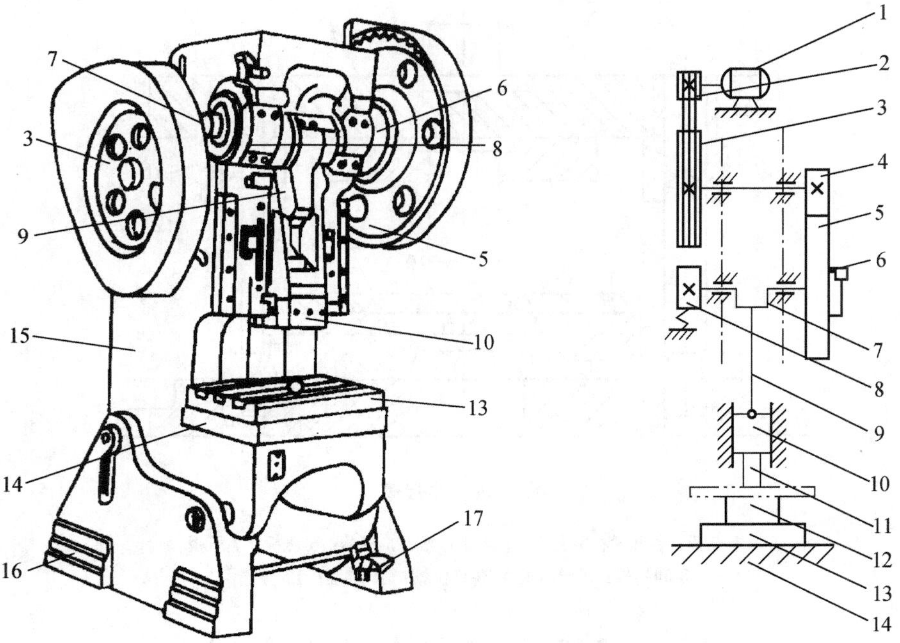

（a）外观图 （b）传动简图

图 4-33 开式双柱式冲床

1-电动机；2-小带轮；3-大带轮；4-小齿轮；5-大齿轮；6-离合器；7-曲轴；8-制动器；9-连杆
10-滑块；11-上模；12-下模；13-垫板；14-工作台；15-床身；16-底座；17-脚踏板

（3）卸料零件 如卸料板 8。当冲头回程时，可使凸模从工件或坯料中脱出。亦可用弹性卸料，即用弹簧、橡皮等弹性元件通过卸料板推下板料。

（4）模板零件 如上模板 3、下模板 4 和模柄 5 等。上模借助上模板通过模柄固定在冲床滑块上，并可随滑块上、下运动；下模借助下模板用压板螺栓固定在工作台上。

（5）导向零件 如导套 11、导柱 12 等，是保证模具运动精度的重要部件，分别固定在上、下模板上，其作用是保证凸模向下运动时能对准凹模孔，并保证间隙均匀。

（6）固定板零件 如凸模压板 6、凹模压板 7 等，使凸模、凹模分别固定在上、下模板上。

此外还有螺钉、螺栓等连接件。

以上所有模具零件并非每副模具都必须具备，但工作零件、模板零件、固定板零件等则是每副模具所必须有的。

冲床操作安全规范：

（1）冲压工艺所需的冲剪力或变形力要低于或等于冲床的标称压力。

（2）开机前应锁紧所有调节和紧固螺栓，以免模具等松动而造成设备、模具损坏和人身安全事故。

（3）开机后，严禁将手伸入上下模之间，取下工件或废料应使用工具。冲压进行时严禁将工具伸入冲模之间。

（4）两人以上共同操作时应由一人专门控制踏脚板，踏脚板上应有防护罩，或将其放在隐蔽安全处，工作台上应取尽杂物，以免杂物坠落于踏脚板上造成误冲事故。

（5）装拆或调整模具应停机进行。

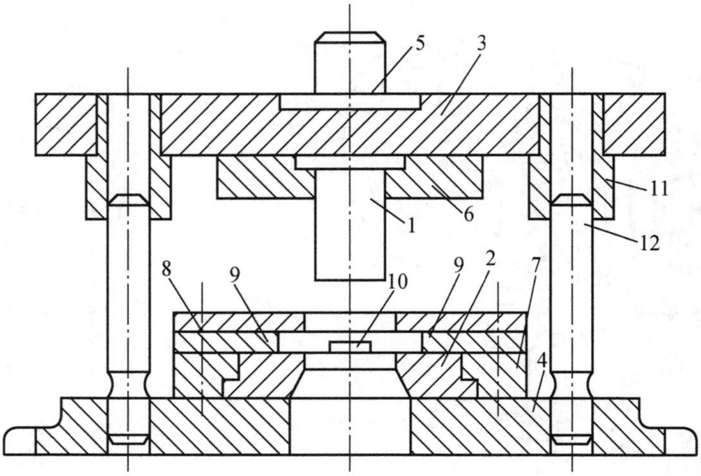

图 4-34　冲裁模

1-凸模；2-凹模；3-上模板；4-下模板；5-模柄；6-压板；7-压板
8-卸料板；9-导料板；10-定位销；11-导套；12-导柱

4.6　锻造实习安全技术守则

（1）实习前穿戴好各种安全防护用品，不得穿拖鞋、背心、短裤、短袖衣服。

（2）检查各种工具（如榔头、手锤等）的木柄是否牢固。空气锤上、下铁砧是否稳固，铁砧上不许有油、水和氧化皮。

（3）严禁用铁器（如钳子、铁棒等）捅电气开关。

（4）坯料在炉内加热时，风门应逐渐加大，防止突然高温使煤屑和火焰喷出伤人。

（5）两人手工锤打时，必须高度协调。要根据加热坯料的形状选择好夹钳，夹持牢靠后方可锻打，以免坯料飞出伤人。拿钳子不要对准腹部，挥锤时严禁任何人站在后面 2.5m 以内。坯料切断时，打锤者必须站在被切断飞出方向的侧面，快切断时，大锤必须轻击。

（6）只有在指导人员直接指导下才能操作空气锤。空气锤严禁空击、锻打未加热的锻件、终锻温度极低的锻件以及过烧的锻件。

（7）锻锤工作时，严禁用手伸入工作区域内或在工作区域内放取各种工具、模具。

（8）设备一旦发生故障，应首先关机、切断电源。

（9）锻区内的锻件毛坯必须用钳子夹取，不能直接用手拿取，以防烫伤，要知“红铁不烫人而黑铁烫人”的常识。

（10）实习完毕应清理工、夹、量具，并清扫工作场地。

思考和练习

1. 锻压生产的基本特点是什么？为什么会有这样的特点？
2. 锻造前加热的目的是什么？
3. 锻造温度范围是根据什么确定的？实际操作中如何粗略判断锻造温度是否合适？
4. 加热时可能产生哪些缺陷？如何防止？

5. 自由锻的适用范围如何？有何理由？

6. 自由锻最基本的工序是什么？为什么？

7. 拔长操作的一般规则是什么？如何进行操作，有哪些注意事项？

8. 自由锻常见的缺陷有哪些？产生的原因分别是什么？

9. 自由锻和模锻在坯料的成型上各有什么特点？对生产过程有什么影响？

10. 模型锻造和胎膜锻造有何异同？应用上有何区别？

11. 冲压生产有何特点？一般生产什么产品？

12. 板料冲压的基本工序有哪些？

13. 下列零件各应采用何种方式生产？说明理由及生产过程？

（1）机床主轴；（2）喝水用的搪瓷缸；（3）大批量生产的汽车发动机连杆；（4）金属勺子；（5）中等批量的机床变速齿轮；（6）小批量的起重机吊钩。

第5章 焊 接

📖 **教学提示** 焊接是一种能够使两个或以上分离金属永久性连接的加工方法，这些金属材料包括钢、铸铁以及铝、铜、镁、钛及其合金等有色金属。该技术起源于1882年的碳弧焊，发展至今已有几十种焊接方法，适用的领域越来越广，现代化程度也越来越高，广泛运用于航空、船舶、机械制造、石油化工、桥梁、建筑、矿山及国防等各个行业。焊接技术的优点可以归纳为：节省材料、减轻结构重量、提高生产率、加工场地简易，目前焊接工艺已经基本取代了铆接，部分替代了锻造和铸造。

📖 **教学要求** 本章主要使学生了解主要焊接工艺的特点和应用，掌握有关焊接操作的基本要求和规范，并能配合实践教学，基本学会焊接工艺方法实现金属有效连接。

5.1 焊接概述

焊接是利用加热、加压，或同时加热和加压，并使用（也可不用）填充材料将分离工件永久连接在一起的一种方法。因此，可根据母材是否熔化，将焊接方法分为熔焊、压焊和钎焊。

1）熔焊

熔焊是利用电弧作为焊接热源，将焊件接头处金属加热至熔化状态，然后冷却结晶以形成焊缝。熔焊不需要施加压力，只需要移动焊接电弧，以使熔池逐渐冷却就可形成需要的焊缝金属。

熔焊中常见的有电弧焊、气焊、电子束焊等。手工电弧焊就是目前应用最普遍的一种焊接方法，也是工程实训中将要操作的一种方法。它操作方便、设备简单、适用不同结构不同厚度焊接状况，但这种方法依赖操作者的技术水平，而且劳动强度大，生产效率较低。国家体育馆“鸟巢”结构钢架为熔焊方法连接而成，一共采用了14种先进的焊接技术，代表了钢结构焊接技术的发展方向。

2）压焊

压焊是对焊件施加压力（加热或不加热），使金属接触部分引起塑性变形或熔化状态，从而使金属原子间相互结合而形成牢固的焊接接头。

压焊中常见的有电阻焊、冷压焊、扩散焊和摩擦焊等，其特点是利用机械能进行焊接，通过顶压、锤击、摩擦等形式，使工件结合部位产生塑性流变，实现技术的结合。

3）钎焊

钎焊是利用熔点比母材低的材料作为钎料，然后将焊件与钎料加热至高于钎料熔点温度而低于母材熔点温度，从而使熔化的钎料润湿母材表面，填充焊接处间隙并与母材相互溶解、扩散，冷却后结晶在接头处形成焊缝。

钎焊常见的有火焰钎焊、感应钎焊、电子束钎焊等。表5-1为一些基本焊接方法的分类及特点。

表 5-1 基本焊接方法

	分 类	焊接方法	特 点
基本焊接方法	熔焊	电弧焊	应用最广、操作方便、适用各类金属、各种厚度、各种结构
		气焊	操作方便、在电力不足环境下经常采用，适用铸铁和有色金属
		电渣焊	焊区易过热，焊后要热处理，焊速快，变形小，质量高，适用于垂直焊，厚板件和大型结构
		激光焊	焊缝和热影响区窄，接头性能优良，精度高，易于实现自动化，适用于有色金属和非金属
	压焊	电阻焊	焊接成本低，设备较贵，热影响区小，变形小，适合组装线装配，如电子、汽车产业的钢和有色金属
		冷压焊	受焊机吨位的限制，适用于硬度不高、延性好的金属薄板、线材、棒材和管材的连接
		扩散焊	变形小，特别适合于精密件焊接、异种金属材料、石墨和陶瓷等非金属材料和多孔性烧结材料
		摩擦焊	是一种固相焊接，生产效率高，适用于可热锻的金属和异种金属，主要是截面为圆形的工件
	钎焊	火焰焊	设备简单，容易实现，适用于薄壁和小型焊件，如硬质合金刀具的钎焊、铜管接头的钎焊
		感应焊	一般采用高频电流加热方式，广泛用于钎焊钢、铜和铜合金等大型焊件，不适合铝合金
		电子束焊	能量集中可控，但设备较贵，适合于工件装配、接缝精度要求有较高的场合

5.2 手工电弧焊

手工电弧焊也称焊条电弧焊，是利用电极短路后的电弧热熔化焊剂和被焊金属形成熔池，随之冷却凝固获得焊缝的一种电弧焊方法。焊条移动靠手工操作，方便灵活、设备简单、适用性强，劳动强度大，生产效率不高，对操作者有一定的技术要求。电弧焊主要运用于铸铁、钢件结构和有色金属，从薄 0.1mm 到厚几百毫米的金属构件。大学生工程训练实训中普遍使用的也是手工电弧焊，焊接现场如图 5-1 所示。

图 5-1 焊接现场

5.2.1 电弧形成原理

电弧是一种气体放电现象，电流通过某些绝缘介质（如空气）所产生的瞬间火花。由于电弧导电性强、能量集中、温度高、亮度大、质量轻，所以可作为强热源。电弧焊就是通过产生持续的电弧进行焊接生产的。

1. 电弧的生成

在产生电弧的方法上，电弧焊有两种引弧方法：非接触式引弧法和接触式引弧法。图 5-2 为引弧操作方法示意图。

手工电弧焊属于熔化极电弧焊，需要采用的是接触式引弧法，具体方法：当电流两端分别与被焊工件和焊枪连接时，在强电场作用下，阴极区电子向阳极区运动，使电弧区的中性气体介质被电离成正负带电粒子，这些粒子的相向运动使这部分气体被击穿，变成了导体，形成了电极之间的气体导电过程，由于电弧强热效应，在弧柱区的温度可以达到 5000～6000K。如图 5-3 为电弧产生原理。

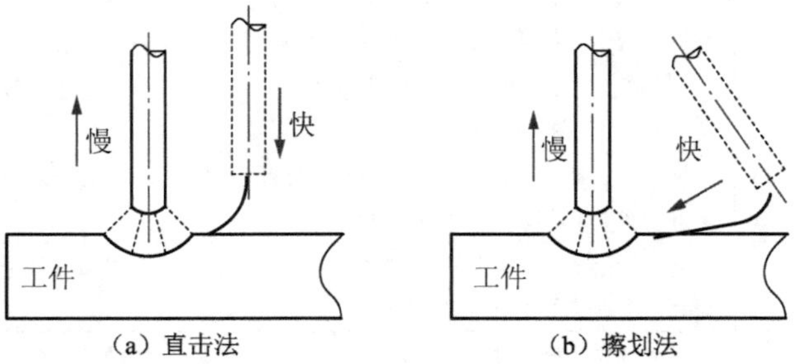

图 5-2　引弧操作方法示意图

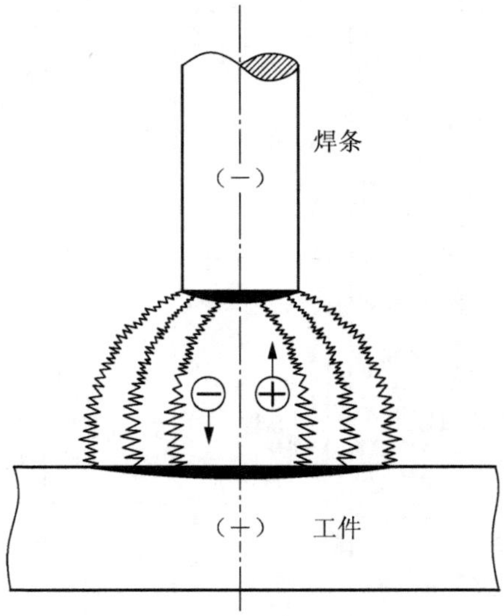

图 5-3　电弧产生原理

手工电弧焊工作电压一般为 20～30V，空载电压 55～80V，焊接电流一般不超过 400A，以满足引弧要求。在满足焊接工艺要求的前提下，空载电压应尽可能低，而焊接电流不要过大。

2. 电源要求

手工电弧焊受操作者影响较大，为了保证引弧顺利，且在要求的电流下稳定燃烧，对电源要满足以下基本要求。

1）具有徒降外特性

焊接电源的外（静）特性是指在规定范围内，焊接电源稳态输出的电流和输出电压的关系。具有该特性可使空载电压满足引弧要求，可以提供稳定燃烧所需的电压，而弧长变化时，焊接电流的变化小。在实际焊接过程中，弧长很容易随操作者、焊接位置等的变化而变化，为保证焊缝质量，应使焊接电流变化小或不变化，这是焊接电源应该具备的一个特点。

2）合适的空载电压和短路电流

空载电压过低无法引弧，过高则耗能耗材太大，因此，手工电弧焊的空载电压一般不会超过 80V。短路电流过小也无法引弧，而过大则容易使焊接过载烧坏，因此短路电流为工作电流的 120%～150%，一般不超过 600A。

3）良好的动特性

在焊接过程中，电源的负载处于不断的变化中，因此，焊接的输出电压和电流要能迅速适应这种变化，这种良好的动特性表现为容易引弧、焊接过程电弧稳定、飞溅小，焊缝成形好。

4）良好的调节性能

对不同焊接工件、厚度、坡口形式、焊条型号直径等，要求焊机能够提供不同的输出电流，一般要求焊机的电流调节范围是额定焊接电流的 0.25～1.25。

5.2.2　焊机类型及附件

1. 焊机类型

焊机主要以电源种类来分类，手工电弧焊中使用较多的是额定焊接电流在 500A 以下的弧焊电源，目前，我国手工电弧焊用的焊机有三大类：交流弧焊机、直流弧焊机和逆变弧焊机。

1）交流弧焊机

目前使用最为普遍，基本按单相电网接入，功率因素较低，空载损耗小，噪声比较低，维修简单，在一般手工焊接中常采用。例如，BX1-300 型焊机，即动铁心式交流弧焊电源，额定电流 300A。

2）直流弧焊机

目前市场上常用的是弧焊整流器电源，当工件接电源正极，而焊枪接电源负极时，称为直流正接，反之则为直流反接。这种电源按三相电接入，空载损耗小，但维护较为复杂，常用于重要的结构件焊接、各种埋弧焊和气体保护焊等。例如，ZX5-400 型焊机，即晶闸管式整流弧焊电源，额定电流 400A。

3）逆变弧焊机

这是近二十几年来随着电子技术发展而新研制的电源，可将电网交流整流成直流电，再通过逆变电路将直流电变成高频交流电。按三相电网接入，可逆变为几千赫兹或几百千赫兹高频交流电，它体积小、质量轻，高效节能，特别适合于高合金钢材料等特种材料焊接。例如，ZX7-315 型焊机，即逆变式整流弧焊电源，额定电流 315A。

2. **焊机附件**

手工电弧焊的附件主要有焊钳、焊接电缆、面罩和焊条等，这里主要介绍焊钳和焊条。图 5-4 为手工电弧焊基本构成。

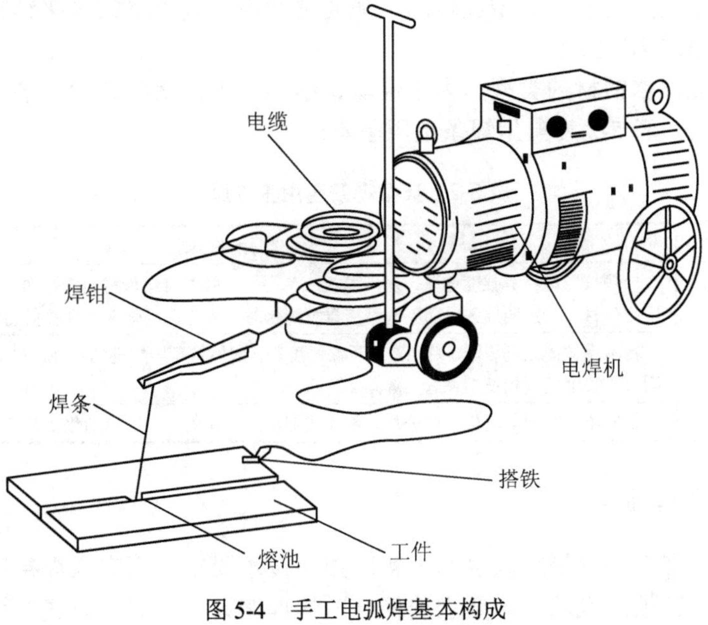

图 5-4　手工电弧焊基本构成

1）焊钳

焊钳是用来夹持焊条进行焊接的工具，如图 5-5 所示，起着从焊接电缆向焊条传导焊接电流的作用，常用的焊钳主要有 300A 和 500A 两种。

2）焊条

焊条由焊芯和涂料药皮组成，也称药皮焊条，直径一般在 2.0～5.8mm，它是一种在一定长度金属芯外表层均匀地涂抹一定厚度的具有特殊作用药皮的手弧焊接用的溶化电极。

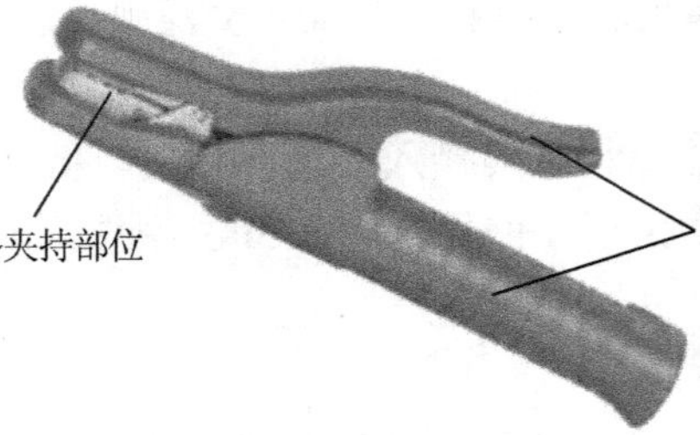

图 5-5　电焊钳外形

① 焊芯一般是金属芯，由 H08A 钢芯制成，其作用：一是传导电流，产生电弧；二是在熔化后充作焊缝的填充金属。

② 药皮也称涂料，是氧化物、碳酸盐、硅酸盐、有机物、氟化物等数十种原材料粉末，按一定比例混合而成，制成的焊条也可分为酸性焊条和碱性焊条。药皮的作用首先是在熔区周围形成合适物化性能的熔渣，保证电弧稳定燃烧，并释放气体保护熔区不受空气影响。其次可以通过熔渣去除有害物质，添加有益合金元素，增强焊缝力学性能。最后是改善焊接工艺，使焊接过程飞溅小，易脱渣和熔敷效果好。

焊条按型号分为 8 大类，例如，碳钢焊条、低合金钢焊条和不锈钢焊条归为代号 E。根据药皮酸碱性又可分酸性焊条和碱性焊条。酸性焊条焊接工艺性好，生产中使用最广，可交直流两用，焊缝美观，脱渣性好，飞溅小，但焊缝金属塑性和韧性相对较差。碱性焊条电弧稳定性较差，但焊缝冲击韧性和塑性较高，故通常使用在较重要的焊接结构场合，如承受动载荷和刚性较大的结构焊接上。

焊条的选用应根据钢材的类型、力学性能、结构的工作状况综合考虑，必要时需要经过相关的实验来确定。表 5-2 为典型焊条选用基本原则。

表 5-2　典型焊条选用基本原则

工　况	选 用 原 则
碳钢焊条	一般按与母材等强度选取，对于薄板或单层焊，强度可比母材稍低，而对于厚板和多层焊则可选用比母材高一级的焊条，而不同强度母材焊接时，则应选用强度级别较低的钢的焊条
低合金钢焊条	基本遵循等强度原则。特别是对于高强度钢，应侧重考虑焊缝的塑性，对于低合金异种钢焊接时，则依照强度级别较低钢种选用焊条
不锈钢焊条	主要依据熔敷金属化学成分与母材相同或相近的原则，一般为简化工艺，常选用铬镍不锈钢焊条

5.2.3　手工电弧焊工艺

工艺是指用文字或图表等方式说明为实现预期技术要求，而完成焊接过程需要做的全部步骤和程序。工艺应根据设计技术要求选择合适的焊接设备、坡口形式、焊条型号及规格、工件装配、焊接参数、焊接辅助设备、焊前预热和焊后热处理等。

1. 坡口形式与焊接位置

坡口是指在焊接前，将工件接头的待焊接部位加工成一定几何形状的沟槽。其目的是保证焊接顺利进行，电弧能沿板厚熔敷一定深度，以获得良好的焊缝。坡口形式与尺寸一般随板厚而变化，同时还与焊接位置、工件材质等有关，典型的坡口有 I 形坡口、V 形坡口、U 形坡口、J 形坡口、X 形坡口等。一般的，对于小于 6mm 厚板的焊缝，可以不开坡口（或开 I 形扣），但对于中厚板以上焊接，为了保证焊缝质量，则必须开坡口。I 形坡口应用比较普遍，在薄板焊接广泛采用；V 形坡口便于加工，但焊后工件容易变形，因此，如果用 X 形坡口则可以避免这一变形；U 形坡口使用的焊缝填充金属少，变形也比较小，但坡口加工困难，一般用在重要焊接场合。焊接接头的基本形式有对接、搭接、角接和 T 形接头，它由焊缝、熔合区、热影响区及其邻近母材组成，用于焊接接头的各种坡口形式可以参阅 GB985—1988。图 5-6 为典型坡口外形示意图。

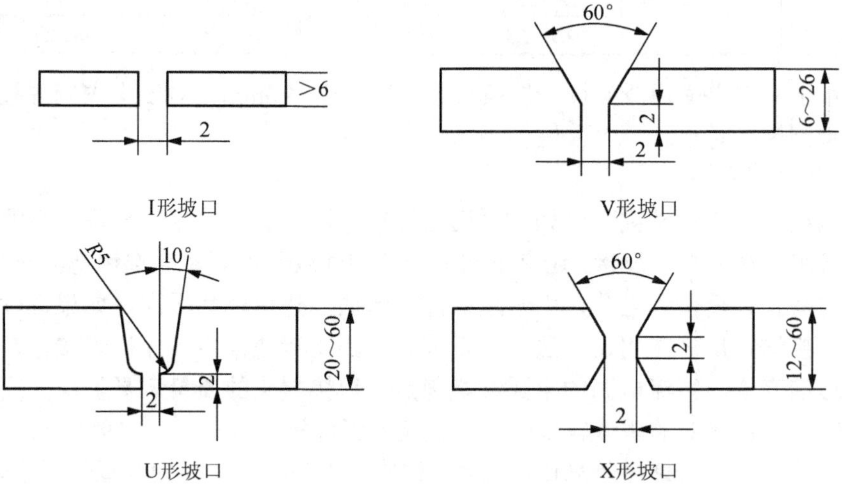

图 5-6 典型坡口外形示意图

在实际生产中，由于结构限制和移动要求，焊缝在空间的位置除了平焊位置，还有立焊位置、横焊位置、仰焊位置和船型焊位置，如图 5-7 所示。平焊使熔滴便于落入熔池，熔池中的气体和杂质也容易浮出，而且焊接电流可以较高，生产效率也高，焊缝质量好，劳动条件好，焊接条件最好，一般应尽可能采用平焊。其他空间位置焊对操作者的技术水平要求较高，且焊接质量不易保证，最难的是仰焊，其次为立焊和横焊。

手工电弧焊适用于全位置、所有接头形式的焊接，因此应用十分广泛。

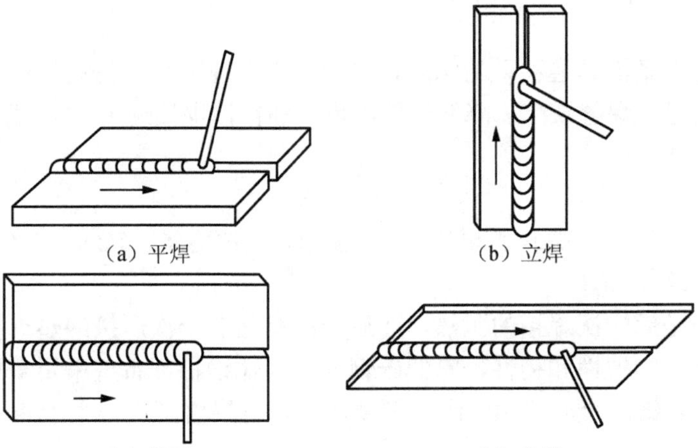

图 5-7 焊接位置示意图

2. 焊条种类、牌号和直径选择

实际生产中主要根据被焊材料的机械性能和对焊缝的质量要求，依据国标规定进行焊条种类及牌号的选取。一般的，普通低碳钢和低合金钢按等强度匹配原则选取，重要焊接结构可以选用低氢型焊条，一般焊接结构选用酸性焊条。焊条直径的选取则要根据焊件厚度、接头形式、焊接速度、焊道层次、电源种类和极性等，一般在平焊情形下可见表 5-3。

表 5-3 焊条直径的选择

板厚/mm	1～2	2～2.5	2.5～4	4～6	6～10	>10
焊条直径/mm	1.6；2.0	2.0；2.5	2.5；3.2	3.2；4.0	4.0；5.0	5.0；5.8

注意：对于立焊、横焊或仰焊，焊条直径不宜大于 4.0mm；对于中碳钢焊接，焊条直径可适当比低碳钢焊接时小。

3. 焊接电流的选择

焊条类型决定了电源种类，例如，采用低氢钠型焊条必须使用直流反接电源，而用低氢钾型焊条时可用交流或直流反接，还有不同牌号的酸性或碱性焊条在选用电源时也有所不同。

直流电源有正、反接入之分，由于正极部分释放的热量较负极高，如果焊件需要的热量高，则宜用正接法，反之选用反接法，也正因如此，正接法常用于厚板焊接，反接法常用于薄板焊接。总的来说，直流电源的电弧燃烧稳定，焊接接头的质量容易保证，交流电机电弧燃烧稳定性差，焊接接头的质量较难保证。交流电弧焊机没有正、反接的问题。

焊接电流的选择要依据焊条直径、板厚、材质、接头形式和焊接位置等因素来综合判断，焊接电流大时，焊条熔化快，焊接效率高，在允许条件下，尽量选用大电流，但是，电流过大又容易造成工件烧穿，导致焊缝缺陷，降低焊缝质量。在使用一般的碳钢焊条平焊时，建议电流可用以下公式选用：

$$I=(35\sim55)d$$

式中，I 为焊接电流，A；d 为焊条直径，mm。

上述公式只是一个参考值，对于散热快的焊件，焊接电流应取上限值；对于输入热又严格控制的焊件，应取下限值；对于立焊、横焊等，焊接电流应比平均值小 10%～20%；对于中碳钢或普通合金钢，应比焊低碳钢时小 10%～20%等。

4. 焊接速度

焊接速度就是焊条沿焊缝移动的速度，较大的焊接速度可以提高生产效率，但焊接速度的过快和过慢都会导致焊缝缺陷，降低焊接质量，通常，焊接速度 v 与线能量、焊接电流、电弧电压有一个匹配关系：

$$v=IU/E$$

式中，I 为焊接电流，A；U 为电弧电压，V；E 为焊接线能量，J/cm。

5. 焊接层数与焊道数目

由于前一次焊是后一次焊接的预热，而后一次焊是前一次焊接的热处理，所以，多层多道焊有利于焊接接头的塑性和韧性，除低碳钢外，其他钢种都希望采用多层多道无摆动小直径焊条施焊，已获较细的金属显微组织，但要注意，每层增高不得大于 4mm。

5.2.4 操作技术

手工电弧焊的焊接操作，包括引弧、运条、控制都是靠操作者手工操作，因此，操作者的操作技术对焊接质量影响较大。为减小残余应力所致的变形，应遵循一定的焊接原则，并合理运用操作技术，才能保证焊接顺利有效进行，一般是：①尽可能允许焊缝自由收缩；②让收缩量大的焊缝先焊；③尽量采用对称焊；④对长焊缝可采用逆向分段法等。

1．引弧方式

引弧方式有两种：直击法和划擦法，如图 5-2 所示。引弧位置通常选取在始焊端 15～20mm 处，电弧引燃后再进入弧坑正常焊接，其目的是预热和防止引弧点可能产生的裂纹和气孔。

（1）直击法：在始焊处，焊条引弧端与工件直击，短路后迅速提起引弧，并保持 2～4mm 空间距离。这种方法容易产生气孔，对于初学者不易掌握。

（2）划擦法：与划擦火柴的动作相似，在始焊端前方划擦引弧，划擦距离以 20mm 左右为宜，该法容易掌握，适合初学者，但缺点是容易划伤母材，不适合淬火敏感性大的金属。

初学者容易遇到黏弧现象，这时可左右摇摆焊枪，使焊条脱离焊件，甚至可松开焊枪，防止电机长时间短路。

2．运条方式

手工操作焊条相对焊件的运动方式叫运条，也称摆动方式。摆动焊条非常重要，主要是可以拓宽焊缝，增加焊缝强度，搅拌熔池排除杂质，消除焊瘤等。

在焊接过程中焊条的运动实际可以分解为三种运动形式：第一种是焊条沿其自身轴向的向下运动，这是由于焊条不断熔化后引弧的需要；第二种是沿焊缝方向的平移运动，以保证焊接基本要求；第三种是以增加焊缝宽度，均衡加热等为目的的摆动运动。针对以上三种运动，通常见到的运条方式有以下 7 种，每种方式各有特点，如表 5-4 所示。

表 5-4　各种运条方式特点和适用场合

运条方式	特　点	适用场合	运条示意图
直线运条	电弧稳定熔深好，熔宽小	各种角焊缝，开坡口对接焊缝打底层，用于薄板	
直线往复运条	焊速快，焊缝窄	开坡口对接焊缝打底层，用于薄板	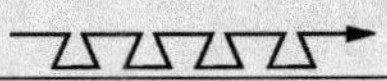
锯齿运条	可防止咬边或未焊透，焊缝宽，焊缝质量好	用于厚板，作为平、立、仰对接焊等的填充层	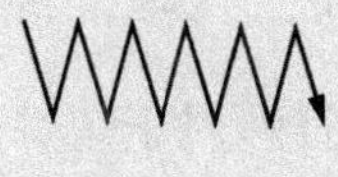
月牙形运条		用于厚板，作为平、立、仰对接焊等的盖面层	
三角形运条	能控制熔池形状，焊缝质量较高	用于厚板，作为平、立、横角焊	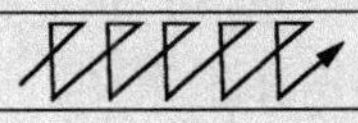
圆圈形运条	控制熔化金属不下淌，保持高温时间以排除杂质，焊缝质量好	用于厚板，作为平焊、仰焊	
8 字形运条	焊缝边缘加热充分，熔化均匀，焊透性好	用于厚板件或不等厚件对接	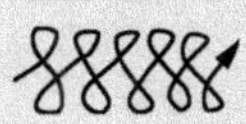

3．焊缝的起头、衔接和收弧

起头焊缝是指刚开始焊接的部分，由于开始时零件温度低，电弧稳定性差，应该在引弧后先将电弧稍拉长，对焊缝端头进行必要的预热，然后适当缩短弧长进行正常焊接。

接头由于受焊条长度的限制，有时不能用一根焊条完成一条焊缝，为了不影响焊缝成形，保证焊缝质量，更换焊条要迅速，并在接头弧坑前 15mm 处起弧，要求先焊的焊缝起头处略低一些，接头时在先焊焊缝的起头稍前处引弧，并稍微拉长电弧将电弧引向起头处，并覆盖前焊缝的端头处，待起头处焊缝焊平后再沿焊接方向移动。

焊接时电弧中断和焊接结束，都会产生弧坑，常出现疏松、裂纹、气孔、夹渣等现象，为了克服弧坑缺陷，就必须采用正确的收尾方法，即收弧。常用的收弧方法有反复断弧收尾法、画圈收尾法、回焊收尾法和转移收尾法。反复断弧收尾法是指焊条移到焊缝终点时，在弧坑处反复熄弧、引弧数次，直至填满弧坑，此法适用于薄板和大电流焊接时的收尾，不适于碱性焊条。画圈收尾法是指焊条移到焊缝终点时，在弧坑处作圆圈运动，直至填满弧航再拉断电弧，此法适用于厚板。

4. 不同焊接位置的焊接要点

平焊时，根据接头形式主要有对接和角接两种。对接平焊中焊条向焊接方向倾斜，与焊缝成 70°～80°倾角，焊件厚度大于 6mm 时需开坡口，并增大接缝间隙。平角焊时，焊条与两侧板成 45°角，并向焊接方向成 70°～80°倾角，由于立板的熔化金属受重力影响有向下流的趋势，容易形成咬边，所以可将焊接件的接头摆放位置灵活调整，一般将平角焊件整体旋转 45°成“船型”。

立焊时，由于熔池金属受重力影响向下淌，立焊选用的焊条直径及焊接电流相对平焊要小（小于 4mm），并采用短弧焊接，焊接方向一般采用向上施焊。

横焊、仰焊和倾斜焊虽然焊接位置不同，但都存在一个同样的问题即熔池金属在重力作用下向下流，焊缝成形困难，容易出现焊瘤、咬边、夹渣等缺陷，为了克服这些问题，实践中均采用较小直径焊条、较小焊接电流和短弧焊进行焊接，当然，选择正确的焊条角度和运条方式也至关重要。

5.3 气焊与气割

气焊和气割是利用可燃气体和助燃气体混合燃烧所释放的热量作为热源进行金属材料的焊接或切割，是金属材料热加工常用的方法之一，在生产中有着极其重要的地位和作用，用途十分广泛。

5.3.1 气焊的原理

气焊属于熔焊方法的一种，是利用可燃气体（乙炔或液化石油气）在焊枪中混合后，由焊嘴喷出后点火燃烧，以熔化焊件接头处和焊丝，冷却后形成牢固的接头。如图 5-8 所示为气焊工作示意图。

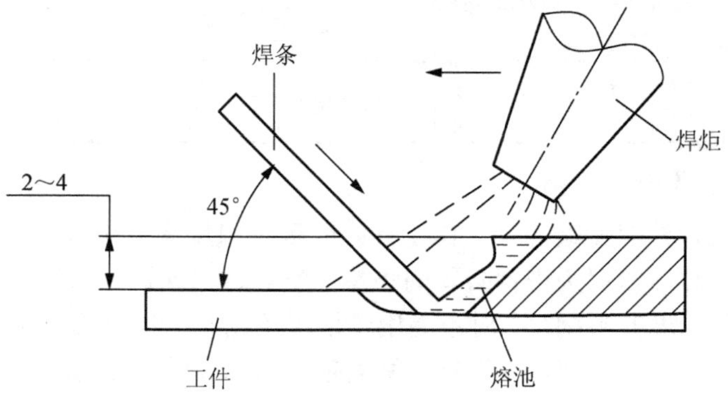

图 5-8　气焊工作示意图

1. 气焊特点

与电弧焊比较，气焊有以下特点：

（1）火焰温度低，焊接熔池温度易于控制，便于全位置焊接，容易实现单面焊双面成型；

（2）气焊无需电源，设备简单，适用性强，适合野外；

（3）由于火焰易于控制，适合低碳钢、低合金钢、不锈钢的薄件和薄壁管件，以及铜、铝、镁等低熔点合金焊接；

（4）火焰热量分散，热影响区宽，易造成工件变形，焊区晶粒较粗，力学性能差；

（5）难于实现自动化，生产效率较低。

2. 火焰性质

气焊中助燃气体是氧气，可燃气体比较多，主要是乙炔和液化石油气。液化石油气比乙炔便宜，但在用于切割时耗氧量大，因此乙炔的应用更普遍。

乙炔和氧气混合燃烧的火焰成为氧乙炔焰，按两者的混合比不同可分为中性焰、碳化焰和氧化焰三种。

（1）中性焰　氧气和乙炔的混合比为1～1.2得到的火焰，燃烧充分，无过剩的氧气和乙炔，温度可达3000℃以上，焊接时主要应用中性焰。火焰由焰心、内焰和外焰组成，内焰呈暗紫色，温度最高，适用于焊接；焰心呈亮白色圆锥体，温度最低。中性焰应用最广，适用于焊接碳钢和有色合金。

（2）碳化焰　氧气和乙炔的混合比小于1得到的火焰，燃烧不充分，火焰比中性焰长而柔软，呈蓝白色，温度可达3000℃～3700℃，由于过剩的乙炔焰分解为碳（C）和氢（H_2）游离状态的碳会提高熔池金属的碳含量，提高焊缝强度，但塑性降低，所以碳化焰不适合焊接低碳钢、合金钢，适用于碳钢、铸铁和硬质合金等材料。

（3）氧化焰　氧气和乙炔的混合比大于1.2得到的火焰，氧浓度较大，氧化反应剧烈，火焰缩短，尖形焰心外面形成一个富氧区，温度可达3100℃～3300℃。由于具有氧化性，使焊缝的强度、塑性和韧性降低，严重降低了焊缝质量，所以一般不用于焊接。

在实践操作中，以观察火焰颜色和喷射声音来判断火焰性质。

5.3.2　气焊工艺

气焊工艺包括气焊设备的使用、焊接工艺规范等。

1. 气焊装置

气焊装置主要由氧气瓶、乙炔发生器、回火防止器、焊炬、减压器以及其他附件组成。如图5-9所示。

（1）氧气瓶：用于存储氧气，一般容积为40L，额定工作压力15MPa，氧气纯度对气焊质量影响较大，分为一级纯度（不低于99.2%）和二级纯度（不低于98.5%）。氧气瓶每隔3～5年需返厂进行检修。

（2）乙炔发生器：制取乙炔的发生器种类较多，常用的是中压乙炔发生器（压力为0.045～0.15MPa），由于乙炔是水分解电石而获得的，分解过程中会产生大量的热，如果发生器水量不够或散热不好，剧烈的电石分解反应即使在常温下也有可能发生爆炸。因此，不能用加压装瓶来储存，通常将乙炔灌装在盛有丙酮或多孔物质的容器中，这就是在使用中经常见到的瓶装乙炔，一般容积为40L，额定工作压力1.5MPa。

（3）回火防止器：气焊过程中有时会发生火焰进入喷嘴内逆向燃烧的现象，称为“回火”。如果回火时，火焰瞬时自行熄灭，并伴有鸣爆声，则也称为逆火现象。如果火焰没有自行熄灭，而是继续向气体回路管道燃烧，则是回烧现象。回烧可致严重的燃烧、起火、爆炸事故。

回火发生器是乙炔发生器必不可少的安全装置，可在回火发生时阻断乙炔和氧气的混合，自动切断乙炔气源。防止器分水封式和干式。图 5-10 为水封式回火防止器工作原理。

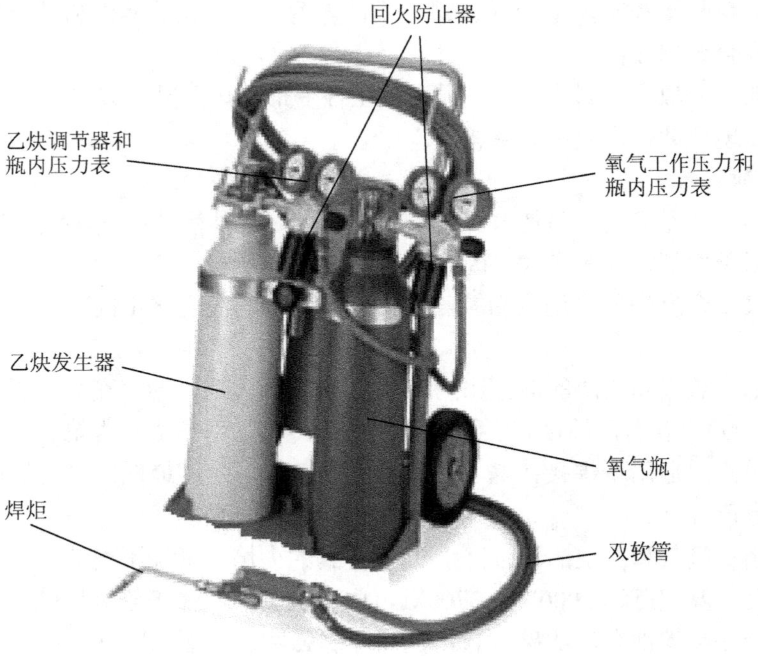

图 5-9　气焊设备

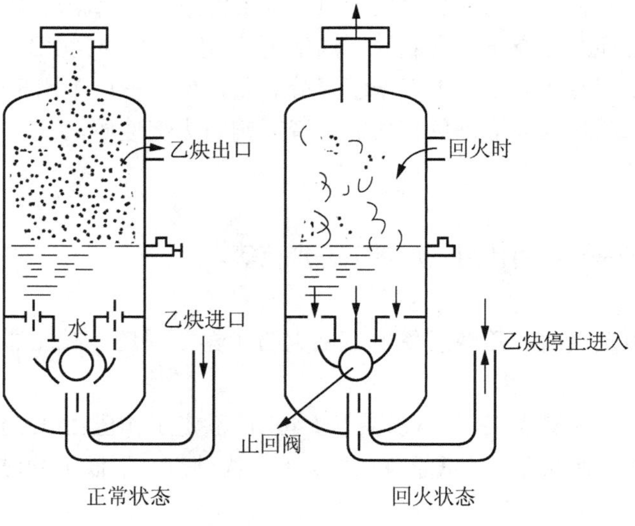

图 5-10　水封式回火防止器工作原理

（4）焊炬：是气焊操作的主要工具。其作用是将可燃气体和氧气按一定比例均匀混合，以一定的速度从焊嘴喷出，形成一定能率、一定成分、适合焊接要求和稳定燃烧的火焰。按氧气和混合气体的混合方式，可分为射吸式和等压式两类。目前应用最广泛的是射吸式，如图 5-11 所示，其工作原理是：先开启乙炔阀，低压燃气经喷嘴喷出，再开氧气阀，高压氧气即从喷嘴快速射出，将低压燃气吸出，在混合管按一定比例混合，经射吸管从焊嘴喷出。射吸式焊炬的优点是乙炔靠氧气的射吸作用进入焊炬，因此，不论乙炔是低压还是中压都不会影响工作。最大的缺点是焊炬温度升高而导致负面影响，会影响焊接质量，工作一段时间应该冷却。

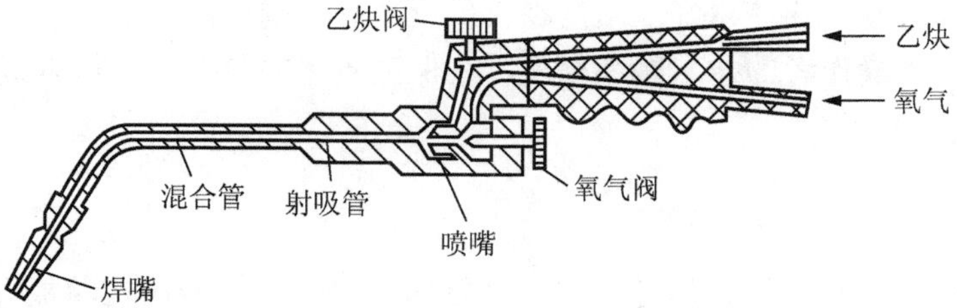

图 5-11　焊嘴结构

射吸式焊炬在使用时应该注意以下安全事项。

① 先进行安全检验后再点火。检查方法：将氧气胶管紧固在氧气接头上。接通氧气后，先开启乙炔调节手轮，再开启氧气调节手轮，然后用手指按在乙炔接头上，若感到有一股吸力，则表明其射吸性能正常。否则应该给予检查。

② 点火。经以上检查合格后，才能给焊炬点火，为保证安全，最好先开乙炔，点燃后立即开氧气并调节火焰的方法。

③ 熄火。熄火时，应先关乙炔后关氧气，防止火焰倒袭和产生烟灰。

④ 回火的紧急处理。发生回火时应急速关乙炔，随即关氧气，倒袭的火焰在焊炬内会很快熄灭。稍等片刻再开氧气，吹出残留在焊炬内的烟灰。此外，在紧急情况下可拔出乙炔胶管。

⑤ 焊炬的各连接部位、气体通道及调节阀等处，均不能沾染油污。

⑥ 焊炬的保存。焊炬停止使用后，应拧紧调节手轮并挂在适当的场所，也可卸下胶管，将焊炬存放在工具箱内。

（5）减压器：其作用是将很高的气瓶压力降低为焊炬需要的工作压力（0.4MPa）。减压器兼有稳压和安全保障的作用。

（6）其他附件：包括胶管、护目镜、点火工具、工作台等。其中胶管一般长 10～15m，氧气胶管为黑色，内径为 8mm，承压 1.5MPa，乙炔胶管为红色，内径为 10mm，承压 1.0MPa。

2. 焊接工艺

焊接工艺的规范包括焊丝的选择、火焰性质与能率、焊炬的倾斜角、焊接速度等。

（1）焊丝的选择：焊接黑色金属的焊丝有碳素结构钢、合金结构钢、不锈钢、高温合金焊丝。焊接有色金属时常选用与有色金属化学成分相同的焊丝。可参见国标 GB/T14957—1995。焊丝直径主要根据零件的厚度确定，表 5-5 提供了几组焊丝直径选择的参考数据。

表 5-5　焊丝直径的选择

零件厚度/mm	焊丝直径/mm	零件厚度/mm	焊丝直径/mm
1～2	1～2 或不加焊丝	5～10	3.2～4
2～3	2～3	10～15	4～5
3～5	3～3.5		

（2）火焰性质与能率：火焰中如果乙炔量过多，会导致焊缝金属渗碳，接头变硬变脆；如果火焰中氧气过量，会导致焊缝金属氧化变脆。能率是指单位时间内可燃气体（乙炔）的消耗量，火焰能率的大小是由焊炬型号和焊嘴号码大小来决定的。火焰能率应根据焊件的厚度、母材的熔点和导热性及焊缝右空间位置来选择。如焊接较厚的焊件、导热性好的金属时，要选用较大的火焰能率；反之，在焊接薄板时，火焰能率应适当调小。

（3）焊炬的倾斜角：指焊炬与焊接件的夹角，其大小取决于焊件的厚度、焊嘴的大小和焊接位置等。焊件越厚、导热越好，倾角越大；反之倾角越小。

焊接速度取决于操作者的技术熟练程度，在保证质量的前提下，可以提高焊接速度。

5.3.3 操作技术

1）接头形式

气焊适合焊接平、立、横、仰各种空间位置的焊缝，主要应用在薄板件角接头和卷边接头，以及一般的对接接头。焊件厚度大于 5mm 时要开坡口，过厚的焊件一般不采用气焊，而使用电弧焊。

2）点火与调节

点火时，先打开乙炔，点燃乙炔后立即开启氧气调节阀首轮，调节火焰。这种点火方式可避免点火时的鸣爆现象，火焰由弱变强，燃烧平稳，但是，刚开始燃烧室会产生大量的黑烟影响环境。在通风不好的狭小环境里，点火时可先开启氧气，再调节混合乙炔立即点燃。

3）起焊预热

起焊时，焊件温度低，焊接夹角可以大点，在起焊处往复运走，保证加热均匀。当起焊处出现白亮而清晰的熔池时，即可加入焊丝焊接。

4）握炬和运动方式

如果是右手拿焊炬，则大拇指位于乙炔开关处，食指位于氧气开关处，方便随时调节气流量。

焊炬运动方式主要为：一是沿焊缝对象的前进运动以形成焊缝；二是沿垂直焊缝方向的上下运动以调节熔池热量；三是在焊缝处的横向摆动以充分加热焊件。

5）焊接方法

根据行焊的方向，主要分为左焊法和右焊法。左焊法是焊嘴由右向左移动，焊炬与焊件成 60°～70°，适合焊接厚度小于 3mm 的薄板或易熔金属。右焊法是焊嘴由左向右运动，焊炬与焊件成 45°～60°，适合焊接厚度大于 5mm 的厚板，火焰能率的利用率也较高，焊缝质量好，但技术掌握不易，目前广泛采用右焊法。

6）接头和收尾

气焊接头时，应充分加热已冷却熔池和焊缝熔池重新熔化后，方可加入焊丝。当焊接到终点时，由于焊件温度高，应调小焊接夹角，同时提高焊速，增加焊丝填充量。

7）熄火

正确的过程应该是：先关闭焊炬乙炔开关，然后再关闭焊炬氧气开关。接着，应首先关闭乙炔瓶阀门再关闭氧气瓶阀门。

5.3.4 气割

气割是利用气体火焰的热能将工件切割处预热到一定温度后，喷出高速切割氧流，使材料燃烧并放出热量实现切割的方法。广泛应用在低碳钢和低合金钢切割中。

1. 割炬

割炬又称为割枪、割把，是气割的主要工具。其主要作用是把氧气和可燃气体混合，形成有一定热能和形状的预热火焰，同时在火焰中心喷射切割氧气流，进行切割。和焊炬相似，割炬也分为射吸式割炬和等压式割炬。图 5-12 所示为射吸式割炬结构图。

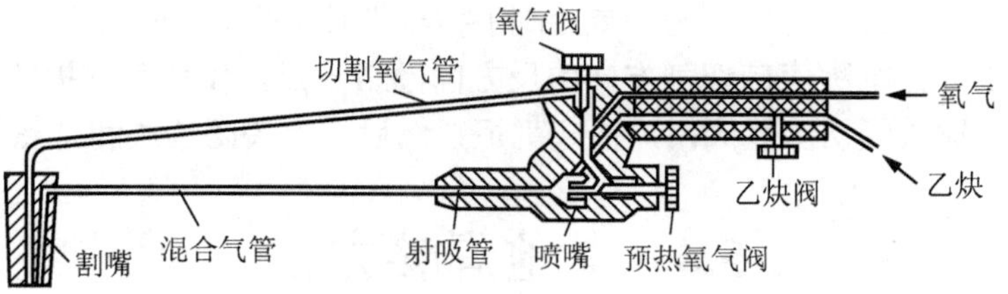

图 5-12　射吸式割炬结构图

1）射吸式割炬

射吸式割炬其结构以射吸式焊炬为基础，与之不同的是增加了切割氧的通路和阀门，并采用专门的割嘴，割嘴中心是氧气通道，火焰分布在其四周。氧气通道有圆柱状和阶梯状两种形式，而割嘴结构形式有组合式的环形割嘴和整体式梅花形割嘴，如图 5-13 所示。环形割嘴制造容易，但火焰稳定性差，气体消耗量大，而梅花形割嘴没有上述缺点，因此梅花形割嘴应用比较广泛。射吸式割炬可用中压乙炔和低压乙炔，应用比较普遍。

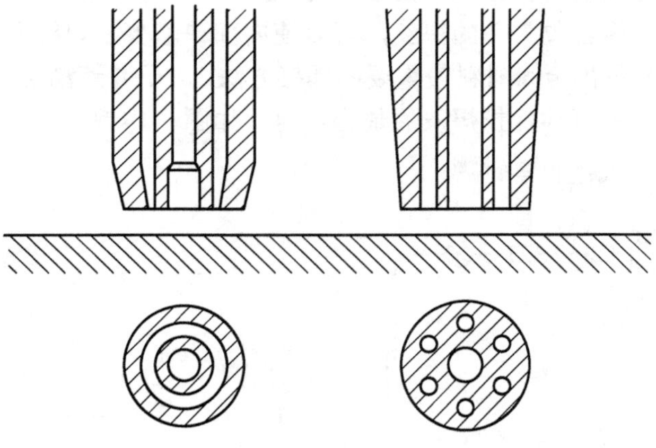

图 5-13　环形割嘴和梅花形割嘴结构图

2）等压式割炬

等压式割炬由压力相近的氧和乙炔由单独的管道进入割嘴混合，产生预热火焰。由于混合均匀，火焰燃烧稳定，不易回火，目前应用也越来越广。

2. 气割工艺特点

1）气割操作注意事项

首先将加工区域表面的油污、漆皮和铁锈等清理，以防飞溅伤人。第二，应经常用通针通喷孔，以防堵塞回火。第三，装配割嘴时，要保持内外嘴的同心装配要求。第四，气割时应先开启预热氧气阀和乙炔阀，点燃并调节为中性焰预热金属刀熔点，随即打开切割氧气进行气割。第五，停止气割时，应先关闭切割氧气阀，再关闭预热氧气阀和乙炔阀。

2）基本操作技术

气割操作时一般右手握持割炬，右手的拇指和食指控制预热氧阀门，左手的拇指和食指控制切割氧阀门，操作者身体不要弯得过低，同时眼睛注视割嘴，从右向左进行切割。

切割时，要预热加工区钢板边缘，直到熔化状态，此时，将火焰局部移出边缘，并打开切割氧阀门进行切割，待钢板背面有铁渣随气流射出时，可缓慢移动割炬向前切割。

在切割 30mm 以下厚板时，割嘴与切割金属成 20°～30°后倾角，低于 30mm 厚板，成 5°～10°前倾角，作曲线切割时，则应保持割嘴与切割金属表面垂直。如果是从零件内部开始切割，需要预先在被切割件上钻孔。切割过程中要控制割嘴与切割金属表面的距离，一般在 3～5mm。

切割临近结束时，割嘴应向切割方向的反方向倾斜一点，使切割钢板的下部提前割透。切割到终点时，迅速关闭切割氧阀门，抬起割炬，然后依次关闭乙炔和预热氧阀门。

5.4 其他焊接方法

焊接方法有 40 多种，依焊接件材料、焊接厚度、焊接位置等的不同，可以选用合适的焊接方法，以获得良好的焊接品质。除了上述介绍的手工电弧焊和气焊，工业中还有其他应用广泛的焊接方法。

5.4.1 CO_2 气体保护焊

CO_2 气体保护焊属于熔焊的一种，是以二氧化碳气为保护气体，以燃烧于工件和焊丝间的电弧作为热源进行焊接的一种方法。由于所用保护气体价格低廉，采用短路过渡焊接时，焊缝成形良好，加上使用含脱氧剂的焊丝，可以使内部缺陷少、焊缝质量较好。这种气体保护焊接方法目前已成为黑色金属材料最重要的焊接方法之一，并逐渐部分取代了手工电弧焊，而其中又以药芯焊丝 CO_2 气体保护焊发展最为迅速。如图 5-14 所示。

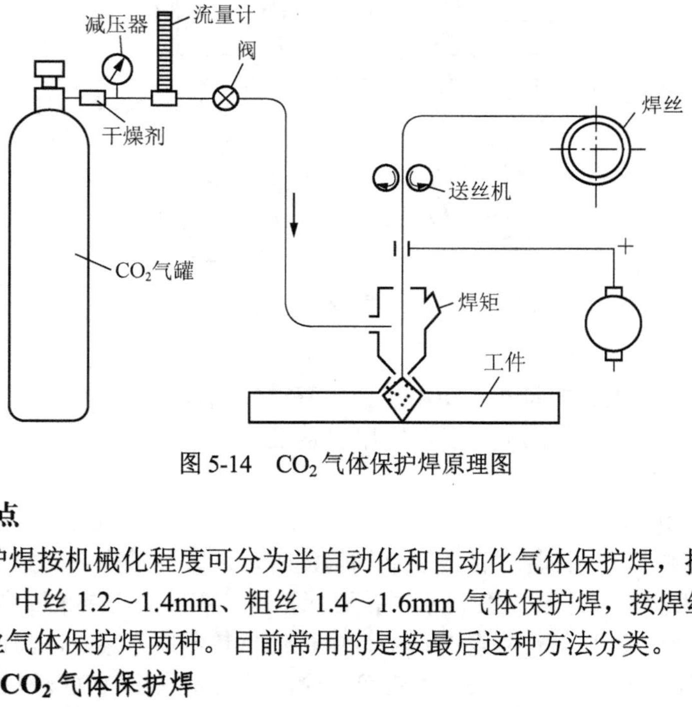

图 5-14　CO_2 气体保护焊原理图

1．分类与特点

CO_2 气体保护焊按机械化程度可分为半自动化和自动化气体保护焊，按焊丝直径可分为细丝 1.0～1.2mm、中丝 1.2～1.4mm、粗丝 1.4～1.6mm 气体保护焊，按焊丝种类又可分为药芯焊丝和实心焊丝气体保护焊两种。目前常用的是按最后这种方法分类。

1）药芯焊丝 CO_2 气体保护焊

药芯焊丝是在焊丝内部装有焊剂或金属粉末混合物（称药芯），并作为熔化极的电弧焊，简称 FCAW。焊接时，焊丝、焊件和保护气体相互作用，形成一层较薄的液态熔渣覆盖在熔池表面，对焊丝金属也起到了保护作用，这种方法实质是气渣联合保护的焊接方法。由于其综合了电弧焊和气体保护焊的工艺特点，其特点主要表现在其药芯成分混合特性，使得焊接时飞溅少，颗粒细，熔渣覆盖后的焊缝成形美观，焊缝机械性能好，而且通过调整药芯成分，可以使用不同的钢种焊接，并适用交、直流电源。

药芯焊丝 CO_2 气体保护焊常用于中厚板，焊缝熔深较大的场合，其焊丝电流使用范围

250～750A，电弧电压24～26V。

2）实心焊丝 CO_2 气体保护焊

根据焊丝直径来分类，有细丝 CO_2 气体保护焊、粗丝 CO_2 气体保护焊。主要采用短路过渡形式焊接薄板材料，简称GCAW。这种焊接方法主要优点是单位时间内熔敷金属量大，效率高，对环境污染小，适合在不通风的车间，由于没有药芯焊丝所产生的熔渣，所以焊接时，便于观察熔池情况，改善控制效果。但是实心焊丝 CO_2 气体保护焊不适合在开放的工地环境作业，因为风和气流作用会使 CO_2 气体吹开。

总的说来，气体保护焊优点比较明显，并日趋广泛采用，其成本只有埋弧焊、焊条电弧焊的40%～50%；生产效率高，其生产效率是焊条电弧焊的1～4倍。操作简便，焊缝抗裂性能高，焊后变形较小，焊接飞溅小。

2. 主要设备

（1）焊接电源　CO_2 气体保护焊一般采用直流电源，目前硅整流电源、晶闸管电源和逆变电源均采用较多。

（2）控制系统　分为基本控制系统和程序控制系统，程序控制系统应用在自动焊接场合，将电源、送丝系统、焊枪和行走系统、供气和冷却系统组合在一起，构成一个完整的、自动控制的焊接设备系统。

（3）送丝机构　一般由送丝电机、减速装置、送丝滚轮、送丝软管和焊丝盘组成，焊丝经焊丝盘后，矫直，并经过减速器上的送丝轮，再经送丝软管到焊枪。

（4）焊枪　焊枪有重型和轻型之分，也有水冷和气冷之分，具体根据负载电流和焊接工艺选择。焊枪上的导电嘴由铜或其合金制备。

（5）水冷系统　这是给焊枪和电缆提供冷却要求的系统，由水箱、水泵、水压开关和冷却水管组成。

5.4.2 堆焊

堆焊是在工件的表面或边缘熔敷一层耐磨、耐蚀、耐热等性能金属层的焊接工艺。其目的是修补、修复零件或增强材料表面性能，堆焊对提高零件的使用寿命，合理使用材料，提高产品性能，降低成本有显著的经济效益。

1. 特点与用途

堆焊与其他焊接方法在原理上并无太大差异，但堆焊主要以获得特定性能的表层，发挥表层金属性能为目的，因此，堆焊具有以下一些特点：

（1）确定零件材质，选择堆焊合金，已获得理想的表面堆焊层；

（2）尽量减小母材向焊缝合金金属的熔入量，即降低稀释率；

（3）基体层与堆焊层金属要有相近的性能，以防止焊后缺陷；

（4）选用生产率较高的堆焊方法和工艺。

堆焊是焊接中一个重要的分支，主要运用于工程领域，如矿山、运输机械、冶金机械、石油化工设备、拖拉机、汽车等，主要用于零件修复和机械制造。在一些场合，堆焊工艺可在保证零件使用寿命的前提下减小贵重金属的使用，降低生产成本。使用堆焊工艺时，不同的工作条件要求堆焊金属有不同的性能，其性能主要包括耐磨性、耐蚀性、耐高温性和耐气蚀性。图5-15为等离子弧堆焊原理示意图。

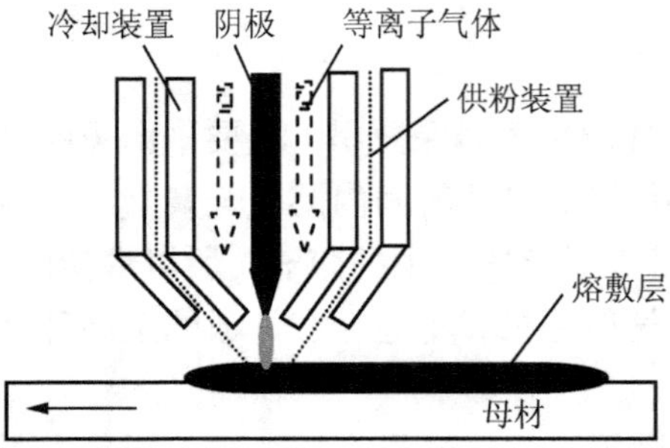

图 5-15 等离子弧堆焊原理示意图

2. **分类及其特点**

一般的熔焊方法都可以用于堆焊，因此堆焊应用十分广泛，下面介绍几种常用的堆焊方法。

1）焊条电弧堆焊

设备简单、操作方便，操作在明弧下能够进行很清楚地观察，特别是对一些特殊形状的零件焊接。电弧焊热量集中，通过选择不同的焊条几乎可以获得所有的堆焊合金，但是堆焊效率低，稀释率高，不容易获得较薄均匀的堆焊层。堆焊所需电源和极性取决于焊条涂层的类型，一般采用直流反接。

2）氧-乙炔火焰堆焊

该法用途较广，一般采用碳化焰焊接，焊接火焰温度较低（3100° 左右）且可调，因此，可以得到较低的稀释率（1%～10%），可以获得比较薄的堆焊层，表面质量好而光滑，是目前耐磨场合机械零件堆焊采用的工艺方法。该法也主要用在小零件修复和制造方面，如油井钻头牙轮、蒸汽阀门等的堆焊。

3）钨极氩弧堆焊

该法是非熔化极堆焊方法，生产效率不高，但是却能获得质量很高的堆焊层金属，稀释率低，焊接工艺过程好，适合于质量要求高、形状复杂的小零件。

4）等离子弧堆焊

等离子弧堆焊是利用等离子弧高温加热的一种熔化堆焊方法，弧柱中心温度可达 30000℃，所以堆焊应用于难熔金属。该法堆焊层厚度在 0.5～8mm，宽度在 3～40mm，具有堆焊层性能好、工件熔深浅、稀释率低、成形规则等优点，但是所需设备成本高，强烈的紫外线辐射对环境造成一定的污染，需要做好防护措施。

除了上述堆焊外，还有埋弧堆焊、振动电弧堆焊、高频感应堆焊等。

5.4.3 等离子弧焊接

等离子弧是一种通过外部约束使自由电弧的弧柱被强烈压缩所形成的电弧，即对自由电弧的弧柱进行强迫“压缩”，从而使能量更加集中，弧柱中气体充分电离，这样的电弧称为等离子弧（又称压缩电弧）。等离子弧具有高温、高能密度、挺度好、冲击力大的特征，它的稳定性、发热量和温度都高于一般电弧，因而具有较大的熔透力和焊接速度，等离子弧焊是利用等离子弧作为热源的焊接方法。广泛应用在黑金属、有色金属、超薄壁件等焊接领域。图 5-16 为转移型离子弧焊接结构原理图。

1. **工作原理**

当在钨极和工件之间加上一个较高的电压并经过高频振荡器的激发，使气体电离形成电弧，电弧再通过特殊孔型的喷嘴时，受到了机械压缩，使截面积小。同时，当电弧通过用水冷却的特种喷嘴内，受到水冷喷嘴孔道壁的冷却作用，使电弧柱产生热收缩效应，电弧进一步被压缩，造成电弧电流只能从弧柱中心通过，这时的电弧电流密度急剧增加。由于电磁收缩效应，使电弧再进一步压缩，这样被压缩后的电弧能量将高度集中，温度也达到极高的程度（1×10^4～2×10^4℃），弧柱内的气体得到了高度的电离。当压缩效应的作用与电弧内部的热扩散达到平衡后，这时的电弧便变成为稳定的等离子弧。

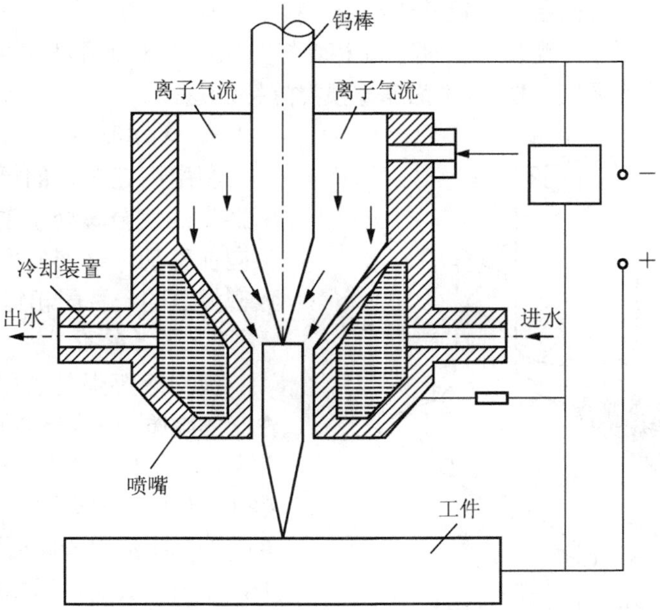

图 5-16 转移型离子弧焊接结构原理图

2. **工作方式**

1）非转移型离子弧

钨极接电源负极，喷嘴接电源正极，等离子弧体产生在钨极与喷嘴之间，在离子气流压送下，弧焰从喷嘴中喷出，形成等离子焰。主要用于等离子喷镀或加热非导电材料、焊接或切割薄壁件。

2）转移型等离子弧

钨极接电源负极，工件接电源正极等离子弧体产生于钨极与工件之间。转移弧难以直接形成，必须先引燃非转移弧，然后才能过渡到转移弧，金属焊接、切割几乎都是采用转移型弧，因为转移弧能把更多的热量传递给工件，热有效利用率高。主要用于金属切割和焊接，也在喷涂和堆焊中使用。

3）联合型等离子弧

工作时非转移弧和转移弧同时并存，称为联合型等离子弧。主要用于微束等离子弧焊和粉末堆焊等方面。

3. **分类**

根据形成焊缝的方式有熔透式、穿孔式和微束三种等离子弧焊。第一种形式的等离子弧焊只熔透母材，形成焊接熔池，多用于 0.8～3mm 厚的板材焊接；第二种形式的等离子弧焊只熔穿板材，形成钥匙孔形的熔池，多用于 3～12mm 厚的板材焊接；第三种形式的等离子弧焊，特别适合于 1mm 以下的超薄、超小、精密的焊件，焊缝质量极好。

5.4.4 搅拌摩擦焊

搅拌摩擦焊是在摩擦焊的基础上发展起来的，除了具备普通摩擦焊的优点，搅拌摩擦焊还可进行多接头、多位置焊接，目前焊接厚度已达到 15mm。搅拌摩擦焊是为了顺应有色合金焊接要求而迅速发展的技术，应用于我国航空、航天、船舶、列车、汽车、电子、电力等工业领域中，主要用在熔化温度比较低的金属焊接中，属于非熔化焊接。其耗材少，能耗小，环境污染小，焊接变形小，温度低，属于固相焊接方法，由于受方法本身的限制，目前还只能用于结构简单构件的焊接。图 5-17 为摩擦搅拌焊接示意图。

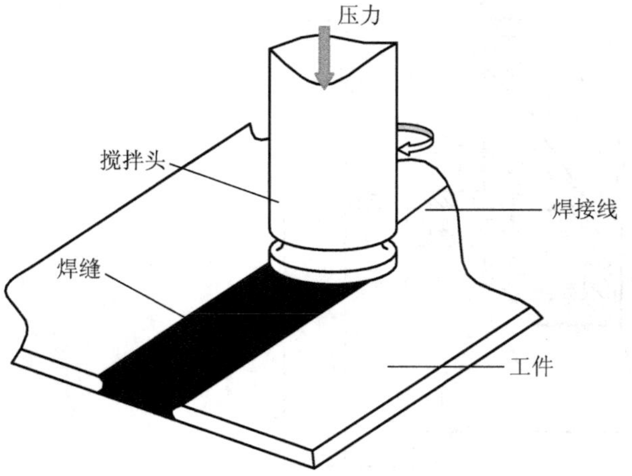

图 5-17　摩擦搅拌焊接示意图

1. 工作原理

利用高速旋转的搅拌头和封肩与金属摩擦生热使金属处于塑性状态，随着搅拌头向前移动，金属向搅拌头后方流动形成致密焊缝的一种固相焊方法。

2. 工艺特点

搅拌摩擦焊是利用一个耐高温的特定性状的硬质，在连接金属的边缘处高速旋转并深入，在金属边缘产生摩擦热，使得金属塑性软化区，该区金属受到搅拌、挤压作用，并随着探头沿焊缝向后流动，在受挤压作用下，冷却并凝固，形成接头。由工艺过程，可见搅拌摩擦焊的优点是焊缝质量高，很难产生缺陷，突破传统局限可以一次完成较长、较大且位置不同的焊接，便于实现自动化，成本低且环保。主要的缺点体现在对接头的刚性固定要求高，焊速较低。

5.5　焊接缺陷与检测

焊接技术在现代科技和工程应用领域应用十分广泛，对焊接质量和工艺要求也提出了较高的要求。尽管每一种焊接方法都有相对科学的操作规范和工艺标准，但是在实践过程中由于焊接应力的分布不均匀，焊接位置的不同，以及金属材料的性能差异化等总是不可避免地使焊接过程中会出现焊接缺陷。这些缺陷可能出现在焊接过程中，也可能出现在使用过程中，因此了解焊接缺陷的形成原因，以及及时检测出缺陷对构件的使用可靠性非常重要。

5.5.1　缺陷分类和成因

缺陷的产生总是与焊接操作的不当或工艺参数选用不合理有关，有些缺陷在外部可以观察到，有些则在内部需要借助无损探伤仪发现。根据焊接缺陷的性质和常见性，可以将缺陷分为以下几大类。

1）尺寸不合要求

这种缺陷主要常见于初学者操作不当，也可能是坡口选用不当、运条速度不当等，具体表现为焊缝焊波粗，外形高低不平，焊波宽窄不齐。

2）裂纹

由于焊接应力不均匀和焊缝金属产生的不同物理和化学状态的不均匀，使得在焊缝处形成了尖锐，且有大长宽比特征的缺口，成为裂纹。裂纹分冷裂纹和热裂纹，一般常见的是冷裂纹，是焊后冷却后出现，也称为延迟裂纹。裂纹是可以最大限度避免的，例如，严格控制焊材杂质、采用合适工艺降低焊缝氢含量、对淬火敏感材料要进行适当的热处理消除内应力等。图 5-18 为焊接后发现的横向裂纹。

3）气孔

熔池在结晶过程中，由于气体来不及逸出残存在焊缝中形成气孔，这种气孔缺陷形成在焊缝表面或内部，成均布、密集型布置或链状分布，如图 5-19 所示。气孔形成的原因是多方面的，从工艺上来讲，主要是焊条、焊剂没有烘干，焊接金属表面油污未清除干净，焊接工艺不稳定如焊速过快、焊接电压过高等。从冶金上来讲，气孔主要是由凝固时排除的氮、氢、氧和水蒸气等形成。

4）焊瘤

焊接过程中，熔化金属留到未熔化的母材上所形成的金属瘤，形成的原因主要是电弧过长、焊接电流过大、装配间隙过大。如图 5-20 所示。

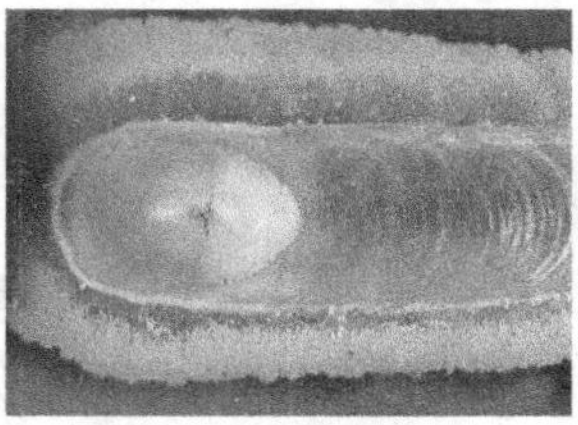

图 5-18　横向裂纹

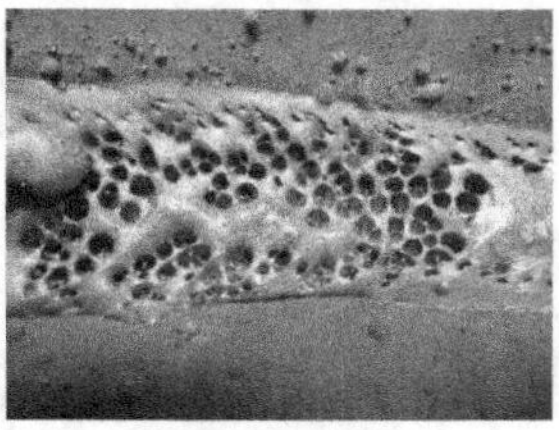

图 5-19　焊接后形成的气孔

图 5-20　焊瘤

5）夹渣

焊缝中所夹杂的非金属固体。夹渣对焊接接头力学性能损伤很大，容易造成应力集中，导致脆性破坏。形成的主要原因是焊渣或锈没有及时清理干净，电流过小而焊速过快，焊剂选择不合理等。

6）未熔合或未焊透

未熔合是一种面积缺陷，表现为焊道与母材或焊道之间未能完全溶化结合。主要原因是焊接表面不洁净，或者焊接电流小，或者坡口开得不合理，或者焊速过快等。

未焊透表现为接头没有完全熔合，主要原因是接头间隙过小，焊接电流太小，焊速过快，电弧发生偏吹等。图 5-21 为焊接缺陷的基本表现形式。

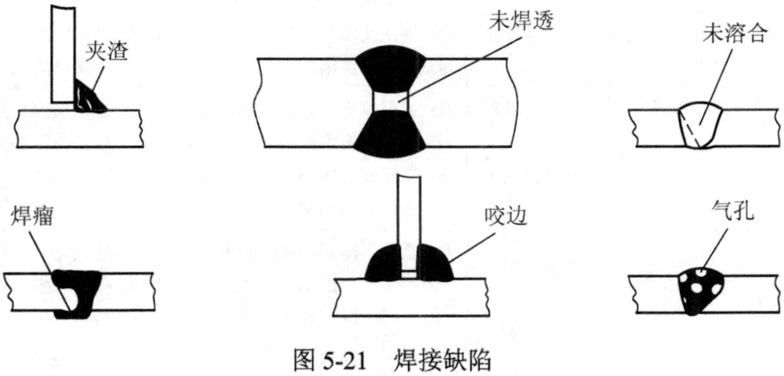

图 5-21　焊接缺陷

5.5.2　检测

1）检测内容

检测内容主要包括焊缝外观、焊接接头、焊缝致密性和力学性能四个方面。其中涵盖了焊缝表面质量、焊缝内外缺陷、特殊场合下是否漏气渗水的检漏实验、焊接接头力学性能是否符合设计要求等，并给出检测量化值。

2）检测方法

检测方法主要包括有损方法和无损方法。有损方法需要制作试样，对焊件进行必要的破坏性加工，并制作标准试样进行测试，包含力学性能测试、化学分析实验和晶相实验等。无损方法则不需要破坏焊件的完整性，利用射线探伤、超声波探伤、磁力探伤、渗透探伤等对焊件内部缺陷进行分析。

另外对焊件的焊缝外观尺寸测量和密封性实验也属于非破坏性测试方法，以上测试方法均综合采用在焊接测试评估技术中，以对焊接质量做出科学评定。

5.6　有色金属焊接概述

上述介绍的焊接材料主要是铁及其合金，事实上，有色金属也能运用焊接技术，而且随着有色金属的广泛应用而备受关注。有色金属是指的除铁、铬、锰之外的金属及其合金，例如，铝及其合金，镁及其合金，铜及其合金和钛及其合金等。虽然有色金属只占金属总量的5%左右，但有色金属在工程应用中的重要作用却是钢铁或其他材料无法代替的，其合金的轻质高强特性特别是在航空制造、交通运输、建筑工程、化工、国防等领域有着极其重要的作用。有色金属具有特殊的性能，比常规钢铁材料的焊接更复杂，因此对焊接方法也有着特别的要求，根据金属的熔点和导热特性需要选择不同的焊接方法。

目前的焊接技术可以实现铜与铜的焊接、铝与铝的焊接、铜与铝的焊接、铜与镁的焊接、铜与钢材的焊接，铝与钢材的焊接等。需要注意的是，此类焊接件在发生断裂时，通常断开的部分不是在焊接面而是在两种材料强度差的那种材料的基体上断裂。表 5-6 为有色金属焊接分类与工艺特点。

表 5-6　有色金属焊接分类与工艺特点

基体材料		焊接方法	适用特点	焊接缺点
铝	纯铝	TIG 焊、MIG 焊、电子束焊、等离子焊、气焊等	① 适用厚薄板和较小零件 ② 接头质量较高 ③ 焊接变形较小 ④ 焊接表面清洁	① 气焊时需要考虑焊接温度和熔剂的影响 ② 设备要求较复杂，工艺要求高 ③ 容易形成缺陷
	合金	TIG 焊、MIG 焊、电子束焊、等离子焊、脉冲焊等		
铜	纯铜	气体保护焊、等离子焊、气焊、埋弧焊等	① 适用厚薄板达到 30mm 以上 ② 焊接质量好，成本低 ③ 焊接变形较小 ④ 焊接表面清洁	① 散热快而导致难熔合 ② 极易产生热裂纹 ③ 焊接易形成气孔 ④ 接头性能会有所下降
	合金	气体保护焊、埋弧焊、等离子焊、焊条电弧焊等		
镁	合金	TIG 氩弧焊、电阻点焊、电子束焊和气焊等	① 适用厚薄板、补焊修复 ② 接头坡口的形式即为重要 ③ 焊前清理表面氧化膜	① 易氧化、氮化和蒸发 ② 极易产生热裂纹 ③ 易形成气孔和烧穿
钛	钛	TIG、MIG 等气体保护焊、等离子焊、电子束焊和激光焊等	① 适用厚薄板、补焊修复 ② 采用氩气保护，防止氧化 ③ 好的接头质量要求焊后表面最好为银白色	① 由于氢氧气体杂质影响致接头脆化 ② 易产生焊接裂纹 ③ 已形成氢气孔
	合金			

5.7　焊接实习安全技术守则

焊接过程常常是用电能或化学能转化为热能来加热焊件，因此，一旦对这些能源失去控制，就可能造成严重的人身伤害和财产损失。大学生是第一次接触到工业加工设备，更需要对每种设备操作的安全规程有深刻的认识，不得麻痹大意，只有遵循了设备操作的安全规程，安全才有保障。本章主要针对学生的实训情况，以手工电弧焊操作安全要点为例。

（1）穿好工作服、绝缘鞋，戴好电焊手套，准备好焊接所需工具。不允许卷起衣袖、敞开衣领或将上衣扎在裤内。

（2）绝对不可以不加保护地直视焊接弧光，只能通过保护面罩观察弧光移动。

（3）镙钳和工作台必须分开，以免短路烧坏焊机。

（4）先打开总电源开关，再打开通风除尘机开关，调整好电流强度，打开焊机电源。

（5）焊接工作过程中，如有异常或有人触电，应立即切断电源。

（6）焊接结束后，要按指导教师的要求进行关闭操作并撤离现场。

（7）电焊操作者在任何情况下都不得使自身、机器设备的传动部分成为焊接电路，严禁利用厂房的金属结构、轨（管）道等接进线路作为导线使用。

思考和练习

1. 熔化焊的定义是什么？熔化焊包括哪些焊接方法？其中的电弧焊是怎样分类的？
2. 正确选择焊接方法的根据是什么？
3. 电弧的定义及其电离过程是什么？
4. 主要焊接方法对电源特性的选择及有关要求？
5. 正确叙述焊条电弧焊工作原理。
6. 气体保护焊有哪几种？
7. 焊条电弧焊电源的种类有哪些？
8. 埋弧焊与手工焊相比较主要优缺点是什么？
9. 目前，焊接铝和铝合金常用的焊接方法有哪几种？
10. 焊接缺陷有哪些？如何分辨？

第 6 章　切削和车削

教学提示　这里所说的切削加工是指除钳工外，借助动力设备和刀具，去除毛坯多余金属，以获得图纸所要求的形状、尺寸、精度和表面质量的加工方法。车、铣、刨、磨加工属于机械加工中的冷加工，是指用机械手段制造产品的过程，而对材料本身的化学和物相没有影响，加工过程中产生金属屑。铸造和锻造等则属于热加工类，是指用热成型原理，对材料本身的物相组织有影响，加工过程中较少或不产生金属屑。在各类金属加工机床中，完成车削用的车床是应用最广泛的一类，约占机床总数的 50%，车削加工是利用工件的旋转运动和刀具的直线或曲线运动来改变毛坯的形状和尺寸，主要用来加工回转体零件。

教学要求　本章主要使学生了解切削加工的基础知识，熟悉车削加工的特点和应用，掌握加工操作的基本要求和规范，并能配合实践要求，运用机床进行综合类零件的加工。

6.1　切 削 加 工

切削加工应该满足三个基本条件：切削工具、工件和切削运动。

广义上说，切削工具就是刀具或达到刀具效能的工具；工件一般是指待加工试件或毛坯；切削运动则是由动力机械提供的，如机床。切削运动根据刀具与工件的相对运动分为主运动和进给运动，主运动是实现切削加工的运动，在机床中速度最高且耗能最大，而进给运动则是完成零件形面的必要运动，速度较低且耗能要少。应该指出，机床上主运动只有一个，而进给运动可以有多个。

6.1.1　切削分类和切削要素

1．切削分类

切削加工种类很多，按切削加工的工艺特征可分为车削、铣削、钻削、刨削、插削、拉削、锯切、磨削、抛光、齿轮加工、螺纹加工和钳工等。

按加工精度可分为粗加工、半精加工、精加工和超精加工。

按工件成型的方法可分为刀尖轨迹法（如普通车刀加工）、成型刀具法和展成法（如加工齿轮时的滚齿加工）。

在切削过程中，工件上同时存在着三个不同的变化着的表面：待加工表面、已加工表面和加工表面。如图 6-1 所示。

2．切削三要素

切削速度、进给量和吃刀深度总称为切削三要素。

1）切削速度 v

通常指主轴的运动。主运动在工件待加工表面处的线速度，它是衡量主运动大小的参数，其计算公式可以表达为

$$v = \frac{\pi D n}{1000}$$

式中，D 为待加工表面直径，mm；n 为车床的主轴转速，r/min。

切削加工时，由于待加工表面总会发生变化，切削速度并非恒定不变，除非是对切削速度恒定要求很高的场合，一般情况下，都不会考虑切削速度变化对加工质量的影响。

主轴的运动形式分正转和反转，普通车床由于都是前置车刀，所以以切削点处工件向下运动形式为正转，本文所阐述的切削旋转运动方向均为主轴正转。

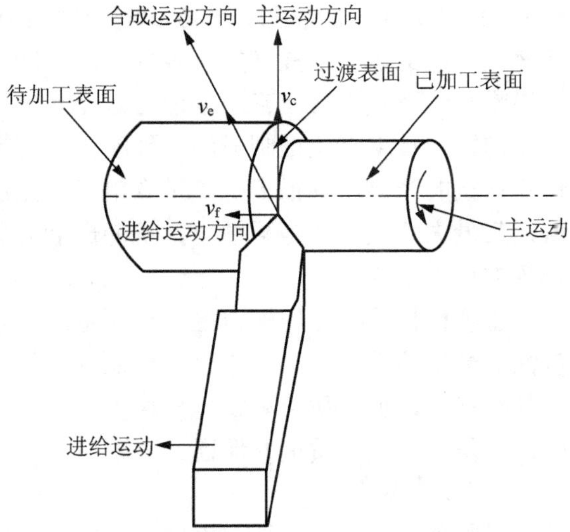

图 6-1　切削状态下工件表面的构成

2）进给量 f

指工件运动一个周期（例如，转一转，或者一次往返）刀具在进给方向移动的距离，是衡量切削进给运动大小的参数，单位 mm/min。以普通车床为例，进给又分为平行于主轴方向的纵向进给和垂直于主轴方向的横向进给。

切削速度和进给量的选择要根据加工零件、刀具和加工质量等因素确定，在机床上的档位铭牌上可以找到相应的或相近的速度输出作为切削速度和自动进给速度。

3）背吃刀量 a_p

又称吃刀深度，一般是指测得的待加工表面和已加工表面的垂直距离，单位 mm。a_p 的选择取决于加工的精度和表面质量，过大容易引起振动，过小又难以达到表面粗糙度要求，例如，对硬质合金刀，粗加工时 a_p 可以选择 4mm 左右，精加工或最后一刀时则在 0.2mm 左右。

6.1.2　影响切削质量的因素

切削质量主要包括加工精度和表面粗糙度，影响切削质量的因素很多，有机床类型、定位装夹、刀具材料、切削角度、冷却和切削用量等。

1．机床

数控机床优于普通机床，不仅加工精度要普遍高于普通机床，而且主轴刚度也要优于普通机床，降低了系统振动对工件加工质量的影响。

2．装夹定位

一般使用三爪卡盘进行规则工件装夹定位，可以保证较好的定心精度，但是对于特殊结构零件则适合于四爪卡盘进行独立加紧定位，而对细长类等特殊工件，还需要用到一些辅助定位和装夹的装置，如尾座顶尖、跟刀架、中心架和双顶尖结构装置等，这些都可以减小工件变形，保证加工质量。

3．刀具材料

工具钢、硬质合金钢、陶瓷和超硬刀具，是目前应用最多的 4 类刀具材料，但每一种刀具适用的场合不同。工具钢是指含 W、Cr、V 等微量元素的合金钢，是应用最广泛的普通刀具，硬度较高 HRC65 左右，耐磨性较好，突出特点是材料红硬性优良，适合低速、大进给量，粗加工中应用较多。

硬质合金刀具是指用 WC、Ti 和 Co 等材料用粉末冶金方法制成的刀具材料，硬度高HRC90 左右，耐高温可大 1000℃，无论寿命还是切削速度都比高速钢刀具要高出数倍，适合高速、大进给量，以提高加工效率，同样适合精加工，但是这种刀具不耐冲击，因此大都以焊接或其他形式固结在普通碳钢的刀杆上。

陶瓷刀是用氧化锆制成的，硬度极高可接近金刚石，且耐高温，抗氧化和磁化，作为现代高科技的产物，其很多优点是碳钢刀具无法比拟的，因此有逐渐取代碳钢刀具的趋势，目前，其最大的缺点就是脆性大，抗冲击能力弱，适合粗精加工，加工表面质量好，陶瓷刀适合各类加工场合。

超硬材料是指比陶瓷刀更硬更优越的材料，主要组织是立方氮化硼，与金刚石结构相似，是性能最好的现代刀具，具有高硬低密，材料轻而导热性好，化学性质稳定等特点，适合加工各类材料，加工质量好，但价格贵。从经济性、加工质量的要求和不同工艺阶段选择合适的刀具是提高加工质量的保证。

4. 刀具角度

对于轴类零件加工，在粗加工时，前角和主后角宜小，主偏角不要超过 90° 为宜，精加工时则取较大值，主偏角多为 90° 。车外圆、倒角时则可以选用 45° 偏刀，75° 偏刀则更适合于大切削量。图 6-2 所示为两种常用偏刀。

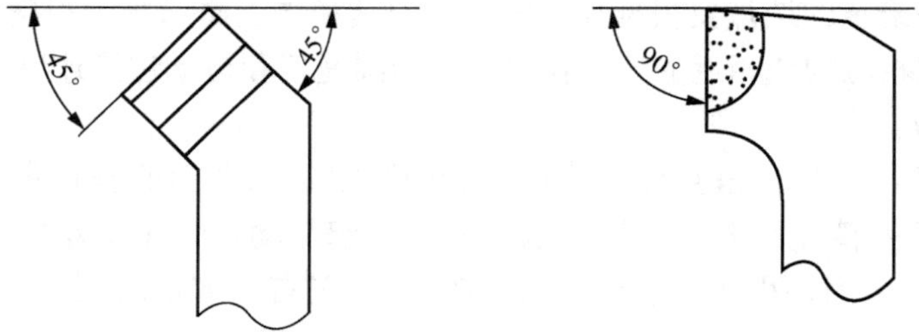

图 6-2　45° 弯头外圆车刀和 90° 外圆车刀

5. 切削液

切削液主要有冷却、润滑和清洗的作用，一般有起冷却作用的乳化液和起润滑作用的切削油，具体应根据工件材料、刀具和工艺要求合理选用。例如，在粗加工时，多选用稀释后的乳化液进行冷却，而在精加工时则可选用切削油。例如，对于硬质合金钢刀具，可以不用切削液，但是在切削导热性差的材料时也可用稀释为 3%～5%的乳化液。

可见，控制切削质量是一个系统的工程，加工过程中每一个环节都可能对加工质量造成影响，需要综合考虑。

6.2　车 削 加 工

车床加工既适合小批量加工，也适合大批量加工，其生产成本低、效率高、易于操作等特点而广泛应用。车削主要是用做进给运动的车刀对旋转的工件进行加工，因此车削加工的主要对象应该是回转表面的零件，如轴类、盘类和套类零件，当然，也可以在车床上安装钻头、铰刀、丝锥、板牙和滚花等，使旋转的刀具对进给运动的工件进行加工，以满足不同的需要。

6.2.1　车床、车刀、夹具和量具

1. C6140A 车床类型和结构特点

车床的分类标准很多，从代级上可分为普通车床和数控车床，还可以分为卧式车床、立式车床、转塔车床、仿形车床和自动车床等。本章主要介绍 C6140A 普通卧式机床。

“C”是机床通用特性代号，是机床拼音首字母，例如，“Z”代表钻床，“M”代表磨床。

“6”是机床的组别代码，一共 10 组，用 0～9 表示，其中“6”表示落地及普通车床组.

“1”是机床的型别代码，每组有 6 个型，其中“1”表示普通车床，“3”无丝杠车床。

“40”代表主要参数，最大切削直径 400mm。

“A”代表重大改进序号，依次为“A，B，C，…”，说明机床的特性及结构有重大改进时附在机床型号后面表示。

图 6-3　机床各部分示意图

1-挂轮箱；2-主轴箱；3-进给箱；4-正反转操作手柄；5-光杠和丝杠；6-定位卡盘；7-刀架；8-小滑轮；9-尾座；10-机座
11-溜板箱移动手轮；12-中滑板；13-溜板箱；14-闭合螺母；15-自动进给手柄

图 6-3 为 C6140A 卧式车床的外形实物图，与主轴平行的方向称为纵向，与主轴垂直的方向称为横向。

（1）主轴箱：又称床头箱，即主轴的变速机构和支撑机构，可使主轴获得所需的转速，在箱体上有对应的速度对应档位铭牌。主轴是空心结构，以方便工件穿过，主轴前端装有卡盘（一般为三爪卡盘），卡盘可以装夹（定位）工件，并带动工件旋转。

（2）溜板机构：主要实现进给运动。

① 刀架：位于整个溜板的上部，用来装夹刀具，一般的刀架可以在其四个方向上装四把不同的刀具，又称为四工位刀架。拧松上方的把手，可以使刀架旋转到所需要的位置，并拧紧把手。

② 溜板：包括中滑板、小滑板和床鞍，可使刀架实现纵向、横向和合成进给运动。

③ 溜板箱：与床鞍连接在一起，是进给运动的操作机构，可随光杠或丝杠做纵向运动，并传递给整个刀架，在中、小滑板的配合下，完成刀架的进给运动。也可手动旋转床鞍手轮操作。

（3）进给部分：是传递进给运动并进行进给速度、进给量控制的部分。

① 进给箱：又称走刀箱，在床身左前侧中间部位，箱体上有对应的进给量对应档位铭牌，扳动手柄可以进行操作。内部是齿轮变速机构，输出给光杠或丝杠，以获得不同的进给量或螺距。

② 光杠和丝杠：连接进给箱与溜板箱，并把进给箱的运动和动力传给溜板箱，使溜板箱获得纵向直线运动。丝杠是专门用来车削各种螺纹而设置的，在进行工件的其他表面车削时，只用光杠。初学者必须在指导下谨慎使用丝杠。

（4）交换齿轮箱：又称挂轮箱，位于床身最左侧箱体，是将主轴运动传递给进给箱的可变速装置，通过变换箱内齿轮，与进给箱配合，可以得到不同进给量，适合在螺纹加工中使用。

（5）尾座：一般位于床身右侧导轨上，可根据需要进行滑动调整位置，其作用是用顶尖支撑工件，方便加工。同时，也可以将顶尖换成钻头等孔加工工具，进行孔加工。

（6）床身：是车床带有精度要求很高的导轨(山形导轨和平导轨)的一个大型基础部件。用于支撑和连接车床的各个部件，并保证各部件在工作时有准确的相对位置。

（7）其他：有冷却装置喷嘴和照明用的灯具等。

2. 车刀

车刀安装在刀架上，车刀根据加工工艺要求有很多种分类，如外圆车刀、端面车刀、切断刀、螺纹刀、成形刀、内孔车刀等，每一种车刀都有其加工特点。如图 6-4 所示。

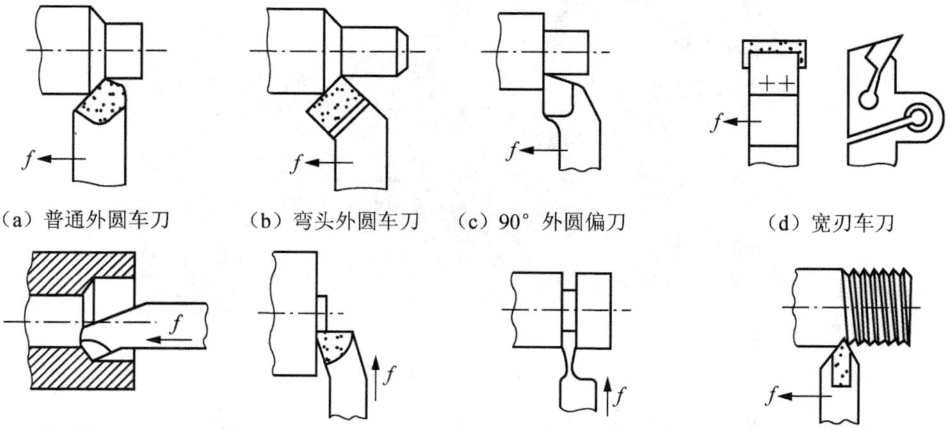

（a）普通外圆车刀　（b）弯头外圆车刀　（c）90° 外圆偏刀　（d）宽刃车刀

（e）内孔车刀　（f）端面车刀　（g）切断（槽）刀　（h）外螺纹车刀

图 6-4　几种典型车刀

车刀的性能与本身的材料有关，例如，硬质合金刀就比高速钢刀要优越，切削效率也要高很多，但是造价也高。同时，还与其切削的角度有关。以一把普通的外圆车刀为例，图 6-5 所示为车刀各部位名称。

一把车刀可简单分为刀体和刀柄两部分，刀体部分就是图 6-5 所示的“三面二刃一尖”，而刀柄部分主要用于安装夹持。

（1）辅助平面：用于车刀角度定义，是一些假想平面，如基面、切削平面和正交平面，如图 6-6 所示。

① 基面 P_r：过主切削刃一点，与该点主运动方向垂直的平面，与车刀底平面平行。

② 切削平面 P_s：过主切削刃一点，与该点相切并与基面垂直的平面。

③ 正交平面 P_o：过主切削刃一点，同时与 P_r、P_s 都垂直的平面。

（2）切削部分的几何角度：在辅助平面内定义了影响刀具切削性能的几种角度，如图 6-7 所示。

① 前角 γ_0：前刀面与基面的夹角，影响刀刃的锋利程度，正前角大，刀具越锋利，但强度会降低，因此加工塑性材料时，前角可大些，而加工脆性材料时，宜取小点的前角。精加

工时取小前角，而粗加工时可取大点，通常前角范围为−5°～20°。

② 后角 α_0：后刀面与切削平面的夹角，后角影响刀具强度和工件表面质量，后角小，刀具强度高但与加工面摩擦也大，后角大，则完全相反。因此，粗加工时，后角选小点，而精加工时，后角偏大，通常后角范围为 3°～12°。

③ 主偏角 k_r：在基面内主切削刃与走刀方向（纵向进给方向）的夹角，影响切削负荷和铁屑散热快慢。主偏角小，可使进给走刀力减小而刀刃径向切削力增大，铁屑薄而宽，易于散热，且刀体负荷小，强度也提高。因此在切削系统刚性差，或车削细长轴时，可取大的偏角，如取 90° 主偏角，以减小径向力引起的振动。常用的还有 70° 和 45° 主偏刀。

④ 副偏角 k_r'：在基面内主切削刃与走刀反方向的夹角，其作用是减少刀具与已加工表面的摩擦，影响表面粗糙度。减小副偏角可以显著改善表面质量，但是过小又容易引起振动，一般取值在 3°～15°。

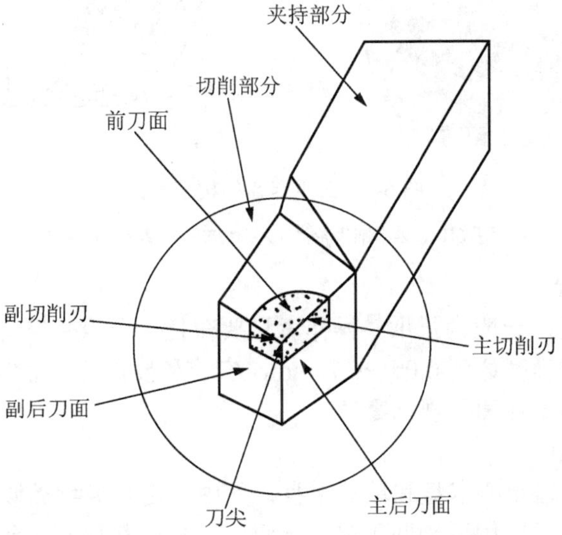

图 6-5　车刀各部位名称

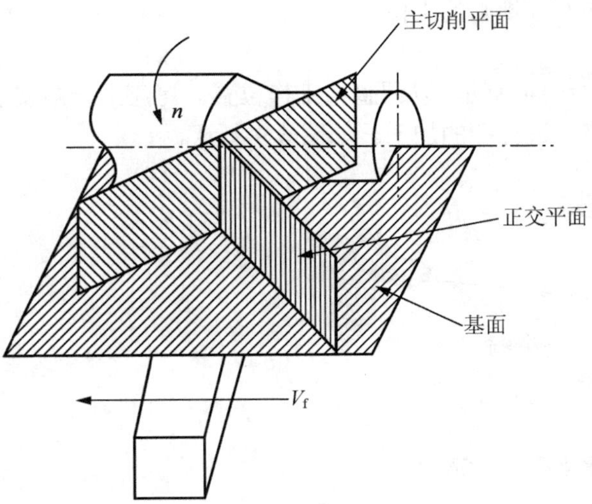

图 6-6　车刀辅助平面

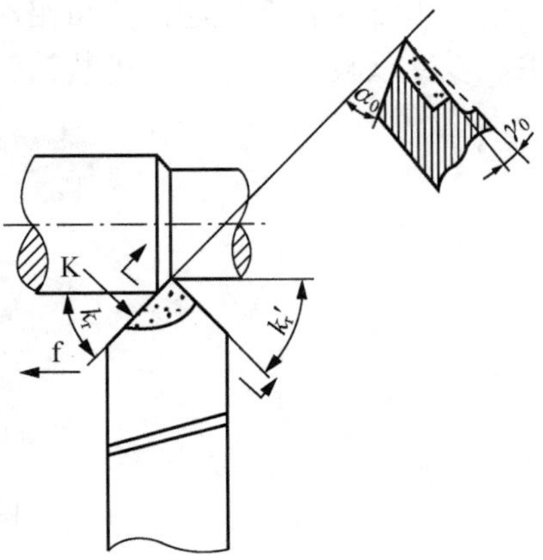

图 6-7　车刀几何角度

3. 夹具

车床上使用的夹具是为了固定好工件，并能保证工件的定位精度。夹具的种类很多，常见的是三爪卡盘，其通过过渡盘与主轴连接，传递主运动给工件。图 6-8 所示为三爪卡盘结构示意图。

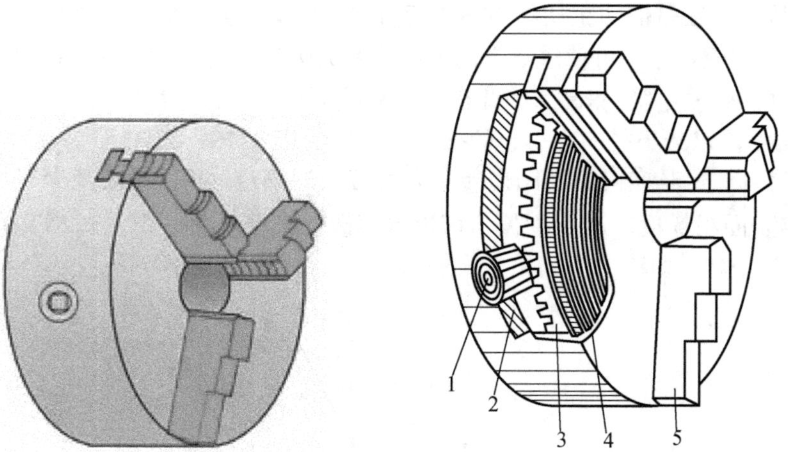

图 6-8　三爪卡盘结构示意图

1-扳手螺口；2-小锥齿轮；3-大锥齿轮；4-螺旋槽；5-卡爪

1）三爪卡盘的特点

有正爪、反爪之分，一般为正爪。操作者只要在任一个扳手螺口处旋转扳手，可实现三爪同动，能自定心且精确度达到 0.05～0.15mm，安装和校正工件非常简单、迅速，但其夹紧力较小，不能装夹大型零件和不规则零件。

2）四爪卡盘的特点

四爪卡盘有两种：自定心卡盘和单动卡盘，其中自定心卡盘类似于三爪卡盘。

四爪单动卡盘又称机床用手动四爪单动卡盘，工作时是用四个丝杠分别带动四爪，即一个扳手螺口处只能控制一个卡爪，其他卡爪不受影响。因此常见的四爪单动卡盘没有自动定心的作用，但这类卡盘适合装夹各种矩形的、不规则的工件。

3）尾座

车床上都配置有尾座，它可沿车床导轨纵向移动，以调整其工作位置。尾座上一般安装顶尖，以支顶较长工件，也可装钻头或铰刀等进行孔的加工。如图 6-9 所示。

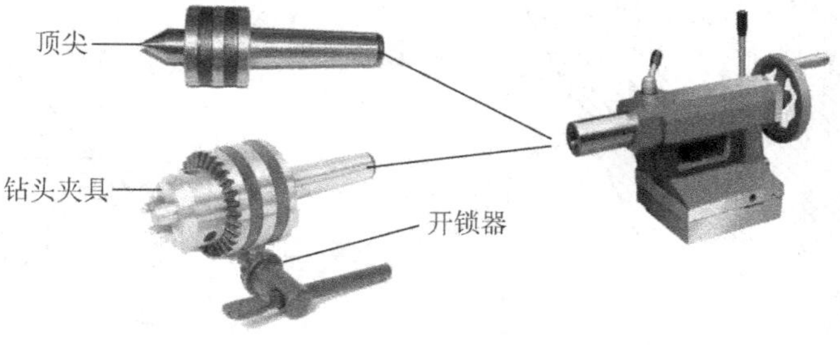

图 6-9　尾座及其常用配件

4. 量具

游标卡尺和千分尺是应用最广泛和使用效率最高的基本量具，其具有结构简单、操作方便、测试范围大等特点。专门用于测量零件的直径、宽度、厚度、高度、深度和相互距离，应用场合十分广泛。

1）游标卡尺

常用的是三用游标卡尺，测量范围在 0～150mm，卡尺主体部分称为尺身，可滑动部分称为游标，其测量精度有 0.1mm、0.02mm 和 0.05mm 三种。这三种卡尺的尺身刻度一样，间隔标称距离一样，每一小格均为 1mm，不同的是游标与尺身对应刻线标称值不同。简单地说，0.02mm 精度的游标卡尺，其游标上每一小格为 0.98mm；0.05mm 精度的游标卡尺，其游标上每一小格为 0.95mm。图 6-10（a）所示为 0.1mm 精度游标卡尺，当前测量的值应该为：（尺身）20mm＋（游标）8×0.1mm＝20.8mm。图 6-10（b）所示为 0.02mm 精度游标卡尺，当前测量的值应该为：（尺身）3mm＋（游标）20×0.02mm＝3.4mm。

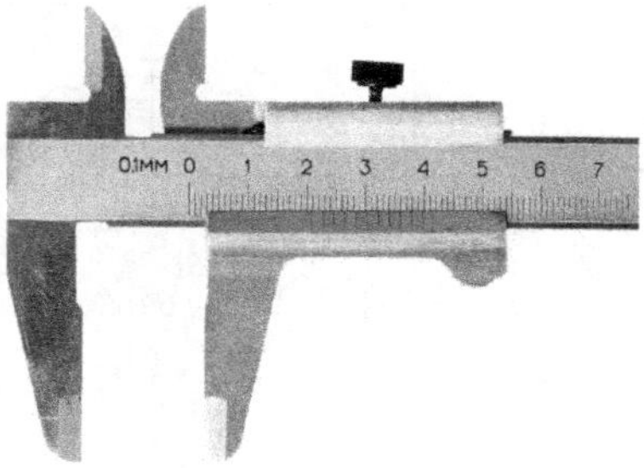

（a）

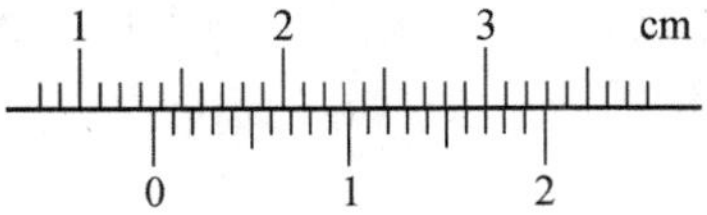

（b）

图 6-10　游标卡尺

2）千分尺

与游标卡尺相比，千分尺精度为 0.001mm，且测量过程经由螺旋副传动，通过固定套管和微分筒对应的刻度进行读数。微分筒旋转一周，则移动螺距为 0.5mm，即微分筒一个小刻度为 0.01mm。千分尺读数与游标卡尺类似，先读固定套管上的整数和 0.5mm 的数，再读微分筒上的数，最后读数保留小数点后 3 位有效数字。如图 6-11 所示，要注意 0.5mm 位置读数。

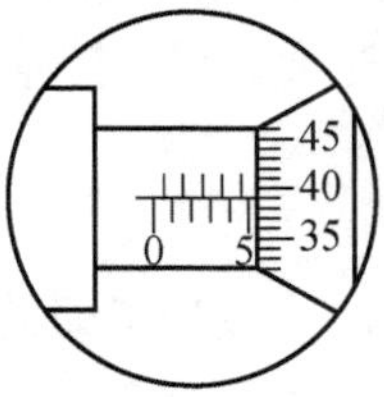

（a）读数＝5.384

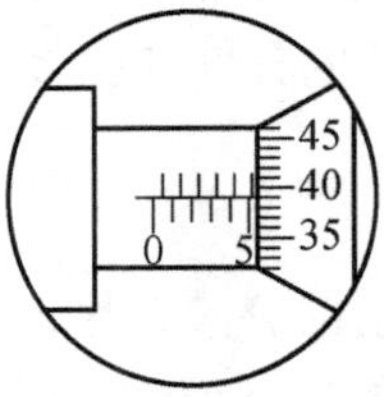

（b）读数＝5.884

图 6-11　千分尺读数实例

量具的使用要保持正确的测量姿势和观察位置，切记不要因为人为错误导致读数的偏差。

6.2.2　车削步骤

车床主要用来加工各种回转体表面，如外圆柱面、锥面、孔、端面、切制螺纹，甚至球面等，如图 6-12 所示。加工不同的面，或者加工精度要求不同，使用的刀具都有所不同，有外圆车刀、切断刀、镗孔刀、螺纹刀、滚花刀等。图 6-12 所示为各种形面加工。

1．准备车刀

以外圆车刀为例，选用 90° 偏角的硬质合金车刀。可在砂轮上进行粗磨前后主刀面，获得所需的主副偏角和导屑槽。

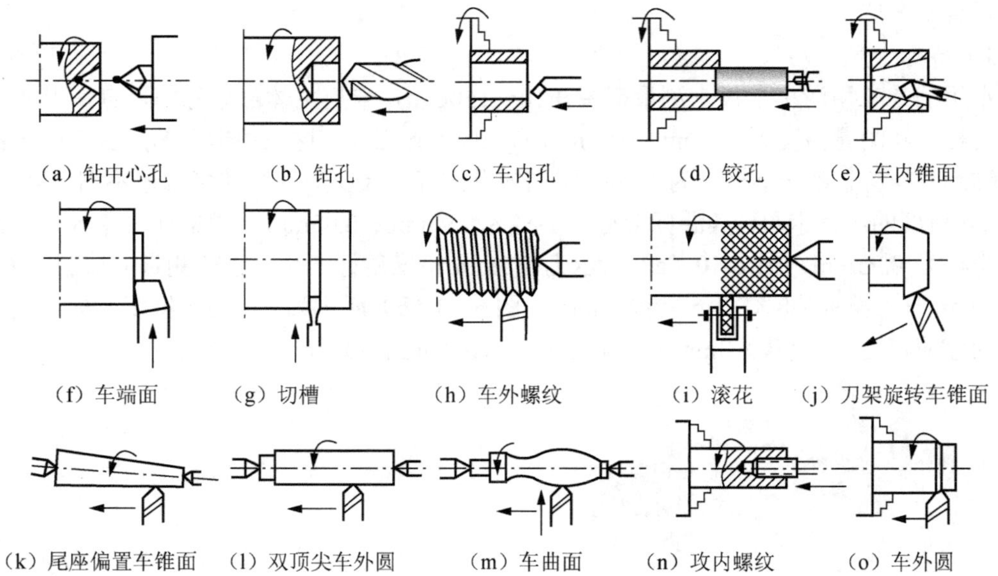

（a）钻中心孔　（b）钻孔　（c）车内孔　（d）铰孔　（e）车内锥面
（f）车端面　（g）切槽　（h）车外螺纹　（i）滚花　（j）刀架旋转车锥面
（k）尾座偏置车锥面　（l）双顶尖车外圆　（m）车曲面　（n）攻内螺纹　（o）车外圆

图 6-12　各类形面的加工

2．车床准备

调节好主轴转速和进给量档位，检查机床的电源线路是否接触正常，如果必要，则需要在注油口加注机油。

3．装夹工具

在三爪卡盘上装夹钢棒毛坯，装夹长度至少在 10～20mm，稍微夹紧，开启电源，打开启动开关，使主轴旋转，观察工件旋转是否对心。因为即使三爪卡盘有自动定心功能，但由于毛坯和卡爪本身的瑕疵会导致定位出现偏心，在要求不是很高的场合，可用观察法和试敲法调节工件对心度。切记，此时主轴转速要很低。基本满足对心要求后，停机，拧紧三爪卡盘，必要的时候可以借助较长的杆件加强扳手的拧紧效果。拧紧完毕，一定要取下拧紧扳手，保证安全。

4．安装刀具

刀具安装在刀架上的伸出部分应该尽可能短，一般为车刀的 1.5 倍左右，伸出过长会导致刀杆刚性差而振动。车刀的高低调节可以通过垫片，但垫片要平整，且安装时要与刀杆边缘平齐，且至少要有两个螺钉压紧。关键的是，车刀刀杆中心线应与进给方向平行或垂直，且刀尖必须对准工件的回转中心，否则会导致切削摩擦增大或刀尖崩坏。如图 6-13 所示。

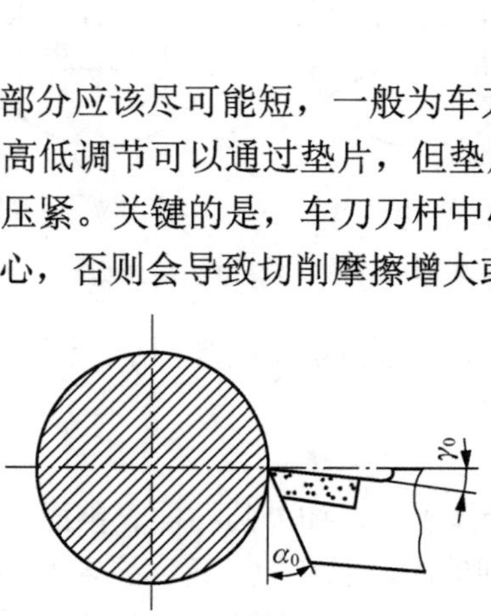

（a）刀尖对准工件回转中心

图 6-13　刀尖位置对切削的影响

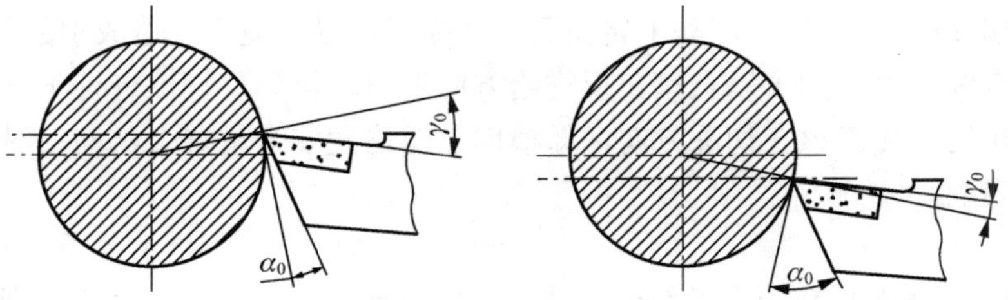

（b）刀尖过高　　（c）刀尖过低

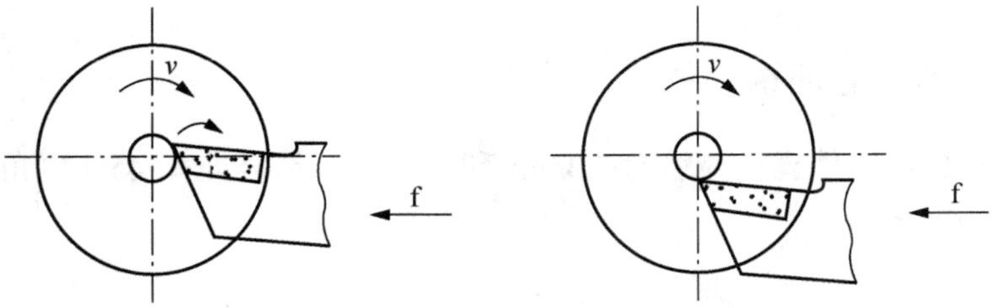

（d）刀尖崩碎　　（e）留有凸头

图 6-13　刀尖位置对切削的影响（续图）

调整车刀高度是否对心，简单的方法就是试切端面，如果能够完整地切完端面则说明高度合适，如果在端面上留下了残留凸起，则说明没有对心，此时，应该可以看出，凸起物在前角上，说明车刀还需要垫高，而凸起物在后角面之下，说明车刀高度要降低。

5. 试切

准备工作完成后，要对工件进行试切，目的就是确定车刀进给的基准点。

首先，将车刀退到安全位置，一般在工件的右前方位置，以确保车刀不会和工件撞到。

第二步，开机后，移动滑板，使刀尖与零件表面轻微接触，并以此接触点对应的中滑板刻度为切深基准，并明显地标记。

第三步，向右纵向退刀，在标记的起始点按工艺要求，在刻度盘上进行切深进给调整，并手动纵向进给 3～5mm，接着退刀，停机。

第四步，进行测量，看确定的进给基准是否达到了加工预期的尺寸要求，如果不合格就需要重新试切。中滑板上刻度盘上有精度标注，如果一小格对应 0.05mm，旋转一周进给 5mm，主要调节车刀的切削深度。

粗加工时可以采用大的切削深度和进给速度，只需要留有一定的半精车余量（1～2mm）和精车余量（0.1～0.5mm）即可。

精车时，由于切削力小，所以车刀要求锋利，且进给量小而切削速度高。

6. 尺寸控制

粗车后的每一个工序都应该进行尺寸测量，并调节进刀量。测量工具一般是游标卡尺和千分尺，视尺寸精度的等级而定。由于普通车床上的滑板刻度盘比较容易滑扣而导致旋转读数时产生较大误差，可以使刻度盘朝进给反方向旋转半周以后，再正常旋转进给，根据标记处位置进行读数。

7. 走刀控制

在试切阶段是用手动控制纵向和横向进给，但是试切合格后，可以转化为自动进给模式。但是需要特别提醒的是：机床在进给时，操作者不能离开机床，尤其在自动进给模式下，当车刀离加工末端 5mm 左右时，应马上转换到手动模式，以免撞刀或造成别的损失。

如果需要继续切削，则可以直接在反进给方向退出，再调整切深进行下一轮切削。如果不再切削，则车刀首先应该在切深方向，即横向上退出到安全位置，再向右纵向移出到脱离零件的已加工表面。

8. 结束

将车刀退回到安全位置，关闭主轴，松开工件夹具，卸下工件（切记，刚加工完的工件温度很高，注意安全），松开车刀压紧螺钉卸下刀具，将尾座移动到机床尾部，关闭电源，清扫机床导轨上铁屑。

6.2.3 车削外圆和端面训练

给定零件图 6-14，零件直径分别为ϕ70mm 和ϕ74mm，结合处有 45° 倒角。棒料毛坯用 40#钢材，ϕ84×100mm。

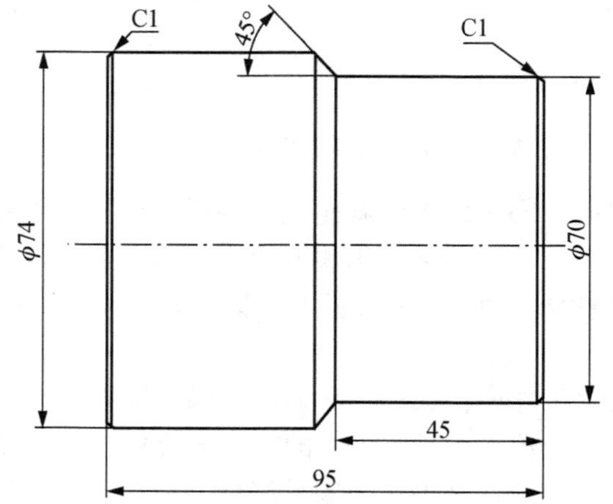

图 6-14　零件图

1. 加工前的准备

（1）准备 90° 右偏刀和 45° 弯头偏刀，安装在刀架上。

90° 偏刀主要用来车削外圆面，而 45° 偏刀则可用来车端面和倒角。但是在没有 45° 偏刀的情况下，可以通过旋转刀架，使 90° 偏刀偏转 45° 左右以代替 45° 偏刀，这种方法在实际操作时也会经常使用，减少了装刀时间和刀具数量。

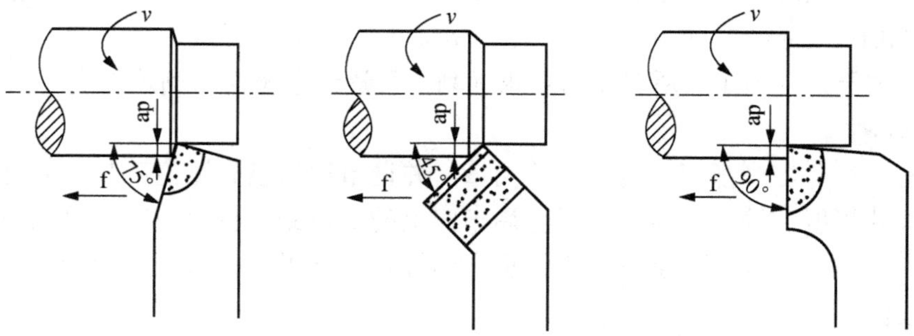

图 6-15　车外圆

（2）装夹工件毛坯，用三爪卡盘夹住外圆约 20mm 距离长度，校正后夹紧。

（3）调整好主轴转速在 400r/min 左右。

（4）将小滑板位置调整到与中滑板左对齐，避免小滑板振动。

（5）将刀架移动到不会与工件右端面发生碰撞的安全位置。

2. 车端面

（1）调整车刀，选用 45° 弯头偏刀。

（2）开启机床，使工件旋转。

（3）移动床鞍（大转轮）和中滑板，目测调节车刀与工件的位置，控制纵向切削深度在 1～2mm。

（4）调节中滑板，横向进给车刀，当车刀与工件接触时，标记床鞍纵向进给盘刻度标记。粗车端面，由外缘向中心运动。

（5）切削完毕，纵向向右退出车刀，再接着横向退回车刀。根据标记，使床鞍再纵向进给切削深度 0.5mm，进给速度均匀一致，实现端面精车。

3. 车外圆

（1）对刀操作。启动机床，工件转动，左手摇动床鞍手轮，右手摇动中滑板手柄，使车刀刀尖轻轻接触最右端待加工表面，以此位置作为切削深度在中滑板刻度盘上标记。反向摇动床鞍和中滑板退出，一般使车刀离开工件 5mm 左右即可。

（2）外圆加工。根据要求转动中滑板手柄，注意标记，使车刀横向进给 2mm，即为切削深度。

（3）试切。试切是为了保证加工要求，通过测量来控制实际进给量。车刀纵向进给切削工件约 2mm 后，纵向快速退刀，然后停车，进行直径测量，根据测量结果调整切削深度，直至结果为ϕ80mm。如图 6-16 所示。

（4）粗车外圆到图纸规定的要求。

（5）精车外圆。调整车刀横向进给 0.5mm，手动慢速均匀纵向进给到指定尺寸。

（6）倒角 C1。

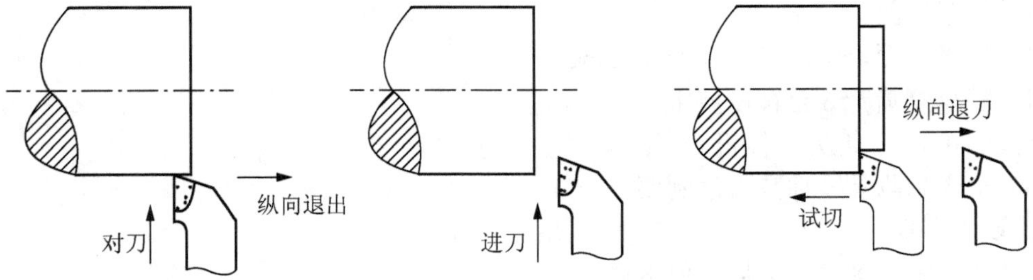

图 6-16　试切

4. 调头车端面和外圆

这个过程和上述操作过程相似，只是切削深度不一样，作为初学者要注意：在调头装夹工件时，可以在已加工面垫铜皮以保护，要记住滑板定位标记、尺寸调整、退刀操作和安全操作。

6.2.4　车削台阶训练

台阶面是外圆车削时，相邻两个直径处出现的环形端面，可以看成外圆车削和端面车削的组合。如图 6-17 所示，零件毛坯尺寸同前。

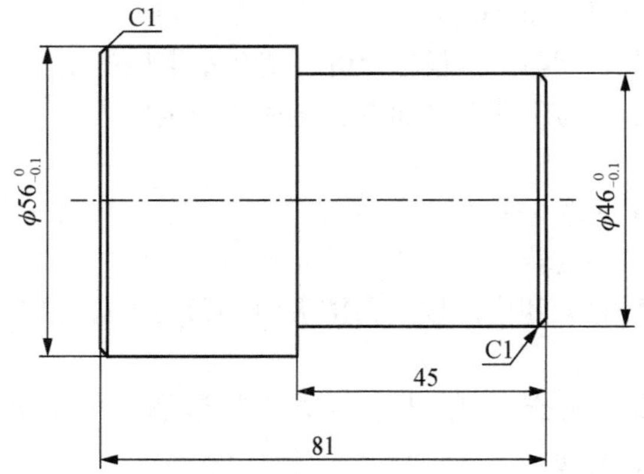

图 6-17　车台阶训练零件图

1. 车刀的准备和安装

通常可以选用 90° 偏刀，但仍需要根据粗车、精车和余量来调节偏刀位置。

简单地说，粗车时由于切削深度大，应该使偏角小于 90°，在 85°～90°，以减小刀尖压力。

精车时，切削深度较小，表面质量要求高，则要求偏角偏大，取 93° 左右为宜。偏角的调节可以通过目测在装刀的时候进行调整。

2. 装夹工件及外圆加工

（1）用三爪卡盘夹住工件毛坯外圆长度约 15mm 左右，校正并夹紧。

（2）按照前面外圆车削的基本要领，粗车端面、外圆ϕ56.5。

（3）粗车外圆ϕ46.5，长 45mm。

（4）精车外圆ϕ46 至精度要求，长 45mm，倒角 C1。退刀，停机。

3. 车外圆和台阶面

（1）卸下工件，调头，垫铜皮夹住ϕ46 外圆，校正并夹紧。

（2）粗车端面。

（3）精车端面，保证零件总长 81mm。

（4）精车外圆ϕ56 至精度要求。

（5）倒角 C1。退刀，停机。

（6）检查和测量零件是否达到要求。

4. 取下零件

零件的加工达到要求之后，取下零件。

6.2.5　车槽和切断训练

在常见的阶梯轴上经常可以看到越程槽和退刀槽，这些属于外沟槽。还有一类在工件内孔中的沟槽，称为内沟槽。沟槽的形状以矩形为主，也有圆弧形和梯形。切断操作是将已加工好的零件从毛坯上切去，一般采用正向切断，即切断刀横向进给，直到工件被切断。通常，切槽和切断所使用的刀具可以通用，如图 6-18 所示。

切断（槽）刀以横向进给为主，由于前端切削刃窄、刀体又长，强度较低，所以要特别注意选择和确定刀具的几何参数，以提高刀具的强度，否则很容易崩刃。有以下几个方面的几何参数需要控制。

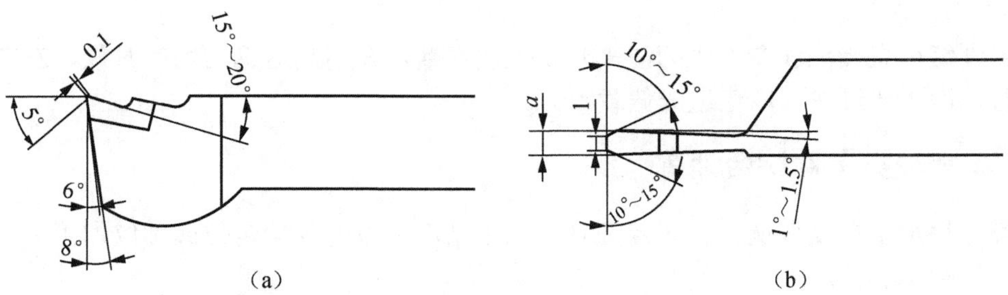

图 6-18　硬质合金切断刀

（1）前角：对塑性材料 γ_0 可取稍大 20°～30°，而脆性材料则偏小 0°～10°。

（2）后角：一般控制在 6°～8°。

（3）主偏角：由于切断刀以横向进给为主，因此 k_r=90°。

（4）副偏角：两侧的副偏角必须对称，以免两侧受力不均引起切削振动影响加工质量，副偏角 k_r' 不能太大，否则会影响刀具强度。可取 1° 左右。

（5）主切削刃宽度 a：宽度太大则切削力也大，材料浪费也大，宽度过小则刀体强度又弱，可以参考经验公式：$a\approx(0.5\sim0.6)\sqrt{d}$。

（6）主切削刃：对于高速钢切断刀，主轴转速不高，主切削刃为直线型，而对于硬质合金刀具，适合于高速切断，因此主切削刃两边需要倒角，这是为了排屑通畅。

1. 切断的方法

① 直接法：切断刀垂直于工件横向进给，直接切断工件。该法对刀具、机床本身和夹具的刚度要求较高，否则容易造成刀具折断。

② 左右借刀法：为了克服直接法的缺点，可以让切断刀在垂直于工件的一定纵向范围内，进行反复进给切削，直至达到切槽要求或切断。

2. 切断训练

此处用前面切削台阶面的零件来训练切断，如图 6-19 所示。

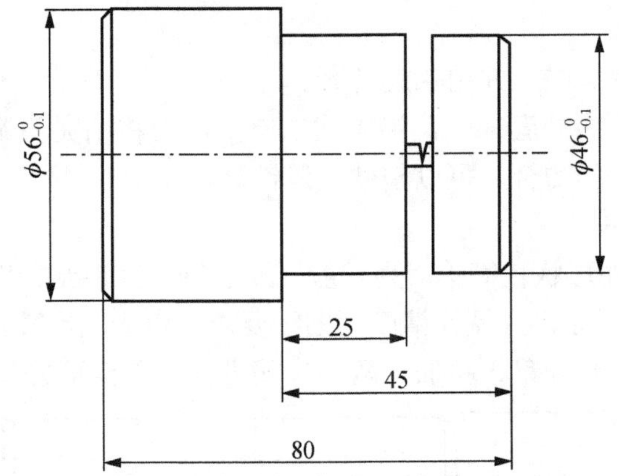

图 6-19　切断训练零件图

① 安装刀具，装夹零件，校正夹紧。

② 横向进给试切，标记床鞍位置，确定切断距离。

③ 切断，保证尺寸 25mm。

④ 退刀，停机。

可以训练用直接法和左右进刀法来实现上述切断，在用高速钢切削的时候，左右反复移动切削时速度不要过快，以免造成偏载断刃。

6.2.6　车削轴类零件综合训练

轴类零件加工非常普遍，为了保证轴的加工精度，方便顶尖定位或螺纹加工，通常需要在轴端首先钻中心孔。

1. 中心孔

钻中心孔配备有专门的钻头，国标规定中心孔的形式有 4 种：A 型（不带护锥）、B 型（带护锥）、C 型和 D 型。中心孔以底部圆柱孔直径 d 为基本尺寸。如图 6-20 所示，为 A 型和 B 型中心孔。

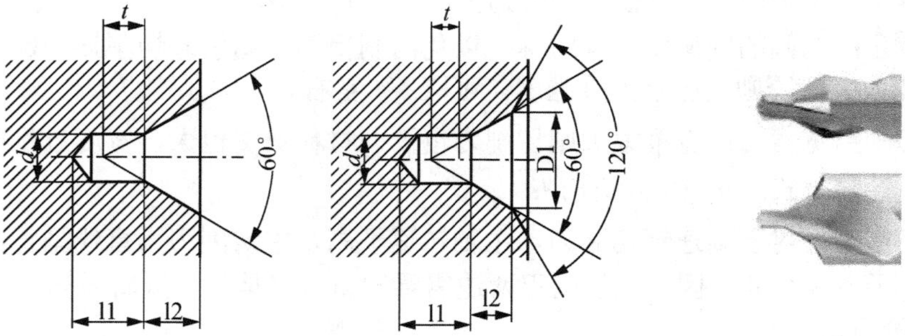

图 6-20　A 型和 B 型中心孔

（1）A 型中心孔：圆锥孔锥角 60°，不带护锥，与机床尾座顶尖的锥面配合，起定心和支撑作用。该型中心孔不适合多次装夹或不保留中心孔的工件。

（2）B 型中心孔：与 A 型比较，B 型中心孔在端部多了一个 120° 的圆锥孔，其作用是保护 60° 锥孔的表面不在加工中损坏，适合多次装夹。

2. 中心钻安装

（1）选用要求的钻头。

（2）将钻头装入钻夹头中，并用钥匙拧紧。

（3）用左手握住钻夹头外套部位，沿轴线方向，用力将钻夹头锥柄部推向车床尾座套筒锥孔中即可。若两个锥孔不吻合，可以借助过渡锥套。

3. 典型轴类零件加工

如图 6-21 所示，零件形状较简单，为一般用途的轴。零件结构工艺分析后发现其有 3 个台阶面，2 个槽，3 个外圆面，直径处精度达图纸要求。由于轴比较长，加工精度又高，因此必须考虑顶尖支撑定位，并分粗、精加工两个步骤进行，车槽可放在精车以后。

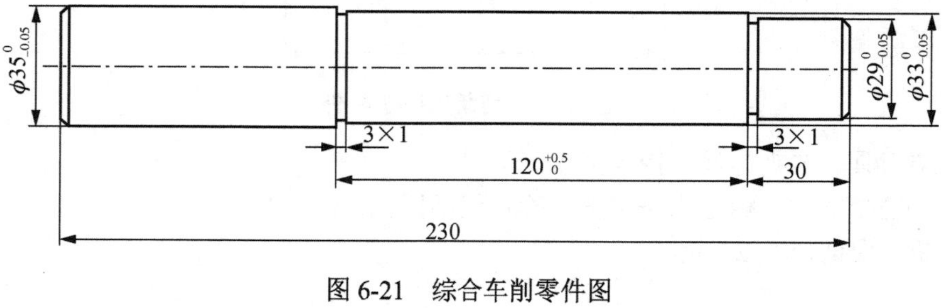

图 6-21　综合车削零件图

1）准备工作

（1）准备 90°偏刀、切槽刀（主切削刃长度小于 3mm）和 45°弯头偏刀。

（2）安装刀具，并校准高度。

（3）装夹毛坯，考虑到要钻中心孔，则毛坯伸出夹具的距离控制在 40mm 左右，校正后夹紧。

（4）设置好合适的主轴转速。

2）粗车加工

（1）车端面，钻中心孔 A2.5。

（2）粗车外圆ϕ36×25mm。退刀，停机。

（3）调头工件，夹持ϕ36 外圆，校正后夹紧。

（4）车端面，保证整长度 230mm。

（5）钻中心孔 A2.5。

（6）后顶尖实现一夹一顶装夹工件，粗车外圆至ϕ36mm。

（7）从右端开始，粗车外圆至ϕ29.5mm，长度 29.5mm。

（8）接着，车ϕ33.5mm 外圆，长度 119.5mm。

3）精车加工

（1）调头工件，一夹一顶装夹工件，校正后夹紧。

（2）精车外圆至ϕ35mm 及精度要求，倒角 C1。

（3）再次调头，一夹一顶装夹工件，校正后夹紧。

（4）车外圆至ϕ29mm 及精度要求，长度 30mm，倒角 C1。

（5）车外圆至ϕ33mm 及精度要求，长度 120mm。

4）切槽

车图纸要求的两处矩形外沟槽 3mm×1mm 至要求。

6.2.7　车外圆锥面

车外圆锥面的方法主要有：转动小滑板法、偏移尾座法、仿形法和宽刃刀法。本文主要介绍转动小滑板法。如图 6-22 所示，当工件锥角为 a 时，可将小滑板沿逆时针旋转圆锥半角 $a/2$，移动小滑板行走的轨迹与工件圆锥水平投影面内的素线平行。

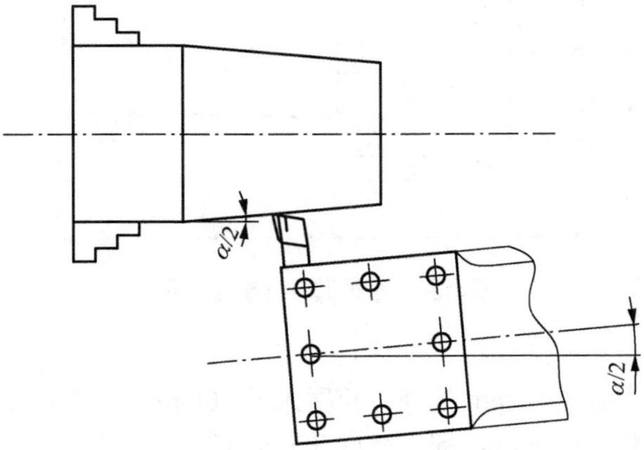

图 6-22　转动小滑板法

转动小滑板法可车削外圆锥和内圆锥，也可车削大锥角，可以根据工件要求灵活多变，调整锥角，但是由于手控，加工精度不高，表面质量不好保证，而且不适合较长的圆锥面加工。

1．转动小滑板法

（1）首先判断加工的外圆锥的类型，如圆锥大端靠近主轴，而小端靠近尾座的称为顺锥，相应加工时小滑板应该逆时针转动以配合。如圆锥小端靠近主轴，而大端靠近尾座的称为顺锥，相应加工时小滑板应该顺时针转动以配合。

（2）小滑板转动的角度为加工外圆锥角度的 1/2。车削常用的对应标准可以查找相关工具书，表 6-1 列出了部分对应数据。

表 6-1　外圆锥度与小滑板转角对应表

锥度/（°）	小滑板转动角度/（°）	锥度/（°）	小滑板转动角度/（°）
120	60	1∶100	0°17'11"
90	45	莫氏锥度 1#	1°25'43"
30	15	莫氏锥度 2#	1°25'50"
1∶3	9°27'44"	莫氏锥度 3#	1°26'16"
1∶10	2°51'45"	莫氏锥度 4#	1°29'15"
1∶20	1°25'56"	莫氏锥度 5#	1°30'26"

（3）车刀的安装要确保刀尖严格对准工件回转中心，否则加工出来的圆锥素线为双曲线。

（4）手动进给要尽量保持均匀，否则加工的工件表面粗糙度较大。

（5）旋转小滑板时要先把小滑板下面转盘上两个螺母松开，调整好角度以后，要拧紧。

（6）由于锥角不是整数，小滑板的调节无法精确，所以只能首先通过目测，然后再通过试切来进行找正。

2．车外圆锥

如图 6-23 所示零件，莫氏 4#锥度，毛坯为 45#钢，尺寸 $\phi 55\times 125$mm。

1）准备工作

（1）选用 90°偏刀和 45°偏刀。

（2）三爪卡盘装夹毛坯，伸出长度 50mm 左右，校正并夹紧。

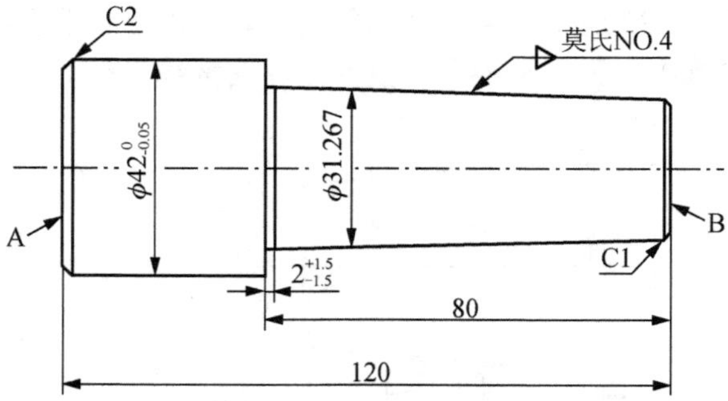

图 6-23　车外圆锥训练零件图

2）加工

（1）车端面，粗、精车ϕ42 mm 外圆，长度大于 40mm，倒角 C2。

（2）调头。装夹ϕ42 mm 外圆，伸出长度 85mm 左右，校正并夹紧。

（3）车端面，保证工件整长 120mm。

（4）车外圆ϕ32mm，长 80mm。停机。

（5）小滑板逆时针转动 1º29'15"，开机。移动中滑板和小滑板使刀尖接触到外圆面，并标记中滑板位置。

（6）向后退出小滑板，将这个位置作为粗车起始位置。

（7）按尺寸对中滑板刻度要求调整进给量，中小滑板配合，进给均匀不间断地完成。

（8）用标准量规进行锥度检测，并调整。

（9）精车外圆锥面至尺寸要求。

（10）倒角 C1。

6.2.8　车三角形螺纹训练

提示：对于初学者，车螺纹必须在专业人员的指引下进行，以免发生安全事故。

1. 知识准备

1）三角形螺纹刀的准备和安装

刃磨获得所需的 60° 刀尖角的三角形螺纹刀，准备车制外螺纹，如图 6-24 所示。

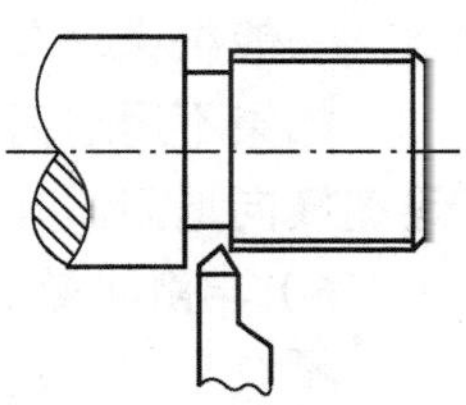

图 6-24　车制外螺纹

保证刀具的主副后角在 6° 左右，前角在 5° ～15° ，刀尖磨圆弧角，刀尖角 60° ，刀尖角可用专用的样板牙检查并修正。如图 6-25 所示。

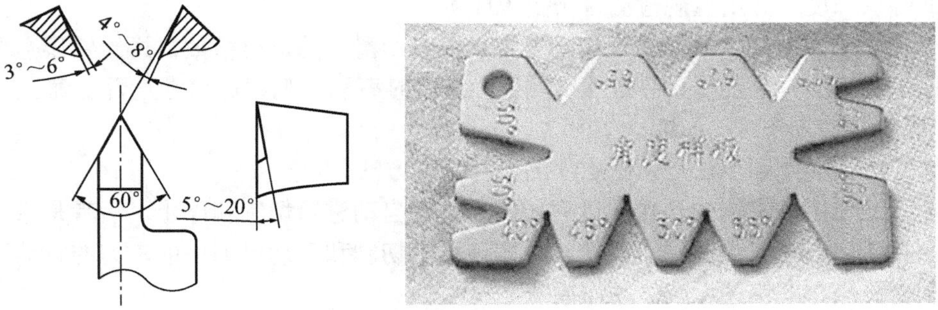

图 6-25　外螺纹车刀和样板牙

2）车刀安装

（1）刀尖高度必须对准工件的回转中心。

（2）用螺纹样板牙套与车刀对啮，进行透光检查，以免车刀装得不正。

（3）车刀伸出不要过长，为刀杆厚度的 1.5 倍左右，且夹紧要稳固，以免振动。

3）主轴、进给箱档位调整

车削加工时，大部分时候用到的是光杠进行自动进给，而在加工螺纹时，就必须使用丝杠，而丝杠的自动进给速度很快，例如，用高速钢车刀切制时，主轴转速一般控制在 150r/min 以下，用硬质合金钢车刀切制时，主轴转速一般控制在 400r/min 以下。因此，要求操作者注意力高度集中。

加工螺纹前应首先从进给箱上找到相应切制螺纹的参数，并把手柄打到相应的位置，尤其是要将手柄扳到丝杠进给档位，有些还需要调整交换齿轮，作为初学者，这项工作应在指导下完成。

4）尺寸的确定

如果要在零件上切制 M30×2 的螺纹，则有几个关键参数需要确定。

（1）切制螺纹处的零件实际加工直径 D：

$$D=d-0.13P=30-0.13\times2=29.74\text{mm}$$

（2）螺纹深度 h：

$$h=0.65P=0.65\times2=1.3\text{mm}$$

（3）中滑板进给格数 n：如果中滑板每一格为 0.04mm，则螺纹深度 h，中滑板横向进给的格数 n 应该为

$$n=h/0.04=32.5\text{ 格}$$

切制好的螺纹应该用专用的环规（包括过规和止规）进行检测，以顺利通过过规，而无法通过止规为准。

5）是否切制退刀槽

一般来说，车削螺纹时应先切制退刀槽，槽底直径应小于螺纹小径，宽度为（2～3）P。

如果不用退刀槽的螺纹，则需要在螺纹终止处预先刻出一条线，当车刀切制到该线处时，迅速横向退刀，并关闭开合螺母，使螺纹收尾在 2/3 圈之内。

6）车削次数和要求

螺纹车削不是一次完成的，而是通过数次进给已达到螺纹深度。试切时，中滑板进给一格，在工件上切出螺纹痕迹，以进行测量比对。正式切削时，背吃刀量由大到小，工程上低速切削可以分 10 次左右进行深度进给，而高速切削可以分 3～7 次进行深度进给，直至切削出要求的螺纹深度，并用量规检测合乎要求即可。

对于初学者，主轴转速不易过高，要特别注意中滑板的进给格数，进给错误会导致刀刃崩坏，所以退刀的位置要尽量靠近螺纹端部，进给时有利于观察进给量是否正确。

7）螺纹切制方法

开合螺母法和倒顺车法是切制螺纹的两种基本方法。

前者是通过床鞍右侧的开合螺母启闭操作进行自动进给切制和停止，后者是通过车床操作杆向上拉或向下拉来使主轴正反转，以实现自动切制和手动退刀后的车刀的自动返回，两种方法都需要操作者快速反应，动作果断。

2. 车削三角形螺纹

图 6-26 为车削外螺纹零件图，毛坯为 45#钢，尺寸 $\phi50\times120$mm，切制螺纹标准为 M30×2。

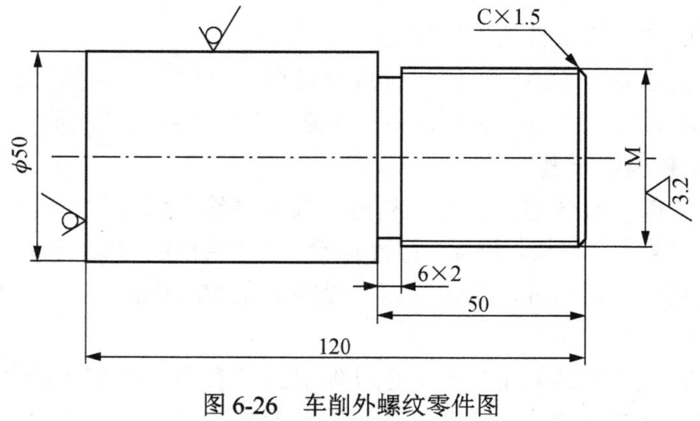

图 6-26　车削外螺纹零件图

1）准备工作

（1）选用 90° 偏刀、45° 偏刀和 60° 刀尖角螺纹刀，各刀刀尖都必须与工件轴心对齐并等高，校正并夹紧。尤其是螺纹刀安装，还必须使用样板套牙进行校准。

（2）三爪卡盘装夹毛坯，伸出长度 70mm 左右，校正并夹紧。

2）加工

（1）车端面，粗、精车ϕ45 mm 外圆至精度要求，长度大于 70mm。

（2）调头。装夹ϕ45 mm 外圆，伸出长度 70mm 左右，校正并夹紧。

（3）车端面，保证工件整长 120mm。

（4）粗、精车ϕ29.74 mm 外圆至精度要求，倒角 C1.5。

（5）切槽 6×2mm。

3）加工螺纹

（1）选用 60° 刀尖角的螺纹刀，档位开关上扳动到丝杠传动进给。

（2）试切。左右手配合移动滑板，使刀尖轻触外圆面，标记中滑板起始位置。向右退出。再闭合开合螺母，一旦见到刀尖进入退刀槽内即时松开开合螺母，停止进给。横向退刀 1～2 圈左右，再向右移动退刀到工件端部。检查螺纹形状是否符合要求。

（3）粗、精车螺纹，分别按进给深度 10 格、6 格、5 格、4 格、3 格、3 格、1 格进行切制，具体操作过程同步骤（2）。注意，要特别留意进给深度是否因为退刀时中滑板的回转圈数而造成的读数误差，因此，每一次加工前，最好能够目测刀尖与工件的位置情况。

（4）用环规检测螺纹加工的精度，决定是否需要调整进给深度。

（5）合格后，退刀，停机，取下零件。

注意：车削过程中或刚切制完时，切勿用手去摸螺纹，以免伤手。

6.2.9　工艺卡的制作

在制作工艺卡之前，需要先了解工艺、工序、工步这三个概念。

工艺，有人解释为“做工的艺术”，即工艺既是一种方法，也是一个过程。就机械制造而言，工艺应该是泛指劳动者运用工具将毛坯加工成为产品或零件的方法和过程。可以看出，对于不同的生产环境、不同的地域特点、不同的硬件条件，即使加工同一个零件，工艺也并不唯一，这种不确定性和不唯一性使得工艺有了好坏之分，例如，加工一个零件，用数控机床和普通机床加工，其精度和成本就会有很大的区别。作为工程师，需要考量经济性、可靠性、灵活性、通用性等特征，以制订出符合生产技术要求的零件加工工艺路线。

工序是产品制造过程中的基本环节，也是构成生产的基本单位。即一个或一组工人，在一个工作地点对同一个或同时对几个工件进行加工所连续完成的那部分工艺过程，称为工序。例如，齿轮加工工艺包括车床加工工序、键加工工序、滚齿工序和热处理工序等，即使相同的产品也可以用不同工序的排列去组成不同的工艺。

因此，工序又可分成若干工步。加工表面不变、切削刀具不变、切削用量中的进给量和切削速度基本保持不变的情况下所连续完成的那部分工序内容，称为工步。例如，加工阶梯轴的不同直径的外圆面，就是同一工步。如果要在轴的端面钻孔或者车螺纹（只要涉及装卸刀具或者工件）就涉及多个工步。

工艺卡片则可以用来记录这种加工路线，卡片中包含本工序加工图、加工刀具、测量量具、设备和定位等。工艺卡一般为表格形式，图文并茂，文字简介，方便工人使用。因此，工艺卡可以提高生产效率，还能规范生产。卡片里面应该包含着使用何种方式和工具去生产产品，使用何种加工参数，并且各加工方法之间的顺序流程等。

表 6-2～表 6-3 中分别为阶梯轴类综合零件和榔头手把的加工工艺卡示例。

表 6-2 机械加工工艺卡片（一）

工程训练中心	机械加工工艺卡片	零部件图号				共 页
		零部件名称	阶梯轴			第 页
材料牌号 铝	毛坯种类 棒料	毛坯外形尺寸	ϕ25×145			备注
工步	工序内容	切削用量				工序简图
		切削深度/mm	刀具类型	每分钟转数或往返次数	进给量 mm/r	
1	夹住ϕ25毛坯外圆，工件伸出长度为65mm，车平端面	≤0.5	外圆车刀	500～700	0.012～0.036	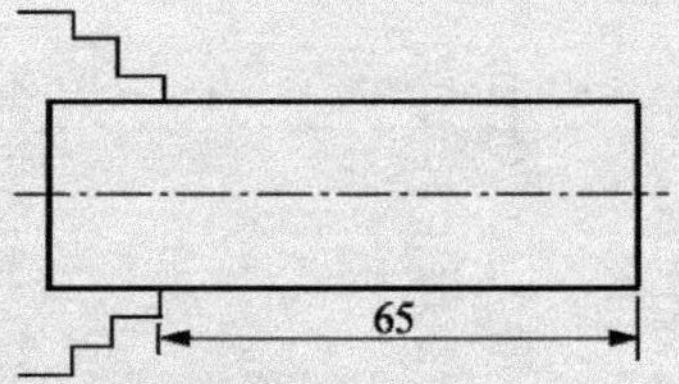
2	车外圆至 $\phi 24^{0}_{-0.20}$，长度为 55mm	≤1	外圆车刀	500～700	0.028～0.055	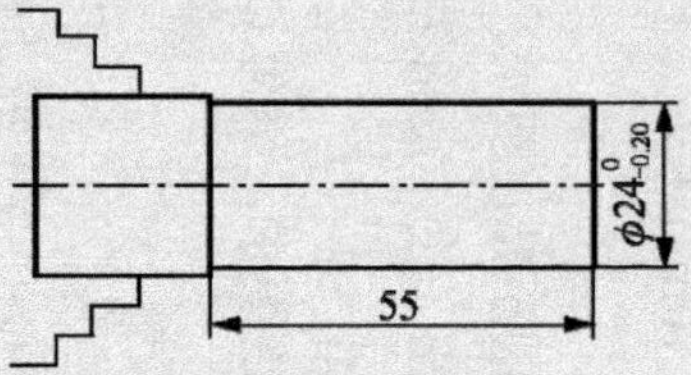
3	车外圆至 $\phi 20^{0}_{-0.20}$，长度为 44mm	≤1	外圆车刀	500～700	0.028～0.055	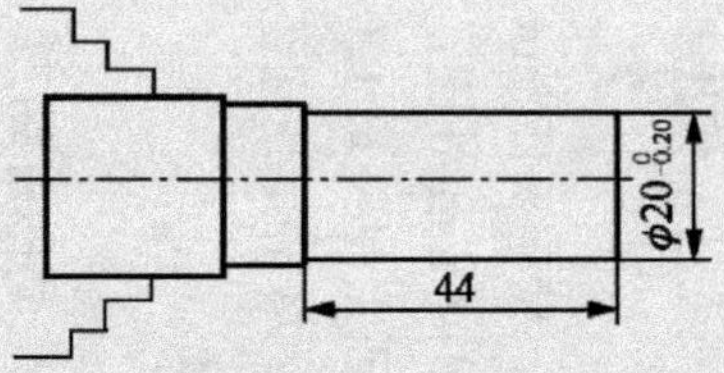
4	车外圆至 $\phi 12^{0}_{-0.10}$，长度为 17mm	≤1	外圆车刀	500～700	0.028～0.055	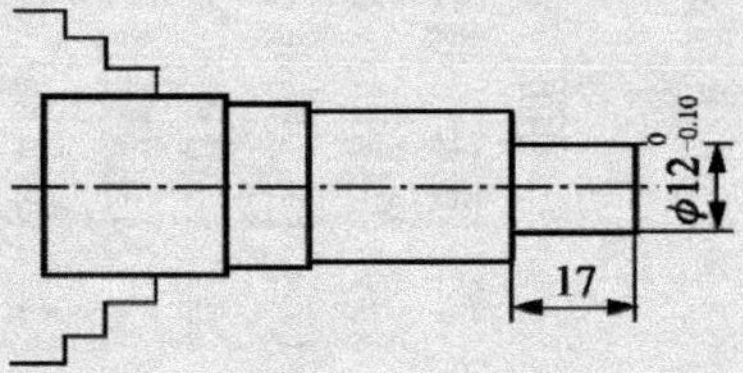

续表

工步	工序内容	切削用量				工序简图
		切削深度/mm	刀具类型	每分钟转数或往返次数	进给量 mm/r	
5	加工凹槽至 3×1		切槽刀	400~500	0.012~0.036	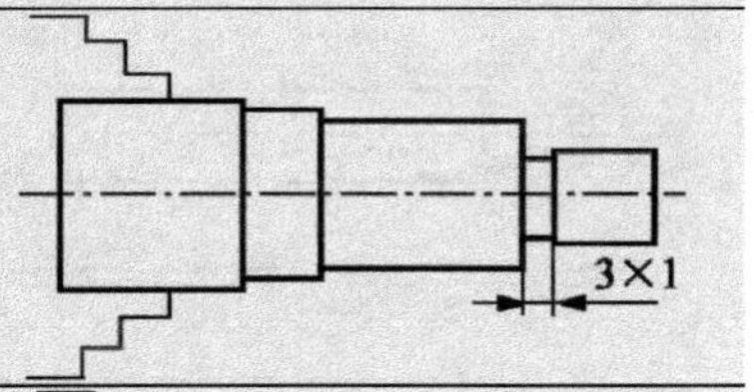
6	小溜板转动 7″ 车圆锥如图样所示	≤2	外圆车刀	500~700	0.028~0.055	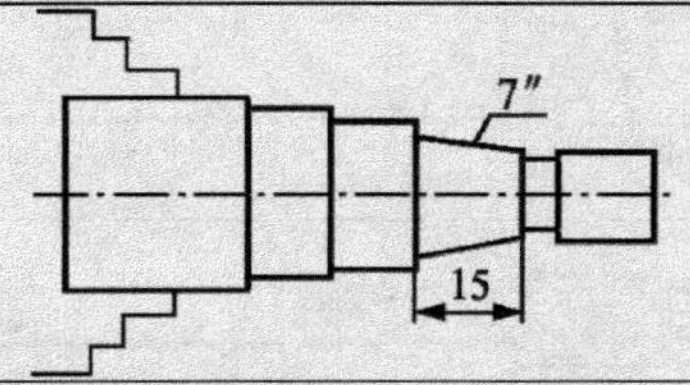
7	倒角 1×45°		外圆车刀	500~700		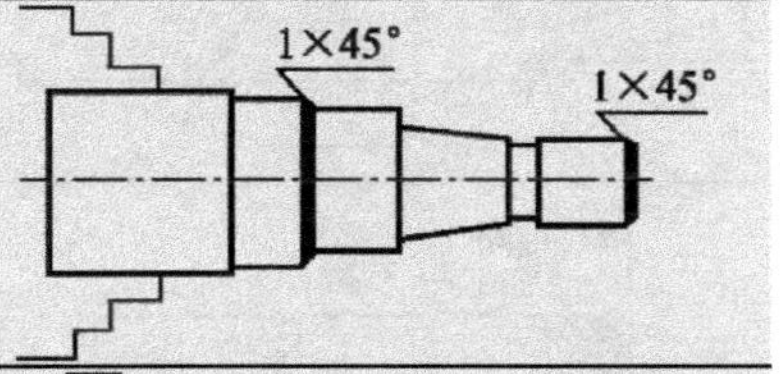
8	切断，保证总长为 50.5mm		切槽刀	400	0.012~0.036	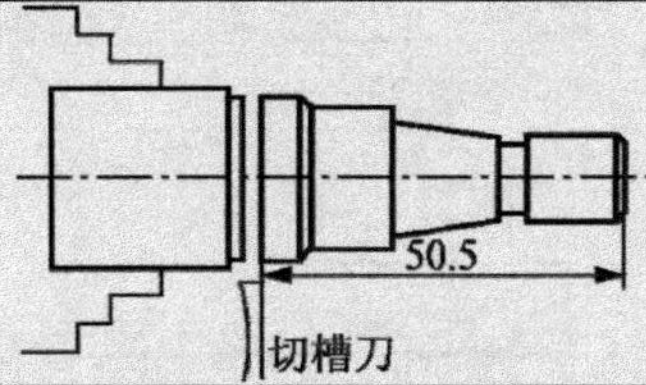
9	调头安装，夹住 $\phi20_{-0.20}^{0}$ 外圆，找正，车端面，保证总长 50±0.1，倒角 1×45°	≤0.5	外圆车刀	500~700	0.012~0.036	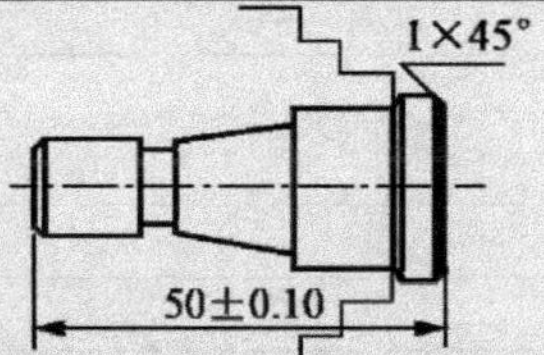

											编制（日期）	审核（日期）	标准化（日期）	会签（日期）	
标记	处数	更改文件号	签字	日期	标记	处数	更改文件号		签字	日期					

表 6-3 机械加工工艺卡片（二）

工程训练中心	机械加工工艺卡片	零部件图号			共 页	
		零部件名称	榔头把		第 页	
材料牌号 45#	毛坯种类 棒料	毛坯外形尺寸	$\phi16\times182$		备注	
工步	工序内容	切削用量				工序简图
		切削深度/mm	刀具类型	每分钟转数或往返次数	进给量 mm/r	
1	夹住$\phi16$毛坯外圆，工件伸出长度为25mm，车平端面	≤0.5	90 度外圆车刀	500～700	0.012～0.036	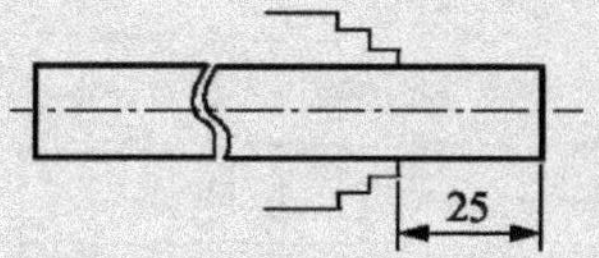
2	钻中心孔		中心钻	700～800		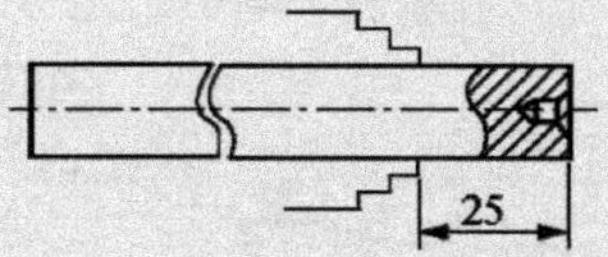
3	车外圆至$\phi10_{-0.20}^{-0.10}$，长度为 17mm	≤1	90 度外圆车刀	500～700	0.028～0.056	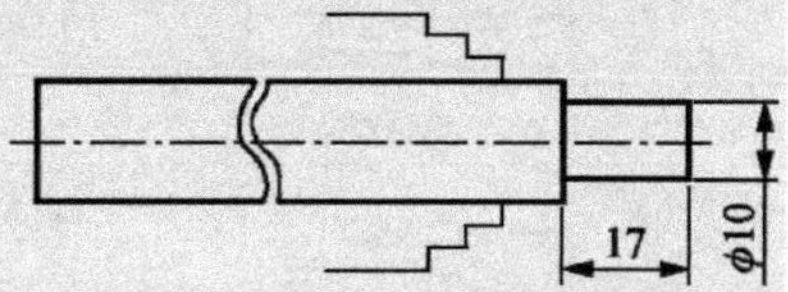
4	倒角 2×45°		45 度外圆车刀			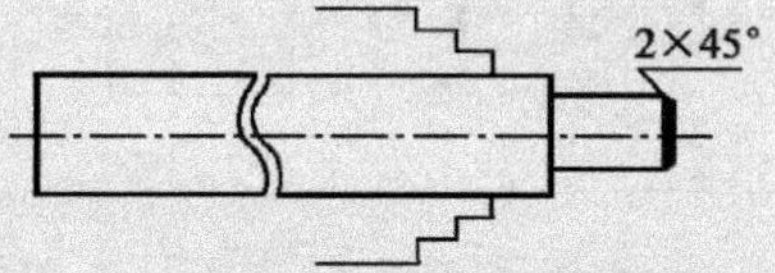
5	攻丝 M10		板牙	30～40		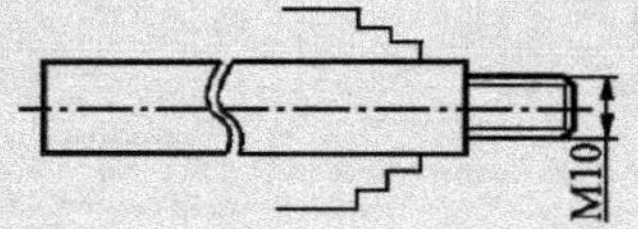

续表

工步	工 序 内 容	切 削 用 量				工 序 简 图
		切削深度 mm	刀具类型	每分钟转数或往返次数	进给量 mm/r	
6	夹住ϕ16毛坯外圆，顶尖顶右端面，工件伸出长度为150mm，车外圆至ϕ14	≤1	90 度外圆车刀	500～700	0.028～0.056	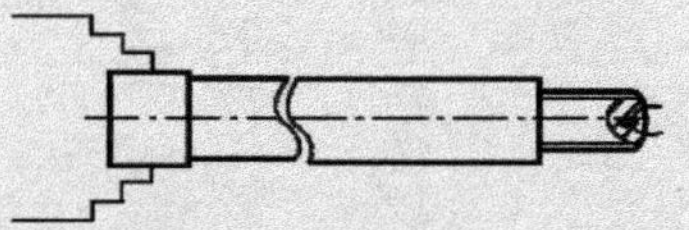
7	装夹如上，车圆锥面，保证小头尺寸ϕ10					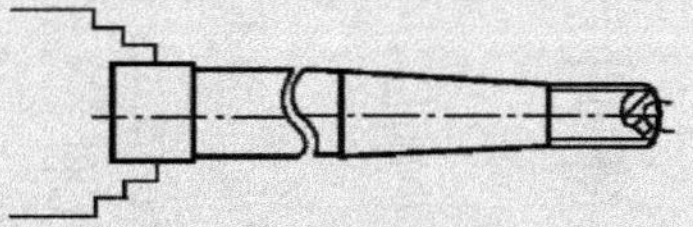
8	调头装夹ϕ13外圆，车外圆、车端面，保证总长180					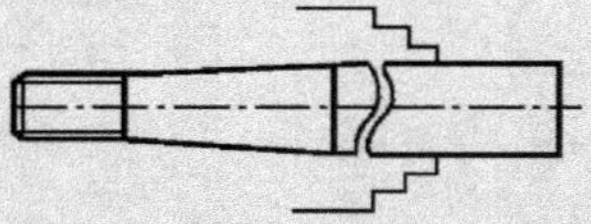
9	车斜面					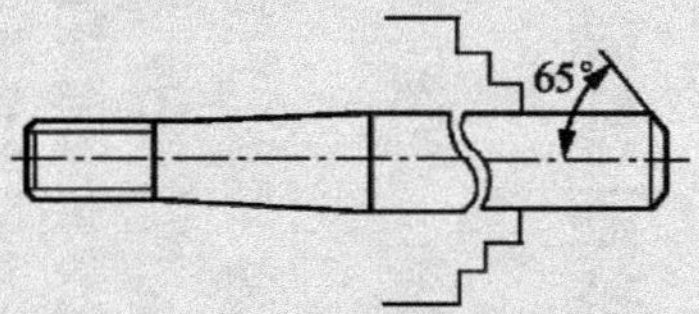

											编制（日期）	审核（日期）	标准化（日期）	会签(日期)	
标记	处数	更改文件号	签字	日期	标记	处数	更改文件号		签字	日期					

6.3　车削实习安全技术守则

（1）操作者必须熟悉机床的结构，性能及传动系统，润滑部位，电气等基本知识和使用维护方法。

（2）工作前必须束紧服装、套袖、戴好工作帽（尤其长发女生必须包裹好头发不致外露）；工作时应检查各手柄位置的正确性，应使变换手柄保持在定位位置上，严禁戴围巾、手套操作。

（3）不许在卡盘上、顶尖间及导轨上面敲打校直和修正工件。

（4）用卡盘卡工件及部件时，必须将扳手取下，方可开车。

（5）不许将加工工件工具或其他金属物品放在床身导轨上。

（6）在工作中严禁开车测量工件尺寸。如要测量工件时，必须将车停稳，否则会发生人身事故和量具损坏。

（7）切削脆性金属，事先要擦净导轨面的润滑油，以防止切屑擦坏导轨面。

（8）车削螺纹时，首先检查机床正反车是否灵活，开合螺母手把提起是否合适，必须注意不使刀架与车头相撞，避免造成事故。

（9）工作中严禁用手清理铁屑，一定要用清理铁屑的专用工具，以免发生事故。

（10）严禁使用带有铁屑、铁末的脏棉纱揩擦机床，以免拉伤机床导轨面。

（11）操作者在工作中不许离开工作岗位。如需离开时无论时间长短，都应停车，以免发生事故。

思考和练习

1. 何为切削三要素？各要素对零件加工表面质量和精度的影响如何？
2. 辅助平面下车刀几何角度的定义，以及各角度对零件加工的影响？
3. 常用切削刀具的材料有哪几种？碳素工具钢适用于做哪些刀工具？哪种刀具耐热性能最好？比较高速钢和硬质合金在性能上的主要区别及应用。
4. 车刀安装要注意哪些问题？
5. 工件安装定位有哪些装夹方式，各有什么特点？
6. 车窗上可以完成哪些类零件的加工？
7. 粗加工与精加工，切削用量三要素的值在选取上有何区别？
8. 用切槽刀切制较宽的槽可用什么进给方法？
9. 车削螺纹时，产生扎刀是什么原因？
10. 切屑的种类有哪些？

第 7 章　铣削、刨削和磨削

教学提示　铣削加工是在铣床上利用铣刀的旋转（主运动）和工件的移动（进给运动）对工件进行切削加工的工艺过程，是一种生产率较高的平面、沟槽和成型面的加工方法。刨削是在刨床上用刨刀加工工件的工艺过程，广泛用于平面、沟槽和成型面的加工，多用于单件小批生产和维修工作。磨削加工是在磨床上用磨具（砂轮、油石等）作为切削工具，对工件表面进行切削加工，是机械零件的精密加工方法之一。

教学要求　本章让学生了解铣削、刨削和磨削加工的基本知识，如加工特点、加工主要运动、机床的调整方法、机床的传动原理、刀具的结构特点、刀具的装夹方法和常用机床附件的功用。熟悉工件在机用平口钳中的装夹及校正方法，熟悉卧式万能铣床、牛头刨床主要组成部分的名称、运动及其作用。掌握卧式铣床、立式铣床、牛头刨床上加工水平面、垂直面及沟槽的操作，了解在平面磨床及外圆磨床上进行磨削的基本操作。

7.1　铣　　削

7.1.1　铣削概述

1. 铣削加工

铣削是在铣床上利用铣刀的旋转（v_c）作主运动，工件或铣刀的移动（v_f）作进给运动来切削工件的加工方法。铣削是平面的主要加工方法之一。加工效率较刨床高，在机械制造和修理部门得到广泛应用。

铣削加工对象包括平面（水平面、垂直面、斜面）、沟槽（直角槽、键槽、V 形槽、燕尾槽、T 形槽、圆弧槽）、成形面、孔（钻孔、扩孔、绞孔、铣孔）和分度工作等（如图 7-1 所示）。此外，使用分度装置可加工花键齿轮和螺旋槽等。

2. 铣削的工艺特点

1）生产率较高

铣刀是典型的多齿刀具，且无刨削那样的空回行程，切削速度也较高。但加工狭长或长直平面，刨削比铣削生产率高。

2）容易发生振动

铣刀的刀齿切入和切出时产生冲击和振动，使刀具的寿命下降，并将引起同时工作的刀齿数的增减。在切削过程中每个刀齿的切削层厚度随刀齿位置的不同而变化，引起切削层横截面积变化。

3）刀齿散热条件较好

铣刀刀齿在切离工件的一段时间内，可以得到一定的冷却，散热条件较好，但是，切入和切出时热和力的冲击将加速刀具的磨损，甚至可能引起硬质合金刀片的碎裂。

4）加工精度高

铣削加工的尺寸公差等级为 IT8～IT7，表面粗糙度 *Ra* 值为 3.2～1.6 μm 。若以高的切削速度、小的背吃刀量对非铁金属进行精铣，则表面粗糙度 Ra 值可达 0.4μm。

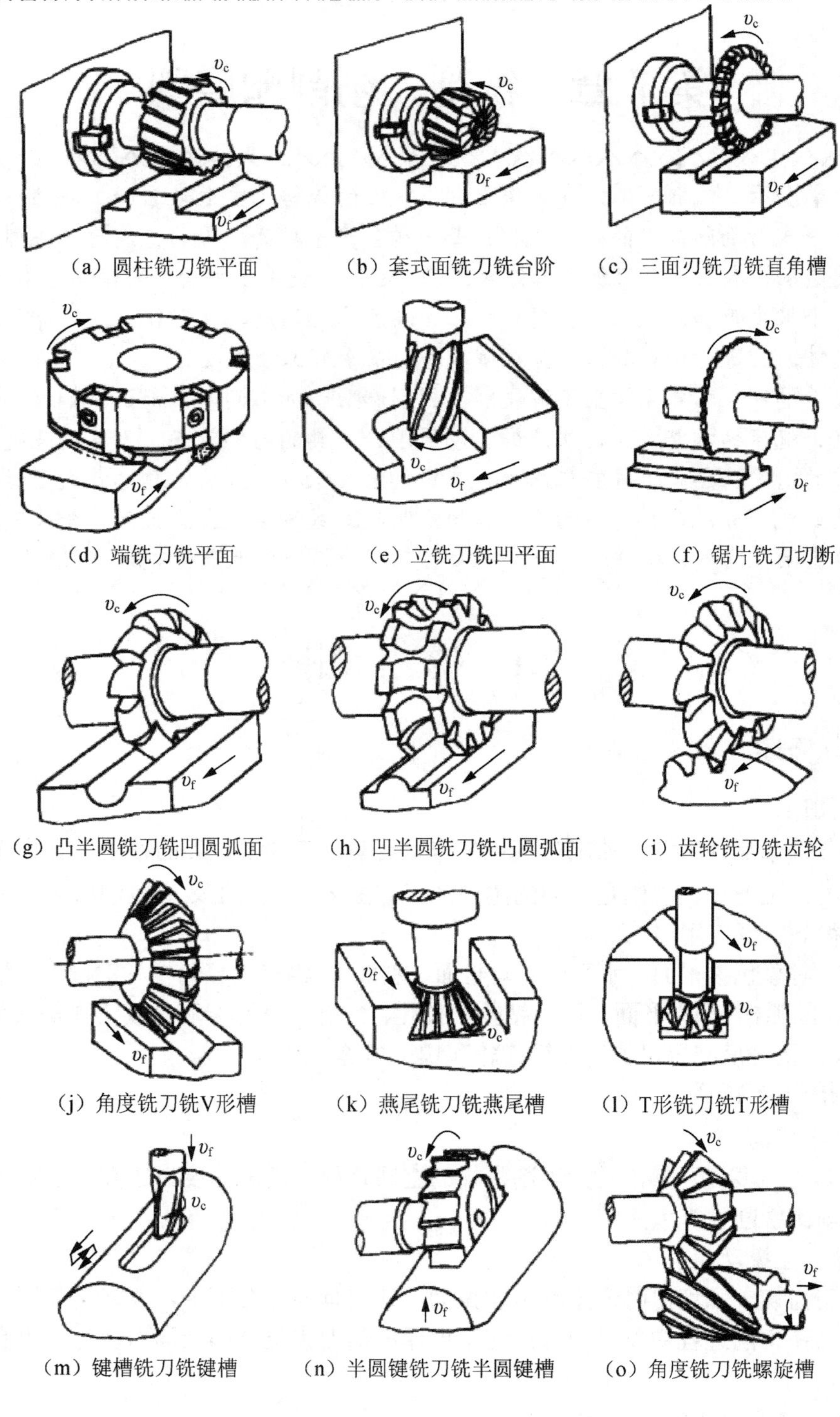

（a）圆柱铣刀铣平面　（b）套式面铣刀铣台阶　（c）三面刃铣刀铣直角槽

（d）端铣刀铣平面　（e）立铣刀铣凹平面　（f）锯片铣刀切断

（g）凸半圆铣刀铣凹圆弧面　（h）凹半圆铣刀铣凸圆弧面　（i）齿轮铣刀铣齿轮

（j）角度铣刀铣V形槽　（k）燕尾铣刀铣燕尾槽　（l）T形铣刀铣T形槽

（m）键槽铣刀铣键槽　（n）半圆键铣刀铣半圆键槽　（o）角度铣刀铣螺旋槽

图 7-1　铣削加工对象

7.1.2　铣床

铣削加工的设备是铣床，铣床可分为卧式铣床、立式铣床和龙门铣床三大类。在每一大类中，还可以细分为不同的专用变型铣床，如圆弧铣床、端面铣床、工具铣床、仿形铣床等。

1．卧式升降台铣床

卧式万能升降台铣床简称万能铣床，是铣床中应用最多的一种。其主要特征是主轴轴线与工作台台面平行，即主轴轴线处于横卧位置，因此称卧铣。图 7-2 为 X6132 卧式万能升降台铣床外形及主要结构，在型号中，X 为机床类别代号，表示铣床；6 为机床组别代号，表示卧式升降台铣床；1 为机床系别代号，表示万能升降台铣床；32 为主参数工作台面宽度的 1/10，即工作台面宽度为 320 mm。

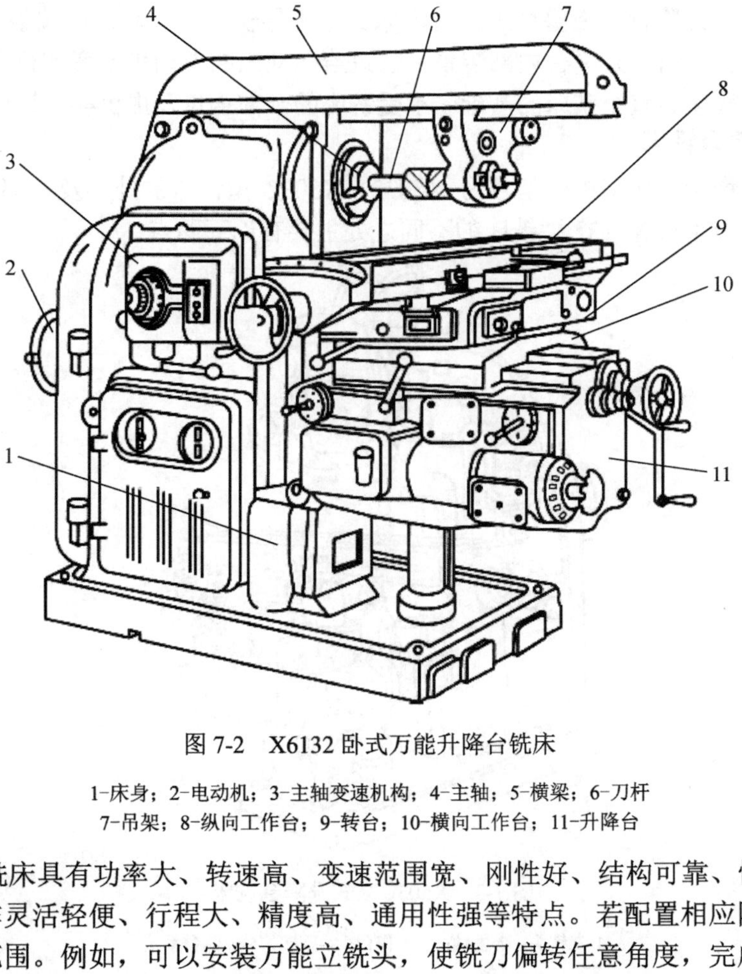

图 7-2　X6132 卧式万能升降台铣床

1-床身；2-电动机；3-主轴变速机构；4-主轴；5-横梁；6-刀杆
7-吊架；8-纵向工作台；9-转台；10-横向工作台；11-升降台

X6132 型铣床具有功率大、转速高、变速范围宽、刚性好、结构可靠、性能良好、加工质量稳定、操作灵活轻便、行程大、精度高、通用性强等特点。若配置相应附件，还可以扩大机床的加工范围。例如，可以安装万能立铣头，使铣刀偏转任意角度，完成立式铣床的工作。X6132 型铣床加工范围广，能加工中小型平面、特形表面、各种沟槽、齿轮、螺旋槽和小型箱体工件上的孔等。X6132 型铣床还适用于高速、高强度铣削，并具有良好的安全装置和完善的润滑系统。

卧式万能升降台铣床的主要组成部分如下。

（1）床身：床身用来固定和支撑铣床上所有部件。内部装有电动机、主轴变速机构和主轴等。

（2）横梁：横梁用于安装吊架，以便支撑刀杆外端，增强刀杆的刚性。横梁可沿床身的水平导轨移动，以适应不同长度的刀轴。

（3）主轴：主轴是空心轴，前端有 7∶24 的精密锥孔与刀杆的锥柄相配合，其作用是安装铣刀刀杆并带动铣刀旋转。拉杆可穿过主轴孔把刀杆拉紧。主轴的转动是由电动机经主轴变速箱传动，改变手柄的位置，可使主轴获得各种不同的转速。

（4）纵向工作台：纵向工作台用于装夹夹具和工件，可在转台的导轨上由丝杠带动作纵向移动，以带动台面上的工件作纵向进给。

（5）横向工作台：横向工作台位于升降台上面的水平导轨上，可带动纵向工作台一起作横向进给。

（6）转台：转台位于纵、横工作台之间，它的作用是将纵向工作台在水平面内扳转一个角度（正、反均为0°～45°），以便铣削螺旋槽等。具有转台的卧式铣床称为卧式万能铣床。

（7）升降台：升降台可使整个工作台沿床身垂直导轨上下移动，以调整工作台面到铣刀的距离，并作垂直进给。升降台内部装置有供进给运动用的电动机及变速机构。

（8）底座：底座是整个铣床的基础，承受铣床的全部重量及提供盛放切削液的空间。

2. 立式升降台铣床

立式升降台铣床的典型机床型号为 X5032。X5032 型铣床的外形及各部分名称如图 7-3 所示。X5032 型铣床与 X6132 型铣床的不同之处主要有以下两点：

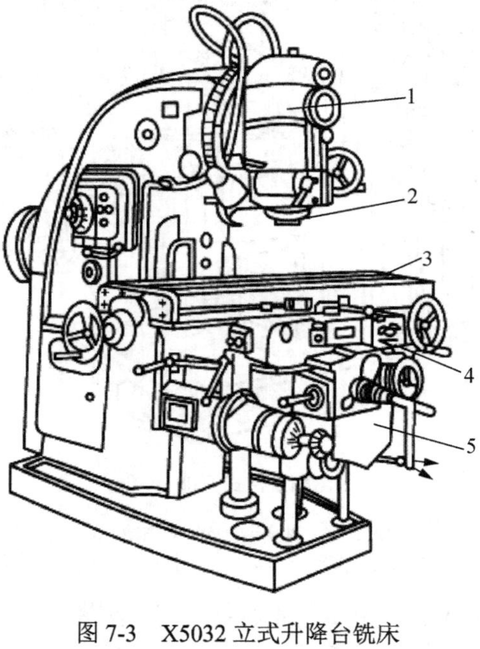

图 7-3　X5032 立式升降台铣床

1-立铣头；2-主轴；3-工作台；4-床鞍；5-升降台系统

（1）X5032 型铣床的主轴与工作台台面垂直，安装在可以偏转的铣头壳体内。

（2）X5032 型铣床的工作台与横向溜板连接处没有回转盘，所以工作台在水平面内不能旋转角度。

因此，立式铣床在加工不通的沟槽和台阶面时，比卧式铣床方便。立式升降台铣床的头架还可以在垂直面内旋转一定的角度，以便铣削斜面。立式升降台铣床主要用于使用端铣刀加工平面，也可以加工键槽、T 形槽、燕尾槽等。

3. 龙门镗铣床

龙门镗铣床属大型机床之一，它一般用来加工卧式、立式铣床所不能加工的大型或较重的零件。落地龙门镗铣床有单轴、双轴、四轴等多种形式，图 7-4 为四轴落地龙门镗铣床，它可以同时用几个铣头对工件的几个表面进行加工，故生产率高，适合成批大量生产。

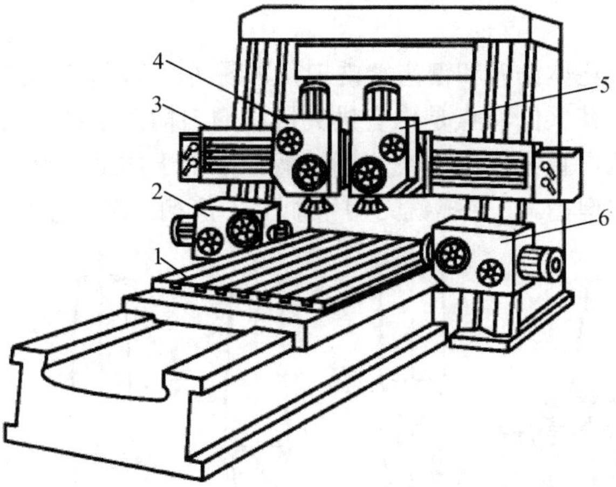

图 7-4　四轴落地龙门镗铣床

1-工作台；2、6-水平铣头；3-横梁；4、5-垂直铣头

7.1.3　铣刀及其安装

1．铣刀

铣刀是一种多齿刀具，刀齿分布在圆柱铣刀的外圆表面或端铣刀的端面上。常用的铣刀刀齿材料有高速钢和硬质合金两种。铣刀的种类很多，按其安装方法可分为带孔铣刀和带柄铣刀两大类。前者多用于卧式铣床，后者多用于立式铣床。

1）带孔铣刀

常用的带孔铣刀如图 7-5 所示，有圆柱铣刀、圆盘铣刀、角度铣刀、成形铣刀等。圆柱铣刀的刀齿分布在圆柱表面上，通常分为直齿和斜齿两种，主要用于铣削平面。由于斜齿圆柱铣刀的每个刀齿是逐渐切入和切离工件的，所以工作较平稳，加工表面粗糙度数值小，但有轴向切削力产生。圆盘铣刀主要用于加工不同宽度的沟槽及水平面、台阶面等；锯片铣刀用于铣窄槽和切断材料。角度铣刀具有各种不同的角度，用于加工各种角度的沟槽及斜面等。成型铣刀用于加工与刀刃形状对应的成型面。

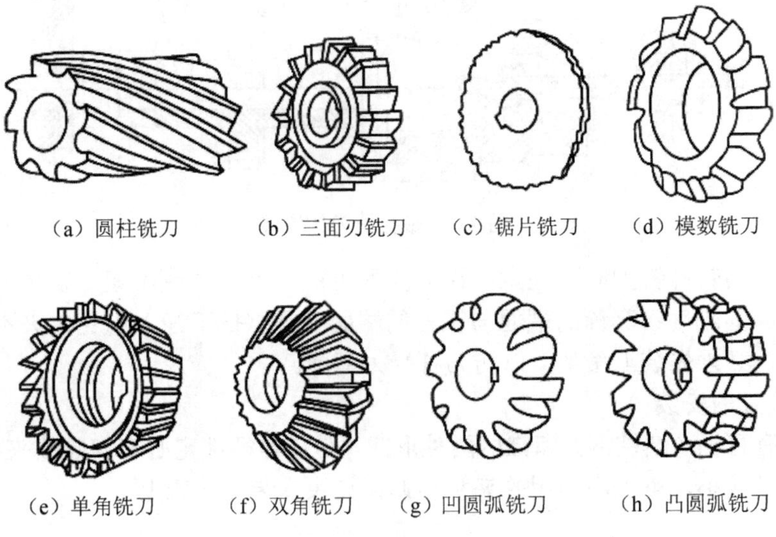

（a）圆柱铣刀　（b）三面刃铣刀　（c）锯片铣刀　（d）模数铣刀

（e）单角铣刀　（f）双角铣刀　（g）凹圆弧铣刀　（h）凸圆弧铣刀

图 7-5　常用带孔铣刀

2）带柄铣刀

常用的带柄铣刀分整体铣刀和镶齿端铣刀，如图 7-6 所示，有立铣刀、键槽铣刀、T 形槽铣刀和镶齿端铣刀等。其共同特点是均有供夹持用的刀柄。立铣刀有直柄和锥柄两种，一般直径较小的铣刀为直柄，直径较大的铣刀为锥柄。多用于加工沟槽、小平面、台阶面等。键槽铣刀用于加工封闭式键槽。T 形槽铣刀用于加工 T 形槽。镶齿端铣刀用于加工较大的平面。

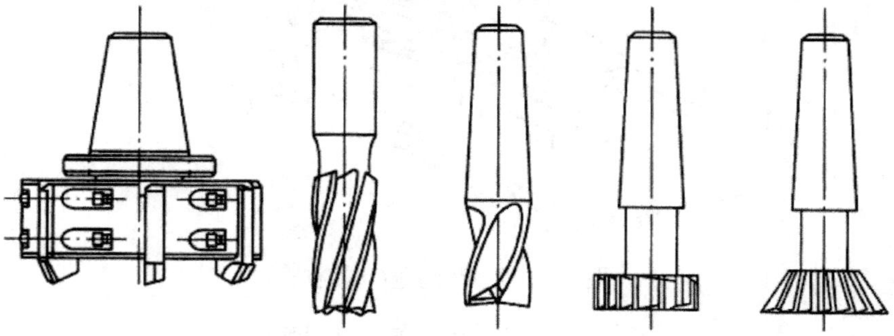

（a）镶齿面铣刀　（b）立铣刀　（c）键槽铣刀　（d）T形槽铣刀　（e）燕尾槽铣刀

图 7-6　带柄铣刀

2. 铣刀的安装

铣刀的结构不同，在铣床上的安装方法也各不相同。铣刀安装是铣削工作的一个重要组成部分，安装是否正确，不仅影响加工质量，也影响铣刀的使用寿命。

1）带孔铣刀的安装

由于这类铣刀中心都有一个孔，所以要安装在铣刀刀杆上。带孔铣刀中的圆柱形、圆盘形铣刀多用长刀杆安装。如图 7-7 所示，安装铣刀时，先在刀杆上装几个套筒，然后装上铣刀。应使铣刀切削刃的切削方向与主轴旋转方向一致，同时铣刀还应尽量装在靠近床身的地方。再在铣刀的另一侧套上套筒，然后用手轻轻旋上压紧螺母。再安装吊架，使刀杆前端进入吊架轴承内，拧紧吊架的紧固螺钉，然后拧紧刀杆螺母，将铣刀夹紧在刀杆上。

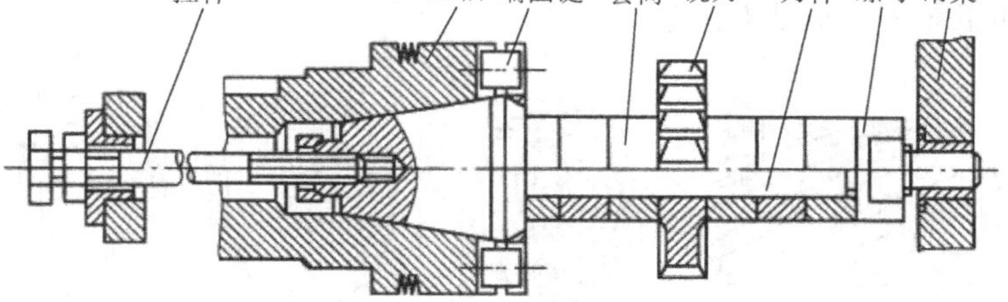

图 7-7　带孔铣刀的安装

用长刀杆安装带孔铣刀时要注意：铣刀应尽可能靠近主轴或吊架，减少刀杆的变形，以保证铣刀有足够的刚度；套筒的端面与铣刀的端面必须擦拭干净，以免装夹不正，拧紧刀杆的压紧螺母时，必须先装上吊架，以防刀杆受力弯曲。

2）带柄铣刀的安装

这类铣刀有直柄（圆柱柄）和锥柄两种形式，是依靠柄部定心来安装或夹持的（图 7-8）。直柄铣刀因直径较小，可以用通用的夹头和弹簧夹头安装在铣床上。

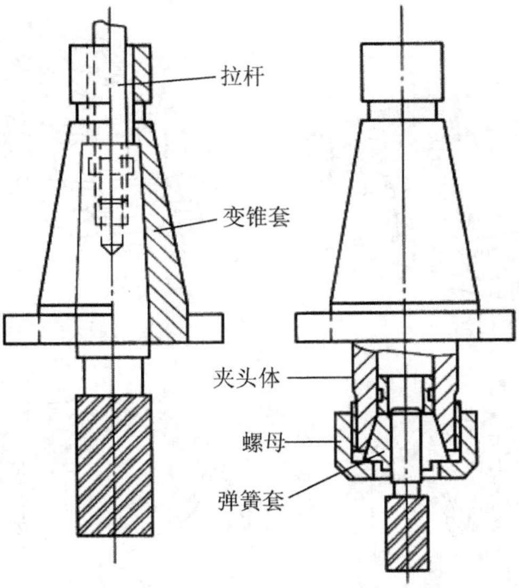

（a）锥柄铣刀的安装　（b）直柄铣刀的安装

图 7-8　带柄铣刀的安装

安装时，收紧螺母，使弹簧套作径向收缩而将铣刀的柱柄夹紧。弹簧夹头夹紧力大，铣刀装卸方便，夹紧精度较高。锥柄铣刀的柄部是带锥度的，随着铣刀切削部分直径的增大，柄部尺寸也增大，因此安装也相应地有所不同。当铣刀的锥柄尺寸和锥度与铣床主轴孔相符时，可以直接装入铣床主轴孔内，用拉紧螺杆从主轴孔的后面拉紧铣刀即可；当铣刀的锥柄尺寸和锥度与铣床主轴孔不符时，用一个内孔与铣刀锥柄相符而外锥与主轴孔相符的过渡锥套将铣刀装入主轴孔内。

7.1.4　铣床附件与工件安装

1．铣床附件

铣床的主要附件有平口钳、回转工作台、分度头和万能铣头等（图 7-9）。

1）平口钳

平口钳是铣床上常用来装夹工件的附件（图 7-9（a）），有固定式和回转式两种。使用时应先校正其在工作台上的位置，保证钳口与工作台台面的垂直度与平行度。常用于中小型铣床加工尺寸不大的工件。铣削长方体工件的平面、台阶面、斜面和轴类工件上的键槽时都可以用平口钳装夹。

2）回转工作台

回转工作台又称圆形工作台（图 7-9（b）），是铣床的主要附件。根据其回转轴线的方向分为卧轴式和立轴式两种。其周围有用来观察和确定转台位置的刻度，手轮上的刻度盘也可读出转台的准确位置。借助它可以铣削比较规则的内外圆弧面。常用于中小型工件的圆周分度和作圆周进给铣削回转曲面，如圆弧周边、圆弧形槽等。

3）分度头

分度头是铣床的重要精密附件（图 7-9（c））。万能分度头在使用时，其主轴轴线应与工作台台面平行，与刀杆轴线垂直；分度头主轴与后顶尖等高。常用于多边形工件、花键轴、牙嵌式离合器、齿轮等圆周分度和螺旋槽加工。

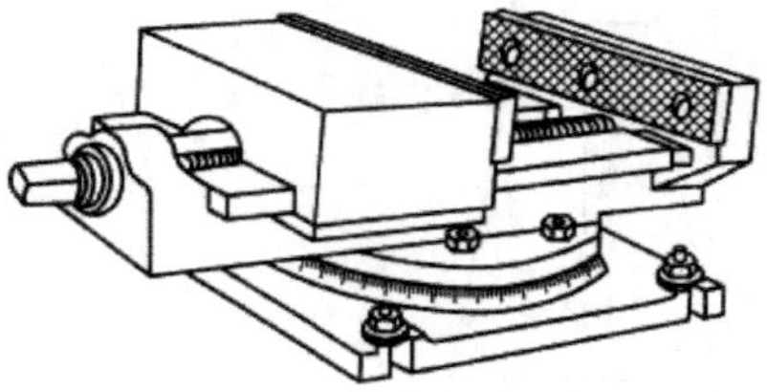

（a）平口钳

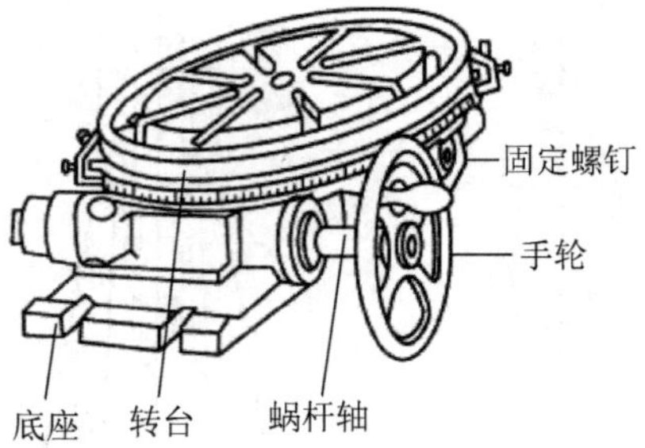

（b）回转工作台

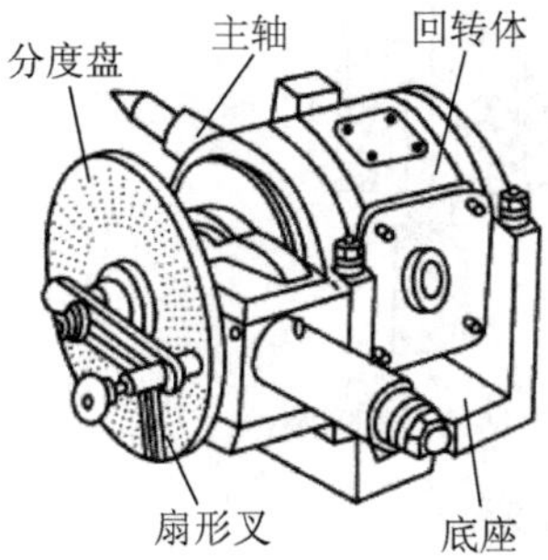

（c）分度头

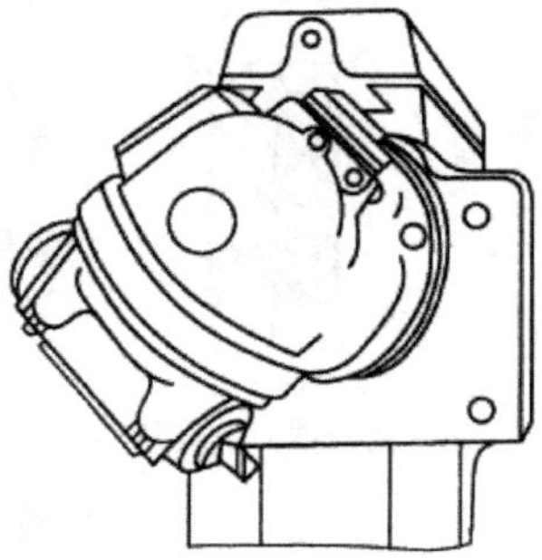

（d）万能铣头

图 7-9　常用铣床附件

4）万能铣头

万能铣头用来扩大卧式铣床的加工范围，如图 7-9（d）所示，铣头主轴可实现空间转动。在卧式铣床上装上万能铣头，不仅可以完成各种立式铣床的工作，而且还可根据铣削需要，把铣刀轴扳成任意角度，其底座用螺钉固定在铣床的垂直导轨上。但由于安装万能铣头很麻烦，装上后又使铣床的工作空间大为减小，所以限制了它的使用。

2. 工件的安装

铣削加工过程中所产生的作用力是很大的。如果工件装夹不牢固，则工件在切削力的作用下会产生振动，会使铣刀折断，还可能使刀杆、夹具和工件损坏，甚至会发生人身事故。因而工件的正确装夹对保证工件的加工质量以及铣削过程的顺畅是很重要的。铣床上常用的工件的安装方法有以下几种。

（1）用平口虎钳安装工件时，应使铣削力方向趋向固定钳口方向，如图 7-10 所示。

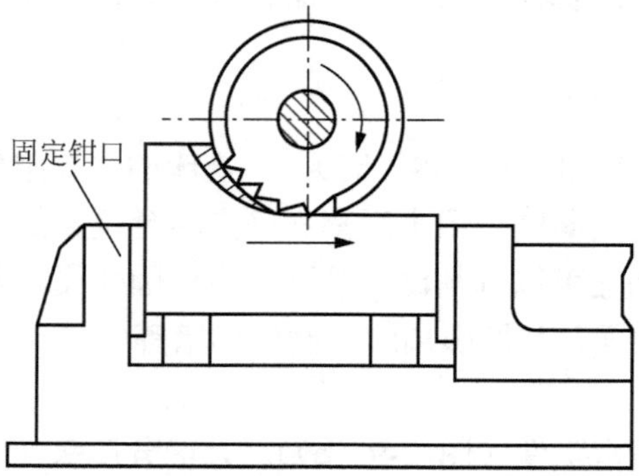

图 7-10　平口虎钳安装工件

（2）用压板、螺栓安装。工件在铣床上常用的安装方法如图 7-11 所示。

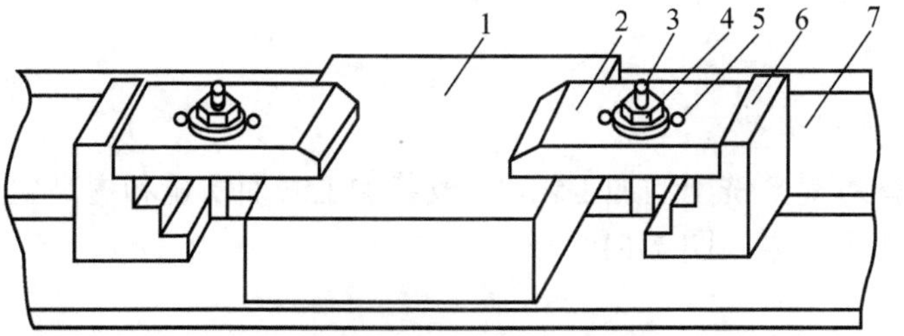

图 7-11　压板、螺栓安装工件

1-工件；2-压板；3-T 形螺栓；4-螺母；5-垫圈；6-台阶垫铁；7-工作台面

（3）用分度头安装。分度头安装工件一般用在等分工件中。它既可用分度头卡盘（或顶尖）与尾座顶尖一起安装轴类工件（图 7-12），也可只用分度头卡盘安装一般工件（图 7-13）。

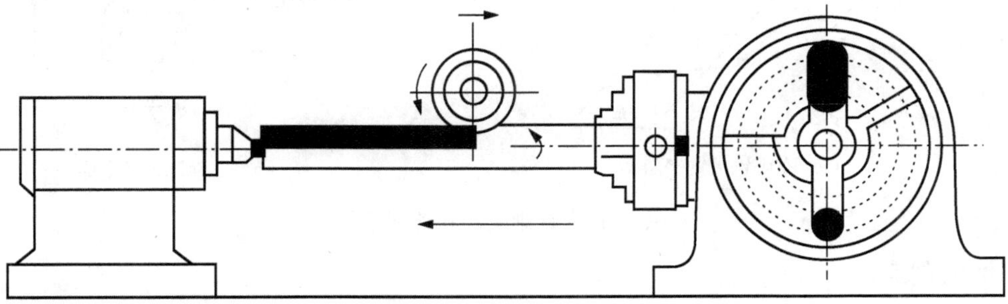

图 7-12　分度头与尾座顶尖安装轴类工件

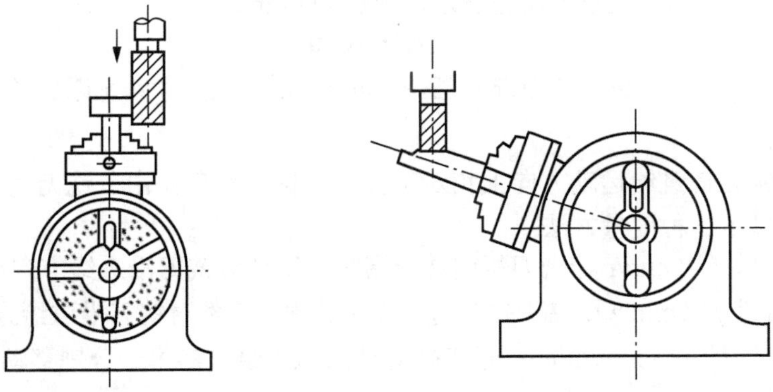

（a）分度头直立安装　　（b）分度头卡盘倾斜安装

图 7-13　用分度头卡盘安装工件

（4）用专用夹具装夹。为了保证零件的加工质量，常用各种专用夹具装夹工件。专用夹具就是根据工件的几何形状及加工方式特别设计的工艺设备。它不仅可以保证加工质量，提高劳动生产率，减轻劳动强度，而且可以使许多通用机床加工形状复杂的工件。

（5）用组合夹具装夹。由于工业的迅速发展，产品种类繁多，结构形式变化很快，产品多属中、小批量和试制生产。这种情况要求夹具既能适应工件的变化，保证加工质量的不断提高，又要尽量缩短生产准备时间。组合夹具是由一套预先准备好的各种不同形状、不同规格尺寸的标准元件组成的，可以根据工件形状和工序要求，装配成各种夹具。当每个夹具用完以后，便可拆开，并经清洗、油封后存放起来，需要时再重新组装成其他夹具。这种方法给生产带来很大的方便。

7.1.5 铣削工艺

1. 铣削用量

1）铣削加工的切削用量

铣削用量的选择对提高铣削的加工精度、改善加工表面质量和提高生产率有密切的关系。铣削运动包括以下 4 个要素（图 7-14）。

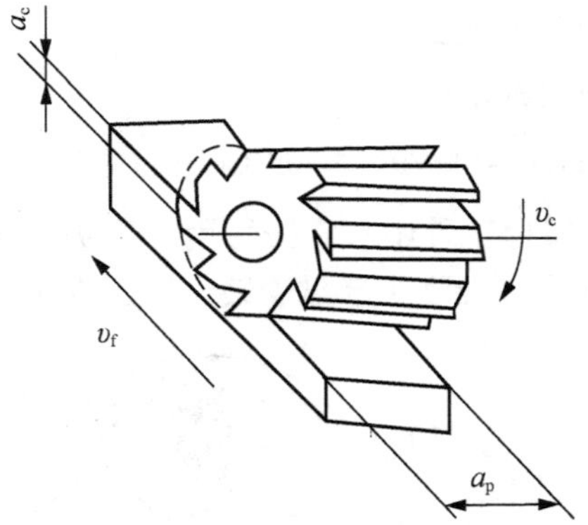

（a）在卧铣上铣平面

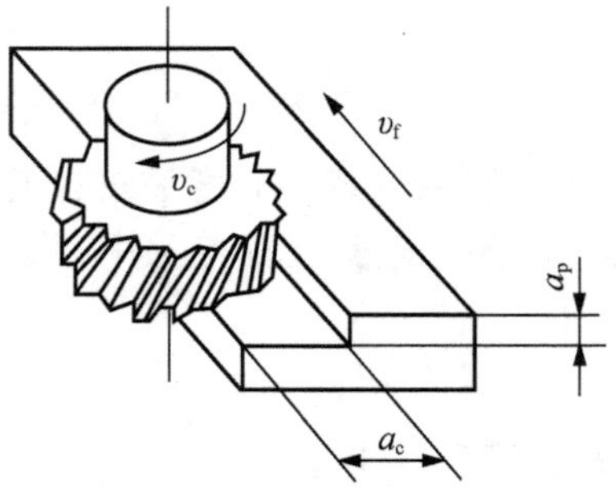

（b）在立铣上铣平面

图 7-14 铣削运动和铣削用量

（1）铣削速度 v_c

铣削速度是指铣削时切削刃上选定点在主运动中的线速度，通常以切削刃上离铣刀轴线距离最大的点在 1 min 内所经过的路程表示，单位为 m/min。

$$v_c = \pi dn/1000$$

式中，v_c 为铣削速度，m/min；d 为铣刀直径，mm；n 为铣刀（或铣床主轴）转速，r/min。

（2）进给量 f

进给量是指铣刀在进给运动方向上相对工件的单位位移量。由于铣刀为多刃刀具，按单位时间不同，有以下 3 种度量方法：

① 每转进给量 f（mm/r）:铣刀每回转一圈时，工件对铣刀沿进给方向移动的距离。

② 每齿进给量 f_z（mm/z)：铣刀每转过一个刀齿时，工件对铣刀沿进给方向移动的距离。

③ 每分钟进给量 v_f（mm/min)：指工件对铣刀沿进给方向每一分钟移动的距离。

上述三者关系为

$$v_f = fn = f_z Zn$$

式中，n 为铣刀转速，r/min；Z 为铣刀齿数。

（3）铣削宽度 a_c

铣削宽度是指在垂直于铣刀轴线方向和工件进给方向上测得的铣削层尺寸（铣削层是指工件上正被刀刃切削的那层金属），单位为 mm。

（4）铣削深度 a_p

铣削深度是指在平行于铣刀轴线方向上测得的铣削层尺寸，单位为 mm。

2）铣削切削用量的选择原则

铣削用量的选择应当根据工件的加工精度、铣刀的耐用度及机床的刚性，首先选定铣削深度，其次是每齿进给量，最后确定铣削速度。下面介绍按加工精度不同来选择铣削用量的一般原则。

（1）粗加工

因粗加工余量较大，精度要求不高，此时应当根据工艺系统刚性及刀具耐用度来选择铣削用量。一般选取较大的背吃刀量和侧吃刀量，使一次进给尽可能多地切除毛坯余量。在刀具性能允许条件下应以较大的每齿进给量进行切削，以提高生产率。

（2）半精加工

半精加工时，工件的加工余量一般在 0.5～2mm，并且无硬皮，加工时主要降低表面粗糙度值，因此应选择较小的每齿进给量，而取较大的切削速度。

（3）精加工

精加工时加工余量很小，应当着重考虑刀具的磨损对加工精度的影响，因此宜选择较小的每齿进给量和较大的铣削速度进行铣削。

2. 铣削加工工艺

1）铣削平面

用铣削方法加工工件的平面称为铣平面。铣平面主要有周铣和端铣两种，如图 7-15 所示。

根据铣刀对工件的作用力在进给方向上的分力与工件进给方向的关系可分为顺铣和逆铣（图 7-16）。顺铣是指铣刀对工件的作用力在进给方向上的分力与工件进给方向相同的铣削方式，即同向铣。逆铣是指铣刀对工件的作用力在进给方向上的分力与工件进给方向相反的铣削方式，即反向逆铣。

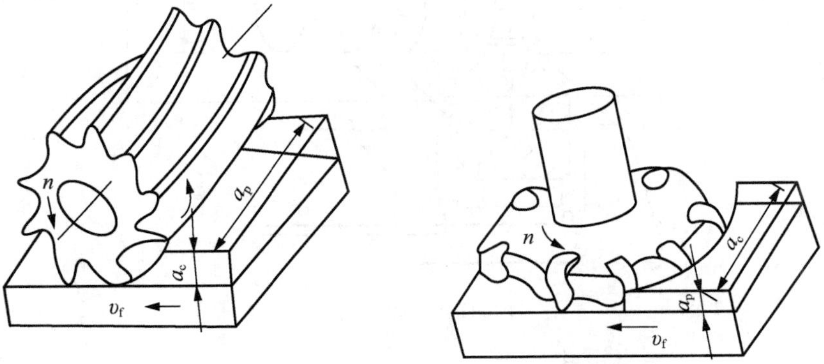

（a）周铣　　（b）端铣

图 7-15　铣削平面

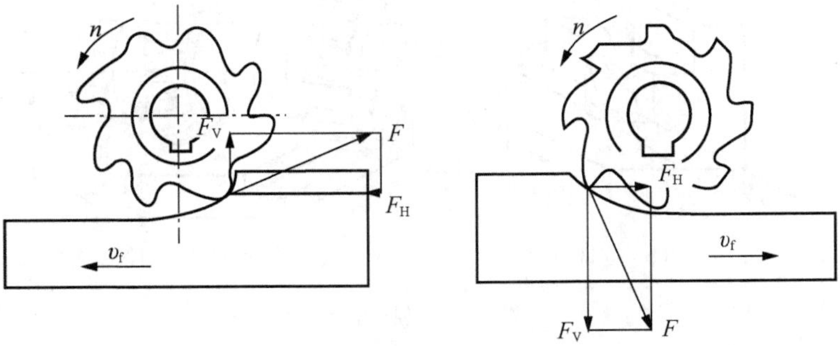

（a）逆铣　　（b）顺铣

图 7-16　顺铣与逆铣

2）铣削台阶

在铣床上铣台阶面主要有以下两种方法。

（1）在卧式铣床上用三面刃铣刀铣台阶，如图 7-17（a）所示。这种方法适宜加工台阶面较小的零件。成批铣削双面台阶零件时，可用组合的三面刃铣刀（图 7-17（c））。组合的三面刃铣刀铣削台阶时，应选择两把直径相同的铣刀，中间用刀杆垫圈隔开，将铣刀内侧面两刃间的距离调整到工件台阶凸台的宽度，并比实际所需的尺寸略大一些。装刀时，两把铣刀应错开半个齿，以减小铣削中的振动。

（2）铣削较深台阶或多级台阶时，可用立铣刀（主要有 2 齿、3 齿、4 齿）铣削，如图 7-17（b）所示。

3）铣斜面

斜面的铣削方法有工件倾斜铣斜面、铣刀倾斜铣斜面、用角度铣刀铣斜面、用分度头铣斜面等。

（1）工件倾斜铣斜面

这种方法在卧铣和立铣上都可使用，在铣刀无法实现转动角度的情况下，可以将工件倾斜所需角度后进行铣削斜面。如图 7-18（a）所示，在零件设计基准的下面垫一块倾斜的垫铁，则铣出的平面就与设计基准面成倾斜位置，改变倾斜垫铁的角度，即可加工不同角度的斜面。

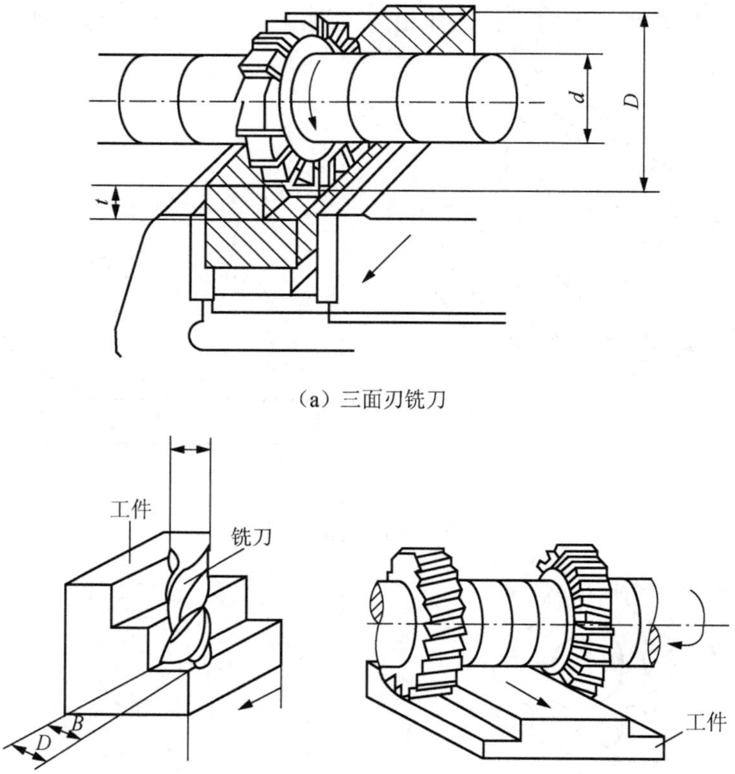

（a）三面刃铣刀

（b）立铣刀　　（c）组合三面刃铣刀

图 7-17　铣台阶面

（2）铣刀倾斜铣斜面

在立铣头可偏转的立式铣床、装有立铣头的卧式铣床、万能工具铣床上均可将端铣刀、立铣刀按要求偏转一定角度进行斜面的铣削，如图 7-18（b）所示。

（3）用角度铣刀铣斜面

切削刃与轴线倾斜成某一角度的铣刀称为角度铣刀，斜面的倾斜角度由角度铣刀保证。受铣刀刀刃宽度的限制，用角度铣刀铣削斜面只适用于宽度不大的斜面，如图 7-18（c）所示。主要用于铣较小的斜面。当加工零件批量较大时，则常用专用夹具铣斜面。

（4）用分度头铣斜面

在一些圆柱形和特殊形状的零件上加工斜面时，可利用分度头将工件转成所需位置而铣出斜面，如图 7-18（d）所示。

4）铣沟槽

（1）铣键槽

轴上键槽的结构主要有敞开式、半封闭式和封闭式。通常，铣削敞开式键槽可在卧铣上进行，用三面刃盘铣刀或切口盘铣刀。铣削封闭式键槽一般在立式铣床上加工，用立铣刀和键槽铣刀。用立铣刀铣削时，由于立铣刀中央无切削刃，不能向下进刀，因此应在槽底位置的一端预钻一个与铣刀直径相等的孔，其深度为槽深。键槽是与键相互配合的，主要用于传递扭矩，防止机构打滑。键槽宽度的尺寸精度要求较高，两侧面的表面粗糙度值较小，键槽与轴线的对称度也有较高的要求，键槽的深度尺寸一般要求不高。键槽铣刀一次轴向进给不能太大，切削时要注意逐层切下。铣键槽时，调整铣刀与工件相对位置（对中心），使铣刀旋转轴线对准工件轴线，是保证键槽对称性的关键。

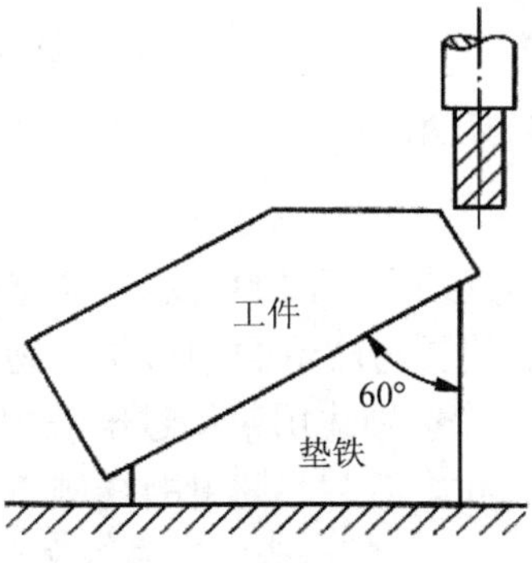

（a）用倾斜垫铁铣斜面

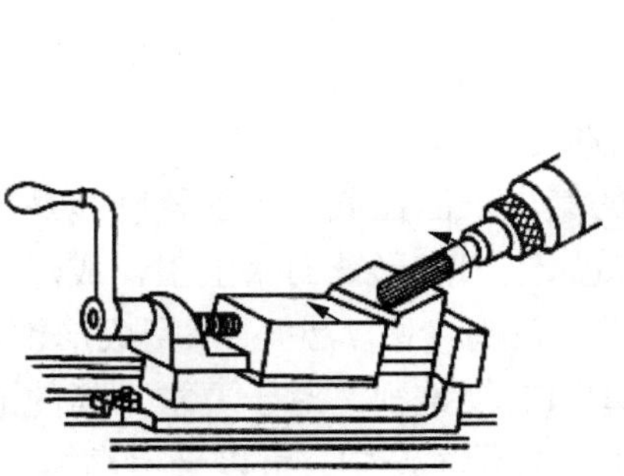

（b）用立铣头铣斜面

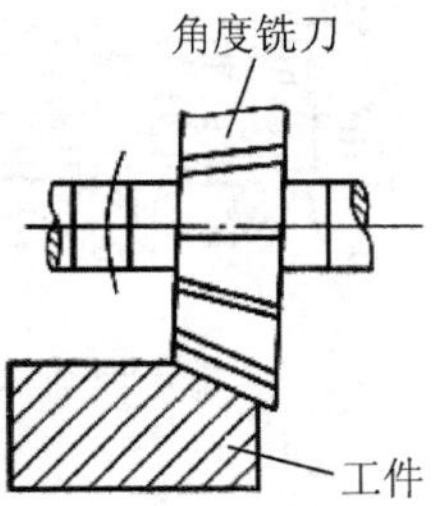

（c）角度铣刀铣斜面

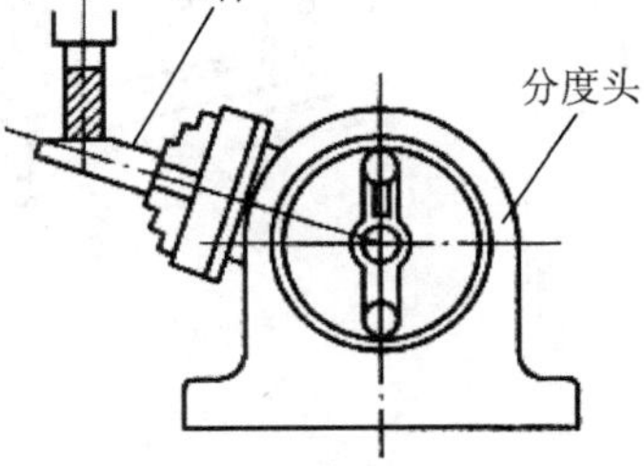

（d）利用分度头铣斜面

图 7-18　铣斜面的几种方法

（2）铣 T 形槽及燕尾槽

T 形槽在机器零件上经常遇到。例如，铣床和刨床的工作台上用来安放紧固螺栓的槽就是 T 形槽。铣 T 形槽如图 7-19（a）、（b）所示，要加工 T 形槽，必须首先用立铣刀或三面刃铣刀铣出直角槽，然后在立铣上用 T 形槽铣刀铣削 T 形槽。但由于 T 形槽铣刀工作时排屑困难，切削用量应选得小些，同时应多加冷却液，最后再用角度铣刀铣出倒角。

燕尾槽是机械零部件联结中广泛采用的一种结构，用来作为机械移动部件的导轨，如铣床身和悬梁相配合的导轨槽、升降台导轨、车床拖板等。燕尾槽分为内燕尾槽和外燕尾，它们是相配合使用的。加工燕尾槽的方法与加工 T 形槽的方法相似，如图 7-19（c）所示，也是先加工出直角槽，然后用带柄的角度铣刀（燕尾槽铣刀）铣出燕尾槽。而燕尾槽铣刀刀尖处的切削性能和强度均较差，故更应注意冷却充分、合理排屑及减小铣削力。每次进刀铣削时均采用逆铣，纵向进给时采用手动进给切入工件，然后采用机动进给铣削，快加工完此工步时，最好也采用手动进给。

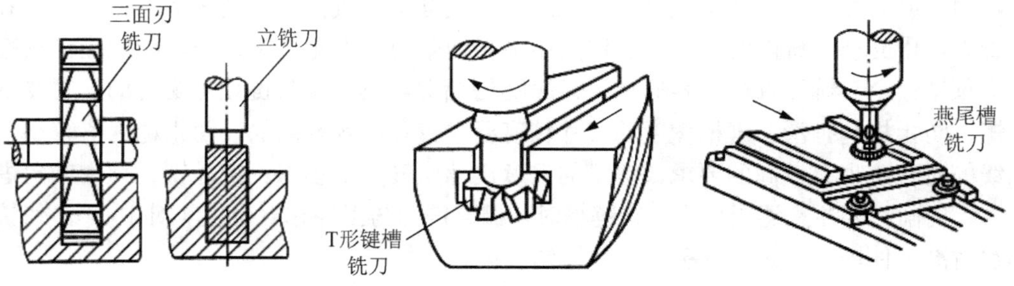

（a）先铣出直槽　　（b）铣T形槽　　（c）铣燕尾槽

图 7-19　铣 T 形槽及燕尾槽

5）铣成形面

如零件的某一表面在截面上的轮廓线是由曲线和直线所组成的，这个面就是成形面。成形面一般在铣床上用成形铣刀来加工，成形铣刀的形状要与成形面的形状相吻合。零件的成形面铣削加工方法有（图 7-20）：①用成形铣刀铣削；②按划线用手动进给铣削；③用圆形工作台铣削；④用靠模铣削。对于要求不高的成形面，可按工件上划出的线迹移动工作台进行加工。在成批及大量生产中，可以采用靠模夹具或专用的靠模铣床来对曲线外形面进行加工。

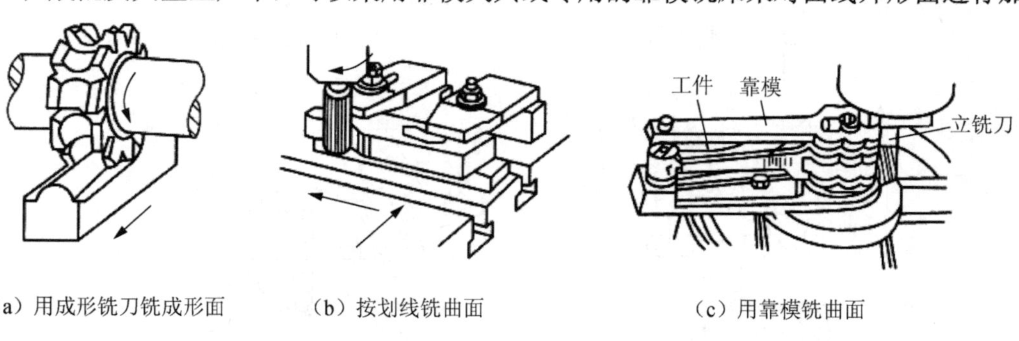

（a）用成形铣刀铣成形面　　（b）按划线铣曲面　　（c）用靠模铣曲面

图 7-20　铣成形面

7.1.6　典型零件的铣削加工

1．长方体零件的加工

在 X6132 万能卧式铣床上，采用圆柱铣刀铣削如图 7-21 所示的工件，毛坯各加工尺寸余量为 5mm，材料为 HT200。

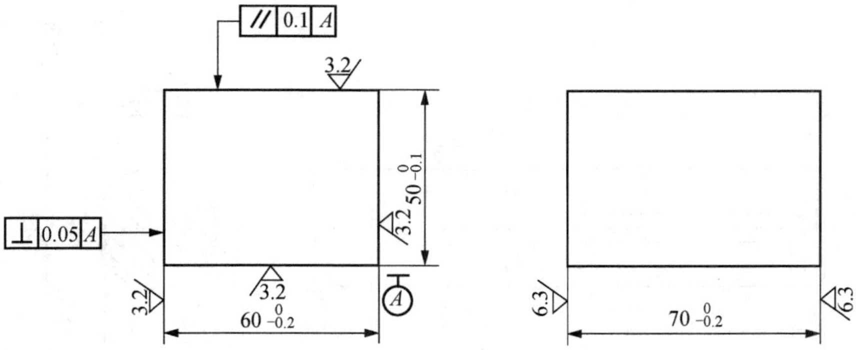

图 7-21　六面体零件

铣削步骤如下。

（1）装夹并校正平口虎钳。

（2）选择并装夹铣刀（选择ϕ80mm×80mm 圆柱铣刀）。

（3）选择铣削用量根据表面粗糙度的要求，一次铣去全部余量而达到 *Ra*3.2 是比较困难的，因此分粗铣和精铣两次完成。

① 粗铣：粗削用量取主轴 n=118r/min，进给速度 v_f=60mm/min，铣削宽度 a_e=2mm。

② 精铣：精削用量取主轴转速 n=180r/min，进给速度 v_f=37.5mm/min，铣削宽度 a_e=0.5mm。

（4）试切铣削在铣平面时，先试铣一刀，然后测量铣削平面与基准面的尺寸和平行度，与侧面的垂直度。

（5）铣削顺序：以 A 面为粗定位基准铣削 B 面（图 7-22（a））保证尺寸 52.5mm；以 B 面为定位基准铣削 A（或 C）面（图 7-22（b）），保证尺寸 62.5mm；以 B 和 A（或 C）面为定位基准铣削 C（或 A）面（图 7-22（c）），保证尺寸 $60^{0}_{-0.20}$mm；以 C（或 A）和 B 面为基准铣削 D 面（图 7-22（d）），保证尺寸 $50^{0}_{-0.10}$mm；以 B（或 D）为定位基准铣削 E 面（图 7-22（e）），保证尺寸 72.5mm；以 B（或 D）和 E 面为定位基准铣削 F 面，保证尺寸 $70^{0}_{-0.20}$mm。

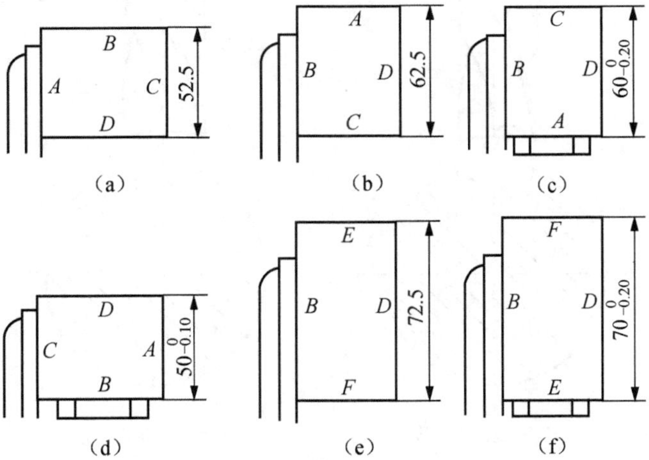

图 7-22　铣削六面体顺序

2. 键槽的加工

在立铣上铣削如图 7-23 所示的封闭键槽。铣削步骤如下。

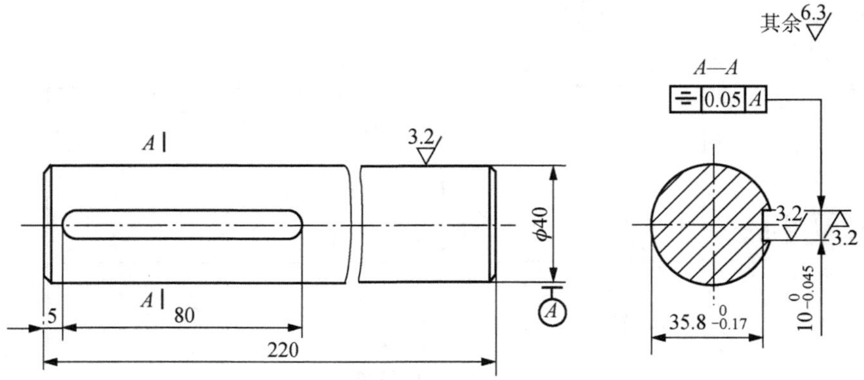

图 7-23　铣键槽

（1）装夹并校正平口虎钳，固定钳口，使其与工作台纵向进给方向平行。

（2）根据图样要求，选择键槽铣刀 ϕ10mm，用弹簧夹头装夹键槽铣刀。

（3）选择铣削用量取主轴转速 n=475r / min，切削深度 a_p=0.2～0.4mm，手动进给。

（4）试铣检查铣刀尺寸（先在废料上铣削）。

（5）装夹并校正工件为了便于对刀和检验槽宽尺寸，应使轴的端头伸出钳口以外。

（6）对中心铣削使铣刀中心平面与工件轴线重合。通常使用的对刀方法如下。

① 切痕对中心法。装夹校正工件后，适当调整机床，使键槽铣刀中心大致对准工件的中心，然后开动机床使铣刀旋转，让铣刀轻轻接触工件，逐渐铣出一个宽度约等于铣刀直径的小平面，用肉眼观察使铣刀的中心落在小平面宽度中心上，再上升工件，在平面两边铣出两个小阶台（图 7-24），使两边阶台高度一致，则铣刀中心平面通过了工件轴线，然后锁紧横向进给机构，进行铣削。

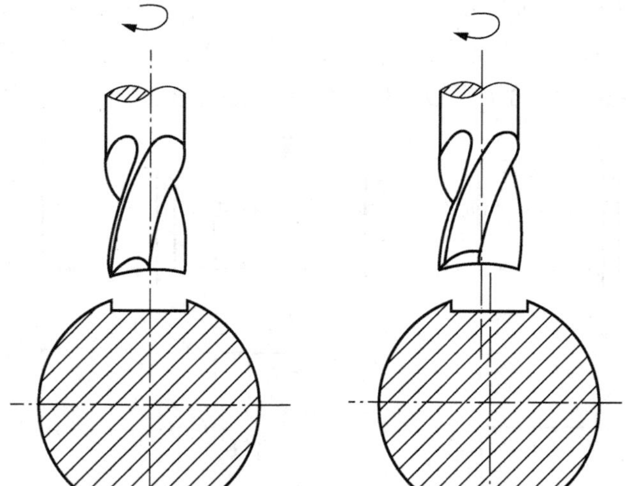

(a) 两边台阶一致　　(b) 两边台阶不一致

图 7-24　判断中心是否对准

② 用游标卡尺测量对中心法。工件装夹后，用钻夹头夹持与键槽铣刀直径相同的圆棒，适当调整圆棒与工件的相对位置，用游标卡尺测量圆棒圆柱面与两钳口的距离（图 7-25），若

$a=a'$，则圆棒的中心平面与工件的轴线重合。

③ 用杠杆百分表测量对中心法。铣削精度较高的轴上键槽时，可用杠杆百分表测量对中心。对中心时，先把工件夹紧在两钳口之间，杠杆百分表固定在立铣头主轴的下端，用手转动主轴，适当调整横向工作台，使百分表的读数在钳口两内侧面一致（图 7-26），中心对好后，锁紧横向进给机构，再进行加工工件。

（7）铣削时，分多次进行垂直进给，如图 7-27 所示。

（8）测量卸下工件。

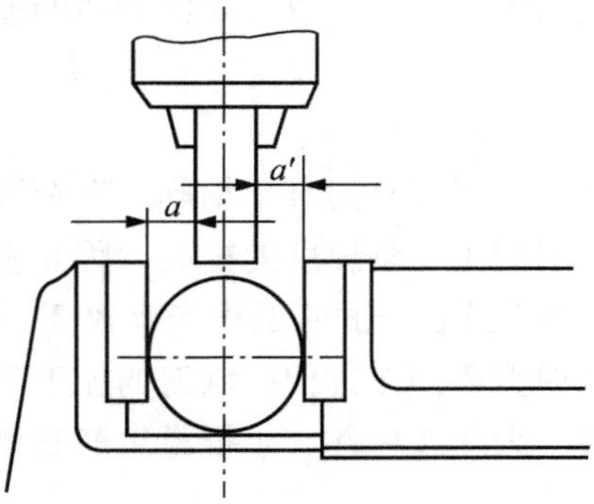

图 7-25　测量对中

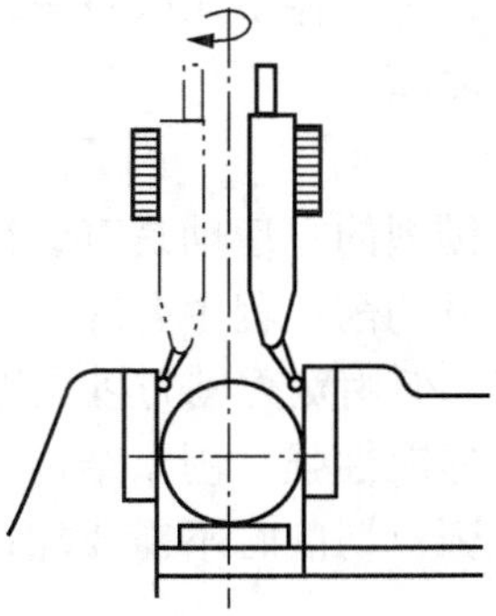

图 7-26　杠杆百分表测量对中

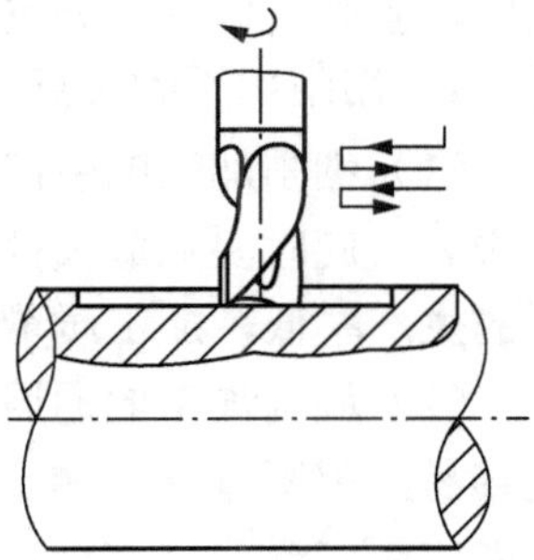

图 7-27　键槽的铣削

7.1.7　铣床安全操作规程

（1）工作前必须穿好工作服（军训服），女生须戴好工作帽，发辫不得外露。

（2）工作前认真查看机床有无异常，在规定部位加注润滑油和冷却液。

（3）开始加工前，先安装好刀具，再装夹好工件。装夹必须牢固可靠，严禁用开动机床的动力装夹刀杆、拉杆。

（4）主轴变速前必须停车，变速时先打开变速操作手柄，再选择转速，最后以适当的速度将操作手柄复位。复位时，速度过快，冲动开关难动作；太慢易达启动状态，易于损坏啮合中的齿轮。

（5）开始铣削加工前，刀具必须离开工件，并应查看铣刀旋转方向与工件相对位置是顺铣还是逆铣。通常不采用顺铣，而采用逆铣。若有必要采用顺铣，则应事先调整工作台的丝杠螺母间隙到合适程度方可铣削加工，否则将引起扎刀或打刀现象。

（6）在加工中，若采用自动进给，必须注意行程的极限位置，必须严密注意铣刀与工件夹具间的相对位置，以防发生过铣、撞铣夹具而损坏刀具和夹具。

（7）加工中，严禁将多余的工件、夹具、刀具、量具等摆在工作台上，以防碰撞、迭落，发生人身、设备事故。

（8）机床在运行中，不得擅离岗位，不准闲谈、打闹和开玩笑。

（9）两人或多人共同操作一台机床时，必须严格分工，分段操作，严禁同时操作一台机床。

（10）中途停车测量工件，不得用手强行刹住惯性转动着的铣刀主轴。

（11）铣后的工件取出后，应及时去毛刺，防止拉伤手指或划伤堆放的其他工件。

（12）发生事故时，应立即切断电源，保护现场，参加事故分析，承担事故应负的责任。

（13）工作结束后，应认真清扫机床、加油，并将工作台移向立柱附近。

（14）打扫工作场地，将切屑倒入规定地点。

7.2 刨　削

7.2.1 刨削概述

在刨床上用刨刀对工件进行切削加工的过程称为刨削加工。刨刀或工作台带着工件所作的直线往复运动是主运动，进给运动是工件或刀具沿垂直于主运动方向所作的间歇运动。刨削是金属切削加工中的常用方法之一，在机床床身导轨、机床镶条等较长较窄零件表面的加工中，刨削占据着十分重要的地位。

1. 刨削加工的特点

（1）刨削加工的生产率低。刨削的主运动是直线往复运动，回程时刀具不切削，有空程损失。反向时要克服惯性力，并且切削过程中有冲击现象，限制了切削速度的提高。因此刨削的生产率低，加工质量也不高。但用宽刃刨刀以大进给量加工狭长平面时的生产率较高。

（2）刨削加工的通用性好、适应性强。刨床结构简单，调整和操作方便；刨刀的加工制造容易，刃磨方便，加工适应性强；切削时不需要加切削液。因此在单件、小批量生产和修配中应用广泛。

（3）刨削加工精度可达 IT9～IT8 级，表面粗糙度 *Ra* 值为 12.5～3.2μm，用宽刀精刨时值可达 1.6 μm。

2. 刨削加工的范围

刨削主要用来加工零件上的各种平面（如水平面、垂直面和斜面等）和沟槽（如 T 形槽、燕尾槽和 V 形槽）等，其表面成形方法为轨迹法，如图 7-28 所示。

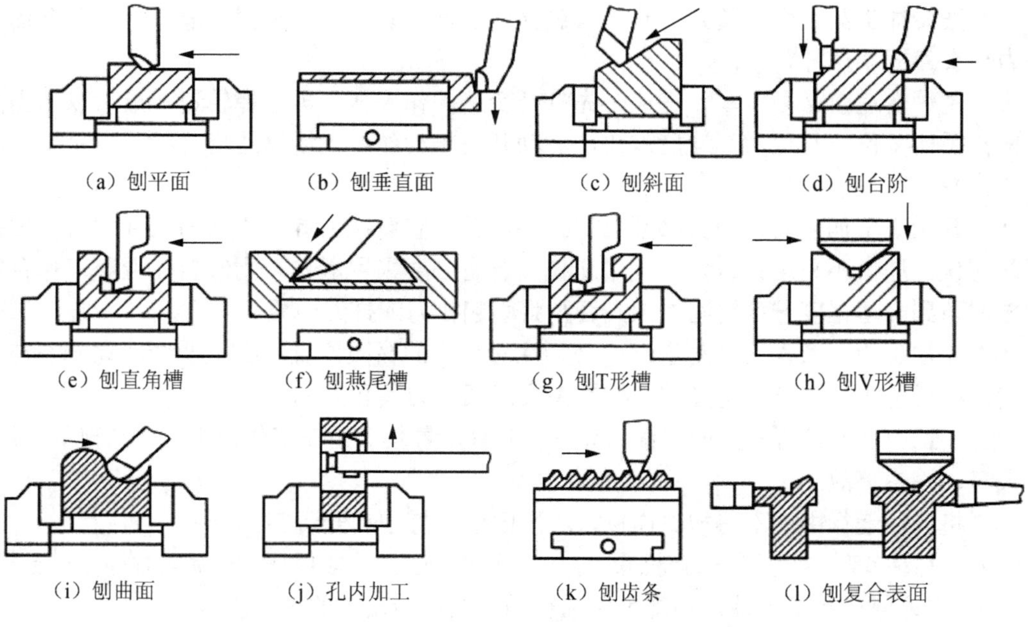

图 7-28　刨削加工的范围

7.2.2 刨床

刨床类机床由于所用工具结构简单，在单件小批量生产条件下，加工形状复杂的表面比较经济，且生产准备工作省时。因而在单件小批量生产中，特别是在机修和工具车间里，刨床是常用的设备。刨床类机床主要有牛头刨床、龙门刨床和插床三种类型。

1. 牛头刨床

牛头刨床是刨削类机床应用较广泛的一种机床，适合刨削长度不超过 1000 mm 的中、小型零件，现以 B6065 型牛头刨床为例进行介绍。

1）牛头刨床的型号

在型号 B6065 中，B 表示刨床，是汉语拼音“刨”的第一个字母的大写；6 表示牛头刨床组；0 表示牛头刨床型；65 表示刨削工件的最大长度的 1/10，即刨削工件的最大长度为 650 mm。牛头刨床的主参数是最大刨削长度。例如，B6065 型牛头刨床的最大刨削长度为 650 mm。

2）牛头刨床的组成

牛头刨床因其滑枕刀架形似“牛头”而得名。B6065 牛头刨床的组成如图 7-29 所示。

（1）工作台：工件台上平面和侧面的 T 形槽主要用于装夹工件或夹具。它可以随横梁作上下调整，并可沿横梁作水平方向移动或横向进给运动。

（2）刀架：用以夹持刨刀，结构如图 7-30 所示。当转动刀架进给手柄 5 时，滑板 4 带着刨刀沿刻度转盘 7 上的导轨上、下移动，以调整背吃刀量或加工垂直面时作进给运动。松开转盘 7 上的螺母，将转盘扳转一定角度，可使刀架斜向进给，以加工斜面。刀座 3 装在滑板 4 上。抬刀板 2 可绕刀座上的销轴向上抬起，以使刨刀在返回行程时离开零件已加工表面，以减少刀具与零件的摩擦。

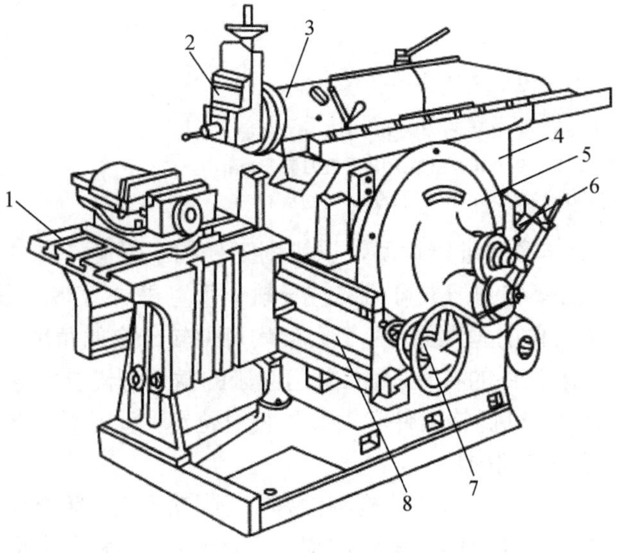

图 7-29 B6065 牛头刨床

1-工作台；2-刀架；3-滑枕；4-床身；5-摆杆机构；6-变速机构
7-进刀机构；8-横梁

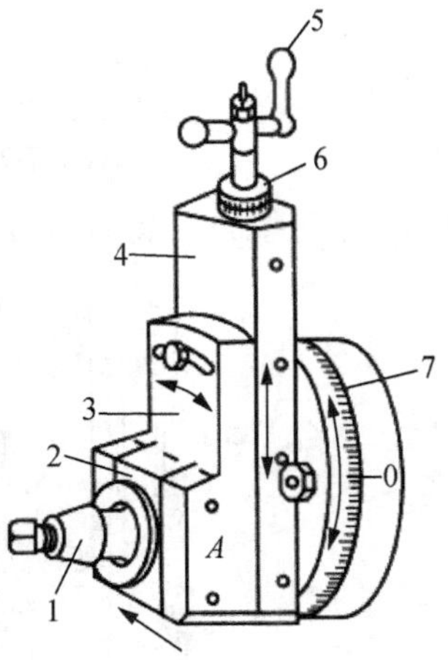

图 7-30 牛头刨床刀架

1-刀夹；2-抬刀板；3-刀座；4-滑板
5-刀架进给手柄；6-刻度盘；7-转盘

（3）滑枕：用以带动刀架沿床身水平导轨作往复直线运动，此运动为刨削加工的主运动。滑枕往复直线运动的快慢、行程的长度和位置，均可根据加工需要调整。

（4）床身：用以支承和连接刨床各部件。其顶面水平导轨供滑枕带动刀架进行往复直线运动，侧面的垂直导轨供横梁带动工作台升降。它是一个箱形铸铁壳体，床身内部有主运动变速机构和摆杆机构。

（5）横梁：横梁装在床身前侧的垂直导轨上，横梁可带动工作台升降，工作台还可沿横梁移动。

2. 龙门刨床

刨削较长的零件时，因滑枕行程长，悬伸太长，不能采用牛头刨床的布局，而需要选用龙门式布局。图 7-31 所示为 B2010A 龙门刨床的外形，其布局与龙门铣床相似，工作台带动工件做主运动，刀架在龙门架上作垂直于工作台方向的间歇直线运动。

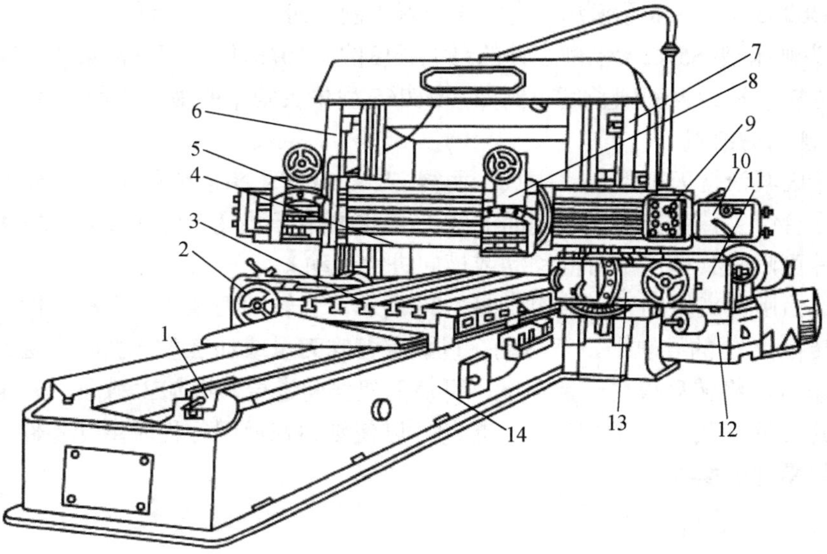

图 7-31　B2010A 龙门刨床

1-液压安全器；2-左侧刀架进给箱；3-工作台；4-横梁；5-左垂直刀架
6-左立柱；7-右立柱；8-右垂直刀架；9-悬挂按钮站；10-垂直刀架进给箱
11-右侧刀架进给箱；12-工作台减速箱；13-右侧刀架；14-床身

刨削时，横梁上的刀架可在横梁导轨上作横向进给运动，以刨削工件的水平面。立柱上的左、右侧刀架可沿立柱导轨作垂直进给运动，以刨削工件的垂直面。各个刀架均可偏转一定的角度，以刨削工件的各种斜面。龙门刨床的横梁可沿立柱导轨升降，以调整工件和刀具的相对位置，适应不同高度工件的刨削加工。

龙门刨床的结构刚性好，切削功率大，适合加工大型零件上的平面或沟槽，并可同时加工多个中型零件。龙门刨床上加工的工件一般采用压板螺钉，直接将工件压紧在往复运动的工作台面上。

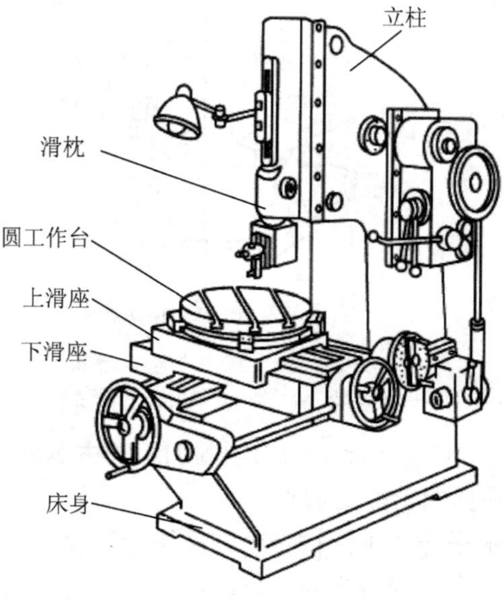

图 7-32　插床

3. 插床

插床（图 7-32）实际是牛头刨床的另一种形式，其结构原理和牛头刨床属同一类型。有普通插床、键槽插床、龙门插床和移动式插床等几种。插床利用插刀的竖直往复运动插削工件。

7.2.3　刨刀及其安装

1. 刨刀的特点

刨刀的结构、几何形状均与车刀相似，但因刨削时，每一往复行程将产生惯性和冲击现象，所以刨刀的截面尺寸比车刀大，以增加刨刀的强度，避免造成刨刀刀杆的折断或崩刀。

2. 刨刀的种类

按刨刀形状来分，刨刀分为直头刨刀和弯头刨刀。刨刀切削部分和刀杆制造成直的称为直头刨刀；刨刀切削部分向后弯曲的称为弯头刨刀，弯头刨刀在工作时，如遇切削力突然增加，刀杆将产生向后方向的弯曲变形，避免了刀杆折断或啃伤工件已加工表面，所以弯头刨刀应用广泛。按进给方向的不同，刨刀分为左刨刀和右刨刀。

刨刀按用途可分为（图 7-33）：

（1）平面刨刀（图 7-33（a）），用于刨削水平面，有直头刨刀和弯头刨刀。

（2）偏刀（图 7-33（b）），用于刨削台阶面、垂直面和外斜面等。

（3）切刀（图 7-33（c）），用于刨削直角槽、沉割槽和切断工件等。

（4）弯切刀（图 7-33（d）），用于刨削 T 形槽和侧面沉割槽。

（5）角度刀（图 7-33（e）），用于刨削燕尾槽和内斜面等。

（6）样板刀（图 7-33（f）），用于刨削 V 形槽和特殊形状表面。

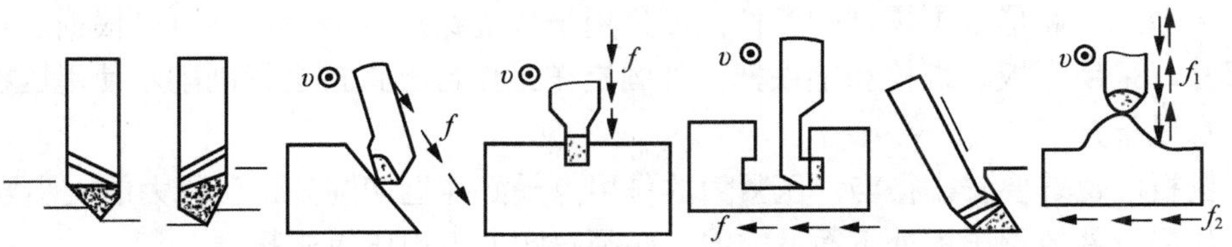

（a）平面刨刀　（b）偏刀　（c）切刀　（d）弯切刀　（e）角度刀　（f）样板刀

图 7-33　常用刨刀

3. 刨刀的安装

（1）如图 7-34 所示，在装夹刨刀前先松开转盘螺钉，调整转盘对准零线，以便准确地控制吃刀深度；再转动刀架进给手柄，使刀架下端与转盘底侧基本平齐，以增加刀架的刚性，减少刨削中的冲击振动。

（2）刨刀在刀架上不应伸出过长，以免在加工时发生振动和折断刨刀。直头刨刀的伸出长度一般为刀杆厚度的 1.5 ～2 倍，弯头刨刀可伸出稍长些。

（3）在装拆刀具时，左手扶住刨刀，右手使用扳手。扳手放置位置要合适，用力方向由上而下地转螺钉将刀具压紧或松开。

（4）安装带有修光刃或平头宽刃刨刀时，要用透光法找正修光刃或宽刀刃的水平位置，然后再夹紧刨刀。刨刀夹紧后，要再次用透光法检查刀刃的水平准确与否。

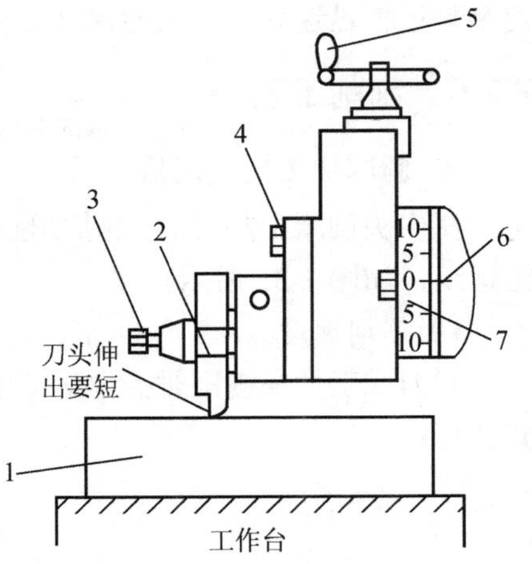

图 7-34　刨刀的安装

1-工件；2-刀夹；3、4-刀座螺钉；5-刀架进给手柄
6-转盘对准零线；7-转盘螺钉

7.2.4 工件安装

刨削时，必须将工件装夹在工作台或夹具上，经过校正、夹紧，使工件在整个加工过程中始终保持正确的位置，这个过程叫工件的装夹。刨床上工件的装夹方法有很多，主要有平口钳装夹和压板、螺栓装夹等。

1. 平口钳装夹

平口钳结构简单，夹紧牢靠，使用方便，所以应用广泛。当刨削中小型工件或形状简单的工件时，一般使用平口钳装夹。平口钳装夹工件时应注意以下几点。

（1）工件加工面必须高于钳口，以免刨刀碰着钳口，若工件高度不够，可用平行垫铁将工件垫高。工件不能伸出钳口两端或高出钳口面太多，因此工件下面的垫块厚度应适当。

（2）为保证钳口不受损伤，在夹持毛坯时，可先在钳口上垫铜皮等护口片。但在加工与定位面相互垂直的平面时，在钳口不宜垫护口片，以免影响精度。

（3）工件装夹时，要用手锤轻轻敲击工件，使工件垫实垫铁，但敲击已加工表面时，应使用铜锤或木槌。

（4）装夹刚性较差的工件时，应将工件的薄弱部分先垫实或作支撑，以免夹紧力使工件变形。

2. 压板、螺栓装夹

对于大型工件和形状不规则的工件，如果用平口虎钳难以装夹，则可以根据工件的特点和外形尺寸，采用压板、螺栓和垫铁把工件固定在工作台上直接进行刨削。使用压板装夹工件时应注意以下几点。

（1）压板的位置要安排得当，压紧力的作用点最好靠近切削处，压紧力的大小要适当。

（2）如果工件放置压板处下面是空的，必须垫实方可用压板压紧。

（3）如压紧内孔面，应使用插销压板。

3. 专用夹具装夹

专用夹具是用来完成工件某一工序特定加工内容专门设计制造的高效工艺装备，它既能使装夹过程迅速完成，又能保证工件加工后的质量，特别适合大批量生产。

7.2.5 刨削工艺

1. 刨削加工切削用量

在牛头刨床上加工时，刨刀的纵向往复直线运动为主运动，工件随工作台作横向间歇进给运动，如图 7-35 所示。

1）刨削速度

刨刀或工件在刨削时的主运动的平均速度，称为刨削速度，它的单位为 m/s，其值可按下式计算：

$$v_c = \frac{2Ln}{1000 \times 60}$$

式中，L 为工作行程长度，mm；n 为滑枕每分钟的往复次数，往复次数/min。

2）进给量 f

刨刀每往复一次工件横向移动的距离，称为进给量。它的单位为 mm/每次往复。在 B6065 牛头刨床上的进给量为

$$f=k/3$$

式中，k 为刨刀每往复行程一次棘轮被拨过的齿数。

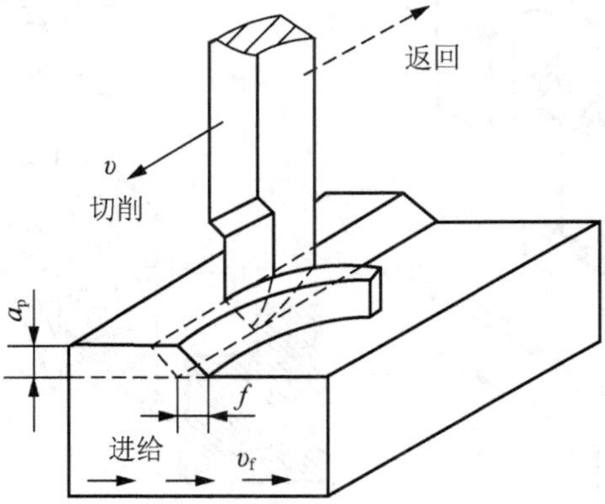

图 7-35　刨床的刨削运动和切削用量

3）刨削深度 a_p

刨削深度即每次切去的金属层厚度，是指已加工面与待加工面之间的垂直距离，它的单位为 mm。

4）切削用量的选择原则

刨削加工切削用量的选择原则是在保证刀具耐用度的前提下，达到较高的金属切除率。为此粗加工时选用较大的切削深度和较大的进给量。精加工时，切削深度要尽量小些，但必须大于刀尖的圆角半径，进给量一般是刀刃宽度的 0.5～0.7，切削速度的选择要尽量避开刀瘤区。使用特别宽的宽刃精刨刀时，要校验机床功率。

2. 刨削水平面

刨削水平面的步骤如下。

（1）根据工件加工表面的形状选择并正确安装刨刀。

（2）根据工件大小和形状确定工件装夹方法，并夹紧工件。

（3）将工件和刨刀安装好后，将工作台调整到适当高度，然后调整滑枕行程长度和起始位置。

（4）开动机床移动滑枕，使刨刀接近工件后停车。转动工作台横向走刀手柄，将工件移到刨刀刀尖。摇动刀架拖板，使刨刀刀尖微微接触工件表面。

（5）转动工作台横向走刀手柄，将工件退离刨刀刀尖，使工件离开刨刀 3～5mm。按选定的切削深度摇动刀架拖板，使刨刀向下进刀。

（6）开动机床，工件台作横向进刀，刨出工件 1～1.5mm 宽度后停车，用钢板尺或游标卡尺测量尺寸。若与要求的尺寸不符，则应退出工件，重新调整吃刀深度试切至合格尺寸，然后再正式开动机床，工件台横向走刀或自动进给，将工件多余金属刨去。

（7）测量工件尺寸，合格后即可卸下工件。最后清理工作台上的切屑。

3. 刨垂直面和斜面

刨垂直面通常采用偏刀刨削，利用手工操作摇动刀架手柄，使刀具作垂直进给运动来加工垂直平面，必须注意，刨垂直面时，刀架转盘应对准零线，方能保证所刨平面的垂直度（图 7-36）。

刨斜面的方法与刨垂直面的方法基本相同，应当按所需斜度将刀架扳转一定的角度，使刀架手柄转动时，刀具沿斜向进给。刨斜面时要特别注意按图 7-37 所示方位来调整刀座的偏转方向和角度（刨左侧面，向左偏；刨右侧面，向右偏），以防发生重大操作事故。

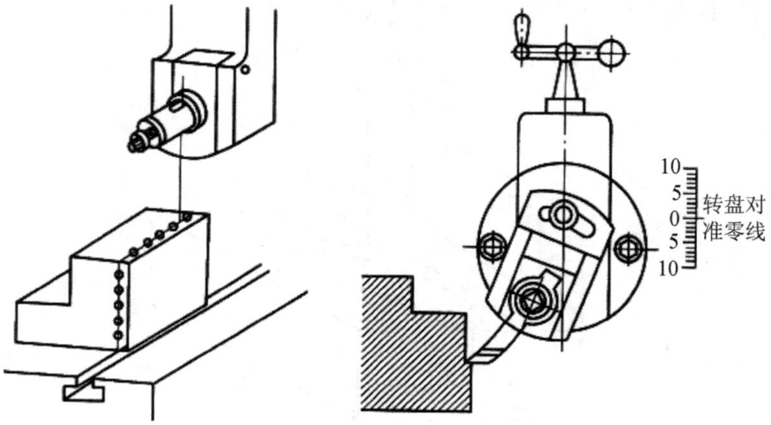

（a）按划线找正　　（b）调整刀架垂直进给

图 7-36　刨垂直面

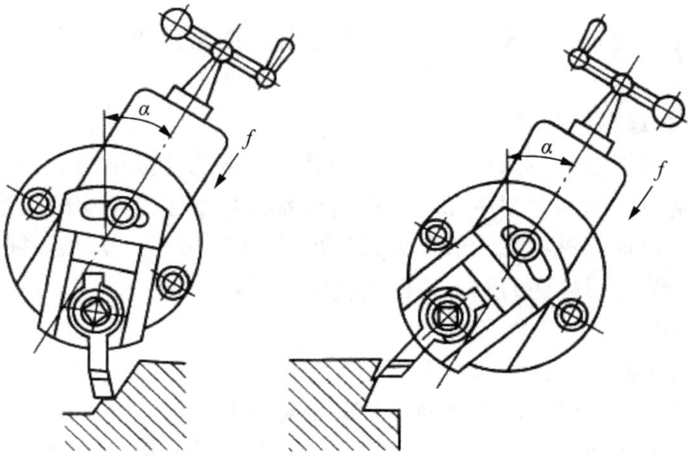

（a）刨左侧斜面　　（b）刨右侧斜面

图 7-37　刨斜面

4. 刨 T 形槽

刨 T 形槽之前，应在工件的端面和顶面划出加工位置线，然后参照图 7-38 所示的步骤，按线进行刨削加工。为了安全，刨削 T 形槽时通常都要用螺栓将抬刀板刀座与刀架固连起来，使抬刀板在刀具回程时绝对不会抬起来，以避免拉断切刀刀头和损坏工件。

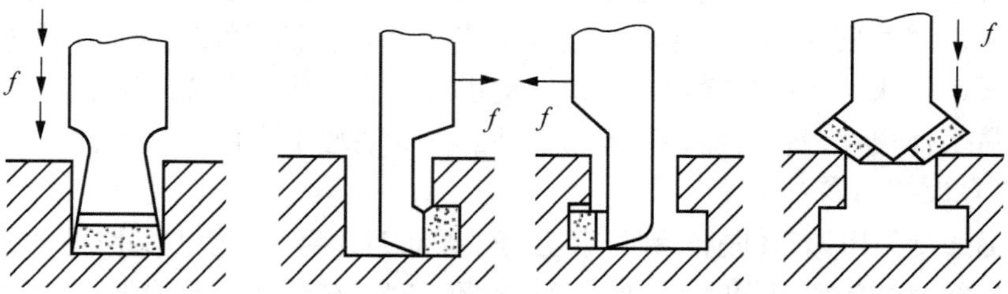

（a）切刀刨直槽　（b）弯切刀刨右侧槽　（c）弯切刀刨左侧槽　（d）夹头刀倒角

图 7-38　刨 T 形槽

7.2.6　刨工安全操作规程

（1）工作时应穿工作服，戴袖套。女生应戴工作帽，头发或辫子应塞入工作帽内。

（2）开动刨床前，应检查刨床各部分机构是否完好，各转动手柄、变速手柄位置是否正确，以防开车时因突然撞击而损坏机床。开动刨床后，应使机床低速运行 1～2min，使润滑油渗到各需要之处（冬天时更应注意），待机床转动正常后才能开车。

（3）工作时，操作位置要正确，不得站立在工件的前面，以防止切削和工件落下伤人。

（4）开动机床时要前后照顾，避免机床碰伤或损坏工件和设备。开动机床后，绝不允许擅自离开机床，若发现机床有异常情况，应立即停车检查。

（5）严禁在机床运行时进行变速、清除切屑、测量工件等。

（6）不准用手去触摸工件表面，也不准用手清除切屑。

（7）不准戴手套工作，在装夹、搬运笨重工件时，应尽量利用起重设备或请他人帮助。

（8）机床电线不得裸露，刀开关、按钮或其他开关都必须有良好的绝缘效果，操作应正确。

7.3　磨　　削

7.3.1　磨削概述

在磨床上用砂轮对工件表面进行切削加工的方法称为磨削加工，它是零件精密加工的主要方法之一。砂轮是磨削的切削工具，磨削是由砂轮表面大量随机分布的磨粒在工件表面进行切削、刻划和滑擦 3 种作用的综合结果。

1．磨削加工的应用

磨削加工的方式很多，可用不同类型的磨床，分别加工内外圆柱面、内外圆锥面、平面、成形表面（如花键、齿轮、螺纹等）及刃磨各种刀具等。常见的磨削加工形式如图 7-39 所示。

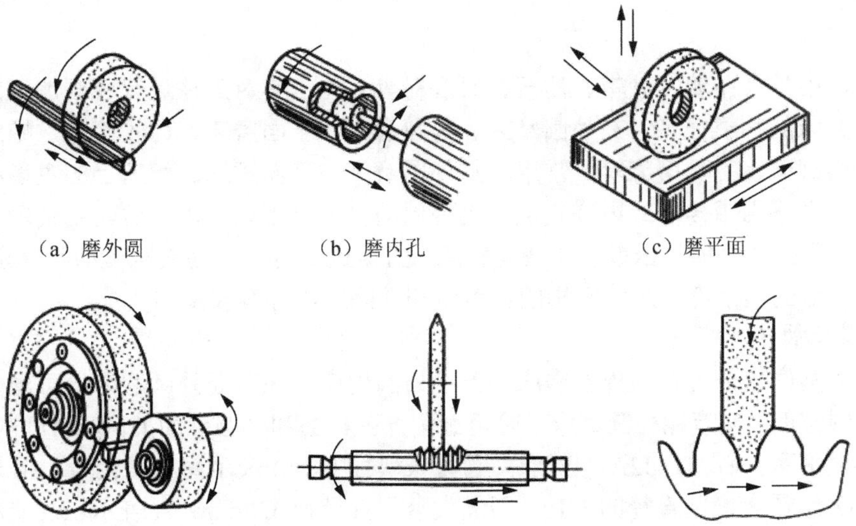

（a）磨外圆　（b）磨内孔　（c）磨平面

（d）无心磨磨外圆　（e）磨螺纹　（f）磨齿轮

图 7-39　常见的磨削加工形式

2. 磨削的特点

磨削与其他切削加工（车削、铣削、刨削）相比较，具有如下特点。

1）加工精度高、表面粗糙度值小

磨削时，砂轮表面上有极多的磨粒切削，每个磨粒相当于一把刃口半径很小且很锋利的切削刃，切除金属的量很小，仅几个微米甚至更小，所以磨削加工后工件的尺寸精度就很高，表面粗糙度也很小。磨削加工的工件一般尺寸公差等级可达 IT6～IT5 级，表面粗糙度 *Ra* 值为 0.2～0.8μm。低粗糙度的镜面磨削 *Ra* 值可小到 0.01 μm，这是磨削加工的一个显著特点。

2）可加工硬度值高的工件

磨削的磨具是用很硬的磨料做的，硬度仅次于金刚石，不但可以加工钢和铸铁等常用金属材料，还可以加工硬度更高的工件，特别是经过热处理后的淬火钢工件，采用磨削加工将毫无困难。另一方面，磨削不利于加工硬度低且塑性很好的有色金属材料，因为磨削这些材料时，砂轮容易被堵塞，使砂轮失去切削的能力。

3）磨削温度高

磨削速度是一般切削加工速度的 10～20 倍，加工中会产生大量的切削热，在砂轮与工件的接触处，瞬时温度可高达 1000℃，剧烈的切削热量会使磨屑在空气中发生氧化作用，产生火花。过高的磨削温度还会烧伤工件的加工表面，使工件表面硬度下降，严重时还会产生微裂纹，使工件的表面质量降低，缩短使用寿命。为了减少摩擦和改善散热条件，降低切削温度，保证工件表面质量，在磨削时一般要使用大量的切削液。加工钢件时，使用苏打水或乳化液作为切削液；加工铸铁等脆性材料时，为防止产生裂纹一般不加切削液，而采用吸尘器除尘，还可起到一定的散热作用。

4）砂轮有自锐作用

在磨削过程中，磨粒破碎会产生较锋利的新棱角，而随磨粒的脱落会露出一层新的锋利磨粒，能够部分地恢复砂轮的切削能力，继续进行切削。这种现象叫做砂轮的自锐作用，有利于磨削加工。

7.3.2 磨床

用磨料、磨具（砂轮、砂带、油石、研磨料等）为工具对工件进行磨削加工的机床，统称为磨床。磨床的种类很多，有外圆磨床、内圆磨床、平面磨床、齿轮磨床、螺纹磨床、导轨磨床、无心磨床、工具磨床等，常用的是外圆磨床与平面磨床。磨床上的主运动要求高而稳定的转速，多采用带传动或内联式电动机等原动机直接驱动主轴；砂轮主轴轴承广泛采用各种精度高、吸振性好的动压或静压滑动轴承；直线进给运动多为液压传动，对旋转件的静、动平衡，冷却液的洁净度，进给机构的灵敏度和准确度等都有较高的要求。

1. 外圆磨床

常用的外圆磨床分为普通外圆磨床和万能外圆磨床。在普通外圆磨床上可磨削工件的外圆柱面和外圆锥面；在万能外圆磨床上除可磨削外圆柱面和外圆锥面外，还可磨削内圆柱面、内圆锥面及端平面。如 M1432A 型万能外圆磨床型号中，M 表示磨床类代号；14 表示万能外圆磨床；32 表示最大磨削直径的 1/10，即最大磨削直径为 320mm；A 表示在性能和结构上做过一次重大改进。

M1432A 型万能外圆磨床的主要组成部件包括床身、头架、尾座、工作台、砂轮架和内圆磨具等，其结构外形如图 7-40 所示。

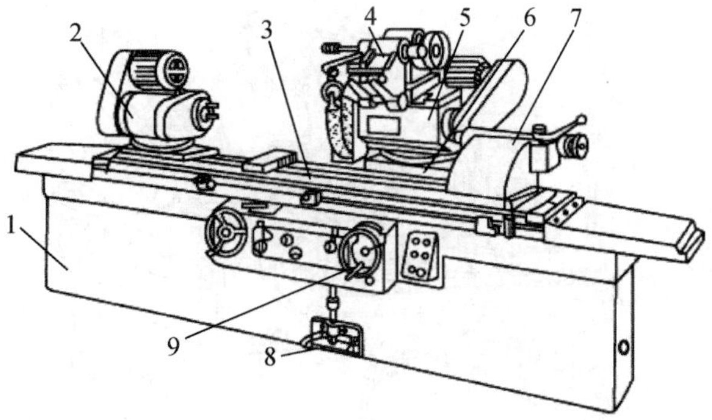

图 7-40　M1432A 型万能外圆磨床

1-床身；2-头架；3-工作台；4-内圆磨具；5-砂轮架；6-横向进给机构
7-尾座；8-脚踏操作板；9-横向进给手柄

（1）床身：床身是磨床的支承，用于支承和连接各部件。其上部装有工作台和砂轮架，内部装有液压传动系统。床身上的纵向导轨供工作台移动，横向导轨供砂轮架移动。

（2）头架：头架上有主轴，主轴端部可以安装与夹持工件，带动工件旋转，头架可在水平面内逆时针转 90°。

（3）工作台：工作台由液压系统驱动，沿床身的纵向导轨作直线往复运动，使工件实现纵向进给。在工作台前侧面的 T 形槽内，装有两个换向挡块，用于控制工作台自动换向；工作台也可手动。工作台分为上、下工作台，上工作台上面装有头架与尾坐，上工作台可绕下工作台在水平面旋转±8°。

（4）内圆磨具：内圆磨具支承磨内孔的砂轮主轴。

（5）砂轮架：砂轮架支承并传动砂轮主轴旋转，由单独的电动机通过传动带带动砂轮高速旋转，可在水平面±30° 范围内转动。砂轮架可在床身后部的导轨上作横向移动。移动方式有自动间歇进给、手动进给、快速趋近工件和退出。

（6）滑鞍与横向进给机构：通过进给机构带动滑鞍上的砂轮架实现横向进给。

（7）尾座：尾座的套筒内有顶尖，与头架一起支承工件。尾座在工作台上的位置可根据工件长度的不同进行调整。尾座可在工作台上纵向移动。扳动尾座上的杠杆，顶尖套筒可伸出或缩进，以便装卸工件。

万能外圆磨床可用于内外圆柱表面、内外圆锥表面的精加工。虽然生产率较低，但由于其通用性较好，广泛用于单件小批生产车间、工具车间和机修车间。

2. 内圆磨床

内圆磨床用于磨削内圆柱面、内圆锥面及孔内端面等。在磨锥孔时，头架在水平面内偏转一个角度。内圆磨床的磨削运动与外圆磨床相同。主要类型有普通内圆磨床、无心内圆磨床、行星内圆磨床。其中，普通内圆磨床应用最普遍。普通内圆磨床的自动化程度低，磨削尺寸通常靠工人测量来加以控制，仅适用于单件和小批生产。无心内圆磨床由于所磨削的外圆表面已经精加工，所以该磨床具有较高的精度，且自动化程度高。适用于大批量生产。行星式内圆磨床工件固定不动，砂轮除绕自身轴线旋转实现主运动外，还绕工件中心公转，实现圆周进给运动，因此得名“行星式”。适用于磨削大型工件或形状不对称、不适于旋转的工件。

图 7-41 所示为一普通内圆磨床外形图，主要由床身、工作台、工件头架、砂轮架、砂轮修整器等部分组成。

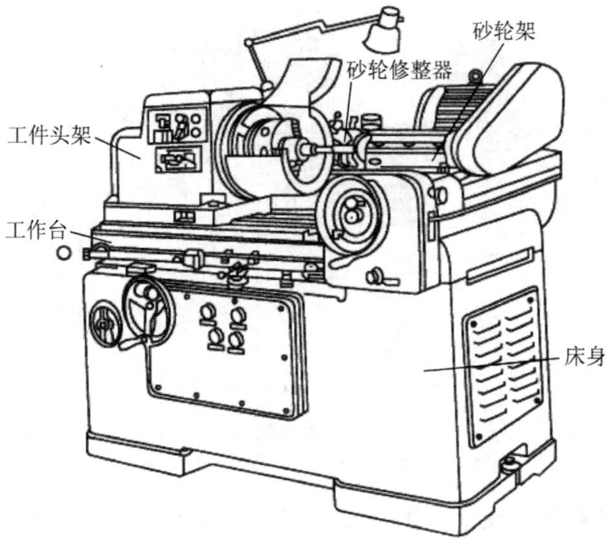

图 7-41　普通内圆磨床

3. 平面磨床

平面磨床主要用于磨削各种工件的平面。它由床身、工作台、立柱及砂轮修整器等部件组成。按照平面磨床和工作台的结构特点和配置形式，可将平面磨床分为 5 种类型，即卧轴矩台平面磨床、卧轴圆台平面磨床、立轴矩台平面磨床、立轴圆台平面磨床及双端面磨床等。

卧轴矩台平面磨床结构组成如图 7-42 所示。磨削工作过程：砂轮的主轴轴线与工作台台面平行，工件安装在矩形电磁吸盘上，并随工作台作纵向往复直线运动。砂轮在高速旋转的同时作间歇的横向移动，在工件表面磨去一层后，砂轮反向移动，同时作一次垂直方向进给，直至将工件磨到所需的尺寸。

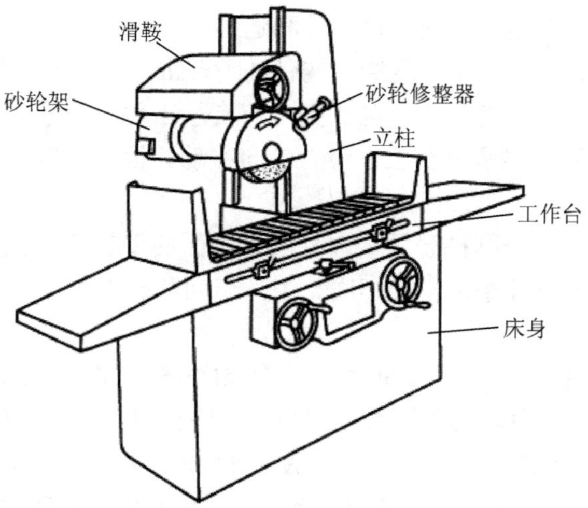

图 7-42　卧轴矩台平面磨床

7.3.3 砂轮的选择与安装

砂轮是磨削的切削工具。磨粒、黏结剂和孔隙是构成砂轮的三要素，如图 7-43 所示。磨料主要起切削作用，黏结剂起黏结作用，孔隙起容屑和冷却作用。

1. **砂轮的特性及其选择**

表示砂轮的特性主要包括磨料、粒度、硬度、黏结剂、组织、形状和尺寸等。

磨料直接担负着切削工作，必须硬度高、耐热性好，还必须有锋利的棱边和一定的强度。常用磨料有刚玉类、碳化硅类和超硬磨料。

粒度是指磨粒颗粒的大小。粒度号越大，磨料越细，颗粒越小。可用筛选法或显微镜测量法来区别。粗磨或磨软金属时，用粗磨料；精磨或磨硬金属时，用细磨料。

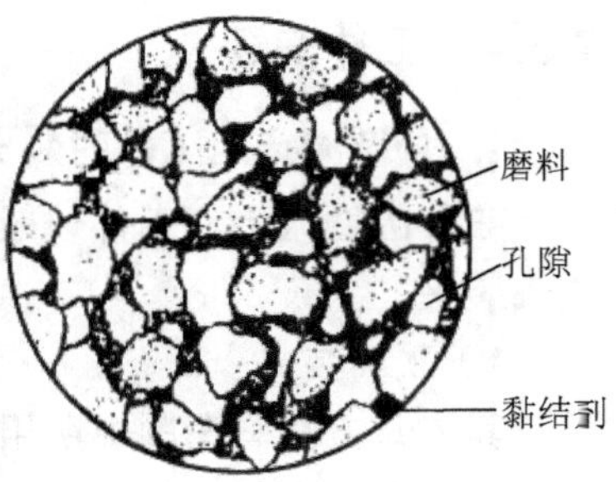

图 7-43　砂轮构造

硬度是指砂轮上磨料在外力作用下脱落的难易程度。磨粒易脱落，表明砂轮硬度低，反之则表明砂轮硬度高。砂轮的硬度与磨料的硬度无关。磨硬金属时，用软砂轮；磨软金属时，用硬砂轮，但有色金属韧性大，不易磨削。

常用黏结剂有陶瓷黏结剂（代号 V）、树脂黏结剂（代号 B）、橡胶黏结剂（代号 R）等。其中陶瓷黏结剂做成的砂轮耐蚀性和耐热性很高，应用广泛。

组织是指砂轮中磨料、黏结剂、孔隙三者体积的比例关系。组织号是由磨料所占的百分比来确定的。

根据机床结构与磨削加工的需要，砂轮制成各种形状和尺寸。为方便选用，在砂轮的非工作表面上印有特性代号，如代号 PA 60KV6P300×40×75，表示砂轮的磨料为铬刚玉（PA），粒度为 60#，硬度为中软（K），黏结剂为陶瓷（V），组织号为 6 号，形状为平形砂轮（P），尺寸外径为 300 mm，厚度为 40 mm，内径为 75 mm。

2. **砂轮的检查、装夹、平衡和修整**

在磨床上安装砂轮时，要特别注意，因为砂轮的转速很高，如安装不当，就会破裂而造成事故。安装砂轮前要经过外观检查，并经过静平衡试验。

首先要检查所选的砂轮有无裂纹。可观察外形或用木棒轻敲，如发出清脆声音者为好，发出嘶哑声音者有裂纹，有裂纹的砂轮绝对禁止使用。

砂轮的重心与其旋转中心不重合，会造成砂轮在高速旋转时产生振动，轻则影响加工质量，严重时会导致砂轮破裂和机床损坏。为使砂轮平稳地工作，一般直径大于 125 mm 的砂轮都要进行平衡，使砂轮的重心与其旋转轴线重合。平衡时将砂轮装在心轴上，再放在平衡架导轨上。如果不平衡，较重的部分总是转在下面，这时可移动法兰盘端面环形槽内的平衡块进行平衡，直到砂轮可以在导轨上的任意位置都能静止。如果砂轮在导轨上的任意位置都能静止，则表明砂轮的各部分重量均匀，平衡良好。这种方法叫静平衡。

安装砂轮时，砂轮内孔与砂轮轴或法兰盘外圆之间，不要过紧，否则磨削时受热膨胀，易使砂轮胀裂；也不能过松，否则容易发生偏心，失去平衡，以至于引起振动。

砂轮工作一定时间后，磨粒逐渐变钝，砂轮工作表面空隙被磨屑堵塞，砂轮几何形状也会发生改变，造成磨削质量和生产率都下降，最后使砂轮丧失切削能力，这时需要对砂轮进行修整，以便磨钝的磨粒脱落，恢复砂轮的切削能力和外形精度。修整砂轮通常用金刚石笔进行，利用高硬度的金刚石将砂轮表层的磨料及磨屑清除掉，修出新的磨粒刃口，恢复砂轮的切削能力，并校正砂轮的外形。

7.3.4 工件安装

1. 外圆磨床上工件的装夹

在外圆磨床上，工件一般用前、后顶尖装夹，也可用三爪自定心卡盘、四爪单动卡盘、心轴装夹。

1）顶尖装夹

其安装方法与车削中所用的方法基本相同，但磨床所用顶尖都是死顶尖，不随工件一起转动，并且尾座顶尖是靠弹簧推紧力顶紧工件的，这样可以减小安装误差，提高磨削精度。

磨削前，要对工件的中心孔进行研磨，以提高其几何形状精度，降低其表面粗糙度。一般采用四棱硬质合金顶尖在车床或钻床上进行，研亮即可。当中心孔较大，修研精度较高时，必须选用油石顶尖，而用一般顶尖作后顶尖。研磨时，头架旋转，工件不旋转，研好一端后再调头研磨另一端。

2）卡盘装夹

端面上没有中心孔的短工件可用三爪或四爪卡盘装夹，装夹方法与车削装夹方法基本相同。

3）心轴装夹

盘套类工件常以内圆定位磨削外圆。此时必须采用心轴来装夹工件，心轴可安装在两顶尖间，有时也可以直接安装在头架主轴的锥孔里。

2. 内圆磨削中工件的安装

磨削工件内圆大都以其外圆和端面作为定位基准，通常采用三爪卡盘、四爪卡盘、花盘及弯板等安装工件，其中最常用的是用四爪卡盘通过找正安装工件。

3. 平面磨床上工件的装夹

平面磨削的装夹方法应根据工件的形状、尺寸和材料而定，常用方法有电磁吸盘装夹、精密平口钳装夹等。电磁吸盘装夹主要用于钢、铸铁等磁性材料制成的有两个平行面的工件装夹。电磁吸盘的外形有矩形和圆形两种，分别用于矩形工作台平面磨床和圆形工作台平面磨床。电磁吸盘装夹工件的特点为：工件装卸迅速方便，并可以同时装夹多个工件。工件的定位基准面被均匀地吸紧在台面上，能很好地保证平行平面的平行度公差，装夹稳固可靠。

7.3.5 磨削工艺

1. 磨削加工切削用量

磨削时，一般有主运动、径向进给运动、轴向进给运动和工件圆周进给运动。

1）主运动

主运动 v_s 是砂轮的旋转运动。主运动速度即磨削速度 v_s，是砂轮外圆的线速度，单位为 m/s，其计算公式如下：

$$v_s = \frac{\pi d_s n_s}{1000}$$

式中，d_s 为砂轮直径，mm；n_s 为砂轮转速，r/s。

2）径向进给运动

径向进给运动是砂轮切入工件的运动。径向进给量 f_r 为工作台每双（单）行程，砂轮切入工件的深度，其单位为 mm/dstr （当工作台每单行程进给时，单位为 mm/str；当作连续进给时，f_r 单位为 mm/s)。一般情况下，f_r =0.005～0.02mm/dstr。

3）轴向进给运动

轴向进给量 f_a：工件相对砂轮沿轴向的进给量。一般情况下 f_a =（0.2～0.8）B；B 为砂轮宽度，单位是 mm；f_a 的单位，圆磨是 mm/r，平磨是 mm/（d·str）。

4）工件圆周（或直线）进给运动

工件进给速度 v_w：工件圆周线速度或工作台的移动速度，单位为 m/s。

① 外圆磨削时，工件的回转运动，进行纵向或横向磨削公式为

$$v_w=\frac{\pi d_w n_w}{1000}$$

② 平面磨削时，工作台的直线往复运动，进行周边或端面磨削公式为

$$v_w=\frac{2Ln_{tab}}{1000}$$

式中，L 为工作台行程，mm；d_w 为工件直径，mm；n_w 为工件转速，r/s；n_{tab} 为工作台往复频率，次/s。

2. 磨削加工基本工艺

磨削分为三个阶段：初磨阶段、稳磨阶段和光磨阶段。初磨阶段：由于工艺系统弹性变形，实际磨削深度小于进给量。稳磨阶段：实际磨削深度等于进给量。光磨阶段：进给停止由于工艺系统弹性恢复，实际磨削深度并不为零，增加磨削次数，磨削深度逐渐趋于零，工件的精度和表面质量逐渐提高。在开始磨削时，采用较大的径向进给量，压缩初磨和稳磨阶段，以提高生产效率；适当增长光磨时间，可更好地提高工件的表面质量。

常用的磨削方法有外圆磨削、内圆磨削、平面磨削、成形磨削和无心外圆磨削。

1）外圆磨削

外圆磨削常用的方法有纵磨法、横磨法和深磨法三种，如图 7-44 所示。磨削时根据工件形状、尺寸、磨削余量和加工要求选用合适的方法。

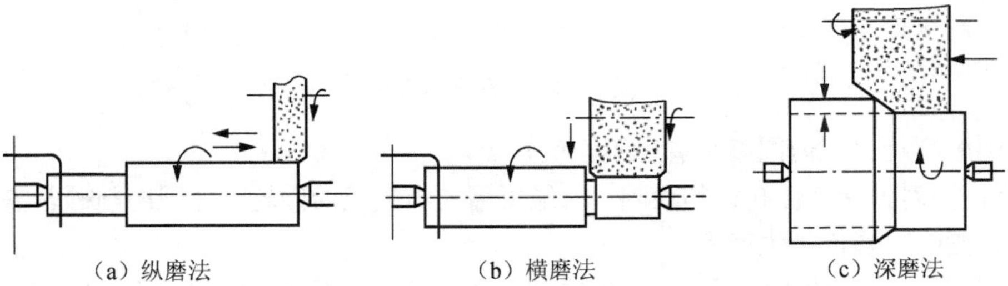

（a）纵磨法　（b）横磨法　（c）深磨法

图 7-44　外圆磨削常用方法

（1）纵磨法

磨外圆时，工件作圆周进给运动，同时随工作台作纵向进给运动，使砂轮能磨出全部表面。每一纵向行程或往复行程结束后，砂轮作一次横向进给，把磨削余量逐渐磨去。

纵磨法的特点：磨削力小，散热条件好，可以磨削细长的表面，磨削质量好，特别在单件、小批生产以及精磨时，一般都采用纵磨法。

（2）横磨法（切入磨削法、径向磨削法）

采用横磨法，工件无纵向进给运动。采用一个比需要磨削的表面还要宽一些（或与磨削表面一样宽）的砂轮以很慢的进给速度连续地或断续地向工件横向进给，直到磨掉全部加工余量。

横磨法特点：砂轮宽度大于磨削宽度，适于成形磨削，一次行程完成磨削加工全过程，生产效率高，但工件与砂轮接触面积大，工件易发生变形和烧伤，砂轮形状误差直接影响工件几何形状精度，故精度较低且表面粗糙度较大。主要用于磨削长度较短的外圆表面以及两边都有台阶的轴颈。

（3）深磨法

利用砂轮斜面完成粗磨和半精磨，最大外圆完成精磨和修光，全部磨削余量（直径上一般为 0.2～0.6mm）在一次纵走刀中磨去。磨削时工件圆周进给速度和纵向送给速度都很慢，砂轮前端修整成阶梯形或锥形。深磨法特点：深磨法的生产率约比纵磨法高 1 倍，表面粗糙度值在 0.4～0.8μm。但修整砂轮较复杂，只适于大批、大量生产，磨削允许砂轮越出被加工面两端较大距离的工件。

2）内圆磨削

内圆磨削可以在内圆磨床上进行，也可以在万能外圆磨床上进行。目前广泛应用的内圆磨床是卡盘式的。加工时，工件夹持在卡盘上，工件和砂轮按相反方向旋转，同时砂轮还沿被加工孔的轴线作直线往复运动和横向进给运动。对大型薄壁零件，还可采用无心内圆磨削；对重量大、形状不对称的零件，可采用行星式内圆磨削，此时工件外圆应先经过精加工。

内圆磨削由于砂轮轴刚性差，一般都采用纵磨法。只有孔径较大、磨削长度较短的特殊情况下，内圆磨削才采用横磨法，如图 7-45 所示。

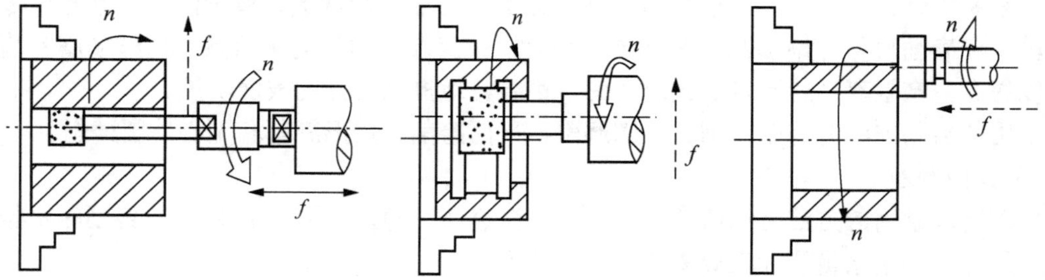

（a）纵磨法磨内孔　　（b）横磨法磨内孔　　（c）磨端面

图 7-45　内圆磨削方法

与外圆磨削相比，内圆磨削有以下一些特点。

① 磨内圆时，受工件孔径的限制，只能采用较小直径的砂轮。内圆磨削砂轮需要经常修整和更换，同时也降低了生产率。

② 内圆磨削时砂轮轴细而长，刚性很差，容易振动。因此只能采用很小的切入量，既降低了生产率，也使磨出孔的质量不高。为保证磨削速度，砂轮转速要求高。

③ 内圆磨削砂轮与工件接触面积大，发热多，而切削液又很难直接浇注到磨削区域，故磨削温度高。

内圆磨削的条件比外圆磨削差，所以磨削用量要选得小些，另外应该选用较软的、粒度号小、组织较疏松的砂轮，并注意改进操作方法。

3）平面磨削

零件上各种位置的平面，如互相平行的平面、互相垂直的平面和倾斜成一定角度的平面（机床导轨面、V 形面等），都可用磨削进行加工。磨削后平面的表面粗糙度 *Ra* 值在 0.2～0.8μm，加工精度可达 IT5～IT6，对基面的平行度可达 0.005～0.01mm/500mm。平面磨削常用的方法有两种：一种是周磨法，另一种是端磨法。

① 周边磨削（周磨）：砂轮周边为磨削工作面，（图 7-46（a）、（b））。接触面小，磨削力小，发热小，排屑和冷却条件好，工件受热变形小，而且砂轮磨损均匀，加工精度高，适用于精磨。但是砂轮主轴悬臂工作，限制了磨削用量的选择，生产率较低。

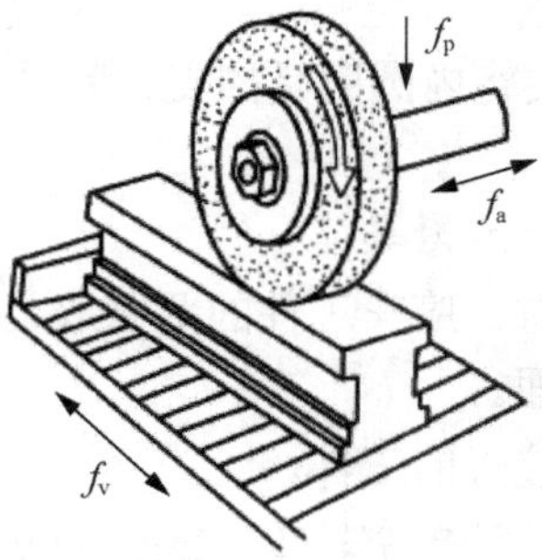

（a）卧轴矩台平面磨床磨削

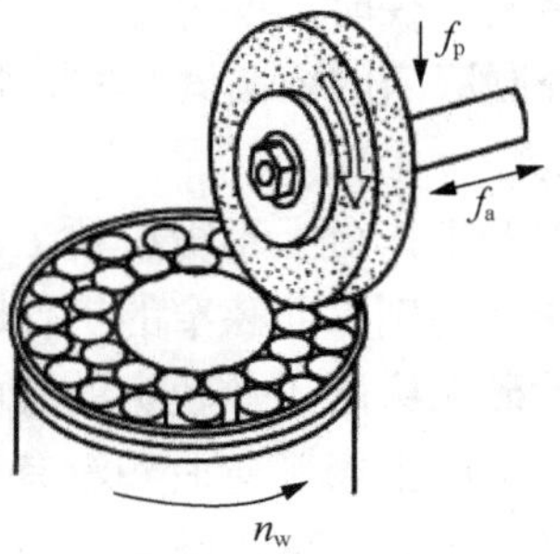

（b）卧轴圆台平面磨床磨削

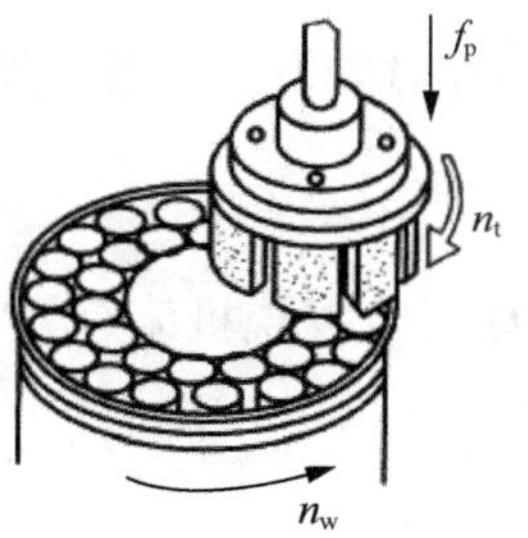

（c）立轴圆台平面磨床磨削

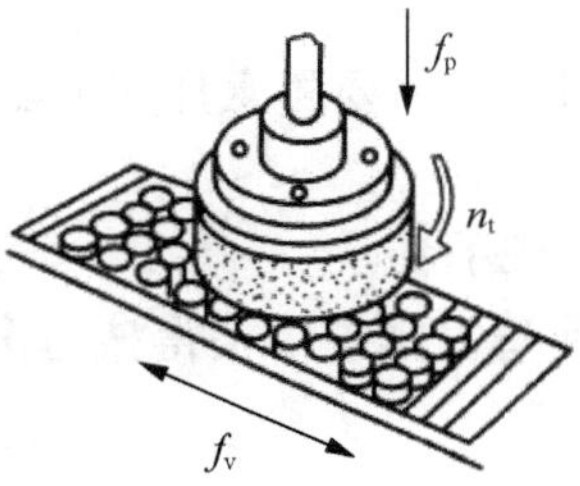

（d）立轴矩台平面磨床磨削

图 7-46　平面磨削方法

② 端面磨削（端磨）：砂轮端面为磨削工作面，（图 7-46（c）、（d））。接触面大，主轴轴向受力，刚性较好，所以允许采用较大的磨削用量，生产率较高。但是端面磨削发热量大，排屑和冷却条件差，工件的热变形大，砂轮磨损不均匀，加工精度较低，适用于粗磨。

7.3.6　磨工安全操作规程

（1）工作时应穿工作服，带袖套。女生应戴工作帽，头发或辫子应塞入工作帽内。不准穿拖鞋、凉鞋和高跟鞋进入车间，操作机床时不准戴手套。

（2）应根据工件材料、硬度以及磨削要求，选择适当的砂轮进行磨削。新砂轮要用木槌轻敲以检查是否有裂纹，有裂纹的砂轮不能使用。

（3）安装砂轮时，要在砂轮与法兰盘之间垫衬纸。砂轮安装完后，要进行砂轮静平衡检查，砂轮静平衡不合格要重新调整，直至砂轮静平衡达到合格要求。

（4）应校核新砂轮最高线速度是否符合所用机床的使用要求。对于高速磨床要特别注意校核，以防发生砂轮破裂事故。

（5）启动磨床前，要检查砂轮、卡盘、挡铁、砂轮罩壳等是否紧固；磨床机械、液压、润滑、冷却、电磁吸盘等系统是否正常，防护装置是否齐全。启动砂轮时人不应正对砂轮站立。

（6）砂轮应经过 2min 空运转试验，确定砂轮运转正常时才能开始磨削。

（7）干磨的磨床在修整砂轮时要戴口罩并开启吸尘器。

（8）测量工件尺寸时，要将砂轮退离工件。

（9）磨削带有花键、键槽等间断表面时，磨削深度不得过大。

（10）外圆磨床纵向挡铁的位置要调整得当，要防止砂轮与顶尖、卡盘、轴肩等部位发生撞击。当所磨凹槽的宽度与砂轮宽度之差小于30mm时，禁止使用自动纵向进给。

（11）使用卡盘装夹工件时，要将工件夹紧，以防脱落。卡盘钥匙用后应立即取下。

（12）使用万能外圆磨床的内圆磨具时，要将内圆磨具的支架紧固，并检查砂轮快速进退机构的联锁是否可靠。

（13）在磨床头架及工作台上不得放置工具或量具。

（14）在平面磨床上磨削高而狭窄的工件时，应在工件的两侧放置挡块。

（15）禁止用一般砂轮磨削工件较宽的端面。

（16）禁止在无心磨床上磨削弯曲和没有校直的工件。

（17）使用切削液的磨床，使用结束后应让砂轮空转1～2min脱水。

（18）使用油性切削液的磨床，在操作时应关好防护罩并起动吸油雾装置，以防止油雾飞溅。

（19）注意安全用电，不要随意打开电器箱。操作时如发现电器故障应请电工维修。

（20）注意防火。

（21）操作时不得戴手套。

（22）操作时必须精力集中，不得擅自离开磨床。若发现机床有异常情况，应立即停车检查。

思考和练习

1. X6132型万能卧式铣床主要由哪几个部分组成？各部分的主要作用是什么？
2. 铣床的主要附件有哪几种？其主要作用是什么？
3. 铣床能加工哪些表面？各用什么刀具？
4. 简述逆铣与顺铣的区别。
5. 铣床上工件的安装方法主要有哪几种？
6. 刨削加工常用装夹方式有哪些？
7. 简述刨削加工与铣削加工的异同点。
8. 刨削的主运动和进给运动是什么？龙门刨床与牛头刨床的主运动、进给运动有何不同？
9. B6065牛头刨床由哪几个主要部分组成？各部分有什么作用？
10. 为什么刨刀往往做成弯头的？
11. 砂轮由哪三要素构成？如何选择砂轮硬度和粒度？
12. 引起砂轮不平衡的原因是什么？试述平衡砂轮的目的和方法。
13. 外圆磨削有几种方法？各有什么特点？
14. 与外圆磨削相比，内圆磨削有什么特点？

第8章 钳 工

教学提示 钳工主要是利用虎钳和各种手动工具对金属进行手工加工的方法。它是机械制造中的重要工种之一。钳工是一种比较复杂、细微、工艺要求高的工作。虽然目前有很多先进的机械加工方法，但钳工具有加工灵活、工具简单、操作方便、适用面广等特点，所以有很多工作仍需由钳工来完成，在机械制造和维修中有着不可取代的作用。但钳工操作对工人技术要求较高，且劳动强度较大，生产率低。

教学要求 本章要求学生了解钳工的特点、工作范围以及在机器制造过程中的地位和作用，初步掌握钳工常用设备的使用、维护和保养。重点掌握钳工主要工作（锉、锯、划线、攻丝、钻孔等）的基本操作方法，基本掌握机器的安装和拆卸工艺方法，了解并严格遵守钳工安全操作规程，最后能按图纸要求完成实训作品。

8.1 钳 工 概 述

1．钳工的分类

钳工分工较细，一般分为装配钳工、修理钳工、模具钳工、划线钳工和钣金钳工等。无论哪一种钳工，要想完成好本职工作，首先应该掌握钳工的基本操作。

2．钳工的基本操作

钳工的基本操作包括：①划线；②锯削；③錾削；④锉削；⑤钻孔、扩孔、锪孔、铰孔；⑥攻螺纹、套螺纹；⑦刮削、研磨；⑧装配与拆卸等。

3．钳工的加工范围

（1）加工前的准备工作。如清理毛坯、在工件上划线等。

（2）加工精密零件。如锉样板、刮削或研磨机器、量具的配合表面等。

（3）零件装配成机器时互相配合零件的调整，整台机器的组装、试车、调试等。

（4）机器设备的保养维护。

8.1.1 钳工的常用设备

1．钳台

钳台也称为钳桌，有单排和双排两种样式。双排式钳台由于操作者是面对面的，所以钳台中央必须加设防护网以保证安全。钳台的高度一般为 800～900mm，使装上台虎钳后，能得到合适的钳口高度。一般钳口高度以齐人手肘为宜，如图 8-1 所示。钳台长度和宽度可随工作场地和工作需要而定。钳台要安放在光线充足而又避免阳光直射的地方，钳台之间要留有足够的空间，一般以每人不少于 2m^2 为宜。

2．台虎钳

台虎钳为钳工必备工具，也是钳工名称的来源，因为钳工的大部分工作都是在台钳上完成的，如锯、锉、錾以及零件的装配和拆卸等。台虎钳的用途：安装在钳台上，用以夹稳加工工件。台虎钳的规格以钳口的宽度表示，有 100mm、125mm、150mm 三种。

台虎钳是用来夹持工件的通用夹具，常用的有固定式和回转式两种。回转式台虎钳的结构和工作原理如图 8-2 所示。它是由钳体、底座、螺母、丝杠、钳口等组成的。活动钳身通过导轨与固定钳身的导轨作滑动配合。丝杠装在活动钳身上，当摇动手柄使丝杠旋转，就可以带动活动钳身相对于固定钳身做轴向移动，起夹紧或放松的作用。在固定钳身和活动钳身上，各装有钢制钳口，并用螺钉固定。钳口的工作面上制有交叉的网纹，使工件夹紧后不易产生滑动。钳口经过热处理淬硬，具有较好的耐磨性。固定钳身装在转座上，并能绕转座轴心线转动，当转到要求的方向时，扳动夹紧手柄使夹紧螺钉旋紧，便可在夹紧盘的作用下把固定钳身固紧。转座上有三个螺栓孔，用以与钳台固定。

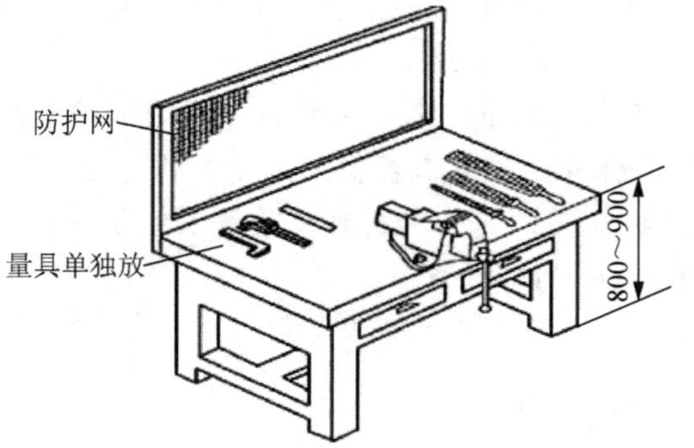

图 8-1　钳台

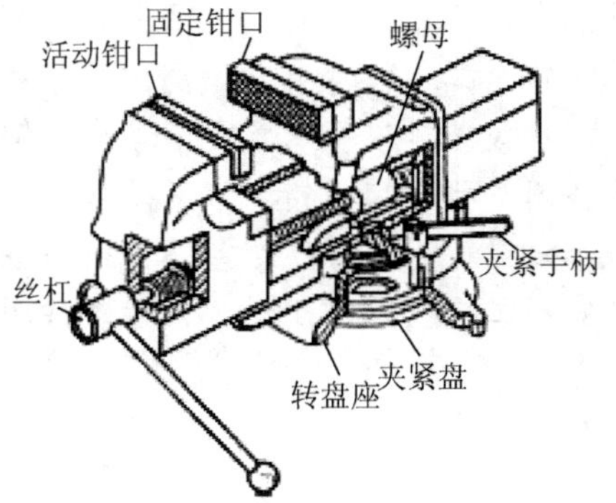

图 8-2　回转式台虎钳

使用台虎钳时应注意：

（1）台虎钳在安装时，必须使固定钳身的钳口一部分处在钳台边缘外 ，保证夹持长条形工件时，工件不受钳台边缘的阻碍。

（2）台虎钳一定牢固地固定在钳台上，两个压紧螺钉必须扳紧，使虎钳钳身在加工时没有松动现象，否则会损坏虎钳和影响加工。

（3）在夹紧工件时只许用手的力量扳动手柄，不许用锤子或其他工具扳动手柄，以免丝杠、螺母或钳身损坏。

（4）工件尽量夹在钳口中部，使钳口均匀受力。

（5）不要在活动钳身的光滑表面进行敲击工件，加工时用力方向最好朝向固定钳身。

（6）丝杠、螺母和其他滑动表面要求经常保持清洁，并加油润滑。

3．钳工常用工具和量具

钳工常用工具有：划线用的划针、划线盘、划规、样冲、平板和方箱等；锯削用的锯弓和锯条；錾削用的手锤和錾子；锉削用的各种锉刀；孔加工用的各种麻花钻、锪钻和铰刀；加工螺纹用的各种丝锥、铰手、板牙架、板牙；刮削用的各种刮刀等。

钳工操作用的量具有钢直尺、游标卡尺、外径千分尺、内外卡钳、直角尺、刀口尺、万能角度尺、塞尺、高度游标卡尺、百分表和半径规等。

8.1.2　钳工安全操作规程

（1）工作场地要保持清洁，零件、毛坯和原材料的放置位置要稳当；工具量具应放置在工作台的适当位置，以免掉下损坏或伤人。

（2）使用锉刀、手锤等钳工工具前应仔细检查是否牢固可靠，有无损裂，不合格的不准使用。

（3）凿、铲工件及清理毛刺时，严禁对着他人工作，要戴好防护镜，防止铁屑飞出伤人。

使用手锤时，禁止戴手套。不准用扳手、锉刀等工具代替手锤敲打物件，不准用嘴吹或手摸铁屑，以防伤害眼和手。

（4）用台钳夹持工件时，要注意夹牢，手柄要靠端头，钳口不允许张得过大（不准超过最大行程的2/3）。夹持圆工件或精密工件时应用铜垫，防止工件坠落或损伤工件。

（5）在小型工件上钻孔时，必须用夹具固定，不准用手拿着工件钻孔，在钻孔、扩孔、铰孔时，禁止戴手套操作。

（6）用汽油和挥发性易燃品清洗工件时，周围应严禁烟火。易燃物品，油桶、油盘，回丝要集中堆放处理。

（7）使用扳手紧固螺丝时，应检查扳手和螺丝有无裂纹或损坏，在紧固时，不能用力过猛或用手锤敲打扳手，大扳手需要套管加力时，应注意安全。

（8）使用手锯要防止锯条突然折断，造成割伤事故；使用千斤顶要放平稳，不顶托易滑部位，以防发生意外事故，多人配合操作要有统一指挥，协调操作。

（9）钳工操作要精力集中，不得串岗或做与实习无关的事情。

8.2 划 线

划线是指根据图纸的要求，在毛坯或半成品上划出加工图形或加工界限的操作。在钳工实习操作中，加工工件的第一步是从划线开始的，所以划线精度是保障工件加工精度的前提，如果划线误差太大，会造成整个工件的报废。划线的精度一般为0.25～0.5mm。

8.2.1 划线的作用

（1）划出清晰的界限，作为工件加工或安装的依据。

（2）检查毛坯的形状和尺寸，及早发现不合格品，避免造成后续加工工时的浪费。

（3）合理分配各加工表面的加工余量和确定孔的位置。

划线不仅能使加工有明确的界限，而且能及时发现和处理不合格的毛坯，避免造成损失，而在毛坯误差不太大时，往往又可依靠划线的借料法予以补救，使零件加工表面仍符合要求。

划线的要求是：尺寸准确、位置正确、线条清晰、冲眼均匀。

8.2.2 划线的种类

（1）平面划线：在工件的一个表面上划线的方法称为平面划线，如图8-3所示。它与平面作图法类似。

（2）立体划线：在工件的长、宽、高三个方向上划线的方法称为立体划线，如图8-4所示。立体划线是平面划线的复合运用。

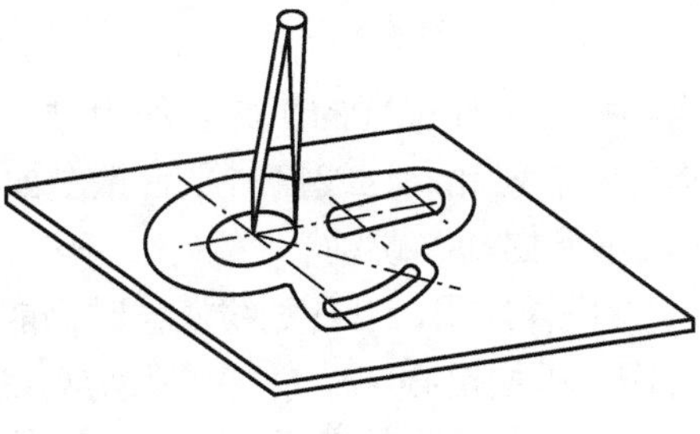

图8-3 平面划线

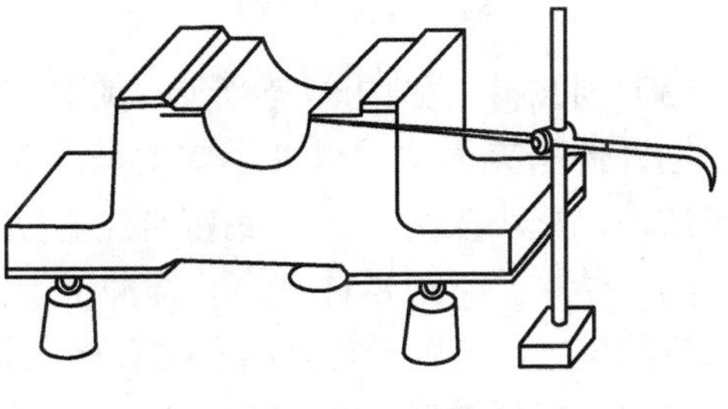

图8-4 立体划线

8.2.3 划线工具及使用要点

按用途不同，划线工具分为基准工具、绘划工具、量具和支撑装夹工具。

1. 基准工具

划线平板是划线的主要基准工具。它是经过精细加工的铸铁件。如图 8-5 所示。使用时应注意：平板安放时要平稳牢固、上表面应保持水平；平面各处要均匀使用，并防止碰撞和锤击，以免使其精度降低；平板表面要保持清洁，长期不用时应涂油防锈，并用保护罩盖住。

2. 绘划工具

绘划工具包括划针、划规、划卡、划针盘和样冲等。

（1）划针　如图 8-6 所示，划针是在工件表面划线的工具，常用的划针用工具钢或弹簧钢制成，有的划针在尖端部分焊有硬质合金。其直径为ϕ3～ϕ6，针尖磨成 15°～20°夹角，被淬硬的碳素工具钢的针尖刃磨时应及时浸水冷却，防止退火变软。划针使用方法如图 8-7 所示。划线时，针尖要紧靠导向面的边沿，并紧压导向工具，划针与划线方向倾斜 45°～75°的夹角，上部向外侧倾斜 8°～12°。

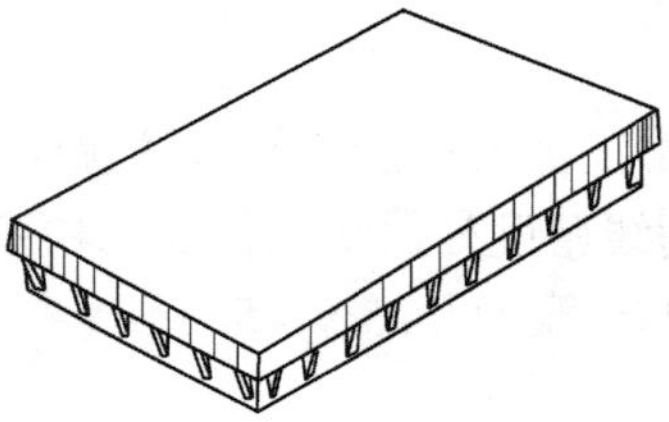

图 8-5　划线平板

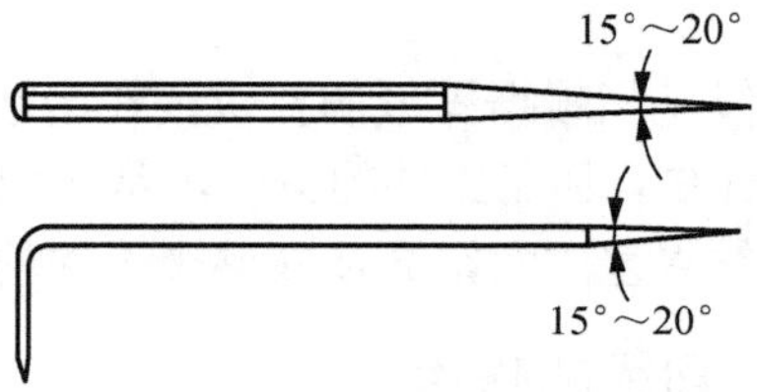

图 8-6　划针

（2）划规和划卡（又称单脚规）　划规如图 8-8 所示，它是画圆或弧线、等分线段及量取尺寸等用的工具，它的用法与圆规相似。划卡主要用来确定轴、孔的中心位置，也可划平行线，如图 8-9 所示。划规、划卡使用时旋转的一脚用力应较大，划线的一脚用力较小，划线时两脚尖要保持在同一平面上。划卡使用时，弯脚离零件端面的距离始终保持一致。

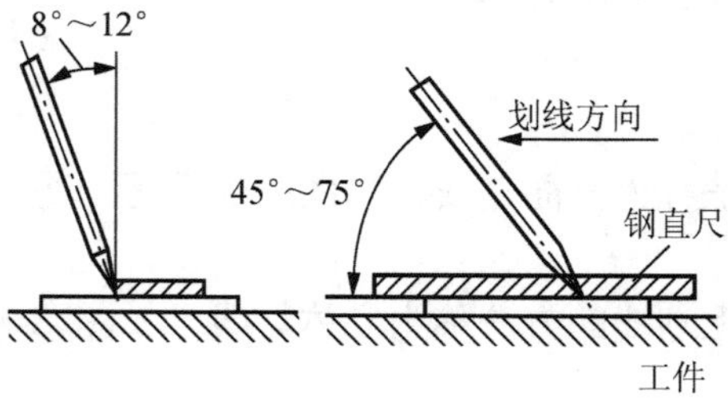

图 8-7　划针使用方法

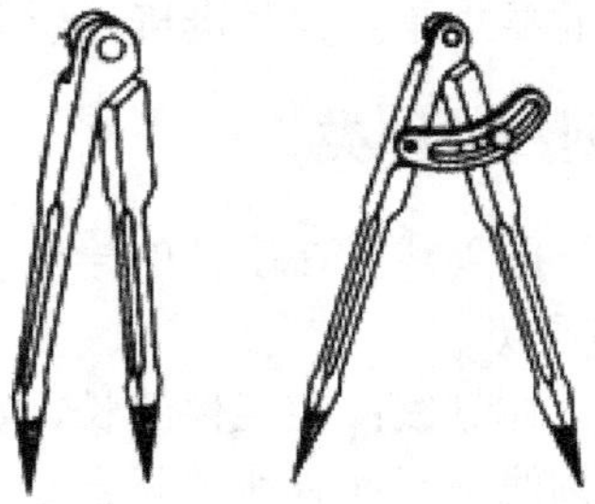

图 8-8　划规

（3）划线盘　如图 8-10 所示，划线盘是立体划线和找正工件位置的工具。使用时，划线盘的划针伸出夹紧位置以外不宜太长，应接近水平位置夹紧划针，划线盘与平台接触面应保持清洁，以减小阻力，拖动底座时应紧贴平台工作面，不能摆动、跳动。

（4）样冲　如图 8-11 所示，样冲用于在划好的线上打出样冲眼，以备划线模糊时仍能找到原划线的位置，还用于在划圆和钻孔前在其中心打样冲眼，以便定心。样冲尖一般磨成 45°～60°夹角。打样冲时，冲尖对准线条正中。样冲眼间距视划线长短曲直而定，样冲眼的深浅根据零件表面的粗糙度确定，精加工表面禁止打样冲眼。

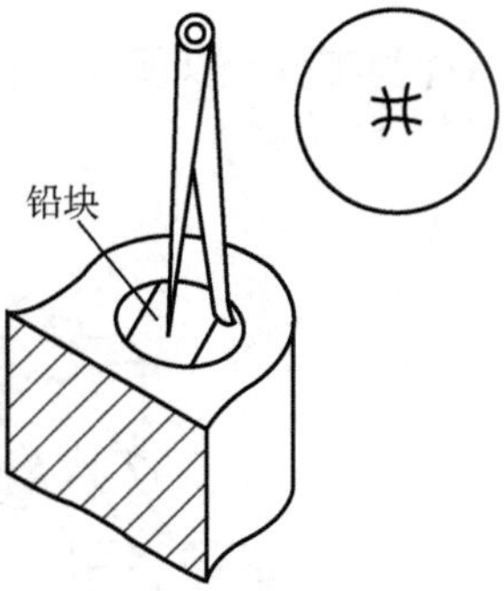

（a）定孔中心

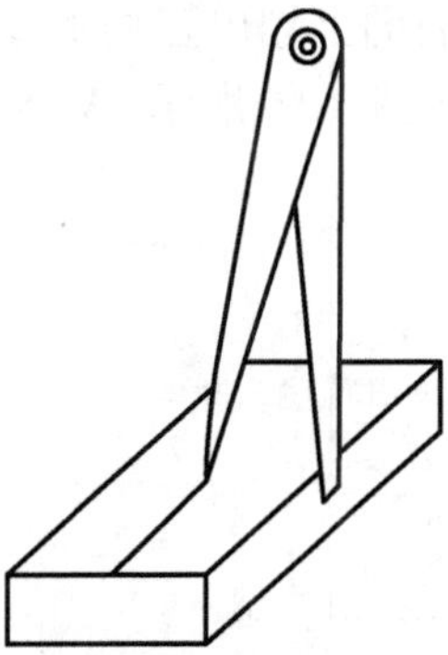

（b）划平行线

图 8-9　划卡

图 8-10　划针盘

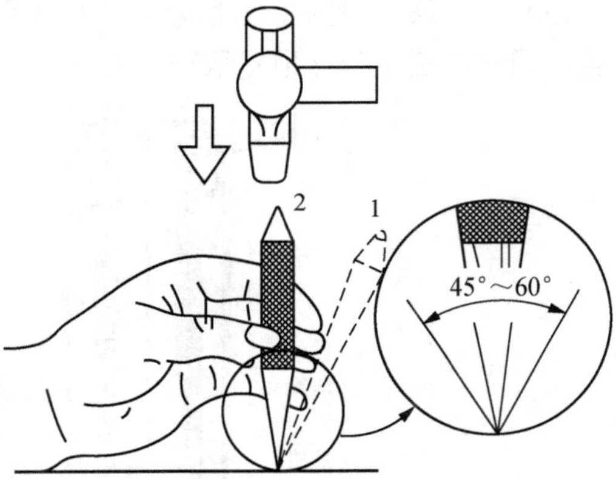

图 8-11　样冲

3. 测量工具

测量工具有钢尺、直角尺（图 8-12）、普通高度尺、游标高度尺（图 8-13）等。游标高度尺除用来测量工件的高度外，还可用来作半成品划线用。游标高度尺是精密划线工具，不得用于粗糙毛坯的划线，用完后应擦净，涂油装盒保管。

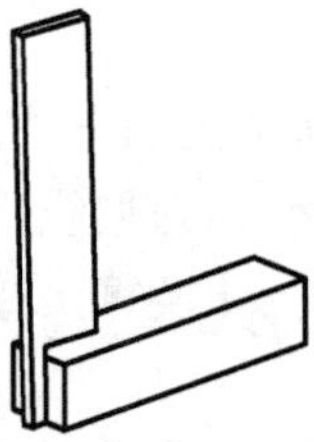

（a）宽座90° 角尺

（b）刀口形90° 角尺

图 8-12　直角尺

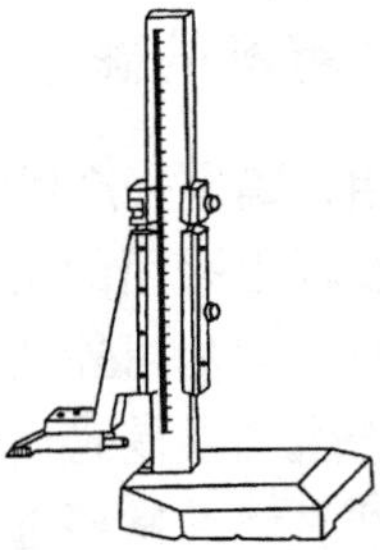

图 8-13　游标高度尺

4. 夹持工具

夹持工具有方箱、V 形铁和千斤顶等。

（1）方箱　如图 8-14 所示，方箱是用铸铁制成的空心立方体，它的 6 个面都经过精加工，各相邻的两个面均互相垂直。方箱用于夹持尺寸小而加工面较多的工件。通过在平板上翻转方箱，便可在工件表面上划出互相垂直的线。

（2）V 形铁　如图 8-15 所示，V 形铁用于支承圆柱类工件，以保证工件轴线与平板平行。一般两块为一组。

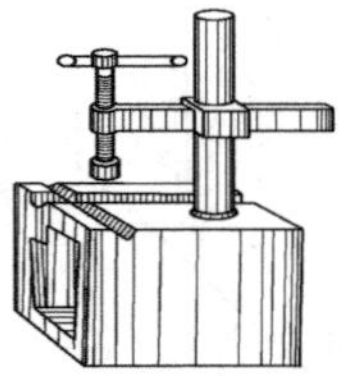

图 8-14　方箱

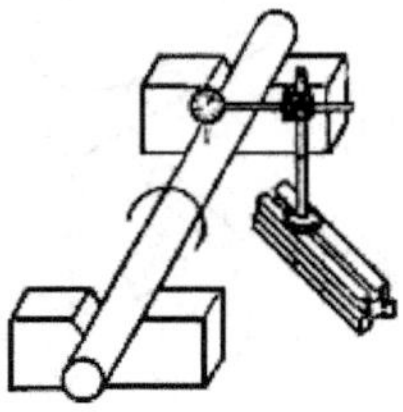

图 8-15　V 形铁

（3）千斤顶　如图 8-16 所示，千斤顶用于支承尺寸较大及形状不规则工件，其高度可以调整，通常用三个千斤顶支承一个工件。

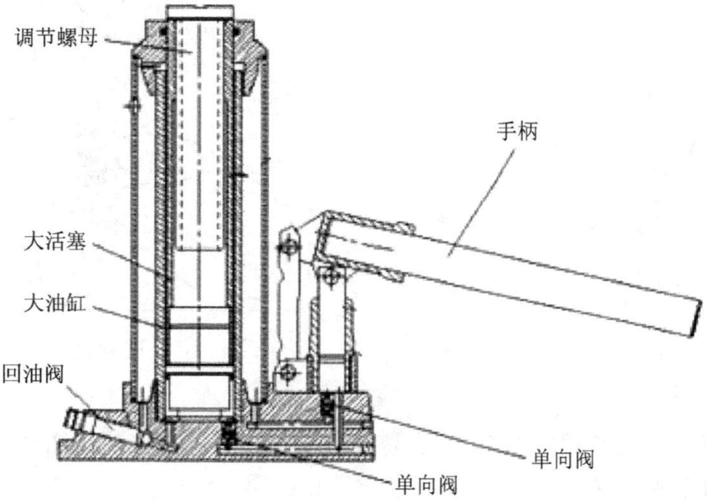

图 8-16　千斤顶

8.2.4　划线基准的确定

基准是用来确定生产对象上各几何要素间的尺寸大小和位置关系所依据的一些点、线、面。

在设计图样上采用的基准为设计基准。在工件划线时所选用的基准称为划线基准。在选用划线基准时，应尽可能使划线基准与设计基准一致，这样，可避免尺寸换算，减少由于基准不重合所产生的误差。

平面划线时，通常要选择两个相互垂直的划线基准，而立体划线时，通常要确定三个相互垂直的划线基准。

常见的划线基准有三种类型。

（1）以两个相互垂直的平面或直线为基准（图 8-17）

该零件有两个相互垂直方向的尺寸。可以看出，每一方向的尺寸大多是依据它们的外缘线确定的（个别的尺寸除外）。此时，就可把这两条边线分别确定为这两个方向的划线基准。

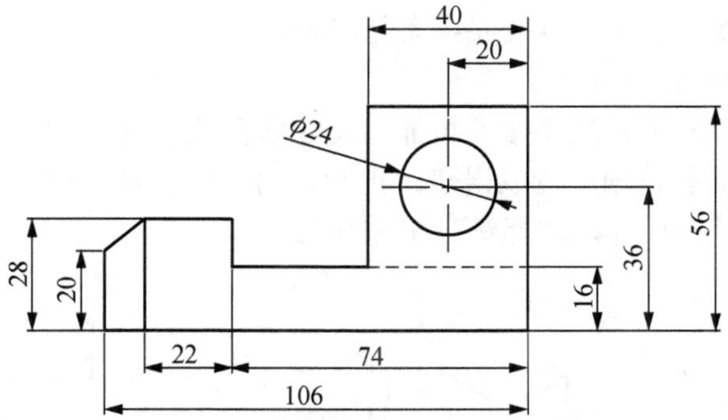

图 8-17 以两个互相垂直的平面（直线）为基准

（2）以一个平面或直线和一个对称平面或直线为基准（图 8-18）

该零件高度方向的尺寸是以底面为依据而确定的，底面就可作为高度方向的划线基准；宽度方向的尺寸对称于中心线，故中心线就可作为宽度方向的划线基准。

（3）以两个互相垂直的中心平面或直线为基准（图 8-19）

该零件两个方向的许多尺寸分别与其中心线具有对称性，其他尺寸也从中心线起始标注。此时，就可把这两条中心线分别确定为这两个方向的划线基准。

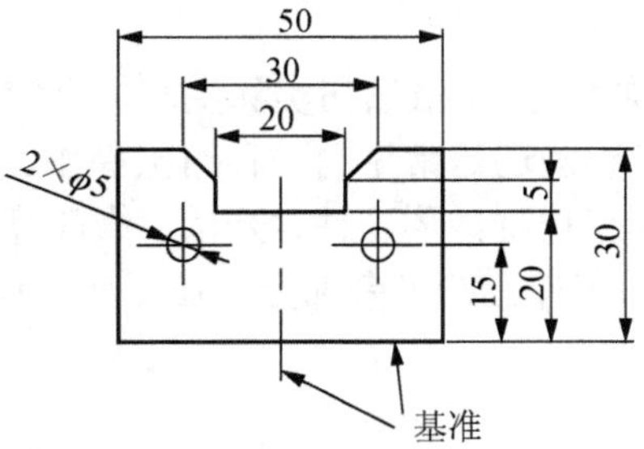

图 8-18 以一个平面（直线）和一个对称平面（直线）为基准

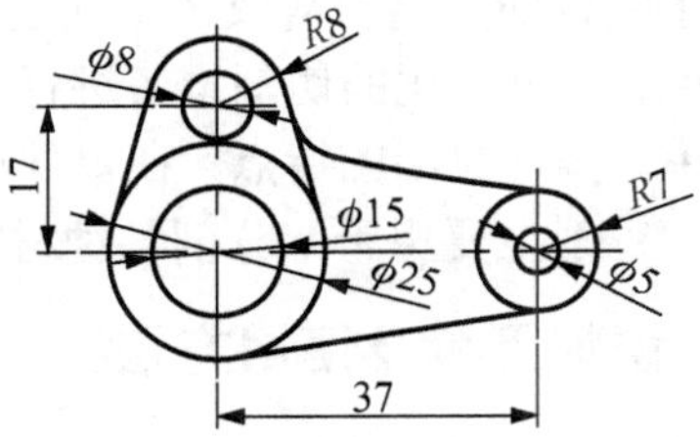

图 8-19 以两个互相垂直的中心面（直线）为基准

基准的选择：当工件上有已加工面（平面或孔）时，应该以已加工面作为划线基准。若毛坯上没有已加工面，首次划线应选择最主要的（或大的）不加工面为划线基准（称为粗基准），但该基准只能使用一次，在下一次划线时，必须用已加工面作划线基准。如果一个工件上有很多条线要划，究竟从哪一根线开始，常要遵守从基准开始的原则，可以提高划线的质量和效率，并相应提高毛坯合格率。

8.2.5 划线步骤

（1）研究图纸，确定划线基准，详细了解需要划线的部位，这些部位的作用以及有关的加工工艺。

（2）初步检查毛坯的误差情况，去除不合格毛坯。

（3）清理毛坯，在需划线部分涂上涂料。铸件、锻件涂大白浆；已加工过的表面用龙胆紫加虫胶和酒精，或孔雀绿加虫胶和酒精。用铅块或木块堵孔，以便确定孔的中心位置。

（4）正确安放工件和选用划线工具。

（5）划线。先划出划线基准，再划出其他水平线；翻转工件，找正，划出互相垂直的线。图 8-20 为平行线的划法；图 8-21 为垂直线的划法。

（6）详细检查划线是否正确以及线条有无漏划。

（7）在线条上打冲眼。

划线时应注意：工件夹持或支承要可靠，防止滑落或移动；一次支承中应划全需要的所有平行线，以免再次支承补划，造成误差；正确使用划线工具，划出的线条要准确、清晰；划线完成后，要反复核对尺寸，才能进行机械加工。

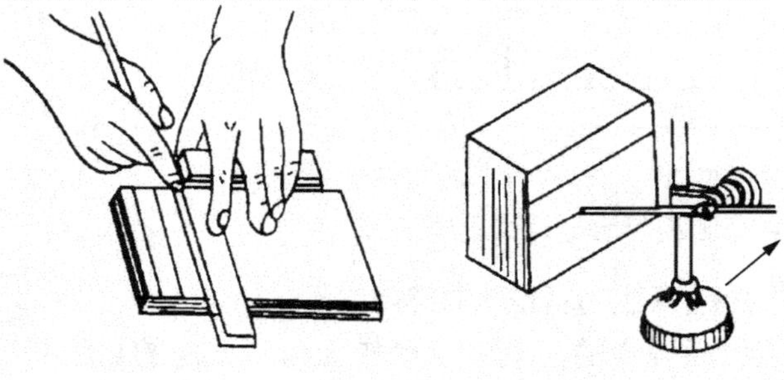

（a）在平面上划平行线　（b）在立体上划平行线

图 8-20　平行线的划法

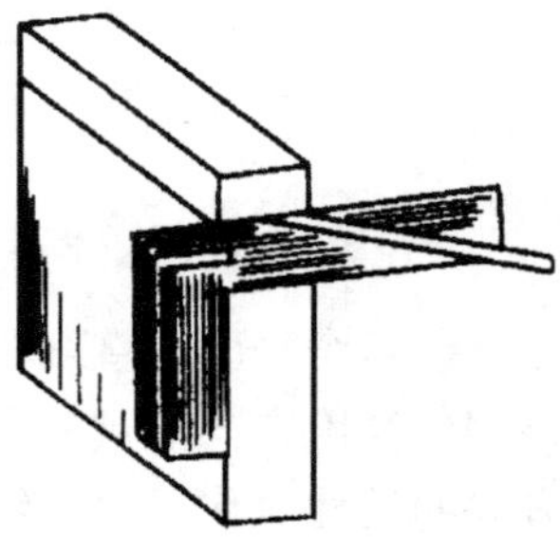

图 8-21　垂直线的划法

8.3 锯　削

用手锯锯断金属材料或在工件上锯出沟槽的操作称为锯削。虽然在实际生产中已广泛使用各种机械化、自动化的切割设备进行切割操作，但手工切割还是常见的一种钳工操作。它具有设备简单、操作灵活的特点，在单件小批量生产，特别在切割异形工件、开槽、修理等场合应用较广。锯削主要用于：分割各种材料或半成品；锯掉工件上的多余部分；在工件上锯槽。

8.3.1　锯削工具及使用方法

（1）锯弓：是用来张紧锯条的。锯弓分为固定式和可调式两类，目前广泛使用的是可调式锯弓。如图 8-22 所示。

（2）锯条：是用来直接锯削材料或工件的工具。一般用碳素工具钢或合金钢制成。锯条的长度以两端装夹孔的中心距来表示，手锯常用的锯条长度为 300mm、宽 12mm、厚 0.8mm。如图 8-23 所示。从图中可以看出，锯齿排列呈左右错开状，称为锯路。锯路有交叉、波浪等不同排列形式。其作用就是防止在锯削时锯条卡在锯缝中，同时可以减少锯削时的阻力和便于排屑。锯条按齿距的不同分为粗齿、中齿和细齿三种。

锯条的选择应根据被加工工件的材质、尺寸大小、精度和表面粗糙度。粗齿锯条适用于锯削软钢、黄铜、铝、铸铁等；中齿锯条适用于锯削中等硬度钢、厚壁铜管等；细齿锯条适用于锯削硬度大的钢、板材和薄壁管材等。

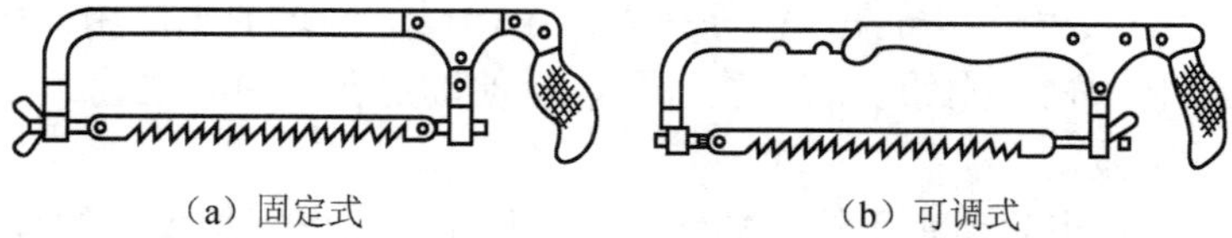

（a）固定式　（b）可调式

图 8-22　锯弓的构造

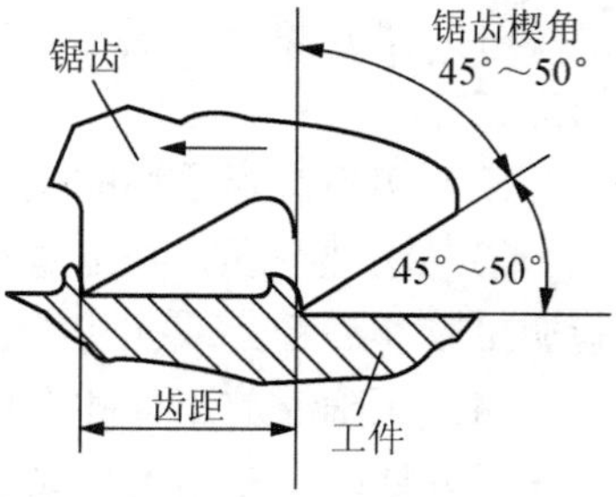

图 8-23　锯齿形状

8.3.2　锯削操作

1．锯条的安装

由于手锯向前推时进行切割，因此锯条的安装应使锯齿朝前，且要松紧适中。

锯条的安装方法如图 8-24 所示。图 8-24（a）为正确安装；图 8-24（b）为错误安装。

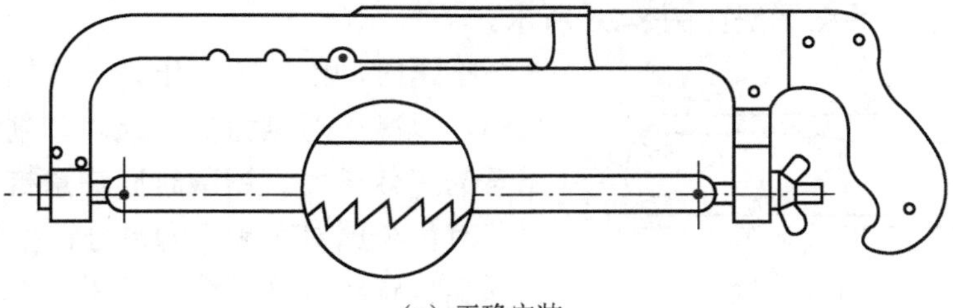

（a）正确安装

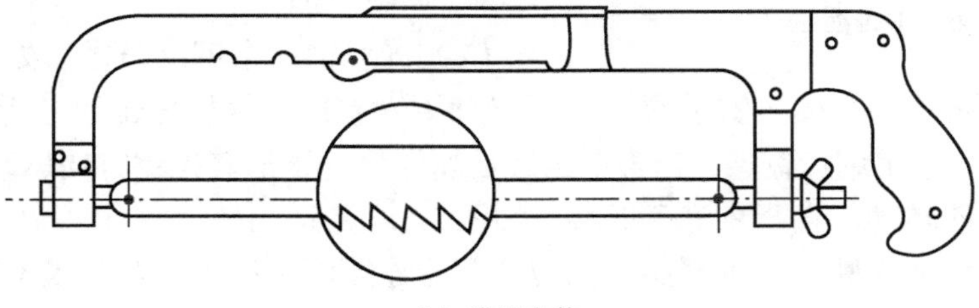

（b）错误安装

图 8-24　锯条的安装

2．工件的夹持

工件一般应夹在虎钳的左面，以便操作；工件伸出钳口不应过长，应使锯缝离开钳口侧面 20mm 左右，防止工件在锯割时产生振动；锯缝线要与钳口侧面保持平行，便于控制锯缝不偏离划线线条；夹紧要牢靠，同时要避免工件夹变形和夹坏已加工面。

3．起锯方法

起锯方法有两种：一种从工件远离自己的一端起锯，称为远起锯，如图 8-25（a）所示。这种起锯方法是逐步切入材料，不易卡住，起锯比较方便。另一种是从工件靠近自己的一端起锯，称为近起锯，如图 8-25（b）所示。这种方法如果掌握不好，锯齿一下子会切入较深，锯条易被卡住，造成锯条崩裂，故一般情况下采用远起锯的方法。

（a）远起锯　　　　（b）近起锯

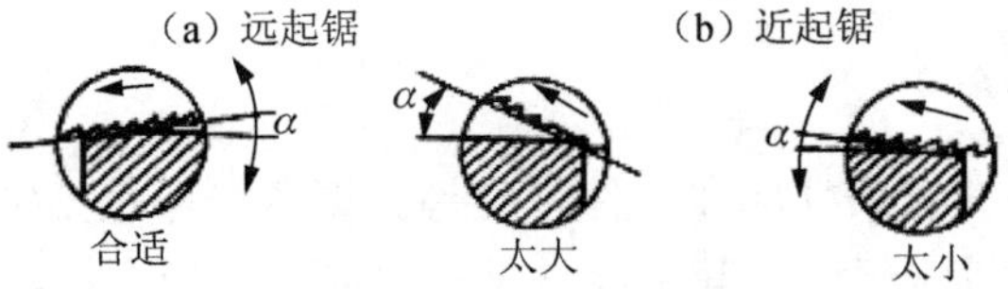

（c）起锯角太大或太小

图 8-25　起锯方法和起锯角度

起锯时，锯条与工件表面倾斜角为 15° 左右，最少要有三个齿同时接触工件。起锯角度太小，锯条不易切入材料，还可能打滑，使锯缝产生偏离。起锯角度太大，锯齿易被工件的棱边卡住。为了起锯平稳准确，可用拇指挡住锯条，使锯条保持在正确的位置。

4. 锯削姿势

锯削时左脚超前半步，身体略向前倾与台虎钳中心约成 75°。两腿自然站立，人体重心稍偏于右脚。锯削时视线要落在工件的切削部位。推锯时身体上部稍向前倾，给手锯以适当的压力而完成锯削。手锯握法如图 8-26 所示。

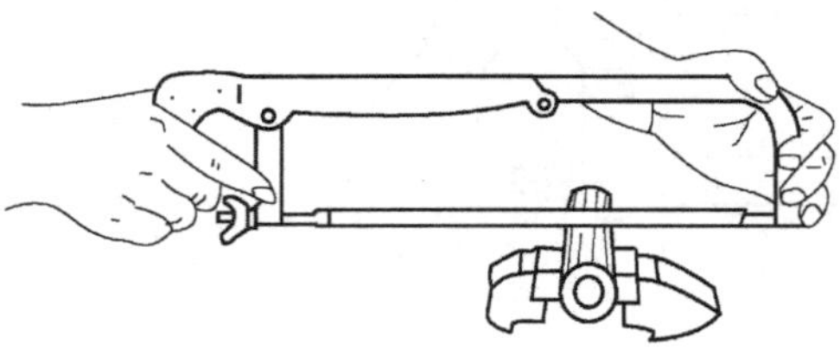

图 8-26　手锯握法

推锯时，给以适当压力；拉锯时应将所给压力取消，以减少对锯齿的磨损。锯削时，应尽量利用锯条的有效长度。锯削时应注意推拉频率：对软材料和有色金属材料频率为每分钟往复 50～60 次，对普通钢材频率为每分钟往复 30～40 次。

5. 锯削示例

（1）锯扁钢、型钢：在锯口处划一周圈线，分别从宽面的两端锯下，如图 8-27 所示。两锯缝将要对接时，轻轻敲击使之断裂分离。

（2）锯圆管：选用细齿锯条，当管壁锯透后随即将管子沿着推锯方向转动一个适当角度，再继续锯割，依次转动，直至将管子锯断。如图 8-28 所示。

（3）锯棒料：如果断面要求平整，则应从开始连续锯到结束，若要求不高，可分几个方向锯下，以减小锯削阻力，提高工作效率。

（4）锯薄板：锯削时尽可能从宽面锯下去，若必须从窄面锯下时，可用两块木垫夹持，连木块一起锯下，如图 8-29 所示。也可把薄板直接夹在虎钳上，用手锯作横向斜推锯。

（5）锯深缝：当锯缝的深度超过锯弓高度时，应将锯条转 90° 重新装夹，当锯弓高度仍不够时，可将锯条转过 180° 装夹进行锯削。

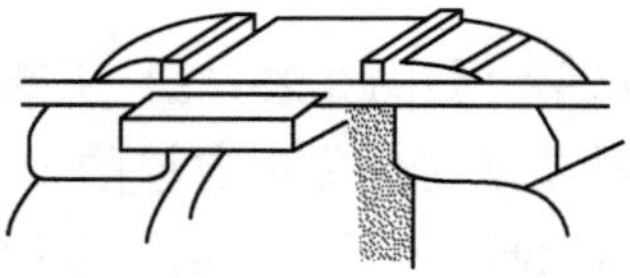

图 8-27　锯扁钢

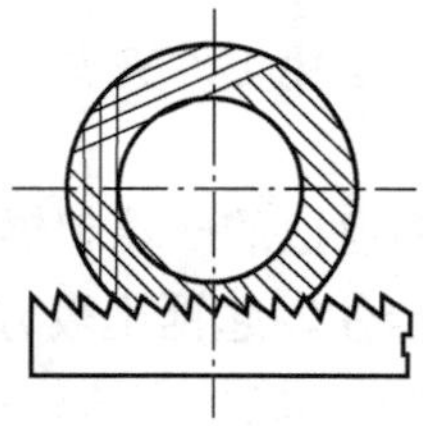

图 8-28　锯圆管

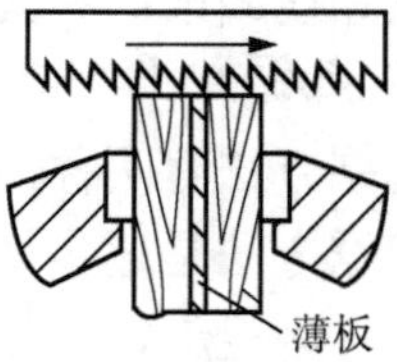

图 8-29　锯薄板

6. 注意事项

（1）锯削前要检查锯条的安装方向和松紧程度。

（2）锯削过程中要把握好力的大小和速度，以免锯条折断伤人。

（3）工件快要锯断时，施给手锯的压力要轻，以防突然断开砸伤人。

8.3.3 锯削常见缺陷分析

锯削过程中常见缺陷有锯条损坏和工件报废等。锯条损坏包括锯条的折断和崩齿等。工件报废是指尺寸锯小；锯缝歪斜等。其中最常见的现象是锯缝歪斜。

1. 锯条折断的主要原因

（1）锯条选择不当或起锯角度不当；

（2）锯条安装过紧或过松；

（3）工件未夹紧；
（4）锯削压力太大或速度过快；
（5）锯缝歪斜过多，强行纠正；
（6）新换的锯条在旧的锯缝中被卡住，而造成折断。

2．锯条崩齿的主要原因

（1）锯条选择不当或装夹过紧；
（2）起锯角度太大或用力太大；
（3）工件钩住锯齿。

3．锯缝歪斜的主要原因

（1）工件装夹不正；
（2）锯条装夹过松；
（3）锯削时双手操作不协调，推力、压力和方向没有掌握好。

8.4　錾　　削

錾削是利用手锤敲击錾子对工件进行切削加工的一种操作。它主要用于不便机械加工的场合。如加工平面、沟槽、切断金属以及清理铸件或锻件的毛刺等。

8.4.1　錾削工具

錾削的主要工具有錾子和手锤。

1．錾子

錾子由头部、切削部分和錾身三部分组成，头部有一定的锥度，顶端略带球形，以便锤击时作用力容易通过錾子中心线，錾身多呈八棱形，以防止錾子转动。錾子的切削部分由前刀面、后刀面以及它们交线形成的切削刃组成。

錾子前刀面与后刀面之间的夹角 β_0 称为楔角。如图 8-30 所示。楔角大小对錾削有直接影响，楔角越大，切削部分强度越高，錾削阻力越大。楔角的大小应根据材料及其硬度来选择，一般錾削钢和铸铁时，楔角取 60°～70°。錾削铜、铝等软材料时，楔角取 30°～50°。錾子后刀面与切削平面之间的夹角 α_0 称为后角，后角越大，切入深度就越大，切削越困难。后角的大小由鉴削时錾子被掌握的位置决定，一般取 5°～8°。錾子前刀面与基面之间的夹角 γ_0 称为前角，其作用是錾切时，减小切屑的变形。前角越大，切削越省力。

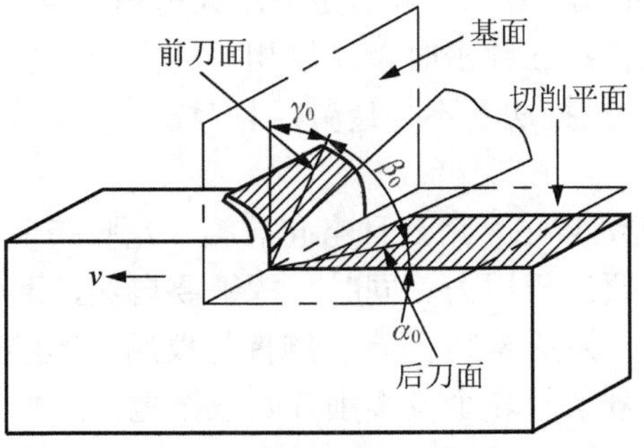

图 8-30　錾削时的角度

錾子一般用碳素工具钢锻成，然后将切削部分刃磨成楔形，经热处理后其硬度达到

56HRC～62HRC。錾子切削部分的硬度要求大于工件材料的硬度。

钳工常用的錾子有阔錾（扁錾）、窄錾（尖錾）、油槽錾等，如图 8-31 所示。阔錾用于錾切平面，切割和去毛刺，窄錾用于开槽，油槽錾用于切油槽。

2. 手锤

手锤是钳工常用的敲击工具，由锤头和木柄组成，如图 8-32 所示。手锤的规格以锤头的重量来表示，常用的有 0.25kg、0.5kg、1kg 等几种。木柄用比较坚韧的木材制成，木柄装在锤头中，必须稳固可靠，要防止脱落造成事故。为此，装木柄的孔做成椭圆形，且两端大中间小。木柄敲紧在孔中后，端部再打入楔子可防松动。木柄做成椭圆形防止锤头孔发生转动以外，握在手中也不易转动，便于进行准确敲击。

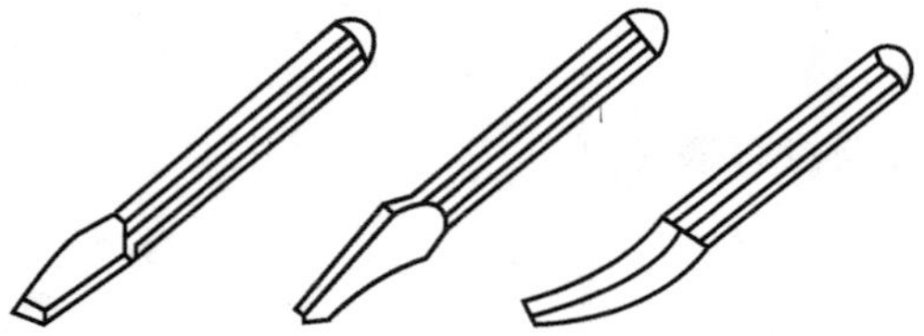

（a）扁錾　（b）尖錾　（c）油槽錾

图 8-31　常用錾子

图 8-32　手锤

8.4.2　錾削操作

1. 錾子的握法

錾子的握法有两种，如图 8-33 所示。一种是手心向下，腕部伸直，用中指、无名指握住錾子，小指自然合拢，食指和大拇指自然伸直地松靠，錾子头部伸出约 20mm，这种握法称为正握法。另一种是手心向上，手指自然握住錾子，手掌悬空，这种握法称为反握法。錾子不要握得太紧，錾削时，小臂要自然平放，保持正确的后角。

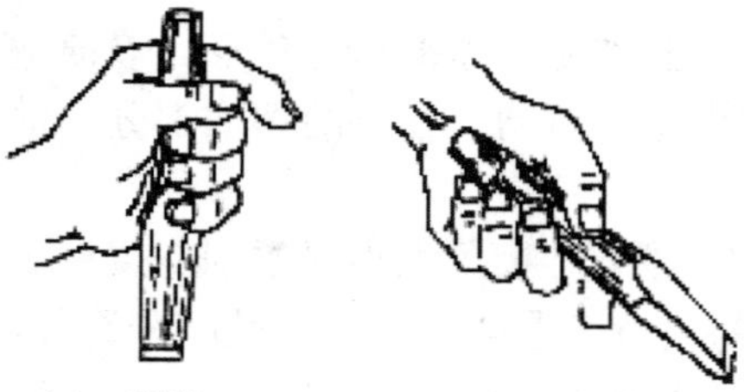

（a）正握法　（b）反握法

图 8-33　錾子的握法

2. 手锤的握法

手锤也有两种握法：一种握法是用右手五指紧握锤柄，大拇指合在食指上，虎口对准锤头方向（木柄椭圆的长轴方向），木柄尾部露出 15～30mm。在挥锤和锤击过程中，五指始终紧握。这种握法称为紧握法，如图 8-34（a）所示。另一种握法是只用大拇指和食指始终握紧手柄。在挥锤时，小指、无名指、中指依次放松；在锤击时，又以相反的方向依次收拢握紧，这种握法称为松握法，如图 8-34（b）所示。松握法手不易疲劳，且锤击力大，故常用。

3. 錾削姿势

身体与台虎钳中心线大致成 45° 角，且略向前倾，左脚跨前半步，膝盖处稍有弯曲，保持自然，右脚站稳伸直，不要过于用力。同时，挥锤要自然，两眼注视錾刃。挥锤方法分为腕挥、肘挥和臂挥三种方法，如图 8-35 所示。腕挥是仅用手腕的动作来进行锤击运动，采用紧握法握锤，一般仅用于錾削余量较少及錾削开始或结尾。肘挥是用手腕与肘部一起挥动作锤击运动，采用松握法握锤，因挥动幅度较大，锤击力大，应用最广。臂挥是手腕、肘和全臂一起挥动，其锤击力最大，用于需大力錾削的工件。

4. 锤击要领

（1）挥锤：肘收臂提，举锤过肩，手腕后弓，三指微松，锤面朝天，稍停瞬间。

（2）锤击：目视錾刃，臂肘齐下，收紧三指，手腕加劲，锤錾一线，锤走弧形，左脚着力，右腿伸直。

（3）要求：稳，速度 40 次/分；准，命中率高；狠，锤击有力。

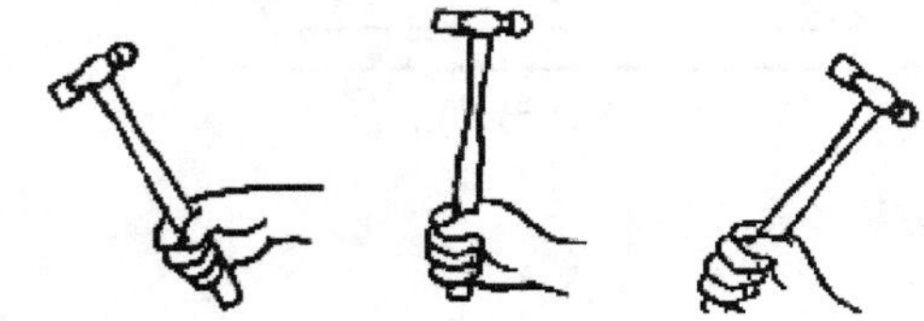

（a）紧握法

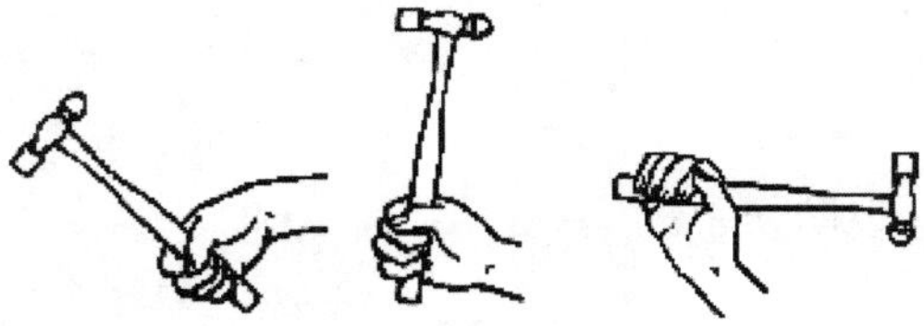

（b）松握法

图 8-34　握锤方法

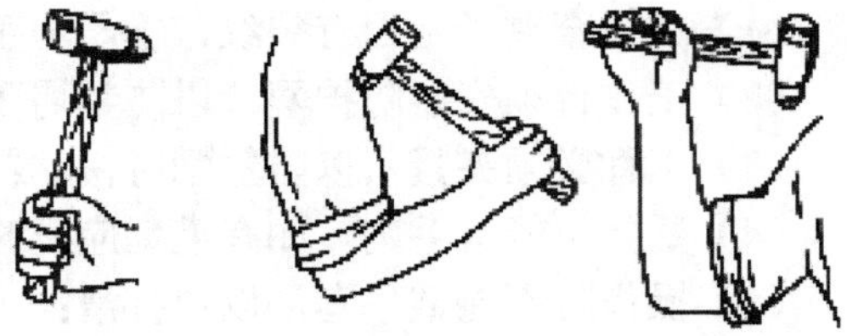

（a）腕挥　（b）肘挥　（c）臂挥

图 8-35　挥锤方法

5. 錾削操作

（1）选择錾子：錾削前应根据錾削面的形状、尺寸大小选择合适的錾子。

（2）确定錾削余量：錾削余量通常取 0.5～2mm，錾削余量大于 2mm 时，可分几次錾削。

（3）起錾方法：先取后角 α_0 为 0°，轻敲錾子，待卷起铁屑后，后角逐渐变为 5°～8°进行正常錾削。

（4）錾削收尾：每次錾削距终端 10 mm 左右时，应调头錾去其余部分，以防止边沿出现崩裂。

6. 錾削示例

（1）錾削平面：錾削较窄平面时，錾子切削刃与前进方向倾斜适当角度。錾削较宽平面时，先用窄錾开几条槽，再用扁錾錾去其余部分。

（2）錾断板料：对于小而薄的板料可在虎钳上錾断；对于较大型板材可在铁砧上垫软铁后錾削。

（3）錾削油槽：先按图样要求划出油槽形状，再按划线錾出油槽，最后用锉刀、油石清理毛刺。

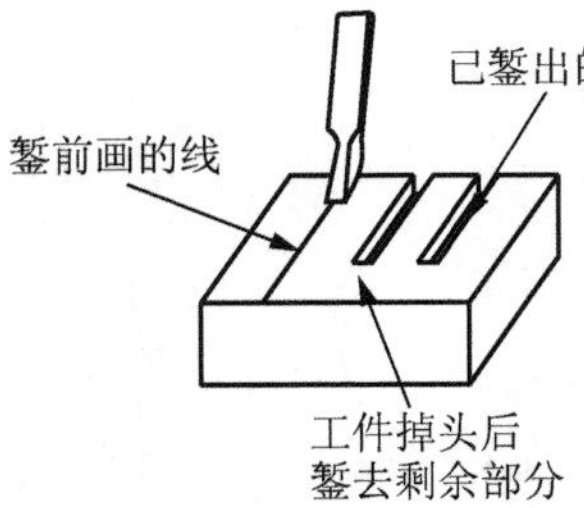

（a）平面錾削

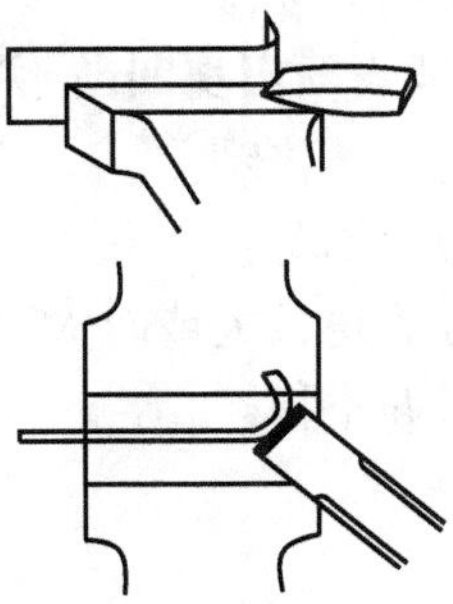

（b）板料錾断

图 8-36　平面錾削方法

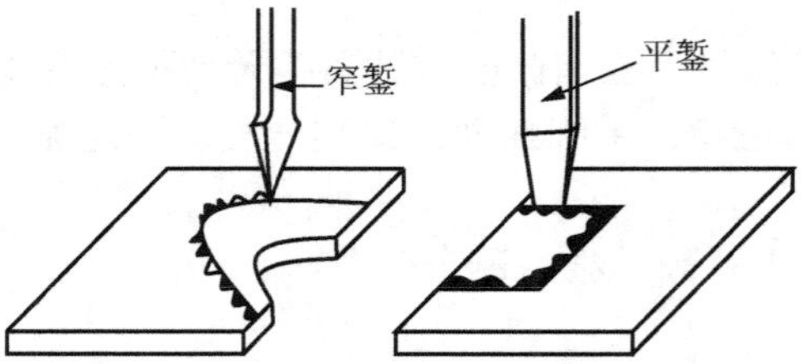

（c）分割板料

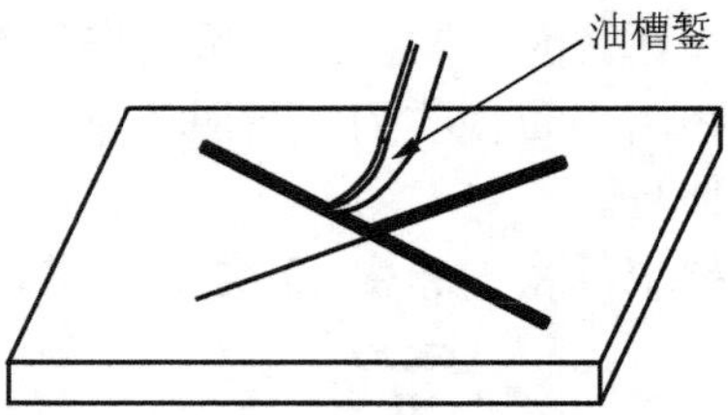

（d）錾油槽

图 8-36　平面錾削方法（续）

7. 注意事项

（1）先检查錾子是否有裂纹，锤子与手柄是否有松动；
（2）工作台须安装防护网，以防錾屑飞出伤人；
（3）工件必须夹紧，以防錾削时松动；
（4）錾头不能有毛刺，如有毛刺应及时磨掉，以防伤手；
（5）操作时不能戴手套，以免打滑；
（6）錾削临近终了时要减力锤击，以免用力过猛伤手。

8.4.3　錾削常见缺陷分析

錾削中常见的缺陷有錾子的损坏和工件报废。錾子的损坏包括錾子刃口崩裂和卷边等。工件报废是指尺寸不符合要求、棱边或棱角崩裂、錾削表面凹凸不平。

1. 錾子刃口出现崩裂的主要原因

（1）錾子刃部淬火硬度太高；
（2）锤击力太大；
（3）工件硬度过高或材质不均匀。

2. 錾子刃口出现卷边的主要原因

（1）錾子刃口淬火硬度偏低；
（2）錾子楔角太小；
（3）一次錾削加工余量太大。

3. 工件尺寸不符合要求及出现棱边、棱角崩裂的主要原因

（1）工件装夹不牢；
（2）錾子方向掌握不正，偏斜越线；
（3）收尾未调头錾削。

4. 工件錾削表面出现凹凸不平的主要原因

（1）錾子刃口不锋利；
（2）锤击力不均匀；
（3）錾削时后角过大或时大时小；
（4）錾子掌握不稳。

8.5　锉　　削

锉削是利用锉刀对工件材料进行切削加工的一种操作。如图 8-37 所示。它的应用范围很广，可锉工件的外表面、内孔、沟槽和各种形状复杂的表面。锉削精度可达 IT8～IT7，表面粗糙度可达 $Ra0.8$。锉削是钳工的主要操作方法之一，多用于成形样板、模具型腔以及组件、部件、机器装配时的工件修理。

图 8-37　锉削

8.5.1　锉刀

1. 锉刀的材料和结构

锉刀常用高碳工具钢 T12 或 T13 制成，并经热处理，硬度达 62HRC～67HRC。锉刀由锉刀面、锉刀边和锉刀柄三部分组成，锉刀面上有锉齿，锉齿是在剁锉机上剁出来的。锉刀的大小以锉刀面的长度来表示。

2. 锉刀的种类

锉刀按其用途不同，可分为下列三种形式。

（1）普通锉：如图 8-38 所示。按断面形状不同分为平锉、方锉、圆锉、三角锉、半圆锉五种；按工作长度不同分 100mm、150mm、200mm、250mm、300mm、350mm、400mm 等七种；按齿纹不同分为单齿纹和双齿纹两种；按齿纹粗细不同分为粗齿、中齿、细齿、粗油光和细油光五种。

（2）整形锉：如图 8-39 所示。主要用于精细加工和修整工件上的细小部位。

（3）特种锉：如图 8-40 所示。用于加工特殊表面，根据截面形状不同有多种类形，如棱形锉。

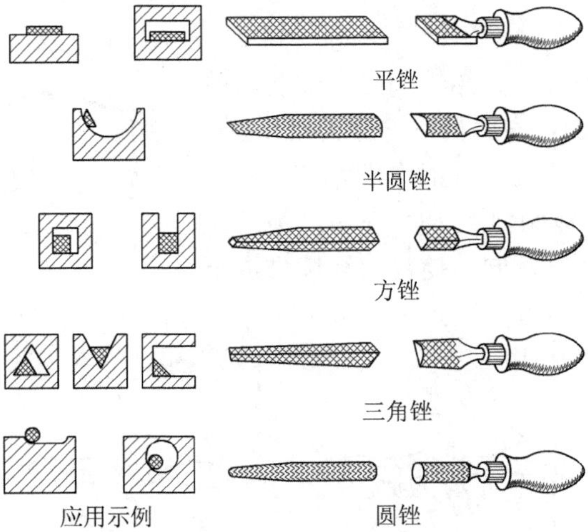

图 8-38　普通锉

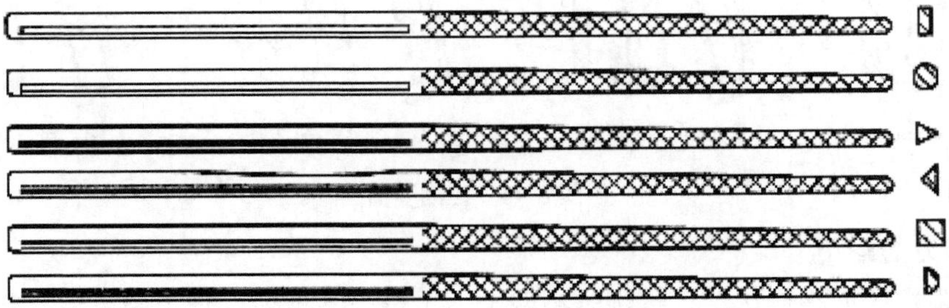

图 8-39　整形锉

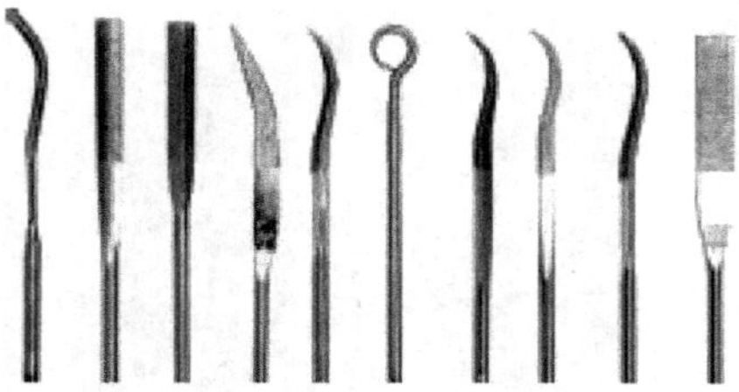

图 8-40　特种锉

3．锉刀的选用

锉刀的选择原则是：按工件的形状和加工面的大小选择锉刀的形状和规格，按工件材料的硬度、加工余量、加工要求选择锉刀齿纹的粗细。锉刀的粗细是以每 100mm 长度的齿面上的锉齿齿数来表示的，粗锉为 4～12 齿，细锉为 13～24 齿，油光锉为 30～36 齿。一般粗锉刀用于加工软材料，如铜、铅等或粗加工时；细锉刀用于加工硬材料或精加工时；光锉刀用于最后修光表面。

8.5.2　锉削操作

1．锉刀握法

锉刀大小不同，握法不一样。如图 8-41、图 8-42 和图 8-43 所示。

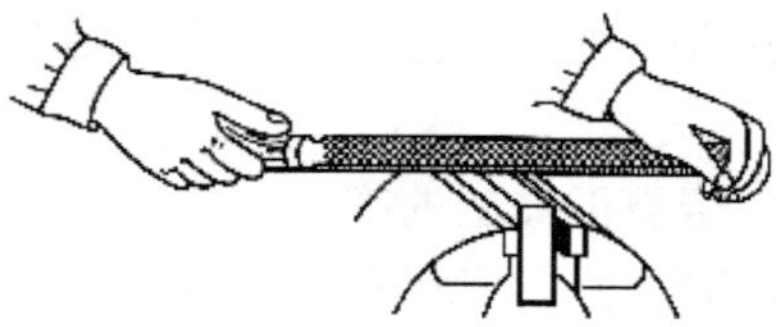

图 8-41　大型锉刀握法

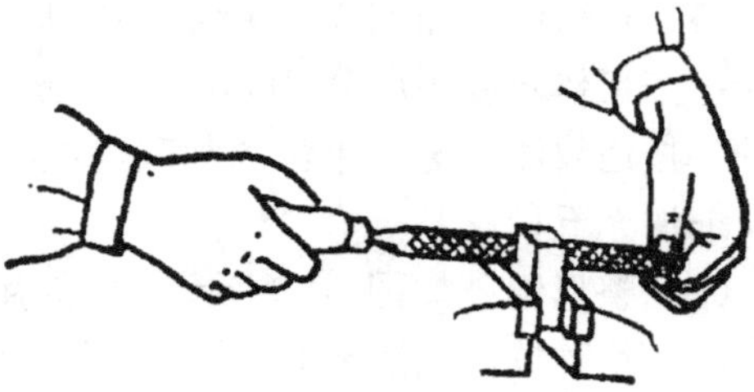

图 8-42　中型锉刀的握法

2．锉削姿势

锉削姿势如图 8-44 所示。开始锉削时身体要向前倾斜 10° 左右，左肘弯曲，右肘向后。锉刀推出 1/3 行程时身体向前倾斜 15° 左右，此时左腿稍弯，右臂向前推，推到 2/3 时，身体倾斜到 18° 左右，最后左腿继续弯曲，左肘渐直，右臂向前使锉刀继续推进至尽头，身体随锉刀的反作用方向回到 15° 位置。

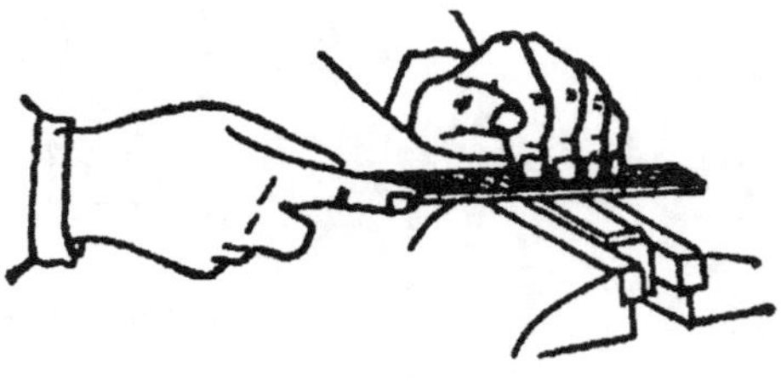

图 8-43　小型锉刀的握法

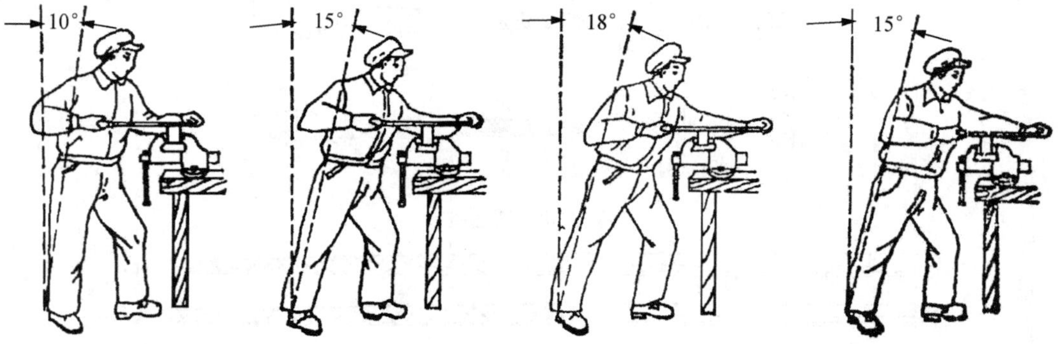

（a）开始锉削　（b）锉刀推出 1/3　（c）锉刀推出 2/3　（d）锉刀推至尽头

图 8-44　锉削姿势

3．锉削力的运用

锉削时要求锉刀平直运动。锉削时有两个力，一个是推力，一个是压力，其中推力由右手控制，压力由两手控制，而且，在锉削中，要保证锉刀前后两端所受的力矩相等，即随着锉刀的推进左手所加的压力由大变小，右手的压力由小变大，否则锉刀不易锉削。锉削速度以 30～60 次/min 为宜。值得注意的是：锉刀只在推进时加力进行切削，返回时，不加力、不切削，只把锉刀返回即可，否则易造成锉刀过早磨损；锉削时要充分利用锉刀的有效长度进行切削加工，不能只用局部某一段，否则局部磨损过重，造成寿命降低。

4．锉削方法

1）选择锉刀

根据加工余量选择：若加工余量大，则选用粗锉刀或大型锉刀；反之则选用细锉刀或小型锉刀。

根据加工精度选择：若工件的加工精度要求较高，则选用细锉刀，反之则用粗锉刀。

2）工件夹持

将工件夹在虎钳钳口的中间部位，伸出不能太高，否则易振动。装夹要牢固，但又不能用力太大，以防工件变形。若加工已加工表面或精密加工，则应在钳口垫上紫铜皮或铝皮等软材料，以保护加工表面。

3）平面锉削方法

平面锉削是最基本的锉削，常用方法有交叉锉法（图 8-45）、顺向锉法（图 8-46）和推锉法（图 8-47）三种。一般先采用交叉锉法进行粗锉，再采用顺向锉法锉削，最后用细锉刀以推锉法修光。

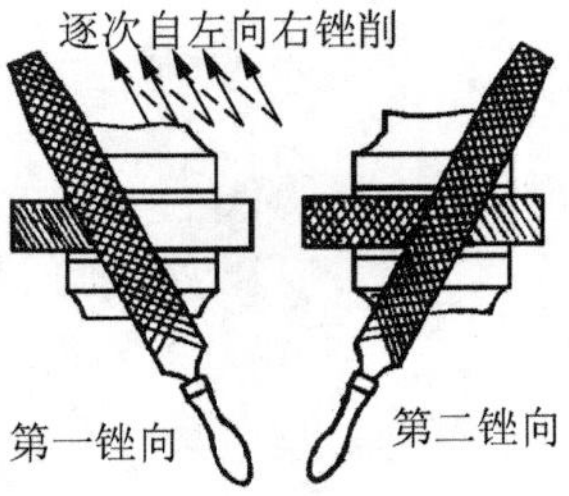

图 8-45　交叉锉法

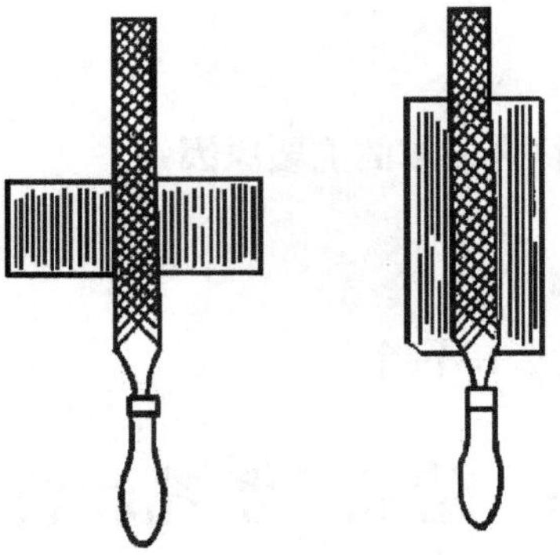

图 8-46　顺向锉法

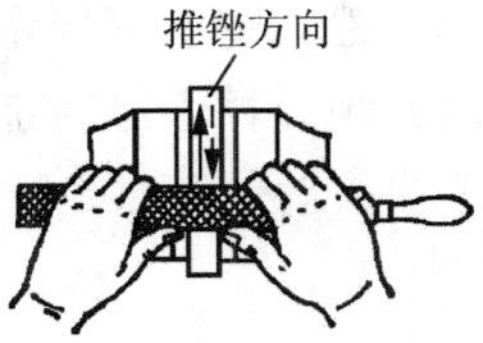

图 8-47　推锉法

4）检验

检验工具有刀口尺、直角尺、游标角度尺等。刀口尺、直角尺可检验工件的直线度、平面度及垂直度。下面介绍用刀口尺检验工件平面度的方法。

（1）将刀口尺垂直紧靠在工件表面，并在纵向、横向和对角线方向逐次检查（图 8-48）。

（2）检验时，如果刀口尺与工件平面透光微弱而均匀，则该工件平面度合格。如果透光强弱不一，则说明该工件平面凹凸不平。因此，可在刀口尺与工件紧靠处用塞尺插入，根据塞尺的厚度即可确定平面度的误差（图 8-49）。

5．锉削注意事项

（1）不使用无柄或柄已裂开的锉刀，防止刺伤手腕；

（2）不能用嘴吹铁屑，防止铁屑飞进眼睛；

（3）锉削过程中不要用手抚摸锉面，以防锉时打滑；

（4）锉面堵塞后，用铜锉刷顺着齿纹方向刷去铁屑；

（5）锉刀放置时不应伸出钳台以外，以免碰落砸伤脚。

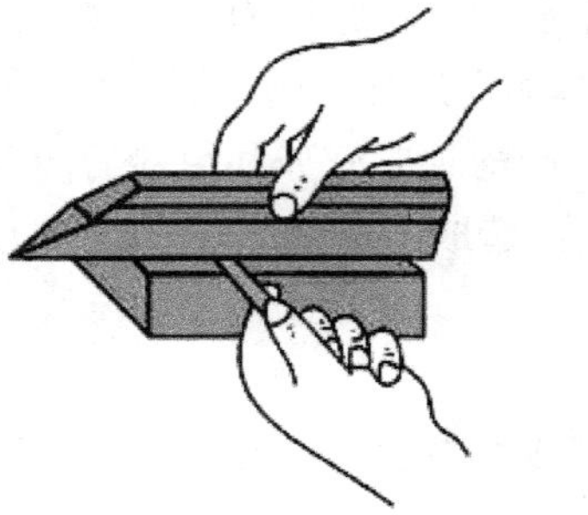

图 8-48　用刀口尺检验平面度

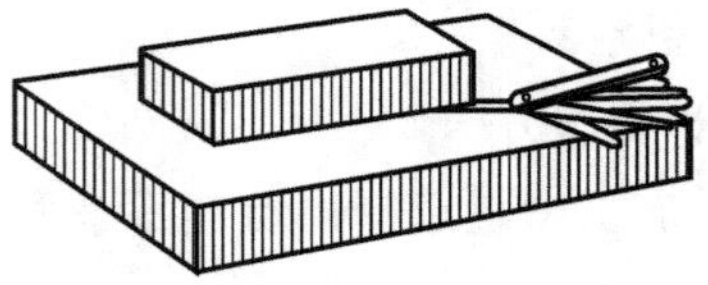

图 8-49　用塞尺测量平面度误差值

8.5.3　锉削常见缺陷分析

锉削时常见缺陷是工件报废。工件报废是指工件表面夹伤或变形、尺寸不符合要求、表面粗糙度超差等。

1．工件表面出现夹伤或变形的主要原因

（1）虎钳未装软钳口；

（2）夹紧力太大。

2．工件出现尺寸不合格的主要原因

（1）划线不准确；

（2）未及时测量尺寸或测量不准确。

3．工件出现表面粗糙度不符合要求的主要原因

（1）锉刀选用不当；

（2）锉刀中的锉屑未及时清理；

（3）粗、精锉削时加工余量选择不当。

8.6　钻孔、扩孔和铰孔

8.6.1　孔加工概述

孔的加工是钳工工作的重要内容之一。孔加工主要有钻孔、扩孔、铰孔和锪孔等。

1．钻孔

用钻头在实心工件上加工孔叫钻孔。钻孔只能进行孔的粗加工。加工精度在 IT12 左右，表面粗糙度在 *Ra*12.5 左右。

2．扩孔

扩孔用于扩大已加工出的孔，如图 8-50 所示。它常作为孔的半精加工，也可以作为要求不高的孔的终加工。精度可达 IT10～IT9，表面粗糙度可达 *Ra*3.2，加工余量为 0.5～4mm。

3．铰孔

铰孔是用铰刀从工件壁上切除微量金属层，以提高其尺寸精度和表面质量，如图 8-51 所示。铰孔是孔的精加工，分为粗铰和精铰。精铰的精度可达 IT7～IT6，表面粗糙度可达 *Ra*0.4，加工余量为 0.05～0.15mm。

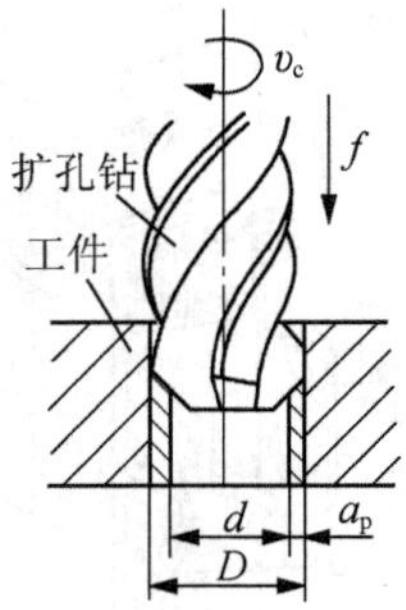

图 8-50 扩孔

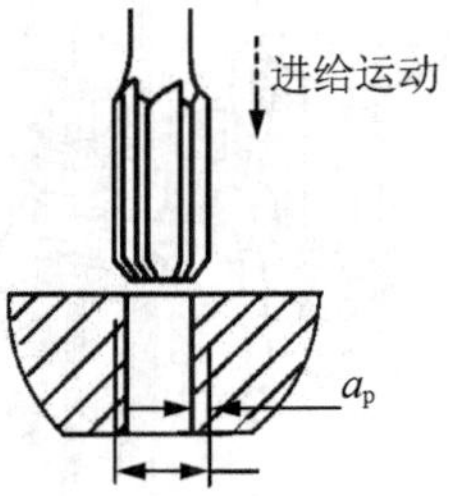

图 8-51 铰孔

4. **锪孔**

锪孔是用锪孔钻对工件上的已有孔进行孔口形面的加工，如图 8-52 所示。其目的是保证孔端面与孔中心线的垂直度，以便使与孔连接的零件位置正确，连接可靠。

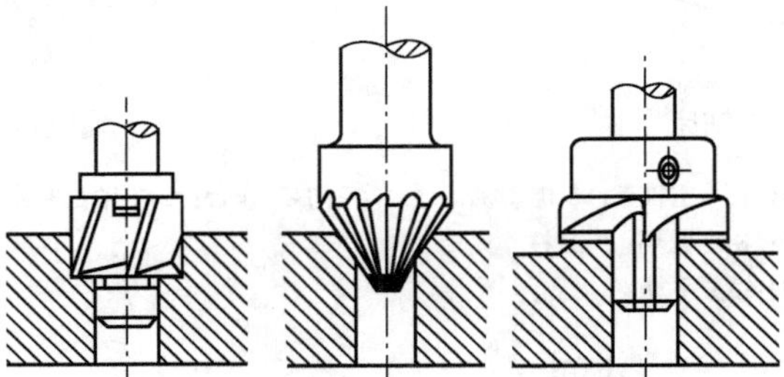

（a）锪圆柱孔 （b）锪锥孔 （c）锪端面

图 8-52 锪孔

8.6.2 钻孔的设备

1. **台式钻床**

台式钻床如图 8-53 所示。它是一种安放在钳工台上使用的小型机床。台式钻床小巧灵活，主要加工小型零件上的小孔，钻孔直径一般为 13mm 以下。

2. **立式钻床**

立式钻床如图 8-54 所示。在立式钻床上可以完成钻孔、扩孔、铰孔、锪孔等加工，一般适于加工中小型零件上的孔。其规格用最大钻孔直径来表示。

3. **摇臂钻床**

摇臂钻床如图 8-55 所示。它由主轴、摇臂、主轴变速箱、立柱、工作台、底座等组成。由于它有一个能绕立柱旋转的摇臂，摇臂带着主轴箱可沿立柱垂直移动，同时主轴箱等还能在摇臂上作横向移动，故适用于加工大型零件及多孔零件上的孔。

4. **手电钻**

在其他钻床不方便钻孔时，可用手电钻钻孔。

另外，现在市场上有许多先进的钻孔设备，如数控钻床，可以减少钻孔划线及钻孔偏移的烦恼。

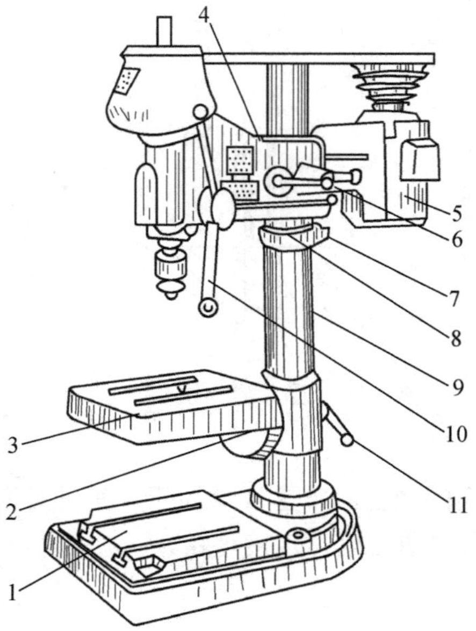

图 8-53　台式钻床

1-底座；2-锁紧螺钉；3-工作台；4-主轴架；5-电动机
6-锁紧手柄；7-锁紧螺钉；8-定位环；9-立柱
10-进给手柄；11-锁紧手柄

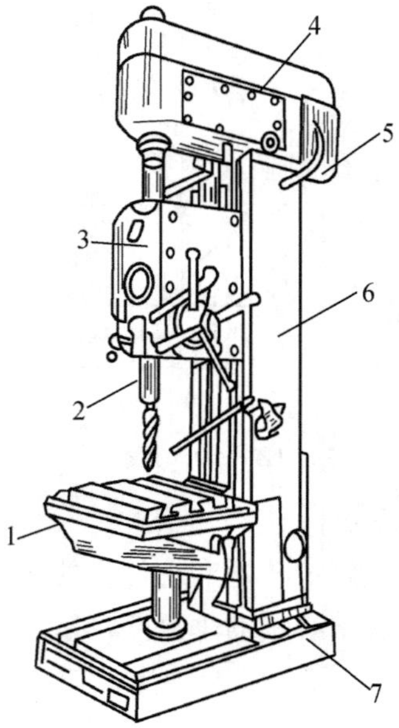

图 8-54　立式钻床

1-工作台；2-主轴；3-进给箱；4-主轴变速箱；5-电动机
6-床身；7-底座

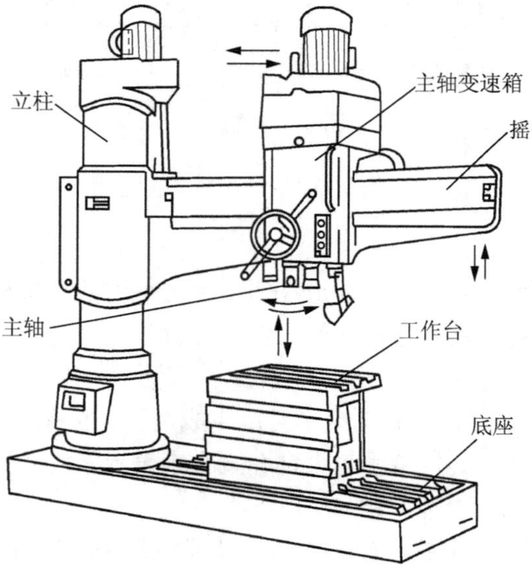

图 8-55　摇臂钻床

8.6.3　刀具及其附件

1. 刀具

（1）麻花钻：钻孔用的刀具主要是麻花钻。它由柄部、颈部和切削部分组成。根据柄部形状分为直柄（图 8-56）和锥柄（图 8-57）两种。切削部分有两个前刀面，两个后刀面，两条主切削刃、两条副切削刃，一条横刃，如图 8-58 所示。两条主切削刃之间的夹角称为顶角，一般取 118°±2°。

图 8-56　直柄钻头

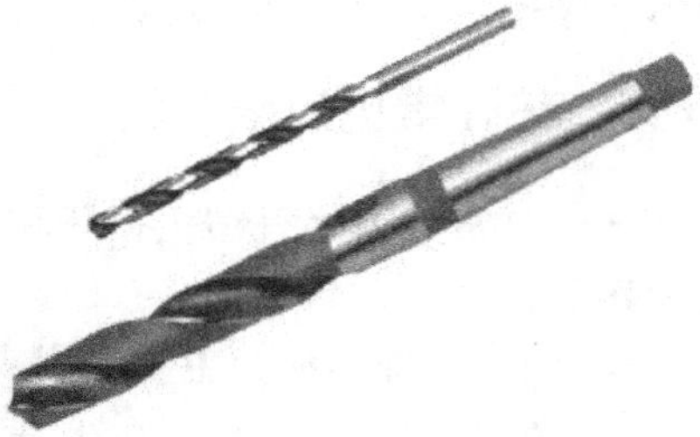

图 8-57　锥柄钻头

（2）扩孔钻：扩孔钻的结构与麻花钻相类似，不同的是，它有 3～4 个切削刃，无横刃，刚度、导向性好，切削平稳，所以加工孔的精度较高、表面粗糙度较好。

（3）铰刀：有手用、机用两种。手用铰刀为直柄，机用铰刀为锥柄。铰刀有 6～12 个切削刃，没有横刃，刚性、导向性更好，加工精度更高。注意使用铰刀铰孔时，铰刀不能反转，以免崩刃。

（4）锪孔钻：常用的有锥形和圆柱形两种。锪孔钻头有 6～12 个刀齿。

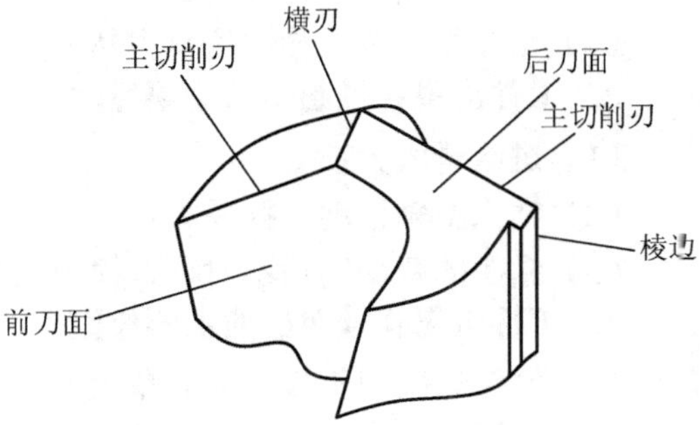

图 8-58　麻花钻的切削部分

2. **附件**

（1）钻头夹：用于装夹直柄钻头。

（2）过渡套筒：用于安装锥柄小于主轴锥孔的锥柄钻头。

（3）平口钳：用于装夹中小型工件。

（4）压板：用于装夹大型工件。

8.6.4　钻孔操作

1. **钻孔**

（1）划线、在孔中心打样冲眼。

（2）钻孔前先试钻一个约孔径 1/4 的浅坑，判断是否对中。

（3）钻孔，钻孔时进给力不要太大，要时常退出钻头排屑，同时加冷却润滑液，孔要钻透时，要减少进给，防止切削突然增大，折断钻头。当加工孔的直径大于 30mm 时，应分两次钻，先钻一个直径较小的孔，再用钻头将孔扩大到所需尺寸。

2. **注意事项**

（1）使用前要检查钻床各部件是否正常；

（2）钻头与工件必须装夹紧固，不能用手握住工件，以免钻头旋转引起伤人事故以及设备损坏事故；

（3）集中精力操作，摇臂和拖板必须锁紧后方可工作，装卸钻头时不可用手锤和其他二具物件敲打，也不可借助主轴上下往返撞击钻头，应用专用工具来装卸；

（4）钻薄板需加垫木板，钻头快要钻透工件时，要轻施压力，以免折断钻头损坏设备或发生意外事故；

（5）钻头在运转时，不能戴手套工作，禁止用棉纱和毛巾擦拭钻床及清除铁屑。工作后钻床必须擦拭干净，切断电源，零件堆放及工作场地保持整齐、整洁。

8.6.5　钻孔常见缺陷分析

钻孔时常见缺陷有钻头损坏和工件报废。工件报废是指孔径超差、孔壁粗糙、钻孔不圆、孔歪斜等。

1. 钻头出现损坏的主要原因

（1）钻头崩刃或磨损，仍继续使用；
（2）切削用量选择过大；
（3）导向套端面与工件表面间距太小，排屑困难；
（4）钻孔终了时，使进给量突然增加。

2. 工件出现孔径超差的主要原因

（1）进给量太大；
（2）钻床主轴松动，摆差大；
（3）钻头的两切削刃不对称，横刃太长。

3. 工件出现孔壁粗糙的主要原因

（1）钻头切削刃不锋利或后角太大；
（2）切屑未及时排除擦伤孔壁；
（3）切削液供给不足；
（4）进给量太大。

4. 工件出现钻孔不圆的主要原因

（1）钻头的两切削刃不对称，后角太大；
（2）钻床主轴松动；
（3）工件未夹紧。

5. 工件出现孔歪斜的主要原因

（1）钻头的两切削刃不对称，横刃太长钻尖磨钝；
（2）钻头与导向套配合间隙过大；
（3）进给量不均匀；
（4）工件未夹紧，有振动；
（5）工件表面不平，有气孔等内部缺陷。

8.7　攻螺纹和套螺纹

8.7.1　攻螺纹

攻螺纹是指用丝锥在工件圆柱孔内加工内螺纹的操作。

1. 攻螺纹工具

1）丝锥

丝锥是加工内螺纹的工具，如图 8-59 所示。丝锥由工作部分和柄部组成。工作部分开有 3～4 条容屑槽，包括切削部分和校准部分。切削部分呈圆锥形，不仅可以省力，而且容易导入。校准部分是用来修光螺纹和引导丝锥轴向移动的。丝锥分为机用丝锥和手用丝锥，它们有左旋和右旋及粗牙和细牙之分。机用丝锥通常是指高速钢磨牙丝锥，螺纹公差带分为H1、H2、H3三种。手用丝锥是用滚动轴承钢GCr9或合金工具钢9SiCr制成的滚牙（或切牙）丝锥，螺纹公差带为H4。手用丝锥一般是两支一套，分别称为头锥、二锥，分别承担7.5∶2.5的切削量。

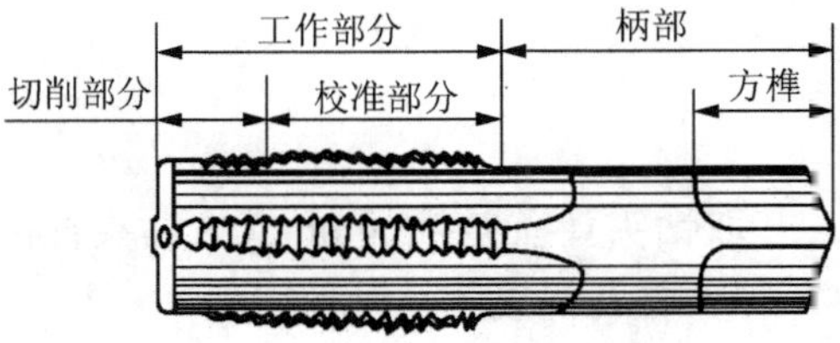

图8-59　丝锥

2）铰手

铰手是手工攻螺纹时用来夹持丝锥的工具，分固定式铰手（图8-60）和可调式铰手（图8-61）两种，常用的是可调式铰手。铰手的规格应与丝锥的大小相适应，否则易造成丝锥的损坏。

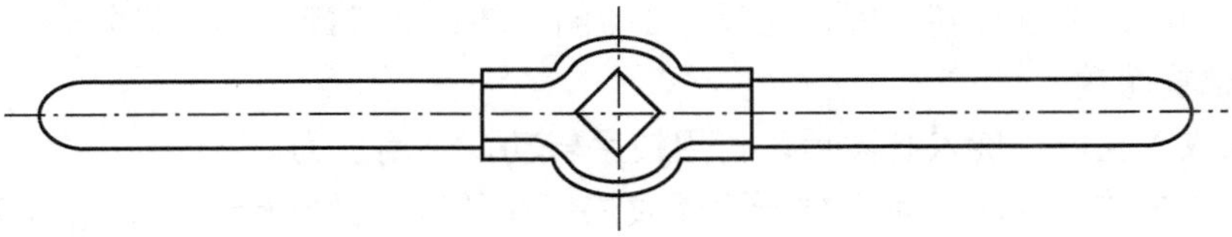
图8-60　固定式铰手

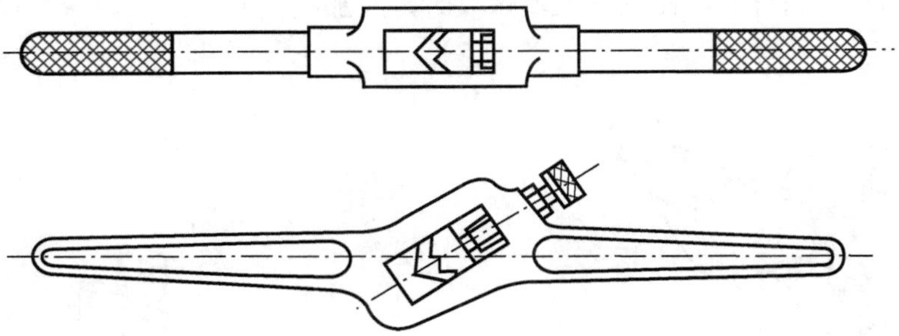
图8-61　可调式铰手

2. 攻螺纹的方法

1）钻孔

攻螺纹前要先钻孔，并在孔口处倒角。故要确定钻孔直径和深度。钻孔时钻头直径可查表或按下列经验公式确定。

（1）在加工钢和塑性较大金属材料时：

钻头直径 D＝螺纹大径 d－螺距 P

（2）在加工铸铁和脆性金属材料时：

钻头直径 D＝螺纹大径 d－（1.05～1.1）螺距 P

攻盲孔螺纹时，由于丝锥切削部分有锥角，端部不能切出完整的牙型，所以钻孔深度要大于螺纹的有效深度，一般取 ：孔的深度 H=螺纹长度 L+0.7 螺纹大径 d。

【例8-1】计算在钢件和铸铁件上攻M10螺纹时，所选钻头直径各为多少?若是盲孔且螺纹有效深度为60mm，则钻孔深度为多少?

解：查表得M10螺纹的螺距 P＝1.5mm。

① 在钢件上攻螺纹时所用钻头直径为

$$D=d-P=10-1.5=8.5\text{mm}$$

钻头直径

② 在铸铁件上攻螺纹时所用钻头直径为

钻头直径 $D=d-$（1.05～1.1）P

$$=10-(1.05\sim1.1)\times1.5$$
$$=10-(1.575\sim1.65)$$
$$=8.35\sim8.425\text{mm}$$

取钻头直径 $D=8.4$mm（按钻头直径标准系列取一位小数）。

③ 钻孔深度为

$$钻孔深度\ H=螺纹长度\ L+0.7\ 螺纹大径\ d=60+0.7\times10=67\text{mm}$$

2）用头锥起攻

如图 8-62 所示，攻螺纹时，将丝锥头部垂直放入孔内，适当加力旋入 1～2 圈，检查丝锥是否与孔的端面垂直，如图 8-63 所示。若不垂直，应及时纠正。当丝锥旋入 3～4 圈后，可只转动而不加压，并且每转一圈，应反转 1/4 圈，使切屑碎断后容易排除。

3）用二锥攻螺纹

先将丝锥放入孔内，旋入几圈后，再用铰手转动，不用加力。

在加工盲孔内的螺纹时，可根据所需螺纹深度在丝锥上做好标记，避免因切屑堵塞而使螺纹达不到深度要求。为了减小切削阻力，降低螺孔的表面粗糙度值，延长丝锥的使用寿命，攻螺纹时一般都应加润滑油。在钢料上攻螺纹时，应加机油润滑，在铸铁上攻螺纹时可加煤油润滑。

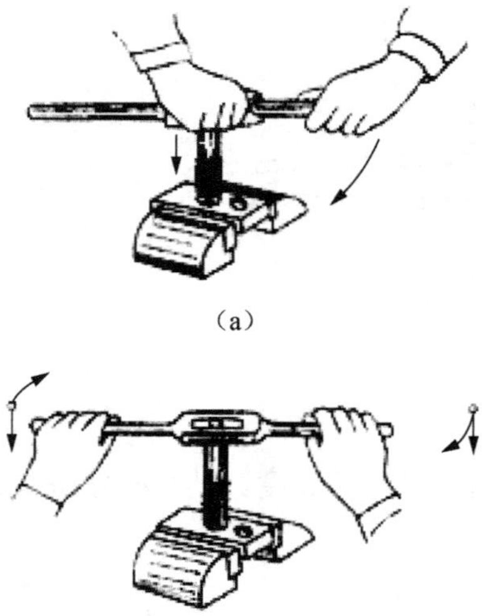

（a）

（b）

图 8-62　起攻方法

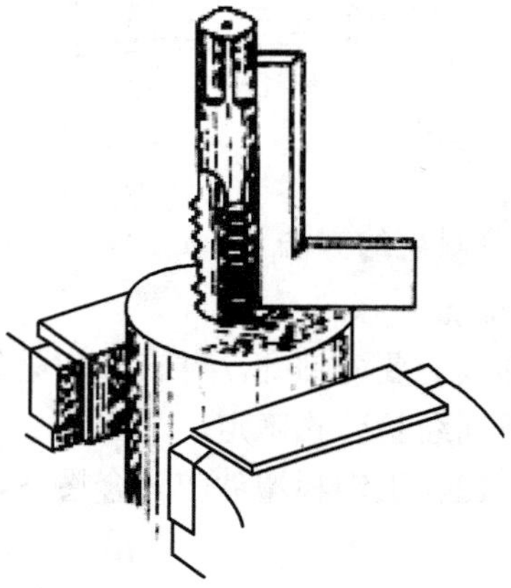

图 8-63　检查丝锥位置

3. 攻螺纹时常见缺陷分析

攻螺纹时常见缺陷有丝锥损坏和工件报废等。丝锥损坏包括崩刃、折断和过快磨损，而工件报废主要是指螺纹出现烂牙。

1）丝锥出现损坏的主要原因

① 螺纹底孔直径偏小或深度不够；

② 丝锥硬度过高，刃磨参数不合理；

③ 切削速度过高，用力过猛，铰手掌握不稳；

④ 丝锥与底孔端面不垂直；

⑤ 工件材料硬度过高或分布不均匀；

⑥ 攻丝时未经常反转铰手，排屑不畅。

2）螺纹出现烂牙的主要原因

① 攻丝进入或退出时，铰手掌握不稳，出现晃动；

② 攻丝时未经常反转铰手排屑；

③ 头锥攻歪螺纹，二锥强行纠正；

④ 攻盲孔时，丝锥已顶住孔底还强行攻削；

⑤ 螺纹孔底直径小或孔口未倒角。

8.7.2 套螺纹

套螺纹是指用板牙在圆杆上加工外螺纹的加工方法。

1. 套螺纹工具

1）板牙

板牙是加工外螺纹的工具，用合金工具钢 9SiCr 或高速钢制作并经淬火回火处理。板牙分固定式和可调式两种。它的外形像一个圆螺母，如图 8-64 所示。由切削部分、校准部分和排屑孔组成。板牙两端有锥角的部分是切削部分，排屑孔是板牙的前刀面，板牙的中间一段是校准部分，也是套螺纹时的导向部分。

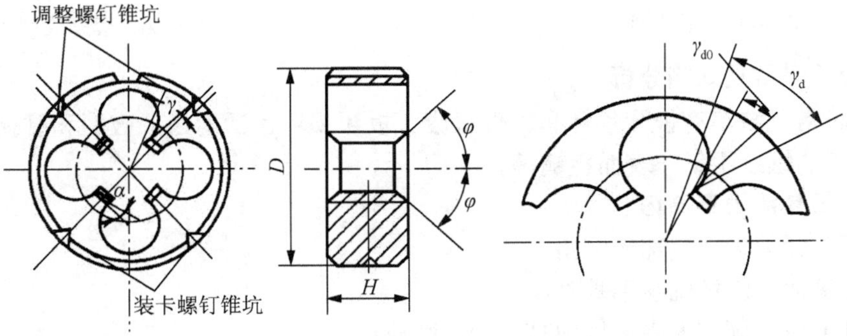

图 8-64　圆板牙

2）板牙架

板牙架是装夹板牙的工具，图 8-65 所示为圆板牙夹。板牙放入后，用螺钉紧固。 不同直径的板牙应选用不同的板牙夹。

2. 套螺纹的方法

1）套螺纹前检查圆杆直径大小和端部倒角

与丝锥攻螺纹一样，用板牙在工件上套螺纹时，工件材料因挤压会产生变形，牙顶将被挤高一些。因此，套螺纹前圆杆直径应稍小于螺纹的大径（公称直径）。

圆杆直径可用下式计算：

$$圆杆直径\ d_o = 螺纹大径\ d - 0.13\ 螺距\ P$$

为了使板牙容易对准工件和切入工件，圆杆端部要倒角，一般做成斜角为 15°～20° 的锥体。锥体的最小直径可略小于螺纹小径，使切出的螺纹端部避免出现锋口和卷边而影响螺母的拧入。

2）装夹工件

套螺纹时，切削力矩较大，又由于工件为圆杆形状，圆杆不易夹持牢固，所以要用硬木的 V 形块或铜板作衬垫，才能牢固地将工件夹紧，要求工件伸出钳口的长度尽可能短些。

3）套螺纹

套螺纹时的手势如图 8-66 所示。起套时，右手手掌按住板牙夹中部，沿圆杆的轴向施加压力，左手配合做顺向旋进，此时转动宜慢，压力要大，应保持板牙的端面与圆杆轴线垂直，否则切出的螺纹牙齿一面深一面浅。当板牙切入圆杆 2～3 牙时，应检查其垂直度。起套后，不应再向板牙施加压力，以免损坏螺纹和板牙，应让板牙自然引进，为了断屑，板牙要时常倒转。在钢件上套螺纹时要加冷却润滑液（一般加注机油或较浓的乳化液，螺纹要求较高时，可用工业植物油），以延长板牙的使用寿命和减小螺纹的表面粗糙度值。

图 8-65　板牙架

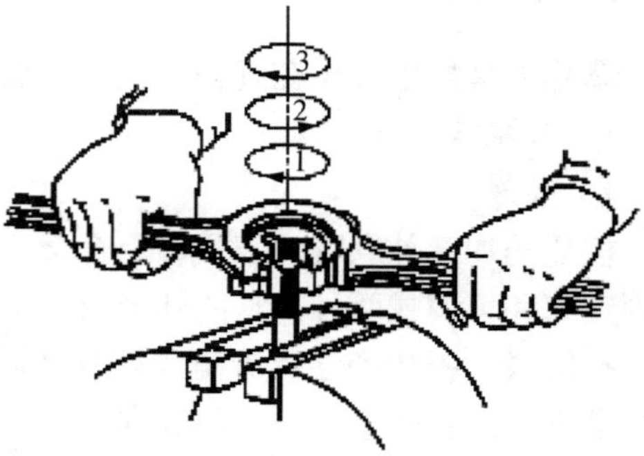

图 8-66　套螺纹

3. 套螺纹时常见缺陷分析

套螺纹时常见缺陷有板牙损坏和工件报废。板牙损坏包括崩齿、破裂和磨损太快等，工件报废指加工的螺纹歪斜、表面粗糙等。

1）板牙损坏的主要原因

① 圆杆直径偏大或端部未倒角；
② 板牙端面与圆杆轴线不垂直；
③ 圆杆或板牙硬度太高，切削时未加切削液；
④ 转动板牙架时，速度过快，用力过猛；
⑤ 未经常反转板牙架断屑，造成排屑不畅。

2）工件报废的主要原因

① 板牙端面与圆杆轴线不垂直；
② 板牙架转速过快；板牙磨钝或有积屑瘤；
③ 板牙转动不平稳，左右摇晃。

8.8　刮削与研磨

8.8.1　刮削

刮削是用刮刀从工件表面上刮去一层很薄的金属的操作，是工件精加工的一种方法。如图 8-67 所示。它不受工件形状、位置以及设备条件的限制，具有切削量小、切削力小、产生热量小、装夹变形小等特点，能获得很高的加工精度及较低的表面粗糙度值，常用于要求配合良好的重要滑动面，如机床导轨、滑动轴承等。由于每次的刮削量很少，要求机械加工后留下的刮削余量不宜太大，刮削前的余量一般在 0.05～0.4mm，具体数值根据工件刮削面积大小而定。

图 8-67　刮削

1．**刮削工具**

1）刮刀

刮刀是刮削中用到的主要工具，常用 T10A、T12A 和 GCr15 钢制造。刀头部分要求具有足够的硬度，刃口必须锋利，用钝后，可在油石上修磨。刮刀分为平面刮刀和曲面刮刀两种。平面刮刀又分为粗刮刀、细刮刀和精刮刀三种，主要用来刮削平面，也可用来刮削外曲面。曲面刮刀分为内曲面刮刀和外曲面刮刀两种。

2）校准工具

校准工具有校准平板、校准直尺和角度直尺三种，用来为刮削提供依据并检验刮削表面的精度。

3）显示剂

常用的显示剂叫红丹粉，成分有两种：一种是氧化铁，呈褐红色称为铁丹；另一种是氧化铅，呈枯黄色称为铅丹。颗粒较细，使用时，用机油调合而成。红丹粉广泛用于铸铁和钢的工件，因为它没有反光、显点清晰、其价格又较低廉，故为最常用的一种。刮削时，红丹粉可涂在工件表面上，也可涂在基准面上。另一种显示剂是蓝油，它是用普鲁士蓝粉和蓖麻油及适量的机油调和而成的。用蓝油，研点小而清楚，故用于精密工件或铜合金、铝合金的工件上。有时候为了使研点清楚，与红丹粉同时使用。使用时，将红丹粉涂在工件表面，基准面上涂以蓝油。通常粗刮时红丹粉应调得稀些，精刮时可调节得稠些，在工件表面应涂得薄些。涂色时要分布均匀，并要保持清洁，防止切屑和其他杂物或砂粒等渗入，否则堆磨时容易划伤工件的表面和基准面。

2．**平面刮削方法**

1）粗刮

当工件表面还留有较深的加工刀痕，工件表面严重生锈，或刮削余量较多（0.1～0.05mm）的情况下，都需要进行粗刮。粗刮的目的，是用粗刮刀在刮削面上均匀地铲去一层较厚的金属，使其很快去除刀痕、锈斑或过多的余量。粗刮刀的运动方向与工件表面的原刀痕方向成 45° 角，每次刮削要交叉进行。刮削后的研点达到（2～5）/（25×25）mm^2 时，粗刮完成。

2）细刮

细刮主要是进一步改善刮削面的不平现象，用细刮刀在工件上刮去稀疏的大块研点。刮削时，可采用短刮法（刀迹长度约为刀刃的宽度）刮削。刮点要准，用力均匀，轻重合适，在每刮一遍时须保持同一方向，刮第二遍时要交错刮削，以消除原方向的刀迹，否则刀刃容易在上一遍刀迹上产生滑动。把粗刮留下的大块研点分割至（8～15）/（25×25）mm^2时，细刮完成。

3）精刮

在细刮的基础上，通过精刮增加研点，使工件符合精度要求。刮削时，用精刮刀采用点刮法刮削。精刮时，更要注意落刀要轻，起刀要迅速挑起。在每个研点上只刮一刀不应重复，并始终交叉地进行刮削。当研点逐渐增多到 20 点/（25×25）mm^2 以上时，可将研点分为三类，分别对待，最大最亮的研点全部刮去；中等研点在其顶点刮去一小片；小研点留着不刮。这样连续刮几遍，待出现的点数达到要求即可。在刮到最后两三遍时，研点刀迹大小应该一致，排列应该整齐，以增加刮削面美观。

4）刮花

刮花是用刮刀在刮削面上刮出装饰性花纹。其作用是使刮削表面美观整齐和储藏润滑油。常见的花纹形状有斜纹花、鱼鳞花和半月花等。

3. 注意事项

（1）刮削前，工件的锐边、锐角必须去掉，防止碰手。

（2）刮削工件边缘时，不能用力过大过猛。

（3）刮刀用后，用纱布包裹好妥善安放。

8.8.2 研磨

用研磨工具和研磨剂从工件表面上磨掉一层极薄的金属的加工方法，称为研磨。与其他加工方法相比，经过研磨加工后的表面粗糙度较小，一般情况表面粗糙度为 *Ra*0.8～0.05，尺寸精度可以达到 0.001～0.005mm，还可通过研磨来纠正工件在一般机械加工方法中产生的形状误差。经过研磨后的工件，表面粗糙度很小，形状准确，所以工件的耐磨性和抗疲劳强度也相应得到提高，从而延长了零件的使用寿命。由于研磨的切削量很小，一般每研磨一遍所能磨去的金属层不超过 0.002mm，所以研磨余量不能太大。否则会使研磨时间增加并且使研磨工具的使用寿命缩短。通常研磨余量在 0.005～0.03mm 比较适宜。有时研磨余量就留在工件的公差以内。

1. 研磨工具

1）研具

研具的形状与被加工工件的表面形状一样。研具材料要求具有良好的嵌砂性、耐磨性和较高的精度，硬度比工件硬度稍低。灰铸铁是常用的研具材料，因为铸铁润滑性能好、磨耗较慢、硬度适中，而且研磨剂容易涂布均匀，效果好。

2）研磨剂

研磨剂是磨料和研磨液混合而成的混合剂。磨料在研磨中起切削作用。常用的磨料有刚玉类磨料、碳化硅磨料和金刚石磨料等。研磨液具有调和磨料、润滑和冷却作用。常用的研磨液有煤油、汽油、机油工业甘油和熟猪油等。

2. 研磨方法

研磨分为手工研磨和机械研磨。钳工一般采用手工研磨。

1）选择合适的磨具和研磨运动轨迹

如图 8-68 所示，研磨时，为使工件表面切削均匀，合理的研磨运动轨迹对提高研磨效率、工件表面质量及研具的使用寿命都有直接影响。手工研磨时常采用的运动轨迹有直线、摆线、螺旋线和 8 字形等。

2）研磨

研磨前，先把研磨平板清洗干净并擦干，再在研磨平板上涂上适当的研磨液，然后将二件需研磨的表面合在平板上，沿平板的全部表面以选定的运动轨迹移动工件，并不断改变二件的运动方向。研磨时，工件受压面的压力分布要均匀，大小要适当。研磨速度不能太快，防止工件发热变形，降低研磨质量。

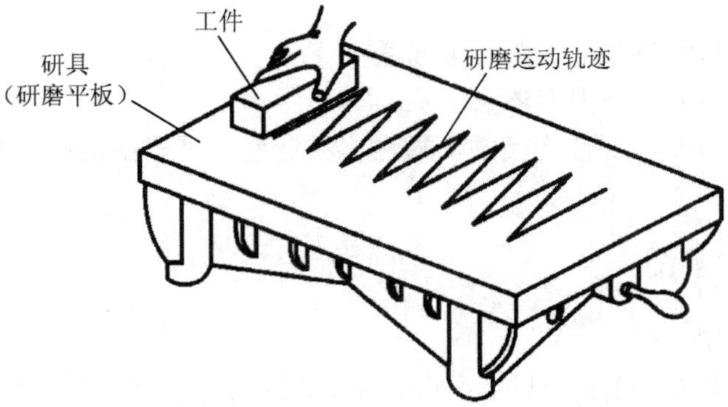

图 8-68　手工研磨运动轨迹的形式

8.9　装　　配

8.9.1　装配概述

从原材料进厂起，到机器在工厂制成，需要经过铸造、锻造毛坯，在金工车间把毛坯制成零件，用车、铣、刨、磨、钳等加工方法，改变毛坯的形状、尺寸。装配就是在装配车间，按照一定的精度、标准和技术要求将若干零件组装成机器的过程，然后，经过调整、试验合格后装箱，整个工作完成。装配是机械制造过程中的最后一道工序，对产品质量起着决定性的作用，对机器的性能和使用寿命也有很大影响。

装配分为组件装配、部件装配和总装配。

（1）组件装配：将若干个零件安装在一个基础零件上形成一个组件。如减速器中的一根传动轴，它是由齿轮、轴承和键等零件装到轴上形成的一个组件。

（2）部件装配：将若干个零件、组件安装在另一个基础零件上形成一个部件。如机床的主轴箱、进给箱等。

（3）总装配：将若干个零件、组件、部件安装在另一个较大、较重的基础零件上构成产品为总装配。如汽车。

8.9.2　装配工艺

1．装配前的准备工作

（1）研究和熟悉装配图的技术条件，了解产品的结构和零件的作用，以及相互连接关系。

（2）确定装配的方法、程序和所需设备、工艺装备和其他工具。

（3）清理和洗涤零件上的毛刺、铁屑、锈蚀、油污等脏物。

2. 装配

根据装配图的技术要求，按组件装配—部件装配—总装配的次序进行装配。在装配过程中要逐项进行检查，并经调整、试验、喷漆、装箱等步骤。

3. 注意事项

（1）装配时应检查，零件是否合格，有无变形、损坏等；

（2）固定连接的零部件不准有间隙，活动连接的零部件应能在正常间隙下，灵活均匀地按规定方向运动；

（3）各运动表面润滑充分，油路必须畅通；

（4）密封部件，装配后不得有渗漏现象；

（5）试车前，应检查各部件连接的可靠性、灵活性，试车由低速到高速，根据试车情况进行调整达到要求。

8.9.3 典型组件的装配

1. 滚动轴承的装配

滚动轴承的装配多数为较小的过盈配合。装配方法有直接敲入法、压入法和热套法。轴承装在轴上时，作用力应作用在内圈上（图 8-69（a）)，装在孔里作用力应作用在外圈上（图 8-69（b)），同时装在轴上和孔内时作用力应作用在内外圈上（图 8-69（c)）。

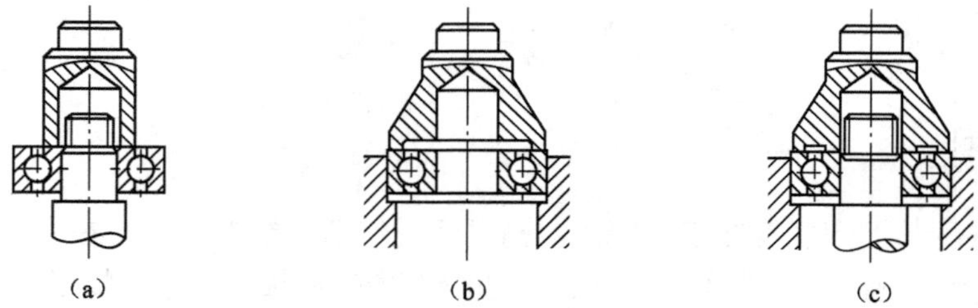

图 8-69　轴承的安装

2. 螺钉、螺母的装配

（1）螺纹配合应做到能用手自由旋入，过紧咬坏螺纹，过松螺纹易断裂；

（2）螺母端面应与螺杆轴线垂直以便受力均匀；

（3）零件与螺母的贴合面应平整光洁，否则螺纹容易松动，还会使螺杆承受附加弯矩。

（4）装配成组螺纹连接时，为了保证零件贴合面受力均匀，螺母应按图 8-70 所示顺序来拧紧，为了保证每个螺栓受力合理，螺母不要一次拧紧，要分两次或三次完成。

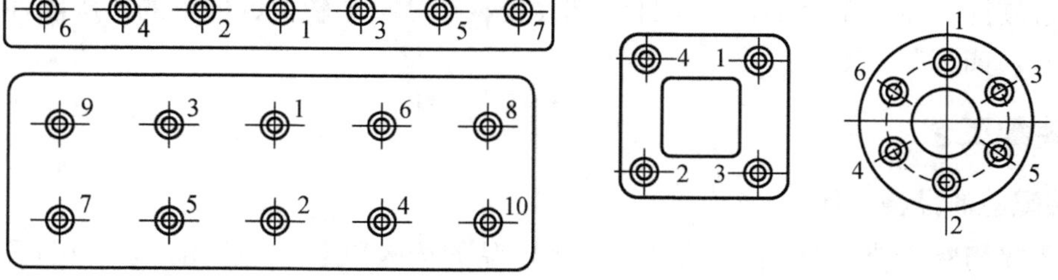

图 8-70　螺母拧紧顺序

（5）在振动、冲击和动载荷条件下工作的螺纹连接，必须采用防松装置。常用的螺纹防松方法如图 8-71 所示。

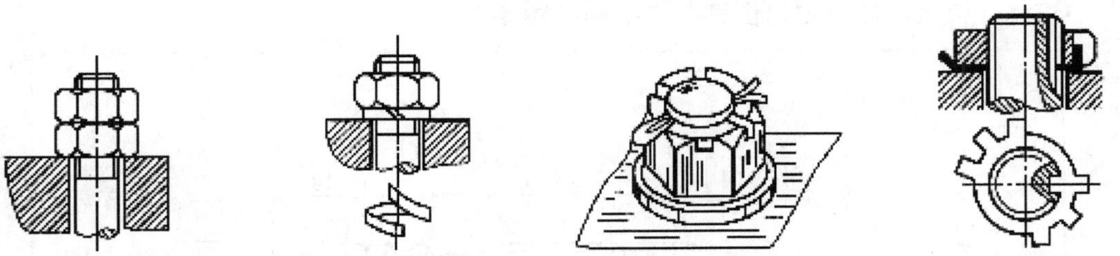

（a）双螺母防松　（b）弹簧垫圈防松　（c）开口销防松　（d）圆螺母防松

图 8-71　常用螺纹连接的防松方法

3. 键的装配

（1）出除键槽锐边、毛刺。

（2）选取合适的键长，将键装入轴上键槽，要求键底面与轴上键槽底部接触，键的两侧与轴应有一定的过盈量。

（3）试装轮毂。如果轮毂键槽与键配合太紧，可适当挫修键槽，但不能有松动，还需保证键顶面与轮毂键槽底面有一定间隙。如图 8-72 所示。

8.9.4　拆卸操作规程

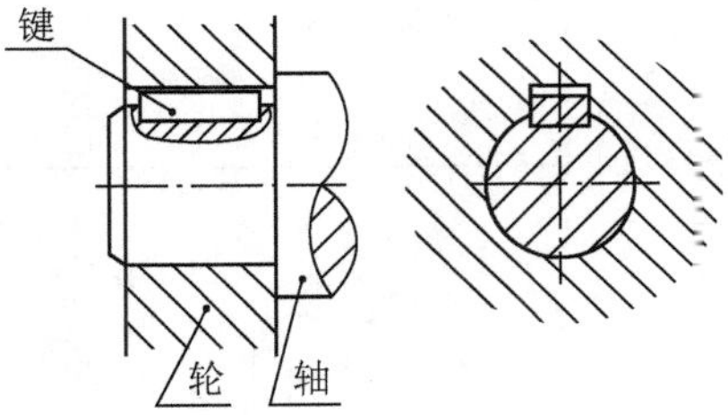

图 8-72　平键连接

（1）分析装配图，了解机器的工作原理，确定拆卸方案。

（2）根据机器的结构，预先考虑好操作程序，以免先后倒置。

（3）拆卸顺序与装配顺序相反。一般先拆外部附件，然后按总成、部件进行拆卸。

（4）拆卸时合理使用工具，保证对合格零件不损伤。

（5）拆卸螺纹连接时要辨明螺纹的旋向。

（6）拆下的部件和零件应按顺序、有规则地放好，防止装配时弄错。

（7）严禁用铁锤等硬物敲击零件。

8.10　钳 工 实 训

实训内容：手锤制作，手锤零件图如图 8-73 所示。

1. 准备工作

（1）下料：使用材料为 45 号钢，毛坯大小如图 8-74 所示。

（2）使用设备：台虎钳、台钻。

（3）使用工具和量具：钳工锉、整形锉、高度尺、钢板尺、划针、钻头、丝锥、绞手、锯弓、锯条、样冲、游标卡尺、直角尺、刀口尺等。

2. 工艺分析

任何零件加工方法并不是唯一的，有多种方法可以选择。但为了便于加工，方便测量保证加工质量，同时减小劳动强度，缩短时间周期，特列举下面加工路线：检查毛坯→分别加工第一、二、三面→加工端面→锯斜面→加工第四面→加工总长→加工斜面→加工倒角→

钻孔、攻丝→检查精度→锐角倒钝并去毛刺（图 8-75）。

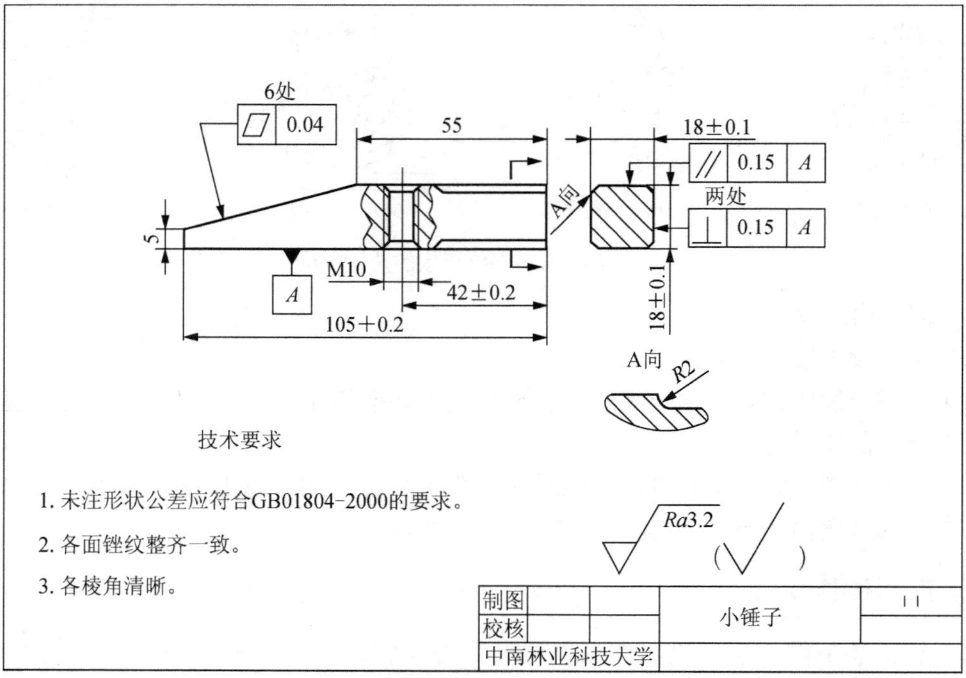

图 8-73　手锤零件图

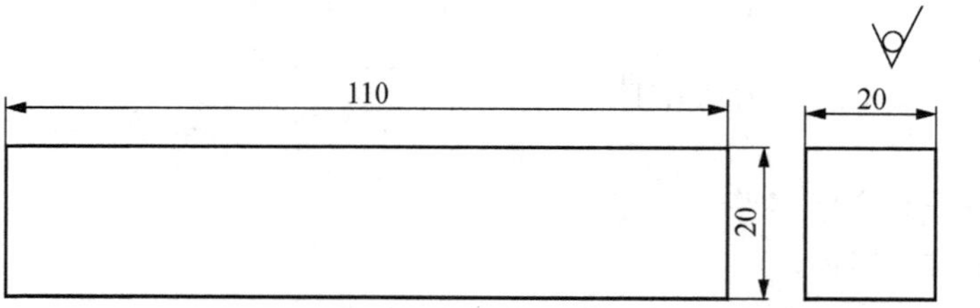

图 8-74　材料

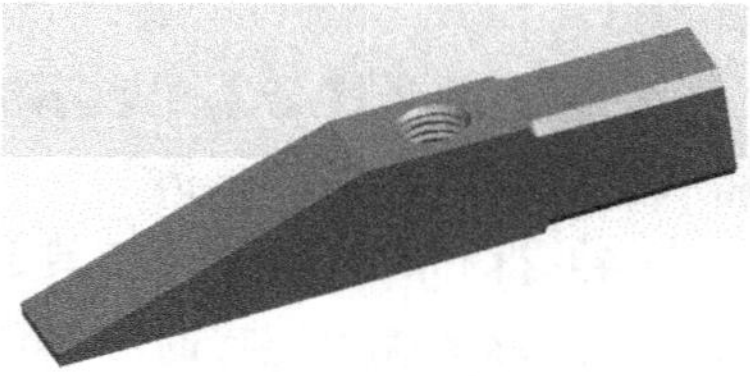

图 8-75　零件加工

3．具体加工步骤

（1）检查毛坯尺寸大小、形状误差，确定加工余量。

（2）加工第一面，达到平面度 0.04mm、粗糙度 *Ra*3.2 要求。

（3）加工第二面，达到垂直度 0.15mm、平面度 0.04mm、粗糙度 *Ra*3.2 要求。

（4）加工第三面，并保证尺寸 18±0.1mm、平行度 0.15mm，同时达到垂直度 0.15mm、平面度 0.04mm、粗糙度 *Ra*3.2 要求。

（5）加工端面，粗糙度 *Ra*3.2。

（6）以端面和第一面为基准划出锤头外形的加工界线，并用锯削方法去除多余余量（图 8-76）。

（7）加工第四面，并保证尺寸 18±0. 1mm、平行度 0. 15mm，同时达到垂直度 0. 15mm、平面度 0. 04mm、粗糙度 *Ra*3. 2 要求。

（8）加工总长保证尺寸 105±0. 2mm。

（9）加工斜面，并达到尺寸 55mm、2mm、还要保证垂直度、平面度 0.04mm 及粗糙度 *Ra*3.2 要求。

（10）按图样要求划出 4-2×45° 倒角和 4-R2 的加工界线，先用圆锉加工出 R2，后用板锉加工出 2×45° 倒角，并连接圆滑。

（11）按图样要求划出螺纹孔的加工位置线（图 8-77），钻孔ϕ8.5，孔口倒角 1.5×45° 再攻丝 M10。

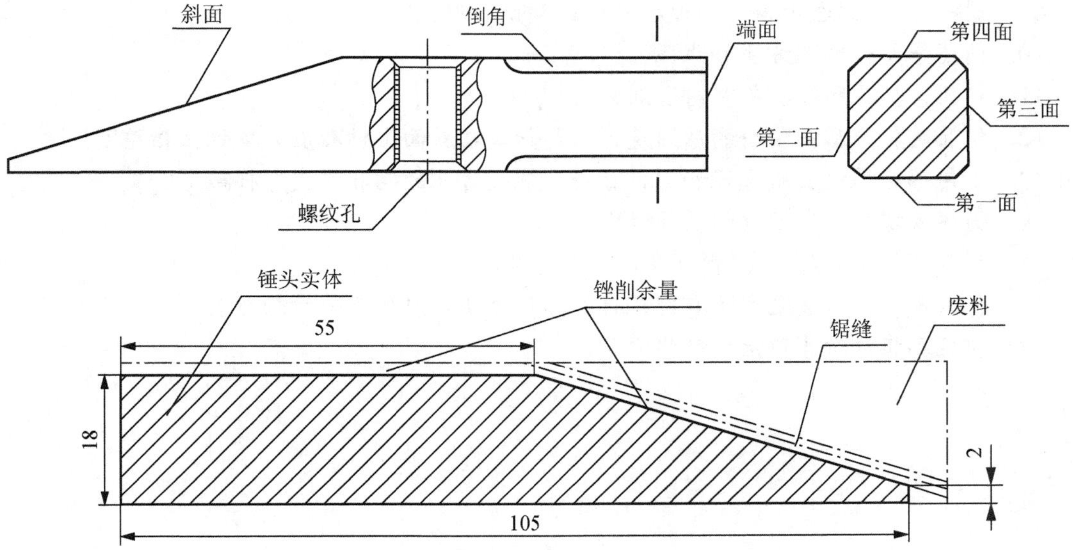

图 8-76 手锤加工示意图

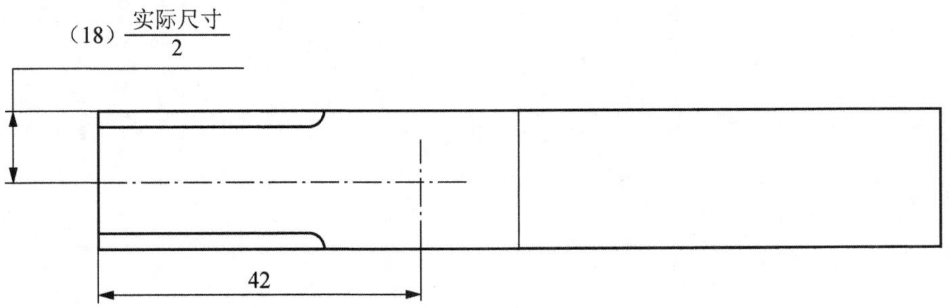

图 8-77 孔的加工位置

具体操作方法步骤如下：

① 划线敲样冲，检查样冲眼是否敲正。

② 钻ϕ3 深 2 的定位孔，检查孔距是否达到要求。

③ 钻孔ϕ8.5、孔口倒角 1.5×45° 。

④ 攻丝 M10 螺纹孔。

（12）全部精度复检，作必要的修整锉削，并去毛刺锐角倒钝。

思考和练习

1. 钳工有何特点？其加工范围有哪些？
2. 钳工的基本操作有哪些？
3. 划线的作用是什么？
4. 什么是划线基准？如何选择划线基准？

5. 锯条的选择原则是什么？安装时应注意哪些问题？
6. 锯削操作的要领是什么？
7. 锯削时，常见缺陷有哪些？其出现的原因是什么？
8. 錾削操作的要领是什么？
9. 根据什么原则选用锉刀的大小、粗细和截面形状？
10. 简述平面锉削的方法和步骤。
11. 钻孔、扩孔和铰孔各有何区别？
12. 钻孔时轴线容易偏斜的原因是什么？如果在斜面上钻孔应采取什么措施？
13. 如何确定螺纹孔底直径和圆杆直径？螺纹盲孔的钻孔深度怎样确定？
14. 简述攻螺纹和套螺纹的操作步骤。
15. 刮削有何特点和用途?简述平面刮削方法。
16. 什么是装配？装配方法有哪几种？各种方法各应用于何种场合？
17. 安装和拆卸时各应注意哪些问题？

第 9 章　现代加工技术

教学提示　区别于传统的加工方法，现代加工方法有非常显著的特征：加工表面质量更好、加工精度更高、加工范围更广、切削效率更高、环保节能等。例如，数控车床、电火花加工、激光加工和超声波加工等，正逐渐地成为现代加工的主流设备，在很多工程企业，数控设备已经必不可少，而对一些特殊的复杂形面的零件，则必须使用数控设备进行加工。数字化是现代加工设备运行的主流形式，因此，掌握各类数控加工的基本原理，学好数控编程方法，是真正熟练运用现代加工方法解决当前实际工程问题的前提。

教学要求　本章主要使学生了解典型现代加工技术和方法特点和应用，掌握典型数控设备操作的基本要求和规范，并能配合实践教学，学会简单零件和综合类零件的数控加工。

9.1　数控机床概述

9.1.1　数控机床基本概念

1．数控发展历史

最早进行数控机床研制的是美国人。美国帕森斯公司正式接受委托，与麻省理工学院司服机构实验室合作，于 1952 年成功试制世界上第一台数控机床试验性样机，是一台三坐标立式数控铣床。1959 年，美国克耐・杜列克公司（Keaney&Trecher）首次成功研发了加工中心（Machining Center）。此后，世界上其他一些工业国家也都开始开发、生产及应用数控机床。

中国数控机床的研制是从 1958 年起步的。目前，美国、日本、德国、法国及俄罗斯等国家的数控机床已经进入大批量生产阶段，其中日本发展速度最快，数控化率达 70%，居世界第一位。

当今世界著名的数控系统厂家有日本的 FANUC、德国的 SIEMENS、美国的 A-B 公司等。

1959 年，美国克耐・杜列克公司成功开发了具有刀库、刀具交换装置、回转工作台的数控机床——加工中心（Machining Center），成为当今数控机床发展主流。21 世纪机械制造业的竞争，其实质是数控技术的竞争。

2．数控有关概念

NC（Numerical Control）即数字控制，是用数字化信号对机床运动及其加工过程进行控制的一种方法。

数控技术（Numerical Control Technology），是利用数字化信息对机床运动及其加工过程进行控制的一种技术。

数字控制系统（Numerical Control System）是一种程序控制系统，它能逻辑地处理输入到系统中的数控加工程序，控制数控机床运动并加工出零件。

CNC（computer numerical control）即计算机数控，它是以计算机为核心的数控系统。

数控机床（numerical control machine tools）是一个装有数字控制系统的机床，该系统能够处理加工程序，控制机床自动完成各种加工运动和辅助运动。

3．数控机床工作过程

首先分析零件的几何形状和加工工艺，然后编制数控加工程序，把程序输入数控系统（数控系统将加工程序翻译成机器能够理解的控制指令），最后由伺服系统将控制指令变换和放大后驱动机床上的主轴电机和进给伺服电机转动，并带动机床的工作台移动，从而实现零件的加工，如图 9-1 所示。

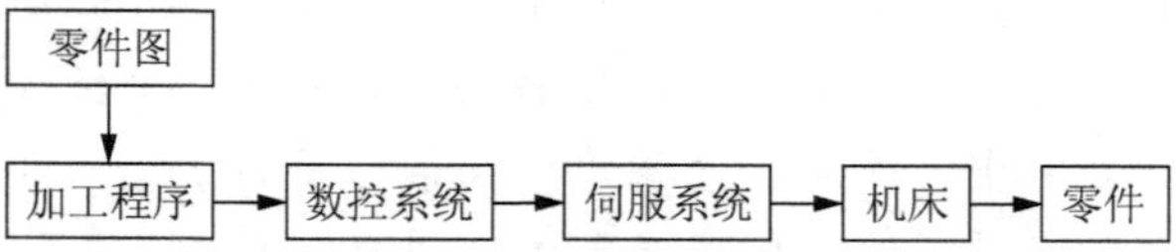

图 9-1　数控机床工作过程

9.1.2　数控机床组成

数控机床一般由控制介质、数控系统、伺服系统、反馈装置和机床本体等部分组成，如图 9-2 所示。

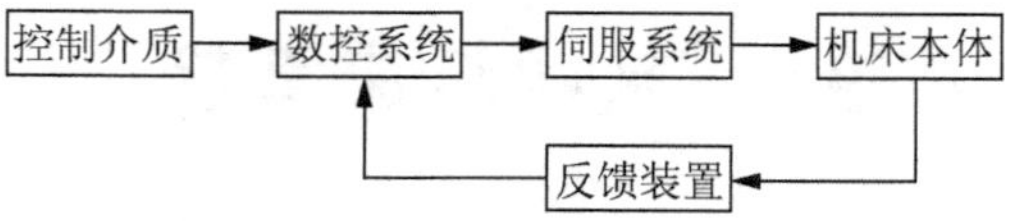

图 9-2　数控机床组成

1．控制介质

控制介质是 CNC 系统与外部设备进行交互的装置，主要用于程序的编制、程序和数据的输入及存储等。数控机床常用的输入介质有磁带、磁盘、存储卡和操作键盘等，功能较高的数控系统通常还会带有自动编程机或者计算机辅助设计及计算机辅助制造系统。

2．数控系统

数控系统是数控机床的核心，用于接受来自输入设备的程序和数据，并按输入信息的要求完成数值计算、逻辑判断和输入输出控制等功能。

数控装置的组成有计算机系统、输入输出接口板、机床控制器（PLC）和相应的控制软件等。

3．伺服系统

伺服系统用于接受数控装置的指令，驱动机床执行机构运动的驱动部件（如主轴驱动、进给驱动）。

伺服系统的组成有伺服控制电路、功率放大线路和伺服电动机等。数控机床常用的伺服电动机有步进电动机、液压马达、直流或交流伺服电动机等。

4．机床本体

机床本体主要包括以下主要部件。

（1）主运动部件、进给运动部件：如主轴、工作台以及相应的传动机构等。

（2）支承件：如立柱、床身等。

（3）特殊装置：如刀具自动交换系统。

（4）配套部件：如冷却、排屑、防护、润滑。

（5）辅助装置：如编程机、对刀仪等。

5. **反馈装置**

反馈装置主要由测量部件、测量电路等部件组成，其作用用于检测速度和位移，并将信息反馈给数控装置，构成闭环控制系统。

数控机床常用的测量部件有脉冲编码器、旋转变压器、感应同步器和光栅等，如图 9-3 和图 9-4 所示。

图 9-3　脉冲编码器

图 9-4　光栅

9.1.3　数控机床分类

数控机床的品种规格繁多，结构功能各不相同，通常可以按以下三种方式分类。

1. **按照运动轨迹划分**

数控机床按照运动轨迹可以划分为点位控制机床和轮廓控制机床。

1）点位控制机床

点位控制仅控制刀具相对于工件从一点到另一点的精确定位运动，对刀具运动轨迹不作控制要求，运动过程可以实现单坐标或两坐标同时快移，在运动过程中不进行任何加工，即走空刀，其运动轨迹如图 9-5 所示。

点位控制主要适用于数控钻床、数控镗床和数控冲床等。

2）点位直线控制机床

如图 9-6 所示，点位直线控制是指数控系统除控制直线轨迹的起点和终点的准确定位外，还要控制在这两点之间以指定的进给速度进行直线切削。采用这类控制的有数控铣床、数控车床和数控磨床等。

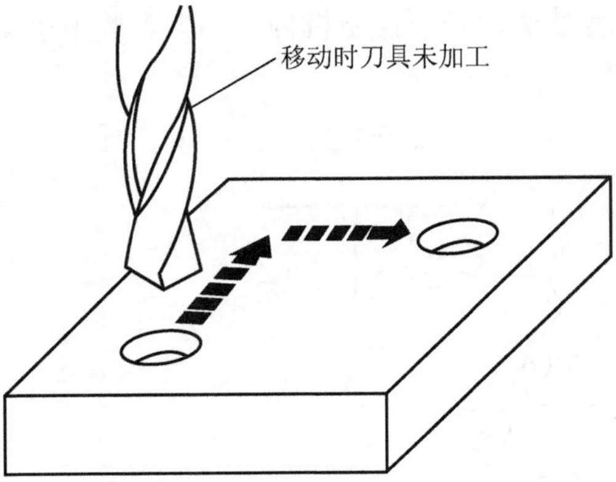

图 9-5　点位控制机床运动轨迹

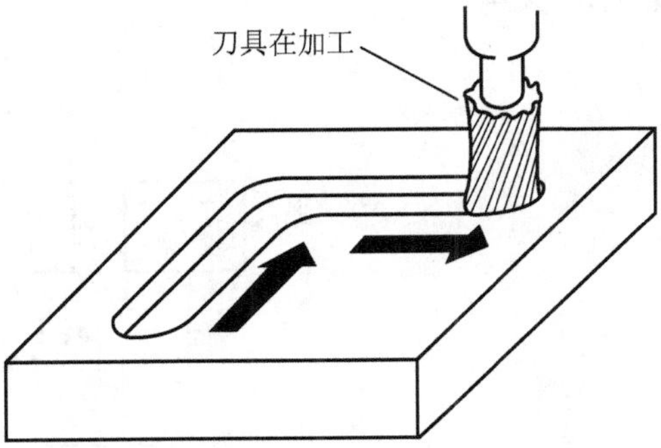

图 9-6　点位直线轨迹控制机床运动轨迹

3）轮廓控制机床

亦称连续轨迹控制，如图 9-7 所示，能够连续控制两个或两个以上坐标方向的联合运动。为了使刀具按规定的轨迹加工工件的曲线轮廓，数控装置具有插补运算的功能，使刀具的运动

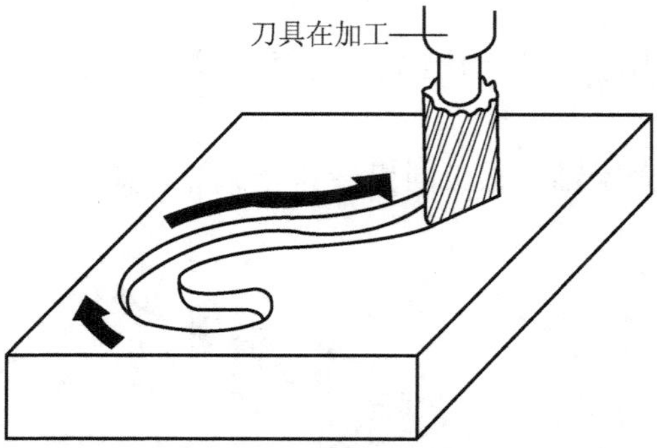

图 9-7　轮廓控制机床运动轨迹

轨迹以最小的误差逼近规定的轮廓曲线，并协调各坐标方向的运动速度，以便在切削过程中始终保持规定的进给速度。采用这类控制的有数控铣床、数控车床、数控磨床和加工中心等。

2. 按照控制方式划分

1）开环控制系统

开环控制系统是指不带反馈装置的控制系统，由步进电机驱动电路和步进电机组成，如图 9-8 所示。数控装置经过控制运算发出脉冲信号，每一脉冲信号使步进电机转动一定的角度，通过滚珠丝杠推动工作台移动一定的距离。

开环控制伺服机构比较简单，工作稳定，容易掌握使用，但运动精度和运动速度的提高受到限制。

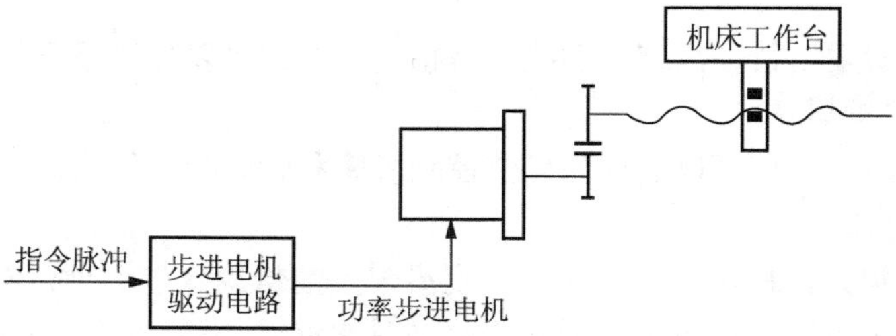

图 9-8　开环控制

2）半闭环控制系统

如图 9-9 所示，半闭环控制系统是在开环控制系统的伺服机构中装有角位移检测装置，通过检测伺服机构的滚珠丝杠转角间接检测移动部件的位移，然后反馈到数控装置的比较器中，与输入原指令位移值进行比较，用比较后的差值进行控制，使移动部件补充位移，直到差值消除的控制系统。

这种伺服机构所能达到的精度、速度和动态特性优于开环伺服机构，为大多数中小型数控机床所采用。

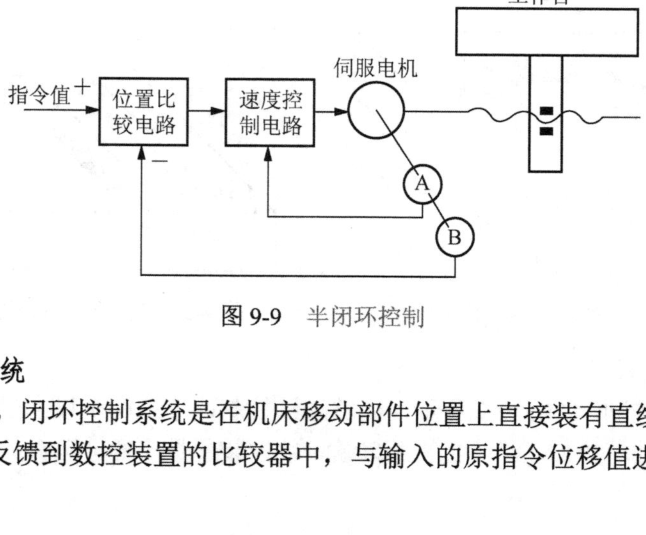

图 9-9　半闭环控制

3）闭环控制系统

如图 9-10 所示，闭环控制系统是在机床移动部件位置上直接装有直线位置检测装置，将检测到的实际位移反馈到数控装置的比较器中，与输入的原指令位移值进行比较，用比较后的差值控制移动部件作补充位移，直到差值消除时才停止移动，达到精确定位的控制系统。

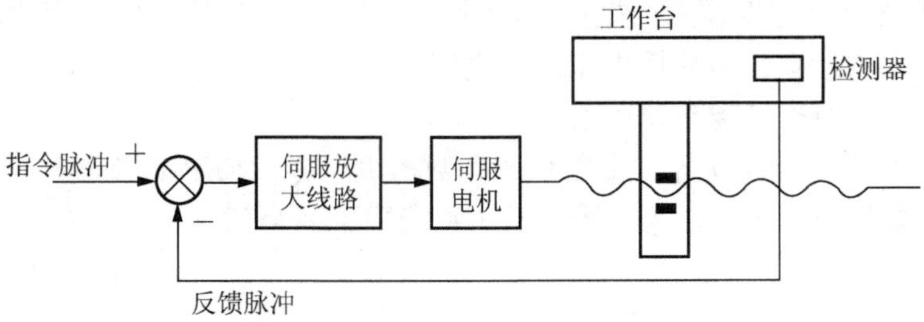

图 9-10　闭环控制系统

3. 按联动轴数分类

数控系统控制几个坐标轴按需要的函数关系同时协调运动，称为坐标联动，按照联动轴数可以分为以下几种。

（1）两轴联动：数控机床能同时控制两个坐标轴联动，适于数控车床加工旋转曲面或数控铣床铣削平面轮廓。

（2）两轴半联动：在两轴的基础上增加了 Z 轴的移动，当机床坐标系的 X、Y 轴固定时，Z 轴可以作周期性进给。两轴半联动加工可以实现分层加工。

（3）三轴联动：数控机床能同时控制三个坐标轴的联动，用于一般曲面的加工，一般的型腔模具均可以用三轴加工完成。

（4）多坐标联动：数控机床能同时控制四个以上坐标轴的联动。多坐标数控机床的结构复杂，精度要求高、程序编制复杂，适于加工形状复杂的零件，如叶轮叶片类零件。

通常三轴机床可以实现两轴、两轴半、三轴加工；五轴机床也可以只用到三轴联动加工，而其他两轴不联动。

9.1.4　数控机床优缺点

数控机床较好地解决了复杂、精密、小批、多变的零件加工问题，是一种灵活的、高效能的自动化机床，尤其对于约占机械加工总量 80%的单件、小批量零件的加工，更显示出其特有的灵活性。概括起来，采用数控机床有以下几方面的优点。

（1）提高加工精度，结构上引入滚珠丝杠、采用软件精度补偿技术、加工全程由程序控制，减少人为因素对加工精度的影响，尤其提高了同批零件加工的一致性，使产品质量稳定；

（2）提高生产效率，一般提高效率 3～5 倍，使用数控加工中心机床则可提高生产率 5～10 倍，节约时间与资金；

（3）可加工形状复杂的零件，如螺旋桨；

（4）减轻了劳动强度，改善了劳动条件；

（5）有利于生产管理和机械加工综合自动化的发展。

但是数控机床也存在以下缺点。

（1）由于费用高昂，加工大批量零件不利；

（2）操作人员要求素质高，工资成本高；

（3）系统复杂，修理复杂，维护费用高，需要好的工作环境。

9.1.5　数控机床加工范围

一般来说，数控机床特别适合于加工零件较复杂、精度要求高、产品更新频繁、生产周期要求短的场合。数控加工适用范围可用图 9-11 粗略表示。

图 9-11 为零件复杂程度及生产批量的不同，三种机床的应用范围的变化，当零件不太复杂、生产批量较小时，宜采用通用机床；当生产批量很大时，宜采用专用机床；而随着零件复杂程度的提高，数控机床越来越适用。

从图 9-11 中可看出通用机床、专用机床和数控机床零件加工批量与生产成本的关系。在多品种、中小批量生产情况下，采用数控机床总费用更为合理。

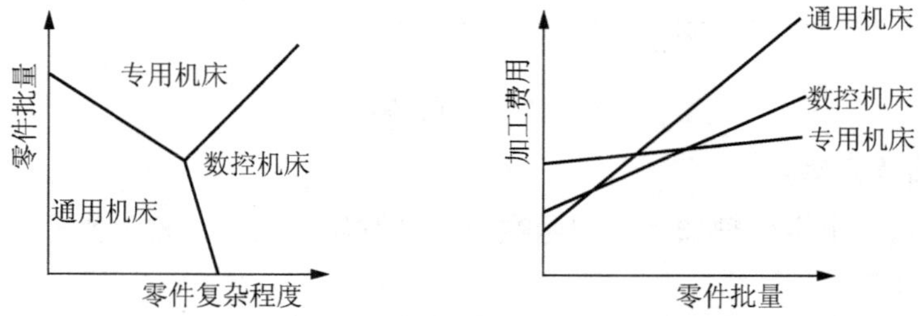

图 9-11　数控机床加工范围

9.2　数控编程简介

9.2.1　数控编程的步骤与方法

1．数控编程步骤

一般来说，数控编程主要包括分析零件图样、确定加工工艺、图形数学处理、编写加工程序、制作控制介质、程序检验与试切等。如图 9-12 所示。

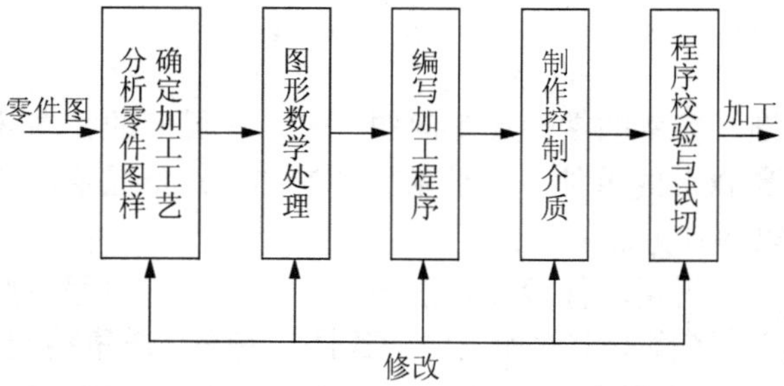

图 9-12　数控编程内容及步骤

1）分析零件图样，确定加工工艺

分析零件图样，即分析零件的材料、轮廓形状、有关尺寸和形状精度、表面粗糙度以及毛坯的形状和热处理要求等。通过分析，确定该零件是否适合在数控机床上加工，同时明确加工的内容及要求，以便确定零件的加工工艺。

确定加工工艺过程包括确定加工方案、选择合适的夹具及装夹定位方法、选择合理的走刀路线、选择加工刀具及切削用量等。工艺分析的基本原则是充分发挥数控机床的效能，走刀路线尽量短，对刀点、换刀点选择合理，以减少换刀次数。

2）图形数学处理

工艺方案确定后，还需根据零件图样的几何尺寸和所确定的走刀路线及设定的坐标系，计算出数控机床所需输入的数据，包括零件轮廓线上各几何元素的起点、终点、圆弧的圆心坐标、几何元素的交点或切点等坐标尺寸。数值计算的复杂程度取决于零件的复杂程度和数控系统的功能，对于形状比较简单（由直线或圆弧组成）的平面零件，仅需要算出零件轮廓相邻几何元素的交点或切点的坐标值。当零件形状比较复杂，并与数控系统的插补功能不一致时，就需要较复杂的数值计算过程，这一过程大都借助计算机完成。

3）编写加工程序

根据数值计算得到的加工数据和已确定的工艺参数、刀位数据，结合数控系统对输入信息的要求，编程人员可根据数控系统规定的功能指令代码及程序段格式编写零件加工程序单。此外，还应填写有关的工艺文件，如数控加工工序卡片、数控刀具卡片、工件安装和零点设定卡片等。

4）程序录入

程序录入有手动数据输入、介质输入和通信输入等方式。对于不太复杂的零件通常采用手动数据输入（MDI），即按所编程序清单内容，通过操作数控系统键盘上各数字、 字母、符号键进行逐段程序输入，并利用 CRD 或者 LED 显示器对显示内容进行逐段检查。手动数据输入比较方便、及时，如有输入错误，能及时改正。

介质输入方式是将加工程序记录在磁盘、磁带等介质上，用输入装置一次性输入。

现代 CNC 系统的存储量大，能储存多个零件加工程序，可在不占用加工时间的情况下进行通信输入。

5）程序校验与试切

在对零件进行加工之前，需要对程序进行检验。一般是通过数控机床的空运行或图形模拟功能来校验程序的，包括校验程序的语法是否有错、加工轨迹是否正确等。在图形模拟工作状态下运行程序时，只要程序存在语法或计算错误，运行中会自动显示编程出错而提示报警。根据报警号内容，编程人员可对相应出错程序段进行调整，同时对照零件图样，检查模拟出的刀具轨迹是否符合要求，以便对程序进行修改。

程序校验结束后，必须在机床上进行首件试切，以便确定零件的加工精度是否符合要求。如果加工出来的零件不合格，则需要对程序及加工参数进行调整，直到加工出满足零件图样要求的零件。

2. 数控编程的方法

数控编程的方法有两种：手工编程和自动编程。加工尺寸较少的简单零件，一般采用手工编程。加工内容比较多，加工型面比较复杂的零件，需要采用自动编程。

1）手工编程

手工编程是指从零件图样分析、工艺处理、数值计算、编写程序单、键盘输入程序，直至程序校验等各步骤主要由人工完成。手工编程适用于点位加工、几何形状不太复杂的零件、二维或不太复杂的三维加工。程序编制时，坐标计算较为简单，编程工作量小，程序段不多。

2）自动编程

自动编程是指利用计算机及其外围设备组成的自动编程系统完成程序编制工作的方法，也称为计算机辅助编程。对于复杂的零件，如一些非圆曲线、曲面的加工，或者零件的几何形状并不复杂但是程序编制的工作量很大，或者需要进行复杂的工艺及工序处理的零件，因其在加工编程过程中的数值计算非常烦琐，如果采用手动编程，耗时多而效率低，甚至无法完成，所以必须采用自动编程。

自动编程除了分析零件图样和制订工艺方案由人工进行，数学处理、编写程序、 检验程序等工作都是由计算机自动完成的。由于计算机可自动绘制出刀具中心的运动轨迹，编程人员可及时对程序进行检查或修改。

根据输入方式的不同，可将自动编程分为图形数控自动编程、语言数控自动编程和语音数控自动编程等。图形数控自动编程是将零件的图形信息直接输入计算机，通过自动编程软件的处理得到数控加工程序。目前，图形数控自动编程是使用最为广泛的自动编程方式。语言数控自动编程是指将加工零件的几何尺寸、工艺要求、切削参数及辅助信息等用数控语言编写成源程序后输入计算机中，再由计算机进一步处理得到零件加工程序。语音数控自动编程是指采用语音识别器将编程人员发出的声音加工指令转变为加工程序。

自动编程与手工编程相比可降低编程劳动强度，缩短编程时间和提高编程质量。但自动编程的硬件与软件配置费用较高，在加工中心、数控铣床上应用比较普遍。

9.2.2　数控机床坐标系

在数控机床上加工零件，刀具与工件的相对运动是以数字的形式体现的，为了明确刀具与工件的相对位置，必须建立相对的坐标系。数控机床的坐标系包括坐标原点、坐标轴和运动方向。为了简化数控编程和使数控系统规范化，国际标准化组织（ISO）规定了数控机床的标准坐标系。

1．机床坐标系

机床坐标系是机床上固有的基本坐标系，国际标准和我国部颁标准中规定，数控机床的坐标系采用笛卡儿右手直角坐标系，如图 9-13 所示。基本坐标轴为 X、Y、Z 轴，与机床的主要导轨平行。基本坐标轴 X、Y、Z 轴之间的关系及其正方向用右手直角定则判定。拇指为 X 轴，食指为 Y 轴，中指为 Z 轴，其正方向为各手指的指向，并分别用＋X、＋Y、＋Z 表示。

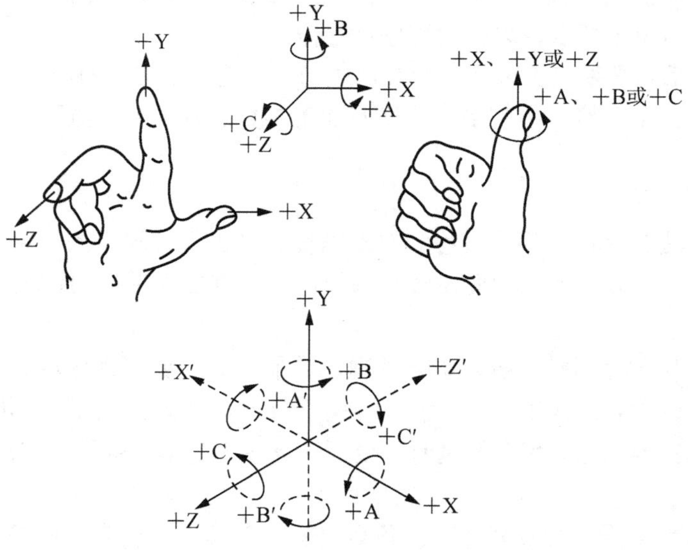

图 9-13　笛卡儿右手直角坐标系

围绕 X、Y、Z 各轴的旋转运动坐标分别为 A、B、C 轴，其正方向用右手螺旋定则判定，即拇指指向 X、Y、Z 轴的正方向，四指弯曲的方向为对应各轴的旋转正方向，并分别用＋A、＋B、＋C 表示。

ISO 标准的有关规定，不论数控机床的具体结构如何，一律假定工件不动，刀具相对于静止的工件运动。

机床坐标系 X、Y、Z 轴的判定顺序为：先判定 Z 轴，再判定 X 轴，最后按右手定则判定 Y 轴。增大刀具与工件之间距离的方向为坐标轴运动的正方向。

坐标轴的判定方法：

（1）Z 轴。平行于主轴轴线的坐标轴为 Z 轴，刀具远离工件的方向为 Z 轴的正方向。如图 9-14、图 9-15、图 9-16 所示。坐标轴名中（＋X、＋Y、＋Z 或＋A、＋B、＋C）不带“′”的表示刀具相对于工件运动的正方向，带“′”的表示工件相对于刀具运动的正方向。

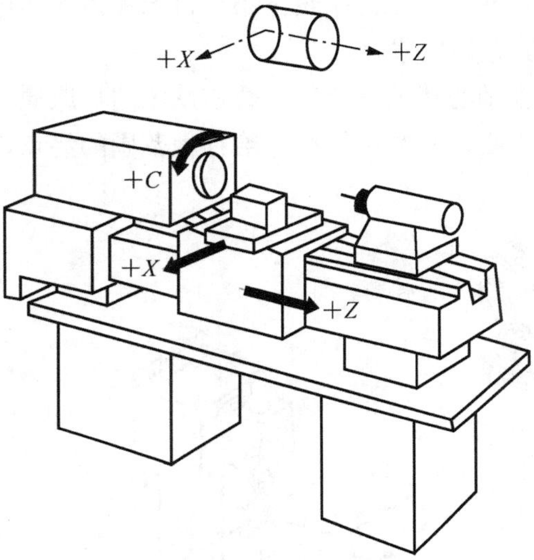

图 9-14　数控车床

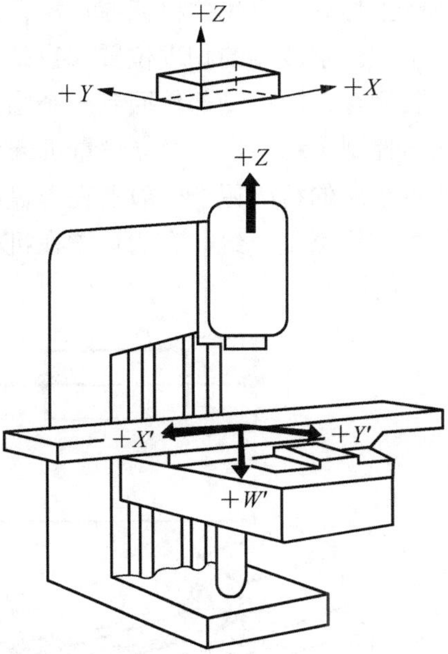

图 9-15　数控立式铣床

（2）X 轴。平行于工件装夹平面的坐标轴为 X 轴，刀具远离工件的运动方向为 X 轴的正方向。X 轴一般是水平的，工件旋转的机床，X 轴为工件的径向，如图 9-14 所示。刀具旋转的立式机床，从机床主轴向立柱看，右侧方向为 X 轴的正方向，如图 9-15 所示。刀具旋转的卧式机床，从机床主轴向工件看，右侧方向为 X 轴的正方向，如图 9-16 所示。

（3）Y 轴。Y 轴垂直于 X、Z 轴，当 X、Z 轴确定之后，按笛卡儿直角坐标右手定则判断 Y 轴及其正方向。

（4）旋转运动轴 A、B、C 轴。旋转运动轴 A、B、C 轴的轴线平行于 X、Y 和 Z 轴，其旋转运动的正方向按右手螺旋定则判定。

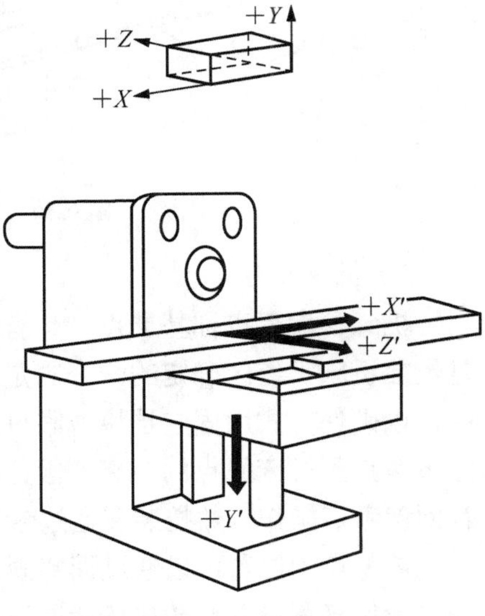

图 9-16　数控卧式铣床

2. 工件坐标系

工件坐标系是编程时使用的坐标系，又称为编程坐标系。编程时首先要根据被加工零件的几何形状和尺寸，在零件图上设定工件坐标系，使零件图上的所有几何元素在坐标系中都有确定的位置，为编程提供轨迹坐标和运动方向。

工件坐标系的坐标轴根据工件在机床上的安装位置和加工方法而确定。一般工件坐标系的 Z 轴要与机床坐标系的 Z 轴平行，且正方向一致，与工件的主要定位支撑面垂直；工件坐标系的 X 轴选择在零件尺寸较大或切削时的主要进给方向上，且与机床坐标系的 X 轴平行，正方向一致；工件坐标系的 Y 轴可根据右手定则确定。

3. 坐标系原点及参考点

1）机床坐标系原点

机床坐标系原点也称机床原点、机械原点或零点。机床原点是机床制造商设置在机床上的一个不能随意改变的物理位置，也是建立其他坐标系和设定参考点的基准点。机床启动时通常都要回零，即运动部件回到一个固定的位置，从而建立机床坐标系。机床原点的作用是使机床与控制系统同步，建立测量机床运动坐标的起始位置。

数控车床的机床原点一般取在卡盘端面与主轴轴心线的交点处，数控铣床的机床原点位置，各生产厂家不一致，有的设置在机床工作台中心，有的设置在进给行程范围的终点，如图 9-17 所示。

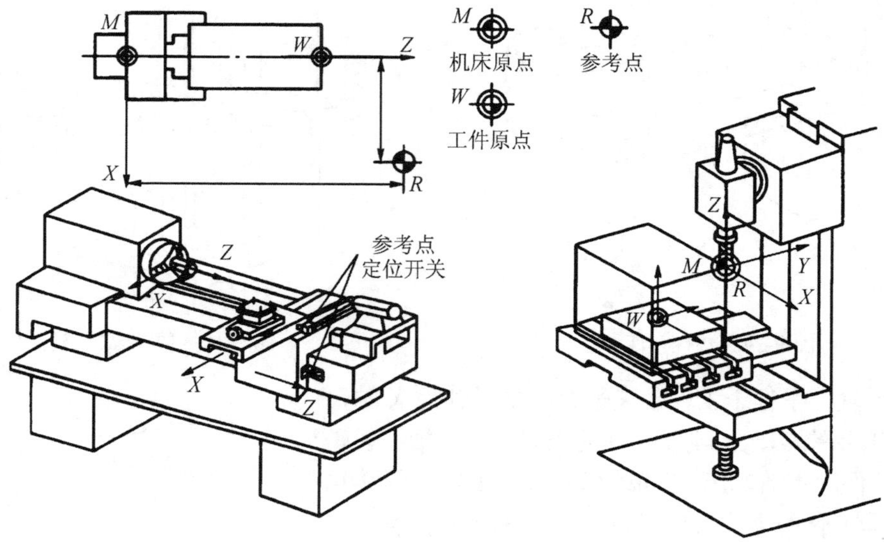

图 9-17　数控机床的机床坐标系原点及参考点

2）机床参考点

机床参考点也称基准点，具有增量位置测量系统的数控机床一般都具有参考点。参考点是数控机床工作区确定的一个固定点，与机床原点有确定的尺寸联系。参考点在机床坐标系中，以硬件方式用固定挡块或限位开关限定各坐标轴的位置来实现定位，并通过精确测量指定参考点到机床原点的距离。因此，这样的参考点称为硬参考点。机床每次通电后，都要进行回参考点操作，数控装置通过参考点确认机床原点的位置，从而建立机床坐标系。

参考点的位置可以通过调整固定挡块或限位开关（图 9-17）的位置来改变，但改变后必须重新精确测量并修改机床参数。有些数控机床的参考点是根据刀具在机床坐标系中的位置设定的，这样的参考点又称为软参考点，软参考点的位置可以根据加工零件的不同而变化，但在同一零件的加工过程中，软参考点的位置设定后不能改变。

机床参考点通常设置在各坐标轴的正向最大行程处，该点至机床原点在其进给轴方向上的距离在机床出厂时已准确确定。对于数控车床，参考点是车刀退离主轴端面和中心线最远处的一个固定点，数控铣床的参考点通常与机床原点重合。

3）工件原点

工件原点即工件坐标系原点，也称编程原点。工件原点是编程时定义在工件上的几何基准点，该点在机床坐标系中的位置可通过 G 代码来设置。

工件原点要根据编程计算方便、机床调整方便、对刀方便以及工件的特点确定。一般应选择在零件的设计基准、工艺基准或精度要求较高的工件表面上。对于几何元素对称的零件，工件原点应设在零件的对称中心上；对于一般零件，工件原点应设在零件外轮廓的某一角上，Z 轴方向的原点一般设在零件的上表面或端面上。如图 9-17 所示。

编程时，以零件图上所选择的某一点为原点建立工件坐标系，编程尺寸均按工件坐标系中的尺寸给定，按工件坐标系进行编程。

加工时，为了使刀具在工件上按编程轨迹运动，必须使工件原点与机床原点重合。因此，要测量工件原点与机床原点之间的距离，即工件原点与机床原点的偏差值，如图 9-18 中的 X_3、Y_3、Z_3，该偏差值可以预存在数控系统内或编写在加工程序中。在加工时，工件原点与机床原点的偏差值自动加到工件坐标系上，使数控系统按照机床坐标系确定工件的坐标值，实现零件的自动加工。

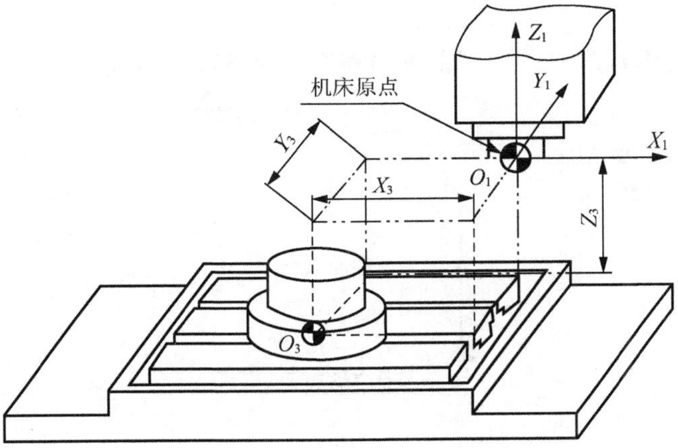

图 9-18　数控铣床工件坐标系的建立

4）绝对坐标编程与增量坐标编程

数控加工程序中表示几何点的坐标位置有绝对值和增量值两种方式，绝对值是以工件原点为依据来表示坐标位置的，增量值是以相对于前一点位置坐标尺寸的增量来表示坐标位置的。增量坐标值与刀具或工件的运动方向有关，当刀具运动的方向与机床坐标系正方向相同时为正，反之为负，如图 9-19 所示。编程时要根据零件的加工精度要求及编程方便与否选用坐标类型。在数控程序中，绝对坐标与增量坐标可单独使用，也可在程序中交叉设置使用。

绝对坐标编程用 G90 指令来设定，该指令表示后续程序中的所有编程尺寸都是按绝对坐标值给定的。一般数控系统启动后自动设置为绝对坐标编程状态，有的数控系统在程序段中不用 G90 指令设定绝对坐标编程，而直接用 X、Y、Z 给定运动轨迹的绝对坐标值。

增量坐标编程用 G91 指令来设定，该指令表示后续程序中的所有编程尺寸都是按增量坐标值给定的，如使用 FANUC 系统的数控铣床。有的数控系统在程序段中不用 G91 指令设定增量坐标编程，而直接用 U、V、W 给定运动轨迹在 X、Y、Z 方向的增量坐标值，如使用 FANUC 系统的数控车床。

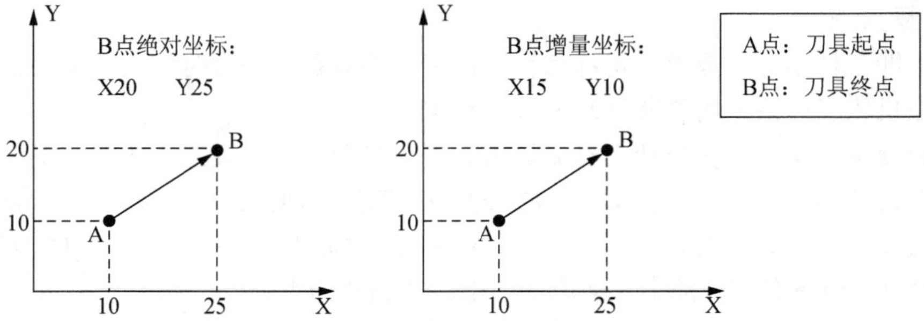

图 9-19　绝对坐标编程和增量坐标编程

9.2.3　数控程序的格式

数控加工程序是根据数控机床规定的语言规则及程序格式编制的。为便于数控机床的设计、制造、使用和维修，在程序输入代码、指令及格式等方面，国际上已形成了两种通用标准，即国际标准化组织的 ISO 标准和美国电子工业学会的 EIA 标准。我国根据 ISO 标准分别制定了 JB3208—1983、JB3112—1982 等标准，这些标准是数控编程的基本准则。

1. 程序结构

数控程序的结构由程序号、程序主体和程序结束三部分组成。

```
O0001;                          程序开始（程序号）
N001 G99 M03 T0101;
N002 G00 X20.0 Z1.0;  ┐
N003 G01 Z-10 F0.05;  │
N004 G00 X30 ;        ├         程序主体
N005 Z50;             │
……:                   ┘
N100 M30;                       程序结束
%
```

（1）程序号：O0001 是程序号，程序号为程序的开始部分。 一个完整的程序必须有一个程序号，以便在数控装置的存储器中进行检索。程序号的第一位字符为程序编号的地址，不同的数控系统，程序编号地址有所不同，例如，在 FANUC 系中，用英文字母“O”做程序编号地址（地址“O”后面紧跟四位阿拉伯数字，如 O1000 或者 O1100 等），还有的系统采用“P”或“%”等。

（2）程序主体：程序主体由若干个程序段构成，是整个程序的核心部分，程序主体表示数控机床要完成的全部动作。

（3）程序结束：程序结束指令通常为 M30 或者 M02。

2. 程序段格式

程序段由程序字组成，程序字由地址符（用英文字母表示）、正负号和数字组成。程序段格式是程序段的书写规则，目前使用最多的是字地址可变程序段格式。

字地址可变程序段格式由程序段号、程序字和程序结束符组成。

字地址可变程序段中，程序字的顺序及形式一般为：

```
N_ G_ X_ Y_ Z_ F_ S_ T_ M_;
```

其中，N 为程序段号；G 为准备功能；X、Y、Z 为坐标尺寸字；F 为进给速度；S 为主轴转速；T 为刀具代号；M 为辅助功能。程序段中常用字的含义见表 9-1。

表 9-1　常用程序字及地址符含义及说明

功　能	地　址	含　义	说　明
程序号	O、P、%	指定程序编号	用于主程序和子程序编号，后跟四位数字符号
程序段号	N	又称顺序号，是程序段的名称	后跟若干位数字符号
准备功能	G	指令动作格式	范围从 G00 到 G99
尺寸字	X、Y、Z	用于确定加工时刀具运动的坐标位置	X、Y、Z 用于确定终点的绝对直线坐标尺寸；U、V、W 用于确定终点的相对直线坐标尺寸；A、B、C 用于确定附加轴终点的角度坐标尺寸；I、J、K 用于确定圆弧的圆心坐标；R 用于确定圆弧半径
	U、V、W		
	A、B、C		
	I、J、K		
	R		
进给功能	F	指定切削进给速度	默认单位为 mm/min
主轴功能	S	指定主轴转速	单位为 r/min
刀具功能	T	加工使用刀具编号	刀具功能的数字是指定的刀号，数字的位数由所用的系统决定。对于数控车床，其后的数字还兼有指定刀具补偿的作用
辅助功能	M	指定机床辅助动作	范围从 M00 到 M99

（1）程序段号：用以识别程序段的编号，位于程序段之首，由地址符“N”和后面的若干位数字符号组成，例如，N100，表示该程序段的编号为 100。

数控机床加工时，数控系统是按照程序段的先后顺序执行的，与程序段号的大小无关，程序段号只是起一个标记的作用，以便于程序的校对和检索修改。习惯上程序段号按升序间隔排列。

（2）程序字：程序字通常由地址符、数字和符号组成，字的功能类别由地址决定。每个程序字根据地址来确定其含义，各程序字的排列顺序也不严格，不需要的字及与上一程序段相同的程序字可以省略不写。

（3）程序段结束：结束符写在每一程序段之后，表示程序段结束。程序段结束符根据不同的数控系统可以用“NL”、“LF”、“CR”、“：”、“*”等符号表示，也有的数控系统不设结束符，直接按回车键即可。

9.2.4　常用的数控指令

1. 准备功能指令

准备功能字是使数控机床做好某种操作准备的指令，用地址 G 和两位数字表示。不同的数控系统 G 指令的功能可能不一样，即使同一种数控系统，数控车床和数控铣床某些 G 指令的功能也会有区别，FANUC 系统数控车床和数控铣床常用的准备功能字如表 9-2 和表 9-3 所示。

表 9-2　数控车床常用准备功能指令

代　码	组　别	功　能	代　码	组　别	功　能
G00	01	快速定位	G20	06	英制单位输入
G01		直线插补	G21		公制单位输入
G02		顺时针圆弧插补	G27	00	返回参考点检查
G03		逆时针圆弧插补	G28		返回参考点
G04	00	暂停	G32	01	螺纹切削
G40	07	取消刀尖圆弧半径补偿	G75	00	外圆切槽复合循环
G41		刀尖圆弧半径左补偿	G76		螺纹切削复合循环

续表

代　码	组　别	功　能	代　码	组　别	功　能
G42	07	刀尖圆弧半径右补偿	G90	01	轴向切削固定循环
G50	00	编程坐标系设定或者主轴最大转速设定	G92		螺纹切削循环
G70		精加工符合循环	G94		径向切削固定循环
G71		轴向粗加工复合循环	G96	02	主轴恒线速控制
G72		径向粗加工复合循环	G97		主轴恒转速控制
G73		固定形状粗加工复合循环	G98	05	进给速度单位为每分钟进给
G74		端面切槽复合循环	G99		进给速度单位为每转进给

表 9-3　数控铣床常用准备功能指令

代　码	组　别	功　能	代　码	组　别	功　能
G00	01	快速定位	G73	09	排屑钻孔循环
G01		直线插补	G74		左螺纹加工循环
G02		顺时针圆弧插补	G76		精镗循环
G03		逆时针圆弧插补	G80		取消固定循环
G04	00	暂停	G81		钻孔循环
G17	02	XY 平面选择	G82		钻孔循环
G18		XZ 平面选择	G83		深孔钻削循环
G19		YZ 平面选择	G84		右螺纹加工循环
G28	00	返回参考点	G85		镗孔循环
G40	07	取消刀尖圆弧半径补偿	G86		镗孔循环
G41		刀尖圆弧半径左补偿	G87		反镗孔循环
G42		刀尖圆弧半径右补偿	G88		镗孔循环
G43	08	刀具长度正补偿	G89		镗孔循环
G44		刀具长度负补偿	G90	03	绝对坐标编程
G49		取消刀具长度补偿	G91		增量坐标编程
G50	11	取消比例缩放	G92	00	设置工件坐标系
G51		比例缩放有效	G94	05	每分钟进给
G54～G59	14	设定工件坐标系	G95		每转进给
G68	16	坐标旋转有效	G98	10	固定循环返回起始面
G69		取消坐标旋转	G99		固定循环返回安全面

表 9-2 和表 9-3 中，00 组 G 指令为非模态指令，其他的指令均为模态指令。模态指令又称续效指令，这类指令一旦被应用就会一直有效，直到被同组的其他指令取代。后续程序段中如果还需要使用该指令则可以省略不写。非模态指令又称程序段式指令，该类指令只在它指定的程序段中有效，如果下一程序段还需使用，则应重新写入程序段中。

2. 辅助功能指令

辅助功能指令又称 M 指令或 M 代码，其作用是控制机床或系统的辅助功能动作，如冷却泵的开、关，主轴的正转、反转，程序的走向等。M 指令由字母 M 和其后两位数字组成。在 FANUC 系统中，一个程序段只能有一个有效 M 指令，如果有多个 M 指令，则最后一个 M 指令有效，前面的 M 指令无效。FANUC 系统常用辅助功能指令如表 9-4 所示。

表 9-4　FANUC 系统常用辅助功能指令

代　码	功　能	说　明
M00	程序暂停	当执行有 M00 指令的程序段后，主轴旋转、进给、切削液都停止，重新按下（循环启动）键，继续执行后面程序段
M01	选择停止	功能与 M00 相同，但只有在机床操作面板上的（选择停止）键处于“ON”状态时，M01 才执行
M02	程序结束	放在程序的最后一个程序段，执行该指令后，主轴停、切削液关、自动运行停，机床处于复位状态
M03	主轴正转	用于主轴顺时针方向转动
M04	主轴反转	用于主轴逆时针方向转动
M05	主轴停止	停止主轴转动
M06	换刀	用于加工中心的自动换刀
M08	打开冷却液	用于打开冷却液
M09	关闭冷却液	用于关闭冷却液
M10	液压卡盘松开	用于卡盘松开动作
M11	液压卡盘夹紧	用于卡盘夹紧动作
M30	程序结束	放在程序的最后一个程序段，除了执行 M02 的内容外，还返回到程序的第一段，准备下一个工件的加工
M98	子程序调用开始	开始调用子程序
M99	子程序调用结束	子程序调用结束，并返回主程序

3. 其他功能指令

数控系统除了具备准备功能 G 指令和辅助功能 M 指令外，还应具有以下功能。

1）F 功能指令

F 功能也称进给功能，其作用是指定执行元件（如刀架、工作台等）的进给速度。程序中用 F 和其后面的数字组成。在 FANUC 车床数控系统中，F 代码用 G98 和 G99 指令来设定进给单位；在 FANUC 数控铣床系统中，F 代码用 G94 和 G95 指令来设定进给单位。

2）S 功能

S 功能也称主轴转速功能，其作用是指定主轴的旋转速度。主轴转速有两种表示方式，分别用 G96 和 G97 来指定。G96 称为恒线速指令，用来指定切削的线速度，以 m/min 为计量单位，如 G96 S120 表示切削的线速度为 100m/min。恒定的线速度更有利于获得好的表面质量。G97 称为恒转速指令，用来指定主轴转速，以 r/min 为计量单位，如 G97 S1200 表示主轴转速为 1200r/min，切削过程中转速恒定，不随工件的直径大小而变化。G97 主要用在工件直径变化较小及车削螺纹的场合。

在车削工件的端面、锥面或圆弧等直径变化较大的表面时，希望切削速度不受工件径向尺寸变化的影响，因此要用 G96 指定恒线速度。恒线速度一经指定，工件上任一点的切削速度都是一样的，转速则随工件直径的大小而发生变化。由公式 $v_c=\pi \cdot n \cdot d/1000$ 可知，当工件直径变小（刀具沿 X 轴运动）时，主轴转速随之自动提高，特别是刀具接近工件中心时，机床主轴转速会变得越来越高。为了防止飞车，此时应限制主轴的最高转速。因此，在用 G96 指令指定恒线速度的同时，还要用 G50 指令来限制主轴的最高转速。其格式为：

```
G50 S2000;
G96 S120;
```

3）T 功能

T 功能也称刀具功能。其作用是指定刀具号码和刀具补偿号码。用 T 和其后的数字表示。

（1）T××为两位表示方法，如 T04 表示第 4 把刀。刀具补偿号由地址符 D 或 H 指定。这种 T 功能的表示方法一般用在数控铣床和加工中心中。

（2）T××××为四位表示方法，是数控车床中使用最多的一种形式，前两位数字为刀具号，后两位数字则表示相应刀具的刀具补偿号。如 T0202 表示 2 号刀具的 2 号补正；T0112 表示 1 号刀具的 12 号补正。

通常使用的刀具序号应与刀架上的刀位号相对应，以免出错。刀具补偿号与数控系统刀具补偿显示页上的序号是对应的，它只是补偿量的序号，真正的补偿量是该序号设置的值。为了方便，通常使刀具序号与刀具补偿号一致，如 T0202、T0303 等。

9.2.5　数控加工工艺设计

1. 加工方法选择

加工方法的选择原则是保证获得所需要的加工精度和表面粗糙度。由于获得同样精度所用的加工方法很多，在实际选择时，要结合零件的形状、尺寸大小、材料和热处理的要求等全面考虑。例如，对 IT7 级精度的孔，采用镗削、铰削、磨削等加工方法均可达到要求，但箱体上的孔一般采用镗削或铰削，而不宜采用磨削，小尺寸的箱体孔一般选择铰孔；当孔径较大时，应选择镗孔。此外，还应考虑生产率和经济性的要求，以及生产设备等实际情况。

一般情况下，数控车床适合加工形状比较复杂的轴类零件和由复杂曲线回转形成的模具内型腔；立式数控铣床适合加工平面凸轮、样板、形状复杂的平面或立体零件，以及模具的内、外型腔等；卧式数控铣床则适合加工箱体、泵体和壳体类零件；多坐标轴联动的加工中心还可以加工各种复杂的曲线、曲面、叶轮和模具等。

精度要求较高的零件表面常常通过粗加工、半精加工和精加工逐步达到要求。确定加工方案时，首先应根据主要表面的精度和表面粗糙度的要求，初步确定加工方法。常用加工方法的经济加工精度和表面粗糙度可查阅有关工艺手册。

2. 加工工序的划分

1）工序划分原则

工序划分的原则包括工序集中原则和工序分散原则两种。

（1）工序集中原则：是指每道工序包括尽可能多的加工内容，从而使工序的总数减少。

采用工序集中原则的优点是：有利于采用高效专用设备和数控机床，提高生产效率，减少工序数目，缩短工艺路线，简化生产计划和生产组织工作；减少机床、操作工人数量和占地面积，减少工件装夹次数，保证了各加工表面间的位置精度，减少了夹具数量，缩短了装夹工件的辅助时间。但专用设备和工艺装备投资大，调整维修比较麻烦，生产准备周期较长，不利于转产。

（2）工序分散原则：将工件的加工分散在较多的工序内进行，每道工序的加工内容比较少。

采用工序分散原则的优点是：加工设备和工艺装备结构简单，调整和维修方便，操作简单，转产容易；有利于选择合理的切削用量，减少机动时间。但工艺路线较长，所需设备及工人人数多，占地面积大。

2）工序划分方法

在数控机床上加工零件一般按工序集中原则划分。

（1）按零件装夹定位方式划分：以一次安装完成的那一部分工艺过程为一道工序。由于每个零件结构形状不同，各表面的技术要求也不尽相同，故加工时其定位方式各有差异。一般在加工外形时，以内形定位；在加工内形时，则以外形定位。因而可根据定位方式的不同来划分工序。这种方法适合于加工内容比较少的零件，加工后就能达到待检状态。

（2）按所用刀具划分：以同一把刀具加工的那一部分工艺过程为一道工序。有些零件虽然能在一次安装中加工出很多待加工表面，但考虑到程序太长，会受到某些限制，如控制系统内存容量的限制，机床连续工作时间的限制（如一道工序在一个工作班内不能结束）等。此外，程序太长会使出错的可能性增大，程序检索也困难。

（3）按粗、精加工划分：粗加工中完成的那部分工艺过程为一道工序，精加工中完成的那部分工艺过程为另一道工序。此时，可用不同的机床或刀具顺次同步进行加工。加工后易发生变形的工件，如毛坯为铸件、焊接件或锻件，其粗、精加工的工序要分开，以减小变形。

（4）按加工部位划分：以完成相同型面加工的那部分工艺过程为一道工序。对于表面多而复杂的零件，可按其结构特点将加工部位划分成多道工序，如内腔、外形、曲面或平面等，并将每部分的加工作为一道工序。

3. 加工顺序的安排

零件的加工工序通常包括切削加工工序、热处理工序和辅助工序。工序的顺序直接影响零件的加工质量、生产效率和加工成本。下面介绍切削加工工序的安排原则。

（1）基面先行原则：用作精基准的表面要首先加工。这是因为定位基准的表面越精确，装夹误差就越小。例如，轴类零件顶尖孔的加工。

（2）先粗后精原则：零件各表面的加工顺序按照先粗加工，再半精加工，最后精加工和光整加工的顺序依次进行，逐步提高表面的加工精度，减小表面粗糙度。

（3）先主后次原则：零件的装配基面和主要工作表面应先加工，次要表面可穿插加工。次要表面加工工作量小，且又常与主要表面有位置精度要求，所以一般在主要表面半精加工之后、精加工之前进行。

（4）先面后孔原则：对于箱体、支架、底座等零件，应先加工用作定位的平面和孔的端面，再加工孔。这样可使工件定位夹紧可靠，有利于保证孔与平面的位置精度，减小刀具的磨损，特别是钻孔，使孔的轴线不易偏斜。

4. 零件定位及夹具选择

1）定位与夹紧方案的选择

在数控机床上加工零件时，定位安装的基本原则与普通机床相同。为提高数控机床的效率，在确定定位基准与夹紧方案时应注意以下问题。

（1）尽可能使设计基准、工艺基准与编程计算基准统一。

（2）减少装夹次数，尽可能在一次装夹后加工出全部待加工表面。

（3）避免采用占机人工调整时间长的装夹方案。

（4）夹紧力的作用点应落在工件刚性较好的部位。

2）夹具选择原则

数控加工的特点对夹具提出了两个基本要求：一是要保证夹具的坐标方向与机床的坐标

方向相对固定；二是要能协调零件和机床坐标系的尺寸关系。除此之外，还要考虑以下几点。

（1）单件小批量生产时优先选用组合夹具、可调夹具和其他通用夹具，以缩短生产准备时间和节省生产费用。在成批生产时，才考虑采用专用夹具。

（2）零件的装卸要快速、方便、可靠，以缩短机床的停顿时间、减少辅助时间。

（3）夹具上各零部件不应妨碍机床对零件各表面的加工，即夹具要开敞，其定位夹紧机构的元件不能影响加工中的走刀。

（4）为提高数控加工效率，批量较大的零件加工可采用气动或液压夹具、多工位夹具。

（5）为满足数控加工精度，要求夹具定位、夹紧精度要高。

此外，为提高数控加工的效率，在成批生产中还可采用多位、多件夹具。例如，在数控铣床或立式加工中心的工作台上，可安装一块与工作台大小一样的平板，既可用作大工件的基础板，也可用作多个中小工件的公共基础板，以便依次加工并排装夹的多个中小工件。

5. 确定走刀路线

走刀路线是刀具在整个加工工序中相对于工件的运动轨迹。走刀路线不但包括了工步的内容，而且也反映出工步的顺序。走刀路线是编写程序的依据之一。走刀路线的确定将在数控车削编程和数控铣削编程的对应章节中作具体介绍。

6. 刀具和切削用量的选择

刀具的选择是数控加工工艺中的重要内容，不仅会影响数控机床的加工效率，而且直接影响加工质量。数控机床主轴转速比普通机床高 1～2 倍，且主轴输出功率大，因此对刀具的要求更高。

1）刀具的选择

选择刀具通常要考虑机床的加工能力、工序内容和工件材料等因素。合理选择刀具类型、结构和几何参数。数控加工不仅要求刀具的精度高、刚度好、耐用度高，而且要求尺寸稳定、安装调整方便。

2）切削用量的选择

切削用量主要包括主轴转速、切削速度、进给量、进给速度和背吃刀量。切削用量的大小直接影响机床性能、刀具磨损、加工质量和生产效率。数控加工中选择切削用量时，应在保证加工质量和刀具耐用度的前提下，充分发挥机床的性能和刀具切削性能，使切削效率最高，加工成本最低。

切削用量的选择原则如下。

（1）粗加工时切削用量的选择原则：首先选取尽可能大的背吃刀量；其次要根据机床动力和刚性的限制条件等，选取尽可能大的进给量；最后根据刀具耐用度确定最佳的切削速度。

（2）精加工时切削用量的选择原则：首先根据粗加工后的余量确定背吃刀量；其次根据加工表面的粗糙度要求，选取较小的进给量；最后在保证刀具耐用度的前提下，尽可能选取较高的切削速度。

7. 对刀点及换刀点的选择

1）对刀点

对刀点是指通过对刀确定刀具与工件相对位置的基准点。对于数控机床来说，在加工开始时，确定刀具与工件的相对位置很重要，这一相对位置是通过确认对刀点来实现的。对刀点可以设置在被加工零件上，也可以设置在夹具上与零件定位基准有一定尺寸联系的某一位置。有时对刀点就选择在零件的加工原点，对刀点的选择原则如下。

（1）所选的对刀点应使程序编制简单。

（2）对刀点应选择在容易找正，便于确定零件加工原点的位置。

（3）对刀点应选在加工时检验方便、可靠的位置。

（4）对刀点的选择应有利于提高加工精度。

2）刀位点

刀位点是指刀具的定位基准点。在进行数控加工编程时，往往是将整个刀具浓缩视为一个点，这就是刀位点。刀位点是在刀具上用于表现刀具位置的参照点。一般来说，立铣刀、端铣刀的刀位点是刀具轴线与刀具底面的交点，球头铣刀的刀位点是球头的球心点或球头顶点，镗刀、车刀的刀位点为刀尖或刀尖圆弧中心，钻头是钻尖或钻头底面中心。常见刀具的刀位点如图 9-20 所示。

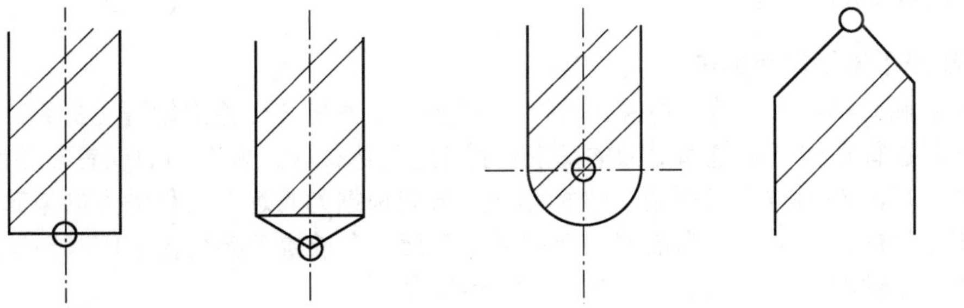

（a）平头立铣刀　（b）钻头　（c）球头铣刀　（d）车刀、镗刀

图 9-20　常见刀具的刀位点

在使用对刀点确定加工原点时，就需要进行“对刀”。所谓对刀，是指使“刀位点”与“对刀点”重合的操作，每把刀具的半径与长度尺寸都是不同的，刀具装在机床上后，应在控制系统中设置刀具的基本位置。

3）换刀点

进行多把刀具加工时必须设置换刀点。换刀点可以是某一固定点（如加工中心，其换刀机械手的位置是固定的），也可以是任意的一点（如数控车床）。即使是手动换刀的数控铣床，也应确定相应的换刀位置。为防止换刀时碰伤零件及其他部件，换刀点常常设置在被加工零件或夹具的轮廓之外，并留有一定的安全余量。

9.3　数控车床编程与操作

9.3.1　数控车概述

1．数控车床加工对象

数控车床是当今使用最广泛的数控机床之一，它主要用于加工精度要求高、表面粗糙度好、轮廓形状比较复杂的轴类（盘类）等回转体零件。它能够通过程序控制自动完成圆柱表面、圆锥表面、圆弧表面和螺纹等工序的切削加工，也可以进行切槽、钻孔和绞孔等工作。近几年研制出的数控车削中心、数控车铣复合加工中心等新型的自动化机床，使得在一次装夹中可以完成更多的加工工序，提高了加工质量和加工效率，因此适用于复杂的回转体零件的加工。

2．数控车床编程的特点

（1）在编程时，根据图样上标注的尺寸，可以采用绝对值编程或者增量值编程，也可以采用混合编程。一般情况下，利用自动编程软件编程时，通常采用绝对值编程。

（2）被加工零件的径向尺寸在图样上和测量时，一般用直径值表示。因此通常采用直径编程比较方便。

（3）车削加工常采用棒料或者锻料作为毛坯，加工余量比较大，为简化编程，数控装置常备有不同形式的固定循环和复合循环指令，利用这些指令可以多次进行重复循环切削。

（4）在车削编程时，把车刀刀尖理想化为一个点，而实际上为了提高刀具寿命和工件表面质量，车刀刀尖通常磨成一个半径不大的圆弧。在编程时，为了提高工件的加工精度，需要对刀尖圆弧半径进行补偿。多数的数控车床都可以利用 G41 和 G42 进行刀具半径补偿，因此编程时直接按照工件轮廓尺寸编程即可。

9.3.2　数控车床编程基础

1．数控车床编程坐标系

编程坐标系也称为工件坐标系。数控车床利用 X 轴和 Z 轴建立编程坐标系。编程坐标系的原点一般选择在便于测量和对刀的基准位置，通常选择在工件右端面或者左端面的中心，Z 轴与主轴平行，X 轴与主轴垂直，坐标轴的正方向根据刀具远离工件的方向来确定。数控车床刀架跟主轴的位置关系分为前置刀架和后置刀架，在前置刀架数控车床和后置刀架数控车床编程时，X 轴的正方向是不一样的，如图 9-21 所示。

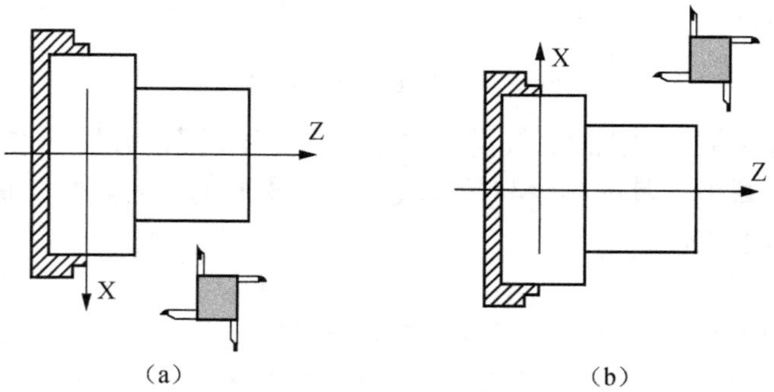

图 9-21　数控车床前置刀架和后置刀架坐标系

2．数控车床编程常用 G 指令

1）G00 快速点定位指令

（1）指令格式：

```
G00 X(U)_ Z(W) _;
```

其中，X、Z 为切削终点的绝对坐标值；U、W 为切削终点的增量坐标值。

（2）指令功能：X 轴、Z 轴同时从起点以各自的快速移动速度移动到指令指定的终点。

（3）指令说明：G00 为初态 G 指令。两轴是各自独立移动的，其合成轨迹不一定是直线，也不一定同时到达终点。

例如，加工如图 9-22 所示的零件，要求刀具快速从 A 点移动到 B 点，编程格式如下：

绝对值编程为：`G00  X30.0  Z5.0;`

增量值编程为：`G00  U-20.0  W-40.0;`

使用 FANUC 系统的数控车床在 X 方向默认采用直径值编程。

2）G01 直线插补指令

G01 指令是模态代码，它是直线运动命令，规定刀具在两坐标或三坐标间以插补联动方式按指定的 F 进给速度做任意的直线运动。

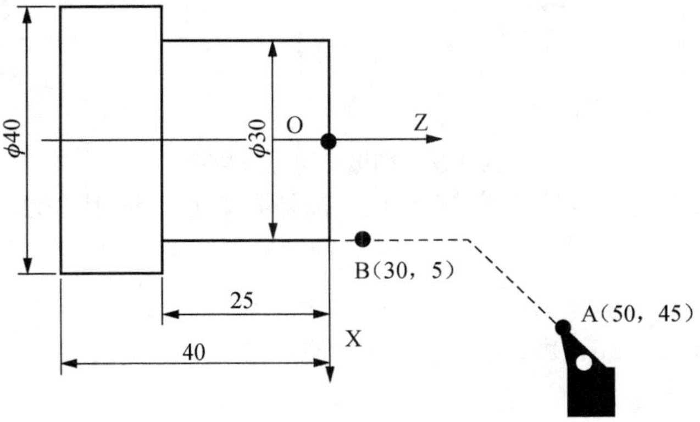

图 9-22　快速点定位

（1）指令格式：

```
G00 X(U)_ Z(W)_ F_ ;
```

其中，X、Z 为切削终点的绝对坐标值；U、W 为切削终点的增量坐标值；F 为进给速度。

（2）运动轨迹：从起点直接插补到终点。

（3）应用场合：车削圆柱表面、圆锥表面和凹槽等。

例如，加工如图 9-23 所示零件，用 G01 指令进行编程的程序如下：

```
G01  Z-25.  F100;        →B 点
G01  X40.;               →C 点
G01  Z-40.;              →D 点
```

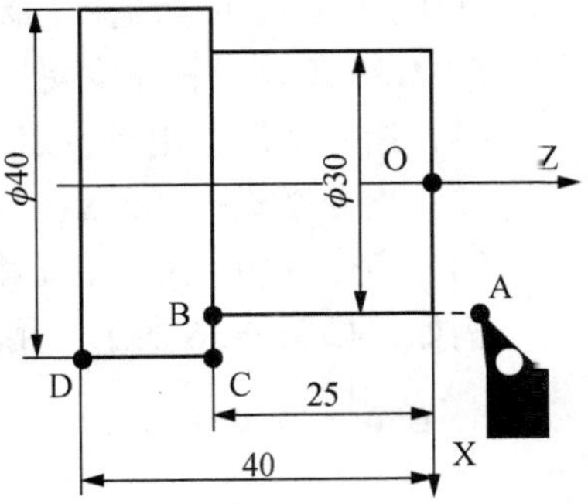

图 9-23　直线插补

3）G02、G03 圆弧插补指令

（1）指令格式：

```
G02(G03) X(U)_Z(W)_ R _ F_;
```

或者

```
G02(G03) X(U)_ Z(W) _ I _ K _ F_;
```

其中，X、Z 为切削终点的绝对坐标值；U、W 为切削终点的增量坐标值；F 为进给速度；R 为圆弧半径，在数控车床编程中，圆弧半径只能为正值；I 为圆弧圆心相对于圆弧起点在 X 轴的坐标增量值；K 为圆弧圆心相对于圆弧起点在 Z 轴的坐标增量值。

（2）指令说明：G02 和 G03 均为模态 G 指令。G02 用于顺时针圆弧插补，G03 用于逆时针圆弧插补。在前置刀架和后置刀架机床中，有关顺时针圆弧和逆时针圆弧的判断如图 9-24 所示。

（a）前置刀架　　（b）后置刀架

图 9-24　圆弧旋转方向判断

例如，如图 9-25 所示，刀具当前在 A 点，插补到 C 点，请用 G02、G03 指令进行编程，参考程序如下：

```
G03 X60. Z30. R30. F100;        →B 点
G02 X120. Z0. R30. F100;        →C 点
```

或者

```
G03 X60. Z30. I60. K-30. F100;    →B 点
G02 X120. Z0. I60. K-30. F100;    →C 点
```

4）G04 暂停指令

（1）指令功能：G04 指令使刀具在各轴运动停止一定时间。G04 是非模态指令。

（2）指令格式：　G04　P_;

或者　G04　X_;

或者　G04　U_ ;

其中，P 的单位为毫秒；X 的单位为秒；U 的单位为秒。

5）G50 工件坐标系设定

（1）指令功能：用于设定工件坐标系。

（2）指令格式：G50 X(U)　Z(W)　;

（3）指令说明：X、Z 或者 U、W 表示刀具起点相对于编程原点的位置坐标。

例如，如图 9-26 所示，用 G50 设定编程坐标系的原点，程序如下：

```
G50 X200. Z300.;
```

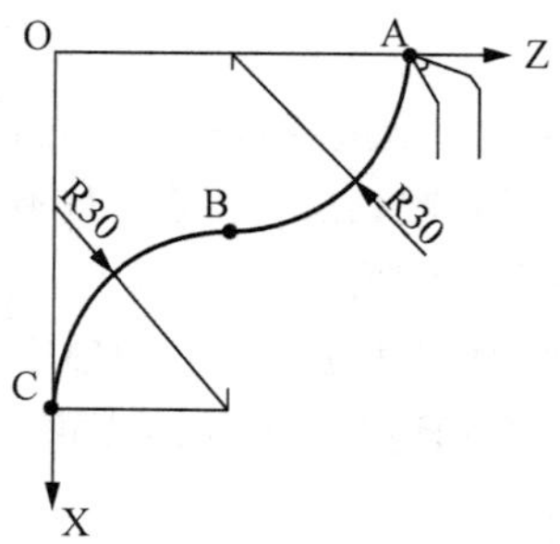

图 9-25　圆弧插补

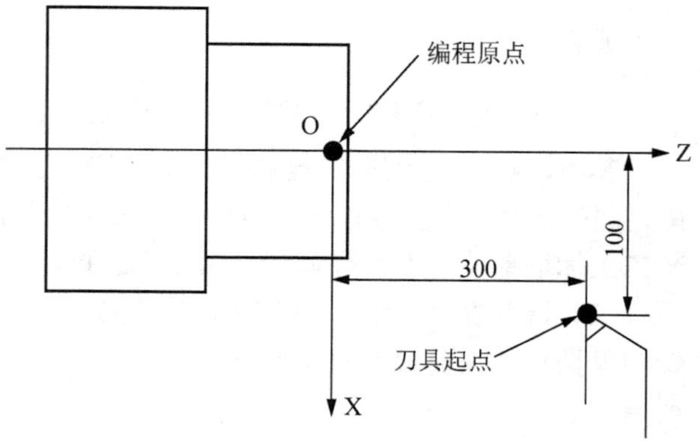

图 9-26　编程原点设定

6）固定循环指令

为了简化编程，FANUC 系统在数控车编程中提供了只需要一个程序段就可以完成快速移动定位、直线/螺纹切削和刀具快速返回起点的单次加工循环的 G 指令。固定循环主要有 3 个 G 指令：

G90 为轴向切削固定循环；

G92 为螺纹切削循环；

G94 为径向切削固定循环。

下面对这三个固定循环的 G 指令进行详细的介绍。

（1）G90 轴向切削固定循环

功能：用于加工圆柱表面或者圆锥表面，是模态指令。

格式：G90　x(u)_　z(w)_　f_;　　　（圆柱面切削）

　　　G90　X(U)_　Z(W)_　R_　F_;　　（圆锥面切削）

说明：X（U）、Z（W）为刀具切削终点的坐标；R 为切削起点和切削终点在 X 轴坐标值（半径值）之差。

刀具循环过程如图 9-27 所示。

① 刀具在 X 轴从起点快速定位到切削起点；

② 从切削起点直线插补到切削终点；

③ X 轴以进给速度退刀，返回到 X 轴绝对坐标与起点相同处；

④ Z 轴快速返回到起点，循环结束。

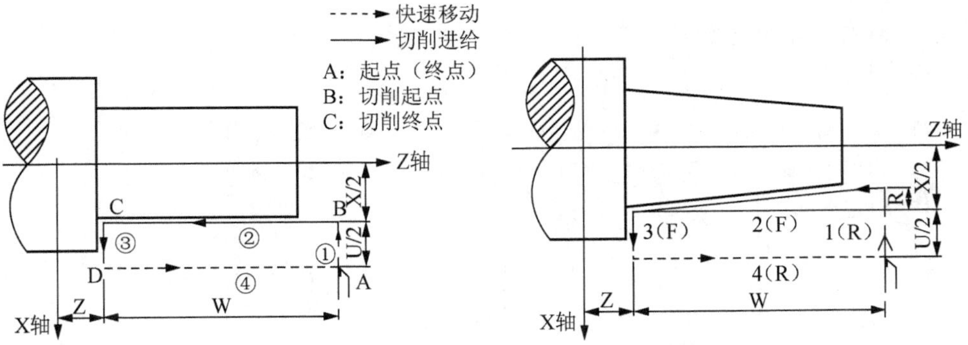

（a）加工圆柱表面　　（b）加工圆锥表面

图 9-27　G90 刀具循环轨迹

（2）G92 螺纹切削循环

功能：用于加工螺纹表面，是模态指令。

格式：G92　X(U)_　Z(W)_　F_;　　　（公制直螺纹切削循环）

　　　G92　X(U)_　Z(W)_　R_　F_;　　（公制锥螺纹切削循环）

　　　G92　X(U)_　Z(W)_　I_;　　　（英制直螺纹切削循环）

　　　G92　X(U)_　Z(W)_　I_　F_;　　（英制锥螺纹切削循环）

说明：X（U）、Z（W）为刀具切削终点的坐标；R 为切削起点和切削终点在 X 轴坐标值之差（半径值）；F 为公制螺纹导程；I 为英制螺纹每英寸牙数。

刀具循环过程类似于 G90 指令刀具的循环过程。

（3）G94 径向切削固定循环

功能：用于加工圆柱表面或者是圆锥表面，是模态指令。

格式：`G94 X(U)_ Z(W)_ F_;`　　（端面切削）

`G94 X(U)_ Z(W)_ R_ F_;`　（锥度端面切削）

说明：X（U）、Z（W）为刀具切削终点的坐标；R 为切削起点和切削终点在 Z 轴坐标值之差。

刀具循环过程如图 9-28 所示。

① 刀具在 Z 轴从起点快速定位到切削起点；

② 从切削起点直线插补到切削终点；

③ Z 轴以进给速度退刀，返回到 Z 轴绝对坐标与起点相同处；

④ X 轴快速返回到起点，循环结束。

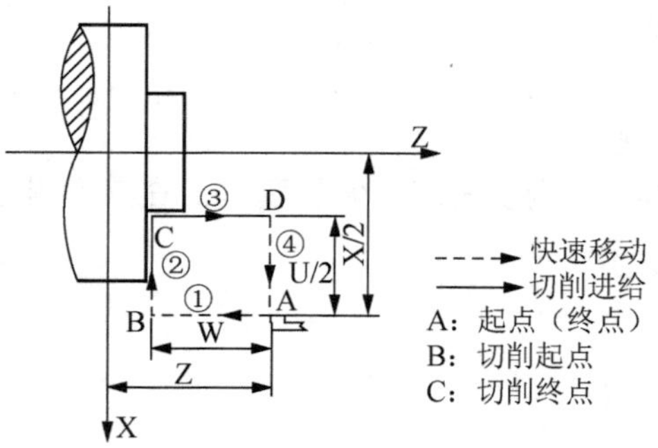

（a）端面切削

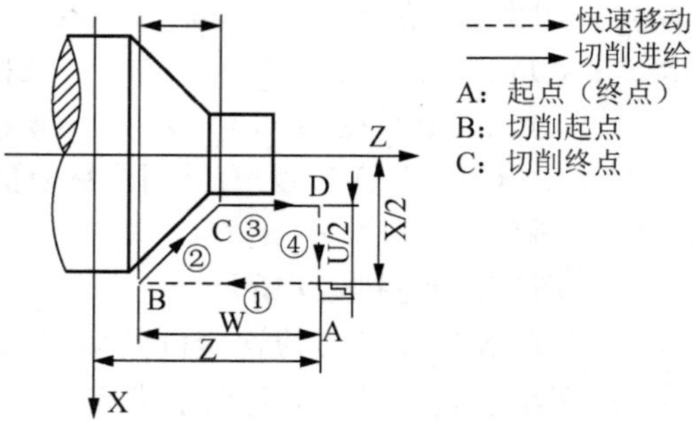

（b）锥度端面切削

图 9-28　G94 刀具循环轨迹

7）G71 轴向切削复合循环指令

（1）指令格式：

```
G71 U(△d)_ R(e)_ F_ S_ T_;                    第一部分
G71 P(ns)_ Q(nf)_ U(△u)_ W(△w)__;             第二部分
N(ns)…;
…
…                                              第三部分
…
N(nf)…;
```

（2）指令功能：G71 指令由三部分组成。

第一部分：给定进刀量、退刀量、切削速度、主轴转速和刀具功能等；

第二部分：给定定义精加工轨迹定义的程序段区间、预留的精加工余量；

第三部分：定义精加工轨迹的若干个连续的程序段，执行 G71 时，这些程序段只是用于计算粗车的轨迹，实际并未被执行。

（3）参数意义：Δd 为 X 轴单次进刀量（半径值），mm；e 为 X 轴单次退刀量（半径值），mm；ns 为精车轨迹的第一个程序段的程序段号；nf 为精车轨迹的最后一个程序段的程序段号；Δu 为 X 轴的精加工余量，mm；Δw 为 Z 轴的精加工余量，mm。

刀具循环过程如图 9-29 所示。

8）G70 精加工循环指令

指令格式：`G70 P(ns) Q(nf);`

参数功能；刀具从起点位置沿着 ns～nf 程序段给出的精加工轨迹进行精加工。在 G71 进行粗加工结束后，用 G70 进行精加工。ns 和 nf 的含义跟 G71 中含义的一样。

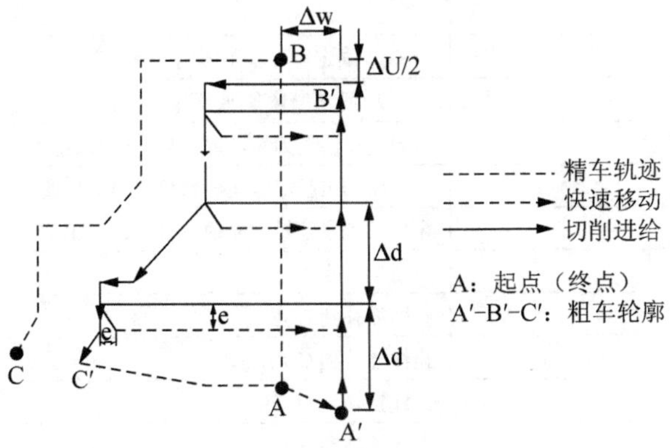

图 9-29　G71 指令刀具循环轨迹

9.3.3　数控车典型零件编程及加工

按 FANUC 数控系统，编写如图 9-30 所示轴类零件的加工程序。假设所使用的毛坯棒料为 $\phi42$，材料为 45#钢。刀具及切削用量如表 9-5 所示。工件坐标系原点选择在工件右端面中心的 O 点，点 A（100，100）为换刀点，参考程序如表 9-6 所示。

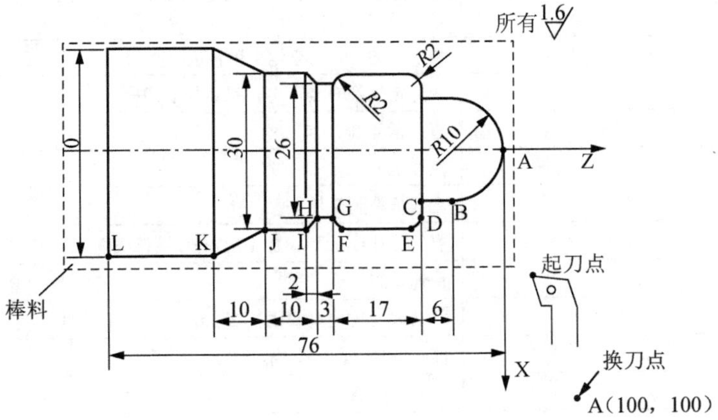

图 9-30　轴类零件图

表 9-5　刀具及切削用量表

刀具编号	刀具名称及规格	加工内容	主轴转速	进给速度 F（mm/r）
1	外圆左偏粗加工车刀	端面	600r/min	0.1
		粗加工		0.2
2	外圆左偏精加工车刀	精加工	1000 r/min	0.05
3	切断刀（刀宽 3 mm）	切凹槽、切断	400 r/min	0.1

表 9-6　程序代码及说明

程序代码	代码说明
O0001;	程序号
T0101 S600　M03 G99;	换 1 号刀、设定主轴转速和进给速度单位
G00　X45.　Z2.　M08 ;	快速定位到起刀点，打开切削液

续表

程序代码	代码说明
G94　X-1.　Z0.5　F0.1;	用 G94 固定循环车削端面（第一刀）
Z0.;	用 G94 固定循环车削端面（第二刀）
G71　U1.　R0.5　F0.15;	设定粗车的进刀量、退刀量、进给速度
G71　P1　Q2　U0.5　W0.2;	设定精加工程序区间、预留精加工余量
N1　G00　X0;	精加工工程序开始，X 轴快速定到 Z 轴上
G01　Z0　F0.05;	直线插补到 A 点
G03　X20.　z-10.　R10.;	圆弧插补到 B 点
G01　W-6.;	直线插补到 C 点
X　26.;	直线插补到 D 点
G03　X30.　W-2.　R2.;	圆弧插补到 E 点
G01　W-28.;	直线插补到 L 点;
X40.　W-10.;	直线插补到 K 点
N2　Z-79.5;	直线插补到 L 点左边 3.5mm 处，精加工轨迹结束
G00　X100.　Z100.　M05;	返回换刀点，主轴停止，准备换刀
T0202 S1000　M03　;	换 2 号刀，重新设定主轴转速
G00　X45.　Z2.;	快速定为到起刀点
G70　P1　Q2;	用 G70 进行精加工
G00　X100.　Z100.　M05;	返回换刀点，主轴停止，准备换刀
T0303　S400　M03;	换 3 号刀，重新设定主轴转速
G00　X42.　Z-36.;	快速定位到 H 点下方，准备切削凹槽
G01　X26.　F0.05;	直线插补到 H 点
G00 X30.;	快速退刀
G01 W-2.;	直线插补到 I 点
G01 X26. W2.;	直线插补到 H 点，加工出 I→H 圆锥表面
G00 X30.;	快速退刀
G01 W2.;	往 Z 轴正方向直线插补 2mm，准备加工圆弧
G03 X26. W-2. R2.;	圆弧插补到 H 点，加工 F→G 圆弧
G00　X45.;	X 轴快速退刀
Z-79.5;	Z 轴快速定到切断处下方
G01　X0. F0.05;	直线插补到 X0，完成工件的切断
G00　X100. M09;	X 轴快速退刀，关闭切削液
G00 Z100. M05　;	Z 轴快速退刀，停止主轴
M30;	程序运行结束，光标返回程序开头
%	程序结束符

9.4　数控铣床编程与操作

9.4.1　数控铣床概述

1. 数控铣床简介

数控铣床是世界上最早研制出来的数控机床，是一种功能很强的机床。加工范围广，工艺复杂，涉及技术问题多，是数控加工领域中具有代表性的一种机床。目前迅速发展起来的加工中心和柔性制造单元等都是在数控铣床的基础上发展起来的。人们在研究和开发新的数控系统和自动编程软件时，也把数控铣削加工作为重点。与普通铣床相比，数控铣床的加工精度高，精度稳定性好，与普通铣床相比，数控铣床的加工精度高，精度稳定性好，适应性强，操作劳动强度低，特别适应于板类、盘类、壳具类、 性强，操作劳动强度低，特别适应于板类、盘类、壳具类、模具类等复杂形状的零件或对精度保持性要求较高的中、小批量零件的加工。

2. 数控铣床的特点

（1）零件加工的适应性强、灵活性好，能加工轮廓形状特别复杂或难以控制尺寸的零件，如模具类零件、壳体类零件等。

（2）能加工普通机床无法加工或很难加工的零件，如用数学模型描述的复杂曲线零件以及三维空间曲面类零件。

（3）能加工一次装夹定位后，需进行多道工序加工的零件。

（4）加工精度高、加工质量稳定可靠。

（5）生产自动化程度高，可以减轻操作者的劳动强度。有利于生产管理自动化。

（6）生产效率高。

（7）从切削原理上讲，无论端铣还是周铣都属于断续切削方式，而不像车削那样连续切削，因此对刀具的要求较高，具有良好的抗冲击性、韧性和耐磨性。在干式切削状况下，还要求有良好的红硬性。

3. 数控铣床的分类

1）按主轴布置形式分类

按机床主轴的布置形式及机床的布局特点可分为立式数控铣床、卧式数控铣床和数控龙门铣床等。

（1）立式数控铣床

一般可进行三坐标轴联动加工，目前三坐标数控立式铣床占大多数。如图 9-31 所示，数控立式铣床主轴与机床工作台面垂直，工件装夹方便，加工时便于观察，但不便于排屑。一般采用固定式立柱结构，工作台不升降。主轴箱做上下运动，并通过立柱内的重锤平衡主轴箱的质量。为保证机床的刚性，主轴中心线距立柱导轨面的距离不能太大，因此，这种结构主要用于中小尺寸的数控铣床。

此外，还有的机床主轴可以绕 X、Y、Z 坐标轴中其中一个或两个做数控回转运动的四坐标和五坐标数控立式铣床。通常，机床控制的坐标轴越多，尤其是要求联动的坐标轴越多，机床的功能、加工范围及可选择的加工对象也越多。但随之而来的就是机床结构更加复杂，对数控系统的要求更高，编程难度更大，设备的价格也更高。

数控立式铣床也可以附加数控转盘，采用自动交换台，增加靠模装置来扩大它的功能、加工范围及加工对象，进一步提高生产效率。

（2）卧式数控铣床

卧式数控铣床与通用卧式铣床相同，其主轴轴线平行于水平面。如图 9-32 所示，数控卧式铣床的主轴与机床工作台面平行，加工时不便于观察，但排屑顺畅。为了扩大加工范围和扩充功能，一般配有数控回转工作台或万能数控转盘来实现四坐标、五坐标加工，这样不但工件侧面上的连续轮廓可以加工出来，而且可以实现在一次安装过程中，通过转盘改变工位，进行“四面加工”。尤其是万能数控转盘可以把工件上各种不同的角度或空间角度的加工面摆成水平来加工，这样可以省去很多专用夹具或专用角度的成型铣刀。虽然卧式数控铣床在增加了数控转盘后很容易做到对工件进行“四面加工”，使其加工范围更加广泛。但从制造成本上考虑，单纯的数控卧式铣床现在已比较少，而多是在配备自动换刀装置（ATC）后成为卧式加工中心。

（3）数控龙门铣床

对于大尺寸的数控铣床，一般采用对称的双立柱结构，以保证机床的整体刚性和强度。

如图 9-33 所示，数控龙门铣床有工作台移动和龙门架移动两种形式。主要用于大、中等尺寸，大、中等质量的各种基础大件，板件、盘类件、壳体件和模具等多品种零件的加工，工件一次装夹后可自动高效、高精度地连续完成铣、钻、镗和铰等多种工序的加工，适用于航空、重机、机车、造船、机床、印刷、轻纺和模具等制造行业。

2）按数控系统的功能分类

按数控系统的功能分类，数控铣床可分为经济型数控铣床、全功能数控铣床和高速数控铣床等。

（1）经济型数控铣床

经济型数控铣床一般采用经济型数控系统，如 SEMENS802S 等采用开环控制，可以实现三坐标联动。这种数控铣床成本较低，功能简单，加工精度不高，适用于一般复杂零件的加工，一般有工作台升降式和床身式两种类型。如图 9-34 所示。

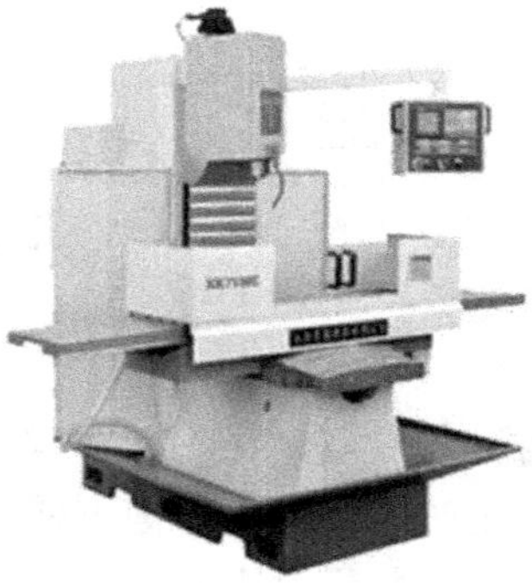

图 9-31　立式数控铣床

图 9-32　卧式数控铣床

图 9-33　数控龙门铣床

图 9-34　经济型数控铣床

（2）全功能数控铣床

全功能数控铣床采用半闭环控制或闭环控制，其数控系统功能丰富，一般可以实现四坐标以上的联动，加工适应性强，应用最广泛。如图 9-35 所示。

（3）高速数控铣床

高速铣削是数控加工的一个发展方向，技术已经比较成熟，已逐渐得到广泛的应用。这种数控铣床采用全新的机床结构、功能部件和功能强大的数控系统，并配以加工性能优越的刀具系统，加工时主轴转速一般在 8000～40000r/min，切削进给速度可达 10～30m/min，可以对大面积的曲面进行高效率、高质量的加工。但目前这种机床价格昂贵，使用成本比较高。

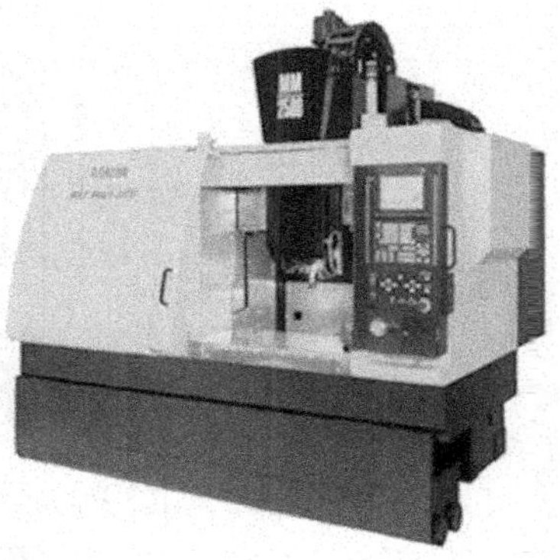

图 9-35　全功能数控铣床

4．数控铣床的组成

数控铣床一般由数控系统、主传动系统、进给伺服系统、冷却润滑系统等几大部分组成。

（1）主传动系统：由主轴箱、主轴电机、主轴和主轴轴承等零件组成。主轴的启动、停止等动作和转速均由数控系统控制，并通过装在主轴上的刀具进行切削。

（2）进给伺服系统：由伺服电动机和进给执行机构组成，按照程序设定的进给速度实现刀具和工件之间的相对运动，包括直线进给运动和旋转运动。

（3）控制系统：是数控铣床运动控制的中心，执行数控加工程序，控制机床进行加工。

（4）辅助装置：如液压、气动、润滑、冷却系统和排屑、防护等装置。

（5）机床基础件：通常是指底座、立柱、横梁等，它是整个机床的基础和框架。

9.4.2　数控铣床编程基础

1．数控铣床编程坐标系

数控铣床的编程坐标系采用笛卡儿右手直角坐标系，请见 9.2.2 节相关介绍。

2．数控铣床基本编程指令

不同的数控系统对于数控铣床编程所用的 G 指令可能稍有区别，下面主要以 FANUC 系统为例进行介绍。

1）有关坐标和坐标系的指令

（1）G92 工件坐标系设定

格式：`G92 X_ Y_ Z_`

其中，X、Y、Z 为当前刀位点在工件坐标系中的坐标。

① G92 指令通过设定刀具起点相对于要建立的工件坐标原点的位置建立坐标系。

② 此坐标系一旦建立，后序的绝对值指令坐标位置都是此工件坐标系中的坐标值。

例如，`G92 X20. Y10. Z10. ;`

其确立的加工原点在距离刀具起始点。X＝－20，Y＝－10，Z＝－10 的位置上，如图 9-36 所示。

（2）G90 绝对值编程与 G91 增量值编程

格式：
```
G90  G00/G01   X_   Y _   Z _;
G91  G00/G01   X_   Y_    Z_ ;
```

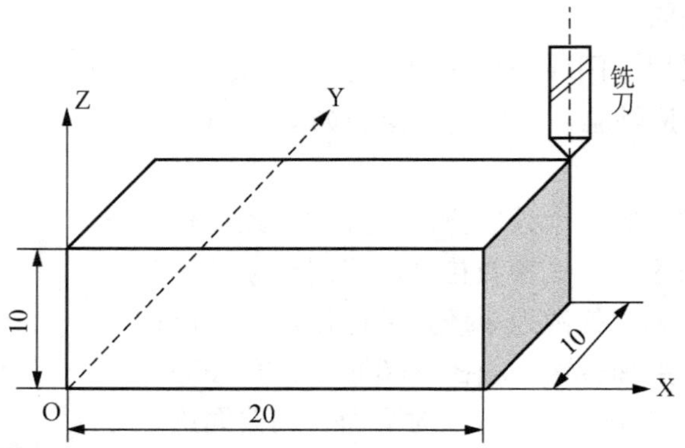

图 9-36　G92 设定工件坐标系

（3）G54～G59 工件坐标系选择

① G54～G59 是系统预置的六个坐标系，可根据需要选用。

② 该指令执行后，所有坐标值指定的坐标尺寸都是选定的工件加工坐标系中的位置。1～6 号工件加工坐标系是通过 CRT/MDI 方式设置的。

③ G54～G59 预置建立的工件坐标原点在机床坐标系中的坐标值可用 MDI 方式输入，系统自动记忆。

④ 使用该组指令前，必须先回参考点。

⑤ G54～G59 为模态指令，可相互注销。

（4）G52 局部坐标系设定

格式：G52　X_ Y_ Z_ ;

其中，X、Y、Z 后的值为局部原点相对工件原点的坐标值。

2）坐标平面选定

G17，G18，G19 坐标平面选择。

G17：XY 平面，刀具长度补偿值为 Z 平面。

G18：XZ 平面，刀具长度补偿值为 Y 平面。

G19：YZ 平面，刀具长度补偿值为 X 平面。

① 坐标平面选择指令是用来选择圆弧插补的平面和刀具补偿平面的。

② G17、G18、G19 为模态功能，可相互注销，G17 为缺省值。

3）G00 快速定位指令

格式：G00　X_Y_Z_ ;

其中，X、Y、Z 为快速定位终点，在 G90 时为终点在工件坐标系中的坐标；在 G91 时为终点相对于起点的位移量。

说明：① G00 一般用于加工前快速定位或加工后快速退刀。

② 为避免干涉，通常的做法是：不轻易三轴联动。一般先移动一个轴，再在其他两轴构成的面内联动。

例如，进刀时，先在安全高度 Z 轴上，移动（联动）X、Y 轴，再下移 Z 轴到工件附近。退刀时，先抬 Z 轴，再移动 X-Y 轴。

4）G01 直线进给指令

格式：G01　X _Y_ Z_ F_ ;

其中，X、Y、Z 为终点坐标，F 为进给速度，在 G90 时为终点在工件坐标系中的坐标；在 G91 时为终点相对于起点的位移量。

说明：① G01 指令刀具从当前位置以联动的方式，按程序段中 F 指令规定的合成进给逗度，按合成的直线轨迹移动到程序段所指定的终点。

② 实际进给速度等于指令速度 F 与进给速度修调倍率的乘积。

③ G01 和 F 都是模态代码，如果后续的程序段不改变加工的线型和进给速度，可以不再书写这些代码。

5）G02、G03 圆弧插补

G02：顺时针圆弧插补。

G03：逆时针圆弧插补。

格式：G02(G03)G90(G91)X_Y_Z_I_ J_ K_F_;

或　G02(G03)G90(G91)X_Y_ Z_R_ F_ ;

说明：① I 指圆弧起点指向圆心的连线在 X 轴上的投影矢量与 X 轴方向一致为正，相反为负。

② J 指圆弧起点指向圆心的连线在 Y 轴上的投影矢量与 Y 轴方向一致为正，相反为负。

③ K 指圆弧起点指向圆心的连线在 Z 轴上的投影矢量与 Z 轴方向一致为正，相反为负。

④ 整圆不能用 R 编程，只能用 I、J、K；圆弧圆心角 $\alpha \leqslant 180°$ R 取正值，$\alpha > 180°$ R 取负值。

6）刀具半径补偿功能

G41：刀具半径左补偿。

G42：刀具半径右补偿。

G40：取消刀具半径补偿。

格式：G41/G42 G01/G00 X_Y_ D_ ;

G40 G01/G00 X_Y_;

说明：G41 表示左刀补（在刀具前进方向左侧补偿），如图 9-37（a）所示；

G42 表示右刀补（在刀具前进方向右侧补偿），如图 9-37（b）所示；

X、Y、Z 表示 G00/G01 的参数，即刀补建立或取消的终点；

D 表示 G41/G42 的参数，即刀补号码，它代表了刀补表中对应的半径补偿值。

G40、G41、G42 都是模态代码，可相互注销。

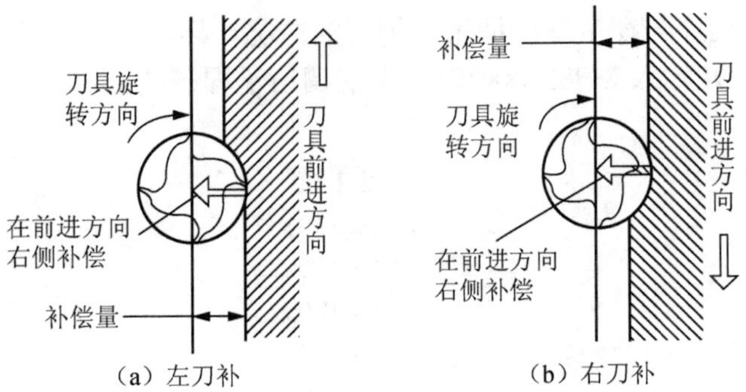

图 9-37　刀具半径补偿

7）刀具长度补偿

格式：`G43/G44 G01/G00 Z_H_;`

`G49 G01/G00 Z_ ;`

说明：G43 表示刀具长度正补偿；

G44 表示刀具长度负补偿；

G49 表示取消刀具长度补偿；

Z 表示 G00/G01 的参数，即刀补建立或取消的终点；

H 表示刀具长度偏置号。

刀具的长度补偿如图 9-38 所示。

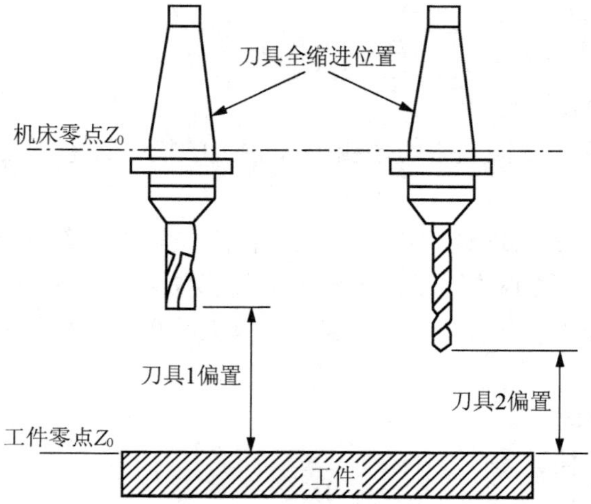

图 9-38　刀具长度补偿

8）M98、M99 子程序编程

把一个程序中按某一固定顺序重复出现的内容抽出并按一定格式编写，则称为子程序，子程序由主程序或子程序调用指令调出执行，调用子程序的格式如下：

```
M98 P××××  L××××:
      ↑       ↑
```

子程序号　调用次数（范围 1～9999）

如果省略了重复次数，则认为重复次数为一次。从子程序返回到主程序用 M99。

在子程序调用子程序与在主序中调用子程序的情况一样，一般把刀具半径补偿功能放在子程序中使用，用 MDI 输入 M98P××××时，不能调用子程序。

子程序调用示例：

主程序	子程序
O1000;	O2000;
N0010……;	N1010……;
N0020……;	N1020……;
N0030 M98P2000;	N1030……;
N0040……;	N1040……;
N0050 M98P2000;	……
……;	N1100 M99;
N0100 M30;	

例如，如图 9-39 所示，在一块平板上加工 6 个边长为 10mm 的等边三角形，每边的槽深为−2mm，工件上表面为 z 向零点。其程序的编制就可以用调用子程序的方式实现（编程时不考虑刀具半径补偿）。

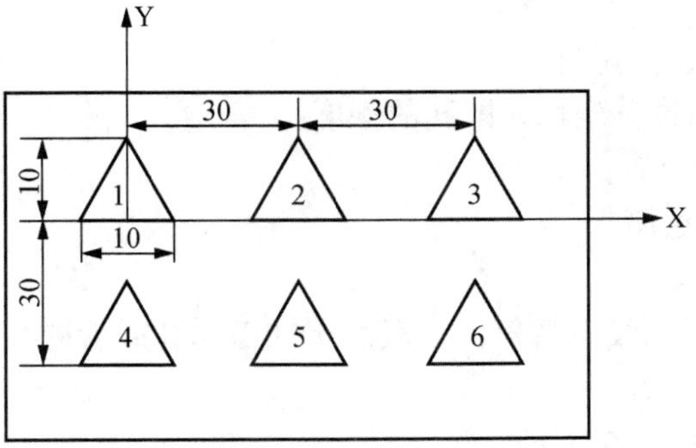

图 9-39　零件图

```
O0001;                        （主程序）
G54 G90 G01 Z40 F200;         （进入工件加工坐标系）
M03 S1000;                    （主轴启动）
G00 Z3;                       （快进到工件表面上方）
G01 X0 Y8.66;                 （移动到 1 号三角形顶点）
M98 P0002;                    （调用子程序切削三角形）
G90G01X30Y8.66;               （移动到 2 号三角形顶点）
M98 P20;                      （调用子程序切削三角形）
G90 G01 X60 Y8.66;            （移动到 3 号三角形顶点）
M98 P20 ;                     （调用子程序切削三角形）
G90 G01 X0 Y-21.34 ;          （移动到 4 号三角形顶点）
M98 P20;                      （调用子程序切削三角形）
G90 G01 X30 Y-21.34;          （移动到 5 号三角形顶点）
M98 P20;                      （调用子程序切削三角形）
G90 G01 X60 Y-21.34;          （移动到 6 号三角形顶点）
M98 P20;                      （调用子程序切削三角形）
G00 Z30;                      （抬刀）
M05;                          （主轴停止）
M30;                          （程序结束）
O0002 ;                       （子程序）
G91 G01 Z-2 F100;
G01 X-5 Y-8.66;
G01 X10 Y0;
G01 X5 Y8.66;
G00 Z20;
M99 ;
```

3. 固定循环指令（G80～G89）

1）G80 取消固定循环指令

格式：G80

功能：用 G80 取消固定循环方式，机床回到执行正常操作状态。孔的加工数据，包括 R 点、Z 点等都被取消，但是移动速度命令会继续有效。

2）G81 定点钻孔循环指令

格式：`G81 X_ Y_ Z_ R_ F_ K_ ;`

说明：X__Y__为孔位置坐标；

Z__ 孔底平面位置坐标，即孔的深度；

R__加工初始位置；

F__切削进给速度；

K__重复次数。

功能：刀具在孔底平面没有暂停，一般用于加工通孔或者中心孔。加工中心孔时刀具要有一定的超程量（2～5mm）。

刀具循环过程，如图 9-40 所示。

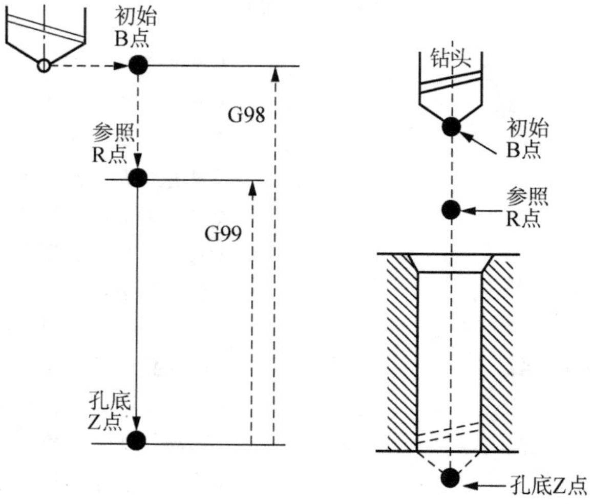

图 9-40　G81 循环轨迹

① XY 平面孔定位；

② 快速下至 R 面（起始平面）；

③ Z 轴向下钻孔至孔底面；

④ 快速返回起始点（G98 时）或 R 面（G99 时）；

⑤ 若有 L 字段，则循环步骤（1）～（4）做完 L 个孔。

3）G82 钻孔循环指令

格式：`G82 X_ Y_ R_ Z_ P_ F_ K_ ;`

说明：X、Y、Z、R、F、K 含义同 G81；P_刀具在孔底面暂停的时间，单位为毫秒。

功能：刀具在孔底面有暂停动作，一般用于加工盲孔或者台阶孔。

刀具循环过程与 G81 类似，只不过刀具在孔底面有暂停动作，如图 9-41 所示。

4）G83 深孔加工循环指令

格式：`G83 X_ Y_ Z_ R_ Q_ F_ K_;`

说明：X、Y、Z、R、F、K 含义同 G81；

Q 表示每次切削进给的切削深度（增量值，取负号）。

功能：用于深孔钻削，其退刀量较大、更便于排屑、方便加冷却液。

刀具循环过程如图 9-42 所示。

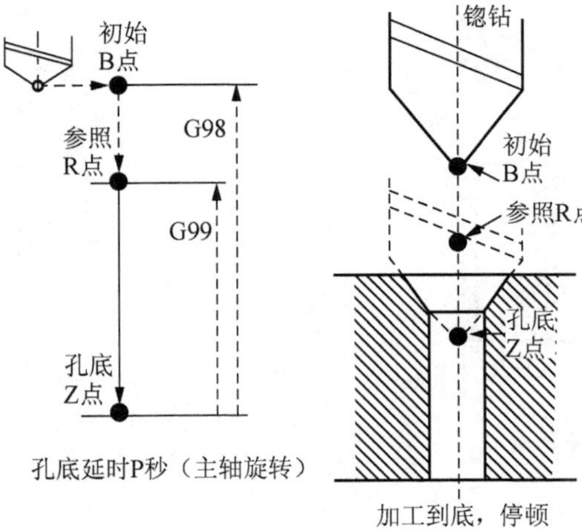

图 9-41　G82 循环轨迹

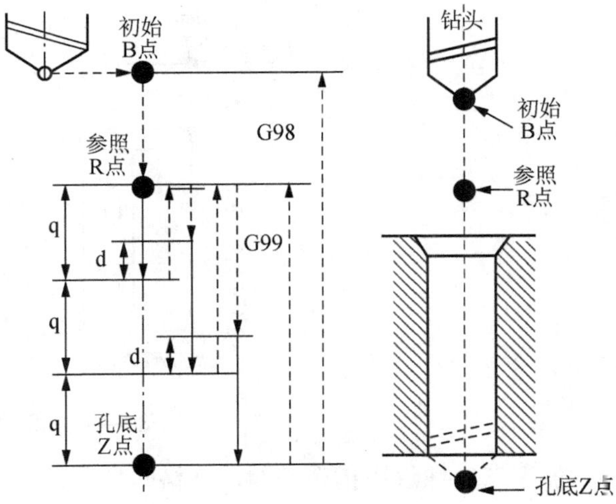

图 9-42　G83 循环轨迹

用于高速深孔钻削用指令 G73，其格式如下：

```
G73 X_Y_Z_R_Q_F_K_;
```

说明：X、Y、 Z、R、Q、F、 K 含义同 G83。

功能：用于高速深孔钻削。其容易断屑、排屑和容易加冷却液，但是退刀量不大。

刀具循环过程如图 9-43 所示。

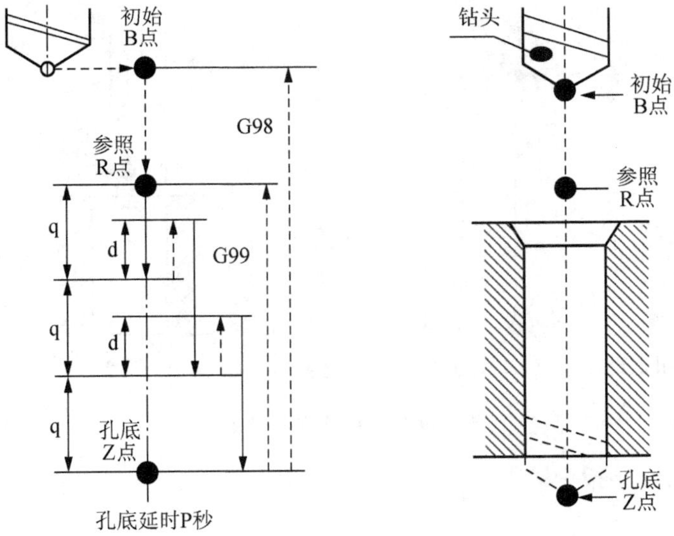

图 9-43　G73 循环轨迹

5）G84 右螺纹攻丝循环指令

格式：`G84 X_Y_Z_R_P_F_K_;`

功能：攻右旋螺纹（正螺纹），主轴正转攻丝，到孔底时主轴停止旋转，主轴反转退回。攻丝时速度倍率不起作用。使用进给保持时，在全部动作结束前也不停止。

说明：F_为螺纹导程。

刀具循环过程如图 9-44 所示。

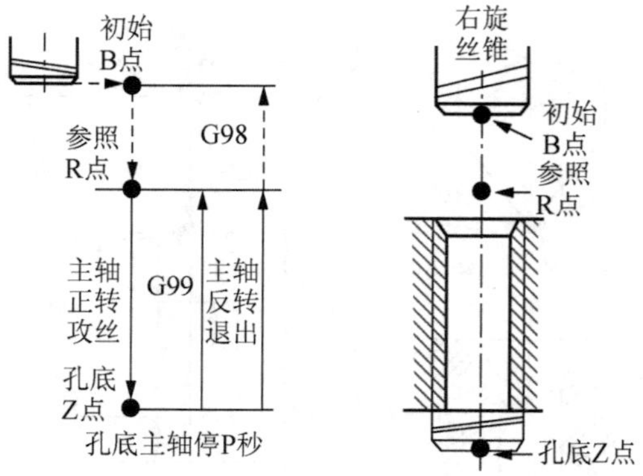

图 9-44　G84 循环轨迹

加工左旋螺纹用指令 G74，其格式如下：

```
G74 X_Y_Z_R_P_F_K_;
```

说明：G74 的动作过程跟 G84 一样，只是主轴反转攻丝，正转退出。

6）G85 镗孔（绞孔）循环指令

格式：`G85 X_Y_Z_R_F_K_;`

功能：该指令主要用于精度要求不太高的镗孔加工，其动作为：F 速工进镗孔、孔底延时、F 速工退，全过程主轴旋转。

刀具循环过程如图 9-45 所示。

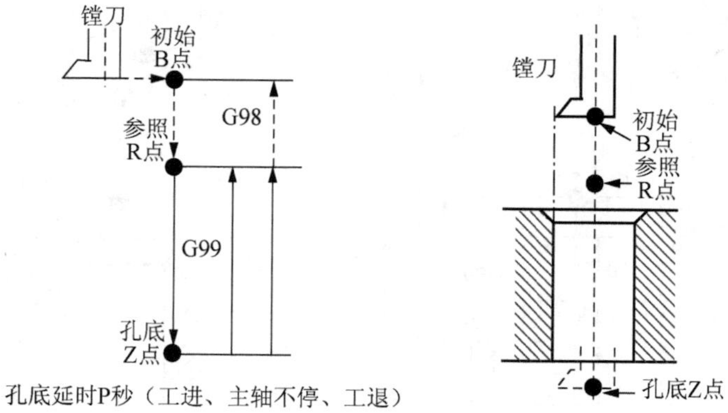

图 9-45　G85 循环轨迹

7）G86 粗镗孔循环指令

格式：`G86 X_Y_Z_R_F_K_;`

功能：用于粗镗孔加工，刀具以 F 速度镗孔到孔底面，然后主轴停止转动，Z 轴快速退刀。

刀具循环过程如图 9-46 所示。

如果要精镗孔，可以使用 G76 循环指令，其格式如下：

```
G76 X_Y_Z_R_Q_F_K;
```

其中，Q 为孔底动作位移量（让刀距离），Q 值必须是正值。

G76 循环指令刀具循环过程如图 9-47 所示。

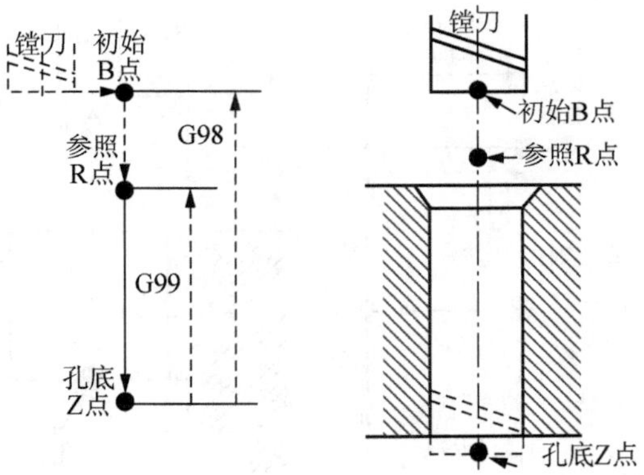

图 9-46　G86 循环轨迹

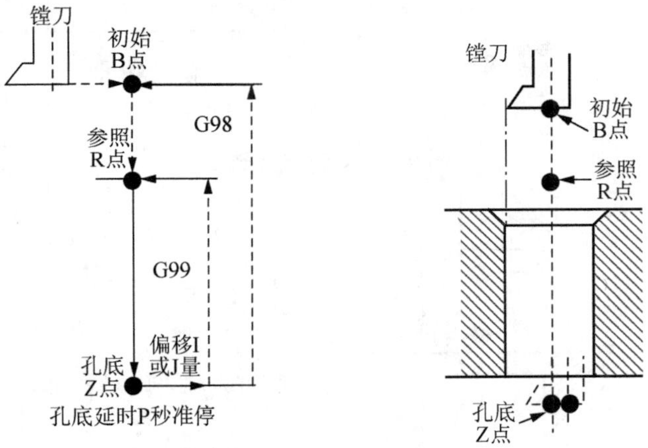

图 9-47　G76 循环轨迹

8）G87 反镗孔循环指令

格式：G87X_Y_Z_R_Q_F_K_;

其中，Q 为刀具偏移距离。

G87 循环指令刀具循环过程：刀具快移到 B 点→主轴定向停转→反向偏移 Q 量→快移到参照高度→偏移到 R 点→主轴正转→向上工进镗孔→延时 P 秒→主轴定向停转→反向偏移 Q 量→快速抬刀到安全高度→偏移到 B 点→主轴正转，如图 9-48 所示。

9）G88 手动镗孔循环指令

格式：G88X_Y_Z_R_P_F_K_ ;

G88 指令刀具循环过程：工进镗孔到孔底，延时 P 秒后主轴停止旋转，机床停止进给，将工作方式置为手动，并将刀具从孔中手动退出。到初始平面或参照平面上方后，主轴正转，再将工作方式置为自动，按“循环启动”键，刀具返回 B 点或 R 点，运行下面的程序。如图 9-49 所示。

10）G89 镗孔循环指令

格式：G89 X_Y_Z_R_P_F_K_;

说明：G89 动作和 G85 一样，只不过增加刀具在孔底面的暂停时间，一般用于精度要求不高的镗盲孔或者阶梯孔。如图 9-50 所示。

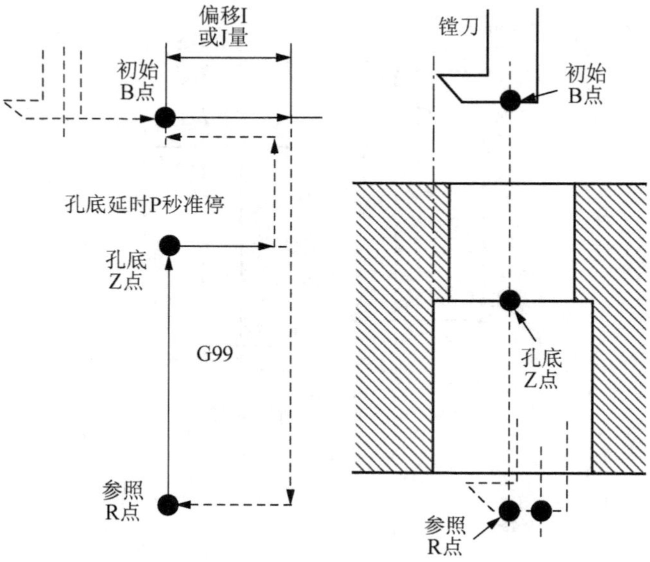

图 9-48　G87 循环轨迹

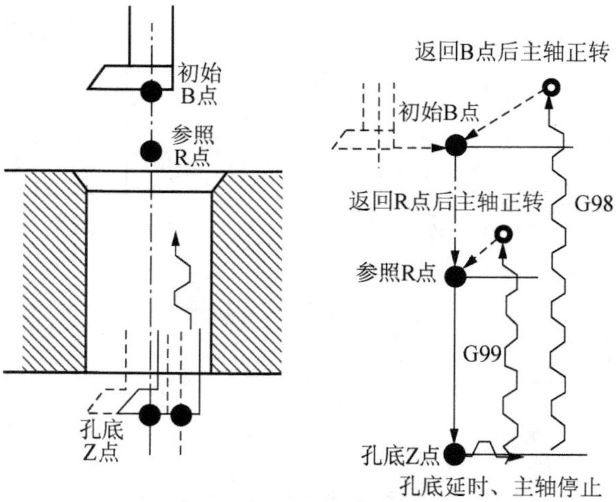

图 9-49　G88 循环轨迹

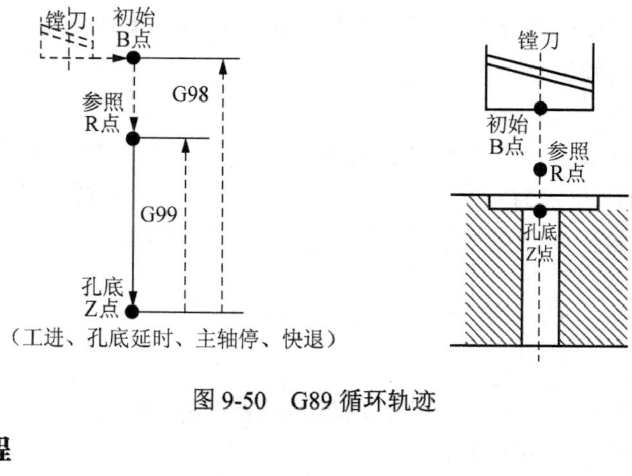

图 9-50　G89 循环轨迹

4．旋转功能编程

旋转功能编程指令用 G68、G69，其格式如下：

```
G68 X__ Y__ R__;          (旋转功能有效)
M98 P____
G69;                      (取消激活功能)
```

说明：以给定点（x、y）为旋转中心，将图形旋转 R 角度；如省略（X、Y）则以原点为旋转中心。例如，G68 R60 表示以坐标原点为旋转中心，将图形旋转 60 度；如 G68 X15. Y15. R60 表示以坐标（15，15）为旋转中心将图形旋转 60 度。

例如，加工如图 9-51 所示零件，参考程序如下：

```
O0001;                  (子程序)
G91 G17 ;
G01 X20 Y0 F250  ;
G03 X20 Y0 R5 ;
G02 X-10 Y0 R5 ;
G02 X-10 Y0 R5 ;
G00 X-20 Y0;
M99 ;
O0002;                  (主程序)
G90 G00 X0 Y0 ;
M98 P0001;
G68 R45 ;
M98 P0001
……                      (旋转八次)
G68 R315;
M98 P0001 ;
G69:
M30;
```

5. 缩放功能编程

图形缩放利用指令 G51、G50，其格式如下：

```
G51 X__Y__Z__P__ ;        (缩放功能有效)
M98 P____ ;
G50;                      (取消缩放功能)
```

说明：以给定点（X、Y、Z）为缩放中心，将图形放大到原始图形的 P 倍；如省略（x、y、z)，则以程序原点为缩放中心。例如，G51 P2 表示以程序原点为缩放中心，将图形放大一倍；G51 X15. Y15. P2 表示以给定点（15，15）为缩放中心，将图形放大一倍。

例如，加工如图 9-52 所示零件，参考程序如下：

```
O1000;                  (子程序)
G00 G90 X0 Y-10 F100 ;
G02 X0 Y10 I10 J10;
G01 X15 Y0 ;
G01 X0 Y-10 ;
M99 ;
```

```
O2000;                    （主程序）
G92 X-50 Y-40 ;
G51 P2 : ;
M98 P1000 ;
G50 ;
M30;
```

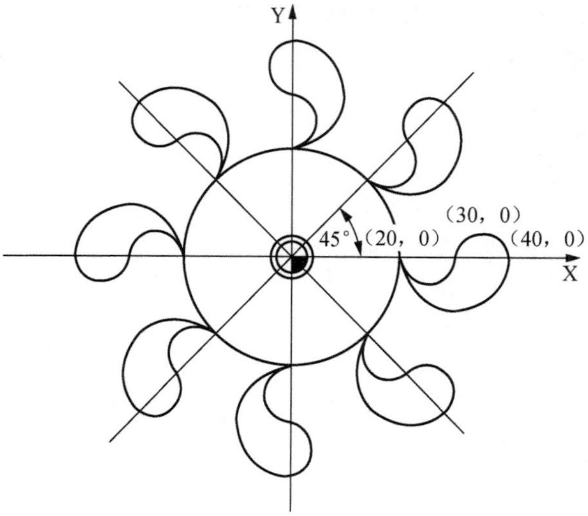

图 9-51　旋转零件设计图

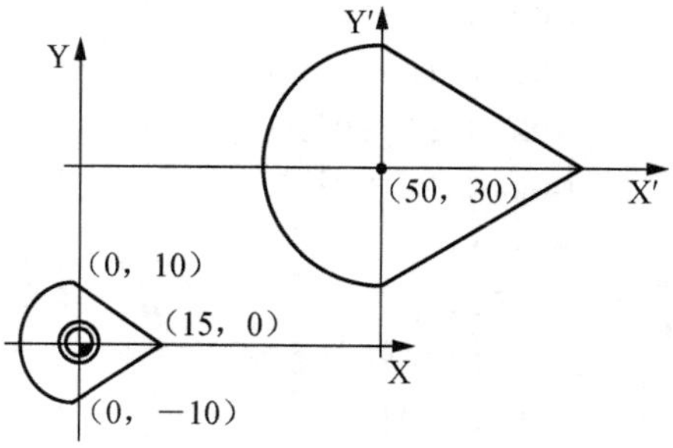

图 9-52　缩放零件设计图

9.4.3　数控铣典型零件编程及加工

1．外轮廓加工

按 FANUC 数控系统，编写如图 9-53 所示零件外轮廓的加工程序。

粗加工时，选用ϕ20 的立铣刀，刀具号为 T02，刀具半径补偿号为 D02，补偿值为 10.2mm（0.2mm 是精加工余量）。

精加工时，选用ϕ12 的立铣刀，刀具号为 T03，刀具半径补偿号为 D03，补偿值为 6mm。参考程序如下。

1）圆柱台加工程序

```
O0001;                          程序开始
G90 G94 G40 G17 G21;            初始环境设置
G91 G28 Z0;                     回参考点
G90 G54 M03 S350;               设置工件坐标系、启动主轴正转
G00 X62.0 Y0;                   平面快速定位到工件右端面正上方 X62.0 Y0 处
Z5.0;                           快速下刀到工件上表面附近
G01 Z-4.0 F50;                  直线下刀到凸台所需加工深度 Z-4mm
G41 D02 G01 X47.0 Y0 F50;       直线插补到 X47Y0 点位置（加刀具半径左补偿）
G02 I-47.0 J0;                  先铣削半径为 47mm 的一个大圆弧
G40 G01 X62.0 Y0;               直线插补返回到 X62.0 Y0 处（取消半径补偿）
G41 D02 G01 X31.0 Y0. ;         直线插补到 X31Y0 点位置（加刀具半径左补偿）
G02 I-31.0 J0;                  铣削半径为 31mm 的圆弧
```

`G40 G01 X62.0 Y0;`	直线插补返回到 X62.0 Y0 处（取消半径补偿）
`G41 D02 G01 X15.0 Y0;`	直线插补到 X15Y0 点位置（加刀具半径左补偿）
`G02 I-15.0 J0;`	铣削半径为 15mm 的圆弧
`G40 G01 X62.0 Y0;`	直线插补返回到 X62.0 Y0 处（取消半径补偿）
`G00 Z20.0;`	主轴向上快速移动到 Z20 处（向上抬刀）
`G91 G28 Z0;`	回参考点
`M30;`	程序运行结束

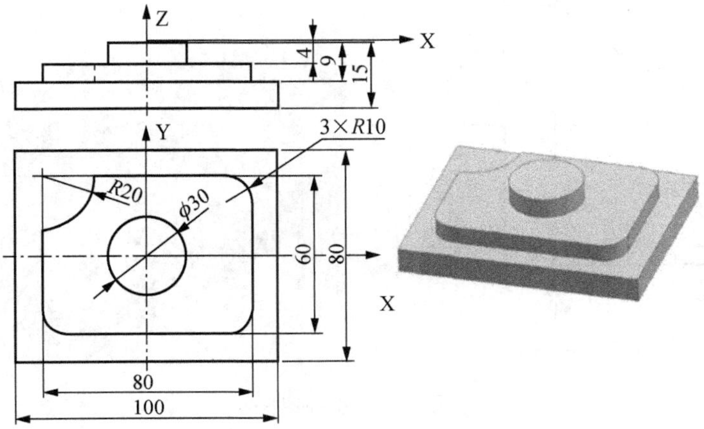

图 9-53　外轮廓零件

2）外轮廓加工程序

`O0002;`	程序开始
`G90 G94 G40 G17 G21;`	初始环境设置
`G91 G28 Z0. ;`	回参考点
`G90 G54 M03 S350;`	设定工件坐标系，启动主轴正转
`G00 X-62.0 Y52.0 M08;`	平面快速定位到工件左上角上方 X-62Y52 处
`Z5.0;`	快速下刀到工件上表面附近
`G01 Z-9.0 F50;`	直线下刀到轮廓所需加工深度 Z-9mm
`G41 D02 G01 X-40.0 Y30.0 F50;`	直线插补到 X-40Y30 处（加刀具半径左补偿）
`G01 X-20.0 Y30.0;`	开始加工轮廓
`X30.0;`	
`G02 X40.0 Y20.0 R10.0;`	
`G01 Y-20.0;`	
`G02 X30.0 Y-30.0 R10.0;`	
`G01 X-30.0;`	
`G02 X-40.0 Y-20.0 R10.0;`	
`G01 Y10.0;`	
`G03 X-20.0 Y30.0 R20.0;`	轮廓加工结束
`G40 G01 X-62.0 Y52.0;`	水平面退刀
`G00 Z20.0 M09;`	Z 向向上抬刀
`G91 G28 Z0;`	回参考点
`M30;`	程序运行结束

2. 型腔加工

按 FANUC 数控系统，编写如图 9-54 所示零件型腔的加工程序。

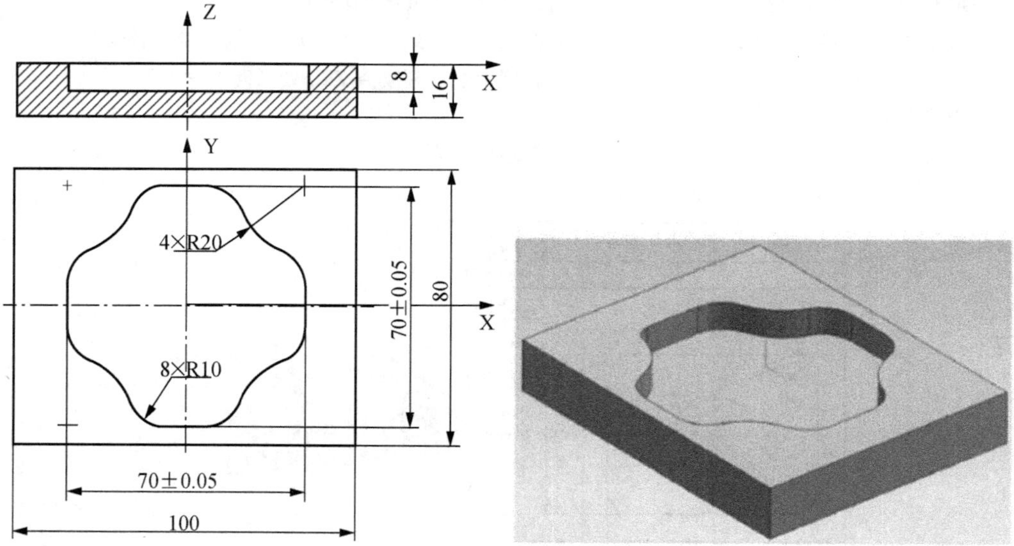

图 9-54　型腔零件

参考程序如下。

1）型腔内粗加工程序

```
O0001;                       （主程序）主程序开始
G90 G40 G21 G94 G17;         初始环境设置
G91 G28 Z0;                  回参考点
G90 G54 M03 S480;            设定工件坐标系、启动主轴正转
G00 X0 Y0;                   平面快速移动到工件正上方
Z5.0 M08;                    快速下刀到工件上方附近 Z5 位置
G01 Z0 F50;                  直线插补到工件表面上
M98 P0002 L02;               调用子程序 2 次加工轮廓，每次加工深度 4mm
G00 Z20.0 M09;               Z 轴快速抬刀
G91 G28 Z0;                  回参考点
M30;                         程序运行结束
O0002;                           （子程序）子程序开始
G91 G01 Z-4.0 F40;               内轮廓加工开始
G90 G01 X7.0 Y0 F48;
G03 I-7.0 J0;
G01 X19.0 Y0;
G03 I-19.0 J0;                   内轮廓加工结束
G01 X0 Y0 F100;                  直线插补到 X0.Y0.位置
M99;                             返回主程序
```

2）型腔内轮廓精加工程序

```
O0003;                       （主程序）主程序开始
G90 G40 G21 G94 G17;         初始环境设置
G91 G28 Z0;                  回参考点
```

```
G90 G54 M3 S480;                    设定工件坐标系、启动主轴
G00 X5.0 Y0;                        平面快速移动到工件正上方
Z5.0 M08;                           快速下刀到工件上方附近 Z5 位置
G01 Z0 F80;                         直线插补到工件表面上
M98 P0004 L02;                      调用子程序 2 次精加工内轮廓
G00 Z20.0 M09;                      Z 轴向上抬刀
G91 G28 Z0;                         回参考点
M30;                                程序运行结束
O0004;                                        （子程序）子程序开始
G91 G01 Z-4.0 F80;                            开始精加工内轮廓
G90 G41 D01 G01 X20.0 Y-15.0 F48;
G03 X35.0 Y0 R15.0; G01 Y6.7157;
G03 X28.3333 Y16.1438 R10.0;
G02 X16.1438 Y28.3333 R20.0;
G03 X6.7157 Y35.0 R10.0;
G01 X-6.7157;
G03 X-16.1438 Y28.3333 R10.0;
G02 X-28.3333 Y16.1438 R20.0;
G03 X-35.0 Y6.7157 R10.0;
G01 Y-6.7157;
G03 X-28.3333 Y-16.1438 R10.0;
G02 X-16.1438 Y-28.3333 R20.0;
G03 X-6.7157 Y-35.0 R10.0;
G01 X6.7157;
G03 X16.1438 Y-28.3333 R10.0;
G02 X28.3333 Y-16.1438 R20.0;
G03 X35.0 Y-6.7157 R10.0;
G01 Y0;
G03 X20.0 Y15.0 R15.0;
G40 G01 X5.0 Y0;                              内轮廓加工结束
M99;                                          返回主程序
```

9.5 加工中心

9.5.1 加工中心概述

1. 加工中心简介

加工中心是备有刀库，并能自动更换刀具，对工件进行多工序加工的数字控制机床。工件经一次装夹后，数字控制系统能控制机床按不同工序，自动选择和更换刀具，自动改变机床主轴转速、进给量和刀具相对工件的运动轨迹及其他辅助机能，依次完成工件几个面上多工序的加工。加工中心由于工序的集中和自动换刀，减少了工件的装夹、测量和机床调整等时间，使机床的切削时间达到机床开动时间的 80%左右（普通机床仅为 15%～20%）；同时也减少了工序之间的工件周转、搬运和存放时间，缩短了生产周期，具有明显的经济效果。加工中心适用于零件形状比较复杂、精度要求较高、产品更换频繁的中小批量生产。

第一台加工中心是 1958 年由美国卡尼-特雷克公司首先研制成功的。它在数控卧式镗铣床的基础上增加了自动换刀装置，从而实现了工件一次装夹后即可进行铣削、钻削、镗削、铰削和攻丝等多种工序的集中加工。

2. 加工中心的特点

（1）加工精度高；

（2）表面质量好；

（3）加工生产率高；

（4）工艺适应性强；

（5）劳动强度低、劳动条件好；

（6）良好的经济效益；

（7）有利于生产管理的现代化。

利用加工中心进行生产，能准确地计算出零件的加工工时，并有效地简化检验、工夹具和半成品的管理工作。当前较为流行的 FMS、CIMS、MRPIl、ERPII 等，都离不开加工中心的应用。

3. 加工中心的分类

加工中心的种类很多，一般按照机床形态及主轴布局形式分类，或按照其换刀形式进行分类。

1）按照机床形态及主轴布局形式分类

（1）立式加工中心：是指主轴轴线呈铅垂状态布置的加工中心，不设分度回转功能，适合于盘类零件的加工。

（2）卧式加工中心：是指主轴轴线呈水平状态布置的加工中心。卧式加工中心通常都带有可进行分度的正方形分度工作台，适合于箱体类零件的加工。

（3）龙门式加工中心：龙门式加工中心形状与龙门铣床类似，主轴多为铅垂布置，带有自动换刀装置，并有可更换的主轴头附件。数控装置的软件功能也较齐全，能够一机多用，尤其适用于大型或形状复杂的工件，如航天工业及大型水轮机、大型建工机械上的某些零件的加工。

（4）复合加工中心：复合加工中心又称万能加工中心，是指兼具立式和卧式加工中心功能的一种加工中心。工件安装后能完成除安装面外的所有侧面及顶面等 5 个表面的加工，因此也有称为五面加工中心的。常见复合加工中心有两种形式，一种是主轴可以旋转 90°，既可以像立式加工中心一样工作，也可以像卧式加工中心那样工作：另一种是主轴不改变方向，而工作台可以带着工件旋转 90° 完成对工件 5 个表面的加工。

2）按加工中心的换刀形式分类

（1）带刀库、机械手的加工中心：加工中心的自动换刀装置由刀库和机械手组成，换刀机械手完成换刀工作。这是加工中心采用最普遍的形式。

（2）无机械手的加工中心：这种加工中心的换刀是通过刀库和主轴箱的配合动作来完成的。一般是把刀库放在主轴箱可以运动到的位置，或整个刀库或某一刀位能移动到主轴箱可以达到的位置。刀库中刀具的存放位置与主轴装刀方向一致。换刀时，主轴运动到刀位上的换刀位置，由主轴直接取走或放回刀库。

（3）一般在小型加工中心上采用转塔刀库形式，主要以孔加工为主。

9.5.2 加工中心编程特点

加工中心是从数控铣床发展而来的，所以其编程所用的 G 指令基本跟数控铣床一样，在此不再进行介绍。但是由于加工中心具有自动换刀功能，而且是定点换刀，所以下面简单介绍加工中心的换刀过程及换刀指令。

1. G28 自动返回参考点指令

执行 G28 指令，使各轴快速移动，分别经过指令的点返回到参考点定位。在使用 G28 指令时，必须先取消刀具半径补偿，而不必先取消刀具长度补偿，因为 G28 指令包含刀具长度补偿取消、主轴停止、切削液关闭等功能。故 G28 指令一般用于自动换刀。

程序格式：

```
G28 X__Y__Z__;
```

其中，X__Y__Z__是被指令的返回参考点的轴的中间点的坐标。由 X、Y 和 Z 设定的位置叫做中间点。机床先移动到这个点，而后回归原点。省略了中间点的轴不移动；只有在命令里指派了中间点的轴执行其原点返回命令。在执行原点返回命令时，每一个轴是独立执行的，这就像快速移动命令（G00）一样；通常刀具路径不是直线。因此，要求对每一个轴设置中间点，以免机床在原点返回时与工件碰撞等意外发生。例如：

```
G28G90 X150. Y200.;
T11 M06;
```

如果中介点与当前的刀具位置一致（例如，发出的命令是： G28 G91 X0 Y0 Z0;），机床就从其当前位置返回原点。如果是在单程序块方式下运行，机床就会停在中间点；当中间点与当前位置一致，它也会暂时停在中间点（即当前位置）。

2. G29 从参考点返回指令

执行 G29 指令时，首先使被指令的各轴快速移动到前面 G28 所指令的中间点，然后再移到被指令的位置上定位。

程序格式：

```
G29 X__Y__Z__;
```

X__Y__Z__是被指令的返回目标点的坐标。

如 G29 指令的前面未指令中间点，则执行 G29 指令时，被指令的各轴经程序零点，再移到 G29 指令的返回点上定位。例如：

```
G28G90 X150. Y200.;
T11M06;
G29 X50.Y40.0;
```

通常 G28 和 G29 指令应配合使用，使机床换刀后直接返回加工点。

3. 换刀指令

程序格式： `M06 T××`

9.5.3　加工中心编程实例

按 FANUC 数控系统，编写如图 9-55 所示孔类零件的加工程序。

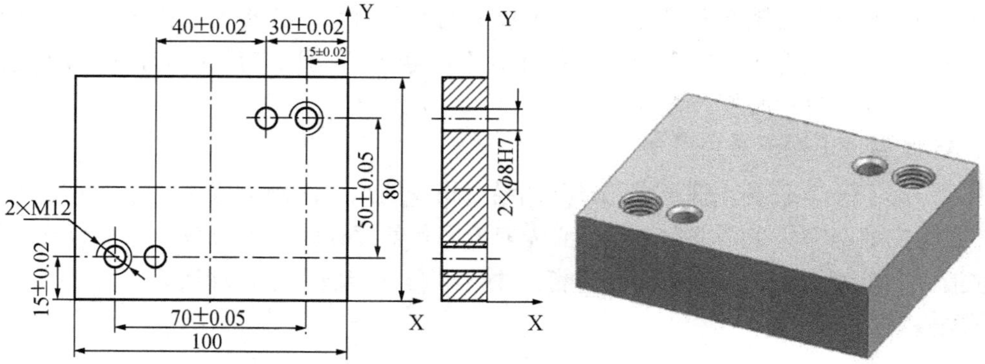

图 9-55　孔类零件

参考程序如下：

```
O0001;                                      程序开始
G91 G28 Z0;                                 回参考点
M06 T1;                                     换第 1 号刀（中心钻）
G90 G17 G49 G21 G94;                        初始环境设置
G54 M3 S1200;                               设置工件坐标系、启动主轴正转
G00 X20.0 Y100.0 M08;                       水平面快速定位到工件右上角上方
G43 H01 G00 Z50.0;                          Z 轴快速下刀到 Z50 处（加刀具长度补偿）
G99 G81 X-15.0 Y65.0 Z-4.0 R5.0 F80;        钻第一个中心孔（返回安全平面）
G98 X-30.0;                                 钻第二个中心孔（返回起始平面）
G00 X-120.0;                                X 方向快速定位 X-120 的位置
Y15.0;                                      Y 方向快速定位 Y15 的位置
G99 G81 X-85.0 Y15.0 Z-4.0 R5.0 F80;        钻第三个中心孔（返回安全平面）
G98 X-70.0;                                 钻第四个中心孔（返回起始平面）
G91 G28 Z0 M09;                             回参考点
M06 T02;                                    换第 2 号刀（直径 7mm 的麻花钻头）
G90 G49 G54 M3 S550;                        取消长度补偿、设置工件坐标系、启动主轴
G00 X20.0 Y100.0 M08;                       水平面快速定位到工件右上角上方
G43 H02 G00 Z50. ;                          Z 轴快速下刀到 Z50 处（加刀具长度补偿）
G99 G73 X-15.0 Y65.0 Z-20.0 R5.0 Q2.0 F60;  钻第一个孔（返回安全平面）
G98 X-30.0;                                 钻第二个孔（返回起始平面）
G00 X-120.0;                                X 方向快速定位 X-120 的位置
Y15.0;                                      Y 方向快速定位 Y15.的位置
G99 G73 X-85.0 Y15.0 Z-20.0 R5.0 Q2.0 F60;  钻第三个孔（返回安全平面）
G98 X-70.0;                                 钻第四个孔（返回起始平面）
G91 G28 Z0 M09;                             回参考点
M06 T03;                                    换第 3 号刀（直径 7.8mm 的麻花钻头）
G90 G49 G54 M3 S500;                        取消长度补偿、设置工件坐标系、启动主轴
```

```
G00 X20.0 Y100.0 M08;                      水平面快速定位到工件右上角上方
G43 H03 G00 Z50. ;                         Z 轴快速下刀到 Z50 处（加刀具长度补偿）
G98 G83 X-30.0 Y65.0 Z-21.0 R5.0 Q2.0 F60; 钻孔（右上角光孔）
G00 X-120.0;                               X 方向快速定位 X-120 的位置
Y15.0;                                     Y 方向快速定位 Y15 的位置
G98 G83 X-70.0 Y15.0 Z-21.0 R5.0 Q2.0 F60; 钻孔（左下角光孔）
G91 G28 Z0 M09;                            回参考点
M06 T04;                                   换第 4 号刀（直径 10.2mm 的麻花钻头）
G90 G49 G54 M3 S450;                       取消长度补偿、设置工件坐标系、启动主轴
G00 X20.0 Y100.0 M08;                      水平面快速定位到工件右上角上方
G43 H04 G00 Z50. ;                         Z 轴快速下刀到 Z50 处（加刀具长度补偿）
G98 G81 X-15.0 Y65.0 Z-21.0 R5.0 F50;      钻孔(右上角螺纹底孔)
G00 X-120.0;                               X 方向快速定位 X-120.的位置
Y15.0;                                     Y 方向快速定位 Y15.的位置
G98 G81 X-85.0 Y15.0 Z-21.0 R5.0 F50;      钻孔（左下角螺纹底孔）
G91 G28 Z0 M09;                            回参考点
M06 T05;                                   换第 5 号刀（锪孔钻）
G90 G49 G54 M3 S350;                       取消长度补偿、设置工件坐标系、启动主轴
G00 X20.0 Y100.0 M08;                      水平面快速定位到工件右上角上方
G43 H05 G00 Z50.0;                         Z 轴快速下刀到 Z50 处（加刀具长度补偿）
G99 G82 X-15.0 Y65.0 Z-6.0 R5.0 P2000 F60; 第一个孔倒角
G98 X-30.0;                                第一个孔倒角（返回起始平面）
G00 X-120.0;                               X 方向快速定位 X-120.的位置
Y15.0;                                     Y 方向快速定位 Y15.的位置
G99 G82 X-85.0 Y15.0 Z-6.0 R5.0 P2000 F60; 第三个孔倒角
G98 X-70.0;                                第四个孔倒角（返回起始平面）
G91 G28 Z0 M09;                            回参考点
M06 T06;                                   换第 6 号刀（直径 8mm 绞刀）
G90 G49 G54 M3 S50;                        取消长度补偿、设置工件坐标系、启动主轴
G00 X20.0 Y100.0 M08;                      水平面快速定位到工件右上角上方
G43 H06 G00 Z50.0;                         Z 轴快速下刀到 Z50 处（加刀具长度补偿）
G98 G85 X-30.0 Y65.0 Z-18.0 R5.0 F40;      绞孔（右上角光孔）
G00 X-120.0;                               X 方向快速定位 X-120.的位置
Y15.0;                                     Y 方向快速定位 Y15.的位置
G98 G85 X-70.0 Y15.0 Z-18.0 R5.0 F40;      绞孔（左下角光孔）
G91 G28 Z0 M09;                            回参考点
M06 T07;                                   换第 7 号刀（M12 丝锥）
G90 G49 G54 M3 S100;                       取消长度补偿、设置工件坐标系、启动主轴
G00 X20.0 Y100.0 M08;                      水平面快速定位到工件右上角上方
G43 H07 G00 Z50.0;                         Z 轴快速下刀到 Z50 处（加刀具长度补偿）
G98 G84 X-15.0 Y65.0 Z-19.0 R5.0 F175;     攻丝（右上角螺纹孔）
G00 X-120.0;                               X 方向快速定位 X-120.的位置
Y15.0;                                     Y 方向快速定位 Y15.的位置
```

```
G98 G84 X-85.0 Y15.0 Z-19.0 R5.0 F175;    攻丝（左下角螺纹孔）
G91 G28 Z0 M09;                           回参考点
M30;                                      程序运行结束
```

9.6 特种加工技术

9.6.1 特种加工概述

1. 特种加工的特点

特种加工（又称为非传统加工，Non-Traditional Machining，NTM）借助电能、热能、声能、光能、电化学能、化学能以及特殊机械能等多种能量或其复合施加在工件上，实现材料去除、变形、改性、镀覆或添加等的加工方法。特种加工是制造技术中的重要组成部分。近年来，随着制造精细化、复杂化和结构特殊化逐渐增加，以及计算机技术、微电子技术和控制技术的迅速发展，社会需求和技术进步的结合促使特种加工技术实现了飞跃发展。

特种加工与常规切削加工相比，具有如下独到之处：

（1）“以柔克刚”。因工具与工件不直接接触，在加工范围上不受材料的物理、机械性能限制。能加工硬的、软的、脆的、耐热或高熔点金属及非金属材料；

（2）易获得良好的表面质量，残余应力、热应力、热影响区、冷作硬化等均比较小；

（3）易于加工比较复杂的型面、微细表面及柔性零件；

（4）加工过程中工件与工具间不存在显著的机械切削力；

（5）各种加工方法易于复合形成新的工艺方法，便于推广和应用。

2. 特种加工分类

特种加工技术所包含的范围非常广，随着科学技术的发展，特种加工的方法也在不断丰富。目前主要涉及的特种加工方法如表 9-7 所示。

表 9-7 特种加工方法

加工方法		工件材料	精度/μm	表面粗糙度/μm	应用
电火花加工	成型加工	导电材料	50～1	2.5～0.02	型腔模等
	线切割加工		20～1	2.5～0.16	样板、冲模
	高速小孔加工		20～1	2.5～0.1	打孔
激光加工		任何材料	10～1	6.3～0.12	打孔、切割、焊接、热处理等
超声波加工		脆硬材料	30～5	2.5～0.04	型孔、型腔
快速成型加工		光敏树脂、陶瓷粉末、塑料、金属	100～10	50～1	产品原型、模具制造等
电子束加工		任何材料	10～1	6.3～0.12	微孔、镀膜、焊接、蚀刻、抛光
离子束加工		任何材料	0.01～0.001	0.02～0.01	蚀刻、抛光
电化学加工	电解	导电材料	100～3	1.25～0.06	金属型孔、型面、型腔
	电铸	金属	1	0.02～0.012	金属成形小零件

3. 特种加工发展趋势

特种加工技术的发展趋势主要有以下几方面。

（1）采用自动化技术。充分利用计算机技术对特种加工设备的控制系统、电源系统进行优化，加大对特种加工的基本原理、加工机理、工艺规律、加工稳定性等深入研究的力度，建立综合工艺参数自适应控制装置、数据库等（如超声、激光等加工），进而建立特种加工的 CAD/CAM 与 FMS（Flexible Manufacturing System，柔性制造系统），使加工设备向自动化、柔性化方向发展，这是当前特种加工技术的主要发展方向。

（2）趋向精密化研究。高新技术的发展促使高新技术产品向超精密化与小型化方向发展，对产品零件的精度与表面粗糙度提出更严格的要求。为适应这一发展趋势，特种加工的精密化研究已引起人们的高度重视，因此，大力开发用于超精加工的特种加工技术已成为重要的发展方向。

（3）开发新工艺方法及复合工艺。为适应产品的高技术性能要求与新型材料的加工要求，需要不断开发新工艺方法，包括微细加工和复合加工，尤其是质量高、效率高、经济型的复合加工，如工程陶瓷、复合材料和聚晶金刚石等。

（4）污染问题是影响和限制有些特种加工应用、发展的严重障碍。加工过程中产生的废渣、废气如果排放不当，会造成环境污染，影响工人健康。必须花大力气处理并利用废气、废液、废渣，向“绿色”加工的方向发展。

（5）进一步开拓特种加工技术。以多种能量同时作用，相互取长补短的复合加工技术，如电解磨削、电火花磨削、电解放电加工、超声电火花加工等，需要不断发展。

9.6.2　电火花加工

1. 电火花加工的起源

电火花加工中的电蚀现象早在 20 世纪初就被人们发现，如插头、开关的启闭所产生的电火花对接触表面的损害。但真正将电蚀现象运用到实际生产加工中的是 20 世纪中期苏联的拉扎林科夫妇在研究开关触点遭受火花放电腐蚀损坏的现象和原因时，发现电火花的瞬时高温使局部金属熔化、气化而蚀除，从而开创和发明了电火花加工方法，并于 1943 年利用电蚀原理研制出世界上第一台实用化的电火花加工装置。我国在 20 世纪 50 年代初期开始研究电火花设备，并于 60 年代初研制出第一台靠模仿形电火花线切割机床，随后研制出具有我国特色的高速走丝线切割机床。

2. 电火花加工的概念

电火花加工是一种利用电能和热能进行加工的新工艺，俗称放电加工（Electrical Discharge Machining，EDM）。电火花加工与一般切削加工的区别在于，电火花加工是工具与工件并不接触，而是靠工具与工件间不断产生的脉冲性火花放电，利用放电时产生局部、瞬时的高温把金属材料逐步蚀除，由于在放电过程中有可见火花产生，故称电火花加工。

3. 电火花加工的原理

电火花加工是利用处于一定介质中的两极之间火花放电时的电腐蚀现象对材料进行加工的方法。

电火花加工原理如图 9-56 所示，当工件与工具两电极间电压加到直流 100V 左右，极间某一间隙最小处或绝缘强度最低处介质被击穿引起电离并产生火花放电，产生瞬时高温，使工具与工件表面蚀除掉一小部分金属，各自形成一个小凹坑。然后经过一段时间间隔，排除电蚀产物和介质恢复绝缘，再在两级间加电……，如此连续地重复放电，工具电极不断地向工件进给就可将工具的形状复制在工件上，加工出所需要的零件。

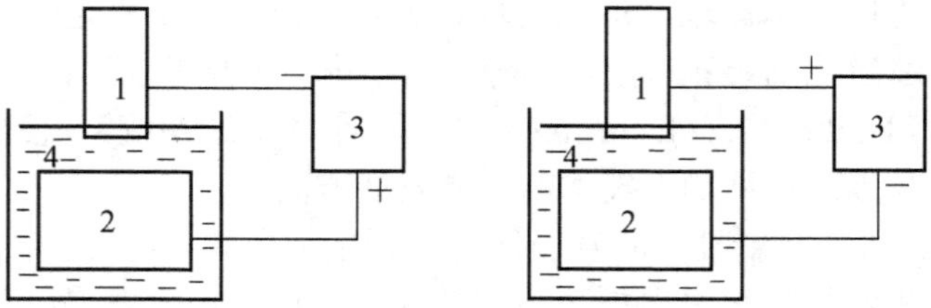

（a）正极性　　（b）负极性

图 9-56　电火花加工原理示意图

1-成型电极；2-工件；3-脉冲电源；4-工作液

电火花加工过程如图 9-57 所示。其加工的必备条件是：必须采用脉冲电源；工具电极和工件被加工表面之间必须保持一定的间隙；放电必须在一定绝缘性能的液体介质中进行。

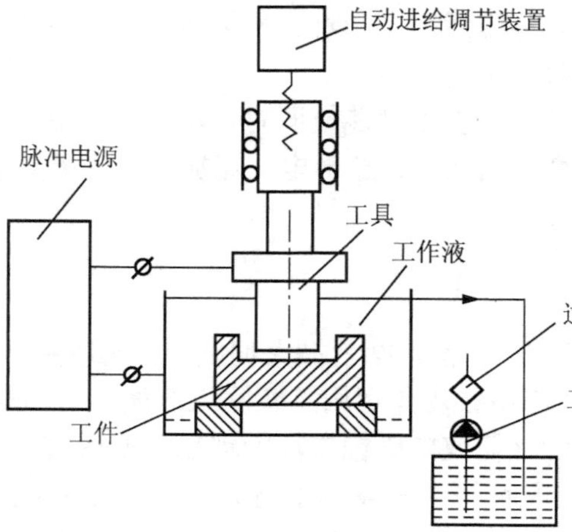

图 9-57　电火花加工原理

4. 电火花加工过程

电火花加工是一个非常复杂的过程，其微观过程是热力、流体力、电场力、磁力、电化学等综合作用的结果。这一过程可分为以下四个阶段。

（1）极间介质的电离、击穿，形成放电通道。

自动调节装置控制工具电极向工件缓慢靠近，两极间形成的电场随着距离的减小逐步增大，当两极间距离达到合适的放电距离（通常只有几微米到几百微米）时，由于两电极微观表面的凸凹不平，导致两极间电场不均匀，在距离最近的两点间电场强度最大，工作液介质中的杂质（如金属微粒）和自由电子在强大电场作用下，产生碰撞电离，形成带负电和带正电的粒子，带电粒子达到一定数量后导致工作液介质电离、击穿，形成放电通道。

由大量带电粒子和中性粒子组成的放电通道，粒子间高速向相反方向运动，形成碰撞产生大量热能，使通道中心温度达到 10000℃以上。高温热膨胀形成的高压产生强烈的冲击波向四周传播，同时伴随热效应、光效应、声效应和电磁辐射，形成肉眼可见四处飞溅的火花。

（2）介质热分解、电极材料熔化、气化热膨胀。

极间介质一旦被电离、击穿、形成放电通道后，脉冲电源使通道间的电子高速奔向正极，正离子奔向负极。电能变成动能，动能通过碰撞又转化为热能。于是，在通道两端的正极和负极表面分别成为瞬间热源，并在瞬间达到很高的温度，从而将工作液介质汽化、热分解，同时使金属材料表面熔化甚至气化，产生爆炸特性。

（3）电极材料的抛出。

通道间形成的高温、高压使气化了的气体体积不断向外膨胀，同时带着熔化、气化了的金属材料抛向工作液中。

（4）极间介质的电离消除。

随着一次脉冲电压的结束，脉冲电流也迅速降为零，标志着一次脉冲放电结束，但为了下一次放电的正常进行，此后应有一段间隔时间，使间隙介质消电离，即放电通道中带电粒子复合为中性粒子，恢复本次放电通道处间隙介质的绝缘强度，以免总是重复在同一处发生放电而导致电弧放电，同时及时有效地排出蚀除下来的金属微粒、碳粒子和气泡等。因此为了保证电火花加工的正常进行，在两极脉冲放电之间必须有足够的脉冲间隔时间，其大小根据加工具体情况进行调节，脉冲间隔时间的长短影响加工质量和加工效率。

5. 电火花加工的分类

电火花加工工艺及机床设备的类型较多，但按工艺过程中工具与工件相对运动的特点和用途大致可以分为七大类：电火花穿孔成型加工、电火花线切割加工、电火花磨削和镗磨、电火花同步共轭回转加工、电火花高速小孔加工、电火花铣削加工、电火花表面强化及刻字。前六类属于电火花成型、尺寸加工，是用于改变零件形状或尺寸的加工方法；后者则属于表面加工方法，用于改善或改变零件表面性质。其中应用最广，数量较多的是电火花线切割机床和电火花成型加工机床。表 9-8 所列为总的分类情况及各类加工方法的主要特点和用途。

表 9-8　电火花加工工艺方法分类

类　别	工艺方法	特　点	用　途	备　注
1	电火花穿孔成型加工	① 工具和工件间主要有一个相对的伺服进给运动 ② 工具为成型电极，与被加工表面有相同的截面或形状	① 型腔加工：加工各类型腔模及各种复杂的型腔零件 ② 穿孔加工：加工各种冲模、挤压模、粉末冶金模、各种异形孔及微孔等	约占电火花机床总数的30%，典型机床有 D7125、D7140 等电火花穿孔成型机床
2	电火花线切割加工	① 工具电极为沿着其轴线方向移动着的线状电极 ② 工具与工件在两个水平方向同时有相对伺服进给运动	① 切割各种冲模和具有直纹面的零件 ② 下料、截割和窄缝加工 ③ 直接加工出零件	约占电火花机床总数的60%，典型机床有 DK7725、DK7740 等数控电火花线切割机床
3	电火花内孔、外圆和成型磨削	① 工具与工件有相对的旋转运动 ② 工具与工件间有径向和轴向的进给运动	① 加工高精度、表面粗糙度值小的小孔，如拉丝模、挤压模、微型轴承内环、钻套等 ② 加工外圆、小模数滚刀	约占电火花机床总数的3%，典型机床有 D6310 电火花小孔内圆磨床
4	电火花同步共轭回转加工	① 成型工具与工件均作旋转运动，但两者角速度相等或成整数倍，接近的放电点可有切向相对运动速度 ② 工具相对工件可作纵、横向进给运动	以同步回转，展成回转、倍角速度回转等不同方式，加工各种复杂形面的零件，如高精度的异形齿轮，精密螺纹环规、高精度、高对称、表面粗糙度值小的内、外回转体表面等	约占电火花机床总数的1%以下，典型机床有 JN-2、JN-8 等内外螺纹加工机床
5	电火花高速小孔加工	① 采用 $\phi0.3 \sim \phi3$mm 空心管状电极，管内冲入高压水基工作液 ② 细管电极旋转	① 加工速度可高达 60mm/min，深径比可达 1：100 ② 线切割预穿丝孔 ③ 深径比很大的小孔，如喷嘴等	约占电火花机床总数的2%，典型机床有 D7003A 电火花高速小孔加工机床

续表

类　别	工艺方法	特　点	用　途	备　注
6	电火花铣削加工	工具电极相对工件作平面或空间运动，类似常规铣削	① 适合用简单电极加工复杂形状 ② 由于加工效率不高，一般用于加工较小零件	各种多轴数控电火花加工机床有此功能
7	电火花表面强化、刻字	① 工具在工件表面上振动 ② 工具相对工件移动	① 模具刃口，刀具、量具刃口表面强化和镀覆 ② 电火花刻字、打印记	约占电火花机床总数的2%～3%，典型机床有D9105电火花强化机等

9.6.3 电火花线切割加工概述

电火花线切割加工（Wire Cut Electrical Discharge Machining，WEDM）是在电火花基础上发展起来的一种新的工艺形式，是用线状电极靠火花放电对工件进行切割，故称为电火花线切割，有时简称线切割。下面以DK7740为例介绍。

1．电火花线切割的基本原理

电火花线切割加工的基本原理是利用移动的细金属导线（钼丝、铜丝或钨丝）作电极，对工件进行脉冲火花放电、切割成型。

其加工原理示意图如图9-58所示。

在这个加工过程中，工件接高频脉冲电源的正极，钼丝接高频脉冲电源的负极，当工件与钼丝接近到一定距离（0.01～0.2mm）时，它们之间就产生火花放电，腐蚀工件（熔化，温度在10000℃以上）。当然钼丝也会受到腐蚀，但是非常小，其主要原因是：

（1）高速上下移动使钼丝迅速离开高温区；

（2）工作液对准加工区的不断冲洗也达到了降温的作用；

（3）线切割属于正极性接法，钼丝接负极不易被腐蚀。

但是使用时间长了之后也会变细，所以需要定期更换。同时，由于电火花线切割的运动形式较简单，容易控制，为了使电火花线切割能加工较复杂的工件形状，通常采用数控系统来控制工作台的运动速度，因此称为数控电火花线切割。

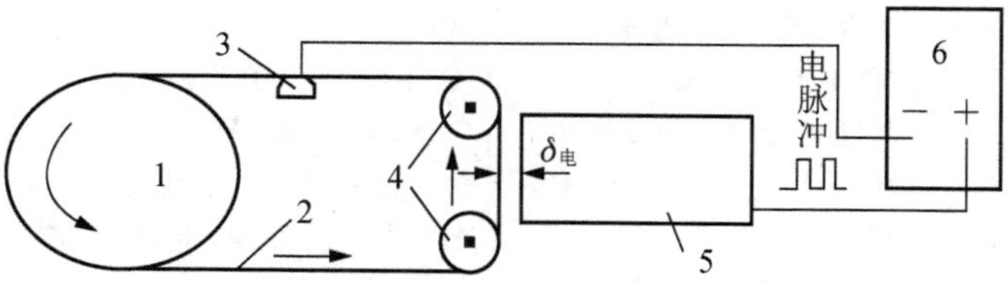

图9-58　电火花线切割加工原理图

1-储丝筒；2-电极丝；3-导电块；4-上、下导论；5-工件；6-脉冲电源

根据电极丝的运行速度，电火花线切割机床通常可分为两大类：一类是高速走丝电火花线切割机床（WEDM-HS），如图9-59所示。这类机床的电极丝作高速往复运动，一般走丝速度为6～11m/s，这是我国生产和使用的主要机种，也是我国独创的电火花线切割加工模式；另一类是低速走丝电火花线切割机床（WEDM-LS），这类机床的电极丝作低速单向运动，一般走丝速度低于2.5m/s，这是国外生产和使用的主要机种。

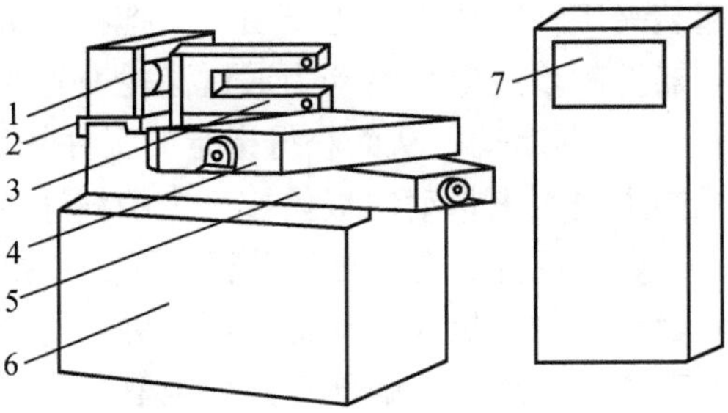

图 9-59　快速走丝线切割机床结构简图

1-储丝筒；2-溜板；3-丝架；4-上工作台；5-下工作台；6-床身；7-脉冲电源及微型控制柜

2. 电火花线切割的特点

（1）工件必须是导电材料；

（2）材料的去除是靠放电时的电能作用来实现的；

（3）工具电极和工件之间不直接接触，几乎没有切削力，所以可以选用硬度很高的材料（一般加工工件都可在淬火后进行）进行加工；

（4）加工对象主要是平面形状，当机床上加上能使电极丝作相应倾斜运动的功能后，也可以加工锥面。但是不能加工盲孔；

（5）自动化程度高、操作方便，易于实现自动化；

（6）不需要制造成型电极，用简单的电极丝即可对工件进行加工。

3. 线切割加工的主要用途

线切割加工为新产品试制、精密零件加工及模具制造开辟了一条新的工艺途径，主要用途如下。

（1）加工模具。适用于各种形状的冲模。调整不同的间隙补偿量，只需一次编程就可以切割凸模、凸模固定板、凹模及卸料板等。模具配合间隙、加工精度通常都达到要求。此外，还可加工挤压模、粉末冶金模等通常带锥度模具。

（2）电火花成型加工用的电极。一般穿孔加工用的电极以及带锥度型腔加工用的电极，以及铜钨、银钨合金之类的电极材料，用线切割加工特别经济，同时也适用于加工微细复杂形状的电极。

（3）加工高硬度材料。由于线切割主要是利用热能进行加工，在切割过程中工件与工具没有相互接触，没有相互作用力，所以可以加工一些高硬度材料，只要加工的金属材料熔点在 10000℃以下就可以。

（4）加工贵重金属。线切割是通过线状电极的“切割”完成加工过程的，而我们常用的线状电极的直径很小（通常在 0.13～0.18mm），所以切割的缝隙也很小，便于节约材料，因此可以用来加工一些贵重金属材料。

（5）加工试验品。在试制新产品时，用线切割在坯料上直接割出零件，例如，试制切割特殊微电机硅钢片定转子铁心，由于不需另行制造模具，可大大缩短制造周期、降低成本。

4. 机床的组成

电火花线切割机床主要由三部分组成，分别是机床的主体、脉冲电源和控制部分。

1）机床的主体

机床主体是电火花线切割的主要部分，由工作台、走丝机构、丝架、床身和工作液循环系统组成。

（1）工作台：工作台起装夹工件的作用，主要由上下拖板、导轮、丝杆螺母副和齿轮变速机构等四部分组成。控制器控制步进电机将动力通过齿轮变速机构传递给丝杆螺母副，再由丝杆螺母副控制拖板做 x、y 方向运动，从而获得指定的工件加工轨迹。

（2）走丝机构：走丝机构主要用来带动电极丝按一定的线速度运动，一般由动力电机、储丝筒和导轮等几部分组成。走丝机构的电极丝借助行程开关和挡铁做往返循环运动。

（3）丝架：丝架主要对运动着的电极丝起支撑作用，并保持电极丝与工作台面呈一定的几何角度。常用的丝架有固定式、升降式和偏移式三种类型。

（4）床身：床身是整个机床的支撑部分，主要起固定机床、安装和保护其他机构的作用，大部分床身采用箱式结构设计。

（5）工作液循环系统：工作液循环系统是线切割机床的重要组成部分，它的好坏直接影响加工质量和加工效率。工作液循环系统一般由工作液箱体、工作液泵、过滤器、流量控制阀、进液管和回液管等几部分组成。工作液的主要成分是皂化油和水，以 1∶10 至 1∶15 的比例配制而成。

2）脉冲电源

电火花线切割脉冲电源又称高频电源，是电火花线切割机床的重要组成部分。主要由主振电路、脉宽调节电路、间隔调节电路、功率放大电路和整流电源等四部分组成。

3）控制器

电火花线切割控制器是电火花线切割机床的又一重要组成部分，它控制着 x、y 方向工作台的运动及锥度切割装置的 U、V 坐标的移动，并合成工件切割轨迹，目前大部分控制器已实现了数字控制或微机控制。

5．机床型号和主要技术参数

1）电火花线切割机床的型号

电火花线切割机床的型号很多，主要分高速走丝线切割机和低速走丝线切割机，国内现有的线切割机大多为高速走丝线切割机，进口线切割机一般为低速走丝线切割机。我国电火花线切割机床的型号编制是根据 JB 1838—76《金属切削机床型号编制方法》进行编制的，机床型号由汉语拼音和阿拉伯数字组成，代表机床的类别、特征和基本参数。现在以 DK7740 为例，介绍线切割机床的型号，如图 9-60 所示。

2）电火花线切割机床的主要技术参数

① 工作台纵横向行程 500×400；

② 储丝筒直径为 $\phi 160$；

③ 储丝筒最大移动量 160；

④ 最长储丝长度 300m；

⑤ 电极丝选用直径 0.13～0.18mm；

⑥ 电极丝线速度 11m/s；

⑦ 工作台脉冲当量 0.01mm；

⑧ 首轮每格工作台移动量 0.02。

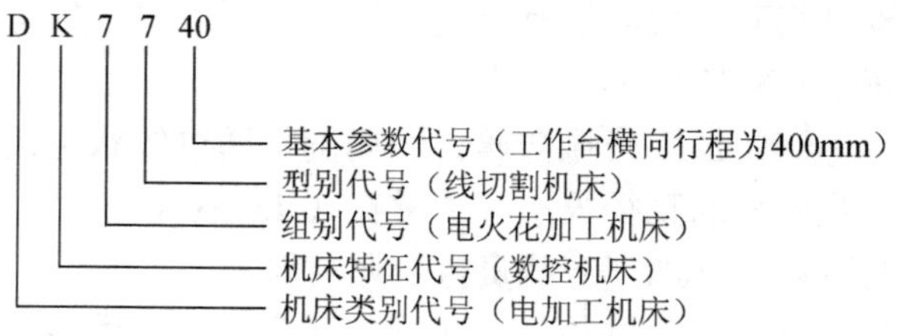

图 9-60　线切割机床型号

9.6.4　数控电火花线切割加工工艺

1．电火花线切割加工步骤

电火花线切割加工步骤的合理安排是保证线切割机床高效率、高质量切割出工件的关键所在，电火花线切割加工步骤如图 9-61 所示。

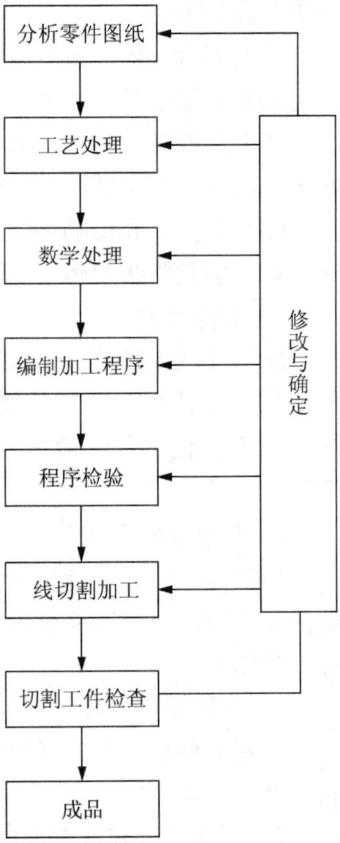

图 9-61　电火花线切割加工步骤

1）分析零件图纸

与其他金属加工一样，在对工件进行电火花线切割前应充分对所要加工产品的零件图纸进行分析审核，主要从以下几个方面考虑。

（1）尺寸要求：凹角、夹角的尺寸要符合线切割的加工要求。

（2）形状要求：加工的必须是通孔零件。

（3）材料要求：必须是导电材料，而且一般选用硬度大的材料。

（4）精度要求：合理选择表面粗糙度和加工精度。

现以线切割加工为主要工艺，对钢进行加工，其路线如图 9-62 所示。

2）工艺处理

工艺处理是线切割加工步骤中的重要一环，主要包括以下几点。

（1）工件夹具的设计和选择。

所涉及和选择的工件夹具应便于安装，便于协调工件和机床间的尺寸关系，且尽可能可以反复利用。在加工大型工件时应充分考虑工件的定位问题，特别是在加工快完成时，工件容易变形，使电极丝夹紧，导致断丝。这时可以考虑采用几块磁铁将加工完成的地方吸住，保证加工的正常进行。

（2）正确选择穿丝孔、进刀线和退刀线。

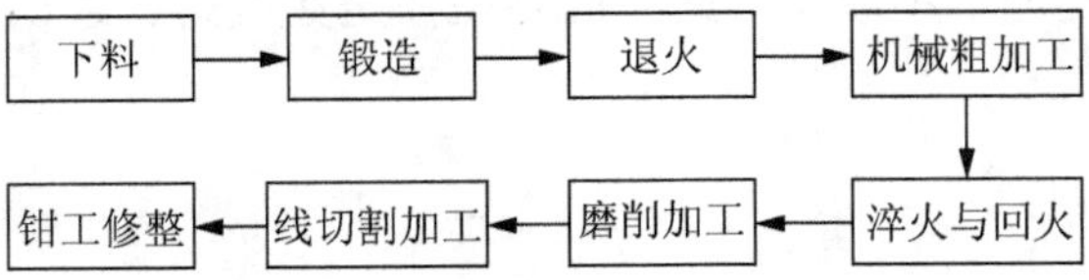

图 9-62　线切割加工路线

穿丝孔是电极丝相对工件运动的起点，同时也是程序执行的原点，所以穿丝孔应选择在容易找正、并在加工过程中便于检查的位置。为保证加工精度，穿丝孔的位置应设置在工件上，一般为基准点位置。

在设置进刀线及退刀线时应注意不与轮廓第一条边重合，不与第一条边夹角过小或距离过近，最好通过工件的中心线。

（3）确定合理的偏移量。

在加工凸模、凹模时对精度的要求很高，必须考虑电极丝及放电间隙对精度的影响，合理的偏移量应根据电极丝直径及机床参数来确定。

3）数学处理

在完成了工艺处理后，需要根据零件的几何尺寸计算出运动轨迹，如几何图形起点、终点、交点、切点、圆弧的圆心点等与运动轨迹有关的坐标值。对于有补偿要求的几何图形，可以使用 AutoCAD 或其他绘图软件将待加工的几何轮廓偏移一个补偿量，通过测量获取各经过偏移后的起点、终点、交点、切点、圆弧圆心点等坐标值，可以大大减少计算工作量。

4）编制加工程序

线切割程序编制可采用手动或电脑自动编程，无论采用哪种方法编程均应对以下几个方面进行充分考虑。

（1）配合间隙　在对有配合间隙要求的工件（如冲模的凸凹模）进行切割时，在编程时应把配合间隙值考虑在程序中。

（2）过渡圆　为了提高切割工件的使用寿命，在工件的几何图形交点，特别是小角度的拐角处应加上过渡圆，其半径一般在 0.1～0.5mm 范围内。

（3）起割点和切割路线　起割点一般选择在工件几何图形的拐角处，或容易将凸尖修去的部位。切割路线的确定以防止或减少工件变形为原则。

5）程序检验

编写完成的程序一般要经过检验才能用于正式加工，采用电脑自动编程时，可利用软件提供的实体加工模拟功能进行模拟，也可以采用机床空运行的方法检验实际加工情况，验证加工过程中是否撞极限、机床行程是否满足等，确保程序无误，必要时用薄料进行试切割。

6）线切割机加工

切割加工时要正确装夹工件、找正工件各基准、调整电极丝的垂直度和张力，调整脉冲电源各参数，包括脉冲电压、峰值电流、脉冲宽度、进给速度等，各参数合理调整完毕后方可正式加工。

7）切割工件检验

切割工件的检验包括尺寸精度、粗糙度、垂直度等，有配合间隙要求的工件还应对配合间隙进行检验。

2. 穿丝孔、起刀点及走丝路线确定

穿丝孔、起切点及走丝路线是线切割加工中非常重要的环节，很多时候用户编制的程序、工件的装夹、电参量的设置等都没问题，但就是加工不成功，此时问题往往是穿丝孔、起切点及走丝路线的安排不当。

1）穿丝孔的确定

（1）穿丝孔的作用

穿丝孔是工件上用来穿过电极丝而预先钻制的小孔，在电火花线切割加工中扮演重要的角色，它主要用来保证工件加工部位与工件其他部位的位置精度。在凸模加工时可减小工件变形，而在凹模加工中更必不可少，同时可以保证凹模加工后的完整性。

（2）穿丝孔的位置

穿丝孔位置应根据切割工件的实际情况来确定，如根据切割工件的类型、材料、大小等情况来确定，具体应遵循以下几点：

① 在切割小型凹模类工件时，穿丝孔一般确定在凹模的中心位置，以便计算穿丝孔的加工和切割轨迹程序。此方法的缺点是当切割大型零件时，无用切割路线长，因此不太适合大型凹模的加工。

② 在切割凸模类工件和大型凹模类工件时，穿丝孔一般确定在起刀点附近，可以缩短无用切割路线的长度。

③ 穿丝孔的位置应选择在已知坐标点或便于计算的坐标点上，特别是对于有多次穿丝孔的工件，把穿丝点选择在特殊坐标点上，将有利于程序的编制。

（3）穿丝孔大小及加工

穿丝孔直径大小的选择，应便于钻孔或镗孔加工，不宜过大或过小，一般在 3～10mm 范围内选择，并取整数直径。

由于穿丝孔常用作加工基准，穿丝孔的加工一般在具有较高精度的机床上进行，也可采用电火花穿孔，以保证穿丝孔的位置和尺寸精度。

2）起切点的确定

起切点是工件串联几何图形的起始切割点，往往也是几何图形切割的终止点。起切点选择不当，会使工件切割表面留下切痕，特别是起切点选在圆滑表面上时，切痕更为明显。因此在选择起切点位置时应注意以下几点。

（1）把起切点尽可能选择在几何图形的拐角点处，有多个拐角点时，优先选择直线和直线相交的拐角点，其次选择直线与圆弧、圆弧与圆弧相交的拐角点。

（2）把起切点尽可能选择在工件表面粗糙度要求不高的一侧。

（3）把起切点尽可能选择在工件切割后容易修磨的表面上。

（4）可在穿丝点与起切点（终止点）间加入一导引入（导引出）切割轨迹，以改善切割痕迹。

3）线切割电参数选择

合理选择电参数是电火花线切割加工中非常重要的一环，它直接影响电火花线切割的各项工艺指标，包括切割速度、表面粗糙度、加工精度等。对于用 DK7740 的已经有可供选择的电参数，根据加工的工件情况不同，选择不同的电参数。

9.6.5　数控电火花线切割加工程序的编制

线切割编程属于数控编程的范围，与其他数控编程基本相似，但又有其独特的地方。

数控线切割机床的控制系统是根据人员的“命令”控制机床进行加工的，因此，必须事先把要进行线切割的工件几何图形，按线切割系统所能接受的“语言”编排好“命令”，输入线切割机的数控系统中，所编制的“命令”就是线切割程序，编制“命令”的工作就叫做数控线切割编程。数控线切割编程可分为手工编程和自动编程两类。

手工编程是人采用各种数学方法，使用一般的计算工具（包括电子计算器），对编程所需的数据进行处理和运算。通常是把图形分割成直线段和圆弧段并把每段曲线关键点（起点、终点、圆心点等）的坐标一一定出，按这些曲线的关键点坐标进行编程。当零件的形状复杂或非圆曲线时，手工编程的工作量大且容易出错。在手工编程技术领域内，已出现了三角法、解析法、增量法、表格法、六边形法、轨迹法、几何法等多种方法。

自动编程使用专门的数控语言及各种输入手段，向计算机输入必要的形状和尺寸数据，利用专门的应用软件求得各关键点坐标和编写数控加工所需要的数据，再根据各数据计算机自动编写数控加工代码。

目前，随着科学技术的不断发展，手工编程已逐步被自动编程所取代。

1．自动编程

根据零件图纸，在绘图软件中绘图，图形自动转换成 3B 或 G 代码，传输给机床，控制步进电机带动工作台移动进行加工。

本书用的是 HF 软件，在整个线切割编程过程中分为计算机作图、轨迹生成、生成 G 代码三个过程。

注意：由于加工中程序的执行是以电极丝中心为轨迹来计算的，而电极丝的中心轨迹不能与零件的实际轮廓重合，必须计算出电极丝中心轨迹的交点和切点坐标，按电极丝中心轨迹编程。如图 9-63 所示，电极丝中心轨迹与零件轮廓相距一个 f 值，f 值称为偏移补偿值。计算公式如下：

$$f=d/2+\delta=0.18/2+0.01=0.1$$

2. 手工编程

1）坐标系

（1）标准坐标系（绝对坐标系）

遵循右手笛卡儿坐标系，如图 9-64 所示。绝对坐标系只有一个坐标原点。

（2）增量坐标系（相对坐标系）

增量坐标系的坐标值是相对于前一位置来计算的。在手工编程中采用的是相对坐标系，因为这可以避免误差的累积。

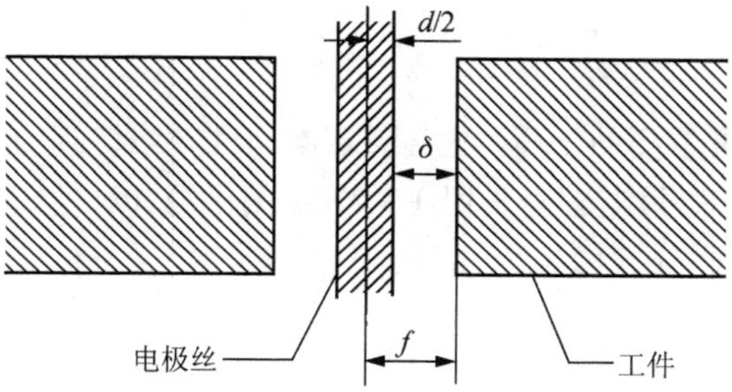

图 9-63　电极丝直径与放电间隙

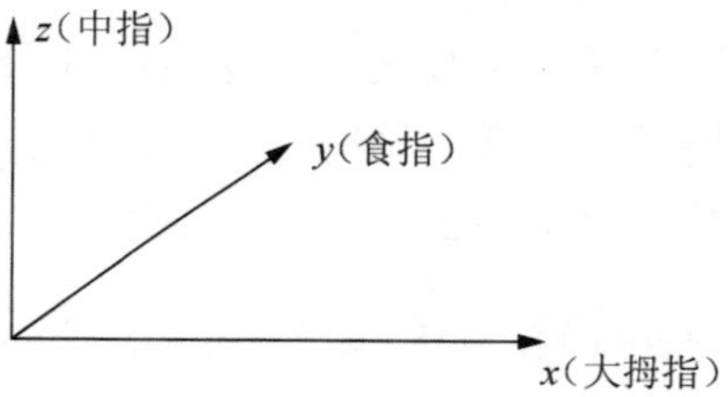

图 9-64　右手笛卡儿坐标系

2）线切割手工编程方法

手工编程主要有 3B、4B、5B、ISO 等，在这里详细介绍 3B 法。3B 编程格式如下：

```
BXBYBJG Z
```

各个字母的含义如下。

（1）B 间隔符号

将 X、Y、J 三项数值分开，以免执行命令时混淆。

（2）X、Y 坐标值

① 加工直线时，坐标原点移至加工起点，X、Y 是终点相对于起点的绝对坐标。

② 加工圆弧时，坐标原点移至圆心，X、Y 是圆弧起点相对于圆心的绝对坐标值。

（3）G 计数方向

有 GX 和 GY 两种，它的选取可按加工直线或圆弧终点坐标值的绝对值大小来选取。现以 X_e、Y_e 分别表示 X 方向、Y 方向终点坐标。

① 直线计数方向：加工直线时，终点靠近何轴，这计数方向取该轴，若与坐标轴成 45°，任取一个方向均可。判断终点靠近那个轴的办法是：利用投影法，如图 9-65 所示。

② 圆弧计数方向：加工圆弧时，终点靠近何轴，则计数方向取另一轴（这与直线计数方

向相反)，若终点与两轴成 45°，取 X、Y 均可。如图 9-66 所示。

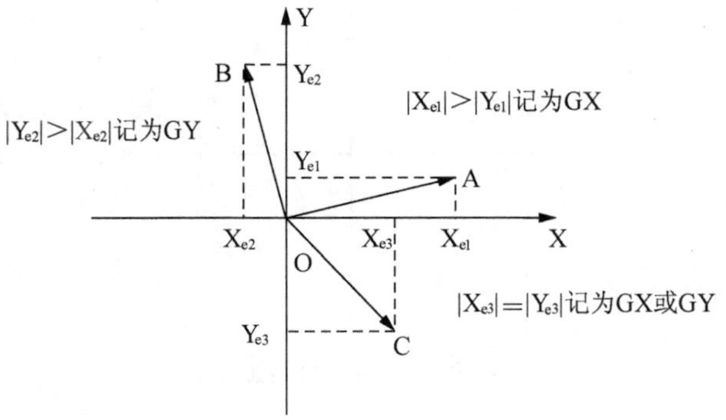

图 9-65　直线计数方向判别

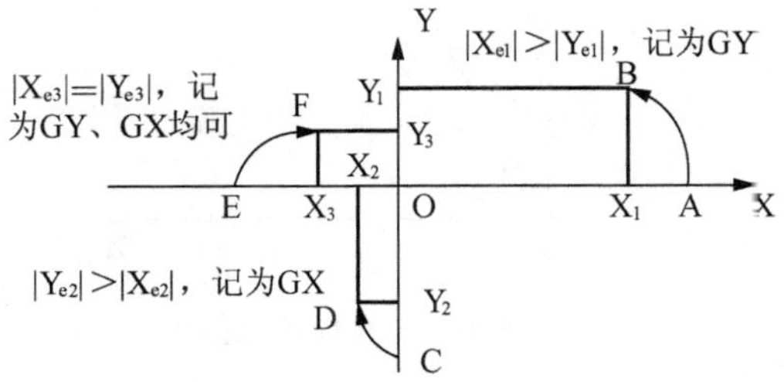

图 9-66　圆弧计数方向

（4）J 计数长度

① 直线计数长度：被加工的直线在计数方向坐标轴上的投影绝对值。两投影相同时任取一个即可，如图 9-67 所示。

② 圆弧计数长度：指被加工的曲线在计数方向坐标轴上投影的绝对值总和。两投影相司时任取一个即可。如图 9-68 所示。

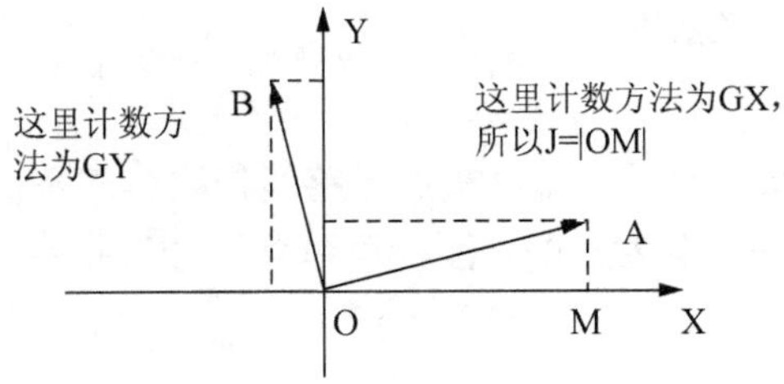

图 9-67　直线计数长度

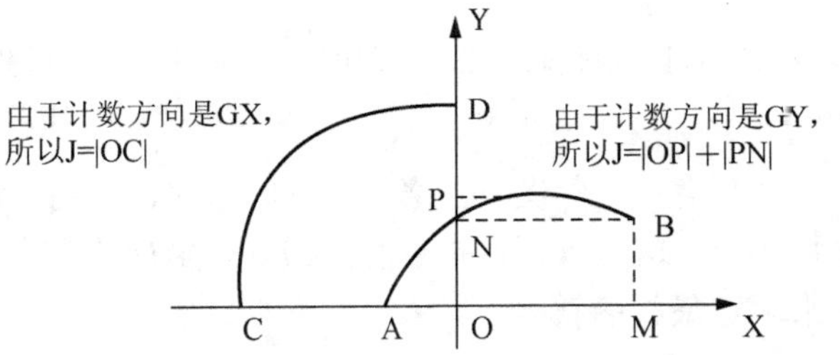

图 9-68　圆弧计数长度

（5）Z 加工指令

加工指令可分为 12 种，用来传达机床的命令。分为直线和圆弧两大类。

直线：L1、L2、L3、L4。

圆弧：顺圆：SR1、SR2、SR3、SR4；

逆圆：NR1、NR2、NR3、NR4。

① 线加工指令，如图 9-69 所示。

特殊情况：当在坐标轴上时，记法如图 9-70 所示。② 圆加工指令：分为顺圆加工指令、逆圆加工指令、圆弧加工特例指令。

顺圆加工指令，如图 9-71 所示。

SR1：起点在第一象限的所有曲线。同理有 SR2、SR3、SR4。

逆圆加工指令，如图 9-72 所示。

圆弧加工特例指令（起点在轴上），如图 9-73 所示。

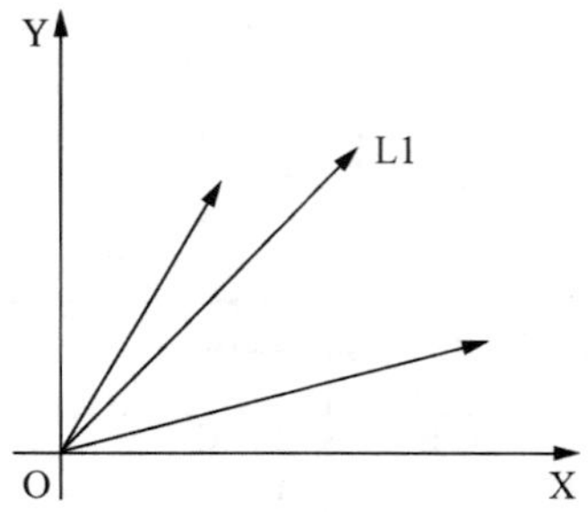

图 9-69　直线加工指令

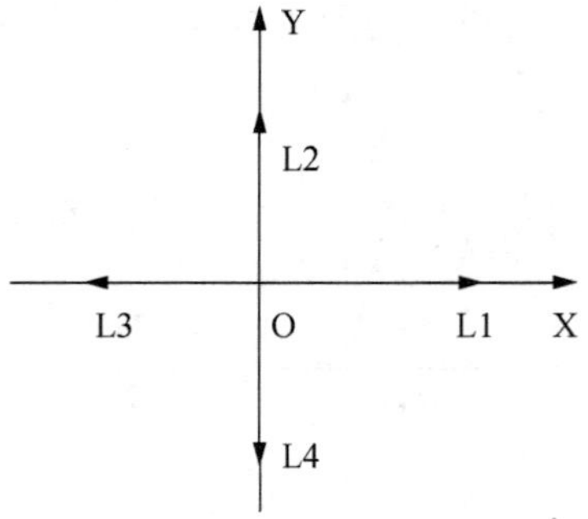

图 9-70　特殊直线加工指令

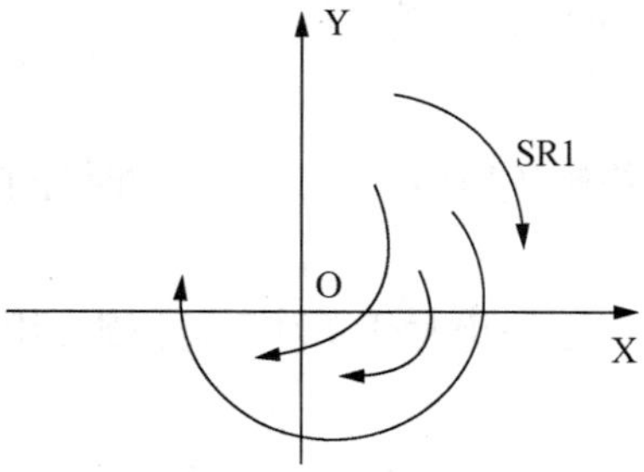

图 9-71　顺圆弧在第一象限的加工指令

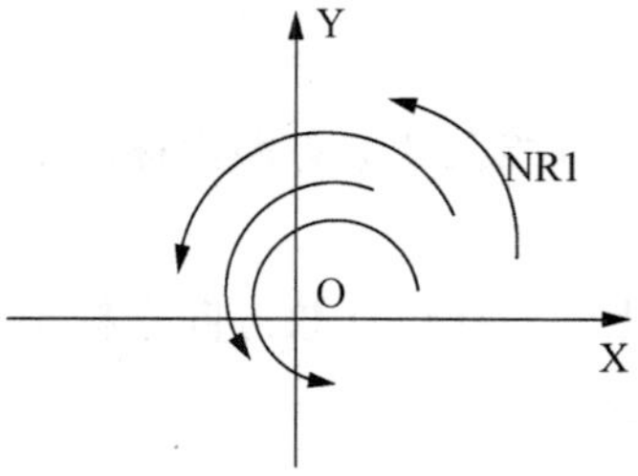

图 9-72　逆圆弧在第一象限的加工指令

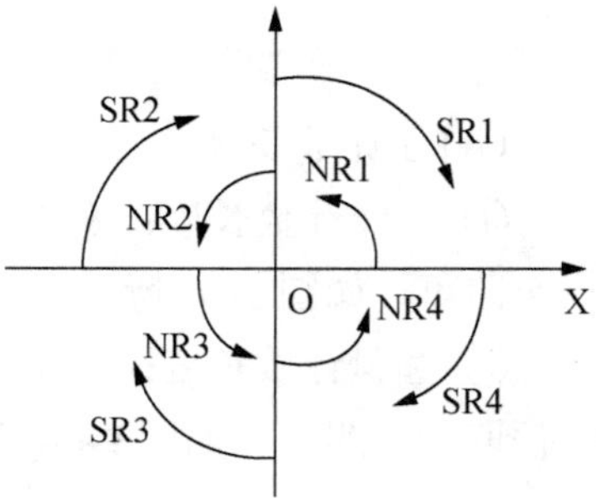

图 9-73　圆弧加工指令特例

注意：工件图样上各交点的 X、Y、J、G、Z 项都确定后，即可按加工路线依次排序形成程序单。这里 X、Y 的单位为微米，坐标值符号不用写，全为正的，因为可以利用加工指令 Z 来确定最终的符号。

3）举例

加工零件如图 9-74 所示。

参考程序：

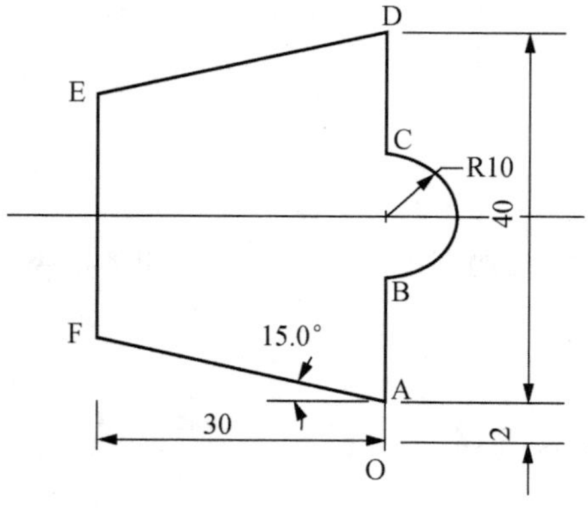

图 9-74　零件加工图

```
B0B2000B2000GYL2;            (引入、引出线OA)
BOB10000B10000GYL2;          (AB)
B0B10000B20000GXNR4;         (弧 BC)
BOB10000B10000GYL2;          (CD)
B30000B8040B30000GXL3;       (DE)
BOB23920B23920GYL4;          (EF)
B30000B8040B30000GXL4;       (FA)
B0B2000B2000GYL4;            (OA)
MJ;                          (结束符)
```

4）编程中的补偿法

（1）有公差尺寸的编程计算法

对于有公差尺寸的编程，一般采用中差尺寸编程。大量统计结果表明，加工后的实际尺寸大部分是在公差带的中值附近，因此对标注有公差的尺寸，应采用中差尺寸编程。计算公式如下：

中差尺寸＝基本尺寸＋(上偏差＋下偏差)/2

（2）间隙补偿问题

在数控线切割机床上，电极丝的中心轨迹和图纸上工件轮廓差别的补偿称为间隙补偿。它可以分为编程补偿和自动补偿。

编程补偿：按钼丝轨迹进行编程，把间隙补偿考虑进去。

自动补偿：按零件实际轮廓轨迹进行编程，然后把需要补偿的量告诉数控系统，进行自动补偿。

9.7 数控实习安全技术守则

这里主要以数控车床和数控铣床的安全基本操作为例，其他的特种加工设备需要认真阅读该设备的安全守则，方可开机操作。

（1）工作时，请穿好工作服、安全鞋，并戴上安全帽及防护镜（有需要时），不允许戴手套操作数控机床，也不允许扎领带。

（2）开车前，应检查数控机床各部件机构是否完好、各按钮是否能自动复位。

（3）不要在数控机床周围放置障碍物，工作空间应足够大。

（4）一般不允许两人同时操作机床。但某项工作如需要两个人或多人共同完成时，应注意相互将动作协调一致。

（5）上机操作前应熟悉数控机床的操作说明书，数控车床的开机、关机顺序，一定要按照机床说明书的规定操作。

（6）主轴启动开始切削之前一定要关好防护门，程序正常运行中严禁开启防护门。

（7）在每次电源接通后，必须先完成各轴的返回参考点操作，然后再进入其他运行方式，以确保各轴坐标的正确性。

（8）机床在正常运行时不允许打开电气柜的门。

（9）加工程序必须经过严格检查方可进行操作运行。

（10）手动对刀时，应注意选择合适的进给速度；手动换刀时，刀架距工件要有足够的转位距离不至于发生碰撞。

（11）加工过程中，如出现异常危机情况可按下“急停”按钮，以确保人身和设备的安全。

思考和练习

1. 什么是数控机床、数控技术？
2. 简述数控机床的组成及各个部分的功能。
3. 简述数控机床的优缺点。
4. 简述数控机床的分类。
5. 简述数控编程的步骤及方法
6. 什么是机床坐标系、工件坐标系？数控车床和数控铣床的工件坐标系是如何确定的？
7. 数控车床的编程特点及加工范围有哪些？
8. 数控铣床、加工中心的编程特点及加工范围有哪些？
9. 什么是特种加工，其特点有哪些？
10. 简述电火花线切割加工的基本原理和用途。

参 考 文 献

陈永泰．2010．机械制造技术实践．北京：机械工业出版社．
郭术义，齐永奇，傅博立．2011．金工实习．北京：清华大学出版社．
郭永环，姜银方．2010．金工实习．2 版．北京：北京大学出版社．
郭宗义．2008．钳工操作技巧与禁忌．北京：机械工业出版社．
洪超．2012．金工实习．南京：南京大学出版社．
贾恒旦．2009．生产实习规范指导手册．北京：机械工业出版社．
廖维奇，王杰，刘建伟．2007．金工实习．北京：国防工业出版社．
雷萍．2006．机械加工通用基础知识．北京：中国劳动社会保障出版社．
李晋春．2008．特种加工．北京：机械工业出版社．
李新领，郝建军．2010．金工实习．北京：北京理工大学出版社．
李亚江，王娟，刘强．2006．有色金属焊接及应用．北京：化学工业出版社．
刘胜青，陈金水．2005．工程训练．北京：高等教育出版社．
刘舜尧，李燕，邓曦明．2010．制造工程工艺基础．长沙：中南大学出版社．
栾振涛．2001．金工实习．北京：机械工业出版社．
孟庆森，王文先，吴志生．2006．金属材料焊接基础．北京：化学工业出版社．
齐乐华．2002．工程材料及成形工艺基础．西安：西北工业大学出版社．
尚可超，贺文海，倪陈强．2007．金工实习教程．西安：西北工业大学出版社．
孙付春，李宏穆，朱江．2010．金工实习教材．成都：西南交通大学出版社．
王瑞金．2011．特种加工技术．北京：机械工业出版社．
吴多华，赵长祥．2004．应用钳工基础．北京：中国电力出版社．
郗安民．2009．金工实习．北京：清华大学出版社．
徐永礼，田佩林．2006．金工实训．广州：华南理工大学出版社．
严绍华，张学政．2006．金属工艺学实习．北京：清华大学出版社．
杨方．2004．机械加工工艺基础．西安：西北工业大学出版社．
于文强，张丽萍，张兆明，等．2010．金工实习教程．2 版．北京：清华大学出版社．
张海魁．2009．车工技能训练．北京：中国劳动社会保障出版社．
张木青，余兆勤．2005．机械制造工程训练教材．广州：华南理工大学出版社．
张铁城．2006．加工中心操作工．北京：中国劳动社会保障出版社．
张耀满．2013．机床数控技术．北京：机械工业出版社．
郑晓峰．2008．数控技术及应用．北京：机械工业出版社．